感谢湖北山河律师事务所对本书出版的资助

"聚焦破产"丛书

破产法改革与破产法治环境优化

主　编　张善斌
副主编　张亚琼

WUHAN UNIVERSITY PRESS
武汉大学出版社

图书在版编目(CIP)数据

破产法改革与破产法治环境优化/张善斌主编;张亚琼副主编.—武汉:武汉大学出版社,2022.12
“聚焦破产”丛书
ISBN 978-7-307-23375-1

Ⅰ.破…　Ⅱ.①张…　②张…　Ⅲ.破产法—中国—文集　Ⅳ.D922.291.924-53

中国版本图书馆 CIP 数据核字(2022)第 198435 号

责任编辑:陈　帆　　责任校对:汪欣怡　　版式设计:韩闻锦

出版发行:**武汉大学出版社**　(430072　武昌　珞珈山)
(电子邮箱:cbs22@whu.edu.cn　网址:www.wdp.com.cn)
印刷:武汉中远印务有限公司
开本:720×1000　1/16　印张:38.75　字数:655 千字　插页:2
版次:2022 年 12 月第 1 版　2022 年 12 月第 1 次印刷
ISBN 978-7-307-23375-1　定价:139.00 元

作者简介

张善斌

法学博士，武汉大学法学院教授，博士生导师。现任武汉大学法学院民商法教研室主任，中国法学会民法学研究会理事，湖北省法学会常务理事，湖北省法学会破产法学研究会会长，湖北省法学会民法学研究会副会长，湖北省法学会婚姻家庭法学研究会副会长。主要研究方向为民法基础理论、破产法等。出版著作8部，发表论文40余篇。主持国家社科基金项目2项、中国法学会部级法学研究课题1项、司法部项目1项以及湖北省发改委、湖北省司法厅、上海期货交易所等委托的横向研究课题多项。

在破产法研究领域，主持了国家社科基金项目“破产与担保制度协调的理论基础与实现路径研究”、司法部项目“个人破产制度构建的难点与对策研究”；围绕着企业破产法的修订、个人破产制度的构建发表了系列论文；成功举办了2017年至2021年五届“破产法珞珈论坛”；主编出版了《破产法文献分类索引》《破产法研究综述》《破产法的“破”与“立”》《改革开放四十周年破产法热点透视》《营商环境背景下破产制度的完善》《破产法实务操作105问》《民法典时代破产制度的革新》等“聚焦破产”系列著作。

作者简介

张亚琼

法学博士，湖北山河律师事务所合伙人。现任中华全国律师协会破产清算与并购重组法律专业委员会副主任，湖北省法学会破产法学研究会副会长，武汉市破产管理人协会会长，武汉市律协破产重组专委会主任。业务领域主要为破产重组和商事争议解决。长期专注于破产重组相关理论研究和法律实务。先后主办了一批具有重大影响的破产及清算案件，行业领域包括房地产、汽车制造、城市安防科技、新能源高新产业等。同时为多级政府部门提供破产重组相关法律咨询服务。出版专著2部，发表专业论文20余篇。

前　言

深入推动破产法改革，逐步实现破产法治环境优化，是中国破产法律制度现代化的必然要求，也是中国国家治理体系和治理能力现代化的一项重要制度建设内容。这就要按照党中央提出的全面依法治国的总方略，不断推进破产法律制度建设的科学化、市场化、体系化、国际化进程，使破产法律制度成为建设中国特色社会主义市场经济的法律基石。

截至2021年，我国现行《企业破产法》已实施15年。而这15年恰好是改革开放进程中的一段黄金时期，经济发展迅速，综合国力不断提升，市场经济日臻完善。在经济社会迅速转型的背景下，《企业破产法》作为市场经济的基本法律制度，在逐渐成为市场退出核心机制的同时，也面临着越来越多的挑战。

为跟踪、评估《企业破产法》整体实施情况，为立法修改做好准备工作，2021年上半年全国人大常委会开展了《企业破产法》实施情况执法检查工作。此次执法检查成果集中体现为王东明副委员长所作的《全国人民代表大会常务委员会执法检查组关于检查〈中华人民共和国企业破产法〉实施情况的报告》。该报告一方面肯定了《企业破产法》实施取得的积极成效，“从破产案件数量看，2007年至2020年，全国法院共受理破产案件59604件，审结破产案件48045件。从时间顺序看，企业破产法实施后的一段时间，每年的破产案件数量在3000件左右，党的十八大以来，随着供给侧结构性改革持续深化，加快建立和完善市场主体挽救和退出机制，破产案件数量快速上升，2017年至2020年受理和审结的破产案件分别占到法律实施以来案件总量的54%和41%”。具体而言，这些效果还体现为：开展法律宣传，破产法治意识不断增强；着力完善相关制度，破产法律体系不断健全；做好统筹协调，破产工作机制不断完善；深化实践探索，破产司法程序有效实施；加强专业建设，破产司法保障能力不断提升等多个方面。“大数据分析显示，舆论普遍肯定企业破产法的实施成效，

2020年以来对企业破产法相关话题的舆论满意度达92%。”另一方面，报告也指出了《企业破产法》实施仍存在的突出困难和问题，主要包括：运用破产方式实现市场出清的意愿不强；破产程序执行仍存在破产案件程序启动难、破产案件的审理周期普遍较长、财产保全措施难以解除、“执转破”等法律程序衔接存在困难等薄弱环节；破产管理人制度尚未健全；重整制度的作用没有得到充分发挥；“府院联动”机制未能有效落地；国有企业、金融机构等市场主体退出存在困难，等等。

《企业破产法》实施情况执法检查工作，为《企业破产法》修改奠定了坚实的基础，明确了修法的原则、方向和重点。2021年9月6日，全国人大财经委企业破产法修改起草组召开了第二次全体会议，增加了起草组成员，明确了修法的重点和难点问题，并对修法工作做了具体安排。法律的调整范围、破产程序、重整制度、预重整制度、管理人制度、企业信用修复、金融机构破产、破产涉税处理、府院联动机制、合并破产、跨境破产以及破产法与相关法律法规衔接协调问题，都可能是修法关注的重点。

如何利用这次破产法修改的契机推动我国破产法的改革进化，需要在理念层面达成共识的基础上，共同做好顶层设计，并将相关理念内化到具体制度中。具体而言，在破产法改革理念上，需要统筹考量、妥善处理几组基础性的关系。

一是公平与效率的关系。从应然的角度看，破产立法强调规范破产程序、公平清理债权债务、维护市场秩序等宗旨，公平公正与效率效益都不可偏废。但在当前我国破产实务中，强调破产程序短平快的较多，对破产法的公平公正价值强调不够。过分强调破产程序的短平快，或者过分强调债权人清偿率，有可能也会消解破产程序的基本价值和目标。例如，近年来，各地为了清理破产审判中的积案，过于强调预重整、简易程序的应用，确实提高了效率，压缩了成本，但反过来降低了债权人等利害关系主体的程序参与度，一定程度上影响了破产公平价值目标的实现。如何在立法层面达到公平与效率之间的平衡，值得认真考量。

二是立法与司法的关系。立法上的规范设计是一种在较为理想状态下的理论预设，代表着一种价值导向和指引；司法判断则是权衡实际利益活动中的现实选择，代表着价值的实现和落实。这反映在破产领域中，静态的立法与动态的司法之间既存在抽象与具体的差异，又存在内在制约与相互关照的关系。为适应破产司法实践的需要，最高人民法院通过了大量的对破产审判工作产生法律约束力的司法解释，发布了涉及破产审判的会议纪要、指导意见等政策文件以及典型案例。根据公开的数据统计，1990年至2022年10月，最高人民法院发布有关破产法的司法文件共计84件，其中11件已失效，现行有效文件73件(包括被修改的3件)，内容涵盖了破产审判工作的方方面面。对于这些涉及破产审判的司法文件，将来在修订《企业破产法》时，哪些规定可以直接或间接吸收，哪些规定应全部或部分否定，以及哪些规定继续由司法解释留存或延续，均需要统筹考虑。

三是本法与他法的关系。作为商法领域规范市场行为、整合市场资源的基础性法律，破产法是解决市场主体退出过程中可能面临的一系列问题的特别法，特殊性远强于一般民事法律。但尤为应当注意的是，2021年1月1日我国《民法典》正式生效，为我国的民商事活动提供了广泛的法律依据与行为指南。一方面，从债务清理的角度看，《民法典》的债务清偿规则与破产法在法律原则上是一致的，《民法典》是为破产法提供基本规则的普通法。另一方面，破产法则是解决特殊领域问题的特别法，相较于《民法典》的债务清偿规则，破产法应设立更加严格的规则，最大限度地使债权人尽可能得到公平受偿，以平衡各方当事人的利益。除此之外，破产法还有必要与其他实体法、程序法保持良性互动，如公司法、税法、劳动法、诉讼法等，尽可能实现破产法与其他部门法的联动修改，相互照应，相向而行。因此，破产法的修订需要以《民法典》所确立的基本规则为基础，结合其他部门法的联动关系，在特殊性与协调性之间寻求价值平衡。

四是中央和地方的关系。根据通行的立法规则，破产法的立法权由全国人大常委会享有，司法解释由最高人民法院发布。但是在实践中，我国破产规则制定一直面临着地方化、碎片化的问题。据统计，截至2022年5月，我国涉及破产的现行有效的地方规范性文件共计854件，其中地方司法文件多达283件。形成大量地方规范性文件的原因一方面固然是由于破产制度的供给不足；另一方面，我国地方规范性文件的发布和施行，缺乏统一的规范程式，在全国统一的立法体例与地方特殊法治环境之间，产生了林林总总的地方规范性文件。这些规范性文件在发挥指导地方司法工作作用的同时，亦暴露出效力性、时效性、规范性等诸多问题，不但有碍破产法在全国范围内的统一实施，而且对于构建全国范围内统一的市场经济体系来说，亦是弊大于利。鉴于此，在修订破产法之际，立法者应当重点考量全国范围内各地破产案件及相关规范性文件的共性，将有必要吸纳进立法的解决方案上升为法律规定，或是由最高司法机关联合国家相关部委作出统一规定。至于各地实际情况中存在差异的地方，尽量由较高级别的地方立法或司法机关在法律允许的范围内作出符合本地域情况的操作指引，并严格规范实施和监督。

以上种种分析可见，中国破产法研究与实践正面临着机遇与挑战。为推动破产法理论研究和破产审判实务，助力营商环境优化和经济高质量发展，武汉大学法学院联合湖北省高级人民法院于2021年12月4日共同举办了第五届破产法珞珈论坛。本次论坛以"《企业破产法》的修订与完善"为主题，着重探讨了破产法与其他法律的协调、重整与预重整制度、个人破产制度构建、管理人制度及履职保障、破产简易程序、关联企业破产等问题。本次论坛收到论文投稿131篇，会务组根据论文是否符合论坛主题、写作规范等要求，确定98篇文章录入论坛论文集。会后经过认真遴选，并征得作者同意，决定将选定的36篇文章结集出版。

本书分为五个部分。第一部分为"破产法与其他法律协调"，讨论了破产债权异议之诉起诉期限、破产程序中代持股份归属、破产清算中待履行的所有权保留买卖合同、追加担保的破产撤销、刑民交叉案件中企业破产债权人利益协调与保护、破产程序中的预告登记权利人保护、破产法程序中待履行合同继续履行规则等问题。第二部分为"重整与预重整制度研究"，研究了破产重整中司法权运行、公司重整中的公共利益、重整中出资人权益调整方案强制批准机制、重整程序中未按期申报债权问题、重整中债转股问题、预重整的实践发展与程序设计、预重整程序的启动、预重整视阈下"诉破直通"路径、预重整程序中信息披露制度等问题。第三部分为"个人破产制度构建"，集中探讨了个人破产制度中保单现金价值、个人破产法视野下企业经营者保证责任问题、个人破产制度中住宅豁免、个人破产管理人的立法规制、夫妻个人破产视角下合并破产规则、个人与企业合并破产的适用标准、个人破产诚信审查困境及完善路径等问题。第四部分为"关联企业实质合并破产"，涉及关联企业实质合并破产的启动程序、因实质合并破产受不利益之债权人保护、关联企业实质合并破产判断标准、实质合并规则启动、关联企业实质合并破产准入规则、关联企业实质合并破产中债权人保护等问题。第五部分为"其他"，介绍了武汉市破产管理人2020年度履职情况，讨论了破产管理人的勤勉义务、偏颇清偿撤销制度、破产案件长期未结的类型化分析与破解进路、破产取回权的立法与实践偏差及补正建议、虚拟财产纳入破产财产的相关问题及制度构建、我国股东债权劣后清偿规则等问题。

从以上内容可见，本书集中对《企业破产法》修改中涉及的若干重点热点问题进行了深入探讨。既有破产法学理论上的研究与争鸣，也有对破产实务经验的总结和反思；既有立足当下破产实践的深入思考，也有面向未来立法修改的建言献策。这些文章紧扣时代主题，坚持理论与实践相结合，面向改革，面向法治，面向未来，无不展现了诸位作者作为当代法律学人强烈的使命感和责任感。

2022 年 7 月 9 日，湖北省法学会破产法学研究会正式成立，标志着湖北省破产法学研究掀开了全新的篇章。9 月 29 日，中部地区首个破产法庭——武汉破产法庭正式揭牌，标志着湖北法院、武汉法院破产审判工作迈入了新阶段。在这样的背景下，湖北省法学会破产法学研究会 2022 年年会暨第六届破产法珞珈论坛即将开幕。新旧相推，日生不滞。尽管疫情的阴影仍没有散去，但新的经济社会发展机遇已经展露。希望借助本书的出版，为破产法改革以及破产法治环境优化提供启迪和思路。由于时间仓促，本书撰写中难免存在疏漏，敬请读者批评指正！

张善斌　张亚琼

2022 年 10 月 28 日

目　　录

第一部分：破产法与其他法律协调

破产债权异议之诉起诉期限的思考与优化
——以破产法解释三第8条为视角

陈晓星　舒静薇*

内容提要：《破产法解释三》第8条对破产债权确认之异议诉讼制度进行了细化规定，明确了破产债权异议之诉的起诉前置条件和起诉期限。其作为破产债权确认环节重要的司法救济方式，对破产案件的债权人至关重要。但是，该规定未明确"十五日"起诉期限的性质，导致学界和实务界对此存在不同解读，关于"十五日"后异议人能否再提起债权确认诉讼也争议较大，在一些相关案件中出现了类案不同判的裁判结果，影响了法律实施效果和司法审判公正。本文结合各地法院实务做法及案例，借鉴国外立法经验，对该问题进行探讨，认为该期限应当属于除斥期间，并针对该条规定存在的诸多不合理之处，提出了重新确定起诉期限的起算点、延长起诉期限之长度以及明确逾期起诉之法律后果的完善建议。

一、问题的提出

《最高人民法院关于适用〈中华人民共和国企业破产法〉若干问题的规定（三）》（以下简称为《破产法解释三》）出台之前，破产案件推进慢、流程多、耗时长久的问题愈发突出，其中，破产债权的申报与审查、异议与确定，作为管理人在前期的重要工作，不仅会影响到各债权人最终分配份

* 陈晓星，中南财经政法大学法学院副教授，商法研究所副所长。舒静薇，中南财经政法大学法学院2020级经济法专业硕士研究生。

额，也会对破产程序的进行产生贯穿始终的重要影响。出于快速推进破产审判工作、加快处理债权争议的目的，也考虑到裁判标准的统一和司法解释的可操作性，《破产法解释三》第 8 条参照《中华人民共和国企业破产法》（以下简称《企业破产法》）第 64 条第 2 款规定的关于债权人请求人民法院裁定撤销债权人会议决议的时限，① 为异议人设定了一个十五日的起诉期限。② 在司法实务中，各地高级人民法院的内部审判指引对此问题存在不同理解。关于破产债权异议之诉的起诉期限，③ 有管理人自行规定超过一定期限未提起债权确认诉讼者丧失权利，④ 有的要求异议人在 15 天内起诉，⑤ 有的则要求异议人在合理期限内起诉即可。⑥ 期限的起算点则不太一致，有的自核查债权之债权人会议结束之日起计。⑦ 有的自管理人书面通知债权人之日起计，⑧ 还有的自收到书面复核通知书之日或收到债权表之日起计；⑨ 至于逾期起诉的后果更是莫衷一是，有的规定债权按管

① “债权人认为债权人会议的决议违反法律规定，损害其利益的，可以自债权人会议作出决议之日起十五日内，请求人民法院裁定撤销该决议，责令债权人会议依法重新作出决议。”

② 最高人民法院民事审判第二庭编著：《最高人民法院关于企业破产法司法解释（三）理解与适用》，人民法院出版社 2019 年版，第 169 页。

③ 本文所讨论的《破产法解释三》第 8 条规定的“破产债权异议之诉”系狭义的破产债权确认诉讼，属于破产派生诉讼，是指破产申请受理后，债务人、债权人对管理人予以认定或不予认定的债权有异议而引发的诉讼，并不包括先于破产程序进行且尚未终局确定的有关债权之诉，而且这部分债权通常未经生效法律文书确定，缺乏执行名义。已经生效法律文书确认的债权，同样可能存在异议，但其救济不应适用《企业破产法》第 48 条、第 58 条、《破产法解释三》第 7 条的规定，当事人或利害关系人、管理人只能依据《民事诉讼法》的规定申请再次启动债权确认程序。

④ 参见蒋馥蔚：《破产债权确认之诉——兼谈〈破产法解释三〉相关条款的理解与适用》，载微信公众号“北京市国首律师事务所”，2022 年 9 月 7 日。

⑤ 《深圳市中级人民法院破产案件债权审核认定指引》（深中法发［2017］5 号）第 30 条。

⑥ 《杭州市余杭区人民法院房地产企业破产审理操作规程》（余法［2016］6 号）第 34 条。

⑦ 《北京市高级人民法院企业破产案件审理规程》第 174 条第 1 款。

⑧ 《上海市高级人民法院破产审判工作规范指引》（试行）第 6 部分第 9 条。

⑨ 《江苏省高级人民法院破产案件审理指南》（苏高法电〔2017〕794 号）第 6 部分第 4 条第 4 款。

理人审查结果确定或视为无异议；[①] 有的规定视为异议债权人同意债权表记载；[②] 还有的规定逾期后法院不受理债权人的起诉；[③] 也有仅规定异议债权人参与分配受限，份额被提存的。[④] 本文共选取了北京、上海、深圳、重庆等地共10份高级人民法院及中级人民法院的内部指引规定，通过分析可以得出，将债权异议之诉的起诉期限明确规定为除斥期间的有9份，仅1份规定为诉讼时效。

各地法院也因对《破产法解释三》第8条的不同理解作出了截然相反的判决，例如在武汉某建设工程有限责任公司与债权人陈某债权确认纠纷案中，该案的争议焦点之一即为债权人对另一债权人就债务人享有的建设工程优先受偿权提出的债权确认之诉已经远远超过了合理的起诉期限，应当适用《破产法解释三》的规定，认定原告不具有起诉资格。[⑤] 该案中，法院认为十五日期限既非诉讼时效也非除斥期间，逾期起诉不会导致当事人实体权利湮灭，即使超过期间仍然可以提起诉讼。而在某房地产开发有限公司与周某的合同纠纷一案中，法院认为十五日期限应为除斥期间，债权人周某未在债权人会议核查结束后十五日内向人民法院提起债权确认的诉讼，应视为对管理人编制的债权表没有异议，该债权表对周某具有约束力。[⑥] 该判决中法院的观点与前一案件迥异，也在一定程度上体现了审判人员观点与认知的分歧。

《破产法解释三》第8条之规定对《企业破产法》规定的破产债权确认之诉制度做出了突破性的解释，有利于提高审判效率、便于管理人开展工作，但仍欠缺全面考量，导致各方在解读时出现了理解不一。为破产债权异议之诉设定起诉期限固然十分有必要，但随之而来的十五日的起诉期限是何种法律性质、债权人逾期起诉法院是否应当受理、违反该规定将导致的法律后果为何、是否应当区分破产债权异议的不同情形加以适用等问题悬而未决，为法律适用留下了巨大的解释空间，也造成类案不同判。破产

---

① 《四川省高级人民法院关于印发〈关于审理破产案件若干问题的解答〉的通知》。

② 《北京市高级人民法院企业破产案件审理规程》第174条第1款。

③ 《重庆市高级人民法院关于审理破产案件法律适用问题的解释》。

④ 《上海市高级人民法院破产审判工作规范指引(试行)》第6部分第9条。

⑤ 参见湖北省武汉市中级人民法院(2020)鄂01民终7759号民事判决书。

⑥ 参见安徽省青阳县人民法院(2021)皖1723民初1696号民事判决书。

债权的确定不仅事关申报债权人本人的利益，还关乎债务人和其他债权人的合法利益。因此，在《企业破产法》修订过程中解决上述问题，优化破产债权异议之诉的相关制度，意义重大。

二、债权异议之诉起诉期限的性质

（一）学界观点

在破产法学界，对于《破产法解释三》第 8 条规定的期限之性质，各方争论不一，主要有以下几种观点：

1. 诉讼时效说

该说从回应《企业破产法》立法目的的角度出发，认为应当将该期限视为诉讼时效，若适用《民法典》规定的一般诉讼时效长度，会拖长破产程序持续的时间，不利于维护社会稳定，应当为破产程序单独设定一个时效期间。[①] 这一看法延续了《破产法解释三》出台之前的观点，认为审查并确认债权属于债权人会议的职权，只有在债权人提起确认诉讼后，法院才可能临时为其确定债权额以便异议人及时参与债权人会议并行使表决权。王欣新教授在其早期著作中也持这种观点。[②]

2. 除斥期间说

该说从督促异议人及时行权，提升破产程序效率的角度出发，倾向于承认债权表确认裁定的既判力，即期间的经过将导致实体权利的消灭。因为根据《企业破产法》第 59 条的规定，债权人参加债权人会议且行使表决权的前提条件是其债权已经确定，所谓“债权已经确定”应当理解为按照《企业破产法》第 58 条规定的债权人会议核查程序和裁定确认债权表两个程序确定。如果债权人的无执行名义债权存在争议且逾期

① 李衍延：《破产债权确认有异议，应该在 15 天内提起诉讼吗？》，载微信公众号“凌云律师”，2020 年 8 月 5 日。

② 王欣新：《破产法》（第三版），中国人民大学出版社 2002 年版，第 157～158 页。

起诉，管理人应当将其逾期起诉的行为视为无异议或放弃异议，则可以申请法院裁定确认债权表。① 由于法院确认债权表之裁定具有确定破产债权的既判效力，从体系解释的角度进行推断，不应当允许异议债权人在起诉期限届满后行使异议诉权，则原则上法院应当不予受理异议人的逾期起诉。②

3. 引导性规定说

王欣新教授主张认为该十五日期限应当与债权申报期限的性质相类似，是一个引导债权人积极主张权利的规定，既不属于诉讼时效亦不属于除斥期间，而应当且只能是与《企业破产法》债权申报期限相同性质的附不利后果承担的引导性规定，否则既不合法理，也不符合法律规定可能合理存在的本意，且会损害异议人的法定权利，并因漏洞百出而无法公正实施。③ 所以异议人起诉超过该十五日的起诉期限并不导致异议人实体权利的消灭，异议人的权利仍然应当得到保护。

4. 诉讼期间说

最高人民法院民事审判二庭则认为该期限为诉讼法意义上的可变期间，当事人如确因合理理由而未能在法定期间内起诉的可以向法院申请顺延期限。④ 也有观点认为应当将除斥期间与可变期间结合起来，即当事人超过十五日提起诉讼的，视为对债权表记载的债权无异议。若因不可抗力造成当事人不能在十五日内及时起诉的，可以向法院申请延长一定的时间，延长与否由法院决定。⑤

---

① 参见张善斌主编：《破产法实务操作 105 问》，武汉大学出版社 2020 年版，第 200 页。

② 参见池伟宏：《破产法司法解释(三)全面解读与分析(程序篇)——以债权人利益保护为视角》，载微信公众号“天同诉讼圈”，2022 年 9 月 7 日。

③ 王欣新：《〈破产法司法解释三〉第八条之解读》，载《人民法院报》2019 年 8 月 15 日，第 7 版。

④ 参见最高人民法院民事审判第二庭编著：《最高人民法院关于企业破产法司法解释(三)理解与适用》，人民法院出版社 2019 年版，第 169 页。

⑤ 参见邓培启：《浅析逾期提起普通破产债权确认之诉的法律后果》，载微信公众号“盈科广州破产法实务”，2022 年 10 月 7 日。

实务界提出了在性质上与诉讼期间相似的强制性诉讼规则的观点，认为该起诉期限虽不属于诉讼时效或除斥期间，但是仍然对所有破产案件参与人产生权利和义务约束。①《企业破产法》具有立法上的特殊性，既是特别法，又是实体法和程序法，《司法解释三》规定的十五日的异议债权起诉期限是对《企业破产法》既有规定的具体化，有明确的法律依据，同时也与最高人民法院《民事案件案由规定》第八部分与破产有关的纠纷中第295项破产债权确认纠纷相互衔接。

（二）本文观点——除斥期间

讨论"第八条"规定的十五日期限的性质，其目的并不局限于确定破产债权确认制度的起诉条件，更重要的是通过对该期限进行定性，能够进一步确定其法律后果。鉴于《破产法解释三》是对《企业破产法》规定的进一步解释，从整体解释的视角出发，本文认为应当从债权申报的现行制度出发进行全面解释。

本文认为，该十五日期限的性质，既不属于实体法上的诉讼时效，也不应理解为引导性规定或诉讼规则，而属于除斥期间，理由如下：

第一，根据我国的立法体例，诉讼时效制度统一由《民法典》总则部分规定，只有同为全国人民代表大会制定的特别法律才能对此做出变通规定，最高人民法院无权通过效力层级相对较低的司法解释随意改变法律的规定。而且相对于动辄长达数年并可以适用中止中断规则的一般诉讼时效而言，十五日的时限显然过于短暂，严重不利于权利人行使权利，对债权人权利的限制过于严苛，不利于破产债权人行权及受偿的基本权益在破产法中彰显。倘若该期间以时效论，则必须可以适用中止、中断、延长的规定，岂非与立法目的背道而驰。况且若直接规定起诉期间经过将导致债权人异议权的丧失，管理人可视为无异议债权，使得所有债权获得确定，则此特别时效本不必设定。且诉讼时效制度具有明确的适用范围，一般适用于请求权，是权利人请求人民法院保护其民事权利的法定期间，未发生权利受侵害的事实，权利人既无请求人民法院保护其权利之必要和可能，自

① 参见董善阔：《异议债权人15天的起诉期限的性质——〈破产法司法解释三〉第八条之解读》，载微信公众号"园洁律师事务所"，2022年10月7日。

然不适用诉讼时效，也就不会发生诉讼时效期间的开始。① 管理人对债权人申报债权做出了调整，仅仅是预示着该债权将受到不利影响，程序性的权利将受到限制，而实质性的权利如获得分配权受侵害的事实此时尚未发生，并不产生诉讼时效适用的请求权基础。最根本的是，诉讼时效专门指向实体请求权，然而债权人之起诉权所指向的是提起破产债权异议之诉的程序形成权，这是诉讼时效解读观点无法逾越的硬伤。如果将该期间解读为诉讼时效，那么到底是适用《民法典》规定的三年期间还是“十五日”呢？若适用《民法典》规定的三年期间，则存在期间起算点以及破产效率的争论；若适用“十五日”期间则突破了《民法典》的现有规定，因此这两个选项都逃避不了理论或现有规定的羁绊，难免遭人质疑。

第二，如果认为“第八条”之规定属于附不利后果的引导性规定，将导致提高破产程序效率的立法目的落空。若异议人逾期起诉仍然可以类比补充申报制度获得清偿，只要在异议债权的诉讼时效期间内向法院起诉就仍能获得法院的受理，债权确认诉讼制度有可能被恶意利用，别有用心的异议人可能借此拖延破产程序的推进，甚至损害他人的合法债权。而且补充申报的债权属于未申报债权，若允许已申报但未被确认的债权再次申报，将违背程序法上“一事不再理”的基本原则。从正常的立法逻辑来看，立法者经过长期的理论和实务研讨，在制定司法解释的时候应当考虑到了十五日期限的性质以及破产实务的需要，弃已经臻于成熟的诉讼时效或除斥期间制度不用，却选择使用含混不清的引导性规定，在技术上的可能性较小，而且《企业破产法》中已经对债权申报期间和逾期申报产生的不利后果进行了明确规定，以此对十五日的债权异议起诉期间的性质进行类推或套用缺乏足够的理论依据。“15 日”起诉期限的经过必然导致相应的法律后果，单纯的引导性规范并不足以产生这种有法律意义的期间。②

第三，诉讼期间说无非是出于提高效率的考量，将当事人对自身债权

① 参见郭明瑞：《关于民法总则中时效制度立法的思考》，载《法学论坛》2017 年第 1 期。

② 参见张善斌主编：《破产法实务操作 105 问》，武汉大学出版社 2020 年版，第 201 页。

提出异议的期限定为15天相较于普通的诉讼时效较短，但若和《民事诉讼法》上的大多数期间相比则相差不多，不存在适用上的问题，较短的诉讼期限能够保障破产程序的迅速、顺利推进。然而同样是追求效率，若不及时行使权利将导致实体权利的灭失，无疑比违反诉讼规则产生的不利后果更能使债权人产生紧迫心理，督促其自觉向法院请求解决债权争议，以免出现管理人已经告知可以向法院起诉，但是一直不起诉，直到拖延到财产分配前夕，债权人见有利可图才向法院起诉的情况。如果法律不对起诉期间施加明确的限制，为保障当事人的诉权，法院就只能受理这样的拖延起诉的案件，不仅浪费了司法资源，更严重伤害了其他无异议债权人的利益，引发实质不公。正因如此，除斥期间能使每个债权人平等经历债权确认程序，并在整个过程中充分行使权利和表达异议，兼顾效率和公平。

因此，"第八条"规定的十五日期限应当视为除斥期间。根据通说观点，除斥期间制度只能适用于形成权，通常情况下不发生中止中断。① 债权人向法院起诉确认债权的权利同样是一种程序形成权，启动程序无需对方当事人的同意就能引起诉讼法律关系的产生，由此产生了除斥期间的适用基础。除斥期间意味着期间经过权利人的权利就将归于终局性的消灭，尽管《企业破产法》第56条关于补充申报的规定已经明确，超期申报不等于实体权利的既定湮灭，债权受偿权能只是被削弱而非全无，但该法条针对的是未申报的债权，尚未进入破产程序受到完整的审查，也不在破产程序中享有任何的权利，基于权责对等原则，法律也不宜对其施加过度的限制，如此规定较为合理。而《破产法解释三》第八条针对的却是已经积极行使权利主动申报了债权，只是未被管理人和债权人会议完全认可的债权，债权争议已经到了非经由诉讼或仲裁等涉及债权实体内容的程序不能得到解决的地步，异议债权人对自身的权益请求异议管理人的审查依据均已充分知晓，提起诉讼并非难事。正如法谚有言，法律不应当保护躺在权利上睡觉的人，债权人应当自行承担怠于行使权利所产生的后果。因此，以上两种债权不可同一而论，处理方式存在较大的差异。

无论如何，《破产法解释三》第8条的主要目的在于为当事人应当履行的义务设定一定的合理期限，强制当事人严格遵守，推动重整、和解或清算程序的顺利进行。当然，十五日的期限长度是否合理，起算点是否足

① 参见孙瑞玺：《除斥期间不等于不变期间》，载《中国律师》2010年第9期。

够明确，期限经过导致的法律后果为何，期限能否延长，法律尚未规定的这些问题笔者认为还有待商榷。

三、相关实体法的借鉴

（一）国外法方面

德国破产法规定异议人提起债权确认之诉的起诉期限属于除斥期间，如果债权人错过了两周的除斥期间，将承担分配风险转移的不利法律后果，上述内容规定在《德国破产法》第 189 条中。[①] 只要申报债权人有提起确认之诉的意向，最迟应于分配清单公告后两周内证明他已经提起了诉讼或已经继受了一项待决诉讼，否则，即使他以后赢得了这一确认之诉，也不得参与收益分配。[②] 如果他能够在法定期间内完成证明，则管理人应当在分配时为其保留属于争议债权的收益份额，然后根据诉讼结果来决定是分配给该债权人，还是按比例分配给其他破产债权人。[③] 不过，纵观德国破产债权确认制度的相关条款，结合《德国破产法》第 189 条制定的立法目的，德国破产法虽为未及时提起债权确认诉讼的债权人施加了不能参与分配的不利限制，却也将这种限制限定在一定的范围内，仅限于没有执行名义的债权，而且异议的对象不能是债务人。[④] 但是只要事后具备了前述

---

① 《德国破产法》第 189 条[受争辩债权的考虑]：“一名支付不能债权人，以其债权没有得到确认，并且对于其债权不存在具有执行力的名义、或不存在终局判决为限，至迟应当在公告后二周的除斥期间之内，向支付不能管理人报告已经提起确认之诉和所提起确认之诉的金额，或向支付不能管理人报告已经在原来系属的诉讼方面实施程序。及时进行报告的，以诉讼系属为限，在分配时留置此项债权所应分得的份额。不及时进行报告的，在分配时不考虑此项债权。”

② 德国破产法规定，不管是中期分配还是最终分配之前，管理人都应当制作分配清单，公开公告实施分配的债权总额和每次分配的债权额，以此确定破产进程中的债权人证明其已经对争议债权提出诉讼的除斥期间的起算点。

③ 参见[德]莱因哈德·波克：《德国破产法导论》（第六版），王艳柯译，北京大学出版社 2014 年版，第 159 页。

④ 因为根据《德国破产法》第 184 条的规定，针对债务人提起的确认之诉，不受两周之除斥期间的限制。

所论的条件，异议债权人仍然可以从剩余的破产财产中获得一定的分配。① 可以看出，虽然德国破产法规定异议债权人提起债权确认之诉的起诉期限仅有两周时间，而且逾期起诉将导致不能参与分配的失权效果，但是并不意味着绝对不能参与破产分配，只要在破产财产分配最终结束以前满足了相应条件，仍然可以在一定程度上受偿，损失的份额则是逾期起诉必然要承受的代价。②

日本破产法将破产程序分为公司更生程序(相当于重整程序)、民事再生程序(相当于和解程序)和狭义的破产程序(相当于清算程序)，③ 在三种程序中分别设置了相应的破产债权确认制度，除了因各自程序特点而专门适用的一些特殊规定，④ 在大体上遵循同一套确认债权的流程。⑤ 以破产程序中的异议债权确认制度为例，日本破产法创设了作为破产债权异议之诉前置程序的由法院主持的破产债权查定程序，若通过相对简便的债权查定程序将异议债权确定下来，就能降低债权人提起异议之诉的频率，迅速确定债权。尽管如此，法律也给予债权人充分保障自己权益的权利，债权人如果对法院作出的破产债权裁定的结果不服，可以在该裁定送达之日起一个月的固定期间内向法院提起破产债权核准异议之诉，通过诉讼程序解决债权争议。⑥《日本破产法》第130条间接规定了异议债权人逾期提起破产债权核准异议之诉的法律后果，即起诉前已经作出的债权核查裁定生效，债权确认结果将被记载于破产债权人表中，不再允许债权人另行起

---

① 依据是《德国破产法》第192条[嗣后考虑]："实施中间分配时未被考虑、并且嗣后具备第189条、第190条要件的债权人，在下次实施分配时从剩余的支付不能财团中先行获得一笔金额，这笔金额使这些债权人与其他的债权人具有同等地位。"

② 德国破产法将债务人破产财产的分配分为三个阶段：中间分配、最后分配和追加分配，每一个分配阶段必须以分配清单(结算清单)为依据，该清单确定了债权总额和每次应分配的债权额。当债权人的分配请求权经过了每个阶段的公告期之后才为管理人所知悉时，他所能获得的分配份额只能在尚且剩余的破产财产中按比例取得。

③ "破产"一词在日本法中仅指狭义的"破产清算"，与中国法的规定不同。日本现行的破产法规主要由清算型的《破产法》、重整型的《公司更生法》、和解型的《民事再生法》以及《公司法》中的特别清算程序组成。

④ 例如民事再生程序中的自认债权制度和更生程序中的担保权确认程序。

⑤ 参见[日]山本和彦：《日本倒产处理法入门》(第四版)，金春译，法制出版社2012年版，第140页。

⑥ 李飞：《当代外国破产法》，中国法制出版社2006年版，第767页。

诉，可见日本破产法对于一个月的起诉期间同样采取了除斥期间的观点。①

（二）国内法方面

在商法的实体规范中，还存在许多与《破产法解释三》第8条规定的起诉期间效果类似的期间，其性质也有待厘清，如《公司法》第74条第2款规定的异议股东要求公司回购其所持股权的六十日与九十日的期间；《合伙企业法》第49条第3款规定的被除名合伙人对除名决议享有的"三十日"的异议经过期间。这些期间的持续时间同样远远短于一般的诉讼时效，却又涉及股东和合伙人的重大权益变动，作为不变期间同样不能用诉讼时效或者诉讼期间进行界定。通过考察学界以及实务界对这些期间所持的观点，在司法实践中观察法律适用的实际效果，可以触类旁通，作为研究《破产法解释三》第8条之规定的参考资料。

由此产生的争议的裁判结果可以作为参考，如在李某与上海某合伙企业合伙合同纠纷一案中，上海市浦东新区人民法院认为，根据《合伙企业法》第49条的规定，对除名决议有异议的，被除名人可以自接到除名通知之日起三十日内，向人民法院起诉。上述三十天期限属于被除名人提起除名决议异议之诉起诉权利的存续期间，为法定不变期间，不适用有关诉讼时效中止、中断和延长的规定。自接到除名通知之日三十天期间届满，被除名人起诉权利消灭。②

四、破产债权异议之诉起诉期限的优化

（一）起诉期限起算点的界定

《破产法解释三》第8条规定，十五日起诉期限的起始节点为"债权人会议核查结束之日"，本文认为应当采取客观起算标准，不能适用"自知

---

① 《日本破产法》第130条："法院书记员依照破产财产管理人或破产债权人的申请，必须将关于破产债权的确定的诉讼结果（对于破产债权核准申请作出的决定的破产债权核准异议之诉，在第126条第1款规定的期间内未被提起或者已经被驳回的，则为该决定的内容），记载于破产债权人表。"

② 参见上海市浦东新区人民法院（2020）沪0115民初77682号裁定书。

道或应当知道之日起”的规则。在实体法上，“知道或者应当知道”的适用对象一般是作为事件发生的当事人招致损害的权利。作为公开的司法解释，应当推定当事人知道《破产法解释三》的规定，不知法不能成为免责事由。

即便如此，此处规定仍然存在一定的歧义和解释空间，“债权人会议核查结束后”这一时间还是非常模糊。破产程序参与主体众多，利益交织，债权人会议核查时，债权人能否当场表态并不确定，就债权核查这一事项能否形成最终的有效决议亦不确定。且债权人会议在满足法定条件下可以多次召开，该条也未明确具体为哪次债权人会议。本文认为应当通过司法解释对此进行明确，避免不确定的时间使诉权行使处于不确定的状态，最迟以第一次债权人会议终结后的一定时间点作为期间的起算点，例如管理人将债权人会议审核结果告知债权人的通知送达之日。管理人在债权人会议召开前就将债权表送达给债权人，督促债权人在会前提出书面异议。管理人提前熟悉异议债权材料后在会上对异议债权进行解释或调整，这样就可以在会议时间和保护债权人利益等因素上做出平衡，也能保障规定的期限的精准起算。这种操作模式在一定程度上增加了管理人相当大的工作量，也无法避免一些债权人在会上临时提出异议，因此管理人需要不断优化内部人员配置结构，努力提高实战经验和专业水准，提前判明各个债权论证的难易程度，重点熟悉复杂债权材料，以防万一。

但是目前还存在一个问题，从文义上看，本条款是以管理人对债权的审查结果作为提出债权确认之诉的前置性条件。① 纵观《企业破产法》第62条之规定，管理人的审查期限较短，只有十五天。如此短暂的审查期限，如果债务人涉及的债权债务关系相对简单尚可以完成，而对于债权数量巨大且复杂的破产案件，管理人几乎无法在法定期限内实现各类债权的实质审查，管理人不得不向法院申请延期召开债权人会议。即使法院不同意延期申请，按时召开债权人会议，由于部分债权尚未审查完毕，部分债权人将处于待确认状态而无法及时行使自己的权利，对其适用与其他经过确认的债权人一样的起诉期间是非常不公的。

鉴于实践中部分法院将破产债权的审查确认权下放给了管理人，造成

① 尽管这与《企业破产法》第57条、第58条规定的程序不符，确认债权的依据应当是法院的裁定。

了法院故意不受理债权人提起的异议之诉的错误做法，司法解释的实施效果已经偏离了立法目的。既然《企业破产法》规定了法院对破产债权负有最终确认之责，法院的审核就不能草草了之，必须要审查债权成立与否、债权数额和清偿顺位，通过审查剔除明显有问题的债权，监督管理人的履职情况，纠正管理人编制债权表出现的错误。所以笔者认为管理人的审查结果不宜作为最终决定，而应由法院做出具有既判力的裁定或者判决，以此作为债权人提起破产债权异议之诉的前置条件。

（二）起诉期限的长度之优化

起诉期限的设定，既不能如诉讼时效一样漫长，也不能单纯认为越短越好，而且本文认为应当针对不同的债权确认情形确定不同的起诉期限。实践中，针对自身债权，债权人往往已经事先与管理人进行了充分的沟通，通常不会出现较大的争议，对其加以十五日的起诉期限是比较合理的。但针对非自有债权，特别是其他债权人（包括权利人本人）不存在异议的情形，则需要给管理人预留足够的时间来处理争议，根据比较法上的参考，这个时间应当至少不短于一个月，最长也不宜超过三个月，本文权衡认为以两个月左右为宜。

域外做法，如《日本破产法》第 126 条规定，异议者得自债权核准决定送达之日起一个月内的固定时限内提起破产债权核准异议之诉。① 通常债权人会在债权人会议当天收到一些会议文件，由此可以理解管理人对各项债权的认定情况和决定。对特定债权人的权利发生异议的，管理人不太可能立即进行说明或调整，即使通知在会议结束后同一天到达，尽快理清债权相关情况的机会仍然非常渺茫。《法国破产法》要求异议债权人在债权人代表通知异议后的 30 日内向债权人代表提交异议说明，如不提交，则丧失提交诉讼的权利。② 英国《个人破产规则》规定债权人在接到破产受托人的书面审查结果通知后，有 21 天的时间向法院提出异议。③《德国破

---

① “对于破产债权核准申请作出的决定不服者，可以在该送达之日起一个月的固定期间内提起异议之诉。破产债权核准异议之诉由破产法院管辖。”

② 《法国商法典》第六卷第 621-47 条。

③ 参见付翠英：《破产法比较》，中国人民公安大学出版社 2004 年版，第 357 页。

产法》则为异议债权人就无执行名义债权向法院提起债权确认之诉设置了两周的除斥期间。《俄罗斯联邦破产法》则针对债权人所处破产程序的不同阶段分别设置了 15 日或 1 个月的异议期。①

总体来说，各国破产法为债权人设定了短则 15 日长则 1 个月的异议期，但较短的异议期带来的弊端已被完善的破产债权确认制度所化解，我国破产法则不宜规定太短的异议期。盖因在我国，管理人的核查决定不可能等同于法院的一审判决，不具有较高程度的确定力，而法院对无异议债权的裁定通常是整体确认，限于司法资源不可能对每一笔债权一一确认，尤其是一些特别复杂的破产案件。因此，为了弥合债权确认制度的实然状态与应然状态之间的差异，考虑到债权申报、提供证据、补充提供证据、债权审查、收到债权审查结果、债权人会议核查、债权复核等过程，可以延长起诉期限作为缓冲。

（三）明确逾期起诉的后果

我国现行破产债权确认制度程序设计上存在先天不足，问题不仅在于未明确十五日起诉期限的性质，逾期起诉产生的法律后果也没有明文规定，致使司法实践中产生了诸多困惑。破产程序作为全体债权人公平受偿的制度保障，必须既要注重程序公平，也要注重实质公平，在加快破产程序推进过程中，提高清偿率和清偿效率是保证实质公平的重要侧重点。出于司法公正的目的，法院和管理人追求工作绩效不能过度压缩债权人异议权行使的空间，学界和实务界需要在司法解释的基础上进一步议定更细致的适用规则，有效地将司法解释的精神落实到破产法实践中。

因此根据前文观点，应从法解释论的角度来解读我国当下的异议破产债权确认诉讼制度，第 8 条规定的十五日期限应当视为除斥期间，为避免提起债权异议之诉的权利消灭，首先，异议债权人必须在债权人会议上提出异议，错失机会则将因为起算点的规定而径直失去了提起债权确认之诉的前提条件。其次，管理人必须在会上对异议债权进行明确答复，否则债权人提起债权确认诉讼的前提条件将不具备，更不用谈“十五日”期间的起算问题。最后，若债权人、债务人未在法定期限内就债权确认起诉，管

---

① 参见陈义华：《俄罗斯破产债权确认制度及其对中国破产法修改的启示》，载《社科纵横》2019 年第 34 期。

理人和法院应视为其无异议，则该债权确定，管理人可不予审查异议，直接按核查结果将相应债权纳入债权表，提请法院做出债权确认裁定，人民法院应及时对无异议债权制作确认债权的裁定书。①

此外，虽然《破产法解释三》第 8 条在性质上属于除斥期间，系长度确定的不变期间，但出于对破产债权人权利的保障，可以参考《民事诉讼法》第 73 条规定的情形，允许债权人在无法于规定的诉讼期限内完成起诉的前提下，以正当理由向法院申请顺延诉讼期限，法院应及时进行审查，凡有符合法律规定的顺延事由的，应当予以准许。②

破产债权确认对于整体破产程序的重要性是毋庸置疑的，作为目前唯一的破产债权异议司法救济途径，破产债权异议之诉对纠纷的解决起到了一锤定音的作用，《破产法解释(三)》对破产债权异议诉讼制度进行了突破性解释，设定了破产债权异议之诉的起诉期限，体现了司法机关对破产债权确认制度完善的重视，并将工作向前推进了一大步，是非常有意义且有必要的。但是，司法解释的修改或许是考虑到现实的需要，在完成立法的全面论证和平衡各方利益之前便匆忙出台，从客观上还存在诸多不完善之处，我国破产法的规定与国外破产法相比也十分单薄。本文通过运用法解释学分析方法，指出《破产法解释三》第 8 条规定的十五日期限属于除斥期间，但其长度还需商榷，实施的实际效果同立法目的存在偏差，对债权人较为严苛，不利于建设和谐社会。鉴于此，笔者从十五日起诉期限的性质、逾期后果角度展开探讨，并提出了延长起诉期限、重新界定起算点、明确逾期起诉法律后果的建议。实际上，笔者认为，与其将这些内容写入《破产法解释(三)》，不如在《企业破产法》的修订过程中将其填充进去，作为法律而不是司法解释存在，才能更好地推动法院更好履行债权确认纠纷裁判职权。

---

① 参见张善斌主编：《破产法实务操作 105 问》，武汉大学出版社 2020 年版，第 201 页。

② 根据通说观点，我国法律规定的除斥期间属于纯粹除斥期间，排斥混合除斥期间理论，无除斥期间中止或不完成的规定。司法实务上，不论是各级法院的判例，还是最高人民法院的相关司法解释，更为明确将除斥期间定性为不变期间，不适用诉讼时效中止、中断或者延长的规定。

破产程序中代持股份归属的利益平衡选择

——以名义股东破产为例

王宇彤*

内容提要：公司中的股权代持现象在投资领域已屡见不鲜，但目前相关法律规制较少，在破产程序中如何确定代持股份归属才能实现利益平衡，做好和其他法律规定之间的衔接还有待讨论解决。梳理名义股东破产后代持股份的处理问题，结合对司法实践的分析，发现此类案件争议焦点不仅在于外观主义的适用边界问题，善意取得制度和取回权规定的适用也需具体解释。在处理股权代持法律关系时，要区别其对内效力和对外效力。对于破产程序中出现的实际出资人与破产债权人之间的利益矛盾，应当坚持以外观主义为原则，将代持股份归入破产财产，保护善意债权人的信赖利益，并允许实际出资人在破产程序中申报债权。例外情形下实际出资人可以取回股权，合理保护其合法产权。

一、问题的提出

股权代持在我国股权投资领域中较为常见，由于实际出资人与名义股东主体相分离，且一般情况下，股权代持的隐蔽性较高，难以为外人所知悉，在外部关系上形成了信任与信赖，① 这就为各种纠纷的产生埋下了隐患。在我国现有的法律体系中，仅在《最高人民法院关于适用〈中华人民共和国公司法〉若干问题的规定(三)》(以下简称《公司法司法解释三》)第

* 王宇彤，武汉大学法学院 2020 级民商法学专业硕士研究生。

① 参见葛伟军：《股权代持的司法裁判与规范理念》，载《华东政法大学学报》2020 年第 6 期。

24~26条对股权代持作出了专门规定。因股权代持而引发的争议往往会通过适用《中华人民共和国民法典》(以下简称《民法典》)中的善意取得制度以及《中华人民共和国公司法》(以下简称《公司法》)中的股权登记制度等来解决。

在破产程序中也因股权代持引发了一系列法律争议，典型如名义股东破产时其代持有的股权应当如何归属的问题：债权人要求将名义股东代持的股权纳入破产财产范围以实现债权，实际出资人则主张确认股权归其所有，对股权行使取回权。这不仅涉及破产程序中全体债权人利益与实际出资人权益之间的平衡，也是《中华人民共和国企业破产法》(以下简称《企业破产法》)与《公司法》相交织的一个疑难问题。对此，理论界和实务界有多种观点，裁判观点与法律适用尚未统一。有鉴于此，本文以实证考察为基础，通过归纳司法实践中的争议焦点，结合外观主义原则、破产法相关规定等，拟对破产程序中代持股份归属的判定提供可行的思路与方式。

二、名义股东破产时代持股份归属的司法实践与法律解读

(一)相互抵牾的司法判决剖析

通过检索名义股东破产时发生的代持股份纠纷相关案例发现，案由主要包括破产债权确认纠纷、取回权纠纷和股东资格(股权)确认纠纷三类。虽然案由种类不同，归根结底，争议焦点都落脚于代持股份应当纳入破产财产，还是归实际出资人所有。实践中，支持代持股份归实际出资人所有的案例较少，大多数法院对此持否定态度，认为代持股份应归入破产财产。可见两种相反观点在案情类似的案例中法院均有部分采纳，呈现出不支持实际出资人取回代持股份的倾向，但实务界对这一问题尚未达成共识。对目前已有的典型案例及裁判观点梳理如下：

1. 被动代持股份的情形

所谓被动代持主要是指股权变更登记规则的影响,① 例如在股权转让

① 参见朱慈蕴：《规避法律的股权代持合同应以不鼓励为原则》，载《法律适用(司法案例)》2018年第22期。

的过程中，受让人已经支付了所有的股权转让价款，但由于其他原因未能完成股权变更登记，转让人仍为名义股东，应当视为其代受让人持有股权。因此，在被动代持股份情形下，实际权利人一般可以主张取回权。在广东国投破产案件中，该公司与华南公司签订转让协议书，约定广东国投将100万股粤电力法人股转让给华南公司。华南公司支付转让价款后，实际享受了转让股份应得的权利并承担了相应的义务，也一直要求依法办理转让过户手续，但因广东国投的原因一直没有办理。后广东国投被中国人民银行批准关闭清算，华南公司请求取回上述粤电力法人股。法院的审理意见认为，该案中粤电力法人股所有权已经实际转移，华南公司非因自身原因陷入股权被动代持的情形中，因此广东国投只是名义上持有股份，应当支持由华南公司取回股份。①

2. 主动代持股份的情形

主动代持股份则是由于实际出资人因某些自身原因不能显名，或为了规避法律而主动形成的股权代持现象。② 在此类案件中，有的法院对外观主义的适用范围进行了适当限缩，认为代持股权应归实际出资人所有。在“陈某某、杭州临安绿岛能源有限公司破产债权确认纠纷案”中，陈某某与绿岛公司签订《代持股协议》，委托绿岛公司作为自己对中达公司出资的名义持有人。绿岛公司破产清算一案被法院受理后，在审理过程中陈某某向绿岛公司的破产管理人提出异议，认为登记在绿岛公司名下中达公司1%的股权不应属于绿岛公司的破产财产。一审法院认为基于善意第三人的信赖利益，代持股的内部约定不能对抗破产债权人；③ 但二审法院提出外观主义的适用范围不应被任意扩大，本案当事人并非案外第三人，判决绿岛公司代持的股份归陈某某所有。④

但也有法院立足于信赖利益保护，认为代持股协议不能对抗破产债权

① 参见霍敏主编：《破产案件审理精要》，法律出版社2010年版，第87~89页。

② 参见朱慈蕴：《规避法律的股权代持合同应以不鼓励为原则》，载《法律适用（司法案例）》2018年第22期。

③ 参见杭州市临安区人民法院（2019）浙0185民初3497号民事判决书。

④ 参见浙江省杭州市中级人民法院（2019）浙01民终7474号民事判决书。采类似观点的判决参见江苏省高级人民法院（2020）苏民申1816号民事裁定书；河南省郑州市中级人民法院（2017）豫01民初2584号民事判决书。

人。在“王某某诉宜兴申利化工有限公司股东资格确认纠纷案”中，王某某通过申利公司代持鹏鹞承包公司 40 万股股份。后申利公司的破产清算申请被法院受理，王某某请求确认鹏鹞股份公司股份归其所有。一审和二审法院均认为，在对申利公司代持股份的情形进行全面考量的基础上，应当兼顾外部关系和内部关系，坚持商法中的公示主义与外观主义原则，对申利公司的债权人作为善意第三人的信赖利益予以优先保护。①

（二）争议焦点归纳

根据前述的法院裁判观点，可以看出法院对类案作出不同判决的理论分歧主要在于主动代持股份情形中商事外观主义的适用范围。实质上，外观主义是衡量实际权利人与外观信赖人利益冲突时所遵循的原则，即不论外观表现与实际情形是否相符，对于外观事实的合理信赖都应当受到法律的保障。② 虽然外观主义在现有立法的一些具体规则中得到了体现，③ 但是它并非现行法律直接规定的一项原则，只是民商法上的学理概括。其适用范围的边界到底在哪里，是否可以作为司法实践中的裁判基础和说理依据存在诸多争议。目前，我国理论界普遍主张对外观主义的适用范围进行限制，也就是说，在一般情况下只能运用于交易行为领域，非交易场合大多不得适用。④《全国法院民商事审判工作会议纪要》（以下简称《九民纪

① 参见江苏省无锡市中级人民法院（2017）苏 02 民终 3235 号民事判决书。采类似观点的判决参见广东省惠州市中级人民法院（2020）粤 13 民初 54 号民事判决书。

② 参见刘胜军：《论商事外观主义》，载《河北法学》2016 年第 8 期。

③ 《中华人民共和国民法典》第 172 条：“行为人没有代理权、超越代理权或者代理权终止后，仍然实施代理行为，相对人有理由相信行为人有代理权的，代理行为有效。”第 311 条：“无处分权人将不动产或者动产转让给受让人的，所有权人有权追回；除法律另有规定外，符合下列情形的，受让人取得该不动产或者动产的所有权：（一）受让人受让该不动产或者动产时是善意；（二）以合理的价格转让；（三）转让的不动产或者动产依照法律规定应当登记的已经登记，不需要登记的已经交付给受让人。受让人依据前款规定取得不动产或者动产的所有权的，原所有权人有权向无处分权人请求损害赔偿。当事人善意取得其他物权的，参照适用前两款规定。”第 504 条：“法人的法定代表人或者非法人组织的负责人超越权限订立的合同，除相对人知道或者应当知道其超越权限外，该代表行为有效，订立的合同对法人或者非法人组织发生效力。”

④ 参见崔建远：《论外观主义的运用边界》，载《清华法学》2019 年第 5 期。

要》)指出，外观主义是为了保障交易安全而设立的例外规定，它通常用于对权利外观或意思表示有合理信赖的交易行为，在司法实践中应正确地把握其适用范围，防止其泛化和滥用。相反观点则认为这样的理解有失偏颇，将视野局限于民法现象中，并不符合侧重追求效率和安全的商法价值规律，外观主义应广泛运用于商法领域。① 在名义股东破产的情形下，实际出资人与破产债权人之间因代持股份存在利益冲突是毋庸置疑的，但破产债权人显然不属于传统意义上的交易行为范围，因此破产债权人是否可以通过外观主义保护合理信赖，是此类纠纷中最主要的争议焦点之一。

(三)相关法律规定在破产程序中的适用解释

1. 股权代持适用善意取得制度的争论

《公司法》第 32 条第 3 款确立了有限责任公司股权登记的公示对抗性，股东的姓名或者名称属于登记事项，未经公司登记机关登记或者变更登记的，不得对抗第三人；《民法典》第 65 条则规定“法人的实际情况与登记的事项不一致的，不得对抗善意相对人”。商事登记中相关事项一经登记即产生登记效力，是外观主义在商事登记制度中的贯彻，② 但对于股权登记对抗规定的解释，包括相对人的主观要件、相对人的主体范围等都存在争议，具体到此类案件中，破产债权人是否属于法律规定的享有对抗权的主体，名义股东代持股的情形是否符合登记对抗的构成要件等问题都有待探讨。《公司法司法解释三》第 25 条规定了名义股东处分股权的行为可以参照《民法典》物权编中的善意取得制度处理，这一立法逻辑在理论界引发了诸多讨论，存在截然相反的两种态度。肯定善意取得制度适用于股权代持的学者认为，对已经进行了理性、谨慎的尽职调查的善意取得人，应当保护其权益，这涉及交易市场安全与秩序问题，③ 影响股权流转

① 参见施天涛：《商事法律行为初论》，载《法律科学》2021 年第 1 期。

② 参见邹学庚：《〈民法典〉第 65 条商事登记公示效力研究》，载《国家检察官学院学报》2021 年第 1 期。

③ 参见郑瑞平：《论隐名股东利益之法律保护》，载《中国政法大学学报》2010 年第 5 期。

的效率和可信度，能够拓宽股东退出通道。[①] 持否定说的学者则认为，由于名义股东是真正又合法的股东，作为股权的真正权利人，其处分股权的行为应为有权处分，善意取得制度没有适用的理由和空间。[②] 对于名义股东破产的情形，目前尚未有概括参照善意取得制度保护破产债权人的观点。

2. 一般取回权的行使条件争论

《企业破产法》第 38 条对一般取回权作了界定，即债务人占有的他人财产，该财产的权利人享有取回其财产的权利。但一般取回权的基础权利主要是物权，尤其是所有权，[③] 也存在依债权产生取回权的情况。在名义股东面临破产的情况下，根据该条规定，实际出资人主张代持股权不应作为破产财产，并要求依法取回股权，在取回权基础和行使内容上均存在一定争议。就股权的属性而言，通说认为它是一种有别于物权和债权的综合性权利，由于投资者进行股权投资的目的在于获取收益回报，股权在本质上更偏向于财产权。《公司法司法解释三》第 24 条第 2 款明确，名义股东不能以公司名册登记、公司登记机关登记为由否定实际出资人的权利，尽管肯定了实际出资人的出资权益，但并非直接就认定实际出资人享有股权。实际出资人要成为公司股东还需经过显名化程序，或者根据《九民纪要》第 28 条的规定，举证证明公司过半数的其他股东知晓其实际出资的事实，且未对其实际行使股东权利提出异议。因此，股权既不具备取回的现实条件，实际投资人所享有的也仅是投资权益，不得以此主张取回权。不过，司法裁判中尚未对这一问题产生争议，在“荣成市海运有限公司、黄某某一般取回权纠纷案”中，二审法院认定被上诉人系涉案股份的实际

---

① 参见刘俊海：《论股权代持的法律性质和效力》，载《河北大学学报（哲学社会科学版）》2021 年第 5 期。

② 参见姚明斌：《有限公司股权善意取得的法律构成》，载《政治与法律》2012 年第 8 期；张双根：《论隐名出资——对〈公司法解释（三）〉相关规定的批判与发展》，载《法学家》2014 年第 2 期；甘培忠、周淳：《隐名出资纠纷司法审裁若干问题探讨》，载《法律适用》2013 年第 5 期；郭富清：《论股权善意取得的依据与法律适用》，载《甘肃政法学院学报》2013 年第 4 期。

③ 参见李永军、王欣新、邹海林、徐阳光：《破产法》（第二版），中国政法大学出版社 2017 年版，第 107 页。

出资人，可以依法向上诉人管理人行使取回权，但在是否符合荣成农商行股东的条件并且是否可以依照相关程序被确定为股东之前，被上诉人尚不具备行使取回权的条件。[①] 由此可见具体判决中也没有对股权本身是否符合一般取回权的权利基础展开讨论，而是围绕具体财产归属以及实际出资人是否显名进行裁判。

三、以实际出资人礼让破产债权人为基本原则之证成

股权代持纠纷的复杂之处在于，不仅涉及以代持协议为基础的实际出资人和名义股东的内部法律关系，同时也牵涉名义股东和债权人的外部法律关系，因此协调好内外部法律关系是处理好股权代持纠纷的关键所在。有学者认为，法院在处理代持股权纠纷时，应遵循“别内外，论阴阳，分善恶，讲先后，重担保，防双悬，辨民商”的判决观念，要避免绝对的外观主义抑或内部权利事实标准，无论倾向何者都不符合中庸之道，是有失偏颇的。[②] 所以，在名义股东破产时，应当以外观主义为原则，将代持股份归入破产财产的范畴，而允许实际权利人收回股权作为例外情况。

（一）外观主义在商事领域中不宜限缩于交易行为

外观主义在实践中的适用效果体现为法律把虚假的外观事实看作真实的，而排除实际权利人主张真实权利状态的权利，使其承担虚假权利外观作为真实状态的法律后果。[③] 这种法律结果往往是不利于实际权利人的，因为法律赋予外观信赖人善意设想的状态成为真实存在的权利。[④] 由于实际权利人的行为导致了此类权利或者法律关系外观的出现以及存续，对虚假外观的构成有不可推卸的责任，因此必须承受自身行为带来的不利后果。就狭义的股份代持来说，实际出资人通常是与名义股东达成一致，并主动实施了故意隐瞒公司、其他股东、监管机关和债权人、促成股权代持

① 参见山东省威海市中级人民法院（2019）鲁10民终3064号民事判决书。

② 参见刘俊海：《代持股权作为执行标的时隐名股东的异议权研究》，载《天津法学》2019年第2期。

③ 参见刘胜军：《论商事外观主义》，载《河北法学》2016年第8期。

④ 参见张洪松：《外观主义论纲》，载李琦主编：《厦门大学法律评论（第18辑）》，厦门大学出版社2010年版，第90页。

的行为，也就是说，实际出资人对股权登记不实的状况存在过错，应当自行承担相应的风险。① 从立法的角度考虑，股权登记具有公示对抗效力的规范目标在于，要保护以权利外观为基础实施法律行为，并产生信赖利益的非契约方。若把“第三人”的定义局限在交易领域，则不能真正覆盖到对股权外观产生信赖利益的所有主体。因此，通过外观主义保护交易安全不应当限缩于某种具体交易，要使整个商事交易环境的效率、稳定性和安全性都能得到全面保障。在破产程序中，虽然破产债权人没有直接与名义股东发生股权交易，但由于其对名义股东的偿债能力产生了信任，所承担的风险并不比交易中的第三人低，因此应当肯定破产债权人对股份登记有类似于股权交易的信赖利益，将商事外观主义应用于名义股东破产时的破产债权人保护。

在“成都广诚贸易有限公司与福州飞越集团有限公司股权确认纠纷案”中，最高人民法院认定，虽然广诚公司为案涉股权的实际出资人，但该股权登记在飞越集团名下，中国证券登记结算有限责任公司予以确认，飞越集团、棱光公司亦向社会予以公告，对外具有公示效应。闽发证券有限责任公司在法院裁定飞越集团破产后，根据登记及公告的公示公信力，有充分的理由相信飞越集团持有棱光公司的股份，有权利就该股权实现其债权。如果支持广诚公司确认股权的诉讼请求，必然损害飞越集团其他债权人的利益。② 在这一案件中，最高人民法院的判决也反映出了区分内部和外部法律关系，以及依据外观主义原则处理外部法律关系的裁判思路。正所谓“桥归桥，路归路”，股权代持并不能自然地对抗第三人，单从实际出资人和名义股东之间的内部关系出发，进而支持实际出资人关于确认股权的请求，势必会损害到债权人的权益。所以，在对相关利益进行全面衡量的前提下，保护债权人作为善意第三人的利益具有优先性。③ 在诚信体系尚不完善的背景下，适度加强外观主义对促进社会环境的积极转变是有益的。

---

① 参见张亮、孙恬静：《案外人执行异议之诉中债权人与隐名股东保护的价值衡量——兼论商事外观主义在强制执行程序中的运用边界》，载《法律适用》2021 年第 8 期。

② 参见最高人民法院(2013)民申字第 758 号民事裁定书。

③ 参见许胜锋主编：《人民法院审理企业破产案件裁判规则解析》，法律出版社 2016 年版，第 100 页。

但是在适用外观主义原则时，也有例外情况存在，过分绝对、不加区别地适用，反而会使实际权利人的利益受到过度损害，超出其所应当承受的责任范围。如果名义股东的债权人知悉股权代持关系，应当认为其具有主观恶意，那么就不能适用该原则，因为这违背了保护善意信赖的初衷，也不具有法理基础。此外，对于名义股东的债权人无主观恶意，但是应知道而不知道股权代持关系的情况，也不适宜引入外观主义原则。① 这是因为商事法律关系要求商人的注意义务应高于一般的民事活动主体，在商法的预设中，商人具有识别商业外观的知识、智力和经验，应当更为谨慎和理性。如果名义股东的债权人履行了应有的注意义务，就完全可以避免对虚假权利外观的误信，破产债权人因具有主观上的过失，而不构成基于不知情形成的合理信赖。②

(二)破产法的制度价值导向

在企业破产的背景下，应当从其特有的立法目的、制度价值、规范特点等角度出发，对破产债权人的利益保护问题进行综合考量。破产法提倡保障债权人的公平受偿利益。③ 从某种意义上说，破产是一种广义的执行程序，即为了全体债权人的利益而对债务人的财产进行执行。④ 要使破产债权人的利益最大化，就必须放宽对破产财产范围的限制，使各种类型的财产尽可能地纳入其中。⑤ 债务人的财产是破产程序分配的先决条件，如果名义股东进入了破产清算，那么其代持股份的归属将直接影响到债权人的债权是否能够获得受偿，以及受偿的比例多少。如果允许实际出资人

① 参见刘俊海：《代持股权作为执行标的时隐名股东的异议权研究》，载《天津法学》2019 年第 2 期。

② 参见张亮、孙恬静：《案外人执行异议之诉中债权人与隐名股东保护的价值衡量——兼论商事外观主义在强制执行程序中的运用边界》，载《法律适用》2021 年第 8 期。

③ 参见邹海林、周泽新：《破产法学的新发展》，中国社会科学出版社 2013 年版，第 22 页。

④ 参见王欣新主编：《破产法原理与案例教程(第二版)》，中国人民大学出版社 2015 年版，第 5 页。

⑤ 参见许德风：《破产法论——解释与功能比较的视角》，北京大学出版社 2015 年版，第 364 页。

取回股权，债权人的利益势必会减损，不利于实现债务人财产利用价值最大化，也不能将债权人的损失降到最低。股权代持行为实质上是私法主体的意思自治，但是牵涉到的利益主体很多，法律关系也非常复杂，严重者甚至对整个社会的整体利益和经济秩序都有影响，通过相关法律进行规制的必要性毋庸置疑。在名义股东资不抵债，无法偿还全部债务的情况下，破产程序是债权人最终的权利救济手段，而在破产程序中，对债权人的利益给予优先保障是其立法思想的重要体现，因而，当实际出资人和破产债权人之间产生利益冲突时，两害相权取其轻，应侧重保护债权人利益。

（三）风险与收益同在——权利义务对等视角

实际出资人放弃了自己的股东身份，选择以“隐名出资”的形式持有股份，本质上是其自由发挥意志，从而达到最大的投资效益的选择。但是在选择行使这样的权利并享受其后果的同时，相应地，权利的实现必须依赖于相应的义务的履行。不能既允许实际出资人享有股份代持的好处，又使其免于承担相应的责任。从社会实践和交易惯例的通常情形来看，作为一个商事理性人，实际出资人在选择股权代持时，就应该考虑到潜在的商业风险，包括名义股东可能进入破产程序的情形。所以，实际出资人为了获得更多的投资收益而采取股权代持这类增加风险的方式，也必须承担相应的风险，接受可能产生的不利后果，而不是将风险转移给外部的其他股东、债权人，这将违背权利义务对等的原则。从信息的获取途径来看，股权代持导致了债权人和实际出资人信息不对称，债权人只能靠外部的工商登记来判断名义股东资产状况，而无法得知公司内部的代持关系此类不可预知的风险。因此，基于利益平衡保护的考量，应该适当地向债权人倾斜，实际出资人的利益仍然可以通过其他途径得到救济，特别是以其与名义股东的内部协议为依据。① 另外，相比于保护个别的实际出资人，坚持外观主义，保护不特定的多数人，更有利于保障商业交易的安全和效率，更符合合理的利益衡量选择。

---

① 参见陈希国、彭震、李宁：《委托持股(隐名出资)引发的法律问题探讨——山东省高级人民法院第八期法官沙龙综述》，载《山东法官培训学院学报》2019 年第 4 期。

（四）利益保护导向的社会效果实现

除被动代持以外，狭义上股份代持情形的出现，无非是因为实际出资人想要隐藏身份以追逐利益，抑或是意图规避特定的竞业限制规定甚至是法律规定。大量此类隐名出资的出现更容易扰乱市场秩序。当今社会，随着市场经济的不断发展，交易网络错综复杂，交易信息冗余繁杂，商事主体难以做到全面了解相对方的信息，而商行为注重追求利益以及简便快捷的效益原则，更加剧了信息了解不完全的状况。破产领域中也是如此，难以苛求破产债权人能够了解破产企业所持有的股份是否存在代持的情形，且这种要求也与追求效率的目标不符，也增加了破产程序的成本与难度。如果法律和司法裁判允许实际出资人在名义股东破产时取回股权，将会在某种程度上激励或者影响投资者更进一步选择隐名出资的方式，因为其无需担心承担名义股东破产时的风险，严重者可能还会造成企业破产后股东恶意通过股权代持的方式取回投资权益，引发恶意串通下的道德风险，不利于破产程序的实施，严重损害了破产债权人的利益。司法判决的结果既反映了法律规范的实际运用和保障作用，又决定了特定行为的存在状况和公众对其行为的预期。① 因此，对于股权代持这种非常态的持股关系，司法机关在兼顾各方利益的同时，也应充分考虑裁判观点所指向的利益保护理念和社会价值，避免变相激励规避法律带来的负面效应。所以，在名义股东破产时，将其代持的股份归入破产财产，以维护破产债权人的信赖利益为导向，有助于推动破产程序的顺利进行，而且，在社会效应方面，也可以倒逼实际出资人谨慎选择隐名投资的方式，尽可能地规避股权代持。

四、名义股东破产时实际出资人的投资权益处置

在名义股东进入破产程序后，实际出资人的投资权益可以通过适当途径获得救济是不可否认的。原则上依据外观主义原则将代持股权划归为破产财产的范畴，例外情形下，也应当允许实际权利人取回股权避免形成极

① 参见杜新梅：《债权人申请执行名义股东代持股权的理论解构——基于 78 份生效裁判的实证分析》，载《黑龙江省政法管理干部学院学报》2021 年第 2 期。

端僵硬的判决规则。在法院认定代持股为名义股东的破产财产后，实际权利人还可以根据代持协议主张一定的权利，从而保障其投资权益。

（一）允许取回股权的例外情形

1. 不可避免的被动式代持

在股权继承、股权让与担保、公司设立、增资等方面都存在被动代持的情况，即广泛意义上的股权代持，大多呈现出隐性、被动的特征。① 在这类被动代持的情形中，实际出资人并非主动追求股权代持的形成，也不希望这种代持关系出现，因此，就权利外观与实际情形不一致的结果不存在过错，不可归责于实际权利人。同时，由于我国《公司法》关于变更登记的义务及责任归属的规定并不明确，存在一定的缺陷，导致被动式代持现象难以避免。在这种情况下，如果对实际权利人过分苛求，死板地适用外观主义原则会导致与社会现实脱节，违背公序良俗，侵害实际权利人的正当权益，有违实际权利人的合理期待。因此在被动代持的名义股东破产时，应当允许实际权利人取回股份。在前述广东国际信托公司的破产案例中，华南公司和广东国投之间的代持关系就是被动代持，所以法院认为股权所有权已经实际转移，支持华南公司取回股份的判决合情合理。

2. 债权人不符合善意要件

虽然在名义股东破产时，采外观主义作为判定名义股东破产时代持股权归属的原则，但是，在实际情况中，如果有确凿的证据表明债权人已知或应知股权代持事实存在，则无信赖保护的必要。这种解释也符合前述判决逻辑，况且法院在判决中也部分反映了第三人的主观状态。例如在“王某某诉宜兴申利化工有限公司股东资格确认纠纷案”中，一审法院认为，“在涉及善意第三人的公司外部关系中，保护善意第三人的合法权益更符合公司法保护公司、股东和债权人合法权益的立法目的”。② 从《公司法》

① 参见葛伟军：《股权代持的司法裁判与规范理念》，载《华东政法大学学报》2020 年第 6 期。

② 参见钱晋：《代持股协议不能对抗破产债权人》，载《人民司法》2019 年第 5 期。

中的“第三人”到《物权法》中的“善意第三人”，再到《民法总则》和《民法典》中的“善意第三人”表述，可以看出我国立法机关已主张将“第三人”的主观状况限定为善意。虽然《公司法》第 32 条第 3 款没有直接采用“善意”一词，但是限制第三人的主观状态理应成为制度设计的客观条件。① 因此，如果名义股东债权人主观上不具有善意，应当倾向于保护实际出资人的利益，允许其取回股份。

(二)破产程序中的保护路径

当代持股权被归入名义股东的破产财产时，实际出资人如何通过破产程序保护自己的投资权益也是一个值得注意的问题。由于股权既包含具有财产权属性的自益权，又包含不具有明显财产权属性的共益权；前者主要是股利分配请求权、剩余财产分配请求权等，后者则主要是表决权、建议权、质询权等。股东作为股权所有者，其根本目的是从公司分红，即使是涉及重大决策、经营管理等权利，实际上也是以实现财产利益为目标的，是促进财产利益实现的手段。鉴于此，股权还是可以体现出一定的经济利益，实质上也可以视作某种财产权。对于股权归入债务人财产的方式，当债务人进入破产程序后，为使债权人实现利益最大化，应当将其所持有的股份以竞价方式进行转让、拍卖，并将其所取得的收益计入债务人的财产。②

关于股权转让所得的价款如何处理，目前学术界众说纷纭：第一是优先权说，即实际出资人对处理股权所得价款享有优先权，可通过申报债权就该部分价款优先受偿；第二是共益债务说，即根据《破产法解释(二)》第 30 条，实际出资人可以按共益债务受偿；第三种是取回权说，即实际出资人虽然无法直接收回股权，但可以取回处置股权所得的价款；第四是一般的破产债权说，即由实际出资人通过破产申报，使其债权得以实现。③ 首先，赋予实际出资人的投资权益以优先权，不但没有相关的法律

① 参见杜新梅：《债权人申请执行名义股东代持股权的理论解构——基于 78 份生效裁判的实证分析》，载《黑龙江省政法管理干部学院学报》2021 年第 2 期。

② 参见最高人民法院民事审判第二庭编著：《最高人民法院关于企业破产法司法解释理解与适用》，人民法院出版社 2017 年版，第 120 页。

③ 参见胡鹰、陈颖：《执行异议和破产程序中涉股权代持纠纷裁判规则初探——结合〈民法典〉新规定》，载《法律适用》2021 年第 4 期。

法规，而且实际出资人是该权益事实上的主体，没有讨论优先权与否的余地。其次，《破产法》第 42 条所述的共益债务没有规定股权变卖价款，《破产法解释(二)》第 30 条规定的可以作为共益债务的情形也难以将其纳入规制范围，处置股权应当具有法律依据，不能简单参照“违法处分”的有关条款，故不能纳入共益债务。此外，还有一些法官主张采用取回权说，认为实际出资人可以从股权变卖价款中取回投资款。不过，在司法判决中，多数意见认为，实际出资人应当以破产债权申报方式来实现债权，① 但并未对此类裁判观点有详细阐述。因此，应将其认定为普通破产债权进行处理更为妥当，否则仍然会对其他破产债权人造成不同程度的侵害，违背前述判决的原则。

结　　论

由于股权代持协议的特殊性，涉及的法律关系十分复杂，相关的纠纷处理也要求实现各方利益的平衡。在破产法语境的特殊规制下，名义股东破产时代持股份的归属问题也引起了学术界和实务界的诸多争议。可以明确的是，处理此类案件首先要区分股权代持的对内效力和对外效力，即根据当事人之间的协议或约定来协调名义股东与实际出资人之间的关系时，以外观主义为原则，此时要排除内部约定对外部第三人的效力。综合考虑多种影响因素后，将名义股东代持的股份归入破产财产是合理的利益平衡选择，既能维护破产债权人的善意信赖利益，保护商事交易安全，也能推动破产程序顺利进行，实现破产法的立法目标和制度价值，防止恶意串通、转嫁风险等损害第三人利益行为的出现。同时也可以反向推动实际出资人尽量规避运用股权代持，即便要形成股权代持关系，也会促使实际出资人谨慎选择股权代持人，完善股权代持协议中的相关约定，积极关注名义股东的经营状况。但有原则就有例外，对于被动式股权代持和债权人具有主观恶意的情形，应准许实际出资人取回股权，以免过分苛责实际出资人，损害其合法权益，有违公平公正。

---

① 参见黑龙江省伊春市中级人民法院（2018）黑 07 民初 39 号民事判决书；江苏省无锡市中级人民法院（2017）苏 02 民终 3235 号民事判决书；最高人民法院（2013）民申字第 758 号民事裁定书。

论破产清算中待履行的所有权保留买卖合同

——从《企业破产法》与《民法典》衔接的视角

全　立*

内容提要：民法对所有权保留的性质认定与规则设计将延伸至破产领域，并影响到对待履行的所有权保留买卖合同的处理模式。从文义上看，我国现行《企业破产法》及配套司法解释以出卖人享有所有权为前提进行了规则设计，然而这一做法将招致内部体系以及外部体系上的冲突与混乱。破产清算中的所有权保留应当与《民法典》中的相关规定接轨，回归至担保权的轨道，并置于破产中待履行合同的框架下处理。在解释上，可将其解释为《企业破产法》第109条中"特定财产上的担保权"，在清偿上应参照适用《民法典》第414条。破产清算中出卖人取回只是实现担保权的前置程序，出卖人并不能直接取得标的物的所有权，只能就标的物的变价款优先受偿。在有必要由出卖人取得标的物的情况下，应在协商后由出卖人就标的物折价受偿。价款清算完毕后，不足的部分继续清偿，超出的价值应予以返还。

一、所有权保留定位的迷失与错乱

（一）民法上的多重声音

由于涉及物权变动、债权合意、附条件买卖和担保功能等一系列错综杂糅的问题，所有权保留的性质一直存在很大争议。从交易结构的视角来

* 全立，中南财经政法大学法学院2020级民商法硕士研究生。

看，保留所有权其实是当事人以合意对交易结构进行了调整。[①] 所有权保留买卖不过是一种附条件的买卖，物的所有权并不随交付发生变动，而因当事人约定条件(通常是支付全部价款)的达成发生转移。那么此种所有权也只是一种普通的所有权。但从交易目的角度来看，当事人保留所有权的目的，在于以此担保购买价金。换而言之，此种所有权唯一的功能即在于担保标的物的价款，故而出卖人享有的“所有权”在本质上其实更接近于担保物权。

概括而言，既往的立法和学说上大体上从两个角度对其进行制度构建。从所有权的角度出发，学说大多认为出卖人保留的是一种不完整的所有权，如附停止条件转移说[②]、部分转移说[③]、担保性所有权说[④]。从担保权的角度出发，有学者主张保留的所有权实际上是一种特别的担保物权。[⑤] 也有观点认为，在法律结构上，所有权保留与质权并无二致。[⑥]美国《统一商法典》则采用“担保权益”概念，将所有权保留纳入了动产担保的轨道。[⑦] 联合国国际贸易法委员会制定的《担保交易示范法》将所有权担保纳入统一的动产担保交易中一体处理。[⑧]

就我国的学说与立法来看，早先对出卖人保留的所有权的认知，还停留在所有权的范畴，即便认定此种所有权仅仅具有担保功能，也依旧称之为“担保性所有权”。[⑨] 不过《中华人民共和国民法典》(以下简称《民法典》)出台后，越来越多的学者认为保留所有权是一种担保权，甚至将之

---

① 参见张家勇:《体系视角下所有权担保的规范效果》，载《法学》2020 年第 8 期。

② 参见王泽鉴:《民法学说与判例研究(第七册)》，中国政法大学出版社 2009 年版，第 133 页。

③ 参见刘得宽:《民法诸问题与新展望》，中国政法大学出版社 2002 年版，第 6 页。

④ 参见邓娟闰:《论所有权保留的性质——担保性所有权》，载《法商研究》2002 年第 3 期。

⑤ 参见孙宪忠:《德国当代物权法》，法律出版社 1997 年版，第 345 页。

⑥ 参见王洪亮:《所有权保留制度定性与体系定位——以统一动产担保为背景》，载《法学杂志》2021 年第 4 期。

⑦ See M. G. Bridge, et al., Formalism, Functionalism, and Understanding the Law of Secured Transactions, McGill Law Journal, Vol. 44(1999), p. 598.

⑧ 参见联合国贸法会《贸易法委员会担保交易示范法》第 2 条第(kk)款。

⑨ 参见翟云岭、孙得胜:《论所有权保留》，载《法学家》2010 年第 1 期。

认定为担保物权。司法实践中亦有法院持此种观点。[①] 虽然“是否违反物权法定原则”，以及“究竟是一种怎样的担保物权”等问题都有待进一步论证，但是承认所有权保留买卖合同的担保属性，已经是大势所趋。

(二)破产程序中的问题继受

尽管进入破产程序后，所有未履行完毕的合同都要在待履行合同的框架下处理，但是破产法上尊重实体规范的原则决定了民商法实体规范中所确立的各种实体权利也应在破产程序中有所体现。[②]“尊重非破产法规范原则”即布特纳原则(Butner Principle)。[③] 根据这一原则，在破产程序中非破产法规范原则上不应被变动，除非基于特殊的政策考量而有必要修正。具体到所有权保留合同的履行，不仅应该符合破产法上对待履行合同的规定，也应当围绕当事人享有的实体权利展开相关规则的构建。[④] 从《最高人民法院关于适用〈中华人民共和国企业破产法〉若干问题的规定(二)》(以下简称《破产法解释(二)》)第 37 条关于“依据民法典第六百四十一条等规定”的表述来看，我国破产法也持这一态度。故而破产程序中的所有权保留买卖合同的履行或解除，既要在破产程序的框架下进行，也应重视《民法典》中关于所有权保留的实体性规范，从而实现民法与破产法上相关规范的衔接与协调。

二、我国实在法上处理模式的厘清与辨析

(一)对破产法语境中“取回”的反思

1. 误区澄清：取回并非破产取回权

《中华人民共和国企业破产法》(以下简称《企业破产法》)第 38 条规

---

① 参见广东省东莞市中级人民法院(2021)粤 19 民终 4986 号民事判决书。

② 许德风：《破产法论——解释与功能比较的视角》，北京大学出版社 2016 年版，第 82 页。

③ Butner v. United States，440 U. S. 48，55，56(1979).

④ 参见许德风：《论破产中尚未履行完毕的合同》，载《法学家》2009 年第 6 期。

定，权利人可以通过管理人取回债务人占有的不属于债务人的财产。结合《破产法解释(二)》第2条第2项可以很容易地得出出卖人可基于所有权行使破产取回权进而取回标的物的结论，有学者也对此表示赞同。① 还有学者指出，现行法将保留所有权认定为所有权的态度已经十分明确。② 诚然，这种解释方式更加符合破产法及其司法解释规定的字面含义，但是却简单地将“取回”与破产取回权等同视之，太过流于表面。在《民法典》和破产法司法解释出台前，这种立场在司法实践中也占多数。③ 如今在实践中开始有判决对所有权保留买卖中的取回权与破产取回进行了区分，认为“虽然《破产法解释(二)》第37条和第38条均规定取回权的行使，但二者适用情形不同，各自救济路径亦不相同”④。

在我国实证法的背景下，认为所有权保留中的出卖人享有破产取回权的主要依据是《企业破产法》第38条、《破产法解释(二)》第2条和第38条。从文义上来看，根据上述两条规定似乎很容易得出“出卖人作为所有权人应享有破产取回权”这一结论。暂且不提这一结论是否考虑到了所有权保留买卖本身的特殊性以及其在破产中待履行合同框架中的复杂性，单从演绎逻辑以及概念使用上来看其实也难谓严谨。其一，享有所有权与可以取回并不能够等同；其二，在所有权保留买卖中，取回也并不等于破产取回权。

其中第一点又包括两个方面。首先，所有权人未必可以取回财产。最典型的例子是不动产租赁。在承租人破产的情况下，出租人的不动产所有权可对抗任何情况下的第三人。但是在破产中待履行合同的框架下，若管理人决定继续履行合同，则出租人在合同关系终止前无法取回租赁物。其次，即便不享有所有权，质权、留置权等担保物权同样可以作为破产取回权的权源。⑤ 例如某物被质押给质权人，而质权人又委托他人保管，并成为间接占有人。此后保管人破产，质权人虽不享有所有权，但可以通过质

① 参见王欣新：《破产别除权理论与实务研究》，载《政法论坛》2007年第1期。

② 于新循、王赛男：《我国破产财产除外制度的检视与构想——以基础权利为中心》，载《四川师范大学学报(社会科学版)》2019年第2期。

③ 参见山东省高级人民法院(2018)鲁民终1126号民事判决书；吉林省高级人民法院(2016)吉民终483号民事判决书。

④ 参见吉林省高级人民法院(2019)吉民终564号民事判决书。

⑤ 参见王欣新：《破产法专题研究》，法律出版社2002年版，第148页。

权取回质物。第二点则与所有权保留买卖的特殊性有很大关联。根据《民法典》第 643 条的规定，出卖人的取回并不具有终局性，买受人可以通过消除取回事由予以回赎，出卖人的取回并不意味着重新获得完全性的所有权。

出现前述错误的根本原因在于未正确理解破产取回权的本质。所谓破产取回权，是指“破产管理人占有不属于破产财团之他人财产，财产之权利人得不依破产程序，直接对该项财产行使权利，从破产财团取回其财产之权利。”①究其本质，破产取回权的功能是将特定财产从破产人的责任财产中剥离，以便权利人得以就该项财产主张自身权利。能否占有并实际控制该财产，其实并不产生实质上的影响。在这一层意义上，取回权与别除权具有一定的相似性：两者的根本目的均在于将特定财产与破产人的其他财产予以分离。不过差异则在于，破产取回权的目的在于使特定财产脱离破产人责任财产的范畴，而别除权只是将破产人的部分责任财产特定化，并就此优先受偿。

2. 另一种可能性：程序意义上的取回

取回，如其字面含义，是指以和平手段从夺走和扣押者手里取走自己的财产。取回权的基础来源于民法上的规定，是权利人基于其所有或者占有物的事实以及法律上的原因，请求无权占有人返还其所有物或者占有物，以恢复其所有或者占有状态的权利。② 但若只停留于此，其实并无太多意义，原因在于取回本身是物的返还请求权在破产程序中的一种表现形式，其权利基础还可以是除所有权以外的其他财产权利。③ 在财产为他人所侵夺的情况下，取回的目的是使所有权复原，权源为所有权；在租赁关系中，若租赁物为出租人所取走，承租人取回是基于债权合法占有，请求权基础为合同债权；在动产质押中，质权人非自愿丧失占有后取回，在回复质权的同时也可以重新获得占有，并以此作为实现债权的保障。由此可见，取回的目的并不具有单一性，具体到所有权保留买卖中更是如此。在出现《民法典》第 642 条的规定的三种情形时，出卖人可取回标的物，在

---

① 陈宗荣：《破产法》，台湾三民书局 1986 年版，第 218 页。

② 参见贵州省高级人民法院(2019)黔民终 465 号民事判决书。

③ 参见陕西省渭南市中级人民法院(2021)陕 05 民终 1085 号民事判决书。

满足特定条件时，出卖人甚至可以将标的物变卖。从本条的规定来看，出卖人取回标的物的目的有二。第一个目的是通过取回标的物向买受人施压，迫使其消除前述事由，此时取回发挥广义上的担保作用。[①] 若前述目的无法达到，取回就成为出卖人就标的物求偿价款的特别程序，此为取回的第二层目的。就内容上而言，此时取回与强制执行并没有什么差异。[②] 由此而言，所有权保留买卖中的取回，更多地发挥了为出卖人实现债权提供担保的作用，而并非让出卖人回复完全的所有权。从《最高人民法院关于适用〈中华人民共和国民法典〉有关担保制度的解释》(以下简称《民法典担保制度解释》)第 64 条来看，既然出卖人取回时买受人可以主张拍卖、变卖标的物，并在扣除买受人未支付的价款以及必要费用后返还剩余款项，那么这种取回显然并不会使出卖人获得完全所有权。

有疑问的是《民法典》对所有权保留所规定的取回与《企业破产法》及其司法解释中的取回是何种关系。合理的解释是，破产法上的取回是出卖人排除破产程序保全归其所有的标的物的异议权，其请求权基础为实体法上的权利，亦即《民法典》第 642 条。[③]

总而言之，破产法中的取回，并非民法意义上保留所有权出卖人的取回权，而仅是一种程序上的异议，目的在于通过异议主张对财产的实体权利。具体到所有权保留买卖的语境中，此种取回应具有两重目的：其一，向债务人施压，迫使其消除取回事由；其二，在债务人未消除前述事由时成为债权人自主实现债权的保障。总而言之，此种取回实际上发挥担保债权实现的作用，出卖人借助取回而欲达到的目的是实现合同债权。[④]

(二)破产中待履行合同视角下的诘问：破产取回权解释路径的合适性

《破产法解释(二)》第 34 条确立了将未履行完全的所有权保留买卖合

---

① 参见张家勇：《体系视角下所有权担保的规范效果》，载《法学》2020 年第 8 期。

② 参见王泽鉴：《民法学说与判例研究(第七册)》，北京大学出版社 2009 年版，第 217 页。

③ 参见邹海林：《论出卖人在破产程序中的取回权——以所有权保留制度为中心》，载《上海政法学院学报(法治论丛)》2021 年第 4 期。

④ 参见胡志刚：《实施和完善不动产所有权保留制度的若干思考》，载《中国房地产》2007 年第 11 期。

同认定为破产中待履行合同的立场。如果在破产中待履行合同的框架下横向对比对相似合同的处理，则会发现赋予出卖人破产取回权会带来诸多问题。

若认为出卖人享有破产取回权，则其对标的物所享有实体权利为所有权，那么此种交易结构可简化为：一方交付标的物但享有所有权，另一方占有、使用标的物并支付价款，在价款支付完毕后取得标的物的所有权。与之相近的是租赁合同以及不动产买卖。

基于所有权取回租赁物可能会受到限制，例如不动产租赁中承租人破产，标的物被用作经营场所，此时若破产程序尚未结束，则出租人可能无法取回。① 但是无论能否取回，承租的房屋都不会作为承租人的责任财产在破产程序中被分配，并且会在破产清算或者破产重整结束后由出租人取回。通常而言，若承租人破产而破产管理人选择继续履行租赁合同，则此时未支付的租金形成的债权可作为共益债权从破产承租人的财产中随时得到清偿。反之，在出租人破产时，破产管理人也可以选择继续履行或解除合同。但是相较于所有权保留的处理方案，差异在于：破产出租人选择继续履行的，虽然可以收取租金，但出租物依然是破产人财产；出卖人若选择继续履行，则由买受人支付剩余价款取得所有权。

在不动产买卖中，对应的情形是，虽然已经交付标的物，但是还未办理登记，所有权并未发生转移。特别是双方约定买方虽有权占有、使用房屋，但在未支付所有价款前不办理变更登记，此时与动产所有权保留具有一定相似性。②根据现行法的规定，此时若买受人破产，未转移所有权的不动产和保留所有权的动产均会与其他责任财产区隔开来。若解除合同，则两种情况下出卖人都可以取回标的；若破产管理人选择继续履行，对所有权保留买卖，买受人可以通过支付剩余价款取得所有权，但对不动产买卖，未支付的价款则形成共益债权，在破产程序中以债务人的财产随时清偿，而并非由买受人直接支付，在两者均享有所有权的情况下，显然对保留所有权出卖人有所优待。（根据《破产法解释（二）》第 35 条的规定，买

① 参见李永军：《论破产管理人合同解除权的限制》，载《中国政法大学学报》2012 年第 6 期。

② 参见张家勇：《体系视角下所有权担保的规范效果》，载《法学》2020 年第 8 期。

受人应直接支付剩余价款取得标的物所有权。)此外，在能否对抗第三人的问题上，两者存在显著差异。就不动产买卖而言，未办理登记所有权不发生转移，且出卖人的所有权可以对抗所有的第三人。反观所有权保留买卖，由于标的物是动产，权利变动不以登记为要件，故而《民法典》第642条规定未经登记不得对抗善意第三人。且学理上一般认为，对债务人有金钱债权，而债务人尚未陷入破产，也不处于执行程序的债权人属于可对抗的第三人，而有担保物权的债权人、特定物债权人、破产债权人、扣押债权人等则不在此限。① 根据《民法典担保制度解释》第54条和第67条的规定，出卖人未登记的所有权不得对抗破产债权人、处于执行和保全程序的债权人、善意的承租人和受让人。此种所有权之效力，实在过于弱小。

若出卖人破产，而双方均选择继续履行合同，则不动产买卖与所有权保留买卖的情况相同，买受人均可以通过支付全部价款获得所有权。有所不同的是在买受人存在严重违约行为而损害出卖人利益时，出卖人可以依据《民法典》第641条的规定取回标的物，但《破产法解释(二)》第37条为了保护买受人的期待权，规定若买受人支付的价款比例高于75%，则出卖人不得取回。而在当事人解除合同时，对于未转移所有权的不动产买卖，出卖人可以选择拒绝履行并解除合同。不过也有学者主张，破产管理人的任意解除权应受到一定程度的限制，否则会造成严重的利益失衡。② 具体到不动产买卖中，有学者抱有同样的态度，并就具体情形进行了更为详尽的划分。③ 但在保留所有权的情况下，却有所不同。有观点认为，若买受人能够支付剩余价款，则出卖人不得解除合同，这一观点为德国立法所采纳。④ 根据1999年1月1日生效的德国《支付不能法》第107条第1款，出卖人破产管理人的选择权被明确地取

---

① 参见龙俊：《中国物权法上的登记对抗主义》，载《法学研究》2012年第5期。

② 参见陈本寒、陈超然：《破产管理人合同解除权限制问题研究》，载《烟台大学学报(哲学社会科学版)》2018年第3期。

③ 参见王刚：《房地产企业破产中待履行商品房买卖合同的解除权研究》，载《河北法学》2019年第2期。

④ 参见曲宗洪：《债权与物权的契合：比较法视野中的所有权保留》，法律出版社2010年版，第476页。

消了，但这一立场却与《破产法解释(二)》第36条第2款的规定相左。

可以看到，若将出卖人享有的权利视为所有权，那么无论是与普通买卖合同对比，还是与租赁合同相比，现行规则中都存在诸多难以消解的矛盾和冲突。故而在所有权框架下构建破产中所有权保留买卖的履行规则，或许并非最好的出路。

(三)小结：现行法上破产取回权解释路径的困境

首先需要明确的是，取回并不等于破产取回权。《企业破产法》第38条所规定的取回仅仅是一种程序上的异议，取回后权利人究竟只是暂时地回复占有还是终局地取得对财产的权利，需要在具体的法律关系中依据民商事实体规范进行判断。而在所有权保留买卖领域，依据《民法典》第414条和第642条的规定，此种取回只是保障债权实现的一种手段，与强制执行或许并无本质上的差异。

其次，如果对《破产法解释(二)》第2条第2项作反面解释，则会得出出卖人对标的物享有所有权的结论，从而将所有权保留带入特种买卖合同处理模式的轨道，最终衍生出一系列的问题。在买受人破产的情景中，若管理人选择解除合同，则出卖人究竟能取回标的物，还是就标的物优先受偿？其次，因合同解除产生的损害赔偿之债应如何受偿？有观点认为，依据《企业破产法》第53条的规定，合同解除所生的违约损害赔偿，只能作为普通债权按比例清偿，原因在于，若将之作为共益债权对待，将在客观上导致破产管理人无法解除合同。① 但是具体到所有权保留买卖中是否也是如此，尚需进一步探究。若买受人选择继续履行，则应通过支付剩余价款取得所有权，此种清偿行为性质几何，又是否有个别清偿之嫌，仍需解释。在出卖人破产的情景中，若管理人选择解除合同，出卖人应该获得标的物所有权还是就此优先受偿，同样存疑。

三、所有权保留买卖在破产程序中的再定位

相较于存在着主合同和担保合同的一般担保结构，所有权保留买卖合

① 参见陈本寒、陈超然：《破产管理人合同解除权限制问题研究》，载《烟台大学学报(哲学社会科学版)》2018年第3期。

同的特殊之处在于，其既是产生债权债务关系的主合同，本身又具有担保功能。从前一个维度来看，通过履行这份合同，双方的财产能够朝预期的方向流动；从后一个维度来看，这一合同本身即可以通过保留所有权为债权人提供担保。故而上述问题应在破产中待履行合同的框架下解决，并以肯定所有权保留买卖的担保功能为前提。

（一）重申所有权保留买卖合同的担保属性

为了进一步完善担保物权制度，为优化营商环境提供法治保障，《民法典》第388条第1款新创“其他具有担保功能的合同”这一概念，而根据王晨副委员长在人大会议上的报告，所有权保留买卖合同即属于“具有担保功能的合同”。[①] 自此所有权保留买卖的担保属性自然而然引起了广泛关注，并应在破产程序中得到重申。

在所有权保留买卖中，保留的所有权，其唯一的作用即是为购买人尚未支付的价款提供担保。在这一交易过程中，当事人利用交易结构本身的特征使得买卖合同发挥担保作用。在《民法典》之前的民事法律体系中，这种保留所有权的行为，只构成广义上的担保。保留所有权只能对债务人提供压力以促进其清偿债务，并不能赋予债权人以优先受偿权或者增加债务人的责任财产。[②] 这种“广义上的担保作用”经过《民法典》相关规范的解构与重置，已然成为能够使得出卖人就买卖标的物优先受偿的狭义上的“担保权”。从《民法典》第642条和第643条的规定来看，出卖人即便取回了该物，其“所有权”也不会当然地回复至圆满。一方面，买受人可以通过支付价款回赎标的物；另一方面，若买受人拒绝回赎，则出卖人可以自行变卖，但是却只能在买卖价款的范围内就变卖的价款优先受偿。从《民法典》对上述制度的设计来看，所谓“所有权”，不过就是一种存在于特定物上的“担保权”，使出卖人可以在买卖价款范围内就标的物优先受偿。无外乎有学者将此种挂着“所有权”外皮的担保权与未转移所有的动

---

① 参见王晨：《关于〈中华人民共和国民法典（草案）〉的说明——2020年5月22日在第十三届全国人民代表大会第三次会议上》，《中华人民共和国全国人民代表大会常务委员会公报》2020年特刊，第188页。

② 参见张家勇：《体系视角下所有权担保的规范效果》，载《法学》2020年第8期。

产质权，以及购买价金担保相提并论，认为所有权保留与前述两者间有实质上的一致性，只不过所有权保留利用买卖合同本身的交易结构更为便捷地设定了担保权。[①] 从功能主义的视角来看，此种所有权，与购买价款抵押中出卖人转移所有权后再设定的抵押，并没有本质上的差异，也正因如此，所有权保留与融资租赁、让与担保才会被识别为《民法典》第 414 条提及的其他可登记的担保物权。

退一步说，即便受制于物权法定原则，此种权利并不能被认定为担保物权，也可遵循《企业破产法》第 109 条的规定，将之认定为“特定财产上的担保权”。而依据民事实体法即《民法典》第 414 条和第 642 条的规定，此种担保权的实现和清偿的顺位应参考适用担保物权的相关规定。此外，若对《民法典担保制度解释》第 63 条作反面解释，则登记的担保应具有物权效力，对外应该优先于普通债权受偿，对内应根据登记的情况确定与其他担保物权的清偿顺序。由此来看，即便出卖人能够取回，也仅能够支配标的物的交换价值并就之优先受偿，而不能终局地对标的物实现全面的支配。而出卖人取回标的物也并非行使取回权，仅仅是实现担保权的前置程序。[②]另外一种解释路径是，不拘泥于形式逻辑，而突破债权人不能用自己财产受偿的一般观念，径直认定买受人享有别除权。[③] 日本学者石川明即指出，所有权保留等非典型物权担保，其别除权也是被认可的。[④] 这也是日本目前的多数说。[⑤] 美国法上则以担保权益这一概念为中心，认为出卖人保留的实际上是担保权益，即设定在动产或不动产附着物上以担保价款或义务履行的权益，而所有权只是形式上的外壳，是否发生移转并不重

---

① 参见王洪亮：《所有权保留制度定性与体系定位——以统一动产担保为背景》，载《法学杂志》2021 年第 4 期；谢鸿飞：《〈民法典〉实质担保观的规则适用与冲突化解》，载《法学》2020 年第 9 期。

② 参见王泽鉴：《民法学说与判例学说(第七册)》，北京大学出版社 2009 年版，第 217 页。

③ 参见关涛：《保留所有权的动产买卖中出卖人的取回权问题》，载《山东社会科学》2015 年第 5 期。

④ 参见[日]石川明：《日本破产法》，何勤华、周桂秋译，中国法制出版社 2000 年版，第 82 页。

⑤ 参见[日]山本和彦：《日本倒产法入门》，金春译，法律出版社 2016 年版，第 80 页。

要，也即是美国《统一商法典》第 9. 202 条所确立的“担保物所有权无关紧要”规则。[①]在实质担保观的作用下，别除权的内涵也随之扩大，从“就破产债务人的特定财产优先受偿”转变为“就特定财产优先受偿”。

(二)待履行合同框架下的规范构造

根据《企业破产法》第 18 条和《破产法解释(二)》第 34 条，未履行完毕的所有权保留买卖合同属于破产中的待履行合同，破产出卖人或买受人的管理人可以选择解除或者继续履行。所有权保留买卖合同利用其本身的交易结构为买卖价款设定了担保，因而本身既是一份买卖合同，同时又具有担保功能，这与其他担保关系大为不同。一旦合同解除，出卖人是否还享有物上的担保权，殊值质疑。“在解释上应认为，‘担保合同从属于主债权债务合同’与‘保证债权或担保物权从属于主债权’应属同义。”[②]只要标的物价款债权未消灭，出卖人就标的物享有的担保权也不会消灭。故而即便管理人解除所有权保留买卖合同，也并不影响出卖人的担保权。

1. 买受人破产

在买受人破产的情景下，若管理人选择继续履行合同，则依据《破产法解释(二)》第 35 条的规定，买受人应按照原买卖合同的约定支付价款，此时存疑的是此种行为在性质上是否属于个别清偿。以附担保物权的买卖合同为对照。即便出卖人享有担保物权，也仅能够在担保财产的价值范围内优先受偿，未受偿的部分只能作为普通债权申报，相较之下保留所有权的出卖人则获得了近似于个别清偿的优待。但是此种理解或许有失偏颇，因为出卖人其实依然只能就剩余价款主张破产债权。[③] 根据《企业破产法》第 37 条，管理人可以通过清偿债务或者提供担保回赎留置物或质物。即在必要情况下，管理人可以通过清偿债务消灭担保物权。而买受人通过支付合同约定的价款取得标的物所有权，在本质上属于通过清偿破产债权消

---

① See M. G. Bridge, et al., Formalism, Functionalism, and Understanding the Law of Secured Transactions, McGill Law Journal , Vol. 44(1999), p. 598.

② 高圣平:《民法典担保从属性规则的适用及其限度》，载《法学》2020 年第 7 期。

③ 参见刘竞元:《民法典动产担保的发展及其法律适用》，载《法学家》2021 年第 1 期。

灭担保权利。在解释上，应认为《破产法解释(二)》第35条是《企业破产法》第37条的特殊情况。管理人选择继续履行的目的即在于获得标的物所有权，故而不会选择将标的物变价以支付价款，而只能通过支付价款取得完全所有权。

若管理人选择解除合同，首要问题应该是此时出卖人对标的物享有何种权利。在标的物市值无明显浮动时，出卖人享有何种权利其实并无太大差异。但在标的物市值发生显著上涨或者显著下降时，则会有所不同。若标的物市值显著上涨，则出卖人必然主张所有权，而买受人必然主张将标的物变价，并以剩余价值清偿其他债务；若标的物的市值显著下降，买受人会更愿意承认出卖人的所有权。① 出卖人则会主张将标的物变价，并就未清偿的部分申报普通债权。从宏观的角度来看，标的物的市值波动难以预测，无论采用上述哪种立场，当事人都需要负担市值变动的抽象风险：既然可能因价格上涨获益，也就可能因价格降低受损，且从社会整体而言，两种情况发生的概率应当是相当的。但是管理人享有的选择权会使得双方利益显著失衡。因为管理人选择解除合同就说明取得标的物对于破产买受人并无实益，其中极有可能的一种情况是标的物的市场价值显著下降，此时若由出卖人取回，等于允许管理人将标的物市值变动的风险全部推向出卖人。从这个角度来看，破产法《解释(二)》第38条的规定对出卖人显然不公。

若回归功能视角，出卖人保留所有权的目的不过就是保障价款债权的实现。一方面，应尽可能保障出卖人债权得到足额清偿；另一方面，也应防止出卖人获得额外利益。但如前文所述，由于买受人的管理人享有选择权，出卖人不太可能在破产中获得额外利益。更有可能的情况是，标的物市值下降导致债权无法获得足额清偿。为此不宜依据破产法《解释(二)》第38条认定应由出卖人取回标的物。

合理的解释是，出卖人固然可以取回，但并不能借此取得标的物的完全所有权，而只能就此受偿。② 如前文所述，此种取回是一种程序上的异议权，功能在于为债权实现提供保障，出卖人可借此将标的物与出卖人的其他财产区分开来并主张权利。《民法典担保制度解释》第64条即支持买

① 参见广东省高级人民法院(2018)粤民终184号民事判决书。

② 参见最高人民法院(2020)最高法民申7066号民事裁定书。

受人主张拍卖、变卖标的物，并在扣除买受人未支付的价款以及必要费用后返还剩余款项。这样意味着即便可以取回，出卖人也应将标的物变价，变价后不足以清偿债权的，剩余部分可作为普通债权申报，实现债权后有剩余的，应用于清偿破产人的其他债务。此外对于已登记的保留所有权，应根据《民法典担保制度解释》第 63 条认为其具有物权效力，可以对抗其他破产债权人，并且可依据《民法典》第 414 条的规定确立其与其他已登记的担保权的受偿顺序。

此外，根据《企业破产法》第 53 条的规定，解除所生的损害赔偿应作为普通债权申报。从世界范围来看，有不少国家持这一立场。如英国《破产法》规定："任何因根据本条的放弃权的行使而遭受损失或者损害的人，在该损害的范围内，被视为该公司的债权，并相应的可以在解散中申报损失或者损害。"①在美国，拒绝履行导致的损害赔偿请求权为无担保债权已得到学界的广泛支持。② 德国和日本也是如此规定。③ 将因解除而生的损害赔偿作为普通债权，有三个层面的积极意义：促进破产财产最大化、符合平等清偿原则和防止恶意串通。④ 然而对于所有权保留买卖合同，尽管损害赔偿不得作为共益债权受偿，但却有可能得到担保。依据《民法典》第 389 条，主债务和损害赔偿均属于担保物权的担保范围。根据前文所述，出卖人的担保权不受合同解除的影响，那么也没有理由将解除产生的损害赔偿排除在标的物的担保范围之外。所以应该认为，因解除产生的损害赔偿，可纳入担保权的担保范围内。

2. 出卖人破产

在出卖人破产的情况下，若管理人选择继续履行，则由买受人支付剩余价款并取得所有权即可，同样有疑问的是管理人选择解除合同的情况。与上述情况相反，此时出卖人的管理人对于是否履行合同享有选择权，管理人通常仅会在标的物市值显著上升或标的物对挽救破产人有特别意义的

① 参见英国《破产法》第 176(6)条。

② See Jesse M. Fried, Executory Contracts and Performance Decisions in Bankruptcy, Duke Law Journal, Vol. 46(1996), p. 522.

③ 参见日本《破产法》第 54 条第 1 款；德国《破产法》第 103 条第 2 款。

④ 参见兰晓为：《破产法上的待履行合同研究》，人民法院出版社 2012 年版，第 189 页。

情况下选择解除合同。在前一种情形中，如前文所述，本质上是管理人借助选择权规避市场风险，此时由管理人选择解除合同并取回标的物会使其获得额外的利益。[①] 此外，买受人支付价款形成的损失虽能作为共益债务，但仍然需要面临无法全额清偿的风险。因此允许出卖人直接获得完全所有权会造成双方利益的严重失衡，故而也有必要将标的物变价。不过在后一种情形中，管理人选择解除合同可能只是出于促进破产财产价值最大化的目的，出卖人也并不会获得额外利益，此时是否变价对双方均无太大差别。

比较合理的一种方案是，即便出卖人的管理人可以取回，但出卖人也并不当然地重新取得所有权，而只能将标的物变价，并就变价款项优先受偿。《民法典》及最高人民法院有关合同的司法解释规定，以出卖人再次出卖标的物为假定前提，就出售价款和买受人已支付价款对买卖合同的权利义务进行多退少补的实际结算，这是相对合适的处理方式。[②] 当标的物对于破产人并无特别意义时，可将标的物变价，以变价款清偿破产出卖人享有的价款债权，多余的部分应返还买受人，不足的部分在买受人已支付的价款中扣除，扣除后依旧不足的部分由买受人继续清偿。而从破产财产价值最大化的角度来看，若有必要由出卖人获得标的物所有权，则可对标的物进行重新估值并由破产出卖人折价获得所有权。未获得清偿的部分，处理方式同上，超出的价值可作为共益债务清偿。

结　　语

在破产清算中，应围绕所有权保留买卖合同的担保属性，在破产中待履行合同的框架下构造处理规则。《民法典》出台之后，所有权保留买卖的担保属性已经显而易见，为实现破产法与《民法典》的衔接，应当重申所有权保留买卖合同的担保功能。从我国《民法典》相关规定以及晚近学说来看，多认为出卖人享有的是一种担保权，而并非真正意义上的所有权，故而出卖人仅仅能够就标的物在价款范围内优先受偿。在破产程序

---

① 参见河南省高级人民法院(2020)豫民申 6162 号民事裁定书。

② 参见王欣新：《〈民法典〉与破产法的衔接与协调》，载《山西大学学报(哲学社会科学版)》2021 年第 1 期。

中，破产管理人可以选择继续履行或解除合同。选择继续履行并依照合同约定支付价款，本质上是通过清偿债务消灭担保权。选择解除合同的，出卖人固然得以取回，但并不因此而享有对标的物的完全所有权，此时取回只是实现担保权的一种前置程序，是程序上的异议。因此出卖人只能将标的物变价并就变价款优先受偿，或者经过协商后就标的物本身折价受偿。但是无论选取何种方式，都必须再次对标的物进行变价，而不能直接取得所有权。

论追加担保的破产撤销

刘 昶*

内容提要：追加担保行为不属于使债务人责任财产不当减少的诈害行为，无论是将其认定为诈害行为，抑或通过扩张诈害行为的方式将追加担保行为纳入其中，正当性皆存疑问。追加担保与个别清偿具有同一性，但却将恶意个别清偿行为作为诈害行为，会事实上产生"自动居次"的效果，不当扩张债权人撤销权的适用范围，故不足采。追加担保与个别清偿行为不仅具有形式上的统一性，也具有实质上的同一性：皆因事先已构成信用授予而可被撤销。债权人不可因个别清偿或追加担保的方式，改变事先安排的风险分配格局。于立法论上，应当将二者置于同一规范项下，由偏颇撤销权调整。在构成公示迟延、借新还旧、第三人清偿的情形下，亦应结合不同样态，以信用授予为核心，判断是否成立追加担保。

一、问题的提出

于破产程序启动前，债务人仍可与债权人自由展开交易。为了确保债务得以履行，债权人通常会在订立契约时，要求债务人设定担保，以确保即便陷入破产，也可通过行使别除权的方式获得优先受偿。有时，在设立信贷契约时，债权人可能出于对债务人资力状况的信赖，并未要求债务人提供担保。倘其随后知晓债务人的资力状况发生了显著恶化，为了回避无法收回债权的风险，通常会对债务人施加压力，要求债务人对债务追加担保。因此类追加担保的行为与同时担保相比，担保的设定并非债务人获取

* 刘昶，武汉大学法学院 2022 级民商法学博士研究生。

贷款的前提，并未为债务人带来任何收益（如获取融资），仅提高了个别债权人的清偿顺位，故当追加担保的行为处于破产临界期时，根据《中华人民共和国企业破产法》（以下简称《企业破产法》）第 31 条第（三）项的规定，管理人有权行使破产撤销权，撤销增设的担保，使债权重新“回落”为普通债权。此时，债权人意在破产程序中获得优先清偿的目的无法得到实现，因其应当让位于破产撤销权的设立目的：以通过财产追回的方式，使债务人的财产利益得以最大化，并依照法定清偿顺位，公平分配给每一位债权人。①

然而，对既存债务追加担保的行为性质，仍然存在争议。有观点认为，追加担保的行为导致对全体债权人的共同责任财产减少，故应认定为诈害行为。② 有观点认为其本质仍系偏颇（个别）清偿行为，不同于其他无偿转让财产的行为，仅于事实上使个别债权人得到优先给付，故应将二者区分开来。③ 亦有观点察觉到了追加担保的偏颇特征，但基于立法体例，将其统称为“偏颇型诈害行为”。④ 因追加担保的性质认定会直接影响其与《企业破产法》第 32 条（个别清偿行为）的关系，从而产生解释论上是否得以类推适用、立法论上是否应当调整体例等问题，债权人撤销权的适用范围亦会随之受到影响。事实上，以上观点均未与个别清偿、债权人撤销权等制度作深入横向对比，故仍需对此作更加细致的分析。在确定行为性质的基础上，笔者将结合制度本旨，勾勒出追加担保的应然构造。于立法论上，尝试提出规则改进的最优解；于解释论上，将立足于对“非同时”的规范解释，对不同的担保类型作不同的解释处理，以期能裨益于司法实务。

---

① 参见王卫国：《破产法精义》，法律出版社 2020 年版，第 115 页。应当认为，只要破产管理人可以成功行使第 31 条、第 32 条规定的撤销权并追回财产，都会产生公平清偿的客观后果。

② 参见韩世远：《合同法总论》，法律出版社 2011 年版，第 357 页；石文静、张平华：《偏颇抵押的本体论与法律适用》，载《苏州大学学报（法学版）》2021 年第 2 期。

③ 参见许德风：《破产法论——解释与功能比较的视角》，北京大学出版社 2015 年版，第 380 页。

④ 参见韩长印：《破产撤销权若干疑难问题研究》，载《月旦民商法杂志》2006 年第 14 期，第 48 页。

二、追加担保的应然定位

笔者认为，应将“追加担保”认定为偏颇行为，而非诈害行为，理由如下：

(一)“诈害行为说”及“客观扩张”之固有缺陷

虽然“诈害行为”与“偏颇行为”相同，都会使债务人的财产减少，进而影响到其他债权人权利的实现，但前者一般仅指使责任财产不当减少的行为，故正常的清偿行为作为合法行为，通常不具备诈害性。然而，于学理上却有观点区分同时担保及事后担保，认为后者是无偿行为，当然地具有诈害性。① 此外，也存在两种对诈害行为进行扩张解释的观点：以“非正常手段”清偿债务及担保其他债权人权利实现、所引起的“共同责任财产减少”都被认定为诈害行为。② 由此一来，“追加担保”的行为有可能会因扩张的学理解释而被认定为诈害行为。笔者认为，结合诈害行为的规范本旨，前述对诈害行为的理解，以及任何在客观上对诈害行为内涵的扩张都是不合理的。

1.“追加担保”与“诈害行为”核心范畴的“貌和神离”

诈害行为的核心范围系以无偿或者不合理对价的手段不当转移财产的行为。若意将追加担保纳入诈害行为的范畴，首先需要考量的问题为：其是否满足诈害行为的核心范畴：(准)无偿行为？我国台湾地区“最高法院”曾对此持肯定观点，并且区分对待同时担保行为及追加担保行为，其认为，于前者而言，因以其财产设定抵押乃债务人取得贷款的对价，系有偿行为；后者则因债权之存在优先于担保的设定，故乃无偿行为，因此可

---

① 参见黄茂荣：《债法通则之三：债之保全、移转及消灭》，厦门大学出版社2014年版，第22页。

② 前者可参见[日]奥田昌道编：《新版注释民法(10)Ⅱ债权(1)债权之目的·效力(2)》，日本有斐阁2011年版，第885~891页(下森定执笔)。转引自陈韵希：《论民事实体法秩序下的偏颇行为的撤销》，载《法学家》2018年第3期，第137页。后者参见韩世远：《合同法总论》，法律出版社2011年版，第357页。

得撤销。[1] 事实上，此乃从诈害行为的角度分析应当区别对待同时担保及追加担保法律效力的正当性。若依此推论，追加担保作为一种无偿行为，可被纳入《中华人民共和国民法典》(以下简称《民法典》)第538条的适用范围。

笔者认为，以上观点是不恰当的。合同究系有偿抑或无偿，判断因素应乃债务人履行义务的同时是否能从合同中获取收益。以买卖合同为例，判断合同是否构成有偿合同，应当考究出卖人是否能从主合同的履行中获得利益，而非买受人在订立合同时是否同时允诺提供担保。担保合同是否存在仅影响债权人获取给付利益的概率，不能影响合同的性质，债权人也无法从担保合同中获得超出债权之外的利益。尽管于“同时担保”交易中，担保的提供是合同订立及履行的前提，但正因为主合同恒具有“有偿”属性，债权人可能会承担无法获得对价的风险，所以才需要债务人提供担保以防止其违约。相反，于无偿合同中，财产受让者根本不需要提供任何担保。相比同时担保，追加担保的属性并未有任何不同，皆系对主合同(有偿合同)提供的担保。尽管孤立地审视担保合同，似可得出其满足无偿行为的要件，毕竟单从担保合同的视角出发，担保人并未获得任何对价，担保的提供也并非获取信贷的前提。然而，在主合同债务人与从合同提供担保人“同一”的情形下，因主合同系有偿合同，担保合同作为从合同，其任务仅在于履行主合同项下的义务，从合同本身并无对价意义，同时担保、事后担保均为如此，其本旨皆在于为债权人提供更多获取清偿的手段。既然对担保合同的性质探讨并无意义，其是否构成诈害行为，就应取决于主合同设定的交易对价是否合理，若主合同设置的交易对价不合理，则可通过撤销主合同的方式将担保合同一并撤销，此乃担保从属性的当然结论。由此可得，难以合同的无偿性为理据简单将事后担保行为认定为诈害行为，追加担保行为并不“天然”地具备诈害性，若意将其认定为诈害行为，必须要寻求某种扩张。

2. 诈害行为客观范围扩张之弊病

已如前述，客观扩张的角度主要是从两个方面：追加担保以清偿债务

---

① 参见我国台湾地区“最高法院”1962年台上字第3528号判例。赞同此观点的学者，可参见黄茂荣：《债法通则之三：债之保全、移转及消灭》，厦门大学出版社2014年版，第22页。

的行为属于“非正常手段”清偿债务，以及会导致用以清偿其他债权人的“共同责任财产减少”。此类观点既会影响破产法规则上对追加担保性质的认定，也会导致民法上债权人撤销权适用范围的模糊，不可不辨。笔者认为，扩张诈害行为的客观范畴，既从逻辑上难以自洽，亦会引致诸多弊病，以下分论之。

其一，以何种方法清偿债务，实乃债务人的自由，只要债务本身系合法债务，不能简单以清偿手段具有“非正常性”而将其认定为诈害行为。无论是正常清偿、以物抵债抑或是追加担保，法律都应当作相同的评价。债务人直接以金钱偿还债务，或将物变卖后以金钱偿还债务，抑或以拍卖、变卖担保物权的方式取得金钱后偿还债务，究竟有何不同？何以追加担保、随后拍卖变卖的行为即具有诈害性，前二者则无诈害性？法律对此作不同评价的正当性何在？笔者认为，对以上情形作区别对待并无正当理由，违反了“相同事项、相同处理”的公平原则。

其二，前述“共同责任财产减少说”的主要问题，在于未清楚意识到担保物权在实现时会转化为“个别清偿”。设定担保物权，充其量不过是增加了一个前置流程而已。从法律后果来看，担保物权的设定——拍卖、变卖、协商后的个别清偿与直接进行个别清偿并没有什么不同。如果债务人在此期间通过清偿债务的方式消灭了担保物权，更是与直接个别清偿完全相同。按照共同责任财产减少说的观点，个别清偿行为也导致了共同财产的减少，此与追加担保行为并无任何不同。况且，设定担保相比个别清偿，前者并未直接导致责任财产的不当减少，其危害后果反倒要轻于后者，即便抵押物的价值超出债务数额，因超额部分亦只能作为债务人的一般责任财产向全体债权人为清偿，故并不产生任何责任财产不当减少的危险，其与诈害行为的核心范围：无偿及以不合理低价转让财产完全不同。因此，追加担保与个别清偿行为(偏颇行为)，更具有实质上的趋同性。①

(二)恶意个别清偿诈害性之否认：自动居次的正当性不足

有学者认为，恶意的个别清偿行为可以构成诈害行为，从而使债权撤

① 参见李征宇：《论事后担保的撤销》，中国政法大学2020年硕士学位论文，第9~10页。

销权得以公平分配为目标，调整偏颇清偿行为。如此一来，因追加担保在结果上与个别清偿行为具备高度的一致性，故其是否构成诈害行为，便取决于债权人在主观上是否构成善意，即对债务人已经停止营业、受破产宣告、受其他强制执行而无结果知悉。① 根据原《最高人民法院关于适用〈中华人民共和国担保法〉若干问题的解释》(现已失效)第 69 条的规定，若债务人与个别债权人进行恶意串通，因为其设定抵押权而导致丧失了清偿能力，其他债权人可以撤销此类设定抵押的行为。因其以主观上的恶意作为偏颇抵押的撤销标准，有观点即指出，此项规定仅系债权人撤销权的特别规范，均系为了防止债务人一般财产的“非正当减少”而作出的规定，故单独设定该条并无必要。② 其实质上亦将恶意追加担保的行为认定为诈害行为。③ 对此，亦有学者对此持否定观点，认为即使债权人与债务人合谋，也不构成诈害行为，强制债权人平等受偿的做法应当限于强制执行及破产等概括清偿程序中。④ 若上述观点成立，因追加担保行为无疑具有反常性，具有成立恶意个别清偿的高度盖然性，故将其置于《企业破产法》第 31 条项下，与其他典型的诈害行为一并规制就具备合理性，故需对其进行分析。

将恶意个别清偿与善意个别清偿分立，对其性质认定采取不同的处理方案，无疑会扩张债权人撤销权的适用范围。即使得所有债权人得以公平、平等受偿部分纳入债权人撤销权的功能范围。有观点指出，虽然在自由主义经济下，应当尽量限缩债权人撤销权的范围，纯化诈害行为的概念，将债权人平等原则的实现委任于破产程序。但是，若债务人已陷入资不抵债，无法偿还债务的境地，债权人于此情形下争先恐后地行使权利，实质上会导致未获悉债务人财务状况的其他债权人可得分配的财产减少，此时维护债权人平等原则实有必要，故可成立诈害行为，从而适用债权人

① 参见林诚二：《向特定债权人清偿与诈害债权行为——“最高法院”105 年度台上字第 2382 号民事判决评释》，载《裁判时报》2018 年第 3 期。

② 参见郭明瑞、张平华：《论恶意抵押》，载《法律科学》2004 年第 4 期。

③ 该学者对此仍然基本持此观点，参见石文静、张平华：《偏颇抵押的本体论与法律适用》，载《苏州大学学报(法学版)》2021 年第 2 期。

④ 参见[日]我妻荣：《新订债权总论》，王燚译，中国法制出版社 2008 年版，第 166 页。

撤销权。[①]

然而，我国法上的债权人撤销权，并非以实现“平等主义”为目标，实质上贯彻的是一种“优先主义”立场。根据《民法典》第540条的规定，债权人撤销权行使的范围，应当以债权人的债权为限。[②] 既然以债权人可享有的债权为限，难以认为债权人行使撤销权是为了全体债权人利益的公平分配，毋宁说是为了实现自己的利益，其实际上也不具有令其他债权人搭便车的意图。此外，对撤销权采“形成诉权”说，若善意的债权人以恶意的个别清偿为由撤销清偿行为，在债权人撤销合同之后，其可再同时提起代位权诉讼，根据《民法典》第536条的规定终局地使自己保有债务清偿，此亦构成个别清偿。[③] 在个人破产制度未全面施行的情形下，若此时债务人系自然人不得被宣告破产，或债务人是企业组织，因其根据《最高人民法院关于适用〈企业破产法〉若干问题的规定(二)》第15条的规定，除非主观上满足恶意串通的要件，否则根据诉讼、仲裁、执行程序获得的个别清偿不得被撤销，或者债务人被受理破产的时间为个别清偿的六个月后，提起撤销权诉讼的原告皆可保有给付，破产管理人无法撤销，此时仅发生个别清偿的对象由恶意债权人向善意债权人发生“转移”而已。因债权人撤销权范围的扩张，事实上产生了一种权利清偿的顺位：恶意债权人劣后于善意债权人获得清偿，从而构成“自动居次”(automatic subordination)。然而问题在于，在个别清偿程序中，此种清偿顺位上的“自动居次”是否具有正当性?

在比较法上，自动居次规则于破产程序及非破产程序中皆有所规定。美国破产法律委员会曾提出建议，将自动居次规定为一般规则。有观点对此指出，令控股股东对公司的债权恒自动居次于其他债权人，将会加剧中小企业的融资困难，因为通常只有此类人员愿意为中小股东提供融资。[④] 因此规则过于“简单”与“一刀切”，并没有最终得到采纳。后续其发展为

① 参见陈洸岳：《清偿是否适用债权人撤销权?》，载《月旦法学教室》2015年第6期，第14页。

② 然而，根据《最高人民法院关于适用〈中华人民共和国企业破产法〉若干问题的规定(二)》第13条规定，债权人在破产程序中提起的撤销权不以其债权数额为限。

③ 参见龙俊：《民法典中的债之保全体系》，载《比较法研究》2020年第4期。

④ See Robert Charles Clark, the Duties of the corporate Debtor to its Creditors, 90 Harv. L. Rev. 539(1977).

"衡平居次"(equitable subordination)规则，并于美国《破产法典》第 510 条(c)款第 1 项得到明确规定。其与"自动居次"的不同之处在于，债权的顺位是否应当劣后于他项债权得到清偿，应当由法院自由裁量，其主要是为了限制在关联企业中股东滥用股权。① 在美国法上，于破产程序外亦实质上规定了"自动居次"规则。其 1984 年《美国反欺诈交易示范法》(UFTA)第 5 条项下分设(a)(b)两项，规定了不同的欺诈交易要件。其中，第(a)项规定，若履行的提供及义务的负担系在债务人接受不合理对价的情形下，债务人已经构成事实破产或因负担债务以及履行义务而导致破产，对于任何债权人，只要其债权是在不合理对价交易产生之前，都可主张欺诈成立，此即乃典型的欺诈交易。但是根据(b)项规定，对于内幕人士而言，只要债务人已经事实破产，且内幕人知道债务人已经事实破产，则不论交易对价是否合理，债权成立时间早于转让交易时点的债权人都可以主张债务人对内幕人士偿还先前债务的行为构成欺诈转让。此即所谓"内幕偏颇型欺诈"。② 若此时作为非内幕人士的债权人行使欺诈撤销权，其获得偿付的时间要早于偏颇撤销的临界期(美国法上是 90 天)，其可终保有给付，个别清偿利益由内幕人士向非内幕人士发生了转移，由此即构成事实上的"自动居次"：内幕人士恒劣后于其他债权人获得清偿。此外，根据德国《破产法》第 135 条第 1 款的规定，股东向公司借款，公司在破产申请前 10 年内为此笔借款提供担保，以及在公司破产申请前 1 年内或破产申请后偿还借款，破产管理人可以撤销此担保及借款。③ 此类债权皆劣后于外部债权人的债权得到清偿，构成后顺位债权。④ 当然，因其事实上限制了股东对公司的正常投资活动，加剧了融资困难，故得到诸多批评。⑤

---

① 参见孙向齐：《我国破产法引入衡平居次原则的思考》，载《政治与法律》2008 年第 9 期。

② 参见[美]查尔斯·J. 泰步：《美国破产法新论(中册)》，韩长印、何欢、王之洲译，中国政法大学出版社 2017 年版，第 658 页。

③ 参见[德]乌尔里希·福尔斯特：《德国破产法》，张宇辉译，中国法制出版社 2020 年版，第 183 页。

④ 参见许德风：《破产法论——解释与功能比较的视角》，北京大学出版社 2015 年版，第 188 页。

⑤ 参见王欣新、郭丁铭：《论股东贷款在破产程序中的处理——以美、德立法比较为视角》，载《法学杂志》2011 年第 5 期。

对于美国法上内幕偏颇规定之正当性，也有学者提出批评。有观点指出，UFTA 第 5(b)条的规定是反常的，因为该规定与偏颇清偿的两个目标不符：阻止债权人通过勤勉竞赛的方式肢解债务人、促进债权人之间的平等清偿。在未至偏颇清偿临界期(但已至非破产法上欺诈撤销的临界期)的情形下，相比其他债权人，内部债权人可能并未在事实上取得任何更占优势的清偿条件。若认为此时债务人转移财产交易的行为构成欺诈，反倒会形成新的清偿序列：外部债权人可通过撤销交易的方式，使得财产重新回归至债务人名下，再由其以强制执行为手段取得清偿。因其获得清偿的时点处于偏颇临界期之外，故可终局保有财产，此时内幕偏颇的撤销不再是为了全体债权人的利益，而是为了个别债权人的利益。尽管内部债权人此时并未作出任何不当行为，但其权利却居后于外部债权人，实质上达到了“自动居次”的效果。① 因此，问题最终仍然需要落脚到内幕人士对公司的受信义务上。若企业向内幕人士的偏颇清偿对公司的长远发展是有利的，如其乐于为债务人提供新的贷款，因此时内幕人士(董事、经理、股东等)并未违反对企业的受信义务，在偏颇临界期之外，应当承认向其偏颇清偿的效力。即使对企业是不利的，也应当认定为构成对受信义务的违反，从而提起赔偿诉讼。②

笔者认为，若依照个别学者观点，以主观上对破产事实(资不抵债)的明知作为将其视为“诈害行为”的充分要件，并扩张债权人撤销权的适用范围，亦会招致相同的后果。在此时，非恶意债权人即可以欺诈为名，在非破产法程序上行使债权撤销权，在债务人系自然人、未至破产偏颇临界期及以诉讼及强制执行的方式获得财产的情形下，即可终局取得财产。若在债务人向债权人以无偿转让或以不合理价格转移财产的情况下，尚可认为债权人行使撤销权追回财产、并通过强制执行获得债务清偿是合理的。因此时难以认为债务人与第三人之间存在任何真正有价值的交易，第三人仅系债务人转移财产、逃避责任的工具。提起诉讼的债权人为了纠正债务人的不当行为，投入了个人的时间成本，由其获得给付利益具有合理性。但是若仅仅利用规则之间的“缝隙”，于债务人并未实施欺诈行为的

① See Michael L. Cook、Richard E. Mendales, The Uniform Fraudlent Transfer ACT：An Introductory Critique, 62 Am. Bankr. L. J. 87(1988).

② See John C. Mccoid, Corporate Preferences to Insiders, 43 SCL Rev, 805(1992).

情况下，由原告事实上终局获得优先于被告的清偿，区别对待二者的合理性存疑。因此，有观点正确指出，诈害行为会减损债务人的资产，而个别清偿行为仅仅是一种财产的分配，后者应仅适用于集体清偿程序(如破产程序)。①

既然应当由破产管理人在概括清偿程序中统一行使偏颇撤销权，问题随之转化为：债务人向主观上明知其已陷入资不抵债的债权人清偿的，若此项清偿已经构成权利滥用、或构成对公司受信义务的违反，应当如何处理？对此，美国《破产法典》第510条(c)项即通过引入"衡平居次"的一般条款进行处理，股东的此项债权将会作为劣后债权，后位于其他债权清偿。有观点指出，衡平居次原则与公司法人人格否认制度系基于同一机理，在公司资本显著不足，股东构成权利滥用，公司人格与股东人格实质趋同等情形下，股东向公司的借贷实质上趋近于投资，故应将此项债权的清偿顺位延后。② 于"Roth Steel Tube Co. v. Comm'r of Internal Revenue"案中，法官则列举了判断是否得以适用衡平居次原则的11项要素。③ 笔者认为，相比"自动居次"，"衡平居次"以个案为基础(case by case)，判断股东债权顺位是否应当劣后，既能够维持个案正义，维护善意股东的权益，也能对滥用股东控制地位、侵害其他债权人权利的行为进行制裁，不失为一种合理解决方案。但是，不同于美国法，我国法尚难以找到"衡平居次"适用的请求权基础。《中华人民共和国公司法》(以下简称《公司法》)第20条可被认定为是规制股东权利滥用的一般性条款，但是其亦仅规定了"损害赔偿"及"法人人格否认"两种法律后果。于我国司法实践中，虽然"沙港案"以衡平居次为由使未履行出资义务的股东债权处于劣后顺位，但是因本案中并不存在股东滥用权利的情形，故被认为是对衡平居次错误利用的结果。④ 笔者认为，即便股东作为出借人可要求公司偿还债

① See Thomas H. Jackson, Avoiding Power in Bankruptcy, 36 STAN. L. Rev, 777 (1984).

② 参见潘林：《论出资不实股东债权的受偿顺位——对最高人民法院典型案例"沙港案"的反思》，载《法商研究》2018年第4期。

③ See Roth Steel Tube Co. v. Comm'r of Internal Revenue, 800. F.2d 625 (6th Cir. 1986)

④ 参见潘林：《论出资不实股东债权的受偿顺位——对最高人民法院典型案例"沙港案"的反思》，载《法商研究》2018年第4期。

务，但若公司已经陷入了资不抵债的窘境，管理人也可要求股东承担损害赔偿责任，该类责任产生的基础是股东违反了对公司勤勉与忠诚的信义义务，将个人利益置于公司利益之上。毕竟，股东此时令公司清偿债务的行为已构成对公司财产的争夺及挤兑，减少了公司的责任财产，不但使其陷入了资本不足的境地，同时降低了公司的继续经营、解决财务危机的可能性。因此，通过行使损害赔偿请求权的手段可事实上将此类给付的债权再次收回，再由破产管理人分配给全体债权人，无必要再特别创设“衡平居次”规则。除了股东借款外，由债务人的高管等内部人士对借款提供担保的现象也相当普遍，若其亦违反了忠实义务等受信义务(将自身利益置于公司利益之上)，破产管理人也可根据《公司法》第149条的规定，对其主张违反受信义务的损害赔偿。

综上所述，恶意的个别清偿行为既不能被认定为诈害行为，也不能纳入债权人撤销权的适用范畴，其与善意的个别清偿行为应统一处理，仅得于破产程序中，由破产管理人行使偏颇撤销权。否则的话，在非破产程序中撤销偏颇给付行为，仅会发生财产利益转移的后果。由此一来，即便是恶意的追加担保行为，也不得将其认定为诈害行为。当控股股东、公司高管等人员操纵公司向自己清偿(或追加担保)时，则应结合个案判断其是否构成对公司受信义务的违反，以确定是否可向其主张损害赔偿。

(三)追加担保的偏颇性证成：以信用授予为核心

已如前述，因追加担保在担保物权实现时也要走向清偿，其与个别清偿行为具有实质同一性，故将其认定为偏颇行为更为合理，此乃对其作性质认定之“形式”理由。将追加担保认定为偏颇行为的“实质”理由在于：债权人授予债务人信用，允许债务人延迟履行债务，便自然要承担债务人可能因“债务超过”所引起的履行不能风险。①

同时担保作为同时交易的一种，债权人在展开此类交易时并未赋予债务人任何信用，因其对债务人的资历状况并不了解，或者虽然了解，但却对其偿还债务的能力表示怀疑，为了避免债权无法收回，其会同时要求债

① 对信用授予的分析，可参见许德风：《论偏颇清偿撤销的例外》，载《政治与法律》2013年第2期；任一民：《期房交易合同在破产法上的效力研究》，载《法律适用》2016年第5期。

务人设定担保。不仅同时担保，任何同时交易行为皆为如此，其背后都具有共同的特征：双方当事人订立契约时，即依据契约对风险进行了分配，债权人并不愿意承担任何债务人履行不能的风险。也正因为如此，对于错误汇款及侵权之债，因债权人并未授予债务人任何信用，故赋予此类债权于破产程序中的优先顺位，亦具有正当性。[①] 但是，对于任何存在先后履行顺序的合同而言，若债权人先为履行且并未要求债务人设定担保，则表明其要接受债务人破产，且只能根据分配数额获得部分清偿的结果。债权人此时即已授予了债务人信用。签订主合同后，债权人突然要求追加担保，通常表明其知悉债务人的财产状况发生了某种恶化，此类行为无疑具有“反常性”。为了避免承担债务人支付不能的风险，债权人会通过要求债务人追加担保的方式改变主合同订立之初即已成立的风险分配格局。然而，这种风险分配的事后转变彻底改变了最初的风险格局，债权人毕竟于合同订立之初即授予了债务人信用，自然要承担其可能发生的、债权无法收回的不利后果。追加担保作为一种非同时交易行为，使得该债权人相比其他同样授予债务人信用的债权人得到了更为优厚的待遇，且会构成对债务人资产的“争夺”及“挤兑”，进一步加剧债务人的破产可能，故具有更强的苛责难性，应受偏颇撤销权所规制。[②] 此即乃《企业破产法》第 31 条第(三)项区别对待“同时担保”及“追加担保”的原因所在。可以撤销的个别清偿行为与追加担保背后的机理完全相同：债权人在授予了债务人信用、允许其事后清偿的情形下，即应当承担债务人支付不能的风险。任何事后改变风险分配格局的方法(无论是直接清偿还是追加担保)对其他债权人都是不公正的。原本处于同等清偿地位的债权人在了解此类状况后，完全也有可能要求债务人为自己提供清偿或追加担保，由此导致债务人流动财产的减少，进一步肢解债务人。因此，破产管理人应可撤销此类偏颇行为。

---

① 前者可参见黄赤橙：《错误汇款返还请求权优先地位研究》，载《法学家》2021 年第 4 期。后者可参见韩长印、韩永强：《债权受偿顺位省思——基于破产法的考量》，载《中国社会科学》2010 年第 4 期。

② 参见[美]查尔斯 · J. 泰步：《美国破产法新论(中册)》，韩长印、何欢、王之洲译，中国政法大学出版社 2017 年版，第 571 页。美国《破产法典》第 547 条(c)(1)款即设定了偏颇撤销的安全港。

三、追加担保的撤销基准

既然应当将追加担保认定为偏颇行为，追加担保的“同时性”判断则显得尤为重要，因其直接决定了债权人是否授予了债务人信用，从而是否可适用于破产偏颇撤销权。因担保合同本身不具有公示性，担保行为是否可为第三人所知晓，关键的判断要素在于公示。而公示时间与主合同订立时间相比，难免存在因各种原因导致的迟延。故能否依据公示时点，又应当如何依据公示时点判断担保的设定是否具有“同时性”，便成为亟待解决的问题。当然，除了公示迟延型之外，亦存在诸多需要根据解释论进行类型化分析的追加担保行为。

（一）公示迟延型

1.“公示生效类”担保物权

倘以解释论为视角，在公示生效主义下，因担保物权的公示相较主合同的订立必然存在一定程度的迟延，故应当如何判断担保的设定是否具有事后性？笔者认为，仍然应当将债权人是否成立对债务人的“信用授予”为核心标准，对此应当分两步来判断。第一步为：当债权人要求债务人提供借贷时，若其并未同时要求债务人为自己设定担保，则其必然构成信用授予，事后设定担保的行为因构成偏颇行为而可被撤销。此时，债权人是否对债务人的资力状况有正确、全面的认知，并非应考量的要素。若其对债务人的资力状况产生了错误判断，或者债务人误导了此类判断，且其构成合同订立的条件，因债权人可撤销的系主合同，担保合同亦随之失去效力，此时判断担保是否构成追加担保并无意义。第二步为：若债权人在提供借贷时，即要求债务人同时设定担保，然因担保非公示绝不可能产生绝对效力，当公示时间发生“不合理迟延”时，又应当如何确定担保的事后性？以抵押权为例，笔者认为，因公示的完成才可使不动产抵押产生物权效力，故若因债权人方面的原因导致公示发生不合理的迟延(譬如未积极催促债务人办理公示手续)，皆可认为债权人实际上授予了债务人信用。因于此期间，债权人既然未积极催告债务人履行义务，即表明实际上对债务人是否能够适时履行义务持信赖或者放任态度，对于自己的债权是否能够实现事实上充满信心或者漠不关心，在此时亦构成变相的信用授予，债权人自然要承担此类风险，此时可认为构成追加担保。① 当然，此应以债权人对迟延登记存在过错为前提。若发生地震等不可抗力导致债权人也无法请求债务人履行登记义务，则可认为其并未授予债务人信用，只不过因外界的客观因素导致担保物权无法办理登记，债权人主观上并未想要承受此类迟延风险，故管理人不得撤销此类迟延的担保登记。但是，若此类登记的迟延是债务人的原因导致的，则可认为债权人并未授予债务人任何信用，是债务人自己的主观过错导致债权人无法取得具有绝对性的担保物权，故应构成追加担保。如是由于不可归责于任何一方的事由导致了此类迟延登记，亦应认为债权人本不想承受迟延登记所带来的破产风险，故其并未授予债务人信用。

2.“公示对抗类”担保物权

若担保物权的设定采“意思主义”的设立方式，抵押合同设立时抵押权即告成立，故即便发生了迟延登记，似也不存在事后担保的问题。有观点据此认为，此类动产抵押的事后登记并未改变其他一般债权人的受偿顺位及金额，故不构成事后担保，不得撤销。② 有学者更是进一步指出，相比一般动产抵押，因浮动抵押日益得到广泛应用，故债权人应合理期待债务人财产之上具有抵押权，故事后公示的行为并不构成事后担保，破产管理人不得撤销。③

事实上，对此问题的分析仍然应当立足于债权人是否授予了债务人信用，并意愿承担债务人履行不能等风险，此问题又与未经公示的担保物权在多大程度上享有对抗效力有关。若未公示的动产抵押具有充足的对抗效力，公示时间是否迟延都不会对公示的对抗效力产生影响，即可认为只要抵押权设定即不成立对债务人的信用授予，从而可得撤销。笔者认为，未公示的动产抵押不具有任何对抗效力。首先，根据《民法典》第 414 条的

① 参见石文静、张平华：《偏颇抵押的本体论与法律适用》，载《苏州大学学报（法学版）》2021 年第 2 期。

② 参见石文静、张平华：《偏颇抵押的本体论与法律适用》，载《苏州大学学报（法学版）》2021 年第 2 期。

③ 参见许德风：《破产法论——解释与功能比较的视角》，北京大学出版社 2015 年版，第 404 页。

规定，未登记的担保物权劣后于登记的担保物权得到清偿，故未登记的动产抵押权人的物权顺位，即便事实上成立在先，亦不得对抗公示在先的担保物权。其次，根据《最高人民法院关于适用〈中华人民共和国民法典〉有关担保制度的解释》（以下简称《民法典担保制度解释》）第 54 条第（三）项的规定，采取保全、强制执行措施的债权人，不论善意恶意，皆可得对抗未登记的动产担保物权人，其实系“未经登记绝对不得对抗的债权人”。[①]因空谈一般债权人并无意义，其对担保物的争夺只有进入民事诉讼程序后才显现出来，故该项实际上使未登记的担保物权人不得对抗一般债权人。最后，因《民法典》第 404 条规定了正常经营买受人规则，所以在担保物权未经登记的情形下，其可得对抗的对象仅限于非正常登记中的“买受人”（如生产设备买受人）。然而，若此类买受人已于破产受理前善意取得无负担的抵押动产，此类财产自然会脱离于债务人的责任财产，担保亦会随之自动消失，故无所谓追加担保问题。若直到破产申请被受理之后，担保权人仍未办理抵押登记，此类物权将会根据《民法典担保制度解释》第 54 条第（四）项的规定降格为普通债权，由破产管理人拍卖、变卖后平均分配给一般债权人，此类物权也无对抗效力。综上，未登记的动产抵押权基本不存在“对抗力”适用的空间，其效力更趋近于债权，故究竟是否构成信用授予，仍需结合公示是否迟延进行判断，于此又再次回到与前述“公示生效类”担保物权相同的判定规则，即结合公示迟延的发生原因来判断债权人是否构成信用授予。

（二）借新还旧型

借新还旧是指借款人再次从出借人处取得融资，并以新的融资偿还贷款的行为。构成借新还旧，新贷与旧贷的当事人必须具有同一性，且新贷与旧贷之间要在数额、用途等方面具备关联性。[②] 借新还旧对设定担保的影响主要在于：为新的贷款提供担保的行为，究竟是否构成同时担保抑或事后担保？此实际上又取决于借新还旧行为的性质，若认为其构成对原合

① 参见龙俊：《中国物权法上的登记对抗主义》，载《法学研究》2012 年第 5 期；高圣平：《民法典动产担保权登记对抗规则的解释论》，载《中外法学》2020 年第 4 期。

② 参见高圣平：《担保法前沿问题与判解研究（第五卷）——最高人民法院新担保制度司法解释释评》，人民法院出版社 2021 年版，第 148 页。

同的展期，则可认定债权人在提供新贷时要求债务人设定担保的行为，构成追加担保，从而应被撤销。若认为新的借款合同相比旧借款合同构成合同之变更，债权人要求债务人追加担保的行为即构成同时交易，不得被破产管理人撤销。对此，不同法院亦有不同的观点。①

笔者认为，提供新贷偿还旧债实际上就是债务展期。其一，《民法典担保制度解释》第16条第1款虽然规定，当事人请求旧贷担保人承担担保责任的，人民法院不予支持。从文义解释出发，司法解释对此似乎采纳的是“旧贷消灭”立场。事实上，若采纳债务展期的观点，旧债担保人亦不再承担担保责任。因根据《民法典》第695条第2款的规定，债权人与债务人变更主合同履行期限时未经保证人书面同意，保证人仅于原定期限内承担保证责任。因延长主合同的履行期会加重保证人的责任，故将以新还旧的行为认定为主合同当事人合同履行期的延长，保证人在超出原定的履行期限范围内，当然地不承担保证责任。② 因此，在新贷的担保人与旧贷的担保人相同的情况下，法院支持新贷担保人承担保证责任的前提亦应是旧贷的担保人“同意”继续为新贷提供担保，此与《民法典担保制度解释》第16条第2款的规定保持一致，因其实质上皆构成对主合同履行期延长的同意。此时其虽名义上有“旧贷担保人”与“新贷担保人”之分，实质上仍系同一担保合同的当事人而已。其二，根据第2款的规定，在旧债担保尚未注销登记的情况下，物权实现顺位仍然依照旧债担保的公示时间，更能为展期说提供实质依据。若认为旧债已经消灭，又为何要依照旧债担保的公示时间确认公示时间？答案只能是旧债与新债之间具有实质关联性，甚至为同一债务。有观点指出，若依照旧债的担保公示时间来确立物权顺位，因其已然得到公示，故以此担保新债并不会损及旧债之后设立担保的权利人信赖。③ 然此观点仍然只是从“后果论”出发，认为以旧债的担保公示确定清偿顺位不会危及第三人，仍然没有解决的问题是：若旧债已消灭，为何仍然要依据为旧债所设定的担保来确定权利顺位？旧债消灭说实

① 采前一种观点的可参见吉林省高级人民法院(2019)吉民终265号。采后一种观点的可参见最高人民法院(2020)最高法民再296号。

② 参见高圣平：《担保法前沿问题与判解研究(第五卷)——最高人民法院新担保制度司法解释释评》，人民法院出版社2021年版，第147页。

③ 参见高圣平、谢鸿飞、程啸：《最高人民法院民法典担保制度司法解释理解与适用》，中国法制出版社2021年版，第142页。

际上难以回答此问题。其三，正是因为新贷实质上构成债务展期，与旧贷具有实质同一性，债务人因履行不能会发生的坏账风险才会更大，否则其完全可以在履行期内偿还债务，无需再借助借新还旧如此迂回的手段。正因如此，在新担保人与旧担保人并非同一人，或者旧贷无担保而新贷有担保的情况下，除非新贷担保人对以新还旧的事实知道或者应知(即构成自甘风险)，否则其不再承担保证责任。①

(三)第三人清偿型

所谓第三人清偿，是指当债务人不履行义务时，若第三人对债务履行具有合法利益，其可替代债务人清偿债务。对此，《民法典》第524条已有明文规定。此外，根据该条第2款的规定，当第三人替代债务人履行清偿义务后，即可取得针对债务人的债权(代位权)。若第三人并不具有赠与的意思，亦因此可取得求偿权，第三人可以择一行使权利。② 除了此类第三人直接向债权人履行债务的“狭义第三人清偿”之外，亦存在“广义”的清偿类型：第三人将清偿债务所需财产交付给债务人，由债务人直接向债权人履行义务。此时第三人虽然不与债权人直接发生法律关系，但是其于不存在赠与意思表示的情形下，可能会基于合同约定取得对债务人的债权(求偿权)。由此引发的问题为，第三人若要求债务人对自己的代位权(求偿权)设定担保，是否可构成追加担保？

笔者认为，应当区分代位权及求偿权的性质以作区别对待。

其一，因代位权并非“原生”的权利，而是从债权人处继受的权利，故是否构成追加担保实质上取决于债权人是否要求债务人在订立主合同时为己设定担保。若债权人并未对债务人做出任何信用授予，第三人作为债权的继受者，亦可享受担保带来的利益。否则的话，若第三人继受的债权之上无任何担保，即表明债权人自愿承受了债务人履行不能的风险，作为权利继受人的债权人亦要承担此类风险，不可再通过增设担保的方式改变

---

① 参见高圣平、谢鸿飞、程啸：《最高人民法院民法典担保制度司法解释理解与适用》，中国法制出版社2021年版，第140页。

② 参见冉克平：《民法典编纂视野中的第三人清偿制度》，载《法商研究》2015年第2期。

原先的风险分配格局。① 因代位权的本质是一种债权让与行为，单独的债权让与行为无法为风险的重新分配提供足够正当的理据。

其二，因求偿权是在第三人履行清偿义务后所产生的“原生”权利，且此类权利只有在履行清偿义务后产生，第三人在未要求债务人提供担保的情形下即代为清偿，即已表明其已授予了债务人信用，要承担债务人清偿不能的风险。此时，第三人于清偿完成后再要求债务人为债务设定担保，无疑构成追加担保，破产管理人可以行使撤销权。但是，若第三人要求，其代为履行清偿义务应以债务人提供担保为条件，是否必然皆构成同时担保？有观点指出，若第三人与债权人具有关联关系，其实质乃以第三人提供融资之名，使得个别债权人得以规避管理人所行使的破产撤销权。因在此情形下，债权人采取了事实上迂回的策略，轻易保有了清偿给付。关联关系人也可以同时担保之名，获得更为优位的清偿保障。此时，破产管理人应当撤销此项担保。若第三人与债务人有关联关系，第三人与债务人不能证明其不具有主观恶意时，亦应作同等对待。② 笔者认为，因第三人确非破产债务人，用以清偿的财产实质上亦非破产财产，故其向债权人的清偿具有终局效力，不得为破产管理人所撤销。即便此类清偿是由债务人做出，若清偿资金是第三人提供给债务人的“专项清偿资金”(earmarking)，亦应作同等对待。③ 因此，无论提供清偿的是否为关联企业，债权人实质上都没有从债务人处获得任何清偿优待，不构成对债务人责任财产的不公平分配。不能仅仅因为代为清偿的主体是关联企业，就对其与非关联企业作不平等对待，从而产生“反向歧视”。毕竟，倘依照上述观点，非关联企业代位清偿亦会产生同样使债权人事实上优位保障的效果，何以不可撤销？是否构成追加担保，都应当仅考虑代位清偿人是否对债务人同时提出设定担保的要求，而非其身份，遑论有时债权人请求关联企业代为履行可能是基于快速回转资金、维持基本生产经营并扩大生产的正当需要，此时也难为其具有以迂回手段保有事实上优位给付的目的。若第三人系债务人的关

---

① 参见[美]查尔斯·J. 泰步：《美国破产法新论(中册)》，韩长印、何欢、王之洲译，中国政法大学出版社 2017 年版，第 550 页。

② 参见任一民：《既存债务追加物保的破产撤销问题》，载《法学》2015 年第 10 期。

③ 参见[美]查尔斯·J. 泰步：《美国破产法新论(中册)》，韩长印、何欢、王之洲译，中国政法大学出版社 2017 年版，第 553 页。

联企业，其与其他非关联企业的代位清偿亦应作相同处理，既然后者实施代位清偿前，不论其主观状态如何，要求同时设定担保的行为不具有可责难性，不构成追加担保，对前者也应作相同对待。况且，若债务人系第三人的母公司，其操纵第三人进行还款，此时认定第三人要求债务人为将来求偿权的行使设定担保的行为构成同时担保，反倒有利于维系作为子公司的清偿第三人作为法人的独立性，不至于沦落为母公司的“工具”。

结　　语

诚如有学者所言，无信用授予则无偏颇清偿。[①] 尽管事后追加担保具有反常性，具有构成争夺债务人责任财产的高度盖然性，但其与个别清偿行为相同，债权人事前已对此作出了信用授予，此因构成对事先安排的风险分配格局之改变而成立偏颇行为，可由破产管理人行使偏颇撤销权。债务人提供担保的最终目的都是为了保证债权人清偿的实现，其无论同时提供担保、事后追加担保皆无不同。当担保实现时，债务人的积极财产虽随之减少，但消极财产亦随之减少，财产总量上不会有任何变化。因二者都不会使债务人的责任财产得到不正常减少，故简单区分对待二者，并以“无偿行为”为由，将追加担保认定为诈害行为，并无任何法理上的正当性。无论是从客观层面，抑或从主观层面，扩张诈害行为内涵的理据也都不充分。因此，于立法论上，应当将追加担保与个别清偿行为置于《企业破产法》第 32 条一并调整。若担保在破产受理前已完成了公示，却发生了不合理迟延，则需要区分“公示生效类”与“公式对抗类”担保物权，并结合债权人是否做出了“信用授予”进行判断。在“借新还旧”及“第三人清偿”的情况下，债权人具有规避追加担保的可能，故应当对所担保的债务是否在实质上构成旧债进行分析。

---

① 参见许德风：《破产法论——解释与功能比较的视角》，北京大学出版社 2015 年版，第 399 页。

刑民交叉案件中企业破产债权人利益协调与保护路径

蒋 艺*

内容提要：我国《企业破产法》对于刑事程序与破产程序交叉案件中刑事受害人和破产债权人利益协调尚无相关明确规定，实践中法院缺乏统一标准，同案不同判现象众多，刑事受害人和破产债权人利益产生冲突，导致破产债权人利益受到损害。对于此类案件，不能只单一适用刑事程序优于破产程序的规则，刑事受害人受偿顺序也不能一味优先于破产债权人，而要多角度区分不同涉案企业罪名来选择刑事或破产程序顺位，从而协调刑事受害人和破产债权人的利益冲突。

一、问题的提出

近年来，融资难是众多企业所面临的共同问题。在面临企业经营不善、难以继续维持下去的局面下，不少企业会选择向民间资本借贷，导致非法集资案件频发，企业融资困难、对外大量高息非法吸收资金、背负沉重利息成为企业破产的重要原因。① 公安机关查封、冻结、扣押债务人或者其他人员相关财产。而破产程序中拍卖债务人财产，追回所有财产进行集中分配是管理人的法定职责。破产程序中财产的分配与刑事诉讼活动中进行追赃而产生的重复查封、扣押、冻结问题，法律无明确的规定和解决

---

* 蒋艺，武汉大学法学院 2020 级民商法硕士研究生。

① 参见张远煌：《企业家刑事风险分析报告(2014—2018)》，载《河南警察学院学报》2019 年第 4 期。

机制，造成人民法院在破产程序中无法处置破产财产，破产程序无法顺利进行。此时，必然发生破产清算案件审理与非法集资犯罪案件审理的衔接问题，而且两种程序的处理会直接影响到非法集资受害人以及全体破产债权人的清偿利益是否能公平实现。

在刑民交叉破产案件中，刑事案件破产债权人基本都是以受害者身份出现，而此类债权人与破产程序中的其他债权人未来必然会因利益分配的问题发生矛盾。而理论界和实务界对刑民交叉时如何协调此种冲突并无定论。破产案件是否必须以相关刑事案件审理结果为依据、刑事受害人受偿顺位在破产程序中与债权人顺位如何协调、财产分配如何处理等都是有待厘清的问题。本文旨在对理论与实践进行梳理分析，探讨破产程序中刑民交叉问题解决方法，以便协调破产债权人与刑事受害人的利益冲突。

二、破产与刑事交叉时程序适用顺位

民刑交叉，是指民事案件和刑事案件由于特定因素的关联而出现交叉或者并存的现象，通常表现在诉讼活动中，民事案件和刑事案件因关联因素的存在而互相影响。① 对于刑民交叉案件的处理模式，包括“先刑后民”“先民后刑”“刑民独立”三种模式。② 有观点指出，从司法实践来看，刑民交叉案件的具体表现可以划分为三大类：第一类，因不同法律事实分别涉及刑事法律关系和民事法律关系，但法律事实之间具有一定的牵连关系而造成的刑民交叉案件；第二类，因同一法律事实涉及的法律关系，一时难以确定是刑事法律关系还是民事法律关系而造成的刑民交叉案件；第三类，因同一法律事实同时侵犯了刑事法律关系和民事法律关系，从而构成刑民案件交叉，即法规竞合。③

---

① 参见魏东、钟凯：《论刑民交叉及其关涉问题》，载《四川警察学院学报》2009年第4期。

② 参见杜万华：《最高人民法院民间借贷司法解释理解与适用》，人民法院出版社2015年版，第161~162页。

③ 参见江伟、范跃如：《刑民交叉案件处理机制研究》，载《法商研究》2005年第4期。

(一)破产与刑事交叉时现行法律规范适用模糊

破产程序涉及与刑事程序交叉多由于近年来因民间借贷行为导致的非法集资案件，在大规模的民间融资过程中，一旦出现借贷企业资金状况极度恶化，如资金链断裂导致还款违约，进一步演化成资不抵债、丧失清偿能力时，一方面借贷企业的非法集资行为案发，另一方面借贷企业无法满足蜂拥而至的债权清偿诉求，不可避免地走向破产程序，此时，必然发生正常的破产程序与非法集资犯罪审理的衔接与协调问题。① 在破产程序与刑事程序相交叉的情形中，到底是“先刑后民”，还是“民刑并行”乃至“先民后刑”，已经逐渐成为一个讨论诸多、没有确切定论的问题。

对于破产程序与刑事程序交叉，目前规范破产案件审理的《中华人民共和国企业破产法》(以下简称《企业破产法》)以及相关司法解释中并未涉及破产程序与刑事程序交叉的处理。对民刑交叉的案件审理程序的规范，现行有效规定主要存在于2014年3月25日起实施的《最高人民法院、最高人民检察院、公安部关于办理非法集资刑事案件适用法律若干问题的意见》(以下简称《2014年意见》)、2015年9月1日起实施的《最高人民法院关于审理民间借贷案件适用法律若干问题的规定》(以下简称《民间借贷司法解释》)(已被修正)以及2019年11月8日最高人民法院发布的《全国法院民商事审判工作会议纪要》(以下简称《九民纪要》)，同时在最高人民法院颁布的《关于依法审理和执行被风险处置证券公司相关案件的通知》也有涉及。

《2014年意见》第7条规定，关于涉及民事案件的处理问题，人民法院在审理民事案件或者执行过程中，发现有非法集资犯罪嫌疑的，应当裁定驳回起诉或者中止执行，并及时将有关材料移送公安机关或者检察机关。若依照上述规定，如果刑事案件的审理影响破产案件的性质、效力和责任承担，那么应当按照“先刑后民”原则，破产案件应暂停相关审理工作等待刑事程序终结，破产案件受理法院无权自行对刑事查封进行解封或要求刑事案件司法机关进行解封。以上条文明显确定了民商事案件与刑事案件冲突时采取“先刑后民”的原则。

① 参见马更新：《界限与协同：破产程序与刑事程序适用顺位辨析》，载《北京联合大学学报(人文社会科学版)》2020年第1期。

同时《民间借贷司法解释》第 5 条规定，人民法院立案后，发现民间借贷行为本身涉嫌非法集资的，应当裁定驳回起诉，并将涉嫌非法集资的线索、材料移送公安或者检察机关。但是《民间借贷司法解释》指的是民间借贷行为纠纷行为涉嫌非法犯罪时的情形，与本文所讨论的企业非法集资破产程序所涉范围并不一致，明显也是不能用以适用刑事与破产交叉情形。

《九民纪要》在第 128 条规定，同一当事人因不同事实分别发生民商事纠纷和涉嫌刑事犯罪，民商事案件与刑事案件应当分别审理，且《九民纪要》还指出审判实践中在出现大量上述情形下，人民法院仍然以民商事案件涉嫌刑事犯罪为由不予受理，已经受理的，裁定驳回起诉。对此，应予纠正。即《九民纪要》对审判实践中出现的一些民事纠纷因无关的刑事案件被不予受理或驳回起诉的情形，作出了纠正。但同时，《九民纪要》在第 129 条规定，涉嫌集资诈骗、非法吸收公众存款等涉众型经济犯罪，所涉人数众多、当事人分布地域广、标的额特别巨大、影响范围广，严重影响社会稳定，对于受害人就同一事实提起的以犯罪嫌疑人或者刑事被告人为被告的民事诉讼，人民法院应当裁定不予受理，并将有关材料移送侦查机关、检察机关或者正在审理该刑事案件的人民法院。受害人的民事权利保护应当通过刑事追赃、退赔的方式解决。尽管《九民纪要》不属于司法解释，不能作为裁判依据进行援引，但人民法院在裁判文书“本院认为”部分可以根据此具体分析法律适用的理由。① 各级法院在审判工作中可将其作为依据来进行论证说理，其重要性不可忽视。根据以上条文，可以得出《九民纪要》仅对同一当事人因不同事实分别发生民商事纠纷和刑事纠纷时，指出应当分别审理，采用了“刑民并行”的方式作出了指导。而对于其他涉众型经济犯罪，仍然保持“先刑后民”的态度，指出刑事受害人民事权利通过刑事追赃、退赔方式解决，在法院终止破产程序审理后，刑事受害人因刑事程序先行审理，优先于破产债权人受偿。

（二）“先刑后民”在破产程序中单一适用存在瑕疵

“先刑后民”又称“先刑事后民事”，一般是指当某一行为同时构成民

---

① 参见中华人民共和国最高人民法院：《最高人民法院民二庭负责人就〈全国民商事审判工作会议纪要〉答记者问》，中华人民共和国最高人民法院网，http://www.court.gov.cn/zixun-xiangqing-199681.html，最后访问日期：2022 年 9 月 7 日。

事不法与刑事犯罪时，刑事法律关系在处理的位序上优先于民事法律关系。关于其性质，有学者认为是解决刑民交叉案件的基本原则，① 破产程序也属于民事诉讼程序，因此也应当遵循“先刑后民”。② 也有学者认为该原则不具有作为一项原则所应当具有的普遍意义，不宜作为一项原则来强调。③ 但是并不能完全否认这一原则所具有的合理性，总的来讲，其不应该在破产程序中简单粗暴采用一刀切的方式一概适用，而是要分阶段视情况采用。

“先刑后民”原则在破产程序中，对保护债权人有其适用合理性。企业存在虚假破产情形时，“先刑后民”程序适用顺位实际上是对破产债权人的保护。虚假破产罪是企业破产清算中最为常见的刑事犯罪罪名，它是2006 年 6 月 29 日《中华人民共和国刑法修正案(六)》所增设，它往往发生在企业申请或被申请破产前。实施虚假破产的时间界限，应当截至公司企业提出破产申请之日。④ 该罪通常的表现形式是隐匿资产或者虚构债务，主要目的是为了逃债，最主要是侵犯了债权人的利益，当然，也存在对其他人利益的侵害。当企业通过虚假交易、个别清偿、不当转移财产等方式伪造企业破产情形时，“先刑后民”的审理程序能使得企业不当转移的财产通过刑事追偿程序退回，促使虚假破产企业财产状况复原。而不会使得债权人因企业财产的不当减少，损害债权的实现。同时避免单独清偿可能导致的受偿不平等，也避免了民、刑裁判不一时可能带来的执行回转难问题。⑤

但“先刑后民”原则在破产程序中单一适用的弊端也十分显著。

---

① 参见王学堂：《“先刑后民”并非绝对》，载《检察日报》2011 年 2 月 23 日，第 1 版。转引自唐旭超：《“先刑后民”在破产程序下的审视与重构》，载《人民司法》2014 年第 7 期，第 72 页。

② 参见最高人民检察院网：《最高人民法院、最高人民检察院、公安部关于办理非法集资刑事案件适用法律若干问题的意见》，https://www.spp.gov.cn/zdgz/201901/t20190130_406993.shtml，访问日期：2022 年 9 月 7 日。

③ 参见何帆：《刑民交叉案件审理的基本思路》，中国法制出版社 2007 年版，第 198 页。

④ 参见周楷人：《企业破产清算中的常见刑事犯罪罪名及实务建议》，载《〈上海法学研究〉集刊(2021 年第 7 卷)——律师法学研究文集》，2021 年 11 月。

⑤ 参见夏正芳：《企业破产涉刑民交叉问题研究——以涉非法吸收公众存款罪为例》，载微信公众号“中国破产法论坛”，2016 年 11 月 12 日。

1. 破产程序具有其特殊性，不能单纯依照民事程序适用

不同于一般民事诉讼程序，因为破产程序具有民事诉讼、执行程序、非讼事件等法律制度所没有的特点，其性质当属于特殊程序。[①] 而债务人发生破产原因时，民事法律关系相对于刑事法律关系具有优先性。责任人的财产若不足以支付民事诉讼确定的赔偿责任和刑事诉讼确定的罚款、罚金，应先承担民事赔偿责任。[②] 虽然《企业破产法》第4条规定"破产案件审理程序，本法没有规定的，适用民事诉讼法的有关规定"，但是破产程序准用民事诉讼法的规定并不构成破产法的主要内容，其只是破产程序在个别方面与民事诉讼程序或执行程序雷同的结果，[③] 因此，针对民事程序的特殊规定，不能完全适用于破产程序。

2. 对破产债权人实现债权不利

在债务人发生破产原因时，由于债务人将以其全部财产为限对全体债权人承担清偿义务，因此，通过破产程序无法得到救济的权利亦无法通过刑事程序得到救济。只有刑事受害人能通过刑事退赔和追赃程序保障民事权利的实现，但此时破产债权人由于不属于刑事受害人之列，破产债权无法得以实现。债务人进入破产程序后，如果刑事程序已经终结，受害人可以其损失额为限申报债权；如果刑事程序尚未终结，受害人亦可以其损失额为限申报债权。这就意味着，刑事程序终结与否对受害人申报债权无任何影响，只要债务人实施的加害行为已经完成，受害人在破产程序下能够得到的填补和救济就已经固定，一旦债务人进入破产程序，刑事法律关系和民事法律关系可以同时处理，"先刑后民"没有必要。[④] 破产程序下"先刑后民"的直接目的是通过查封、扣押、冻结等强制措施控制破产财产，应对未来可能的退赔，这将导致可用于分配的破产财产的减少，也就可能

---

① 参见王欣新：《破产法》，中国人民大学出版社2019年版，第7页。

② 参见陈兴良、胡建生、朱平、李克：《关于"先刑后民"司法原则的反思》，载《北京政法职业学院学报》2004年第2期。

③ 参见李永军、王欣新等：《破产法(第二版)》，中国政法大学出版社2017年版，第4页。

④ 参见唐旭超：《"先刑后民"在破产程序下的审视与重构》，载《人民司法》2014年第7期。

损害其他权利人合法权益的实现。由此，“先刑后民”的适用实际上对于破产债权人的保护十分欠缺，甚至可以说有损于破产债权人的债权实现。

3. 破产案件结案效率低下

破产案件常因刑事案件的审理而数年才结案，严重背离破产法的效率价值。涉众型经济犯罪案件本身具有受害人众多、金额大、情况复杂等特点，甚至跨越多个地区和省市，从公安机关立案到法院作出生效判决、从主案生效到附随案件判决，几个月、几年都有可能。[①] 另外，侦查阶段的保全措施也仅是针对保全证据而言，能实现破产财产处置变现，容易导致财产贬值。更会有债权人从实现自身利益最大化考虑，不积极向刑事侦查机关报案、不配合甚至阻挠公安机关查办。[②] 然而破产程序中，破产管理人会对已纳入清偿范围的财产先行分配，对新发现的财产补充分配。当破产程序因刑事审判程序启动而中止时，由于刑事诉讼程序难以在短时间内完结，破产债权的受偿将遥遥无期。而破产程序作为特殊的民事程序，破产程序的实施宗旨，是要保证对债权人的公平清偿和对债务人正当权益的合理保护，并进而实现对社会整体利益的维护。[③] 破产程序所要解决的首要问题，是在债务人发生破产原因后，如何平等保护全体债权人权利。如果说诚实信用原则是民法最基本的原则，债权人公平受偿原则就是破产法的第一原则。[④] 此时明显与这一原则发生冲突。

（三）“刑民并行”在破产程序中适用分析

《九民纪要》公布之前，其实在个别司法机关规范性文件中也有专门针对破产案件中部分刑事犯罪的刑民交叉作出“刑民并行”处理的规定。例如，1998 年《关于在审理经济纠纷案件中涉及经济犯罪嫌疑若干问题的

① 参见周继业主编：《人民法院破产审判：江苏实践与经验》，法律出版社 2018 年版，第 11 页。

② 参见张泽华、崔军委：《涉众型经济犯罪形式追缴、退赔与破产程序衔接路径研究——以破产程序统一受偿为视角》，载《司法体制综合配套改革与刑事审判问题研究——全国法院第 30 届学术讨论会获奖论文集（下）》，人民法院出版社 2019 年版，第 1147~1148 页。

③ 参见王欣新：《破产法》，中国人民大学出版社 2019 年版，第 5 页。

④ 参见齐树洁主编：《破产法研究》，厦门大学出版社 2005 年版，第 68 页。

规定》(已被修订)规定，不是同一法律事实时，经济纠纷与经济犯罪才能分开审理；不是同一法律关系的，犯罪线索移送后，经济纠纷案件继续审理；若是同一法律关系，则完全交由公安机关与检察机关优先处理。因此，“同一事实，先刑后民；不同事实，刑民并行”的观念早已有之，且潜移默化地对司法运行产生了持续性影响。这种观念散落于各个专项的司法解释当中，因此《九民纪要》虽未在这一问题上做出突破性的改变，但也属于将原本相对观念化乃至属于法律原则的问题，确定为具有普适性的具体适用规范。

实践中也有在《九民纪要》颁布前的积极探索的优秀经验，如浙江省高级人民法院民事审判第二庭发布的《关于在审理企业破产案件中处理涉集资类犯罪刑民交叉若干问题的讨论纪要》第 2 条规定，企业破产案件受理后，发现企业控股股东、实际控制人、法定代表人、其他企业高管(以下简称“企业股东及高管”)涉嫌犯罪的，可以将涉嫌犯罪的材料移交侦查机关，并根据企业破产法第十二条规定驳回企业破产申请。下列情形，法院可以在驳回破产申请后重新审查对债务人企业的破产申请：①犯罪行为经过侦查，公安机关撤销案件、公诉机关决定不予起诉或法院宣告被告人无罪的；②负责涉嫌犯罪行为侦查、检察和审判机关认为刑事诉讼程序对法院审理企业破产案件不构成实质性影响，且刑事涉案财产与债务人企业的其他财产可以区分的；③对涉嫌犯罪行为查处的刑事诉讼程序终结，债务人企业的相关财产未作为赃款赃物依法追缴的，或者债务人企业控制或名下的相关财产可以在企业破产程序中变价、分配的。法院根据上述情形依法审查企业破产申请，发现债务人企业确无其他财产可供分配的，应根据《企业破产法》第 120 条规定，在管理人提出请求后，裁定宣告债务人企业破产同时终结企业破产程序。这一条规定明确了破产案件受理后，发现企业股东及高管涉嫌犯罪的，在刑事诉讼案件的侦查、审查起诉以及提起公诉中任一环节中，办案机关认为刑事案件涉案财产与债务人企业的其他财产可以区分的，且刑事诉讼程序对法院审理的破产案件不构成实质影响的，则刑事程序与破产清算程序则可以共同推进。

《九民纪要》指出，对于“分别受理、分别审理原则”的把握，应注意两点：一是民刑交叉发生在同一当事人之间；二是因不同法律事实存在民事法律关系与刑事法律关系。此外，如果民刑案件中当事人并不统一，只是法律关系有牵连，则民刑案件当然应当分别受理与审理。① 可以理解为，所谓“同一事实”，要满足当事人统一与同一法律事实两个要求，否则就是“不同事实”，应分别受理与审理，只有“同一事实”才应贯彻“先刑后民”的观念。《九民纪要》则在“同一事实”的问题上做出了技术性的说明，这将导致破产程序的启动不必受制于刑事的先行认定，而是对于破产程序的积极开启在技术指引上提供了自主判断的依据，在观念上即由原先“非民事先行必要必移送”转变为“非刑事先行必要不移送”，这就是《九民纪要》的先进性所在。② 可以看出，从之前绝对的“先刑后民”到现在的“刑民同步，必要中止”，重刑轻民传统理念导致的立法偏向已经慢慢发生转变。

三、破产与刑事交叉实体问题冲突分析

（一）企业涉案财产与破产财产衔接法律冲突

企业破产与刑事追缴、退赔交叉问题是刑事案件中企业涉案财产与破产案件中破产财产混同、部分重合而产生的法律冲突问题。依《最高人民法院关于刑事裁判涉财产部分执行的若干规定》（法释〔2014〕13号）第13条，刑事被执行人在执行中同时承担刑事、民事责任，其财产不足以全部支付的，按照下列顺序执行：①人身损害赔偿中的医疗费用；②退赔被害人的损失；③其他民事债务；④罚金；⑤没收财产。债权人对执行标的依法享有优先受偿权，其主张优先受偿的，人民法院应当在前款第（一）项规定的医疗费用受偿后，予以支持。最高人民法院、最高人民检察院、公安部《关于办理非法集资刑事案件若干问题的意见》（高检会〔2019〕2号）第九点再次强调，退赔集资参与人的损失一般优先于其他民事债务。

但《企业破产法》第113条规定破产财产清偿顺序为：①破产费用和

① 参见最高人民法院民事审判第二庭编著：《〈全国法院民商事审判工作会议纪要〉理解与适用》，人民法院出版社2019年版，第650~651页。

② 参见龙天鸣、吴杰：《论破产程序中刑事追赃优先的非必然性——以A公司破产重整案为视角》，载《辽宁大学学报（哲学社会科学版）》2021年第4期。

共益债务；②职工债权；③社保、税款；④普通破产债权，破产财产不足时同一顺序内部按比例分配。在被害人众多且不特定的“涉众型经济犯罪”中，企业同时因经营问题负有其他民事债务，资不抵债进入破产程序，被害人与债权人利益存在某种紧张和矛盾，需要探讨解决路径。① 不能将违法所得的追缴、退赔纳入破产财产一并分配，是因被害人、债权人债权性质不同，前者与犯罪违法所得相对应，后者则与合法财产相对应。破产制度有别于一般诉讼制度，首重处理权利冲突、重新分配权益而非探求法律真实，但也须以“分辨债务人的财产范畴”这一法律真实为前提。②

（二）企业涉案财产与破产财产清偿顺位冲突

对于涉众型经济犯罪企业涉案财产与破产财产如何衔接问题，大概可以归纳为两类观点：

一是以企业涉案财产与破产财产是否无法区分为标准，若两者无法区分，则刑事案件的审判必然会对破产程序的进行造成实质性影响，此时应当中止破产程序的进行。③ 该观点实则否定了破产法公平和效率的价值理念。当破产财产与涉案财产高度混同时，破产程序需要中止，此时破产程序的进行依赖于刑事案件的审理，但某些复杂的经济犯罪结案需要数月甚至长达数年，破产债权人的债权变现时间成本高，合法权益遭到损害。浙江省高级人民法院就认为当两者无法区分时，为了保障破产程序的进行，法院可以在征询债权人会议讨论意见、主要债权人或者相关部门的意见后，裁定将两种财产合并处置。因此，两种财产是否高度混同并非为中止破产程序的绝对理由。

二是主要依据《九民纪要》第 130 条的规定，认为只有在刑事案件会

---

① 参见莫洪宪、黄鹏：《涉众型经济犯罪违法所得处理问题研究》，载《人民检察》2016 年第 16 期。

② 参见唐华：《破产案件中的民刑交叉问题——从解读破产法的目的与功能出发》，载王欣新、郑志斌主编：《破产法论坛（第十三辑）》，法律出版社 2018 年版，第 690、691 页。

③ 参见关峰、曹熙、戴书晖：《破产程序中刑民交叉的选择》，《贸大法律评论》2016 年第 1 卷，法律出版社 2016 年版，第 208~209 页。

对破产程序造成实质性的影响时才应当依照“先刑后民”原则进行处理。① 该条是关于民事诉讼案件的规定，如前所述，不能当然地适用于破产程序，但该观点为破解破产案件中刑民交叉案件打开了新的思路。

有实务观点认为，从程序上看，当刑事案件中的被害人只是一部分的破产企业债权人，则意味着涉案的赃款赃物与破产财产有部分交叉，为了保证公平和效率，刑事程序和破产程序可以并行，但是，在破产程序中管理人应将刑事被害人相应的份额预留出来，这样既保证了其他债权人利益的实现，也解除了刑事被害人因没有参与破产债权申报导致其获偿权丧失的后患，从实体上看，如果涉案赃款赃物(或被销赃后的转化物)能够特定化，则可以从破产财产中剥离出来，否则被害人只能和其他债权人一样通过债权申报的形式得到救济。② 也有实务观点认为，不论刑事程序是否终结，破产程序都能在制度上保证被害人以债权人身份得到权利救济，在破产企业涉嫌刑事犯罪的情况下，民事破产程序中的管理人可以将刑事相关债权暂缓确认，并将该部分债权对应的相关资产提存，在保证刑事被害人利益的前提下同步推进破产程序。③

但实际上，这种观点只是空有“刑民并行”之名，仍然是保有“先刑后民”思想残留。虽然在程序上，其主张将破产程序与刑事程序一并进行，但是这种“刑民并行”依然是以减损破产企业责任财产为代价的。如果提前将刑事被害人份额预留出来，则显然刑事被害人在破产程序中享有了普遍优先受偿地位，赋予了刑事被害人优先保护，这在一定意义上与前文分析的“先刑后民”在破产程序中适用没有区别，则此时破产债权人利益受到减损。破产程序的一个最大特点就是公平和概括偿债，在这个程序中通过债权申报、审查、确认和破产财产的归集，以及破产财产的变价和分配可以最大限度地对所有债权人的债权做出公平的清偿。④ 前述做法显然与

① 参见伍群山：《企业破产程序中的刑民交叉问题》，载《老区建设》2020 年第 14 期，第 50~56 页。

② 参见关峰、曹熙、戴书晖：《破产程序中刑民交叉的选择》，《贸大法律评论》(第一卷)，法律出版社 2016 年版，第 208~209 页。

③ 参见吴兰兰：《论破产重整案件中的刑民交叉问题——以涉嫌非法集资企业破产重整案件审理为视角》，《第十二届中部崛起法治论坛征文》，2019 年，第 4 页。

④ 参见陕西破产法研究会：《破产案件所涉刑民交叉问题研讨综述》，载微信公众号“中国破产法论坛”，2018 年 1 月 22 日。

破产法公平目的相违背。

当然，在涉及人身侵权债权的问题上，不排除刑事被害人享有优先受偿顺位的可能，因为该类债权与单纯是财产纠纷中的债权相比往往具有紧迫性，因此将其优先于一般优先权与普通债权具有社会合理性，尤其是与人权保护直接相关的项目，甚至应当优先于物权担保债权。① 纯粹财产纠纷的问题上，被害人显然没有优先性可言，因此不能以刑事程序介入为理由另行生成优先保护的效果。从程序上看，破产程序是公平偿债程序，是对所有债权人的债权实现实施公平保护的特殊法律程序，是对债务人现存全部法律关系的彻底清算，这又与一般民事程序存在显著不同。因此，如果说破产程序是对实体权利合法性的全方位保障，那么破产程序也不应当受到刑事程序的干扰，否则就是对程序合法的冲击。有实务观点指出，由于破产程序是特殊程序，在债权人(含被害人)债权审查认定问题上，应当优先适用破产程序，与其他未被列为被害人的债权人享有同等待遇，既不劣后，也不优先，实质上是依据法律规范，基于公平合理原则，对被害人经济损失进行一定幅度的调整，这在法理上说得通，也符合逻辑。②

四、破产债权人保护路径探究

(一)刑事与破产交叉按罪分类适用顺位

企业在破产程序中可能面对的刑事风险，可以概括为破产欺诈类、非法融资类和生产经营类三大刑事风险。破产欺诈类案件多见于虚假破产罪。非法融资类的犯罪则多见于非法吸收公众存款罪、集资诈骗罪等案件。生产经营类的刑事风险则多见于重大责任事故类以及企业在经营过程中发生的故意或过失类犯罪。

---

① 参见王欣新：《破产法前沿问题思辨(下册)》，法律出版社 2017 年版，第 474 页。

② 参见韩天明主编：《民营企业破产法律问题研究——以泉州破产审判为视角》，法律出版社 2020 年版，第 227 页。

1. 破产欺诈类：先刑后民

因破产欺诈类犯罪导致的刑民交叉案件，按照现行相关规定的精神，应当采取“先刑后民”的处理模式。破产欺诈类犯罪事关企业是否破产这一事实的认定，往往与“假破产，真逃债”的现象密切相关。犯罪嫌疑人的动机往往是借非法侵占企业财产、违规分红、虚假交易等手段非法转移企业财产，以逃避债务责任。且此类犯罪涉案金额巨大，仅从立案标准看，一般涉案金额在50万元以上的案件才予以立案。若犯罪嫌疑人转移的财产被追回，企业的资金规模将得到扩大，企业破产的事实有可能被消灭。即使追回的财产并不能消灭企业的破产事实，但破产债权人也可按比例获得更多的财产。例如“赵某、平某妨害清算罪”一案中，① 法院裁定邹城市万达煤机装备集团有限公司在管理人的监督下进行破产重整，重整期间，负责回收公司债权的赵某和平某在未得到管理人同意的情况下，私自分配清偿个别债务，因此该公司的重整申请被邹城市人民法院裁定驳回。济南市中级人民法院对平某等人的妨害清算罪一案进行判决，之后该企业并未再次进行破产重整。

2. 非法集资类：刑民并行

与破产欺诈类犯罪相比，非法集资类犯罪并不会对破产企业产生增加财产的效果，相反，此类案件的侦破在一定程度上对于破产债权人来说可谓“有害无益”。此类案件涉案人数较多，涉案金额较大。清理债权债务纠纷，维护社会秩序稳定是其重点和难点。因此，处理此类案件应当借鉴已有案例的经验，采取刑民协同推进的处理模式。如浙江省瑞安市人民法院在处理温州某金融信息服务有限公司非法集资一案时②，法院在涉刑事犯罪侦查过程中，引入破产清算程序，依破产法的相关规定及时有效地处置涉案财产、追收债权、清理债务，并进行预分配，解决受害人的实际诉

① 参见山东省邹城市人民法院(2017)鲁0883刑初464号；山东省济宁市中级人民法院(2018)鲁08刑终355号。

② 北大法宝官网案例：《最高人民法院、中国人民银行和中国银行保险监督管理委员会发布金融纠纷多元化解十大典型案例之三：刑民并行处置网贷公司破产清算案——较好地解决了非法集资等涉众性刑事案件涉案财产处置难的问题》，https://www.pkulaw.com/pfnl/a6bdb3332，访问日期：2022年9月7日。

求。刑民协同推进，较好地解决了非法集资等涉众性刑事案件涉案财产处置难的问题，做到了法律效果与社会效果的统一。浙江银象生物工程有限公司破产清算案一案中①，法院积极探索刑民协同理念，指导管理人在拟定破产财产变价、分配方案时，充分考虑相关涉嫌犯罪刑事诉讼程序对破产程序的影响，在对破产企业及其高管科以刑罚之前完成债权审核工作并制定分配方案，将各债权人的受偿比例统一在商事案件处理标准之下，以体现公平和效率原则，快速推进破产案件审判，实现了破产程序与刑事程序在实体上和程序上的有效衔接。这也是北大法宝官网经典案例，可以作为解决企业非法集资与破产程序交叉的先进经验进行参考。

3. 生产经营类：刑民并行

企业涉嫌生产经营类犯罪如发生重大责任事故，可能会因“资不抵债”而陷入破产，但依据我国刑法的规定，此类案件一般只对企业的直接责任人进行处罚，破产程序的进行不会对刑事案件的裁判产生障碍，因此在此类案件中可以两种程序同时推进。此种处理模式中，较为典型的案例为长生生物科技股份有限公司的全资子公司长春长生生物科技有限责任公司涉嫌的假疫苗案，该企业涉嫌的罪名为生产、销售劣药罪，2018 年 7 月，公安机关对长春长生公司 18 名犯罪嫌疑人提请批捕，11 月深交所启动对长生生物强制退市机制。2019 年 1 月，长春长生公司相关责任人被处理。同年 11 月，深交所发布《长生退：关于公司全资子公司破产清算的公告》，宣告该全资子公司破产。②

（二）刑事追缴退赔债权顺位分析

早在司法实践中已有关于涉刑企业破产财产处置问题的规定，2009 年《最高人民法院关于依法审理和执行被风险处置证券公司相关案件的通知》第 5 条规定，证券公司进入破产程序后，人民法院作出的刑事附带民事赔偿或者涉及追缴赃款赃物的判决应当中止执行，由相关权利人在破产程序中以申报债权等方式行使权利；刑事判决中罚金、没收财产等处罚，

① 参见浙江省台州市天台县人民法院（2012）台天破字第 1 号。

② 深圳证券交易所：《长生退：关于公司全资子公司破产清算》，深圳证券交易所公告网，http://www.szse.cn/，访问日期：2022 年 9 月 7 日。

应当在破产程序债权人获得全额清偿后的剩余财产中执行。有观点指出，将赃款、赃物的分配纳入破产程序的适用范畴：第一，可以借助破产程序实现集体正义与公平清偿的作用；第二，可以充分发挥破产管理人处置资产的专业能力，避免刑事程序中的侦查机关处理其并不擅长的资产处置事宜；第三，在统一的程序中进行债务人企业资产的处理，可以更加有效地实现民刑交叉破产案件中破产债权人与犯罪受害人权利救济的利益衡平。①也有观点指出，将刑事涉案财产执行统一纳入破产程序，能够缓解不同程序带来的公平失衡、效率低下与债权人利益保障难的相关问题，即能最大程度扩充债务人资产；减少财产处置环节重复操作，提高变现效率；保障同类债权公平受偿、被害人及利害关系人合法利益保护更为完善。② 但实践中河南省高级人民法院有观点以非法吸收公众存款罪为例指出，钱作为种类物，与公司合法财产高度混同，无法被特定化。由于后期企业资产被用于各类经营与投资活动，涉及企业的合法财产与赃款作为整体用以购买土地进行开发而获利的情形，不仅很难区分哪些是合法财产，哪些是赃款，也难以区分企业购买土地的款项属于何种性质，难以将其特定化或剥离出来。③

对此，有学者提出是否可以考虑构建一种有区别的破产债权人与刑事被害人财产清偿模式。④ 本文认为这一观点有待商榷。犯罪行为可以视为程度更深的侵权行为，因犯罪行为所造成的损害赔偿，实际上也属于侵权损害赔偿。刑事追缴退赔债权则是可以视为侵权之债的一种，因此刑事追缴退赔债权应当适用破产债权清偿程序。在破产清算程序中，将其与有特定财产担保的债权、职工债权、税收债权以及其他普通债权相比较，该类债权更符合普通债权的属性，不能优先于职工债权、税收债权，更不能优先于有特定财产担保的债权清偿。

① 参见马更新：《界限与协同：破产程序与刑事程序适用顺位辨析》，《北京联合大学学报(人文社会科学版)》2020 年第 1 期。

② 参见刘亮：《企业破产涉刑民交叉问题研究》，载《第十一届破产法论坛论文集(第一册)》，2020 年，第 679 页。

③ 参见牛哲：《破产程序中涉刑民交叉相关问题研究》，载《第十一届破产法论坛论文集(第一册)》，2020 年，第 672 页。

④ 参见张宏伟、楼东平主编：《形而上与形而下——企业破产法的理论探索与实践创新》，人民法院出版社 2018 年版，第 347~354 页。

虽然刑事受害人所遭受的不法侵害最为严重，该侵害行为已超过了民事法律规范所能调整的程度，对刑事受害人的救济是国家行使公权力的体现，也影响着社会的稳定和国家司法的权威，这都体现着保护刑事受害人的紧迫性和重要性。如前文所述，刑事追缴退赔债权可视为普通债权一种，应当在普通债权人顺位中得到清偿。刑事追缴退赔债权的清偿顺位是否应优先于普通破产债权人债权的清偿顺位，将刑事追缴退赔的债权纳入现行的破产清偿顺位中，必须慎重，将其和现有的各种破产债权进行分析，才能确定合理的顺位。

结　　语

当破产程序涉及刑事程序之时，具体案件具体分析才可有效解决相关问题。不管采取什么方式，妥善处理好刑事案件受害人和一般债权人的权益保护及财产分配才是重中之重。破产程序与刑事程序的交叉带来的程序冲突与实体冲突在我国目前的立法中并不能找到明确的解决答案，仅存在于不同的司法解释及其他规范性文件中。这些规范虽然对刑民交叉问题有规范协调的一面，但也存在相冲突的部分。因此，应当对刑民交叉问题进行系统性研究，颁布具有先进性、与我国法秩序统一性相符的司法解释，并以此为指导进行具体的制度设计，以推动破产程序的有效进行。

破产程序中的预告登记权利人保护

姜希驹*

内容提要：预告登记权利人享有物权期待权，在破产程序中对其权益应予保护。预告登记因其性质能够产生破产保护效力，这种效力能够附条件实现。我国法上的抵押权预告登记优先受偿力在破产程序中也应以满足建筑物所有权首次登记条件与预告登记未失效作为前提。同时，所有权预告登记的破产保护效力不与我国现有的法体系冲突，在制度设计上应使之与业已建立的抵押权预告登记权利人的破产保护制度相呼应。此外，还需要注意管理人处分权、解除权的限制与预告登记权利人破产保护的协调性。

一、问题的提出

预告登记是一种特殊的不动产登记类型，能在本登记暂未办理时为当事人以物权变动为内容的请求权提供保障，在个别情况下对尚未本登记的物权也具有保全效力。① 2007 年制定的《中华人民共和国物权法》引进了德国预告登记制度，第 20 条规定："当事人签订买卖房屋或者其他不动产物权的协议，为保障将来实现物权，按照约定可以向登记机构申请预告登记。预告登记后，未经预告登记的权利人同意，处分该不动产的，不发生物权效力。预告登记后，债权消灭或者自能够进行不动产登记之日起三个月内未申请登记的，预告登记失效。"该规定允许当事人通过法定登记

---

* 姜希驹，武汉大学法学院 2020 级民商法硕士研究生。

① 崔建远：《物权法》(第五版)，中国人民大学出版社 2021 年版，第 72 页。

程序赋予经登记的特定债权部分物权效力，突破了债权平等性与非排他性的限制，① 并为《中华人民共和国民法典》（以下简称《民法典》）第 221 条所继受。2021 年实施的《最高人民法院关于适用〈中华人民共和国民法典〉有关担保制度的解释》（法释[2020]28 号，以下简称《民法典担保制度解释》）第 52 条对抵押权预告登记的优先受偿效力作出了具体规定。特别是，该条第 2 款承认了在抵押人破产时预告登记的破产保护效力："当事人办理了抵押预告登记，抵押人破产，经审查抵押财产属于破产财产，预告登记权利人主张就抵押财产优先受偿的，人民法院应当在受理破产申请时抵押财产的价值范围内予以支持，但是在人民法院受理破产申请前一年内，债务人对没有财产担保的债务设立抵押预告登记的除外。"

日常交易中现房交易办理预告登记的比例极低，有的地方甚至为零，而期房交易中办理预告登记的较多。②《自然资源部、国家税务总局、中国银保监会关于协同推进"互联网+不动产登记"方便企业和群众办事的意见》（自然资发[2020]83 号）要求对预售商品房全面开展预告登记，银行业金融机构在审批发放贷款时应审查预告登记的办理情况。由此可见，预告登记在期房交易中的重要性愈发突出，可分为所有权预告登记与抵押权预告登记两种表现形式。笔者先以"预告登记""取回权"作为全文关键词在北大法宝司法案例数据库中检索得到案例 359 件，选取 100 件作为研究素材，发现自 2017 年以来，案件数量呈快速增长趋势，且关涉建设工程与消费者购房人权益保护问题，上诉与申请再审的比率高达 52.65%；再以"预告登记""破产"和"优先受偿"作为全文关键词在北大法宝司法案例数据库中检索得到案例 2990 件，选取典型案例 300 件作为本文研究素材，此类案件自 2015 年以后数量呈快速增长趋势，整体基数大。

归纳整理共通事实后，可大致总结出两类相关的纠纷模式：第一类，当事人因购买尚未竣工的房屋，在网签预售合同并备案后，为保障如期取得将有不动产之权利，与开发商办理预购商品房的预告登记，即所有权预告登记。后开发商进入破产程序，购房人基于所有权预告登记主张取回房屋，可否准许？第二类，当事人购买期房，向银行申请抵押贷款，此时购房人以将有不动产为银行设定抵押权预告登记。若当事人在办理上述预告

① 刘家安：《物权法论》（第二版），中国政法大学出版社 2015 年版，第 62 页。
② 常鹏翱：《预告登记制度的死亡与再生》，载《法学家》2016 年第 3 期。

登记后，开发商进入破产程序，银行主张就预抵押财产优先受偿，可否支持？

此类纠纷涉及预告登记的破产保护效力问题。质言之，预告登记后，其指向的财产究竟属于破产财产，应依破产清算程序分配，还是不纳入破产财产而将利益归属于预告登记权利人，产生别除权或取回权的法律效果？

司法实践中对此类问题裁判各异。对预告登记后的权利性质认识不一，有法院承认预告登记后的权利已脱离债权本质，成为准物权，具备排他性。① 也有法院基于预告登记保全的对象以及我国物权变动模式，认为预告登记并非物权变动的充分条件，权利性质仍为债权。② 在承认预告登记破产保护效力的司法裁判中，对于此效力的发生时点也有不同看法，或是以"房屋竣工验收"作为破产程序中预告登记发生此效力的要件，③ 抑或是以"交付价款"为要件，④ 具体理由亟待规整。预告登记在实践中对管理人解除权的限制也不一，部分判决认为因现行法律并无对预告登记人在合同解除中的特别保护进行规定，预告登记权利人不能以涉案商铺已办理预告登记为由主张管理人无权解除合同。⑤ 还有判决从预告登记后权利性质

① 广州市志联房地产开发有限公司、刘淑平商品房销售合同纠纷二审民事判决书，(2020)粤01民终10660号；刘鹃、周锋取回权纠纷二审民事判决书，(2019)湘民终787号；余建琼向威等与重庆尊诚房地产开发有限公司商品房销售合同纠纷一审民事判决书，(2019)渝0154民初7142号。

② 赵士梅、怀化市阳光房地产开发有限责任公司商品房销售合同纠纷二审民事判决书，(2020)湘民终10号；吉林银行股份有限公司吉林吉营支行与陈某、田某等普通破产债权确认纠纷一审民事判决书，(2020)吉02民初134号；李雪松、浙江欧源置业有限公司破产债权确认纠纷二审民事判决书，(2019)浙07民终947号；李敬洪、徐维梅破产债权确认纠纷二审民事判决书，(2019)鄂民终602号。

③ 于长春、黑龙江省坤龙房地产开发有限公司与破产有关的纠纷民事申请再审审查民事裁定书，(2021)最高法民申7250号；何振强与广东中投实业开发有限公司一般取回权纠纷一案民事一审判决书，(2020)粤13民初12号。

④ 宋学红、焦作市东桂基金房地产开发有限公司取回权纠纷二审民事判决书，(2021)豫08民终1312号；余建琼向威等与重庆尊诚房地产开发有限公司商品房销售合同纠纷一审民事判决书，(2019)渝0154民初7142号。

⑤ 合肥滨湖投资控股集团有限公司、合肥永星房地产开发有限公司破产债权确认纠纷二审民事判决书，(2020)皖民终1276号。

出发，认为其能对管理人合同解除权进行限制。[①]

理论界对预告登记的破产保护效力不无争议，一些问题有待厘清。《民法典担保制度解释》第 52 条确立的抵押权预告登记破产保护效力受到质疑。[②] 究其原因在于预告登记不属于法定设立物权的方式，承认预告登记破产保护效力势必对传统民法物权变动原理产生冲击，故从预告登记后权利的性质出发讨论预告登记的破产保护效力殊有必要。有观点认为预告登记后权利人享有一定的物权效力，应当在破产程序中区别于普通债权人，[③] 亦有限制破产管理人的合同解除权以保护权利人的观点，但具体理由仍待阐发完善。[④] 还有观点认为，承认预告登记的破产保护效力与民法物权与债权相区分原则相悖，[⑤] 应对现行法规定的保全效力作扩张解释，以达到间接保护预告登记权利人的效果，但保全效力能否包含破产保护效力有待考证。[⑥] 综合现有研究情况，研究预告登记的破产保护效力需要解决三个方面的问题：第一，预告登记后的权利性质究竟为何，能否支撑权利人在破产程序中获得优先保护？第二，预告登记若要产生破产保护效力，其生效要件为何？现行《民法典担保制度解释》第 52 条是否已全面确立了抵押权预告登记的破产保护效力？第三，预告登记能对破产管理人的合同解除权以及登记财产的处分权产生何种影响？希冀本文为我国预告登记制度的完善能尽绵力。

---

① 赣州景荣集团有限公司、吴羽峰与破产有关的纠纷二审民事判决书，(2020)赣民终 244 号；广州市志联房地产开发有限公司、刘淑平商品房销售合同纠纷二审民事判决书，(2020)粤 01 民终 10660 号。

② 参见石佳友、王一鸣：《预告登记在强制执行中的效力》，载《宁波大学学报(人文科学版)》2021 年第 4 期。

③ 参见王利明：《论民法典物权编中预告登记的法律效力》，载《清华法学》2019 年第 3 期。

④ 参见李永军：《论破产管理人合同解除权的限制》，载《中国政法大学学报》2012 年第 6 期；陈本寒、陈超然：《破产管理人合同解除权限制问题研究》，载《烟台大学学报(哲学社会科学版)》2018 年第 3 期。

⑤ 参见庄加园：《预告登记的破产保护效力》，载《南京大学学报(哲学·人文科学·社会科学)》2014 年第 6 期。

⑥ 参见傅远泓：《论预告登记权利人的破产保护》，载《山东社会科学》2020 年第 9 期。

二、预告登记权利人破产保护的法理基础

(一)预告登记后权利性质之辨

预告登记制度起源于普鲁士法，完善于《德国民法典》。[①] 有关预告登记后的权利性质历来存在多种学说。有学者主张预告登记后的权利为特殊债权，其与普通债权相区别之处在于能够对抗第三人，但仍保留着债权的底色，不可与物权混为一谈。[②] 质言之，预告登记后的债权虽然在某些效力方面得到强化，但是不具备使登记的债权直接实现之效力。[③] 有学者认为预告登记后的权利是准物权，[④] 还有学者认为权利人享有的并非支配权，而是对将来发生物权变动的期待。[⑤] 整理学者观点可以发现，因预告登记的效力能够推演出传统债权不具备的内容，导致预告登记后的权利性质介乎物权与债权之间，想要在物权法定原则下对其准确定性确有困难。[⑥] 可能基于此，德国物权法学者将预告登记归入"取得权"，作为独立于用益权与担保权之外的限制物权。在我国，即便物权法定主义因时代的发展而松动，[⑦] 尚不能推导出预告登记后的权利为物权这一结论。归纳上述观点，学者普遍承认当事人的债权经预告登记后具备了超越债权权能的内容。法工委也在相关释义书中明确预告登记的制度功能是使债权具备一

① 参见常鹏翱:《比较法视野中的预告登记》，载《金陵法律评论》2005 年第 1 期。

② 参见杨立新、宋志红:《预告登记的性质、效力和范围探索》，载《法学杂志》2006 第 4 期。

③ 参见崔建远:《"担保"辨——基于担保泛化弊端严重的思考》，载《政治与法律》2015 年第 12 期。

④ 参见王利明:《物权法研究(上卷)》，中国人民大学出版社 2016 年版，第 466 页。

⑤ 参见刘得宽:《民法诸问题与新展望》，中国政法大学出版社 2002 年版，第 555 页。

⑥ 参见王泽鉴:《民法物权》，北京大学出版社 2010 年版，第 92 页。

⑦ 参见苏永钦:《寻找新民法》，北京大学出版社 2012 年版，第 117 页。

定的物权效力。[①] 部分学者一方面坚持预告登记后的债权(非物权化)属性，另一方面又提出“效力强化的请求权”解释之。[②] 但所谓“效力强化的请求权”实际上变相承认了预告登记权利人能获得不同于一般请求权的保护，仅是对债权物权化的委婉表述而已，本质上与之无异。

我国司法实践偏向于以物权期待权理论作为预告登记权利人保护的基础，该理论在我国司法实践中较早得到了应用：2002年《最高人民法院关于建设工程价款优先受偿权的批复》(现已失效)中已经出现对房屋消费者买受人物权期待权保护的条款，该批复第2条规定：“消费者交付购买商品房的全部或者大部分款项后，承包人就该商品房享有的工程价款优先受偿权不得对抗买受人。”本条虽未出现物权期待权的表述，但在《最高人民法院关于人民法院办理执行异议和复议案件若干问题的规定》(法释〔2020〕21号，以下简称《执行异议复议规定》)的司法释义中已明确该条保护的是消费者物权期待权。[③] 2008年修订后发布的《最高人民法院关于人民法院民事执行中查封、扣押、冻结财产的规定》(已被修正)第17条将消费者购房人享有的物权期待权延展保护至所有房屋买受人；《执行异议复议规定》第28条继承了上述解释精神，在期待权具体适用情形上无较大变动。我国主流司法观点认为预告登记后权利人享有物权期待权，学者也已提出类似主张。[④] 最高人民法院在《执行异议复议规定》的理解与适用中明确了预告登记后权利人享有物权期待权，其在司法解释与裁判中也持此观点。[⑤] 物权期待权以德国法上的“物权期待权理论”为蓝本，该理论对物权期待权的界定建立在严格区分期待与期待权基础之上，期待只能在

① 参见黄薇主编：《中华人民共和国民法典物权编释义》，法律出版社2020年版，第28页。

② 参见傅远泓：《论预告登记权利人的破产保护》，载《山东社会科学》2020年第9期。

③ 参见刘贵祥、范向阳：《〈关于人民法院办理执行异议和复议案件若干问题的规定〉的理解与适用》，载《人民司法》2015年第11期。

④ 参见王睿：《不动产登记前买受人期待权之探析》，载《暨南学报(哲学社会科学版)》2014年第2期。

⑤ 参见长春市领运房地产开发有限公司、黄某案外人执行异议之诉再审民事判决书，(2019)最高法民再299号；苏幼华、宏建建工集团有限公司申请执行人执行异议之诉再审审查与审判监督民事裁定书，(2018)最高法民申5297号。

对物权变动有较高确定性时才能作为期待权被法律保护。德国联邦法院通过判决确认了在物权变动合意有效的前提下，受让人通过预告登记能够享有物权期待权。[①]

然而，物权期待权理论有其本身的局限。预告登记仅具有债权保全作用，以物权期待权作为优待预告登记权利人的法理基础是否有失偏颇？[②]同时，我国司法机关所称的物权期待权实际上与德国的物权期待权甚有差异。德国法上的期待权以“物权合意+递交登记申请”为要件，[③] 期待权建立在当事人取得物权的确定性之上。该确定性通过判例学说进一步发展演变为“不动产出让人对权利移转已无法阻止，且最终取得所有权的结果仅取决于登记程序进展之程度”；而我国的物权登记原则上需要买卖双方协同办理，不动产出卖人在买受人交付价款甚至交付房屋后仍有诸多手段影响买受人取得不动产物权，远未达到德国法上所说的“确定性”。[④]

物权法与合同法关系甚密、互动频繁，当事人通过订立买卖、抵押期房的合同缔结债之关系，再通过预告登记制度保全对应的请求权，使该类合同具备了冲破惯常相对性的可能。具体而言，此类交易中合同产生物权效力的原因在于法定机制与公示机制的双重叠加作用。[⑤]《民法典》第 221 条与《民法典担保制度解释》第 52 条通过法律的公开性向社会上的人宣示了订立买卖、抵押不动产的合同可能因预告登记具备对抗第三人之效力。同时，预告登记本身作为一种公示机制，也能使公众知晓其所保障的请求权的内容。二者结合，能够证成预告登记权利人在登记财产的处分中具有优先利益(例如预告登记对防范“一房多卖”的作用)。破产程序作为债务

---

① Vgl. Jan Wilhelm, Sachenrecht, 6. Aufl, Berlin: De Gruyter, 2019, S. 1324. 转引自袁野：《论非因自身过错未办理登记的不动产买受人之实体法地位》，载《法学家》2022 年第 2 期。

② 参见庄加园：《不动产买受人的实体法地位辨析——兼谈〈异议复议规定〉第 28 条》，载《法治研究》2018 年第 5 期。

③ 参见[德]鲍尔、施蒂尔纳：《德国物权法》(上册)，张双根译，法律出版社 2004 年版，第 45 页。转引自陈永强：《夫妻财产归属约定的法理明晰及规则适用》，载《中国法学》2022 年第 2 期。

④ 参见袁野：《论非因自身过错未办理登记的不动产买受人之实体法地位》，载《法学家》2022 年第 2 期。

⑤ 参见常鹏翱：《物权法的“希尔伯特问题”》，载《中外法学》2022 年第 2 期。

人财产的概括执行程序，涉及对债务财产的整理、处分以及对债务的清偿，理应能承载预告登记效力的延伸。

（二）承认预告登记破产保护效力的必要性

1. 预告登记破产保护效力无法被保全效力或顺位效力涵盖

我国预告登记制度采用了与德国法上实体预告登记相似的设计，为使预告登记权利人将来如约取得物权，法律赋予预告登记权利保全、顺位保证等效力。① 有学者否认预告登记能直接产生破产保护效力，倾向于在破产保护效力之外寻求预告登记权利人保护的方式。一方面，认为预告登记的债权不具备物权效力，权利人不符合现行法规定的行使取回权与别除权的条件。② 同时认为虽然预告登记权利人不满足行使取回权、别除权的主体条件，但通过保全效力、权利顺位效力可以推导出：纵使进入破产程序，现行法关于预告登记保全效力的规定只会导致理性的管理人与理性的预告登记权利人积极磋商，变相实现类似取回权与别除权的后果。③ 从而在事实上实现破产程序中预告登记权利人的优先受偿。

笔者不赞同上述观点。我国法上预告登记的顺位效力相对弱于德国法，因德国法采用“相对无效说”搭建预告登记的保全效力，义务人有权在不经所有权预告登记权利人同意之时转让相应财产。④ 纵使《德国民法典》第883条允许预告登记权利人能够主张该处分行为对自己不生效力，仍然难以避免同一标的物上产生多个内容相冲突的物权，由此需要赋予预告登记较强的顺位效力，使登记在前的预告登记能对抗登记在后的其他权利人，以保全预告登记权利人如期取得物权。我国法上预告登记的顺位效力主要体现在抵押权预告登记转为抵押本登记时，若变更条件满足，则预

---

① 参见孙宪忠：《中国物权法总论》（第四版），法律出版社2014年版，第415页；房绍坤、吕杰：《创设预告登记制度的几个问题》，载《法学家》2003年第4期。

② 参见庄加园：《预告登记的破产保护效力》，载《南京大学学报（哲学·人文科学·社会科学）》2014年第6期。

③ 参见傅远泓：《论预告登记权利人的破产保护》，载《山东社会科学》2020年第9期。

④ 孙宪忠、朱广新：《民法典评注·物权编》，中国法制出版社2020年版，第133页。

告登记设立时间视为抵押权的设立时间。《民法典担保制度解释》第 52 条未充分体现预告登记顺位效力的全貌，《民法典》制定过程中立法者也并未承认我国法上预告登记的顺位效力。基于此，以扩张解释顺位效力为逻辑起点的破产保护路径难免脱离实际、操作困难，无法为预告登记权利人在破产程序中行使相应权利提供可靠的请求权基础。

就预告登记的保全效力而言，我国《民法典》及相关法规、规章作了明确规定。《不动产登记暂行条例实施细则》(以下简称《不动产登记细则》)第 85 条第 2 款规定："预告登记生效期间，未经预告登记的权利人书面同意，处分该不动产权利申请登记的，不动产登记机构应当不予办理。"这在事实上对破产管理人处分预告登记财产产生阻却力。纵然在理想状态下未经预告登记权利人同意管理人无法处分相应不动产，能够促使管理人与权利人协商。但实际操作中开发商的管理人可依据通过解除《商品房买卖合同(预售)》来使所有权预告登记与抵押权预告登记失去效力，以至于出现双方无法达成合意以致对簿公堂的情况，对破产程序推进与交易效率产生了不利影响。① 正如学者所说："破产规则的意义不在于对投资者、债务人和债权人给予最好的保护，而是努力减少了所需要的交易法律成本。"②对权利人的破产保护不能寄希望于管理人与权利人之间漫长的博弈来实现，而需回应预告登记与别除权、取回权之间的关系并作出正面规定。

2. 预告登记破产保护效力无法单凭限制管理人解除权实现

有学者主张通过对《中华人民共和国企业破产法》(以下简称)《企业破产法》，第 18 条第 1 款进行目的性限缩解释，将预告登记的债权排除在管理人行使自由选择权的范围之外，变相实现预告登记权利人的保护。③ 司法实践中也有不少法院持此观点。④ 实际上，期房交易中多数买受人会办

① 参见张文光、威海广信房地产开发有限责任公司破产债权确认纠纷再审审查与审判监督民事裁定书，(2020)最高法民申 6469 号民事判决；蒋爱芹、威海广信房地产开发有限责任公司取回权纠纷二审民事判决书，(2019)鲁民终 1051 号民事判决。

② 苏力：《法治及其本土资源》，北京大学出版社 2015 年版，第 97 页。

③ 参见傅远泓：《论预告登记权利人的破产保护》，载《山东社会科学》2020 年第 9 期。

④ 参见广州市志联房地产开发有限公司、刘淑平商品房销售合同纠纷二审民事判决书，(2020)粤 01 民终 10660 号民事判决书。

理按揭贷款，此时房款通过"首付+按揭"的方式已经支付完毕，而办证、收房、给付税款等交易环节一般不认为是商品房买受人之合同义务，商品房买卖合同的一方义务既已履行完毕，管理人无权依据《企业破产法》第18条行使解除权。① 纵使开发商的管理人在当事人交付完毕房款后不能行使第18条的解除权。但因债务人进入破产程序，期房事实上难以建成，属于客观上履行不能，此时购房人无法诉请继续履行，而管理人仍可依据《民法典》第580条请求解除商品房买卖合同。② 此时，依据《最高人民法院关于审理商品房买卖合同纠纷案件适用法律若干问题的解释》第20条，抵押借款合同很可能被随之解除，进而使买受人的所有权预告登记以及银行的抵押权预告登记都失去效力，在破产程序中对其更加不利。因此，通过对《企业破产法》第18条的管理人解除权施加限制对保障预告登记权利人的权益收效甚微，难以真正限制管理人对预告登记财产的处分。

"在立法滞后、司法标准难以统一的背景下，学术研究应该先行。"③ 正如学者所说，破产财产最大化绝非机械考量财产数额增减所能判断，而是应该综合考虑破产财团为之付出的成本。④ 预告登记权利人破产保护引发的纠纷数量逐年走高，预告登记指向的不动产往往关乎人民生存权与贷款行的担保权，频发的纠纷与繁重的讼累将对破产债权人的整体利益产生重大影响。不论是以自由博弈的方式抑或是限制解除权的方式对实现权利人破产保护均力有未逮，容易落入因小失大的陷阱，承认预告登记破产保护效力更能促进实质公平的实现。

（三）从期待权的附条件保护到预告登记破产保护效力的附条件实现

笔者认为有关预告登记能成立物权期待权的观点具有合理性，预告登记权利人因对将来发生的物权变动保有合法的期待利益而应受到法律的侧

---

① 参见阮泽云、嘉兴永欣建业有限公司房屋买卖合同纠纷二审民事判决书，(2020)浙04民终863号。

② 参见刘鹃、周锋取回权纠纷二审民事判决书，(2019)湘民终787号。

③ 张红、彭跃龙：《论划拨土地使用权转让之效力》，载《武汉大学学报（哲学社会科学版）》2022年第2期。

④ 余延满、年亚：《破产法上待履行合同的选择规则》，载《广东社会科学》2021年第6期。

重保护。理论上，期待权的成立需具备三个要件：已经具备取得完整权利的部分要件、体现出一种受保护的法律地位以及主体对将来取得完整权利有期待。① 预告登记后的权利具备成为期待权的要件：

首先，在办理本登记之前，法律已赋予预告登记权利人能够排除他人侵害的法律地位，实质上对第三人课以义务，体现了法律对预告登记权利人在将来取得物权变动的保护，更与单纯的期待相区别。

其次，预告登记已经具备了取得完整权利的部分要件。质言之，预告登记已经具备了办理正式登记的部分要求。《民法典担保制度解释》第 52 条第 1 款允许抵押权预告登记满足特定条件下发生抵押权优先受偿效力盖因权利人离取得物权只差“临门一脚”，为避免讼累，可由法院审查后认定抵押权得以成立。②

最后，预告登记权利人具有明确在将来取得完整权利的主观愿望。故将普通债权人与登记权利人在破产程序中适当区分是必要的，尤其在保护力度上应有所侧重。

然而，我国法上物权期待权有其特殊性，纵使能够凭此证成预告登记权利人在破产程序中获得保护的必要性，仍需谨慎设定破产保护效力的生效要件，防止低确定性的物权变动期待直接得出高强度的物权保护效果，导致利益失衡。《不动产登记细则》第 24 条与第 35 条规定，办理不动产所有权首次登记是其他类型不动产登记的前提，而提交房屋已竣工的材料系办理所有权首次登记之前提。实践中，因房屋尚未竣工，尚未办理所有权首次登记，暂不具备办理本登记的条件，故期房买受人、贷款人多以预告登记保护自身权益。如前所述，期待权在法理上区分于期待的关键在于是否对取得权利具备高度确定性，仅在这种确定性得以满足时，法律才有保护期待之必要，使之成为一项权利。《不动产登记细则》第 78 条第 2 款规定：“预购商品房办理房屋所有权登记后，当事人应当申请将预购商品房抵押预告登记转为商品房抵押权首次登记。”在预告登记义务人破产时，若已满足本登记条件的，物权的设定实质上仅欠缺登记手续的履行，预告登记权利人享有高度确定性。在此情况下承认预告登记权利人享有物权期

① 参见申卫星：《期待权研究导论》，载《清华法学》2002 年第 1 期。

② 参见林文学、杨永清等：《〈关于适用民法典有关担保制度的解释〉的理解和适用》，载《人民司法》2021 年第 4 期。

待权显然是合理的。因此，不论是所有权预告登记还是抵押权预告登记，以“本登记条件已满足”为要件限制破产保护效力的实现符合物权期待权的逻辑构造。

三、抵押权预告登记的破产保护效力

(一) 对《民法典担保制度解释》第 52 条的再审视

1. 第 52 条第 2 款的适用场景之明确

《民法典担保制度解释》第 52 条第 2 款确立了抵押权预告登记的破产保护效力，预告登记权利人有权在义务人破产时获得优先受偿权。① 但细查该款用词可以发现，其潜在地将预告登记最为普遍适用的交易场景(自然人购房抵押借款)排斥在外。第 52 条第 2 款规定：“当事人办理了抵押预告登记，抵押人破产，经审查抵押财产属于破产财产，预告登记权利人主张就抵押财产优先受偿的，人民法院应当在受理破产申请时抵押财产的价值范围内予以支持……”该款的适用条件是在“抵押人破产”之时，但根据生活经验可知，期房交易中抵押人一般是购房者而非开发商，此处的仅可能是作为购房者的企业法人破产而非自然人破产。自然人作为房屋买受人时，即使开发商破产，银行的抵押权预告登记会依文义解释无法适用该条进行保护。② 结合司法实践，在假设司法解释者此处表述正确的情况下，笔者总结出该款目前有两类较为典型的适用场景：第一，在让与担保交易中，买受人对开发商享有在先债权，开发商以网签《商品房买卖合同》并备案的形式将房屋名义上转让给买受人，并办理了所有权预告登记。同时约定，在开发商不能清偿到期债务时买受人可对该房屋变价后优先受偿。后开发商破产，买受人基于所有权预告登记主张对该房产行使取

---

① 参见徐聪：《抵押预告登记效力研究——以〈担保制度解释〉第 52 条为分析对象》，载《山东科技大学学报(社会科学版)》2021 年第 5 期。

② 司法实践中已经有法院认识到了这一点，以开发商并非抵押人为由拒绝适用第 2 款之规定。参见中国农业银行股份有限公司中山东凤支行、郭钊超等金融借款合同纠纷民事二审民事判决书，(2021) 粤 20 民终 8242 号。

回权、别除权。有法院认为，上述交易结构中，开发商与买受人签订的《商品房买卖合同》实具担保性质，所有权预告登记实质上系预购商品房的抵押权预告登记，可以适用第52条第2款的规定。[①] 第二，商品房买受人系企业法人，其将预购的商品房预抵押给银行办理融资项目，后该企业法人因经营不善破产，银行就房屋主张别除权。[②]

2. 第52条第2款的适用条件之疑问

《民法典担保制度解释》第52条将抵押权预告登记权利人明确为就特定破产财产优先受偿的主体，其法律效果与《企业破产法》第109条规定的别除权并无二致。最高人民法院在《担保制度解释》的理解与适用中明确该解释第52条第2款出台背景系"考虑到在破产程序中权利人无法等到办理抵押登记的条件具备时再主张优先受偿权，故本解释参照企业破产法关于破产程序中债权加速到期的规则，赋予预告登记抵押权效力"[③]，其言下之意为抵押权预告登记权利人在破产程序中行使优先受偿权并不需要满足第1款规定的"本登记条件具备"的要件。目前理论界较多观点也认为第52条第2款系对抵押人破产时的特别规定，第1款规定的"已经办理建筑物所有权首次登记""预告登记未失效"等要件并非第2款适用的前置条件。[④]

根据《民法典》第231条，开发商合法建造房屋，自房屋竣工验收时取得所有权。所有权首次登记是对不动产产权进行统一登记管理的重要手段，在合法建造房屋但未办理登记时，开发商不得处分不动产物权。[⑤] 若

① 参见张爱厂、广德中雅置业有限公司普通破产债权确认纠纷二审民事判决书，(2021)皖18民终500号。

② 参见中国工商银行股份有限公司汨罗支行、汨罗市佳鑫房地产开发有限公司破产债权确认纠纷民事二审民事判决书，(2021)湘06民终4427号。

③ 参见林文学、杨永清等：《〈关于适用民法典有关担保制度的解释〉的理解和适用》，载《人民司法》2021年第4期。

④ 参见罗亚文：《论抵押权预告登记制度的独立性建构——兼评"民法典担保制度司法解释"第52条》，载《学术交流》2022年第2期；李玉林：《〈民法典〉预告登记制度的司法适用——以效力问题为中心》，载《法律适用》2021年第8期；徐聪：《抵押预告登记效力研究——以〈担保制度解释〉第52条为分析对象》，载《山东科技大学学报(社会科学版)》2021年第5期。

⑤ 参见常鹏翱：《〈民法典〉"房随地走、地随房走"的规范要义》，载《中国高校社会科学》2021年第4期。

认为在抵押人破产时，抵押权预告登记权利人可在不满足第 52 条第 1 款规定的若干条件下即可实现抵押权效力，那将导致期房在尚未产生所有权之时就已设立了定限物权并发生效力，这既违背法感情，也不符合《不动产登记细则》第 24 条的规范要义，容易产生法律规范体系内的冲突，故第 52 条第 2 款的适用条件亟待明确。

(二)抵押权预告登记破产保护效力的解释论

诚如上文分析，预告登记权利人物权期待权的实现需建立在其对物权变动享有“高度确定性标准”之上，《担保制度解释》第 52 条第 1 款规定的“已办理所有权首次登记”(满足本登记条件)就是对此标准的贯彻。考虑到法律规范的体系协调以及物权期待权效力实现的衡平，在构建预告登记破产保护效力之时宜继续秉持“满足本登记条件”的要求，因此上述司法立场与学说对抵押权预告登记权利人行使别除权的要求失之过宽，在规范适用上容易对预告登记权利人过度保护，应从解释论角度予以阐明。

《不动产登记细则》第 35 条明确规定房屋竣工为办理国有建设用地使用权与房屋所有权的必要条件。依上述理由，在《担保制度解释》第 52 条第 2 款的规则下，预售商品房在竣工之前就能取得与抵押权本登记后相同效力，逾越了预告登记与本登记之间的性质分界。在满足本登记条件之时允许预告登记破产保护效力的发生，系基于功能主义与效率主义为实现社会效益最大化作出的司法决断，但在本登记条件未满足时任由其边界泛化终将难收实效。

该解释第 52 条第 1 款对诉讼程序中法院审查认定抵押权预告登记成立设置了已经办理建筑物首次登记与预告登记未失效两个前置条件。以建筑物首次登记作为审判中认定抵押权预告登记具备抵押权效力的前提能够规避因预售商品房未竣工强行实现抵押权所导致的尴尬。同时与《不动产登记细则》第 78 条第 2 款的规定贯彻了同一标准，确保法律规范体系的协调性。《民法典》第 221 条第 2 款明确了预告登记效力的除斥期间，在主债消灭时，具备从属性的预告登记也失去效力，抵押权预告登记所受限制理应与该款规定相呼应。故笔者认为应当对《担保制度解释》第 52 条第 2 款的适用在解释论上作一定阐发，即抵押权预告登记权利人行使该款规定的优先受偿权，除需满足该款规定的在破产财产范围内受偿以及受理破产申请前一年内债务人未对没有财产担保的债务设立抵押权预告登记的要求之外，还需满足在进入破产程序时已完成建筑物首次登记以及预告登记并未失效的要求。预告登记失效的情形主要有二：一是预告登记所依附的主权利消灭；二是未按期申请登记。根据《最高人民法院关于适用〈中华人民共和国民法典〉物权编的解释(一)》第5条，预告登记的权利人放弃债权的，构成民法典第221条第2款所称的“债权消灭”。同时依据《不动产登记操作规范(试行)》，预告登记所保全的债之关系被撤销、被解除或确认无效也将导致预告登记的失效。此外，为了应对实践中可能存在的重复抵押情形，应当效仿第1款之规定，在权利人符合两款所规定的在破产程序中就特定财产优先受偿条件时，确认抵押权设立的时间溯及至预告登记设立之时，以保障预告登记权利人在破产程序中的顺位效力。

四、所有权预告登记的破产保护效力

与抵押权预告登记不同，所有权预告登记权利人行使破产取回权并无明确法律依据。所有权预告登记在实践中的典型表现形式为：买受人与开发商签订《商品房买卖合同(预售)》，为保障将来取得房屋所有权，办理了所有权预告登记。因开发商经营不善，在房屋尚未交付前已破产，买受人以预告登记为依凭主张案涉房产不属于破产财产(取回权)。

有学者已从预告登记的保全效力出发，认为预告登记权利人可主张所涉房屋脱离破产人财产以达到近似行使取回权的效果。① 《执行异议复议规定》第30条：“金钱债权执行中，对被查封的办理了受让物权预告登记的不动产，受让人提出停止处分异议的，人民法院应予支持；符合物权登记条件，受让人提出排除执行异议的，应予支持。”最高人民法院在裁判中认为《执行异议复议规定》第28条关于无过错不动产买受人期待权保护之规则可以在破产程序中继续适用。② 笔者认为，破产程序作为针对债务人的概括执行程序，上述司法解释第30条之精神亦可借鉴。司法实践中逐渐确立的所有权预告登记权利人主张取回权的基本前提是：房屋已完成

① 参见王欣新、张思明：《房地产开发企业破产中的房屋产权界定与合同履行》，载《人民司法(应用)》2016年第7期。

② 参见重庆钜作装饰工程有限公司、江平涛执行异议之诉二审民事判决书，(2017)最高法民终824号。

竣工验收，并具备办理本登记的所有条件。① 因债务人在破产程序中无本权占用他人所有物，取回权人行使该权利能使特定财产脱离破产财产的范畴，以最小风险取得该特定财产的完整价值，故取回权比之别除权对权利人而言更加有利，也更能彰显民法平等保护、增进人民福祉的功能。② 但同时需要注意的是，破产法有其固有的目的与功能，为了使债权人获得公平的清偿，应尽力避免、矫正个别清偿行为。取回权能使得特定财产直接脱离出破产财产范畴，比别除权有更强大的效力，必然也应伴随更严格的条件限制。在物权期待权附条件实现的理论基础之上，如何设定所有权预告登记权利人行使取回权的条件？笔者认为，所有权预告登记权利人行使取回权时不仅需要满足在破产申请受理时已办理建筑物所有权首次登记且预告登记未失效的条件，还需要考虑到以下情形：

首先，2002 年 9 月 1 日施行的《最高人民法院关于审理企业破产案件若干问题的规定》(法释[2002]23 号)第 71 条规定了在特定物买卖中，尚未转移占有但相对人已完全支付对价的特定物与尚未办理产权证或者产权过户手续但已向买方交付的财产不属于破产财产，实践中有不少法院据此判令当事人在支付完毕房款或已经收房时能够行使取回权。③ 该条与我国登记生效为原则的不动产所有权变动模式相冲突，容易导出房屋尚未建成、所有权尚未产生却能行使取回权的荒谬结论。实际上，2013 年 9 月 16 日施行的《最高人民法院关于适用〈中华人民共和国企业破产法〉若干问题的规定(二)》(法释[2013]22 号)第 2 条再次明确了列举了不属于财产的情形，其中并不包括法释[2002]23 号第 71 条规定的上述两类情形，根据新法优于旧法的适用原则，应当认为前解释实际上已被后解释对应的条款取代。预告登记权利人固然对将来取得物权具有期待利益，但仅凭支付完毕价款或占有房屋仍不足以满足物权变动高度确定性之要求。

其次，在处理此类纠纷中还需要注意消费者购房人之保护。虽然《最

---

① 参见邵仁忠、威海广信房地产开发有限责任公司普通破产债权确认纠纷再审审查与审判监督民事裁定书，(2020)最高法民申 3576 号。

② 参见许中缘：《论〈民法典〉的功能主义释意模式》，载《中国法学》2021 年第 6 期。

③ 参见宋学红、焦作市东桂基金房地产开发有限公司取回权纠纷二审民事判决书，(2021)豫 08 民终 1312 号；余建琼向威等与重庆尊诚房地产开发有限公司商品房销售合同纠纷一审民事判决书，(2019)渝 0154 民初 7142 号。

高人民法院关于建设工程价款优先受偿权问题的批复》(法释[2002]16号)已被废止，但普遍认为该解释对消费者购房人优先保护的规则已经被《执行异议复议规定》第29条吸纳。在此规则之下，即使买受人的所有权预告登记失去效力或是在破产受理前未满足本登记条件，仍可享有消费者购房人优先受偿权，在破产程序中就预购的房屋及其土地使用权变价后第一顺位受偿。① 值得注意的是，因融资担保制度现代化，以物抵债、让与担保与预告登记的结合日益紧密，此类案件层出不穷。在让与担保或以物抵债交易中，底层交易关系均为民间借贷，名义上的商品房买卖合同关系实际上依附于民间借贷关系。因此逻辑，参与以物抵债或让与担保的“房屋买受人”再难被认定为为生活所需购买商品房的消费者，这也是司法实践中预告登记权利人以消费者购房人请求优先受偿不太容易被法院支持的原因。②

此外，为了与《企业破产法》第31条的撤销权协同，还应当规定取回权的行使的若干限制，即要求债务人在人民法院受理破产申请前一年内不存在无偿或以不合理的低价出售房屋，若存在个别清偿行为，管理人可诉请撤销。

五、管理人解除权、处分权与预告登记效力之协同

《企业破产法》第18条赋予管理人选择解除双方均未履行完毕的合同或选择继续履行的权利。在进入破产程序后，债务人的日常经营由管理人负责，预告登记权利人的利益实现与管理人自由选择权与处分权之间存在密切联系。特别是，在实现破产保护效力的条件不得满足时，管理人如何决定预告登记债权的命运以及如何处分特定财产尤为重要。

我国法对债务人处分所有权预告登记所涉财产采取了较为严格的限制模式，非经所有权预告登记权利人同意，纵使未符合行使取回权的要求，该登记仍具有排斥管理人为后续处分的效力。由此产生的问题是，《民法典》与《不动产登记细则》是否赋与所有权预告登记权利人在破产程序中完

① 参见广东省惠州市中级人民法院，(2020)粤13民初11号民事判决书。

② 参见最高人民法院(2020)民申484号民事裁定书；山东省高级人民法院(2019)鲁民终1404号民事判决书。

全限制管理人处分特定登记财产的效力？笔者认为，对于在债务人进入破产程序时满足行使取回权条件的所有权预告登记权利人，相关不动产产权已经移转，合同业已履行完毕，不存在管理人行使解除权的余地。在所有权预告登记未尽符合转为本登记条件时，应当允许权利人作为普通债权人进入破产清偿程序公平受偿，权利人自愿进入破产清偿程序的应视作已同意管理人按照债权人会议通过的分配方案就特定登记财产进行处分、分配。

在所有权预告登记满足本登记条件时，权利人自能行使取回权，管理人无处分权。若本登记条件不能满足，预告登记权利人需要与其他普通债权人一样申报债权，权利人在相应财产上不具有物权，也就不能阻却管理人的处分权。对抵押权预告登记而言，既然抵押权本登记办理后抵押权人尚且无法干涉所有权人处分相应抵押财产，那么预抵押权利人不论是否满足本登记条件都无法阻挡管理人依照债权人会议的决定处分抵押财产。

对于管理人的合同解除权而言，有学者认为在房屋买卖合同中，考虑到多数人采用按揭贷款的方式，实际上出卖人已经一次性收到房款，故合同已经履行完毕，不存在由管理人依《企业破产法》第 18 条行使自由选择权的空间。①

笔者认为，对预告登记以及管理人的解除权应在遵照现行法的基础上区别情况对待，对于买受人已经支付完毕价款的，应当属于一方已经履行完毕合同义务，此时管理人行使自由解除权不符合法律规定，但可依据《民法典》第 580 条之规定请求人民法院终止合同。在买受人未履行完毕合同义务的情况下，因本登记条件尚不具备，预告登记权利人(买受人)无法行使取回权，此类情形下应允许管理人以破产财产最大化为目的依法行使自由选择权。在预告登记权利人符合实现破产保护效力要件之时，管理人不得行使解除权。

六、余论与展望

本文以《担保制度解释》第 52 条为重心展开探讨了预告登记权利人的

---

① 参见傅远泓：《论预告登记权利人的破产保护》，载《山东社会科学》2020 年第 9 期。

破产保护问题。

破产程序集合债务人的全部财产对债权进行合理分配，是实现普通债权人之间公平清偿、各债权人利益兼顾的正当性基础。[①] 预告登记作为保全将来取得物权的方式，因权利人享有物权期待权而具有保护之必要。坚持预告登记破产保护效力的附条件实现不会导致物债二分格局被破坏，反而能凸显我国民法以人为本、追求公平、兼顾效率的法治底色。

从解释论的角度出发，考虑到法体系内的协调以及所有权首次登记在实践中具备的意义，在适用《担保制度解释》第 52 条第 2 款时将所有权首次登记、预告登记未失效也作为第 2 款适用的要件，以避免出现脱离实际、规范冲突的尴尬处境。所有权预告登记权利人在破产程序中所能行使的权利的边界仍不够明晰，宜在满足所有权首次登记、预告登记未失效基础上肯认权利人能行使取回权，同时兼顾债务履行、物的占有与破产保护效力实现的关系，并重视消费者购房人的特殊保护。

具体法律规则的理解与解释需要纳入整体的法律制度予以考量，而法律适用于个案的标准并非具体规则而是作为评价统一体的法律制度。[②]《担保制度解释》第 52 条第 2 款以“抵押人破产”作为适用前提，从法释义学角度似乎排除了常见的自然人按揭购房的模式。既然司法解释已经认识到在因破产程序无法正常办理本登记取得物权时，预告登记权利人有侧重保护之必要，那么在买受人为自然人时，纵使抵押人非开发商，但无法办理本登记多因开发商破产所致，何不对此类情形下预告登记权利人的优先受偿权也作出安排？但或许，司法解释此处表述的“抵押人”本就是以穿透的视角指代开发商也未可知。因《担保制度解释》实施不久，加之适用第 52 条的案例较少，对该条的具体适用方式还未明确，但相信随着我国法治实践的绚丽开展，有关预告登记破产保护效力的问题终有定论。

---

① 参见徐阳光：《执行与破产之功能界分与制度衔接》，载《法律适用》2017 年第 11 期。

② 参见张红：《论国家政策作为民法法源》，载《中国社会科学》2015 年第 12 期。

破产法程序中待履行合同继续履行规则探究

邓思瑜*

内容提要：企业进入破产程序后，对于双方当事人均未履行完毕的双务合同，破产管理人有权选择继续履行，但应当接受法院及债权人会议的监督。破产法上的继续履行规则与合同法上的履行抗辩制度存在竞合，应当优先适用继续履行规则。管理人选择继续履行合同的，限制了合同相对人行使履行抗辩权，应当对待履行合同提供担保。合同继续履行后，给付不可分的合同产生的债务属于共益债务。给付可分的合同产生的债务以破产程序启动为界限，破产程序启动前合同当事人履行合同产生的债权请求权属于破产债权；破产程序启动后继续履行合同产生的债务属于共益债务。

一、问题的提出

“待履行合同”一词来源于美国破产法中“Executory Contract”的表述，[①] 根据我国《中华人民共和国企业破产法》(以下简称《企业破产法》)第18条，待履行合同指破产企业与合同相对人在破产申请受理前成立，进入破产程序后双方均未履行完毕的双务合同。对于待履行合同，破产企业管理人有权选择解除合同或继续履行，但我国破产法的继续履行规则依

* 邓思瑜，武汉大学法学院2020级民商法硕士研究生。

① 参见许德风：《破产法论——解释与功能比较的视角》，北京大学出版社2015年版，第130页。

然存在较多争议：首先，破产法中的继续履行规则与合同法中的合同履行抗辩制度存在竞合。其次，继续履行的具体规则存在漏洞：一是待履行合同的选择权主体不明确，二是合同继续履行后对相对人的保障不足。最后，就适用效果而言，破产企业继续履行合同后产生的债务性质认定存在争议。

二、继续履行规则与合同履行抗辩制度的竞合

破产法讲究效率原则和破产财产最大化原则，追求有条不紊、迅速并高效地处理和解决破产问题。① 合同履行抗辩制度则是抵御合同风险的重要手段之一，保障当事人的履行权益不受损失。② 破产程序中待履行合同的继续履行规则与合同履行抗辩规则存在竞合：对破产企业而言，其经营状况恶化，难以继续履约，合同相对人有权行使履行抗辩权拒绝履行合同。但依据《企业破产法》第 18 条，破产程序启动后，管理人有权选择继续履行合同，这与合同履行抗辩制度存在冲突。笔者认为，当继续履行规则与合同履行抗辩制度竞合，应当优先适用破产法中的继续履行规则，主要理由如下：

第一，依据法律适用的一般规则，破产法作为特别法，在对待履行合同的处理上应优先适用。若破产法存在法律漏洞，且适用合同法有悖于破产目标，则需要在权衡利益的基础上依据破产法律原则进行调整。③

第二，继续履行规则一定程度上突破了合同履行抗辩制度，但合同相对人部分让渡履行抗辩权，有利于维护其自身权益。关于继续履行规则与合同履行抗辩制度的关系，应当分类探讨：首先，就继续履行规则与先履行抗辩权而言，根据《企业破产法》第 18 条，合同相对人仅有提出担保的权利，无先履行抗辩权。一方面，破产企业具有先履行义务的，管理人选择继续履行合同，合同自然得以履行，合同相对人不必行使先履行抗辩权；另一方面，破产企业提供担保并将履行合同产生的债务归入共益债

① 联合国国际贸易法委员会编著：《破产法立法指南》，2004 年版，第 11 页。

② 参见韩世远：《合同法总论》，法律出版社 2011 年版，第 279 页。

③ 参见王欣新、余艳萍：《论破产程序中待履行合同的处理方式及法律效果》，载《法学杂志》2010 年第 6 期。

务，一定程度上为合同相对人提供了补偿。其次，就继续履行规则与同时履行抗辩制度而言，继续履行规则突破了同时履行抗辩制度可能产生的僵局。在破产程序中，破产方或相对人主张同时履行抗辩权，既不能永久消灭对方请求权，也不能消灭自身的合同债务，只能使合同陷入胶着状态。依据《企业破产法》第 18 条，管理人有权选择解除或继续履行合同，能够迅速打破僵局，实现破冰功能，[①] 最大限度保障破产程序的效率价值。最后，就继续履行规则与不安履行抗辩权而言，部分学说认为企业进入破产程序后，[②] 合同相对人有权主张不安抗辩权，[③] 这可能与破产企业管理人继续履行合同产生冲突：管理人选择继续履行合同并提供担保的，合同相对人享有的不安抗辩权应当受到限制。一方面，不安履行抗辩制度限制继续履行规则的行使：不安抗辩权属于间接保障债权的手段，[④] 而管理人提供担保的行为也可以保障债权实现。合同相对人行使不安抗辩权本质上阻碍了管理人行使选择权，使其所作出继续履行之决定名存实亡。另一方面，继续履行规则是对不安履行抗辩制度的维护。依据《企业破产法》第 18 条及第 42 条，管理人选择继续履行合同的，应当主动提供担保，且合同继续履行产生的债务属于共益债务，得以优先受偿。这使得合同相对人不行使不安抗辩权的情况下，其财产权利也能够得到保障。综上所述，虽然继续履行规则一定程度上限制了合同相对人行使合同履行抗辩权，但管理人提供担保及共益债务的优先受偿对合同相对人之权益提供了充分保障。

第三，从利益衡量的角度而言，现代破产程序的实施宗旨是在保证对债权人的公平清偿和保护债务人正当权益的同时实现社会整体利益。[⑤] 继续履行规则的实施坚持最大化破产财产的原则，可以有效避免价值浪费，

① 参见兰晓为：《破产法上的待履行合同研究》，武汉大学 2010 年博士学位论文，第 37 页。

② 王卫国：《合同法》，北京师范大学出版社 2010 年版，第 146～147 页。

③ 李永军：《破产法律制度清算与再建》，中国法制出版社 2000 年版，第 111 页。

④ 参见韩世远：《合同法总论》，法律出版社 2011 年版，第 267 页。

⑤ 王欣新：《破产法学》，中国人民大学出版社 2008 年版，第 5 页。

优化社会利益,[①] 维护社会稳定。待履行合同不仅涉及破产合同当事人的利益，也涉及所有债权人和债务人的利益。合同的继续履行或解除不只与合同双方的利益相关，也直接影响到其他破产债权人的受偿比例。[②] 因此破产法赋予管理人的选择权虽在一定程度上破坏了合同的稳定性，使相对方利益受到意外损害，但也兼顾公平原则，通过提供担保以及优先清偿共益债务的方式尽量降低相对方损失。[③] 管理人选择是否继续履行合同时，可以采用“功能主义”路径解决问题,[④] 不应当仅以债权人利益最大化为前提，过分损害相对方的合同预期。[⑤] 一方面，管理人选择继续履行合同后，合同相对方无须负担存在法定不安事由的举证义务，即可直接要求破产企业提供担保，相较于合同履行抗辩制度，继续履行规则减轻了作为非破产方的合同相对人的负担。另一方面，继续履行规则提高了破产程序的效率，只要管理人未提供担保，直接发生合同解除的效果，无须合同相对人发出通知。实质上，继续履行规则的适用并未限制非破产方，反而减轻其负担，维护其财产权益。

综上所述，依据特别法优于一般法的原则，当破产程序中的继续履行规则与合同法中的履行抗辩制度竞合时，应当优先适用继续履行规则。继续履行规则一定程度上限制了合同相对人行使履行抗辩权，但也打破了履行抗辩制度可能产生的合同僵局，提高了破产程序的效率。此外，继续履行规则要求管理人为合同相对方提供担保，且规定合同继续履行产生的共益债务应优先清偿，弥补了限制合同相对方行使履行抗辩权可能造成的损失。从利益衡量的角度出发，优先适用继续履行规则处理待履行合同也有利于维护破产企业、合同相对方以及其他全部债权人和债务人等多方主体的利益。

---

① 参见张尧：《破产管理人选择权行使规则之解释论》，载《武汉理工大学学报》2014 年第 1 期。

② 参见余延满、年亚：《破产法上待履行合同的选择规则》，载《广东社会科学》2021 年第 5 期。

③ 福建省南平市中级人民法院(2015)南民终字第 989 号民事判决书。

④ 参见张玉海：《破产法上待履行合同基础理论的省思与重构》，载《西部法学评论》2020 年第 6 期。

⑤ 参见天津市高级人民法院(2015)津高民二终字第 0070 号民事判决书。

三、继续履行规则之漏洞

相较于1986年试行的《企业破产法》，2007年正式实施的《企业破产法》对待履行合同的定义、管理人行使选择权的期间及限制等方面作出了修改，完善了企业破产程序中待履行合同继续履行规则中的诸多漏洞，但在继续履行的选择权主体认定及对合同相对人的保障两方面仍存在不足。

（一）继续履行的选择权主体

关于待履行合同继续履行的选择权主体，德国、日本等国通说认为法院受理破产申请后，破产程序的主体由人格化之后的破产财团替代。管理人在破产程序中以破产财团代表的身份行使权利，① 作为待履行合同选择权的行使主体。英国、美国等国破产法则规定管理人作为破产企业的代理人，本质上是基于信托关系而存在。② 管理人须根据法庭的正式批准接受或拒绝债务人的任何待履行合同和未到期租约。我国立法上对继续履行合同选择权主体的规定并不明确：《企业破产法》第18条也规定待履行合同选择权的主体是破产管理人，但根据《企业破产法》第26条及第69条规定，债权人委员会成立之前，管理人选择继续履行待履行合同的，应当经人民法院许可。又根据《企业破产法》第73条，破产企业重整期间，在管理人的监督下，债务人也有权行使待履行合同选择权。学界有观点认为待履行合同选择权主体有三种：破产管理人、法院、债务人。③ 有观点认为债权人系待履行合同处分利益的直接相关主体，债权人会议有权决定如何处分待履行合同。也有观点坚持为免于履行对债务人财产不利的合同，将对债务人有利的待履行给付收归债务人财产，管理人应享有选择权。④

---

① 参见齐树洁：《破产法研究》，厦门大学出版社2004年版，第285页。

② 参见谢俊林：《中国破产法律制度专论》，人民法院出版社2005年版，第266页。

③ 参见李定娓：《我国企业破产程序中待履行合同选择权研究》，载《内蒙古农业大学学报》2015年第5期。

④ 参见刘颖：《反思〈破产法〉对合同的处理》，载《现代法学》2016年第3期。

笔者认为，继续履行的选择权主体应当为破产管理人，但破产企业进入重整程序后，债务人也有权选择是否继续履行合同。主要理由如下：第一，我国《企业破产法》明确规定由破产管理人决定是否继续履行合同，而非由债权人会议或法院决定。虽然债权人会议及法院有权监督管理人，但不能代替管理人行使继续履行合同的选择权。第二，债务人行使选择权有域外经验加以借鉴：美国破产法即规定，重整程序中原则上由债务人行使待履行合同的选择权。我国《企业破产法》第 73 条也规定，在企业重整程序之中，经债务人申请，可以将待履行合同的选择权移交给债务人行使。第三，债权人会议及法院作为破产企业的外部人员，并不掌握破产企业的经营状况。作为"非专业人士"，债权人会议及法院难以准确预测继续履行合同将产生的效果，对是否应当继续履行合同缺乏判断依据。第四，从实践的角度而言，破产企业的债权人众多，对于是否继续履行合同难以达成统一，若将其作为待履行合同选择权的主体，不利于破产程序高效推进，不具备可行性。而破产管理人作为专业人士，对破产企业财务状况了解更为深入，且立场更加客观中立，能够做出对待履行合同的最优处分，也有利于提高破产程序的推进效率。

此外，破产管理人的选择权是一项技术性权利，① 具有形成权的效力，通过该形成权中断原来的法律关系，② 摆脱对破产财产不利的合同。对有利于债务人财产的合同则选择继续履行，③ 增进债务人的利益，④ 最大程度保护一般债权人的财产权益。⑤ 管理人在行使该项权利时应当受到各方面的限制：第一，时间限制。依据《企业破产法》第 18 条，破产管理人自破产申请受理之日起二个月内，或者自收到对方当事人催告之日起三

① 参见[日]北川善太郎：《日本民法体系》，李毅多、仇京春译，科学出版社 1995 年版，第 51 页。

② 参见[德]拉伦茨：《德国民法通论》，王晓晔、邵建东、程建英等译，法律出版社 2007 年版，第 289~290 页。

③ 参见庄加园、段磊：《待履行合同解除权之反思》，载《清华法学》2019 年第 5 期。

④ 参见兰晓为：《破产法上的待履行合同研究》，人民法院出版社 2012 年版，第 98 页。

⑤ 参见李永军：《论破产管理人合同解除权的限制》，载《中国政法大学学报》2012 年第 6 期。

十日内行使选择权。第二，法院及债权人会议的监督。根据《破产法》第26条、第69条第7项及《最高人民法院关于适用〈中华人民共和国企业破产法〉若干问题的规定（三）》（以下简称《破产法解释（三）》）第15条规定，待履行合同可能对破产财产造成重大影响时，管理人选择继续履行合同的，还需要向债权人委员会或法院报告，接受债权人委员会及法院监督。破产财产最大化原则是贯穿破产法的基本精神，[①] 实际上是保证破产企业债权人利益最大化。[②] 管理人决定是否要继续履行合同时，必须遵循减少损失和保护破产财产的原则，[③] 以保护债权人利益为起点，[④] 若对破产财产增值有利则可以继续履行，反之则不再继续履行。[⑤] 第三，基于社会公共利益的限制。合同的继续履行需要顾及社会公共利益，尤其是供电、供水等与民生利益息息相关的公共服务合同，[⑥] 因为该类合同涉及公共利益的保护，破产企业不得拒绝履行。[⑦] 此外，人寿保险合同作为社会保障的补充机制，与社会公共利益和公共秩序紧密相关，破产企业应当将其转让给其他人寿保险公司保证人寿保险合同继续履行不受干涉。[⑧]

（二）继续履行合同后对合同相对人的保障

在比较法上，美国《破产法》规定，管理人决定继续履行合同时须对合同未履行责任进行补救或提供担保，对由于履行违约导致的金钱损失进

---

① 参见齐明：《论破产法中债务人财产保值增值原则》，载《清华法学》2018年第3期。

② 参见李永祥、丁文联：《破产程序运作实务》，法律出版社2007年版，第181页。

③ 王卫国、朱晓娟：《破产法：原理·规则·案例》，清华大学出版社2006年版，第80、82页。

④ 参见杨忠孝：《破产法上的利益平衡问题研究》，北京大学出版社2008年版，第27页。

⑤ 王欣新：《破产法学》，中国人民大学出版社2008年版，第92页。

⑥ 参见敬志恒：《破产法上的合同继续履行若干实务问题探析》，载王欣新、郑志斌主编：《破产法论坛》（第十辑），法律出版社2015年版，第244页。

⑦ 参见丁文联：《破产程序中的政策目标与利益平衡》，法律出版社2008年版，第128页。

⑧ 参见兰晓为：《破产法上的待履行合同研究》，武汉大学2010年博士学位论文，第162页。

行赔偿或提供担保。[①] 我国《企业破产法》规定管理人选择继续履行的，应当提供担保，保障合同相对人权益。但担保对象是仅限于预期违约部分还是包括事前违约部分，第 18 条尚无明确规定。

笔者认为，第一，从立法目的分析，管理人对待履行合同的事前违约部分应当提供担保。担保制度是为了保护合同相对方的利益，对其担保范围应做扩张解释，将先前违约和预期违约部分均纳入应当提供担保的范围内。这也为合同相对人提供了保障，确保合同有履行的可能，激励其与破产企业继续履行合同。但我国破产法并未强制要求管理人提供担保，而是将担保选择权交于合同相对人，尊重相对人的意愿。但提供担保并非补救先前违约的最佳方式，借鉴美国破产法经验，管理人继续履行合同除提供充分担保外，还应当采取损害赔偿等措施对先前违约部分予以补救。第二，应当对预期违约部分提供担保。部分学者认为，我国破产法对于合同相对人“过分保护”。[②] 但正如前文所述，管理人选择继续履行合同限制了合同相对人行使合同履行抗辩权，应当对合同未履行部分提供担保，避免合同相对人因履行抗辩权受限可能面临的风险。

四、继续履行合同的债务性质认定

破产程序启动后，将继续履行合同产生的债务认定为共益债务，优先于一般破产债权清偿，一定程度上减轻了合同相对人与破产企业继续履行合同的风险。但哪些债务可以认定为共益债务，学界仍存在争议。对于给付不可分的合同，基于合同标的不可分割的特性，合同履行产生的全部债务均应认定为共益债务。但对于标的可分的合同，破产程序启动后合同继续履行产生的债务自然属于共益债务，但对于破产程序启动前履行合同产生的债务性质认定，仍存在破产债权说与共益债务说之争。

破产债权说认为，破产程序启动前合同履行产生的债务属于一般破产债权，优先清偿有违破产法的债权清偿原则。从比较法上看，德国新破产法修订后规定破产程序开始之后实际履行的部分是共益债务，对于非破产

① 参见[美]大卫·G. 爱泼斯坦、史蒂夫·H. 尼科勒斯、詹姆斯·J. 怀特：《美国破产法》，韩长印等译，中国政法大学出版社 2003 年版，第 263~266 页。

② 参见许德风：《论破产中尚未履行完毕的合同》，载《法学家》2009 年第 6 期。

方已经履行的部分所对应的债权，应当申报为破产债权而非共益债务。① 合同相对人不得要求破产企业对该部分债权优先清偿，也不能将破产前已经履行部分的对待给付请求权与未履行部分的给付义务相抵销。但也有学者认为德国破产法以破产程序启动为界限，分别认定管理人选择权的行使效果，并不能作为破产管理人行使选择权具有可分性的佐证。② 我国学界持破产债权说的学者认为，对于合同给付可分割的待履行合同而言，破产受理前合同债务的对待给付并未产生增益破产财产的效果，该债务无法作为共益债务清偿，合同相对人仅得申报破产债权。③ 且破产法为全体债权人提供一体的合理保护，禁止向个别债权人清偿，④ 共益债务说违反了禁止个别清偿原则。

共益债务说认为，破产程序启动前履行合同产生的债务属于共益债务，应当优先清偿。参考域外立法经验，美国破产法明确了合同的不可分割原则，⑤ 规定合同相对方对于破产申请前及申请后的债权都享有管理费用优先权，⑥ 认定破产程序启动前履行合同的债务应当优先清偿，属于共益债务。日本破产法同样主张破产程序启动前履行合同产生的债务应优先清偿。⑦ 支持共益债务说的学者认为，将破产程序启动前相对人已给付部分的对待给付作为共益债务，坚持了合同的不可分性，避免了对合同“合意”本质的破坏。⑧ 且基于公平原则，若不加限制地允许破产管理人对合同进行分割并且挑拣履行，将产生极为不公的效果，损害合同相对方的合

---

① 参见丁晓春：《未履行或未完全履行的双务合同在破产程序中的命运——德国支付不能法第 103 条》，载《天津市政法管理干部学院学报》2008 年第 1 期。

② 参见兰晓为：《破产法上的待履行合同研究》，人民法院出版社 2012 年版，第 110 页。

③ 参见刘颖：《反思〈破产法〉对合同的处理》，载《现代法学》2016 年第 3 期。

④ 参见韩长印：《破产法学》，中国人民大学出版社 2016 年版，第 14 页。

⑤ 参见余延满、年亚：《破产法上待履行合同的选择规则》，载《广东社会科学》2021 年第 5 期。

⑥ 参见［美］大卫·G. 爱泼斯坦、史蒂夫·H. 尼科勒斯、詹姆斯·J. 怀特：《美国破产法》，韩长印等译，中国政法大学出版社 2003 年版，第 237 页。

⑦ 参见丁晓春：《未履行或未完全履行的双务合同在破产程序中的命运——德国支付不能法第 103 条》，载《天津市政法管理干部学院学报》2008 年第 1 期。

⑧ 参见王欣新、余艳萍：《论破产程序中待履行合同的处理方式及法律效果》，载《法学杂志》2010 年第 6 期。

理预期。[①] 此外，由于合同是否属于给付可分合同难以判断，而将同一合同债务分别认定为破产债权和共益债务也加重了管理人的工作负担，破产实务中以共益债务说为主流观点。在司法实践中，法院也多认定破产程序启动前产生的债务为共益债务，[②] 例如河北立中有色金属集团有限公司与曲阜金皇活塞股份有限公司买卖合同纠纷一案[③]，法院认为我国破产法未对债务做分割性排除，故当破产管理人继续履行合同时，该合同产生的对待给付债务，无论发生在破产程序启动前还是之后，均应视为共益债务。

笔者支持破产债权说，对于给付不可分割的待履行合同，其产生的债务均应当认定为共益债务不存争议；但对于给付可分割的合同，破产程序启动前产生的合同债务应当认定为一般破产债权，不得提前清偿。主要理由如下：

第一，就立法目的而言，将破产程序启动前履行合同产生的债务认定为破产债权不违反合同的不可分性，且更契合破产法规定。根据我国《合同法》第 72 条第 1 款、第 165 条和第 166 条，我国采用的是履行可分割理论，继续履行合同的可分割性系指合同履行行为的可分割，而非合同本身的分割。[④] 一方面，管理人继续履行合同能够增加破产财产，进而维护全体债权人利益；另一方面，合同相对人与破产企业继续履行合同，限制了自身履行抗辩权的行使，承担了合同履行不能的风险。因此破产法将继续履行合同产生的债务认定为共益债务，使其能够优先受偿，既是对合同相对人提供补偿，也维护了全体债权人的财产权益。但破产程序启动前相对人已履行的部分无法继续增加破产财产，提高企业清偿能力，应属于一般债权。依据债权清理原则，相对人对于破产企业的该部分债权不应优先受偿，破产债权说更符合破产法立法目的。

第二，就共益债务的认定标准而言，依据我国《企业破产法》第 42 条规定，管理人继续履行合同所产生债务应当是受理破产申请后的债务，破

---

① 参见余延满、年亚：《破产法上待履行合同的选择规则》，载《广东社会科学》2021 年第 5 期。

② 类案可见山东省高级人民法院(2017)鲁民申 263 号民事判决书；江苏省泰州市中级人民法院(2016)苏 12 民终 2740 号民事判决书。

③ 参见河北省保定市中级人民法院(2015)保民四终字第 162 号民事判决书。

④ 参见张珏：《继续履行合同项下于破产申请受理前已发生债务不属于共益债务》，载《西部学刊》2020 年第 7 期。

产申请前已履行合同产生的债务应作为普通债权处理。学理上对共益债务的定义不一：有学者认为共益债务是破产程序开始后，为了全体债权人的共同利益以及破产程序的顺利进行而负担的债务。① 有学者认为共益债务是破产程序进行中，为了全体债权人的利益所发生的债务和因债务人财产所发生的债务总称。② 也有学者认为共益债务是破产程序中为全体债权人的共同利益由债务人财产及管理人而产生的债务。③ 综合上述定义，不难发现共益债务的两个特征，一是发生于破产程序之中，破产程序启动前，合同相对人因履行待履行合同而产生的债务不符合构成共益债务的时间要件。二是共益债务基于全体债权人的共同利益产生，而非个别债权人的利益。一方面，破产程序启动前合同相对人部分履行合同产生的债务属于个人债务，与全体债权人的利益无关；另一方面，虽然该合同继续履行后产生的债务关乎破产财产，涉及其他债权人利益，但破产程序启动前合同相对人基于部分履行所拥有的债权与破产财产无关。因此，破产程序启动前待履行合同所产生的债务不属于共益债务。

第三，从价值衡量的角度而言，将破产程序启动前的合同债务认定为共益债务有失公平。首先，管理人选择继续履行合同后，合同相对人不得再行使履行抗辩权，可能面临一定风险，但合同是当事人意思自治的产物，当事人应就可能的受偿风险有充分考量。对于破产程序启动前履行合同产生的债务，合同相对方不能因合同的继续履行要求优先清偿也符合意思自治的风险自担原则。且继续履行规则规定管理人应为合同相对人提供担保，并将继续履行合同产生的债务认定为优先清偿的共益债务，弥补了合同当事人的损失，最大程度降低了其可能遭受的受偿风险。其次，债权人分为享有优先权利的债权人和不能优先受偿的普通债权人。④ 破产受理前履行合同产生的债务是合同相对方的个人债权，与其他普通债权人的债权并无差别，若将其作为共益债务得以优先清偿，违背了破产法禁止个别清偿的原则，构成偏袒清偿，对其他债权人不公平。而且合同相对人就破

① 参见范健、王建文：《破产法》，法律出版社 2009 年版，第 134 页。

② 参见韩长印：《破产法学》，中国政法大学出版社 2016 年版，第 183 页。

③ 参见安建主编：《〈中华人民共和国企业破产法〉释义》，人民出版社 2006 年版，第 159 页。

④ 参见丁文联：《破产程序中的政策目标与利益平衡》，法律出版社 2008 年版，第 133 页。

产程序启动前履行合同产生的债务优先受偿，也会使破产财产减损，影响普通债权人之债权实现，损害其利益。最后，优先清偿破产程序启动前的合同债务，相当于变相减损破产财产，侵害全体债权人的财产权益，改变了破产企业继续履行合同的初衷。即使继续履行合同一定程度上增加破产财产，但基于共益债务说，合同相对人能够就合同整体债务优先获得清偿，其他普通债权人的受偿比例不一定得到提升，其利益难以得到真正保障。因此，将破产程序启动前合同相对人履行合同产生的债务认定为一般破产债权，体现了公平原则，更有利于保护全体债权人的利益。

第四，就司法实践的角度而言，一方面，共益债务说在某些特殊情形下不具有合理性。例如在继续履行合同过程中，合同相对方拒绝履行合同，起诉要求破产企业支付货款并承担违约责任。由于该合同进入破产程序后继续履行了一段时间，根据共益债务说，履行该合同产生的债务应全部认定为共益债务，合同相对方得以就该合同已履行部分产生的全部债务获得优先清偿。在上述情形中适用共益债务说显然不合理，一是管理人决定继续履行合同后，合同整体债务转为共益债务，可能导致合同相对方找寻理由提前终止合同并要求优先清偿合同债务，不仅不利于增加破产财产，反而会使破产企业财务状况进一步恶化。且合同相对人就整体合同债务获得优先清偿后也侵害了其他债权人利益。二是共益债务说可能使合同相对方通过降低履行对价等方式诱使管理人决定继续履行合同，由此使合同债务获得优先清偿顺位，侵害其他债权人财产利益。另一方面，破产债权说观点在实践中具有可操作性。破产程序启动后，管理人决定继续履行合同的，应当判断合同是否属于给付不可分合同，若属于，则将履行合同产生债务均认定为共益债务；若属于给付可分合同，则直接以破产程序启动前后为界限，之后合同相对人继续履行合同产生的债务构成共益债务，得以优先清偿。尽管在判断待履行合同是否为给付可分合同上存在困难，但具有实践上的可操作性，而依据破产程序启动时间认定债务性质也不具备实践困难。事实上，在司法实务中，也不乏将破产程序启动前债务认定为破产债权的判例。① 如果形成一定之规，破产债权说的观点应当能够在破产实务及司法实践中得以推广。此外，管理人在决定是否继续履行合同

① 参见浙江省高级人民法院(2018)浙民终421号民事判决书；辽宁省大连市中级人民法院(2017)辽02民初472号民事判决书。

时应当接受债权人会议及法院的监督，而相较于共益债务说，破产债权说显然更有利于维护全体债权人利益，更符合公平正义原则。将破产程序启动前履行合同产生的债务认定为破产债权显然更容易得到法院许可及全体债权人支持，有利于破产或重整程序的推进。

综上所述，对于给付不可分的合同，应当将其产生的债务整体认定为共益债务。对于给付可分的合同，合同当事人破产程序启动前其履行合同产生的债务应认定为破产债权；破产程序启动后继续履行合同产生的债务应当认定为共益债务，得以优先清偿。

结　论

我国《企业破产法》在破产程序中的待履行合同继续履行规则一定程度上限制了合同相对人行使履行抗辩权，但通过提供担保及优先清偿共益债务的方式对其做出了补偿。继续履行规则在选择权主体认定及对合同相对人保障上存在漏洞，对此，破产企业管理人拥有决定是否继续履行合同的选择权，但在行使该权利时应当接受法院及债权人会议的监督；为保障合同相对人权益，对待履行合同的先前违约及预期违约部分均应提供担保。关于管理人选择继续履行合同的法律效果，为保障全体债权人之利益，对于给付不可分的合同，继续履行产生的债务应认定为共益债务，可以优先清偿；对于给付可分的合同，破产程序启动前合同相对人履行合同所产生的债务应认定为普通破产债权。

第二部分：重整与预重整制度研究

论预重整程序的启动

——以27家上市公司预重整为样本

孙才华　王　杉　王　颖*

内容提要：通过对比分析27家上市公司预重整案例发现，我国预重整程序的启动存在体系不健全、行政权干预过多、预重整程序与重整程序启动条件混同等问题。可以借鉴国外预重整程序启动的规定，以尊重债权人意思自治和效率为原则，完善预重整程序启动的时间、判断标准、公示和辅导机构选任等问题。

近年来我国理论界和实务界对预重整制度的关注掀起了一波热潮，上市公司预重整案件可以视作我国预重整制度司法实践的缩影。上市公司破产案件不仅关系到众多债权人和资本市场投资人的利益，还涉及破产法、公司法、证券法等诸多法律适用问题，同时还涉及司法程序与行政程序的衔接问题。鉴于上市公司破产重整的复杂性、公开性、稀缺性，这也使得上市公司破产重整成为重整领域的风向标，被学者誉为"重整皇冠上的明珠"。由于最高人民法院和中国证券监督管理委员会对上市公司破产重整程序的启动有严格的审查程序，再加上近年来全国各地法院在不断探索预重整制度，特别是自最高人民法院在2018年的《全国法院破产审判工作会议纪要》和2019年的《全国法院民商事审判工作会议纪要》中明确指出要加强探索"庭外重组与庭内重整制度的衔接"以来，各地法院在实践中对上市公司进行预重整的探索遍地开花。从法院在法律文书中使用"预重

* 孙才华，北京中伦（武汉）律师事务所合伙人。王杉，北京中伦（武汉）律师事务所资深律师。王颖，中南财经政法大学在读硕士研究生，北京中伦（武汉）律师事务所实习生。

整”启动第一例上市公司(不包括已经退市的公司)预重整案件开始①，截至2021年10月31日，在不到两年的时间内全国范围内就有27家上市公司②启动预重整程序。本文以27家上市公司预重整为研究样本，数据主要来源于上市公司在其指定信息披露媒体或媒介上发布的各项公告，通过统计分析相关数据，梳理实践中在预重整程序启动方面存在的问题并提出相应解决对策，为我国立法完善预重整启动程序提供参考。

一、实证概览——对比分析27家上市公司预重整

全国范围内共有27家上市公司进行了预重整，除开＊ST中新基于申请人主体资格的变化已经终止预重整外，其余26家上市公司依据相关指引文件的规定有条不紊地开展预重整活动，其中已经有10家上市公司成功由预重整程序转入重整程序。从案件的年度分布情况来看，上市公司启动预重整程序的司法实践主要集中在2020年和2021年。从案件的区域分布情况来看，样本共涵盖12个省级行政区域的案例，其中预重整案例数量最多的地区为广东，共有7件，占比为26%；浙江、福建次之，占比分别为18.5%、14.8%。广东、浙江、福建等地区案件数量较多，一方面与地域经济总量、经济开放度、政策支持度等要素相契合；另一方面也与这些地区在破产案件实务需求较高的背景下积极探索开创新的破产工作模式密切相关。应当说虽然预重整制度司法实践的时间较短，但是其发展的良

① 吉林省辽源市中级人民法院于2019年9月9日决定启动对吉林利源精制股份有限公司(即＊ST利源)的预重整程序并指定临时管理人，但是该院于2019年10月28日决定停止临时管理人工作，后于2020年10月28日又指定＊ST利源清算组担任临时管理人，并开始预重整债权申报登记工作，此时＊ST利源的预重整公司全面开始，故本文视2020年10月28日为＊ST利源正式启动预重整程序的时间。同时，深圳市中级人民法院于2020年1月16日决定启动对深圳市飞马国际供应链股份有限公司(即＊ST飞马)预重整，本文视为2020年1月16日为第一例上市公司预重整的启动时间。

② 截至2021年10月31日，法院正式启动预重整程序的上市公司包括：＊ST飞马、＊ST中南、＊ST安通、＊ST贵人、＊ST众泰、＊ST利源、＊ST中新、＊ST索菱、＊ST赫美、＊ST嘉信、＊ST实达、＊ST浪奇、＊ST东网、＊ST华英、＊ST德威、＊ST尤夫、＊ST华昌、＊ST腾邦、＊ST众应、＊ST华讯、＊ST凯瑞、＊ST猛狮、＊ST新光、＊ST星星、＊ST长动、ST安控、ST华盛控。

好趋势和制度价值已经逐渐得到了普遍认可。不过落实到预重整具体的启动程序上，各地的司法实践存在较大差异，这在一定程度上对预重整制度的发展形成了制约。

（一）预重整程序启动的形式要素

结合 27 家上市公司预重整，从形式要素上看，预重整程序和重整程序的启动有很多相似之处，但是预重整程序的启动又有独特之处。

1. 启动预重整程序的主体

预重整程序的启动主体主要包括债权人、债务人和政府，其中债权人启动预重整程序的有 17 家，占比 63%；债务人启动预重整程序的有 8 家，占比 30%；政府建议启动预重整程序的有 2 家，占比 7%。政府可以作为预重整程序的启动主体，体现了行政对预重整程序的干预。

2. 启动预重整程序的申请事项

启动预重整程序的申请事项主要是预重整或者重整，债务人、债权人或者政府直接向法院申请启动预重整程序，共有 13 家采取此种方式，占比 48%；债务人或者债权人向法院申请进入重整程序，法院在审查后决定采取预重整程序，共有 14 家公司为此种方式，占比 51%。故，法院有时依申请，有时依职权决定启动预重整程序。

3. 启动预重整程序的审查时间

尽管债权人、债务人申请或者政府建议启动预重整程序的时间存在一定差异，各地对法院启动预重整程序的审查期限没有明确的规定，但是在 27 家上市公司预重整案例中，法院一般都是在收到申请或者建议之后的三个月内，正式受理破产重整申请前决定是否启动预重整程序，其中 * ST 中南在申请预重整的当日法院即启动预重整程序。

4. 启动预重整程序的文号

启动预重整文件的文号，一般都采用“破申”开头，但浙江地区比较特殊，除开“破申”这种文号外，还采用“民诉前调”的文号，例如 * ST 众泰的[2020]浙 0784 民诉前调 2422 号、* ST 众应的[2021]诉前调 143 号。

5. 临时管理人的指定

在27家上市公司预重整案中，法院在启动预重整程序并同时指定临时管理人的有21家，占比78%，而其余6家则是属于因为专门给予债务人、出资人和主要债权人以推荐临时管理人的权利所以并未同时指定临时管理人。①

（二）预重整程序启动的实质要素

通过分析27家上市公司预重整的法律文书，发现法院决定启动预重整程序考虑的实质要素包括：

1. 法院启动预重整程序的法律依据

在上市公司预重整案例中，法院决定启动预重整程序的法律依据有很大差异。*ST中南启动预重整程序援引的法律依据是《全国法院民商事审判工作会议纪要》第115条，*ST中新援引的是《中华人民共和国企业破产法》（以下简称《企业破产法》）第7条第2款，*ST利源引用的是《企业破产法》《最高人民法院关于审理上市公司破产重整案件工作座谈会纪要》《全国法院破产审判工作会议纪要》。由于广东省有7家上市公司进入预重整程序，其中深圳有6家上市公司，深圳市中级人民法院决定启动预重整程序的法律依据均为深圳市中级人民法院《审理企业重整案件的工作指引（试行）》，而*ST浪奇的法律依据则为《广州市中级人民法院关于破产重整案件审理指引（试行）》。其他上市公司启动预重整程序的法律文书中未提及引用的法律依据。

2. 法院启动预重整程序是否需要政府同意

法院在决定2家上市公司预重整程序启动时，主要参考了政府的意

---

① 例如，深圳中院审理*ST华讯预重整案时，在（2020）粤03破申97号通知书中指出："根据《深圳市中级人民法院审理企业重整案件的工作指引》第二十九条的规定，本院可以在债务人及其出资人、主要债权人共同推荐或者有关监管部门、机构推荐的一边如管理人名册的机构中指定预重整期间临时管理人。请你方在收到本通知书之日起七日内决定是否与出资人、主要债权人协商一致选择我省在册的一家一级管理人，并将协商意见附相关书面材料提交本院。逾期未提交的，本院将采取随机摇珠方式选定管理人。"

见。一家是 * ST 尤夫，该公司的预重整是由湖州市南浔区人民政府向湖州市中级人民法院递交《湖州市南浔区人民政府关于恳请支持尤夫股份进入预重整程序的函》后启动的；另一家公司是 * ST 众应，该公司的预重整申请是向龙泉市人民政府提出，法院则是根据政府同意启动预重整的意见进行相应的登记工作。总体来说，除了在特殊地区(以浙江为主)需要经由政府同意后才能启动预重整程序，其他地区没有对政府意见作特殊要求。

3. 法院启动预重整程序的条件

法院决定启动上市公司预重整程序，考虑的条件主要包括以下几个方面：一是债权人人数众多，债权债务关系复杂，职工安置数量较大，可能产生重大社会不稳定因素；二是法院受理上市公司重整前需要履行相关的审查程序，流程相对复杂、耗时较长，直接受理破产重整申请可能对上市公司生产经营产生负面影响。

二、规范整合——构建符合国情的预重整程序启动规则

基于中国社会经济发展和法治建设的实际情况，考虑到市场环境的风险性、利益关系的复杂性、企业主体的脆弱性等多重因素，完全凭借当事人之间的意思自治启动预重整程序，不仅难以达成一致，而且很可能使企业错失重整挽救的价值和时机。在这种情况下，进行合法合理的司法干预是十分有必要的，通过司法强制力为各项程序的顺利进行保驾护航，在一定程度上可以给债务人的经营提供有力支持，也能给债权人、投资人和社会公众以信心。结合上市公司预重整的司法实践，在吸纳整合各地出台的预重整案件启动规范性文件的基础上，建议构建符合国情的预重整程序启动规则。

预重整制度作为庭外重组有效转为庭内重整的衔接性设计，其本质上是一种程序置换和效力转化，是通过司法强制力将当事人之间自发形成的协议或计划转化为具有法律效力的操作规范，应充分尊重当事人的意见，并注重效率，尽可能降低制度成本，减少对企业的不利影响。

预重整程序的启动应当以自愿原则为前提，充分尊重当事人的意愿，

这种尊重不仅是对债务人企业自主解决问题、自主经营意愿的充分尊重，也是在债权人、债务人之间协商自治的意愿和结果的基础上对程序启动与否的充分尊重。预重整程序的启动应以当事人主动申请为前提，行政权和司法权不应过多干预。

三、反思检视——现有预重整启动程序存在的问题剖析

通过对 27 家上市公司预重整程序启动的相关文件进行梳理和比较分析，发现我国预重整程序的启动存在以下问题：

（一）法律体系构建问题

由于预重整制度在我国尚处于探索阶段，各地法院基于司法实践制定了各自规范性文件，存在法律体系不健全问题。

1. 预重整制度宏观立法的缺失

目前在预重整制度的规范上，主要依靠各地在最高法的相关文件和现代破产精神指导下制定的地方性指引作为裁判依据。建设现代化法治国家和法治社会，必须构建符合社会发展规律和满足现实需要的完备的法律体系。正是因为尚未形成对预重整制度的体系性规范，容易出现在不同的司法管辖区预重整案件启动标准不一而导致司法裁判不统一的可能。

2. 现有依据效力层级较低

现有依据主要是由各级法院在指导性文件提出的原则和立法方向下对预重整制度的具体程序和要求进行的自主性设计行为，这些法律文件目前构成了预重整领域规则体系的主干部分，但由于文件效力层级比较低，适用的广度和深度都受到了比较明显的影响。

3. 现有规定中的自由裁量空间较大、可操作性不强

对于法院启动预重整程序的标准问题，在上市公司预重整案例中法院一般都在法院文书中回避了这个问题，同时启动预重整程序援引的法条不尽相同，援引地方性规定较多。目前全国有超过 21 个省市区针对预重整

程序作出专门规定，其中对预重整程序启动标准的规定相对模糊，具体如下：

预重整程序启动标准对比表

<table>
<tr><th>文件名称</th><th>关于预重整启动标准的规定</th></tr>
<tr><td>温州市人民政府办公室关于印发企业金融风险处置工作府院联席会议纪要的通知</td><td>债务人企业进入预重整程序应由属地政府发布书面文件予以确认。发布文件的时间作为预重整程序正式启动的时间。
人民法院根据政府文件由立案部门立“引调”案号交破产审判业务庭；破产审判业务庭负责预重整阶段的法律指导和监督。</td></tr>
<tr><td>深圳市中级人民法院审理企业重整案件的工作指引</td><td>经债务人同意，合议庭可以决定对债务人进行预重整。合议庭决定对债务人进行预重整的，债务人应当在预重整期间制作重整方案，并征集利害关系人意见。</td></tr>
<tr><td>北京破产法庭破产重整案件办理规范</td><td rowspan="2">申请审查期间，债务人书面承诺接受预重整程序中临时管理人的调查和监督、履行预重整相关义务的，人民法院可以决定对债务人进行预重整。</td></tr>
<tr><td>四川天府新区成都片区人民法院四川自由贸易试验区人民法院预重整案件审理指引(试行)</td></tr>
<tr><td>南京市中级人民法院关于规范重整程序适用提升企业挽救效能的审判指引</td><td>经债务人同意预重整并获得政府、主管部门等支持意见后，由法院听证审查决定对债务人进行预重整。</td></tr>
<tr><td>苏州市吴江区人民法院审理预重整案件的若干规定</td><td>立案审查破产重整申请后、受理破产重整申请前，对于具有重整原因且非明显不具备重整价值和挽救可能的债务人，经申请人、被申请人同意后，法院作出决定。</td></tr>
</table>

续表

文件名称	关于预重整启动标准的规定
成都市中级人民法院破产案件预重整操作指引(试行)	申请人提出预重整申请且债务人提交了债务人股东(大)会决议同意履行本指引第七条规定的预重整义务的书面承诺书，本院可以决定债务人预重整。 申请人提出预重整申请的，应向本院预交10万~20万元的预重整启动费用，未在指定期限内预交预重整启动费用的，按撤回预重整申请处理。
重庆市第五中级人民法院预重整工作指引(试行)	具有挽救可能，有能力与主要债权人开展自主谈判的企业法人，可以进行预重整。 申请重整前，通过自主谈判已经达成重组协议并表决通过的，债务人可以在申请重整的同时，请求人民法院裁定批准根据该重组协议形成的重整计划草案。 债务人存在债权人人数众多、债权债务关系复杂、职工安置数量较大、影响社会稳定等情形的，债务人可以在申请重整的同时，请求人民法院在受理重整申请前，准许聘任中介机构辅助债务人准备重组协议。

虽然部分地区的规范性文件有涉及预重整程序的启动，但是具体标准也比较模糊，条文背后的自由裁量空间过大，这种自由裁量虽然能够给予法官具体情况具体分析的可能性，但也正会导致预重整程序启动的随意性较大。

(二)行政权的过分干预

不论在预重整程序还是重整程序中，政府在招商引资、税收等优惠政策方面都发挥着不可替代的作用，但是如果法院在启动预重整程序时必须取得政府同意，这将极大限制债权人、债务人的协商谈判机制，过度强调行政权容易导致预重整领域各方的利益失衡。

(三)预重整程序与重整程序启动条件的混同

考虑到在预重整程序和重整程序在清理债权债务关系、帮助企业摆脱困境上的共通性以及预重整作为庭内庭外衔接的制度特色，应当承认预重整程序与重整程序存在不可割裂的客观联系和不可否认的相似性。但是预重整毕竟不是真正意义上的重整，预重整这个“预”字所蕴含的不仅仅是时间的预先，更应当是对风险的预判和提前处理，而这种预先性正是预重整启动条件和标准应当与通常意义上的重整有所区别的原因。如果在启动条件上完全没有区别，那么预重整事实上只是在时间上将重整程序提前了，并没有降低企业重整的成本和难度，也没有为企业纾困提供新的解决思路。

四、借鉴参考——域外预重整启动的简述

（一）联合国国际贸易委员会《破产法立法指南》关于预重整程序启动的规定

联合国国际贸易委员会《破产法立法指南》认为，重整不仅包括在法院监督下依据破产法进行的重整程序，还应该包括很少或者根本不需要法院的介入、本质上是基于所涉当事人的协议而进行的庭外自愿重组谈判，以及为使受到影响的债权人在重整程序启动之前通过自愿重组谈判商定的计划发生效力而启动的程序。破产法可以在关于启动破产法所规定的重整程序的条文中，列入有关有法院确认自愿重组协议和加快这些程序的规定。债务人尚不符合根据破产法一般重整规定启动程序但已有可能基本无能力偿还其未来到期债务的，债务人已符合条件启动破产法规定的正式程序的，应可以申请快速程序确认自愿重组协议。在采用自愿重组谈判的情况下，可以避免正式重整程序通常相伴随的其中一些费用、拖延以及程序上和法律上的要求。①《破产法立法指南》关于法院快速确认自愿重组协议的建议，实际上是对建立庭外重组与破产重整程序转换的预重整程序的建议。

（二）英国关于预重整程序启动的规定

英国 1986 年《破产法》规定，公司的董事可以向公司及其债务人建议

① 参见联合国国际贸易委员会：《破产法立法指南》，纽约 2004 年，第 214 页。

实施自愿整理。无论公司是否已经破产或者无力清偿，清算人或者管理人都可以建议实施自愿整理。然而，在英国《破产法》附件 B1(2002 年制定)规定，公司陷入破产境地时，可以向法院申请管理令进入管理程序，也可以采取在法庭外任命管理人并将任命通知副本提交法院的方式来启动管理程序。该规定使得公司在无法院命令时进入管理程序成为可能，预重整程序的实践在英国越来越流行。①

(三)日本关于预重整程序启动的规定

日本在 2007 年制定了事业再生 ADR，事业再生 ADR 是介于法庭内和法庭外之间的重组程序，该制度成为日本现代型的、代表性的法庭外债务重组程序即预重整程序。启动事业再生 ADR 程序的基本流程是：首先是债务人向事业再生实务家协会提出事业再生 ADR 的申请；然后该协会根据债务人的资产、负债等情况，认为有重整希望的才受理，进而启动该程序，其后以专家的名义向各金融机构债权人发出要求停止行使债权行为的通知(该通知被称为暂时停止制度)，再生实务家协会的专家在此期间还将帮助债务人制定重整计划草案。日本的事业再生 ADR 由破产专家协会所属的律师等专家来主导整个程序从而确保了程序的中立性、公正性。②

(四)韩国关于预重整程序启动的规定

韩国自 2016 年 8 月 30 日实施的《债务人重整法》修正案被称为创设了韩国的预重整制度，该法第 223 条对预重整程序的启动进行了规定。享有债务人 1/2 以上债权的债权人，或者获得该类债权人同意的债务人，可以在申请启动重整程序之后到正式启动重整程序前指定重整计划并向法院提交。③

综上，尽管各国在启动预重整程序的规定上存在一定差异，但是都无

① 参见张婷、胡利玲：《预重整制度理论与实践》，法律出版社 2020 年版，第 51~53 页。

② 参见金春、任一民等：《预重整的制度框架分析和实践模式探索(上)》，载微信公众号“中国破产法论坛”，2022 年 9 月 7 日。

③ 参见张婷、胡利玲：《预重整制度理论与实践》，法律出版社 2020 年版，第 64~65 页。

疑例外地强调了预重整程序的启动需要充分尊重当事人的意思自治。同时考虑到预重整本身所蕴含的当事人之间自由协商的制度内涵，法院在判断是否启动预重整程序时，也强调了债务人是否具有“持续运营和盈利能力”等特质的考量。

当下仅仅依靠庭内破产重整模式实现企业盘活的拯救模式相对单一且耗时较长，成本较高，容易导致企业丧失最佳“盘活”机遇。预重整制度设计初心就是立足于债务人对自身企业运营的深刻了解，通过提前发现、主动进入、预先防范的方式避免企业彻底陷入僵局状态。既然是要提前解决问题、提前化解风险，就必须在预重整程序的各个环节都提高效率，①避免不必要的人力、物力和财力的浪费。② 特别是不能把预重整程序作为破产重整程序的前置程序或者作为一种规避重整期间时限的手段，无端增加制度成本，损害当事人利益。

（五）预重整程序启动的具体设计

关于预重整程序的具体启动标准，考虑到不同类型案件的差异化，在赋予法院一定自由裁量权的基础上，应该在国家立法层面建立相对统一的标准。

1. 预重整程序启动的时间

预重整的启动时间主要需要考虑两个“极点”的问题。一是预重整程序启动的最早的时间点。在这个问题上应当将启动预重整程序作为一种常态化的企业风险化解机制，强调对企业主动发现问题、解决问题、防范风险、化解危机的支持和鼓励，因此不必对此时间节点做严格约束，反而应当适当放宽其时间限制，只要企业的确进入相对困难的经营管理状态，都可以申请启动预重整程序。二是预重整程序启动的最晚的时间点。预重整程序是庭外重组和庭内重整的有效衔接，因此其启动时间最晚应当是在受理重整申请前。

① 参见王欣新：《以破产法的改革完善应对新冠疫情、提升营商环境》，载《法律适用》2020 年第 15 期。

② 参见王佐发：《预重整制度的法律经济分析》，载《政法论坛》2009 年第 2 期。

2. 预重整程序启动的判断标准

预重整程序和重整程序虽然在法理基础、适用范围上存在一定范围的重合且二者之间相互影响、相互作用，但是预重整程序的启动标准应该低于重整程序的启动标准。如果既有当事人申请重整又有当事人申请预重整的，可以赋予法院一定自由裁量权，可以从以下方面考虑是否决定启动预重整：①债务人企业是否有主动积极进行预重整的态度、是否体现出积极的“自救”意愿；②债务人与债权人之间是否存在自主协商的可能性或者初步达成重组方案；③企业风险是否属于特定行业风险、相关行业是否仍然具有市场发展潜力；④企业债权债务是否过于复杂等。

同时，对于出现经营、财务困境的企业，在未到达《企业破产法》规定的受理破产重整条件的，只要债务人和主要债权人同意，法院就可以启动预重整程序。但是，对于已经到达《企业破产法》规定的受理破产重整条件的企业，当事人申请预重整的，法院应该受理破产重整。

3. 预重整程序启动的公示

为了保证债权人和相关利益主体都能够及时了解债务人启动预重整程序的最新动态，避免各地实施规范不一致而可能引发的认识和执行障碍，应该制定全国统一的文书编号和文书样式，法院受理预重整案件信息通过全国企业破产重整案件信息网进行公示，上市公司启动预重整程序的，还应在上市公司指定信息披露媒体或媒介上发布公告。

4. 预重整程序启动的辅导机构

尽管企业陷入困境的原因不仅仅是简单的企业自身经营决策失误所导致，还可能是受到行业发展、市场环境等客观原因的影响。但是无论具体过程是如何发展的，只要企业进入无法清偿到期债务等状况，债权人容易对企业丧失信任感，企业偏颇清偿的风险增强。预重整阶段需要专业、公正、独立的辅导机构，提供法律、财务、税务等专业意见，平衡各方当事人利益，促成各方达成预重整方案。法院在决定启动预重整程序的同时指定专业的临时管理人，为了降低沟通成本，提供工作效率，充分尊重当事人意思自治，应允许债权人和债务人共同推荐专业辅导机构。

结　　语

预重整程序是连接庭外重组和庭内重整的桥梁，当前正好可以借助《企业破产法》修改的契机，将预重整制度纳入企业困境拯救的制度体系中，充分尊重当事人意思自治，完善预重整的启动程序，及时挽救困境企业，维护各方利益。

论破产重整中司法权运行的现实困境与重构路径
——以破产重整市场化为背景

吴　磊　李冠颖*

内容提要：破产重整是我国《企业破产法》规定的与破产清算、破产和解并行的“三驾马车”之一，其重要价值不言而喻。破产制度涉及公法和私法、实体法和程序法、自由竞争和社会政策等各个方面，被形象地称为“法律问题的坩埚”，相较于破产清算，破产重整更加强调市场价值判断和利益衡平，这对法院司法权妥善运用提出了更高的要求。本文结合苏北地区破产审判实务，认真分析破产重整实践中司法权行使的问题与障碍，重新审视司法权在破产重整制度中的价值定位，对破产重整中司法权妥善运用的优化路径进行系统构建，以期促进司法权规范高效行使，提升破产重整的法律、经济和社会效果。

破产重整是指对可能或已经发生破产原因但又有挽救希望与挽救价值的法人企业，通过对各种利害关系人的利益协调，强制性进行企业重组与债务清理，以便企业避免破产、获得重生的法律制度。① 重整制度通过重新调整破产企业债务结构，重新架构股权与投资设置，减轻企业债务负担，为企业生存和发展争取时间与空间，使有复苏希望的企业避免进入破产清算程序，防止因企业破产造成职工失业、资源浪费，给社会经济带来损失。企业进入破产重整程序后，人民法院职权的运用贯穿始终，司法权

---

* 吴磊，南京大学硕士，江苏省徐州市铜山区人民法院综合办公室主任。李冠颖，南京大学法律硕士，南京海事法院连云港法庭一级法官。

① 参见王欣新：《破产法》，中国人民大学出版社 2019 年版，第 247 页。

如何妥善行使，如何衡平好个体本位与社会本位的价值取向，是人民法院办理好破产重整案件的重要基础。

一、实践困局：司法权妥善运用的问题分析

妥善运用司法权，是破产重整能否顺利推进的重要考量因素，然而，实践中发现，司法权在运用过程中存在一些障碍，导致司法权作用发挥存在障碍，影响案件审理进程，主要存在以下四个方面：

（一）审查标准缺乏明确规定

《中华人民共和国企业破产法》（以下简称《企业破产法》）第70条、第71条规定了对破产重整申请的审查，但第71条仅笼统约定“符合本法规定”，但具体符合什么规定没有作明确规定，这就给法院受理重整申请留下很大的空间。现实中可能出现的情形是，各地对重整审查标准不一，有的法院从重整实务经验、案件审理周期和效率以及对债务人不信任等角度上考虑，从严把握重整申请审查，例如债权人申请破产清算与债务人直接申请破产重整并存时，倾向于受理破产清算。① 而对于所处经济较发达地区、破产审判经验丰富的法院来说，审查重整申请则可能较为宽松。以笔者经办的一起案件为例，一家中小型房地产开发企业由于股东对外担保陷入债务危机，开发的房产被查封，资金变现回笼陷入恶性循环，其出资人直接向法院申请破产重整，与此同时，建设单位及购房业主向法院提出破产清算申请，经过通盘考虑，最后法院受理了债权人的破产清算申请。但复盘来看，该公司如能顺利重整可能效果更佳，之所以保守采取破产清算，则可能受区域经济发展和破产实务经验所困。②

---

① 参见何旺翔：《破产重整制度改革研究》，中国政法大学出版社2020年版，第58页。

② 笔者曾直接或委托他人分别询问10名苏南及浙江、上海、广东地区破产审判法官和10名苏北及北方地区破产审判法官关于破产重整方式的选择问题，南方法官群体有8人表示乐于选择重整，占比80%，北方法官群体则仅有5人选择重整，占比50%，此样本虽然较小，但一定程度折射出经济发展因素对法官审理破产案件方式选择的影响。

(二)审查方式缺乏综合运用

重整审查最为特别的是法院需要对重整可行性进行判断，而困境企业究竟有无“重生”希望，法官审查方式和能力有欠缺，准确判断具有一定难度。一般情况下，在债务人申请重整时，虽然无法律强制规定，但法院仍会要求债务人提供具有重整计划草案性质的可行性分析报告，法院通过对报告的初步评估作出判断，有必要时召开有关听证会，向政府相关部门咨询等等。但现实情况是，对于平时耳熟能详、发展较好的企业，直观上由于担保还贷导致资金链面临压力突陷困境的，或者通常所见具有品牌、市场、资产价值的企业，法院能够较为容易地认定其重整可行性，继而受理其重整申请。笔者经办的两件破产重整案，均是企业有特别资质而进行了重整尝试，其中一个是拥有汽车生产资质而且具备转型优势，另一个企业拥有粮食仓储及销售资质，上述无形财产均具有价值，故进行了破产重整。而对于一些普通中小企业，可能由于管理不规范、经营不善等导致不能清偿债务的，又无特别的、明显的生产或行业优势，法院处理则可能慎之又慎。在经济发达地区，向第三方专业机构咨询也是判断重整可行性的渠道之一，而在经济欠发达地区，专业咨询公司等第三方专业机构较少，无法精准识别债务企业是否具备挽救价值和再生可能，是否符合产业发展方向。

(三)强裁行使缺乏配套机制

重整计划草案强裁权的设定依据在于，重整是一个涉及众多利害关系和利益冲突博弈的复杂过程，各表决组及其成员均有其特定的利益，甚至存在不相容的利益冲突，在表决重整计划草案出现“僵局”时，破产重整的目的无法实现，出于对社会利益和其他利益加以保护的考虑，以强制批准取代当事人的意思自治。《企业破产法》第 87 条对强制批准规定的内容宽泛、原则化，限定的条件不充分。而司法实践中对于强裁规则的适用建立在两个先验的假设上：第一，法官有关于企业价值和当事人债权价值的完整信息；第二，法官比当事人更加了解企业的运营，知道企业持续经营能给不同的利益关系人带来高于其权益现值的未来价值。如果这两个假设均为真，那么在司法过程中是否有意思自治都无关紧要。[①] 对于法官来讲，上述两个假设很难同时具备且为真，法官对破产企业的行业状况、商业风险等市场因素的综合判断并不在行。故在现实中，强裁权在个案中的行使通常是保守谨慎，回避适用甚至畏惧适用。

（四）自由裁量缺乏有效边界

重整程序是一项复杂的商业判断过程，涉及各方利益主体的协调和博弈，司法权直面商场上的云谲波诡，这其间，需要法官掌握处理好不同的关系，与债务人、管理人、债权人深入沟通，一方面，不能对债务人抱有太高的期望，债务人动机往往不纯粹，如未能深入了解企业经营状况，难以把握其是真心挽救企业还是借机谋求私利，另外，鉴于管理人队伍素质参差不齐，也不能过分依赖管理人；另一方面，也不能过于迁就债权人，有些债权人只关心自己的债权能否快速、足额兑现，并不在意企业的长远发展，往往对耗时较久的破产重整程序存在抵触心理。由此可见，破产制度尤其是破产重整程序对法官个体的司法智慧要求较高，需要法官妥善运用自由裁量权进行判断、处置。不同工作风格的法官办理重整案件可能有不同的效果，谨慎稳妥的，可能偏于保守，具有商业思维的，可能决策更有气魄，善于沟通懂得谈判技巧的，可能程序推进更顺畅。

二、重新审视：司法权妥善运用的价值分析

在重整制度中，司法权正当行使以推进重整程序，如何行使则需重新思考司法权在重整制度中所被希冀的功能作用和价值定位，唯有厘清价值定位，方能探求司法权的有效行使路径。

（一）衡平个体本位与社会本位

现代破产法已经不仅仅关注债权人和债务人的个体利益，更加关注社会以经济秩序的稳定和社会经济结构的优化为本位的社会利益。重整制度注重私权本位与社会本位的相互协调，重整制度所体现的社会本位精神追

---

① 参见高丝敏：《重整计划强裁规则的误读与重释》，载《中外法学》2018 年第 1 期。

求的是社会整体利益，而要求其他个人利益或群体利益应当服从社会整体利益。重整制度以通过挽救困境企业的方式最大限度减少了企业破产对社会的不利影响。在中央经济会议上释放的“尽可能多兼并重组，少破产清算”政策信号，破产重整将会越来越多地适用，破产重整作为仍具有再生价值但陷入困境企业的挽救程序，不仅能够促进社会财富增长，而且有助于社会和谐稳定。

（二）衡平司法能动与司法克制

司法权在重整制度中的运用，不仅源于重整是系统化工程的考量，还离不开司法权自身的规律价值选择，这就是司法能动主义和司法克制主义的论争。① 司法能动主义强调法官自由裁量权的应用，充分发挥职业理性，司法克制主义则主张法官应当尊于现有法律，避免将个人价值判断和理解运用到司法活动中。在破产审判中，法院应当居于主导地位，为追求重整成功以及社会公共利益的实现，更需要积极的职权主义。如法院过于克制，试图规避一切风险，则无法取得创造性的成果。在很多情形下，把握时机，勇于担当，运用司法智慧，敢于创新气魄，更符合新时代破产审判事业的要求。而这一愿景，也要建立在司法独立的基础上，排除外在干预和个人私欲影响。

（三）衡平普通债权与银行债权

通常一个破产重整企业，涉及的债权人主体通常为有担保的债权人，如银行等金融机构，职工债权人、税务机关、普通债权，有担保的金融债权额往往较大，但人数上较少，普通债权群体人数上较为庞大，这两股力量容易成为“多数”一方。实践中，银行债权人由于急于实现担保物权，且鉴于其自身的审批制度②，银行债权人往往出于延期清偿损失风险的考虑对重整计划草案作出否定表决意见。对于次顺位的普通债权人而言，其过度专注于自身利益实现，在债务人的重整计划无法即刻满足其受偿预期

---

① 参见郭娅丽：《出售型破产重整司法适用的现实困境与突破思路》，载《兰州学刊》2020年第2期。

② 银行债权人的特殊性在于贷款主体是银行各分支机构，即债权人主体是银行的各分支机构，但银行内部管理体制一般规定对重整计划草案的表决权的行使须报总行审批，即银行的各分支机构没有决定权。

时，往往对重整计划草案投出反对票，而不去考虑破产企业根据草案可实现长远发展，对所有债权人都有利。当事人的谈判虽是最优选择，但也有陷入囚徒困境的风险，因为其各自掌握的信息是有限的，虽然重整计划对各债权人进行公示，但作为债权人还是不能够充分了解和判断企业的盈利能力、市场前景以及经营管理能力，故而不能做出最为理性的判断，这就需要法官强裁来破解谈判僵局。

三、探寻进路：司法权妥善运用的路径分析

在上述分析思考的基础上，结合笔者实践，就司法权在破产重整程序如何妥善运用，促进企业重生和社会稳定，提出针对性的对策建议。

(一)申请审查以重整程序优先

立法对申请重整条件未作特殊规定，符合《企业破产法》第 2 条破产原因的，理论上对三种破产程序都可以申请。同时，立法对重整申请的审查也未作特殊规定，与申请破产清算、破产和解基本一致。

人民法院接到重整申请后，具体的实践操作一般为两步：一是立案部门的形式审查，审查书面材料是否齐全；二是审理部门的实质审查，立案庭认为符合形式要求的，交审理破产案件的审判庭进行实质审查，决定是否立案。重整审查最为特别的是法院需要对重整可行性进行判断，一般通过分析债务人企业性质、产业结构、市场前景、战略投资者等，进行合乎实际、科学可行的初步评估。①

针对破产审判服务经济发展任务，有文件要求“要围绕中心、服务大局的使命感和责任感，决不能因破产审判困难多而不为，有风险而躲避，有阵痛而不浅，要以服务市场主体有序退出为出发点，以实现破产审判常态化、法治化、高效化为落脚点，以改革的气魄和改革的方式加快健全完善破产审判机制及各项配套保障机制，依法为实施市场化破产创造条件”，故对于具有挽救价值的困难企业重整申请，要采取宽进严出的司法应对措施，以重整优先。在审查重整可行性要点上，可以从以下几个方面入手。

---

① 参见徐根才：《破产法实践指南》，法律出版社 2016 年版，第 176 页。

1. 评估困难企业的财务状况

由于财务困难是产生公司无力偿还债务的原因，判断公司是否重建再生可能，可以从公司的财务状况入手，判断公司有无经营的重整价值。财务状况可以从债务人提供的审计报告、资产负债表、损益表等财务报表分析，来审查企业的资产性质、盈利能力、债务水平和机构等。主要考察的是企业经营亏损原因、重整是否能获得稳定的现金流、经营方法能否改善、有无可行的债务减免方案等方面，如答案是肯定的，通过重整走出困境的可能性较大。

2. 评估困难企业特殊营业价值

有些企业虽然自身财务状况不佳，但具有一些独特的营业价值，这也能够在一定程度上提升其重整的可行性。例如，在我国现阶段的资本市场中，上市公司的上市资格仍然属于稀缺资源，容易受到投资人的青睐，因此，上市公司重整成功的可能性较高。①

3. 评估困难企业可持续发展前景

在传统重整模式下，重整计划草案制定的债务重组方案主要是在豁免少量债务的基础上，延长债务的清偿期限。这样重整企业获得喘息机会，需通过重整期间的持续经营，来逐步清偿对外债务。重整企业所处行业在一段时间内的发展前景，决定了企业再生的前景。② 如果企业有足够的订单，有先进生产力技术优势，可通过吸引新投资人注资或改变公司治理结构扭转困境，进入重整程序再生机会较大。

(二)分组表决以小额债权组为突破

作为重整程序的“行动纲领”，重整计划草案要经过债权人的讨论表决。若要使各方利益主体的意愿得以顺利表达，并尽快确定重整计划草案内容的合法落实，表决程序的设计至关重要。对此，《企业破产法》对重

① 参见沈志先：《破产案件审理实务》，法律出版社 2013 年版，第 273 页。

② 参见徐凤英：《新旧动能转换视角下企业破产重整债权人权益保护》，载《江西社会科学》2018 年第 11 期。

整计划草案设定了相对特殊的表决原则，即不同于其他破产事项的集体表决方式，而进行分组表决。在分组表决中，更是赋予了法院的自由裁量权。《企业破产法》第 82 条规定，人民法院在必要时可以决定在普通债权组中设小额债权组对重整计划草案进行表决。在小额债权人数较多、金额总额较少，区分清偿能够提高普通债权组表决通过的可能性，并保障案件效果的情况下，法院可以决定设小额债权组，以此避免小额债权人的权益被大额债权捆绑和过分稀释。

进入重整程序后，对重整计划草案需债权人分组表决。小额债权组的设定是基于对实质正义的考量。我们认为，实质正义不仅体现在债权金额上，对于性质特殊、对个案效果有密切关系的债权，均可以设定特殊组别，对其意见进行关注，进行独立表决，充分保障不同利益债权人的参与权。根据案情需要，将特定债权划分出来另行处理，即便相对于普通债权组提高一定比例的清偿率，也不会导致重整案件经济成本大幅增加，反而，因清偿率的差异化，该组别将更清楚重整案件给予其权益的保护力度，进而使得管理人、债务人等就重整计划草案表决的协商工作压力减小，效率提高，确保重整计划草案能多一个债权组表决通过。科学合理的分组，能够最大限度地实现公平受偿，不让有着类似利益债权人群体伤害其他债权人群体的利益，把矛盾限定在特定群体内，制定不同解决方案，满足不同债权人的需要，保证重整案件每个债权区间的债权人公平表达诉求的机会和权利，甚至可以为其他组别的表决起到一定的良好导向作用，更可增加重整计划草案顺利通过的可能性，在法律框架下最大限度地体现债权人自治。①

（三）强制批准以二次表决为创新

重整计划草案的批准是指人民法院对债权人表决通过的重整计划，或未经债权人表决通过但经审查认为重整计划草案符合法律规定，因而裁定批准该草案的司法行为。根据《企业破产法》规定，前者是正常批准，后者为强制批准。正常批准较为容易操作，重整计划草案为各表决组通过以后，制定人向人民法院提出批准重整计划的申请，人民法院在规定期间内

---

① 参见郭毅敏：《企业破产与重整案件法律适用关键词与典型案例指导》，法律出版社 2015 年版，第 220 页。

进行认可批准。而强制批准一直是破产研究领域关注的焦点。部分学者认为，法官在此领域自由裁量权偏大,① 实践中应当谨慎使用强裁规则；法官则往往认为其正当权力行使被掣肘，为回避风险而很少采取强制批准措施。

《企业破产法》第 87 条规定，部分表决组未通过重整计划草案的，债务人或者管理人可以同未通过重整计划草案的表决组协商，该表决组可以在协商后再表决一次，双方协商的结果不得损害其他表决组的利益。法律对于第二次表决如何组织、何时进行，并未作出明确规定，既可以当场间隔一段时间再表决，也可以休会后改日表决。实务中一般操作是为节约成本，与该组债权人再做进一步沟通后当场再次表决。但这种二次表决的效果实际上产生不了实际作用，债权人不会在几个小时内随意变更自己的表决意见，而已经制作的重整计划草案往往是精心打磨的结果，制定者亦不可能当场拍板变更。故对二次表决，法院可以根据案情的需要，适当安排第二次表决时间，留出合理的时间让管理人、债务人、债权人之间相互沟通，但也不能过于拖延。此外，对重整计划草案持反对意见者，可以通过举行听证会的方式，为各方对重整计划所涉的权益调整等事项充分提供发布意见的机会，并且在必要时可以邀请有关专家发表意见,② 在保证时间成本不过于消耗的情况下助于重整计划草案的公平性和可接受性。

(四)计划执行以保障效果为关键

重整计划草案被批准通过后，重整计划就将进入执行阶段。在这期间，理想的状态是债务人通过执行重整计划起死回生，在规定的时间内达到重整计划的目的。此时，重整才算真正成功。但是，由于债务人自身主观原因，或市场趋势变化，或新投资人未履行承诺等各种不确定因素，重整计划也可能未得到顺利执行，即重整失败。此时，有必要终止执行重整计划。提出终止申请的主体是管理人或者利害关系人，包括债权人、出资人等。人民法院收到申请后，应及时裁定终止重整计划，宣告债务人破

---

① 参见邹海林：《法院强制批准重整计划的不确定性》，载《法学适用》2012 年第 11 期。

② 参见许胜锋：《人民法院审理企业破产案件裁判规则解析》，法律出版社 2016 年版，第 347 页。

产。根据执行情况转入破产清算程序，继续下一步处理。为了保障债权人的利益，也为了尽快弥补因为重整程序而延迟清偿给债权人带来的损失，如果债务人不能执行或者不执行重整计划的，不再对债务人进行任何形式的挽救，即不再重整或和解。①

四、优化配套：司法权妥善运用的保障分析

建立完善相应的配套保障机制，为破产重整程序中司法权的妥善运用奠定良好基础。

(一)构建企业信息公开机制

破产重整的每一主体都掌握着一部分企业信息，资产、债务、股权、人员等等，这些信息碎片拼凑成企业的大致状态。困难企业进入重整程序后，只有信息公开化，才能保障重整顺利进行，供债权人、法院作决策，故债务人应当主动披露企业价值，弥补企业价值信息的不足，并防止债务人恶意压低企业价值以减少利益相关人应当享有的份额。这需要司法权的介入和保障。其一，法院在重整程序中，不是走过场，不是坐听管理人汇报，而是要深入案件，沉下身子去挖掘企业真实状况，如资产情况，债权债务情况，挤出水分。其二，确保破产程序公开，发挥竞争机制效能。②例如，笔者在承办破产案件中，充分发挥司法网拍平台零佣金、透明、高效的优势，有效实现拍卖价格最大化和拍卖成本最小化，拓展拍卖平台业务项目，不但可以进行常见的资产拍卖，创新性地将重整意向人竞拍招募在淘宝网司法拍卖平台上进行，扩大资源推介面吸引战略投资人，同时充分利用全国企业破产重整案件信息平台，将破产各重要环节和信息在平台中对债权人或社会公众公示，取得较好效果。

(二)构建指导监督协调机制

在重整程序中，司法权要切实发挥好指导监督协调作用，指导管理人

① 参见沈志先等：《破产案件审理实务》，法律出版社 2013 年版，第 300~301 页。

② 参见高丝敏：《论破产重整中信息披露制度的建构》，载《山西大学学报(哲学社会科学版)》2021 年第 3 期。

或债务人制定重整计划草案制定，监督管理人及债务人与债权人沟通，协调债权人间及其与债务人的冲突矛盾，避免债务人不良用心，蒙蔽欺骗债权人，但同时又要避免大包大揽，尤其不能自己操刀制作重整计划草案，否则会使自己的中立立场有所失衡。在方案制定上，切实纠正“重偿债方案、轻经营方案”错误认识，避免让破产重整成为低层次的企业保留，真正发挥重整程序功效。重整计划草案制定后，要敦促管理人或债务人与债权人沟通，避免在债权人会议上公布时对债权人造成突袭，影响其表决决策，尤其针对银行等需要逐层汇报请示的债权人，要提前做好沟通工作，必要时主动倾听债权人反馈意见，预判各种意见和风险，具体方式可灵活，通过电话、邮件或座谈会等途径，既减轻当事人诉累，又起到沟通效果。

（三）构建综合研判分析机制

《企业破产法》第 87 条第 2 款中对未通过的重整计划草案能够适用强裁予以批准的条件进行了规定，其中第 3 项“按照重整计划草案，普通债权所获得的清偿比例，不低于其在重整计划草案被提请批准时依照破产清算程序所能获得的清偿比例，或者该表决组已经通过重整计划草案”及第 6 项“债务人的经营方案具有可行性”是较难把握的条件。[①] 在重整计划草案审查中，可从以下两个方面努力：

一是需精准评估重整企业在假设破产清算情况下破产财产价值与普通债权清偿比例。这作为最低限度接受规则，是重整计划草案是否能够获批的重要判定原则。但事实上，这种估算是动态的，充满不确定性，普通债权清偿比例和破产财产变现周期、市场行情走势、破产财产评估与变现价值、共益债务和破产费用负担等因素有很大的关系，其中还难以预料管理人或债务人又或者债务人股东等的道德风险，如处于私利与评估机构串通，压低破产财产评估价值，等等，故法院务必把好评估关和破产清算分配测算关，规范评估机构的选定，并对评估的内容、标准、方法作必要的限定，尽可能对债务人资产在假设清算情况下的市场价值作客观、准确分析，在破产周期长，市场情况发生变化的情况下，要及时进行再次的评

① 参见张世君：《我国破产重整立法的理念调试和核心制度改进》，载《法学杂志》2020 年第 7 期。

估；在假设破产清算分配测算中，要尽量做到精准。

二是引入专家证人听证制度论证经营方案的可行性。关于经营方案可行性审查，除了依赖于管理人或债务人通过提交翔实的分析报告来揭示其计划的运营价值高于清算价值以及通过何种方式来产生该增值外，法官可从资本结构、盈利能力、市场前景、管理能力、未来获取信贷的能力和满足资本支出的能力来具体判断经营方案是否具有可行性。鉴于法官司法思维与商业世界中理性人的行为之间存在差距，法院设立专家库，听取专业权威机构或商业专家就经营方案可行性进行论证意见，这点在经济发达地区不难办到，经济欠发达地区咨询机构和专家来源可能有限，故可以依托全国企业破产重整案件信息平台，以省或市为单位在全国范围内形成专业资源库，供法院在需要时选定。专家论证意见类似于诉讼中证据地位，必要时需要接受债务人的询问。

（四）构建责任有限豁免机制

重整计划获批后，进入执行阶段，理想结果是债务人按照重整计划履行清偿义务，企业经营良好，步入正轨，企业起死回生，但是，可能由于债务人自身情况、市场行情、投资人情况等因素影响，可能出现债务人不能执行或者不执行重整计划的情形，那么重整就失败。在重整计划草案沟通过程中，法院有必要告知债务人、债权人其中的风险，保持理性，不盲听盲信。司法权应当充分行使，需要将深入的风险释明工作做在前，把必要的司法责任豁免做到位。重整计划草案沟通过程中，法院应当告知债务人、债权人相关风险和阻碍，促使他们保持理性心态。重整程序受制于多个因素，成功与否无法准确预见，即便出现重整计划未能通过等情形，也不能因重整失败倒追法院责任。免除法院、法官的后顾之忧，那么司法权在重整制度中的行使则能够更为积极、主动。

结　　语

被动性是司法权的重要特征之一，司法权的被动性“更多的是对司法的程序要求，而不是对司法的价值判断”①，适度强调司法的能动性，不

① 王欣新：《破产法》，中国人民大学出版社 2019 年版，第 37 页。

违背司法的本质属性，而是基于解决纠纷、维护秩序的现实考虑。破产重整程序是利益分配的过程，也是分担重整参与人损失的过程，首先应当坚持当事人意思自治原则，但同时，由于重整制度涉及的利益主体关系更加复杂，因此需要司法权的及时、妥善介入，只有通过司法权的介入，才能使重整程序有序推进。

优化营商：论预重整视阈下“诉破直通”路径建构

刘伟明*

内容提要：庭外重组与庭内重整制度在我国实践多年，但由于启动时间滞后，仍无法真正发挥其优越性，难以及时有效地挽救企业于危困之际。本文以L市案件数据为研究样本，通过实证分析、文献研究和比较研究等方法，首先分析在预重整视阈下企业债务人在立—审—执各阶段面临的现实困境，阐述优质企业如何从经营良好到逐渐丧失重整价值的过程。其次，从实证角度分析论证预重整视阈下“诉破直通”机制的突出价值，该机制力争将问题解决在萌芽阶段，具有“早发现”“早治疗”的显著优越性，可提高重整可能性及效率。最后，提出如何构建预重整视阈下“诉破直通”机制模型，打造诉讼程序与破产程序相联通的“诉破直通”机制，在立案阶段、审理阶段提前介入，及时将债务人导入预重整程序，建立企业破产重组关口前移机制，促使更多优质企业起死回生，避免机械适用破产清算程序解决企业正常负债问题。目前，“诉破直通”机制为一些优质企业因疫情原因经营困难提供新生路径，服务供给侧结构性改革，推动经济体系优化升级，以优化法治化营商环境。

引　言

破产重整制度的主要价值在于挽救具备重整条件及价值的企业，以达

* 刘伟明，福建省龙岩市中级人民法院立案庭副庭长，清算与破产审判庭二级法官，法学硕士。

到盘活资产、优化法治化营商环境的效果。但破产重整制度的实际施行效果并不理想，最高人民法院 2021 年工作报告显示：2020 年度我国审结破产案件 10132 件，其中审结破产重整案件 728 件。① 同时，从笔者所在 L 市中级人民法院有关破产重整的数据来看，破产重整案件数量及比例均较低。即，从全国来看破产重整案件数量虽较此前确有所增长，但数量及占比仍较低，甚至出现部分地区从《中华人民共和国企业破产法》(以下简称《企业破产法》)出台以来尚无一例破产重整案件的尴尬局面。出现前述情况系诸多因素共同作用导致的，而其中破产程序启动时间较晚是主要原因。为此，本文从预重整角度出发提出“诉破直通”机制，以期改变我国目前破产重整案件少、重整率低的现实困境，使得破产制度尤其是预重整(重整)制度的优越性得以实现，优化法治化营商环境。

一、现状考量：企业债务人在诉执阶段的困境分析

企业从经营出现困难到出现破产原因再到进入破产程序并非一蹴而就，而涉诉、被执行是大部分企业破产的必经之路。其中，对于具备破产重整条件的企业而言，因各种原因陷入诉讼、执行程序中，没有相应行之有效的机制可挽救企业于危难，最终走向破产清算。具体表现为：

(一)诉讼阶段：企业破产原因初现

近年来我国虽然加强了对民事诉讼案件审限的考核力度，以确保民事诉讼案件能够在审限内结案，但不可否认的是，一审诉讼案件普通程序 6 个月的审限、二审案件 3 个月的审限，再加上管辖、鉴定、一审法院向二审法院移送案件等诸多不计入审限的时长，一起民事案件对企业而言仍是一场“长跑”，更遑论对本就经营出现困难的企业。另一方面，当今社会发展瞬息万变，企业发展有其机遇、阶段性。因此，耗时数月甚至数年的诉讼案件，对企业而言将引发一系列连锁反应，企业将难有喘息机会。

---

① 《最高人民法院工作报告》，最高人民法院网，http://www.court.gov.cn/zixun-xiangqing-290831.html，访问日期：2022 年 9 月 7 日。

1. 财产保全：企业走向破产的首道催化剂

笔者以“诉前保全申请”“文书类型：裁定书”“案由：民事案由”为关键词，在裁判文书网中检索发现，2017 年相关裁判文书仅为 98 件，而至 2020 年相关裁判文书激增至 6627 件。前述数据反映了在如今执行难的大背景下，财产保全成为债权人提起诉讼时采取的一项必要措施。该措施对债权人而言是其债权得以实现的保障，但对经营出现困难的企业而言，可能是企业破产的首道催化剂。

根据中国财政科学研究院于 2019 年 10 月 18 日发布的《2018 年“降成本”问卷分析报告》显示：①2015—2017 年，企业资产负债率分别为 58.20%、58.00%和 57.97%；②整体上看，大中型企业资产负债率下降较为明显，小微企业资产负债率呈小幅上升态势；③而分行业看，房地产业企业资产负债率最高，批发零售业和采矿业次之，信息传输、软件和信息技术服务业最低。采矿业、建筑业、批发零售业、信息传输、软件和信息技术服务业资产负债率呈上升趋势。① 即从目前来看我国企业的负债率较高，诸多企业尤其是生产型企业因前期建设、投资成本较高，加之实践中诸多应收账款无法及时收回等情况，导致企业在经营过程中尤其是发展的前中期阶段负债率较高。因此，一旦诉讼阶段债权人采取财产保全措施，将使企业得以维系的平衡被打破，导致企业“被破产”。

2. 耗时诉讼：企业错过最佳发展阶段

如前所述，企业经营的前中期大多是负债经营，一旦企业因无法及时收回债权、项目投资失败等原因导致短期资金周转困难，进而引发其无法按时支付货款、偿还贷款而导致诉讼；与此同时，债权尚未到期的债权人尤其银行债权为确保其债权得以实现，将以行使不安抗辩权为由，要求提前收回贷款，由此引发连锁反应。此外，违约、诉讼等将增加企业的成本，这对本就资金困难的企业而言无疑是雪上加霜。同时，企业管理层因疲于应诉、融资而无心经营，最终企业只能走向破产。

---

① 中国财政科学研究院 2018 年“降成本”问卷调查分析组：《2018 年“降成本”问卷分析报告》，www.chineseafs.org，访问日期：2020 年 9 月 7 日。

任何企业、行业的发展均有一定的阶段性，在我国企业尤其是企业发展初期负债率较高的情况下，若陷入诉讼当中，将导致企业错过其自身或行业发展的最佳阶段，最终一蹶不振、走向破产。以笔者经办的福建省连城县某一地瓜干生产企业破产清算案为例，该企业成立于2012年，前期通过抵押贷款等方式兴建厂房、购置设备，甚至率先购置相关污水处理设施，是当地少有的取得排污许可证的地瓜干企业。但因大量应收账款未收回加之自身经营不善，于2013—2015年先后多次涉诉并最终停止经营。但从地瓜干行业来看，2015年、2016年，在政府部门的支持下连城地瓜干取得长足发展，2015年地瓜干销量占全国8成以上，并成功举办了第一届"中国·连城地瓜产业发展大会"。但该企业却因负债等问题，错过连城县地瓜干发展的最好阶段，黯然收场，最终普通债权人的清偿率不足10%。而实践中，同样具备较高重整价值的企业不在少数。

（二）执行阶段：机械处置企业财产

根据《中华人民共和国民事诉讼法》关于强制执行的有关规定可以明确，人民法院采取强制执行的目的和意义在于确保生效判决得到有效执行，而为督促、惩戒被执行人，最高人民法院先后配套出台了《关于执行程序中计算迟延履行期间的债务利息适用法律若干问题的解释》《关于限制被执行人高消费及有关消费的若干规定》《关于公布失信被执行人名单信息的若干规定》等相关规定。具体表现为：进入执行程序后，执行法院基于执行相关规定，为确保申请执行人的债权得以尽快实现，首先采取查封土地房产、冻结银行账户、列入失信被执行人名单等措施，随后则通过司法拍卖等方式处置企业资产，最终导致企业可供执行的诸如土地厂房、机器设备等财产被执行一空。

而根据《企业破产法》关于破产重整的有关规定可以明确，破产重整的目的和意义在于对出现破产原因但具备挽救价值的企业通过引入投资人、聘请专业管理人等方式，使得企业重新焕发活力。显然，囿于执行与破产重整之间价值的冲突，人民法院在执行过程中"一卖了之"的做法符合现行的执行规定以及执行价值，但相应地，企业的重整价值也在不断的执行过程中被消磨。

（三）执转破阶段：企业近乎丧失重整价值

2015年2月，最高人民法院印发《关于适用〈中华人民共和国民事诉讼法〉的解释》（以下简称《民诉法解释》），其中第513至516条对“执转破”制度作出规定。此后，各地也陆续出台了相应规定，其中部分地区法院基于“执转破”出现的痛点、难点，相应出台“执破直通”机制，但对企业破产重整而言收效甚微。以笔者所在市2018—2021年企业为例，以企业为被执行人的终本案件占“执转破”案件的比例不到1%（见表1）。无独有偶，北京市某区法院2015年以来被执行人为企业法人的案件数量为9126件，其中终本案件2097件，法官建议当事人启动执行转破产程序案件数为1226件，执转破案件16件，仅占1.3%。① 而其中，具备重整价值的企业几近全无。

表1　2018—2021年L市破产案件及以企业为被执行人的终本案件情况表

	2018年	2019年	2020年	2021年
终本案件数（件）	3599	4775	5100	7200
执转破案件数（件）	6	10	18	71
破产案件占终本案件比例	0.17%	0.21%	0.35%	0.98%

“执转破”制度出台的背景是：执行积案现象是执行工作中的一个严重问题，法院系统多次开展全国范围内清理执行积案活动，但是一直未能彻底解决。执行积案现象的存在，严重影响了司法权威。② 即“执转破”制度的出台的目的在于清理积案、缓解执行难问题。因此，不论是“执转破”抑或是“执破直通”机制不可避免地“落入”执行阶段的困境，甚至犹有过之，最终只能通向破产清算。具体而言，在企业尚有可供执行财产时，

① 参见张世君、李雨芊：《“执破衔接”实施的困境反思与制度改进——以破产启动职权主义为视角》，载《河南财经政法大学学报》2020年第3期。

② 参见最高人民法院修改后民事诉讼法贯彻实施工作领导小组编著：《最高人民法院民事诉讼法司法解释理解与适用（下）》，人民法院出版社2015年版，第1362页。

人民法院基于债权人的压力、债权人及债务人移送破产意愿低等原因未及时将已资不抵债的企业移送破产，而仍是采用传统执行—终本—破产的做法，导致经过漫长的执行程序，大部分“执转破”案件成为“三无案件”，即无资产、无账册、无人员，更勿论破产重整。

《企业破产法》设置了破产清算、破产重整、破产和解三套并行的程序，对于那些资不抵债、无力存续的企业应当使用破产清算程序，对于那些仍有挽救可能性的企业应当进入破产重整或破产和解程序，使企业“起死回生”“重见光明”。正如有学者所言，破产法是公平清理债权债务之法，也是拯救困境企业之法。① 但实际情况是，在现行破产制度之下，具备重整条件的企业因无第三方提供重整的条件，只能在一系列耗时的诉讼、一卖了之的执行等程序中走向破产，再无重整之可能，这也是我国目前破产重整案件较破产案件而言数量、比例较低的原因之一。

二、功能定位：预重整视阈下“诉破直通”机制的实证分析

（一）价值平衡：兼顾个案正义与社会公平

司法的价值不仅考虑个案的公平、正义，同时需要考虑是否符合社会公众的利益。但实践中，囿于“诉执分离”“诉破分离”的现状，单一的诉讼程序、执行程序可能导致“一审了之”“一卖了之”的局面。虽然从程序上来看均符合法律规定，实现了个案的正义。但从预重整角度来看，单一的诉讼程序、执行程序可能导致“无产可整”“无产可破”，使得债权人的债权并未得到公平清偿、债权人的利益并未最大化。而“诉破直通”机制的引入，一方面并未影响诉讼案件的公正审理，保证了个案正义；另一方面，在诉讼阶段及时对符合破产清算、重整、和解条件的企业，通过“诉破直通”机制进入相应程序，确保债权人的债权得以公平清偿、债权人的利益最大化，最终兼顾个案正义与社会公平。

---

① 参见韩蓉、徐阳光：《“执破衔接”之问题与对策研究》，载《法制与经济》2016 年第 7 期。

（二）早治未病：“诉破直通”机制的优越

预重整机制角度下的“诉破直通”机制相较于现行的破产重整制度而言，具有“早发现”“早治疗”的显著优越性，具体表现为：

1. 及早介入：提高重整成功的可能性

从目前各地区关于预重整的司法实践来看，预重整主要有赖于债权人、债务人申请启动。而如前所述，不论是债权人还是债务人对于申请破产重整的积极性、意识抑或是能力均有其现实上的不足。因此，仅靠债权人或债务人主动申请预重整，将严重降低、贬损预重整制度的优越性，而即使最终债权人或债务人申请启动，由于其申请时间较晚，极有可能错过重整的最佳时机，导致重整失败。

笔者通过对近四年来 L 市破产案件破产主要原因进行分析整理后发现，约 55%的企业破产系对外担保或资金链断裂等非自身经营问题导致破产，且这 55%的破产企业在出现破产情形前均具备较好的盈利能力（见图 1）。即，若通过“诉破直通”机制，由人民法院提前在诉讼阶段主动发现前述具备预重整条件的企业并予以引导、释明，则这些企业进入破产重整甚至重整成功的可能性极高。

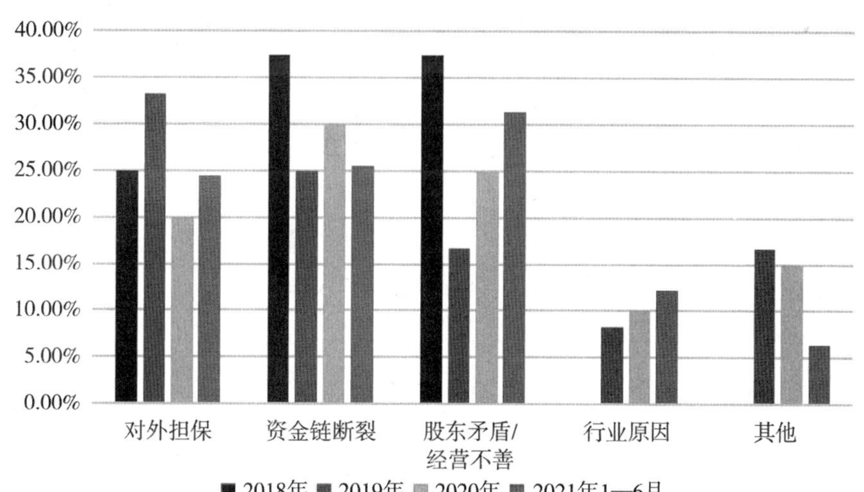

图 1　近四年 L 市破产案件破产主要原因分析表

此外，企业从经营困难到进入破产程序再到终结破产程序往往需要经历数年甚至十余年的时间，在此期间还将积累诸多问题；而相对比，通过“诉破直通”下预重整机制，企业从出现经营困难到完成重整计划耗时无需十余年时间，将极大提高重整效率。

2. 程序集约：概括清偿有效降低成本

企业经营出现困难后，不可避免地将出现大量诉讼，一旦进入诉讼、执行程序，将给企业带来案件受理费、保全费、律师费、执行费、迟延履行金、利息、违约金等诸多费用，给本就经营困难的企业增加额外负担。若通过“诉破直通”下预重整机制，使得具备重整条件的企业在出现经营问题之初，就能够及时地将后续可能引发的诸多诉讼“扼杀”，将有效降低企业重整成本。同时，由第三方提早介入，发现问题、解决问题，在有效降低成本的同时确保企业正常的生产经营，维持企业正常的“造血功能”，有助于提高债权人债权的清偿率。

3. 破产处置：有效提高债权清偿率

如前所述，人民法院对企业可供执行财产的处置方式主要是司法拍卖，但该处置方式并非最优方式，甚至可能导致企业财产的严重贬损。如，部分企业相关资产是相互配套的，但若统一处置则可能因价值过高无人参与竞买，为及时处置资产，人民法院只能通过拆分方式分别处置企业资产，导致企业资产价值因拆分而严重贬损；又如，笔者在办理破产案件时常听到一句话“这些设备都是企业花大价钱买来的，对于企业或是需要它的人而言值钱，但对于其他人而言就是废铁”，这正是人民法院、破产管理人在执行、破产清算时面临“尴尬”局面，许多生产型企业车间内的机器设备均是定制化或直接嵌入车间内，这就意味着该设备只有就地投入使用才能确保其价值最大化，否则一旦拆卸、出售，其价值将严重贬损，甚至只能以废铁价格出售，这显然与盘活资产、节约资源的政策相悖；再如，企业商标等无形资产虽在执行、破产清算阶段具备一定的处置价值，但社会公众对商标的认可在很大程度上依赖于企业本身，脱离了原有企业的商标其处置价值将严重贬损。此外，需要强调的是，待企业进入处置商标阶段，意味着企业可能经营停止经营或非正常经营许久，该商标价值较之其正常生产经营阶段也早已严重贬损。相反，若将具备重整价值的企业及时通过“诉破直通”机制予以重整，则能够最大限度地利用企业现有财产，进而提高债权人债权的清偿率。

4. 诉源治理：有效节约司法资源

“执转破”制度目的在于缓解我国目前“执行难”“执行积案”的问题。而在现有破产制度下，企业进入破产前，将产生诸多诉讼、执行案件。笔者通过对L市近年来20件破产案件进行统计发现，20家破产企业中涉诉及执行案件数量5件以上的破产企业分别达19家、16家(见图2)。若通过“诉破直通”下预重整机制，将问题解决在萌芽阶段，则因该企业经营困难而引发的一系列诉讼、执行案件也相应减少，真正做到源头治理、有效节约司法资源。

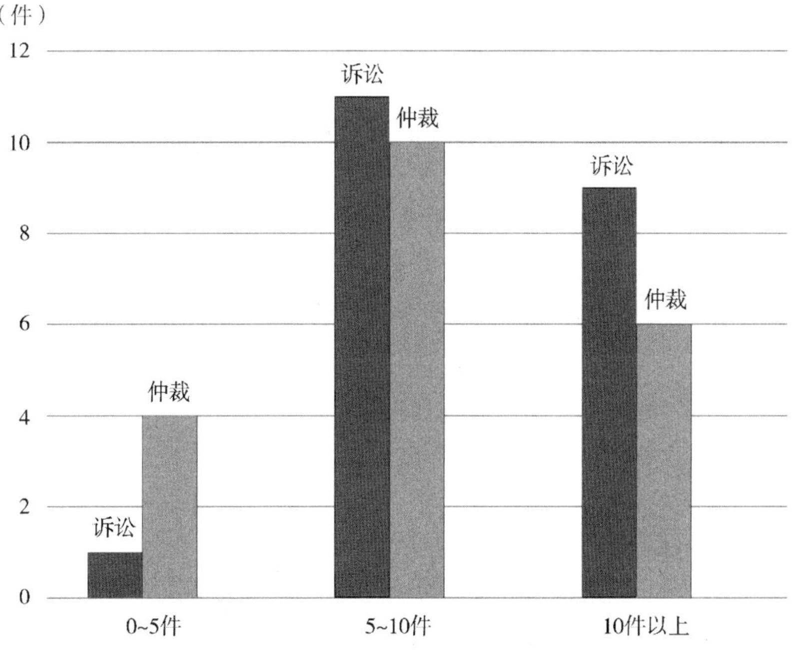

图2　L市20件破产案件涉诉及执行案件情况

(三)应有之义：优化营商环境的利器

诚如习近平总书记所言“法治是最好的营商环境”[①]，优化营商环境最好的方式就是法治。而企业作为市场的重要组成部分，企业有序退出市场、在经营困难时能否在制度上得到及时有效的引导、帮扶，是考验一个国家、地方营商环境优劣的重要指标。为此，各地积极试点“执转破”“预重整”制度并取得一定成效。甚至于，全国人大常委会企业破产法执法检查组于 2021 年 5 月 18 日召开第一次全体会议，会上表示将前往各地区就企业破产法贯彻实施情况进行检查，其中一项重要检查内容就是破产重整制度实施情况。[②]

但正如笔者在前文中的论述，现有诉讼程序及重整相关制度囿于其价值取向、启动方式、启动时机等诸多因素导致实际效果并不理想，甚至可能将具备重整价值的企业“推入深渊”。为此，在现有制度下，构建人民法院提早介入、引导甚至主动启动预重整机制，可极大改善我国目前破产重整面临的数量少、比例低、成功率低等问题，这也是优化法治化营商环境的应有之义。

三、路径分析：预重整视阈下“诉破直通”模型建构

为摆脱我国现行破产制度效率低、成本高、周期长等问题，构建“诉破直通”机制势在必行；而“诉破直通”机制的介入时间早、效率高等优势，对具备破产重整条件的企业尤为重要，为此，笔者以现有诉讼、破产案件程序为基础，提出、构建预重整视阈下，启动以企业作为被告的“诉破直通”模型(见图 3)。

---

① 新华社：《习近平主持召开中央全面依法治国委员会第二次会议并发表重要讲话》，中华人民共和国中央人民政法网，http://www.gov.cn/xinwen/2019-02/25/content_5368422.htm，访问日期：2022 年 9 月 7 日。

② “全国人大常委会企业破产法执法检查组召开第一次全体会议”，中国人大网，http://www.npc.gov.cn/npc/kgfb/202105/80d64fa1ac79457d93cf5fd26042418d.shtml，访问日期：2022 年 9 月 7 日。

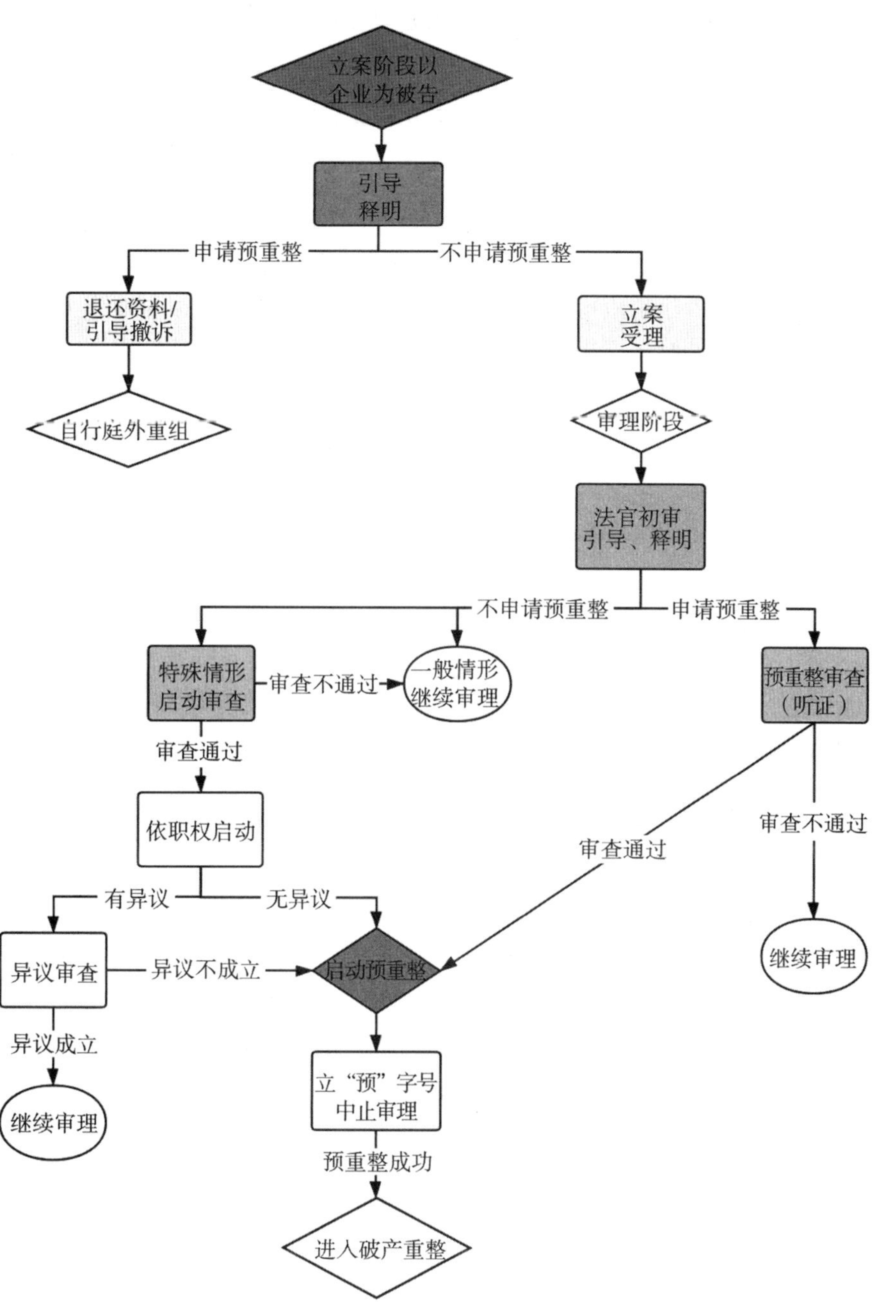

图 3　预重整视阈下“诉破直通”机制模型

（一）模型构建：打造全新“诉破直通”模式

1. 受理阶段：引导债权人及时启动预重整机制

债权人、具备破产原因的债务人是企业状况的第一知情人，因此，由债权人、债务人自行申请破产预重整可极大提高破产重整的申请效率。但鉴于目前我国破产重整案件数量较少、企业及民众对于破产预重整接受度较低，更遑论诉讼阶段申请预重整。因此，人民法院受理以企业作为被告的民事诉讼案件时，应当及时告知原被告双方，可向人民法院申请破产预重整，并将附有破产预重整的申请程序、条件、意义、法律后果等文件作为立案时的必备文件、必要告知事项，以引导、树立公众在诉讼阶段申请预重整的意识。对于在立案阶段申请预重整的，则将立案资料退还或引导当事人撤诉并由当事人自行庭外重组；对于当事人不申请预重整的案件，则依法受理。

2. 审理阶段：法官主动审查企业重整价值与可能

从目前破产案件的启动情况来看，一方面，债权人基于先诉先得、及时执行、重整不确定性等因素，较少主动申请预重整；另一方面，企业经营困难、涉诉初期，更多仍是按照传统的融资、自行整顿等方式自救，甚至部分企业并未意识到企业已面临的危机，故企业自身亦无主动申请破产预重整的积极性。而恰恰是这一困局，导致企业最终错失重整的最佳时机。为突破这一困局，有必要在案件审理阶段，引入经办法院主动对企业是否具备破产预重整价值这一情形进行审查。若经办法官经审查，该企业确实具备重整条件及价值的，则经办法官可通过对诉讼案件整体情况、预重整制度价值、企业情况等方面分析，引导债权人、企业主动申请破产预重整，以突破债权人、企业无申请破产预重整积极性这一困境。若当事人经法官引导、释明后同意申请预重整的，则为防止当事人或法官滥用“诉破直通”机制，通过听证或由人民法院组成的、专门进行预重整审查的合议庭对是否具备预重整价值进行审查，符合预重整条件的则依法启动预重整程序并中止案件的审理。

3. 例外情形：引入有限职权主义的辅助启动模式

《民诉法解释》第513条以有限职权主义的思路，规定了执行法院经申请执行人之一或者被执行人同意，有权移送执行案件至破产受理机构以启动破产程序的规则，在制度模式上采用了申请主义的变形形态，赋予执行机构破产程序的释明权和建议权。[①] 虽然在一定程度上改变单一的由当事人申请的模式，但从实际效果来看，如表一反映的数据情况来看，L市以企业为被执行人的终本案件虽居高不下且有逐年上升的态势，但破产案件数量及占比却仍处于低位运行状态。而究其原因，除债权人期望率先通过执行程序实现债权，债务人内部管理纠纷、对破产制度不了解等诸多因素外；法院内部考虑到执行案多人少、相关资源紧张等多重因素，执行人员主动引导案件从执行程序移送破产程序的积极性不高。[②] 而相应的，若将本模型的启动完全依赖于当事人的同意，将出现如同部分地区至今尚无破产重整案件一样，导致本模型下的机制空转的尴尬局面；甚至出现具备极高重整价值的企业，因当事人自身原因拒不启动，导致企业走向破产并引发一系列社会问题。

鉴于此，参照部分地区“政府启动预重整”之模式，“诉破直通”机制下预重整启动引入人民法院在一定条件下主动启动，有其必要性及可能性。具体做法可以是：案件审理阶段经办法官经审查被告企业具备重整条件及重整价值的，由经办法官引导当事人申请预重整；当事人经法官引导、释明后仍拒不申请的，而同时，人民法院经审查认为该企业具备重大重整价值、重整可能等应当由人民法院主动启动情形的，由人民法院主动启动被告企业的预重整程序；若当事人对人民法院主动启动有异议的，可以向上级人民法院提出异议，上级人民法院决定撤销的，则继续诉讼程序；上级法院决定维持的，则进入破产预重整程序。

破产预重整视阈下“诉破直通”机制模型引入有限职权主义的辅助启动模式，可有效防止具备重整价值、可能的或是有重大社会影响的企业因

① 参见郭洁、郭云峰：《论执行与破产的对接程序》，载《人民司法》2015年11月。

② 参见王雪丹：《试论破产程序与执行程序的竞争与共生》，载《江西师范大学学报(哲学社会科学版)》2018年第5期。

当事人的不当决策、不当目的而走向破产，以充分实现破产重整制度的价值。

4. 人员直通：有效形成程序集约合力

诉讼案件经办法院以及在企业是否具备破产重整价值审查过程中的相关人员，在前期审查阶段对企业的状况相较于其他法官而言更为了解。因此，从提高重整效率角度出发，在正式启动破产预重整程序组成合议庭时，应当将诉讼案件经办法官或预重整价值审查阶段的经办法官作为预重整案件合议庭组成人员，即“带案进入预重整”，以充分连接、发挥诉讼、破产阶段的优越性，达到“1+1>2”的效果。

当然，进入预重整程序的企业不可避免地存在尚在执行的执行案件，同时，执行经办法官在通过执行程序对企业的资产、债务情况有一定了解。为此，为进一步提高预重整案件的效率及效果，充分发挥执行部门的优势，由执行经办法官“带案进入预重整”，充分连接诉讼、执行、破产程序，形成“1+1+1>3”的效果。除人员直通外，诉讼、执行、破产各阶段还可形成材料直通、系统直通、销案直通等机制，进一步提高“诉破直通”机制的优越性。

（二）相互衔接：“诉破直通”与个人破产制度并行

深圳市第六届人民代表大会常务委员会第四十四次会议通过的《深圳经济特区个人破产条例》已于 2021 年 3 月 1 日起施行，条例实施以来，深圳市中级人民法院已于 2021 年 5 月受理了 5 件个人破案件。根据深圳市中级人民法院微信公众号 2021 年 5 月 24 日发布的信息显示，个人破产案件中李某的破产原因在于其担任公司法定代表人，因公司经营困难融资借款负债导致破产。同时，深圳市中级人民法院收到的个人破产申请案件已超过 400 件，申请主体主要是具有创办或经营企业经历的中青年。由此可见，个人破产与企业破产、重整密不可分。个人破产案件中因经营企业导致破产占多数；而与此同时，笔者构建的“诉破直通”机制不论是预重整启动或是进入预重整程序等诸多事宜，均需要企业股东或实际控制人的配合，否则预重整将无法顺利开展。若在开展企业预重整的同时开展个人破产，在免除企业债务的同时免除个人债务，此举不仅能够极大提供企业股东申请预重整的积极性、提供重整可能性，同时，能够加快推进个人破产制度的有效推行。

（三）多方合力：打通“诉破直通”机制的难点堵点

“诉破直通”机制的运行离不开政府部门的支持，建立有效的“府院联动”就显得尤为重要。具体到“诉破直通”机制：启动阶段，人民法院在对企业是否具备重整价值进行判断时，不可避免需要向政府工商、税务等部门了解企业的经营、纳税情况、了解企业所处行业发展情况，以便法院对是否启动预重整作较为准确的判断，以提高重整成功率、节约司法资源；启动预重整及进入破产重整阶段，不少企业尽管具有重整价值和拯救可能，但仍会遇到不少困难和阻力需要解决，对此，法院和管理人除解决公平清偿债务等法律问题外，帮扶和拯救债务危机企业的司法资源相当有限，而地方政府及其有关部门对企业拥有大量的行政管理权力，如预重整、破产重整涉及的土地、房产、税收、信用、劳动以及企业帮扶、社会稳定等问题，都离不开当地政府及其有关部门的帮扶和支持。[①] 当然，“府院联动”的构建不仅是“诉破直通”机制的需求，同时也是优化营商环境背景下政府角色转变的客观要求。即政府从过去直接投身经济建设的主动、积极、强势的“经济人”角色，向更为中立、公正的公共权力与公共权威角色转变，从而在整体上实现政府角色的重大转型和政府权威形象的重新塑造[②]。

近年来，各地对“府院联动”模式有诸多探索，笔者仅就“诉破直通”机制下的“府院联动”提出建议。首先，政府部门尤其是工商、税务部门在对企业进行日常监督、管理、服务过程中，若发现企业存在经营问题，及时告知可通过“诉破直通”机制申请预重整；其次，在人民法院每日受理、审理以企业为被告的破产案件量如此巨大的情况下，政府及法院建立“诉破直通”联合办公室，以便构建法院、政府之间的高效沟通机制。

结　语

本文从目前具备破产原因及重整条件的企业，在现有制度下因涉诉、

① 参见江丁库：《破产预重整法律实务》，人民出版社 2019 年版，第 51 页。

② 参见李旭东：《营商环境建设中的政府角色转变》，载《黑龙江社会科学》2019 年第 3 期。

执行等问题贻误重整时机、重整条件，最终走向破产这一困境出发，构建“诉破直通”下预重整机制，以助力具备破产原因及重整条件的企业摆脱困境；此外，我国正处于后疫情时代，大量优质企业因疫情原因在现有制度下无法“重获新生”，“诉破直通”下预重整机制的提出为我国目前优化营商环境提供新的可能。同时，我国深圳地区已开展个人破产，而个人破产与企业重整密不可分，“诉破直通”下预重整机制可以为个人破产的下一步发展提供出路。但受制于个人因素及研究样本所限，对于“诉破直通”下预重整机制构建还需进一步探讨、论证，希望本文的初步研究对改善我国目前重整案件比例较低这一局面有所裨益。

预重整的实践发展与程序设计

张亚琼*

内容提要：司法实践先行探索为我国预重整制度的正式确立提供了丰富样本。但由于缺乏统一的立法依据，导致各地法院对预重整的理论认知和实务操作均存有较大差异。未来预重整的程序设计有必要遵循意思自治、司法重整导向、债权人利益优先、效率促进等原则，及时辨明预重整司法实践中的争议问题。借助《企业破产法》修改的契机，结合我国司法实践的具体情况，需要对预重整的程序启动、临时管理人选任、债务人财产保护、信息披露、债权人参与、预重整期限、程序衔接等规则进行科学建构，将其纳入企业拯救的总体法律体系中，以充分发挥预重整在弥合庭外重组协商与司法重整机制方面的功能优势。

一、喜忧参半：预重整实践发展的多重样态

在《中华人民共和国企业破产法》(以下简称《企业破产法》)修法背景下，从实践发展和机制优化的角度，对我国方兴未艾的预重整制度进行研讨，无疑具有积极意义。预重整作为一种债务重组工具，自美国诞生以来，逐步发展成为一种法院认可其重组协议效力的简易重整程序。① 一般认为，预重整能较好地弥合庭外重组和司法重整的制度短板，在实现两者协同配套的基础上进一步融合创新，更好地实现对困境企业的及时拯救。

---

* 张亚琼，湖北山河律师事务所合伙人，武汉市破产管理人协会会长。

① 参见李曙光：《预重整制度在中国的探索式样本——评福昌电子破产重整案》，载李曙光、刘延岭主编：《破产法评论(第一卷)》，法律出版社 2018 年版，第 508 页。

“预重整不仅具有简化程序、提高效率、降低成本、化解争议、减少各种社会负面影响的实施效果，作为由利害关系人自主进行的庭外重组，还具有鼓励当时自治与市场化协商、主动自觉遵循法制的良好社会导向。”①预重整的自身优势已越来越被司法实践所认可接受，尽管缺乏立法层面的明确规定，但实务中已被广泛应用。

（一）在规范性文件层面

自 2018 年 3 月提出“探索推行庭外重组与庭内重整制度的衔接”的司法概念以来，最高人民法院等中央部委通过多个司法政策文件，不断确认预重整在“化解债务危机，实现对企业尽早挽救”方面的积极作用，并要求“进一步明确预重整的法律地位和制度内容”。② 在地方，各地法院也纷纷开展预重整的实践探索，并制定出台了相应的规范性文件。③ 有的法院在企业重整案件审理工作指引中专章对预重整程序进行规定，如陕西省高院、北京破产法庭、深圳中院、南京中院等。还有些法院专门就预重整出台审理操作指引或工作规程，如成都中院、厦门中院、重庆五中院、合肥中院、郑州中院等。

（二）在司法案例层面

较早的预重整案例有 *ST 盛润重整案、深圳福昌电子重整案等。此后，浙江、四川、江苏、福建等地陆续出现预重整成功的案例，并且体现了较好的司法效果和社会效果，如厦门琪顺运输有限公司破产重整案、杭州怡丰城房地产开发有限公司重整案、温州吉达尔鞋业有限公司重整案、中国第二重型机械集团公司与二重集团（德阳）破产重整案等。在最高人

---

① 王欣新：《预重整的制度建设与实务辨析》，载《人民司法》2021 年第 7 期。

② 这些文件包括：《最高人民法院、国家发展和改革委员会关于为新时代加快完善社会主义市场经济体制提供司法服务和保障的意见》（法发[2020]25 号）、《最高人民法院关于依法妥善审理涉新冠肺炎疫情民事案件若干问题的指导意见（二）》（法发[2020]17 号）、《全国法院民商事审判工作会议纪要》（法[2019]254 号）、《加快完善市场主体退出制度改革方案》（发改财金[2019]1104 号）、《全国法院破产审判工作会议纪要》（法[2018]53 号）等。

③ 据不完全统计，截至 2021 年 9 月已出台关于预重整规范性文件的法院不少于 29 家。

民法院 2021 年 4 月发布的“人民法院实施破产法律制度优化营商环境”的典型案例中，北京联绿技术集团有限公司、北京新奥混凝土集团有限公司合并重整案就是适用预重整的案例。该案通过赋予债权人对选任管理人的推荐权，有效地简化了指定管理人的程序环节，增强债权人对临时管理人的履职监督。

不容否认，司法实践先行探索为我国预重整制度的正式确立提供了丰富样本。但正是由于缺乏统一的立法依据，导致各地法院对预重整的理论认知和实务操作均存有较大差异，甚至出现了诸多背离基本法理的错误观点和做法。例如，有的法院将预重整等同于正式的司法重整，任意提高预重整受理条件，要求当事人申请时须提交完备的重整方案，并将预重整作为法庭主导下的司法程序予以控制。有的法院为了片面提高破产重整的成功率，将预重整作为识别企业是否具有重整价值的手段，或者片面追求司法重整的效率，把大量的司法重整工作前移到预重整程序中，完全忽视预重整与司法重整的有效衔接。同时，在预重整程序效力、临时管理人选任、债务人信息披露、债权人参与、程序期限等主要程序环节的设置上，各地的实践亦是各有千秋，甚至相互发生抵牾。

这些问题无疑也为预重整制度的科学建构提出了挑战，应当通过确立制度构建的基本原则，廓清实践中的认识误区，合理规范地设计相应的程序规则。

二、原则指引：廓清预重整实践误区的基本遵循

从预重整基本制度目的看，其产生是为了弥补单纯的庭外重组与传统的庭内重整两者直接的制度短板应运而生的。一方面，其要维护庭外重组谈判取得的有效成果，确保既定的商谈方案不至于落空，尤其要取得多数债权人的认可和接受；另一方面，其需要借助司法的适度干预，使未参与庭外重组谈判或不同意重组方案的当事人，受到方案的约束。因此，预重整的本质上，是当事人在庭外自行谈判基础上寻求司法保护的方案，体现了非正式程序与正式程序的混合。① 以此为出发点，未来预重整的程序设

① 参见胡利玲：《预重整的目的、法律地位与性质——基于对我国预重整地方实践的反思》，载《东方论坛》2021 年第 4 期。

计有必要遵循如下的原则指引，才能在不同的实践样本中找到科学的建构路径。

（一）意思自治原则

尽管预重整兼具私法自治和司法干预的双重属性，但因为预重整程序中的核心内容均在进入司法程序前的庭外重组阶段完成，故应当明确私法自治是预重整的主要属性，在两者发生冲突时，应当以私法属性优先。这就要求预重整首先应当坚持当事人的意思自治原则，司法介入应当保持适度的克制。具体而言，在庭外重组阶段，应尊重当事人的市场化主体地位，在平等、自愿原则指导下自主协商谈判，对于重组方案的实体内容，以及预重整程序的启动、进行和终结，均应有当事人自主决定，法院和政府均不应过度干预。与此相对应，法院的作用则主要是对转入正式重整程序后对预重整的各项工作进行事后的合法性审查，保障当事人通过庭外重组达成的计划方案更有效地落地实施。“在债务人正式进入程序、庭外重组谈判达成的预重整方案在通过庭内正式重整程序得到法院确认之前，仍然遵循合同法的一般原则，以市场化的方式进行。”①对意思自治原则的坚持，使得预重整相对于正式的司法重整，具有更明显的效率和成本优势，尽可能减少司法干预对债务人营业的负面影响。

（二）司法重整导向原则

尽管单纯的庭外重组具有灵活性、成本低的优点，但其无法回避的缺陷就是无法解决当事人自主谈判中的“钳制”困境，即部分参与重组谈判的债权人为了谋取更多的利益，利用否决权使大多数人同意的重组计划无法顺利通过，导致庭外重组谈判前功尽弃。因此赋予庭外重组谈判一定的司法约束力就成为现实需求。“传统重整制度通过一系列制度安排基本解决了钳制问题，为当事人重新谈判解决企业财务困境提供了法律保障。”②预重整通过灵活的规则设计，可以将正式重整的约束力辐射到庭外的重

① See Bo Xie, Protecting the Interests of General Unsecured Creditors in Pre-packs: the Implication and Implementation of SIP 16, 31 Company Lawyer, 192(2010). 转引自徐阳光：《困境企业预重整的法律规制研究》，载《法商研究》2021 年第 3 期。

② 王佐发：《预重整制度的法律经济分析》，载《政法论坛》2009 年第 2 期。

组谈判中：一方面，鼓励当事人自主协商，提高重组的灵活性，减少对司法系统造成的负担；另一方面，与司法重整的无缝衔接，能够使预重整方案通过庭内表决及时获得强制力，进而取得对全体债权人的约束力。预重整是为了使债务人和债权人的庭外重组计划借助破产重整程序而发生约束所有债权人的法律效力的程序，没有破产重整程序的事先存在，预重整就无法实施。[①] 因此，预重整的制度构建应当坚持司法重整导向原则，使其能够与司法重整有机关联，否则其与单纯的庭外重组并无本质区别。

（三）债权人利益优先原则

从制度设计上看，预重整的根本目的仍是要解决困境企业面临资源有限情况下复兴拯救的问题，如何保障债权人的利益并最终取得有效的预重整重组计划，关系到预重整最终的成败。如联合国国际贸易法委员会在《破产法立法指南》中，就将预重整描述为“为使受到影响的债权人在程序启动之前的自愿重组谈判中谈判商定的计划发生效力而启动的程序”。[②] 因此，预重整应当能够为债权人判断破产财产价值最大化的操作路径提供参考，通过优化程序设计为债权实现路径节约成本，同时避免个别债权人优先清偿进而损害其他债权人利益的问题。

与债务人利益相比，在企业面临破产原因状态下，债权人享有企业剩余财产的最终归属权，这决定了预重整在程序设计上应以债权人利益保障为优先考虑，否则将受到司法的强制干预。这一原则在美国破产法上有比较直接的体现。根据美国《破产法》第 1126 条(b)规定，法律承认债权人在提出重整申请之前所接受的重整方案的效力，但前提是债务人请求债权人接受重整方案的程序必须符合下列要求：申请重整前必须进行信息披露；申请重整前必须请求并为债权人或股东接受预先制订的重整方案。[③] 可见，有必要对预重整进行程序规制，“着眼于规范预重整程序的整个流

① 参见胡利玲：《论困境企业拯救的预先重整机制》，载《科技与法律》2009 年第 3 期。

② 联合国国际贸易法委员会：《破产法立法指南》(中文版)，2006 年，第 212 页。

③ 参见胡利玲：《论困境企业拯救的预先重整机制》，载《科技与法律》2009 年第 3 期。

程设计，以程序正义的维护来确保实体正义的实现，由此避免低透明度和有限参与度不当侵害债权人的权利”①。

(四)效率促进原则

在美国，预重整产生的另一个重要原因，是其相比于正式重整制度具有低成本和高效率的优势。既有的研究表明，预重整通过降低整体管理费用、债权人委员会的继续担任、重组计划的预先协商谈判及制定等机制安排，减少了许多直接成本的消耗，减少了重整企业与供应商等主体在交易合作中谈判等各方面的风险,② 大大提高了困境企业的重整效率和成功率。可见，不能为正式重整提供效率促进功能的预重整程序必然是失败的制度安排。

我国预重整程序设计亦有必要将效率促进原则作为基本的指导理念。在这一原则指导下：其一，债务人应提前通过有效的信息披露机制，向债权人披露全面的经营状况和财务状况，使得双方在相对对称的信息较量中充分协商博弈；其二，重整程序启动前债权人已投票表决同意的，则在正式重整程序中不再重新表决而予以承认；其三，经过充分协商的重组计划在满足最低限度的程序要求的情况下，应当得到司法重整程序的认可和确认，从而尽快地使重整计划产生对全体当事人的司法约束力。

三、程序设计：针对若干实践争议问题的辨明

基于实践发展的迫切需求，在我国未来的《企业破产法》修订中，确有必要将预重整制度予以明确规定，同时也为司法实践提供统一的操作规范。为此，需要在上述制度构建原则指引下，及时辨明预重整司法实践中的若干争议问题，结合我国司法实践的具体情况，对预重整的主要程序规则进行科学规划和设计。

---

① 徐阳光：《困境企业预重整的法律规制研究》，载《法商研究》2021 年第 3 期。

② 参见 Edward I. Altman, “A Further Empirical Investigation of the Bankruptcy Cost Question”, The Journal of Finance, Vol. 39(1984), pp. 1067-1089. 转引自：徐阳光、王静主编：《破产重整法律制度研究》，法律出版社 2021 年版，第 28 页。

(一)程序启动规则

1. 实践争议

在预重整的程序启动上，实践中主要存在的争议问题包括：

(1)启动方式

当前我国司法实践中对于预重整的程序启动方式，主要包括四种模式：一是依当事人申请启动。即在当事人提出专门的预重整申请的情况下，法院针对当事人提出的申请进行审查并决定是否启动预重整程序。当前采用此种模式的法院包括陕西高院、广州中院、成都中院、重庆五中院等。二是依法院职权启动。即法院对于当事人提出的破产重整申请，认为应当可将该案适用预重整，在债务人或其他利害关系人同意的基础上，由法院直接决定适用预重整程序。采用此种模式的法院包括北京一中院、深圳中院、南京中院、苏州吴中区法院等。三是双重启动模式。即法院既可以依据当事人申请预重整决定是否启动程序，也可以在破产重整申请审查期间，依职权直接决定是否启动程序。采用双重启动模式的法院包括银川中院、佳木斯中院、苏州工业园区法院等；四是依政府职权启动。如温州通过《企业金融风险处置工作府院联席会议纪要》明确，预重整由属地政府启动，人民法院对相关工作进行指导和监督。

(2)启动条件

关于预重整的启动条件，各地法院的规定差别很大，有的是抽象式概括，有的是具体条件列举。总结来看，一般涉及两种类型：一是实体性条件，包括职工人数、债权人数量及复杂程度、行业前景、特殊类型企业以及涉及经济和社会稳定因素等；二是程序性条件，包括债务人是否同意、启动费用缴纳、是否提交初步的重组方案、政府是否支持等。尽管这些规定为预重整程序的启动提供了依据，但不容否认，部分规定存在过度强化政府和法院职权、忽视当事人意思自治的情况，还有些文件直接将重整审查标准等同于预重整的启动条件，提高了预重整程序启动的标准。

2. 规则设计

关于预重整程序启动规则，建议以当事人意思自治原则为主，同时辅以效率促进原则，充分尊重困境企业债务人和债权人在市场化前提下达成解决问题的意愿。

第一，在启动方式上，建议原则遵循当事人申请主义，除非当事人申请或同意，法院和政府应尽量避免主动介入。理由是预重整发端于庭外的自愿重组，几乎不应由司法权或行政区的主动介入。这在其他国家和地区的立法上也是通行的做法。诚然在我国预重整制度发育不成熟的情况下，司法权和行政区在启动阶段的先行介入，有利于助力案件中群体性矛盾的处理和程序的顺利推进，但从长远来看，并不利于债务人与债权人在自觉自愿基础上的充分协商博弈，达成有效的重组计划和挽救方案。仅由法院依职权启动或依政府职权启动，无疑将大大提高预重整的进入门槛，延误了本可以通过当事人自身愿望启动预重整进行重组挽救的机会。对于申请当事人，建议以债务人申请为原则，以债权人申请并经债务人同意为例外，理由是相比于债权人，债务人自身拯救意愿是庭外重组谈判启动的前提和基础，只有债务人全力支持配合，才能在最短时间内提供企业经营及财务情况，与债权人及股东达成重组计划。

第二，在启动条件上，建议尽可能简化明确，以降低预重整的启动门槛，提高程序启动的效率。在采用当事人申请主体的模式下，法院对于当事人提出的预重整请求，可以在下列条件基本满足的情况下，及时通过备案或预登记的方式启动预重整程序：①程序条件，主要考察债务人同意或具有积极的自救意愿，债务人与主要债权人之间能够形成自愿协商谈判机制，具备达成初步重组协议的可能性；②实体条件，主要考察债务人是否具备重整原因，企业是否具备市场资源、行业前景以及债务人能够继续经营等内在价值，以判断债务人的重整挽救具有初步的可行性。

（二）临时管理人选任规则

1. 实践争议

综观各地出台的规范性文件，大多对预重整阶段临时管理人的选任及其职责作出了明确规定，就此引发了一些理论和实务上的争议，主要包括：

其一，法院强制指定问题。多地法院在操作指引文件中明确，“决定进行预重整的，应当同时指定管理人/临时管理人”①。同时还规定了可采取摇号、摇珠等随机方式、竞争方式，以及允许相关利害关系人推荐等选任方式。这些选任方式几乎与司法重整中管理人指定方式相同，体现了较强的司法干预色彩，这也是与预重整制度构建中的意思自治原则相悖的。如果由管理人代表法院对债务人预重整进行司法干预，并对预重整期间的债务人经营进行监督，不但混淆了庭外程序与庭内程序的界限，而且极易对债务人企业继续经营造成冲击。

其二，临时管理人职责问题。各地法院在临时管理人指定后，往往会明确其主要职责，一般包括调查债务人资产负债、监督债务人财产保管和企业运营、召集债权人会议、协助预重整谈判并拟定重组方案、向法院报告工作等。② 尽管相对于正式重整管理人的职责范围有较大缩减，但也体现了较多的司法干预色彩。在债务人有能力或已聘请中介机构进行尽职调查，以及辅助与债权人开展谈判工作的情况下，临时管理人的上述职责履行很可能会对预重整工作造成负面影响。

2. 规则设计

对于上述争议问题，建议在未来预重整的制度构建上明确：

第一，以当事人为主导选任临时管理人，规范司法权的过度干预。在意思自治原则指导下，临时管理人的选任应当有利于预重整工作的推进而不是形成监管负担。建议参考重庆第五中级人民法院的做法，③ 根据预重整案件的不同类型确定临时管理人的选任方式：①对于重整申请前，债务人已自行聘请中介机构完成了预重整各项工作，并达成重组方案的，可以不必另行指定临时管理人，直接请求法院转入正式重整程序。②对于当事人申请预重整并经法院备案登记的，原则上由债务人与主要债权人协商选

① 参见《深圳市中级人民法院审理企业重整案件的工作指引（试行）》（深中法发［2019］3号）第30条、《北京破产法庭破产重整案件办理规范（试行）》（京一中法发［2019］437号）第32条等。

② 参见《北京破产法庭破产重整案件办理规范（试行）》（京一中法发［2019］437号）第32条、《四川省成都市中级人民法院破产案件预重整操作指引（试行）》第9条等。

③ 参见《重庆市第五中级人民法院预重整工作指引（试行）》第10条、第19条、第20条、第25条。

任辅助机构或临时管理人，选定后报请法院备案。③对于当事人申请预重整，但债务人与主要债权人就临时管理人选任不能协商一致的，可以请求法院通过随机或竞争方式选任。④对于预重整期间由债务人聘请的辅助机构，或由当事人选任的临时管理人，除非有证据证明该机构存在法律规定的不适宜担任管理人的法定事由，原则上法院应指定该机构为重整程序的管理人。预重整期间担任债务人辅助机构或临时管理人，并不构成认定其与重整案件具有利害关系的唯一要件。

第二，确立临时管理人的预重整辅导职责。预重整阶段，临时管理人主要为债务人和主要债权人顺利达成重组方案工作，而不是代表法院监管债务人企业的经营。与此相对应，法院应主要做好预重整与重整的衔接工作，从程序合法性的角度进行联系指导，为临时管理人的辅导工作提供更灵活开放的空间。临时管理人的职责主要限于辅导债务人开展重组谈判、协助债务人加强信息披露、协助引入重组投资人、协助债务人开展投票征集等。

（三）债务人财产保护规则

1. 实践争议

法院决定预重整受理后，是否像司法重整一样产生停止清偿、执行中止与解除保全的效力？对此，各地法院的操作也各有不同。其一，关于停止清偿。多地方法院规定，债务人在预重整受理后不得对外清偿债务，但为企业继续营业、维持其营运价值所必要的支出除外；未经允许，不得对外提供担保。如北京、成都等地。① 而有些法院则对此未予明确，如深圳、重庆等。其二，关于执行中止和解除保全。有些法院规定，作出预重整决定的，应及时通知执行部门中止对债务人为被执行人的相关执行，如深圳、成都等地。② 有的法院则主张通过债务人与债权人积极协商，争取

① 参见《北京破产法庭破产重整案件办理规范（试行）》（京一中法发［2019］437号）第38条第（五）项、《四川省成都市中级人民法院破产案件预重整操作指引（试行）》第7条第（六）项。

② 参见《深圳市中级人民法院审理企业重整案件的工作指引（试行）》（深中法发［2019］3号）第33条第2款、《四川省成都市中级人民法院破产案件预重整操作指引（试行）》第5条。

债权人在预重整期间暂缓对债务人财产的执行。[①] 也有的法院认为，预重整期间债务人并不停止诉讼、仲裁、执行程序的债务清偿，如北京。[②] 上述不同做法不仅给司法实践造成了混乱，甚至会造成法律适用冲突，损害当事人的正当权益。

2. 规则设计

针对上述实践差异，有必要对预重整程序启动的效力规则予以明确：

第一，允许债务人在预重整期间对债权人停止清偿。预重整的制度目的仍在于对全体债权人统一公平清偿，因此程序启动后停止对个别债权人的清偿实属必要，除非为维持企业继续经营，或使债务人财产受益。

第二，预重整的受理不应具有自动中止执行和解除保全的效力。从比较法的角度考察，域外预重整制度与实践中，也鲜有中止执行的法律规定。预重整制度最为完善的美国，在申请司法重整之前的谈判过程中，债务人并不能“自动中止”相关执行诉讼，以彰显庭外谈判的私法属性。从适用效果上推演，中止执行和解除保全固然有利于预重整的成功，但如果预重整期间裁定中止执行成为常态，很可能导致债务人恶意借预重整拖延债务清偿，借机转移资产，侵害债权人利益。

第三，鼓励债务人通过申请保全、协商谈判的方式增强财产保护能力。对于因利害关系人或其他原因可能导致债务人财产减损的，债务人、债权人或临时管理人可向法院申请对债务人全部或部分财产采取保全措施。对于正在进行的涉及债务人财产的诉讼、仲裁或执行案件，建议参考重庆等地的做法，鼓励债务人和临时管理人通过协商谈判的方式，争取在预重整期间暂缓对债务人财产的执行，以保持企业财产完整和企业主的实际控制权。

（四）信息披露规则

1. 实践争议

预重整程序中各方当事人进行有效博弈的前提是信息的对称，健全的

---

① 参见《重庆市第五中级人民法院预重整工作指引（试行）》第 9 条。

② 参见《北京破产法庭破产重整案件办理规范（试行）》（京一中法发［2019］437 号）第 38 条第（五）项。

信息披露机制是必不可少的，这决定了债权人能否充分掌握企业运营情况和财务状况，并对重组方案进行有效表决。实践中，各地法院均对债务人的信息披露义务作出了明确要求，但在披露的内容和标准、披露时间和方式、不当披露的法律后果等方面，有的规定比较详备，有的则规定比较简略，各有不同，有待进一步统一完善。

2. 规则设计

鉴于预重整重组方案将在重整程序中产生对全体债权人的司法约束力，故预重整中的信息披露要求原则上应不低于重整程序。重庆、深圳等地关于预重整程序中债务人信息披露的规定可以为统一的规则构建提供参考。①

(1)关于披露的内容和标准

预重整程序中，债务人及临时管理人至少应向债权人、股东披露的内容包括但不限于债务人经营状况、财务状况、履约能力、可分配财产状况、负债明细、未决诉讼及仲裁事项、模拟破产清算状态下的清偿能力、重整协议与重整计划草案的关系、预重整的潜在风险提示等。披露的标准应当做到及时、全面、准确、合法。

(2)关于披露的时间和方式

建议要求债务人及临时管理人在重组方案进行投票征集前完成全面的信息披露，以确保有关债权人在收到相关信息后，有充分的时间履行内部报告和决策流程。在披露方式上，除债权人主动索取相关资料和信息外，债务人及临时管理人还应当主动通过通知、公告、债权人会议报告、债权人委员会报告的方式进行披露。近年来，最高人民法院为促进破产案件审理信息化建设，专门设立了“全国企业破产重整案件信息网”，明确破产案件信息可统一在该平台上发布，② 并预留了“预重整公告”窗口，为预重整期间的信息披露提供了更方便快捷的途径。实践中，也有临时管理人专门开通了微信公众号，及时发布预重整案件信息，也是一种值得鼓励的

① 参见《重庆市第五中级人民法院预重整工作指引(试行)》第5条、《深圳市中级人民法院审理企业重整案件的工作指引(试行)》(深中法发[2019]3号)第35条。

② 参见《最高人民法院关于企业破产案件信息公开的规定(试行)》(法发[2016]19号)第1条。

做法。

(3)关于不当披露的法律后果

重庆、北京等多地法院对此有明确规定，可资借鉴。建议在立法层面进一步明确，债务人在预重整重组方案表决前未充分披露或披露不当致使预债权人、出资人权利受损的，该权利人有权要求重新表决。

(五)债权人参与规则

1. 实践争议

如前文所述，预重整的制度构建仍应遵循债权人利益优先原则。那么如何通过程序规则设计来保障债权人的参与权，实现公平与效率的平衡，显得尤其重要。实践中有两个问题值得重点关注。

其一，是否设立债权人委员会。比较我国各地法院关于预重整的规范性文件要求，对于债权人委员会的设立规定差异较大。一是对于是否设立债权人委员会不做要求，如深圳、成都、厦门等地；二是鼓励参照《企业破产法》有关规定设立临时债权人委员会，如北京、重庆、合肥等地；三是除鼓励设立包含不同性质债权人的债权人委员会外，还针对金融债权比重较高、金融债权人人数众多的案件，鼓励设立金融债委会，提前参与企业危机化解工作，如广州、南京、淄博等地。各地关于债权人委员会设立不同的规定，导致实践中不同案件中债权人参与预重整的程度和范围有所差异。

其二，债权人投票征集范围。理论上，从参与表决的债权人范围看，预重整可以分为完全预重整和部分预重整。前者是指在预重整期间，债务人就债务清偿方案与全部具有表决权的债权人进行协商并征集投票；后者是指债务人在预重整期间，仅请求部分债权人对债务清偿方案进行投票，在转入正式重整后，再请求其他债权人进行投票。① 从我国各地的预重整规则和实践看，对预重整阶段债权人投票征集范围大多未作规定，一般默认为包括全体债权人。如深圳中院规定，在预重整期间，债务人可以在信息充分披露的前提下，就制作的重整方案征求出资人、债权人、意向投资

① 参见徐阳光、王静主编：《破产重整法律制度研究》，法律出版社 2021 年版，第 43 页。

人等利害关系人的意见。[①] 重庆市第五中级人民法院要求，预重整期间进行表决，应按照企业破产法的规定进行分组，采用合理灵活的方式，给予参与表决的债权人、出资人充分的表决期限。[②] 这些规定均未对参与表决的债权人范围作出特别规定。一概要求全体债权人参与对预重整阶段重组方案的分组表决，尽管参照了《企业破产法》上关于重整计划草案的表决规则，但未顾及债权人人数众多、债权性质复杂的大型预重整案件的实际情况，可能导致预重整阶段有限时间内债权审核认定难度增大，并拖延预重整的程序，延误企业挽救的时机，这与效率促进原则相悖。

2. 规则设计

首先，关于债权人委员会的设立。从域外实践经验看，债权人委员会作为债权人会议的常设机构，对于保障债权人的参与权、知情权及对管理人的监督权具有重要意义，在债权人人数众多、债务规模巨大的案件中尤其如此。因此，建议在预重整的制度构建中，专门对此作出规定，引导鼓励各类债权人推荐债权人代表组成临时债权人委员会，积极参与意见征集、债务人营业管理监督、推动重组方案协商谈判等工作；同时借鉴重庆等地的规定，认可临时债权人委员会在转入正式重整程序后，经过债权人会议同意成为正式的债权人委员会成员；对于金融债权比重较大、金融债权人人数众多的案件，可以鼓励设立金融债权人委员会，积极发挥稳定信贷支持、协调金融债权人一致行动等作用。

其次，关于债权人投票征集范围。在美国，根据联邦破产程序规则，允许债务人可以不必征得所有利益受到损害的类别组的所有成员同意，就可以得到法院对申请破产前得到的同意票的批准。[③] 从债权人权益保障的法理上分析，权益受到债权清偿方案影响的债权人理应被授予投票表决权，而不是全体债权人一概参与表决。从效率促进的角度看，从有利于解决协商谈判中“钳制”问题角度看，预重整方案应重点征询具有重大影响

---

① 参见《深圳市中级人民法院审理企业重整案件的工作指引(试行)》(深中法发[2019]3号)第34条。

② 参见《重庆市第五中级人民法院预重整工作指引(试行)》第4条。

③ 参见王佐发：《预重整制度的法律经济分析》，载《政法论坛》2009年第2期。

的债权人的投票意见。因此，我国预重整制度宜采用部分预重整的模式，[①] 允许债务人及临时管理人重点与金融债权人、有担保债权人、大额普通债权人等对重整方案表决通过具有较大影响的债权人进行协商谈判，并及时征求投票表决意见，以提高破产重整和企业挽救的成功率。

（六）预重整期限规则

1. 实践争议

各地对预重整期限规定要求也各有不同。温州、南京规定的期限较长，采用“6+3”模式：一般为六个月，有正当理由的，经申请可以延长，但一般不超过三个月。广州、重庆、深圳、宿迁等规定的期限较短，多采用“3+1”模式：一般为三个月，有正当理由的经申请可以延长一个月。还有些地方对于预重整期限不做具体规定，如北京仅对期限起止时点作出要求，即“自人民法院决定预重整之日起至临时管理人提交预重整工作报告之日止”，同时明确“预重整期间不计入重整申请审查期限”。预重整期限在不同地区的规定不一致，可能导致不同地区的案件推进效率不同，有待确定统一标准。

2. 规则设计

建议预重整期限规则的设置，应服务于预重整目的的实现。预重整期间内要完成债权预申报与审核，财务审计与资产核查评估，预重整方案协商、拟定及征集投票等工作，需要一定的时间。另外，要考虑预重整对利害关系人权利的影响，久拖未决可能令债务人财务进一步恶化，故预重整期间不宜过长；同时考虑到在进入法院预重整程序前，相关利害关系人可以先期开展庭外重组谈判，为预重整做好准备，因此预重整期间的部分工作，未必一定要在预重整期间内进行。关于预重整期间的起止时点，起点一般为法院作出预重整决定或出具备案通知书之日，重点参考重整期间规定，为临时管理人提交预重整终结工作报告的时间。综上，建议借鉴部分地区关于预重整期间设置的做法，规定自作出预重整决定之日起至临时管

---

① 参见徐阳光、王静主编：《破产重整法律制度研究》，法律出版社 2021 年版，第 43 页。

理人提交预重整终结工作报告之日止，为预重整期间，预重整期间一般不超过三个月；临时管理人有正当理由的，经人民法院批准，可以延长两个月；上述预重整期间，不计入破产重整申请审查期限。

（七）程序衔接规则

1. 实践争议

预重整与正式重整的程序衔接涉及预重整方案的表决、转入正式重整程序的条件设置以及预重整方案的效力延伸等方面内容。实践中的争议包括：

其一，关于预重整方案是否需要表决。有的地方并未要求一定需要对预重整方案进行表决，而仅要求征求债权人、出资人等利害关系人的意见，如深圳、北京、南京等。有的地方则规定应按照《企业破产法》对重整计划草案表决的要求进行分组表决，如重庆、厦门、合肥等。还有些地方要求对预重整方案进行表决，但标准相对宽松，不必分组表决，例如苏州吴中区法院要求，方案应“获得出席债权人会议的半数债权人且其代表的债权额占已知债权额三分之二以上通过”。①

其二，关于转入正式重整程序的条件设置。对于预重整方案获得债权人表决通过的案件，经申请转入正式重整程序应无争议。但对于预重整方案无法获得主要债权人同意投票，或无法获得某一表决组内部通过的案件，是否应当被转入重整程序，则存在较大争议。有的地方对此直接规定终结重整程序，并不予受理重整申请，如广州。有的地方规定由法院根据预重整方案或临时管理人提出的终结工作报告，裁量方案是否合法、合理、可行，决定是否受理重整申请，如南京、青岛、深圳等地。

其三，关于预重整方案的效力延伸。基于司法重整导向原则，大多数地区的法院一般均规定，预重整期间同意预重整方案的表决票效力或者各方达成的协议或同意意见，在重整程序中继续有效。但亦有部分法院，对预重整表决的效力延伸问题未置可否，如成都中院关于预重整操作指引中仅规定：“本院裁定受理重整申请的，管理人可以预重整期间达成的重组

---

① 参见《苏州市吴中区人民法院关于审理预重整案件的实施意见（试行）》（吴法［2020］15 号）第 23 条。

方案为依据拟定重整计划草案提交本院审查批准。”另外，多地法院还规定了效力延伸的前提条件，包括重整计划草案未发生实质性修改、合法充分的信息披露、权利人对表决规则的知悉等。

2. 规则设计

对于上述争议，建议设置统一的规则标准。

第一，预重整方案应当不必要求获得全体债权人表决通过。前文已论及，我国应建立部分预重整模式，可在具有较大影响的债权人等利害关系人中征求投票意见，否则严格按照《企业破产法》关于重整计划草案表决的标准进行表决，就会不当提高预重整方案达成的难度，降低庭外重组协商谈判的效率。建议借鉴深圳、北京等地的模式，仅要求征求主要债权人等利害关系人对于预重整方案的书面意见。

第二，对于因预重整方案未能获得预表决通过可能导致预重整失败的案件，应允许法院根据案件实际情况决定转入重整程序。理由是预重整本质是更多是私法自治属性，并不产生启动或终结司法程序的效力。尽管预表决未能通过预重整方案，并不意味着进入司法重整程序后根据司法程序要求不能实现重整成功，如果一概不予受理，并不利于企业挽救目的的实现。故对于转入重整程序的条件，建议从宽设置，赋予法院一定的自由裁量权，由其根据当事人的申请以及预重整方案或临时管理人终结工作报告情况决定，必要时组织听证程序予以辅助审查。

第三，就预重整方案的效力延伸作出明确规定。预重整预表决的效力确定及其在重整程序中的效力延伸，能够有效锁定预重整阶段各利害关系人协商的共识。如果不能就此赋予法律效力，则预重整与纯粹的庭外重组就没有本质区别。故建议在司法重整导向和效率促进原则指引下，就以下规则予以确认：①破产受理前已经表决同意预重整方案的债权人，视为对重整计划草案表决同意，该债权人应受到“禁反言”规则约束，不得反悔；②已经表决反对的债权人，以及权益受到调整或影响但未参与预重整表决的债权人，可以对重整计划草案进行表决；③如果重整计划草案与预重整方案相比，发生了实质性变更，以及债务人在预重整方案征集意见时，信息披露存在隐瞒、虚假等情形足以误导债权人的，权益受到影响的债权人应有权对重整计划草案进行重新表决。

结　　语

法律制度本身并无绝对优劣之分，对待制度构建的合理态度应当是，在科学的价值导向指引下通过具体规则设计，尽可能发挥制度优势而回避制度缺陷。对于预重整制度程序规则的设计亦应如此。当前，正有必要借助《企业破产法》修改的契机，对预重整的各项具体程序规则进行统一规范，进而将其纳入企业拯救的总体法律体系中，充分发挥预重整弥合庭外重组协商机制与司法重整机制的功能优势，以期在司法实践中发挥更大的作用。

以利益平衡视角探究公司重整中的公共利益

孙　琪[*]

内容提要：破产重整是以破产预防与企业重建为目标，挽救处于困境而又有复生希望的企业，维持其营业事务，解决债务清偿的法律制度。它为众多利害关系者提供纠纷解决机制，将规范对象由单纯的债权债务人拓展至与破产企业相关的利害关系人。破产重整的目的不仅在于实现企业的再建，更要通过企业的复兴，降低企业倒闭带来的外部性影响，稳定市场，维护国民经济秩序，使公共利益得到满足。由于企业资产稀缺，利益主体的目标冲突，重整中会存在私人利益与公共利益的角力。公共利益的概念较为抽象，仅能对其作类型化定性，通过一般性条款与特殊类型总结相结合，相对明确其范畴，促进破产重整发挥更大的社会效益。

一、问题的提出

中核华原钛白股份有限公司（以下简称中核钛白）是一家化工上市公司，拥有大约1200名员工，主营钛白粉生产。经历2008年金融危机一役后，钛白粉产成品价格暴跌，中核钛白连年亏损，面临破产及退市风险。中核钛白地处戈壁滩的核工业基地，形成一个自给自足的社会经济圈，一旦中核钛白破产，远赴西北建设核工业的职工便再无依托。2009年12月，中核钛白的职工集体上访，造成恶劣的社会影响。在2009年、2010年重大资产重组和托管均未成功的情况下，为维持职工队伍稳定和企业继

* 孙琪，武汉大学法学院2020级民商法硕士研究生。

续经营，2011 年 4 月 22 日，甘肃省嘉峪关市中级人民法院主持中核钛白的重整工作。重整中，托管人安徽金星钛白(集团)有限公司是一家民营公司，而中核钛白的员工历经前两次失败后，抵触情绪大，消极怠工，积极打砸抢，企业的重启再次陷入僵局。

中核钛白职工群体上访事件只是破产重整中利益冲突的一个缩影。在市场经济中，优胜劣汰是竞争经济的黄金法则，经营不善必然倒闭，此种现象反映在法律上便是破产清算。随着商事交易的主体发展、交易范围扩大，企业与企业之间的牵连性增强，一个企业的破产不仅会导致内部经营的溃败，也会引发上下游企业、关联企业的经营困局。因此，在遵循市场运行铁律的同时，还应减少企业破产带来的外部性，助力企业恢复生产，化解经营危机。重整制度顺应法律发展的逻辑要求，其内涵与传统破产相比也有了质的飞跃。

重整制度具有公私法兼容性。公法与私法的划分源于古代罗马法。按照罗马法学家乌尔比安的观点，保护国家公益的为公法，保护私人利益的法为私法。① 公私法区分的目的在于防止国家公权力肆意侵犯市民社会。公司重整具有契约性质，债权人、债务人及股东之间的权力分配理应本着诚实信用的交易原则，相互协商一致实现利益平衡。债权人与债务人的意思自治对于重整的运行起着基础性作用。另一方面，由于公司重整对社会政治经济具有重大意义，国家必须对其予以干预和调整。同时，重整制度是以社会本位为目标追求。传统民法以个人权利为本位，权利是民法中的核心概念。与之相对的是国家本位的法律。它以国家权力机关的意志为主导，通过行政管理手段形成层级分明的上下级隶属关系，通过命令与服从达到控制的目的。单纯强调个人本位会造成社会治理成本的增加，而一味遵循国家本位则会影响市场经济的健康发展。因此，社会本位的价值取向采取折中态度，既要促进经济主体之间的利益平衡，同时也要求国家积极作为，兼顾社会福祉的增进。② 公司破产关系到公司债权人的利益、中小股东的利益、职工安置补偿、上下游合作者的利益以及当地政府的税收和经济发展等。任意一环的缺失都可能阻碍重整制度的进行。因此，破产重

---

① 参见张文显：《法理学》，高等教育出版社 2007 年版，第 104 页。

② 参见胡玉鸿：《从个人应得、社会公平到复合正义——法律公正观的历史流变》，载《求索》2021 年第 5 期。

整必须要立足于社会整体，充分权衡多数人的意志和利益分配格局。然而在濒临破产的企业中，破产资产是有限甚至是匮乏的，利益主体所追求的目标并不一致甚至是冲突的，现有条文对于债权债务人、管理人等明确主体的行为规范已较为翔实，但对于公共利益的规范却因其定义的困难而难觅其踪。由此，本文旨在对公共利益予以界定，遵循法律发展的自身逻辑，探寻利益平衡视角下公共利益的法律实现。

二、公共利益的类型化界定

(一)公共利益的传统界定

传统西方公共利益思想中，公共利益作为政治哲学概念，相关讨论主要集中在其与国家政体的正当性以及与个人私益之间的关系。

传统公共利益为考量国家政体正当性提供多重维度。其一，公共利益系国家政权正义与否的衡量标准。其二，公共利益系国家政体行使优劣的判断标准。其三，公共利益是国家整体合理存续的评价标准。对于个人利益而言，公共利益与个人利益的优先性认识存在差异。以斯多葛学派为首的部分哲学家认为“理性要求我们把公共福利、共同的善置于个人利益之上，我们于必要时要为它而牺牲自己”。① 折中观点则认为公共利益在一定条件下可以优于个人利益。法国哲学家霍尔巴赫认为，如果人对社会负有义务，那么社会对人也承担明确的义务，如保障公民的物质福利和安全、帮助他享用他有权享用的一切。② 亚里士多德和阿奎那等人则主张公共利益与个人利益具有一致性，二者当是完全一致、完全同步的。

发展至近代，对于公共利益概念的界定离不开利益体系的支撑。庞德是社会法学派集大成者，对于利益的细致划分是其社会学法学的重要内容。庞德根据耶林的主张将利益分为个人利益、公共利益和社会利益。个人利益是直接从个人生活本身出发，以个人生活名义所提出的主张、要求

① [美]梯利：《西方哲学史》，葛力译，商务印书馆2003年版，第122页。

② 参见[法]霍尔巴赫：《自然政治论》，陈太先、眭茂译，商务印书馆1994年版，第40页。

和愿望。公共利益是从政治组织社会生活角度出发，以政治组织社会名义提出的主张、要求和愿望。社会利益是从社会生活角度出发，为维护社会秩序、社会的正常活动而提出的主张、要求和愿望。① 其中公共利益可分为国家作为法人的利益以及国家作为社会利益捍卫者的利益，前者着眼于国家主权，强调国家享有人格利益与物质利益。后者则与社会利益有较大重叠，强调国家作为公权力机关应当对一般安全利益、社会组织安全利益、一般道德利益、社会资源保护利益以及社会发展利益等，以其统治者的身份保障，促进以上利益的实现。

在我国立法上，对于公共利益的表达亦是在不同部门法上展开。宪法学界有学者认为宪法文本中出现的公共利益是不确定的概念表述，它既表述一种价值形态，同时也描述一种事实状态，经常成为社会矛盾的焦点。② 民法学者对于公共利益的定性则更为细腻，我国《民法典》第 132 条规定，民事主体不得滥用民事权利损害国家利益、社会公共利益或者他人合法权益。此处国家利益与社会公共利益并列，可知公共利益包含国家及社会两个层面的含义。③

虽然已对利益作出分类，但是利益之间存在重合或者冲突。即使是对公共利益下定义，但在不同法系、不同法律部门中，公共利益远未形成高度共识。就主体而言，公共利益是指不特定多数人的利益，抑或全体社会成员的利益不甚明晰。若为前者，那不特定多数人是否是独立于个人存在的其他形式，权利的实现该由谁代表；若为后者，将全体成员视为全体个人的合集，单纯数量上的叠加使得该概念并无意义。就客体而言，不同利益在不同法律部门存在差异，在立法上的表现形式也是千差万别。部分国家仅仅在条文中提到公共利益而并未对其内涵进行说明，部分国家则采用列举式的方式以应对实践中的难题，但很难周延全面地辐射到各种可能性。公共利益不够清晰的内涵外延阐释使得人们对该定义本身的科学性产生怀疑进而也不愿承认其客观存在。正如边沁所言，社会公共利益只是一

① 参见沈宗灵：《现代西方法理学》，北京大学出版社 1992 年版，第 292 页。

② 参见韩大元：《宪法文本中“公共利益的规范分析”》，载《法学论坛》2005 年第 1 期。

③ 参见梁慧星：《民法总论》，法律出版社 2020 年版，第 203 页。

种抽象，不理解个人利益，谈论公共利益就毫无意义。① 公共利益是客观存在的，但人们在使用此术语时总是犹豫的，不仅仅是因为定义上的抽象性，更是因为无法在一个逻辑严密的法律体系中找准其定位，使得该术语在运用时常常“不攻自破”。因此，当公共利益无法通过下定义的方式凝聚共识时，可以适当放宽边界，避免对于概念内涵、外延的精准界定、抽象解读，通过类型化的方式去探究其范畴，以期形成较高程度的共识。

(二)公共利益的现代界定

美国分析法学家格雷有言，分析法学的任务就是分类，包括定义，谁能够对法律进行完美的分类，谁就能获得关于法律的完美的知识。② 类型化理论由罗素于 1903 年在其《数学原则》中系统阐述，他实际上表明了语词与其所代表的事物之间可能存在多种意义关联，语言也难以对一个集合内的所有构成作出翔实且准确的陈述。此种类型化理论为韦伯所熟练运用，他发现社会科学中，人类创造大量的概念与术语，但它们相互重叠，没有完全覆盖全部的社会现象。他所搭建的理想类型则从某个特定的观点出发，借着对于某些具象成分的强调，来探讨社会现象与人之间法律行为的现实性。③ 其目的在于通过对现象特征的描述，使之符合某种鲜明的理想类型，从而更好地理解相互作用且变化莫测的社会现象。德国法学家考夫曼在《法律哲学》中也曾评价过类型思想的作用，他认为与概念相比，类型具有开放性的特点。它虽然存在一个确定的核心，但却没有一个完全固定的边界……类型是开放的，它是一种次序概念、功能概念和意义概念，它让自己在或多或少的真实中存在。

类型思考实质上是让类型的要素维持结合的状态，仅利用要素来描述概念。法律类型包含了一些根据特定的主导观念而被归类在一起的要素，它们可以组成“类型序列”，这些序列可以被理解为动态的部分体系。而

① 参见[英]边沁：《道德与立法原理导论》，时殷弘译，商务印书馆 2000 年版，第 58 页。

② 约翰·奇普曼·格雷：《法律的性质与渊源》，马驰译，中国政法大学出版社 2012 年版，第 5 页。

③ 王振东：《韦伯：社会法学理论》，黑龙江大学出版社 2010 年版，第 42～43 页。

主导型原则已经或多或少被具体化，它们负担起了呈现规范赖以为基础的价值判断的任务，而且还要将其描述出来。① 如果说概念法学的最终目的是确定概念的内涵和外延，通过对被界定对象构成要素的概括，最终形成确定的、唯一的、“非此即彼”的概念，那么类型化的方式则显得更为柔和。相比各种社会关系，它更加抽象，但与确定的概念相比，又更为具体。它也是从构成整体的要素出发来认识客体的一般性特征，但它允许各个要素维持一种结合的状态，仅仅用这些共存的要素来描述整体类型。各个要素对于整体的贡献存在差异，而它们又处在不同的变化过程中，当这些要素紧密相连构成一种混合状态时，便会形成崭新的类型。可见，类型并非一成不变的，而是随着要素强弱性、关联性变化而呈现出层级与边界的不同，最终在林林总总的要素组合中，共同形成一个意义性，使其内部的种种特征化为一个富有意义的整体。②

借以上述论证方法，类型的构建并非空中楼阁，公共利益应当在一个利益体系中予以考察。按照传统利益的界分，利益类型可体现为个人利益、集体利益及公共利益。此三者在同一性上依次递增，而差异性则逐步衰减。就个人利益而言，其体现的是个体活动的需求，具有极强的个人特质。而公共利益中，利益的同质性已取代差异性成为主要乃至唯一特质，它所呈现的整体特征已明显不同于个体及小范围的团体利益，其所具有的普遍性并不仅仅是个体数量的累加，而是通过抽象出各个个体的共同需求所形成的既有普遍性，又独立于个体利益的新的利益类型。就个人利益与共同利益而言，在量上体现为单一和不特定多数的区别，在质上则是特殊和普遍、个性与共性的区别。此种抽象的公共利益并不能用固定的要素予以衡量，而是通过提炼、归纳要素内涵组成新的利益外形。因此，对于公共利益的认识，既要借助个人利益进行基本要素的构建，更要找准要素之间的普遍联系，抽象出一般规律。此种类型的搭建有助于对利益进行分类选择，筛选出值得保护以及值得优先保护的利益类型。

---

① ［德］卡尔·拉伦茨：《法学方法论》（第六版），黄家镇译，商务印书馆 2020 年版，第 550 页。

② 林立：《法学方法论与德沃金》，中国政法大学出版社 2002 年版，第 128～130 页。

三、公司重整中公共利益保护的必要性

我国重整制度中并未直接言明公共利益。是否保护不特定多数人的利益，或者说将此种利益优先于个人利益在公司重整中予以保护，在各国的破产法发展中是有争论的。美国经济学家布坎南坚决认为公共利益不过是由谈论它的人所代表的，并被提升为一个社会的普遍要求之托词的群体倾向而已，这实际上揭穿了它自己的权利要求的虚伪性。而伊丽莎白·沃伦的观点则完全相反，她认为公司作为现代社会经济的有机组成，其能否继续经营会对众多社会主体利益产生影响，而这些影响是无法单纯靠经济手段衡量的。类似的论断也出现在我国，以王欣新教授为代表的破产法学者认为破产法具有民商法与经济法双重性质，需要通过国家的介入维护社会整体利益，合理调节当事人的利益平衡，以完成现代破产法的历史使命。①

可以说，正是对于公共利益的考量催生了重整制度的建立与发展。自由市场中优胜劣汰，适者生存。当债务人无力清偿债务时，为了保障债权人公平受偿，破产作为一种法定偿债制度，旨在使债权人的利益尽可能得到满足。只保护一方利益的做法是极不科学的。债权人的唯一目的是获得清偿，一旦有可供分配的资产释出，他们便会尽可能要求清偿，使得本可能重整的企业因缺乏资产而走向清算。当部分债权人另辟蹊径获得比其他债权人更高额的清偿，也意味着部分债权人会获得比应得份额更少的债权清偿。不患寡而患不均，分配的不平等很有可能引爆社会问题，引发经济秩序的紊乱。对此，在“一刀切”的处理方式下，发展出了和解制度。和解制度下，债权债务人获得协商的平台，有效降低破产成本，也避免了破产清算带来的商业信誉的损失。然而此种制度在意的仍是债务的解决，对于内部分工的安排，以及濒临破产后如何再次恢复经营并无太大效益。此时最严峻的问题是，企业濒临破产时，所剩资源无多，而利益诉求者众多，与其在问题出现后找到解决办法，不如未雨绸缪，做好破产预防工作，从整顿内部经营开始，解决导致破产出现的问题，规避其后的社会风

① 参见王欣新：《论破产立法中的经济法理念》，载《北京市政法管理干部学院学报》2004 年第 2 期。

险。破产重整应运而生。它经历了债权人本位到债权人与债务人利益平衡本位再到社会本位的发展过程，致力于兼顾各方利益，支持企业重建，稳定经济社会秩序。

现实中的各种利益是错综复杂的，甚至是相互冲突的。对于股东而言，其分配顺位靠后，清算带来的收益微乎其微，而重整则可能使公司恢复运营，使股价增值。债权人可能倾向于通过尽快清偿回笼资金，而不是进行又一轮的风险投资。政府或许希望通过重整稳定当地经济，但又担心重整失败造成更大的损失。为了短期利益的实现，清算是最具效率的选择。但在多重主体利益诉求下，利益间的矛盾处于一种螺旋式发展的状态，不可能一蹴而就获得解决。对此，将各个利益主体的不同诉求拆解开来似乎不失为良方。根据利益主体及其产生争议的法律关系选择相应的部门法律规范，比如税务问题通过税法解决，债权债务人之间的刑事纠纷通过刑法解决，等等。但这仅仅是一种理想状态。对于部门法的划分是静态的学理研究方法，在生产资料匮乏，社会关系简单的社会中，该种分类有助于纠纷的快速解决。在当下，社会关系交织重叠，而部门法的划分越发专业的情形下，实难期待某一规范目的下的条文可以解决所有问题，甚至存在某个社会关系可能需要多个部门法规范同时调整的情况。当法律已经从多向度渗透到市民社会时，更需要将法律规范视为一个整体，从不同角度实现对社会生活的立体化调整。公司作为现代最为有效的商事主体，其本身便包含了多元主体和复杂利益。当公司濒临破产时，其唯一的客体仅为公司财产，而主体不仅涉及与之有契约关系的债权人，还包括有交易往来的相关企业和普罗大众。同时，公司内部经营出现混乱，会接连引发其与社会的矛盾。相比于解构各项社会关系，毋宁从整体的角度出发，抽象出一种概括性利益，从中观层面使利害关系方尽可能被容纳其中。破产重整就是将各个利益主体所共同存在的问题纳入调整范围作统筹安排，通过兼顾各方利害关系人的利益，维持企业经营，稳定市场经济秩序。

这种化零为整、体系化的解决路径在西方国家破产立法上已现端倪。日本《公司更生法》第 1 条开宗明义，为了使陷入困境但还有希望重建的股份公司维持、更生其事业，调整债权人、股东及其他利害关系人的利害关系，特制定本法。此处，“其他利害关系人”的概念直接出现在法条中，表明立法者已经跳出传统债权债务人视角，而是将保护范围扩大至与股份公司有利害关系的不特定人群中。若是仍固守债权债务人利益优先，则实难兼顾各方利益，因此务必要打开视野，以公共利益囊括不特定主体之利益需求，实现多赢。

重整制度从来就不是单纯满足一方利益，而是要通过对各方利益的选择与调和，避免企业破产倒闭，获得比清算价值更大的经营价值。然而单纯的理性人精神无法支撑整个社会的稳定发展。依照古典经济学的理念，人都是理性的、经济的，人都有追求、维护自身利益的本能，具有竞争的冲动和能力，法律只要在形式上平等对待各社会成员，人们就会在意思自治的基础上达成各自利益的最大化，并在此基础上自发促成社会整体利益。① 但是纯粹的自由竞争并不会带来整体的幸福，过度的个人主义下可能会导致不正当竞争乃至行业垄断。社会整体利益并无特定的维护主体，个人在追求个体利益时，极容易将公共利益作为“待分食的蛋糕”，将个人利益凌驾于公共利益之上，进而导致社会积弊。在公司法学上，个人利益与公共利益的讨论在利害关系人理论上得到充分讨论。传统观念认为公司由股东出资设立，公司属于股东，应当以股东的利益实现为终极目标。随着公司规模的扩张和形态的变更，所有权与经营权相分离，董事会成为实权掌控者，追求的是公司良好的营利能力。直到公司对于利润的追求过于狂热以至于与公共利益产生碰撞时，股东利益第一次与外界的社会公益发生实质冲突，企业社会责任正式进入公众视野。公司是利益的集合点，其中不仅有以股东为代表的所有者的利益，还包括与公司存续有利害关系的其他社会主体的利益。公司不能仅以股东利益为主，还应当兼顾公司的社会责任，在追求利润最大化的同时不忽略社会服务。这两者并非对立，要求公司承担社会责任也不会否定原有股东的利益。公司并非独立于经济社会之外的个体，它从一开始就是宽泛社会政策的实施工具，是维持社会生态稳定的抓手。它的创立也许是为了某个单一的目标，但当它在社会中找准定位，就必须要发挥相应的社会功能，如带动就业率的增长，促进当地科学技术的建设等等。而这样的社会使命将一直伴随公司从设立走向衰亡。破产重整是以恢复生产为己任，要继续经营，完成社会使命，则要求其在更大范围关心与破产相关的群体的利益。

① 参见王欣新：《论破产立法中的经济法理念》，载《北京市政法管理干部学院学报》2004 年第 2 期。

四、公司重整中公共利益的实现路径

破产重整中的公司既是利益共同体，同时也是矛盾共同体，重整制度实际上就是为这个复杂体提供利益确认、利益协调以及利益取舍的平台，从而使各种或私人或公共的利益得到充分实现。重整制度作为一种法律规范，通过规定人们的权利和义务，以权利和义务机制，影响人们的行为动机，指引人们的行为，并调节社会关系。① 公共利益作为一种抽象概念，其权利主体不特定，法律关系亦不确定，看似与法律规范的确定性背道而驰。但若将公共利益视为一种类型化概念，“它是由个别的个人利益、团体利益中的普遍性利益所构成的体现为不特定社会公众的社会共同体的利益”②，那么在上述描述中，仍能抓住其“不特定多数”“普遍”的特征，通过外延式列举或内涵式概括的方式予以阐明，使其在适用时具有确定性。

我国《中华人民共和国企业破产法》(以下简称《企业破产法》)对于公共利益无明文规定，但这并不意味着其成为法律规范不具有可行性。公共利益与公司社会责任具有相似性，后者为前者提供公司法学的理论基础。因此，在对公共利益的立法过程中可以借鉴公司社会责任的规范表达。公司社会责任强调公司作为社会的产物，通过履行社会责任来实现长期的自我利益。对于社会责任的界定，部分学者尝试着解剖其要素，尽可能具体地表述其内涵。美国学者鲍安在《实业家的社会责任》中写道，其社会责任是说，实业家有义务制定对今天的社会目标和价值来说有益的方法和政策，并据此开展其活动。伯尔密则认为企业责任可细分为企业经济责任、企业法律责任、企业道德责任和企业社会责任四种。③ 二者并不关注社会责任的具体构成，而是从实践中提炼总结。在立法上，美国法律研究院于1984年经年度大会通过关于公司社会责任的规定：商业公司从事商业行为，应以提升公司利润与股东利得为目标。唯有下述情形之一者，则不问

---

① 参见沈宗灵主编：《法理学》，高等教育出版社1994年版，第33页。

② 参见张世君：《公司重整的法律构造——基于利益平衡的解析》，人民法院出版社2006年版，第271页。

③ 参见郑曙光：《企业社会责任：商法视野的考察分析》，载《西南民族大学学报(人文社科版)》2010年第1期。

公司利润与股东利得是否因此提升：(a)应与自然人在同一程度内，受法律之约束而未行为；(b)得考虑一般认为系适当之伦理因素，以从事负责任之营业行为；(c)得为公共福祉、人道主义、教育与慈善之目的，捐献合理数目之公司资源。① 上述法律规范并非强制公司从事商行为时应当将其他利害关系人利益列入决策考虑之内。它未为公司行为设定具体的权利义务，而只是宣示性地提出公司可以遵守的一般行为。它的规定仍停留在描述阶段，具有指引作用，但在实践中须结合其他规范适用。此种一般性的法律规范在破产重整制度中亦有先例。如日本《公司更生法》第 1 条，法国 1985 年《司法重整与司法清算法》第 1 条②，美国《破产法》第 1165 条规定③以及美国许多州法规定④。我国学者张世君提出，可以借鉴大陆法系与英美法系的规定，在“重整”一章中开宗明义地规定，为了使陷入困境但还有希望重建的企业公司维持、复兴其事业，调整债权人、股东及其他利害关系人的利害关系，维护经济秩序和保护公共利益，特设立重整制度。⑤ 此条规定可以解决破产法中公共利益从无到有的问题，却没有办法解决一个更为现实的问题：公共利益和私人利益冲突时，何者更值得优先保护？

类型化定义使得人们对于抽象的公共利益有了更为系统的认识，但却难以突破现实适用的窘境：破产重整中，若因保护利害关系者的利益而损害了债务人的利益，管理人是否要因此承担责任？此时二者处于不同的利益层级，后者对象确定，常表现为私人利益。而前者因利益关系的不同而呈现出多元性，最终表现为对社会或国家层面有影响的群体。当私人利益

① 参见刘连煜：《公司治理与公司社会责任》，中国政法大学出版社 2001 年版，第 68 页。

② 法国 1985 年《司法重整与司法清算法》第 1 条规定，为使企业得以保护，企业的活动及就业得以维持，企业的债务得以清偿，设立司法重整程序。

③ 美国破产法典第 1165 条规定，法庭和受托人在适用本节第 1166、1167、1169、1170、1171、1172、1173、1174 条时，除了考虑债务人、债权人以及股东的利益外，还必须考虑社会公共利益。

④ 例如美国印第安纳州商业公司法规定，公司董事，得在考量公司之最佳利益时，考虑公司所采取之行为对公司股东、员工、供应商、顾客以及公司办公处或工厂所在之社区的影响，以及考虑董事所认为相关之其他因素。

⑤ 参见张世君：《公司重整的法律构造——基于利益平衡的解析》，人民法院出版社 2006 年版，第 286 页。

与公共利益冲突时，必须给予一个可供参照的标准，使得平衡二者成为可能。首先，对于公共利益的规定仍应存在于一般性条文中。类型化的定义以体系化为目标，但同时牺牲了概念本身的准确性。对于公共利益的规定，应被视为仅仅是赋予了公司管理人以裁量权，不应被视为赋予任何利害关系人有权要求管理人考虑其利益。其次，其他利害关系人同股东或债权人一样，对于公司的经营有继续的经济关系。股东可以通过分散持股，债权人可以通过债转股、优先权等方式分散重整的负面风险，而其他利害关系人则会受到限制，因此需要在立法上予以倾斜保护。再次，博弈论视角下，各个利益主体虽然存在冲突，但未否认利益主体的理性存在，每个主体都希望通过重整程序实现利益最大化，会在互动中作出理性选择。公司重整的设立以延续营利为目的，而不是为某个人或某个团体。为了使债权人获得更大比例清偿，为了使股东仍有股利与分红，为了使职工不至于流离失所，为了使当地的经济维持稳定，此时务必以破产公司利益为最大，亦即公司股东或债权人并未享有优于其他利害关系人的特别考量，只要管理人的决策是以破产公司最佳利益为前提，可以忽略股东或债权人的利益。此种规范方式将破产公司利益与股东或债权人的利益区分开来，进而作为一个独立的判断标准用以权衡股东、债权人及其他利害关系人之间的利益保护层级。因此，为实现破产公司最佳利益时，得考虑其他利害关系人之利益，乃至可以不顾股东或债权人利益，径直以其他利害关系人的利益作为决策基础。

在原则性条款项下，还需要考虑某些具有现实代表性的特殊主体的利益。这些主体或许可以纳入债权人之列，但由于其与公共利益息息相关，社会影响大，采用专门规定可以尽可能实现同案同处理。但由于公共利益的界限并不清晰，因此仍须用类型化思维方式进行设定。在破产重整中，与经营有直接关联且处于较为弱势一方的为企业职工。职工与破产企业之间通过签订合同形成劳动关系，基于劳动关系产生的劳动债权除了劳动报酬等经济利益外，还包含生存利益。当劳动债权受到损害，职工失去基本生存手段，极有可能发生社会性群体事件。而为了解决此类冲突，本该由企业承担的责任又将通过公权力的介入转移成为整个社会的负担。因此，在处理职工问题时，既要保证为维持企业经营仍在职职工的权益，也须考虑必须裁撤的员工的补偿安置问题。

德国破产法中对职工保护较为严格。破产管理人的计划中包括规模性裁员时，其必须及时、全面地向企业职工委员会告知信息，并负有在三个星期内对利益平衡约定进行协商的义务。如果双方未协商一致，破产管理人可以根据《破产条例》第 126 条第 1 款向劳动法院申请，要求确认某些雇员的解雇是基于紧迫的经营需求，具有社会正当性。[①] 而被裁员者有权获得不超过他两个半月工资额的补偿款。在英国破产法中对于管理人支付劳动债务也有详细规定。《英国破产法》第 19 条第 6 款直接言明劳动合同的清偿应从破产公司任何财产中收取及支付，且与破产费用享有金额相同的优先权。[②] 除此之外，对于职工工资保障亦有明文规定，关于在假日或者因疾病或其他正当原因缺勤期间应付的工资或薪金被视为关于在该期间提供的服务的报酬，或者根据具体情况，视为工资；并且非因假日应支付的金额被视为关于在该期间提供的服务的假日报酬可以参考的报酬，或者根据具体情况，视为工资。[③] 可见，一方面，破产重整中管理人被赋予较大权限，可以决定终止或继续履行劳动合同，以保证留下的职工符合企业继续经营的需要。另一方面，破产管理人对于被解雇的职工应给予一定比例的补偿，尽力满足职工能在找到下一份工作前实现平稳过渡的需求。在我国《企业破产法》中，第 59 条及第 82 条均赋予职工参与表决的权利，但也仅此而已，并未具体列明职工享有何种权利以及通过何种手段、在多大程度上获得实现。结合上述国家的立法例，我国《企业破产法》在规定职工权益时，可以从限制裁员的方式以及对于被裁员者后续补偿两方面着手。裁员必须具备充分的理由以及符合法定程序，如必须经过协商等。而为了企业的经营必须被裁掉的员工，企业不得克扣其工资、应当由企业负担的社保费用以及经济补偿。

裁撤员工不当可能会引发社会问题，而在国家层面上，破产重整能否顺利进行很大程度上取决于国家实施的财税政策，而破产重整的进行也会影响到国家税收。我国《企业破产法》的规定是基于存续性重整模式制定

---

① 参见[德]沃尔夫冈：《德国劳动法》，王倩译，上海人民出版社 2016 年版，第 316 页。

② 英国《破产法》第 16 条第 6 款规定，由于在他担任管理人期间由他或他的前任在履行职责中所接受的劳动合同所产生的债务或者责任而应支付的金额，应在该责任为限制责任的程度上从本条第 4 款规定的任何财产中收取及支付，并且享有与本条第 5 款适用的任何金额相同的优先权。

③ 参见丁昌业：《英国破产法》，法律出版社 2003 年版，第 48 页。

的，其目的是使公司再建营利。破产企业就如同一个新生企业，其所面临的第一个难题就是要将账面“作平”，以期待外部投资人的加入。查阅破产重整计划草案，不难发现大部分公司的税收债务占比较大，而由于有国家背书，税收债权享有优先权，发生于担保债权之前的欠税款须优先于担保债权清偿。欲顺利推进重整，税收债权必须全额清偿，由此也会给破产企业带来巨大压力。依据现代税法理论，税收关系即债权债务关系，本质与自然人债权无异。既然重整的目的在于使企业获得新生，那么当其他债权人作出利益让步时，国家作为债权人之一，也应以重整推进优先，在合理范围内减免税款。税款的“瘦身”将给企业以更大的利润空间去协调其他利害关系者的权益，促进各方为经营事业而努力。当企业再次步入正轨，便可以继续履行纳税人之义务，税款的征收便又可恢复常态。重整中国家的利益集中表现为税收的利益，而税收最能凸显公共利益的属性。国家通过税收来平衡各阶层收入，同时将其用于社会公共福利开支，以维持各项公共职能的运转，保持国民经济、社会稳定发展。因此，让企业在重整前享有税收优惠政策，促进其恢复运营、恢复完备纳税人身份是于法可行的。

结　　语

破产重整是对有复兴希望的公司实施的旨在维系其经营事业的法律制度。重整制度的发源迟于破产清算、和解制度，其产生是法律发展的逻辑演绎。与传统破产制度相比，重整制度不仅仅是对于债权债务人的利益维护，更将整个社会中因破产重整所牵涉的不特定主体的利益纳入考量。它致力于在各方主体存在利益冲突时，为各个主体找到利益平衡点，实现多方共赢和利益共存。在不同的利益关系中，利害关系者不同，通过个案的分析远做不到周延，因此应通过类型化的规范找到解决问题的方式。重整制度中的公共利益主要表现为企业继续经营，维持社会经济秩序稳定。在如此宏大的目标下设定指向明确的权利义务是非常困难的。因此，本文建议在设定一般性条款的基础上，明确公共利益的效力层级，然后再针对公共利益中较为特殊的主体类型进行制度构建，通过明确利益主体的形式，将抽象的公共利益特定化、明确化，为法律实践提供指引。

重整中出资人权益调整方案强制批准机制的完善

周文轩*

内容提要： 在企业重整计划中，并非法定必备的出资人权益调整事项在实务中却多有应用，实为制度设计与重整价值导向的必然结果，其关涉出资人、债权人、重整投资人等多方主体间利益平衡乃至重整成败。特别是在适用强制批准制度时，各主体利益分歧往往难以调和，仰赖司法介入以强制力打破僵局。但在运行中因制度构建不足，使得出资人权益强制调整的适用情形如何确定、其间各方重整参与人利益平衡如何实现、调整方案强制批准时公平公正审查标准如何厘定等问题缺乏规范指引。本文意在从出资人权益调整与强制批准制度两方面着手完善，提出实体规则、程序补足、不当干预化解等方面的具体优化方案。

一、问题的提出

破产重整是在法律机制框架下，统筹清理企业债务、有序整合企业有生力量和未尽潜能，力图促使企业起死回生的市场化、法治化“抢救”机制。在全球经济下行压力加大、叠加疫情广泛深层次冲击的复杂背景下，其对优化资源合理配置避免浪费、完善市场主体救治与退出机制、保障劳动者合法权益乃至维护社会公共利益而言，所具有的重大意义更为突出。而重整的有效进行，一方面，离不开一份历经利益攸关各方充分权衡博弈、妥协谅解、通力合作才得以形成并为各方所接受的重整计划。重整计

* 周文轩，武汉大学法学院2020级民商法学硕士研究生。

划应当包括债务人经营方案、债权分类、债权调整方案、执行与监督期限等内容；另一方面，引入重整投资人，以期将资金、技术等生产要素注入亟待获取复苏机会的重整企业，也是这一进程中不可或缺的一环。当然重整投资人作为理性的经济人，其将大量资源投入至重整企业的动力往往是源于将企业挽救成功后可能获得的丰厚回报，从而不可避免地会谋取目标企业的控制权，以便在复苏目标达成后稳定地获取投资收益。所以此时债权重组和股权重组有同时进行的必要，故而特别是在上市公司重整过程中，重整计划显然不能仅包括单纯的减债方案，还应包括出资人权益调整方案，尽管依据《中华人民共和国企业破产法》(以下简称《企业破产法》)第 85 条第 2 款之规定，其仍非应当在重整计划中列明的内容，而属可选择纳入的范畴①。

出资人权益调整是指在破产重整程序中，对公司现有的股权结构包括但不限于总股本、持股人、持股份额或比例等项目进行相应调整，以实现清偿公司债务，优化公司治理结构，重新激活公司运营机能从而避免破产清算的挽救与资源重配措施②。而关于出资人权益调整的适用情形、适用对象、调整幅度、调整方法等问题，理论界和实务上一直颇有争论。其中核心问题——在破产阶段企业面临资不抵债或明显缺乏偿债能力时，出资人权益是否有调整的价值基础，观点各异。有学者主张，企业资不抵债、出资人权益(表现为股权)已经不具备可被调整或交易的价值空间；另有观点认为，出资人权益在企业资不抵债时价值已归零③，重整计划对出资人权益进行调整(即使将其百分之百让渡与重整投资人)，也不会对出资人及相关权利人的利益造成实质影响；还有观点认为即使重整中公司资不抵债，出资人权益也未必虚化，其理由源于该阶段中的公司仍然保有其运

① 参见池伟宏：《论重整计划的制定》，载《交大法学》2017 年第 3 期。

② 参见丁燕：《上市公司破产重整计划法律问题研究：理念、规则与实证》，法律出版社 2014 年版，第 75 页。

③ 参见池伟宏：《论重整计划的制定》，载《交大法学》2017 年第 3 期；此外，在江西赛维破产重整案中，新余市中级人民法院最终在裁定书中强制批准该公司破产重整计划，其中还指明由于债务人严重资不抵债，重整计划草案对出资人权益调整为零，不再享有所有者权益，法院认为该草案中对出资人权益的调整公平公正。

营价值①，特别是对上市公司来说，鉴于其股票得以在二级市场上交易的资格，这种资格的取得因其极高的准入门槛而成为非常稀缺且珍贵的资源，即人们常说的“壳资源”。这些对待出资人权益观点上的巨大差异，在现行《企业破产法》缺乏规制、理论界未达成具象层面上共识的背景下，使得重整关系中各方主体在利益取向区隔明显时往往会因为认识不同而产生不可调和的分歧。通常表现为出资人组否决重整计划中有关出资人权益调整方案，而其他组别一致通过并经法定程序触发法院强制批准，或在不涉及强制批准情况时法院审查通过包含不合理调整出资人权益方案的重整计划。

这种现况是以理论与实务中对重整阶段出资人权益调整问题的不同认识为起点，在现行法相当粗简的规制和司法实践尚未探索出得以取得共识方案的背景下，催生相距甚远的理解与适用空间，引发矛盾的进一步放大。《企业破产法》第 86 条，对一般情况下经各表决组表决通过之无重大异议的重整计划草案进行司法审查作一般程序性规定，对其实质也仅作出了应“符合本法规定”的宽泛的审查要求。对于出资人权益调整这一多半会被囊括于重整计划草案中的内容，其具体的审查标准则需要通过第 87 条重整中重整计划法院强制批准的基本制度框架来加以分析。由其第 2 款之规定“未通过重整计划草案的表决组拒绝再次表决或者再次表决仍未通过重整计划草案，但重整计划草案符合下列条件的，债务人或者管理人可以申请人民法院批准重整计划草案：……(四)重整计划草案对出资人权益的调整公平、公正，或者出资人组已经通过重整计划草案”足可看出，现行法对关涉出资人权益调整方案的司法审查标准十分宽泛。值得一提的是，重整中强制批准制度本就是在重整参与人利益和公共利益难以调和时，为平衡维护整体利益的需要与对特定主体利益的保障而创设的僵局解决路径，但对僵局所进行的打破理应是在合理边界内，利用司法权的强力介入而实现中立视角下以有限“公平”的牺牲来换取“效率”的利益再平衡，而非是单方面的利益袒护或对合法权益的不公平掠夺。可正如前文所述，这一为平衡利益关系的机制，因在现行法下缺乏更为细致的适用规则和实践指引，特别是在出资人权益调整这一层面上，更易导致利益关系协调的

① 参见张钦昱：《公司重整中出资人权益的保护——以出资人委员会为视角》，载《政治与法律》2018 年第 11 期。

失衡、合理边界被突破。司法在这一环节中的裁量权被不合理地放大，其基于不同的优位价值可以在面对同样的“公平公正”要求时，作出千差万别的裁判结果。甚至在某种程度上可以说，其将必然导致私权被任意处置，破产程序中司法所高度急需的专业性、独立性也将受到来自多种利益，乃至于远超破产直接相关各利益主体及广泛公共利益以外利益的干涉，最终致使这一平衡机制遭受扭曲和滥用。①

现代社会商事组织规模日益庞大、商事活动影响范围也在社会结构网中不断扩张，企业一旦进入破产清算，将使得处于复杂利益关系网络中的诸多主体自身利益以及基于各主体各自利益中普遍一般利益所形成的具有共性的整体利益遭受重大损失。所以重整制度，在有效控制和合理分担重整成本并有重整挽救希望的前提下，通常为债权人、债务人自身、广大出资人甚至公共利益代表人所乐见，这样的结果无疑是受惠于重整所具有的独特价值而产生。就一般破产程序而言，保护债权人利益最大化是企业走向注定消亡的“死局”时不可避免也毋庸置疑的价值导向。但就破产重整程序而言，一方面，债权人利益最大化仍属核心目标，这一目标通过企业继续经营实现自身价值最大化，从而促使债权人利益得以在这一过程中最大化来间接实现；② 另一方面，不同于清算时了无生机的“死局”，重整赋予了各利害关系人提供更高受偿或其他益处的可能性，这种可能性使得这一程序可以在保障债权人利益之外也有兼顾更多利益得到保障的空间。甚至有观点提出，重整制度是将社会利益放在第一位的，③ 且不论这一观点的合理性，但至少就与破产清算的差异而言，重整在维护个别正义以外，的确会较多地考虑通过挽救濒临破产的企业以维护一种抽象的经济秩序，从而使不特定多数人——公司、股东、雇员、供应商、消费者以及那些自

① 参见齐明、郭瑶：《破产重整计划强制批准制度的反思与完善——基于上市公司破产重整案件的实证分析》，载《广西大学学报（哲学社会科学版）》2018 年第 2 期。

② 参见何旺翔：《破产重整制度改革研究》，中国政法大学出版社 2020 年版，第 12 页。

③ 参见李永军：《强制和解与重整的制度差异及价值考量》，载吴汉东主编：《私法研究（第二卷）》，中国政法大学出版社 2002 年版，第 447 页。

身的利益状况依赖破产企业的人，还有社区、政府等均可直接或间接受益①。正是因为重整涉及更为复杂多样的利益博弈，司法者作为终局裁决者，如何恰当地评价一份重整计划的公正性，对于前述主体而言都尤为重要。在重整计划无涉强制批准时，这样的利益冲突与权衡并不那么突出，因为即使是一份不那么公平的重整计划也已经过各组别表决，其中对某主体不利的内容也可以并应当视作其对自身利益或权利的处分。问题的焦点，便落脚到了法院依据《企业破产法》第 87 条之规定强制批准重整计划草案时，其应如何考量此时出资人权益调整对出资人、债权人、债务人以及其他利益相关方之间的平衡，与对此时“公平、公正”审查规则的诠释，适时对法院强制批准包含出资人权益调整方案的重整计划的裁量规则框架予以明确应属实践所急需，本文便意在就重整中出资人权益强制调整的规则具体化进行合理路径的探索。

二、出资人权益调整的正当性与现实误区

(一)出资人权益调整的内涵指向

出资人权益，虽然在我国破产法中语焉未详、并未对其进行概念解释和定限，但结合重整程序和这一阶段企业生存状况的特点，可以理解为其所指的就是包含股权份额所有、表决、分红等一切股东权益。而出资人权益调整，在破产重整的语境中，便主要是指“对企业原出资者所持有的股份或投资份进行消减或出让给新的投资人，或者投资人增加投资，以改变企业投资构成，优化企业治理结构，是促进企业重生的一种方式”②。其实质，便是如前所述以破产企业重整复苏为投资前景，以其控制权(或股权)及衍生利益为对价，换取重整投资人将资源注入至存在挽救空间的破产企业的“融资”方案。破产企业往往业已处于资不抵债或明显丧失偿债能力的状态，故而其难以再取得一般投资者的信任从而通过传统融资方式

① 参见张世君：《公司重整的法律构造——基于利益平衡的解析》，人民法院出版社 2006 年版，第 120 页。

② 参见刘健、栗保东：《上市公司重整程序中出资人权益调整问题初探》，载王欣新、尹正友主编：《破产法论坛(第二辑)》，法律出版社 2009 年版，第 8 页。

获取企业急需的各类资源，唯有以出资人权益调整方式，通过向预期效益中“借得资源”通过出资人权益调整的方式经重整投资人之手转化成现实资源。

所以出资人权益调整虽谓“调整”，但实际上往往以削减出资人权益为必须。实务中，调整具体表现为如下几种方案：第一，出资人让渡存量股份。这是最为常见的调整出资人权益的方式，具体又可分为按指定价格转让或无偿转让，即在重整计划中，强制要求股东将全部或部分股权让渡给公司债权人用以清偿破产企业的债务或是让渡给重整投资人换取资源注入以促进重整成功。具体在操作过程中还会涉及调减范围、触发证券法要约收购制度、股份冻结等问题。第二，缩股或称减资，具体而言是指通过直接注销部分股权或股份，或直接减少每股具体金额的方式，以期运用会计手段来调整公司净资产、从而抵销本应弥补公司亏损的方法。虽然我国公司立法并没有明文区分，但实践层面仍会将之分为实质减资与形式减资，落脚到重整程序中的处理来说，上市公司通过减资弥补亏损仅为会计手段的应用，将资产负债表中所有者权益下的实收资本、资本公积、盈余公积等科目进行调整，此方式只是会计记账上的变动，所有者权益和资产在量上没有减少，也并没有向股东返还资本，从而不会侵害债权人利益，故实为一种形式减资。第三，资本公积转增股份，是鉴于实践中有些上市公司股权结构比较分散，采取直接让渡或难以得到出资人组表决通过从而有致使重整程序整体失败的风险，故由北生药业重整案首次采行的方式，为后续诸多重整案所沿用。① 该方案实际上稀释了股份，有时甚至可以达到直接让渡的效果。无论采取何种方式，股东调减后余出的股份或公积金转增的股份仍面临如何用于重整目的进行处置的问题，实践中又可分为：第一，管理人或债务人直接将股份分配给债权人用于抵债；第二，将股份处置给财务投资人后获取偿债资金；第三，由重整投资人有条件受让以改善企业持续经营能力。

（二）出资人权益进行调整的可行依据

结合上文所述，在重整阶段出资人权益显然存在可被调整的价值和操

① 参见郑志斌、张婷：《公司重整：角色与规则》，北京大学出版社 2013 年版，第 362 页。

作空间。资能抵债但因符合法定条件进入破产程序的企业，其剩余资产显仍有账面和实际的分配价值；即使是资不抵债，基于主流观点认为其出资人权益在有限责任框架下应当被调整为零的情形，恰因其并未直接走向破产清算而处于重整程序尚存重整成功可能性的时点，在实践中仍然有通过前述调整方式取得重整投资人或一般财务投资人注资的空间，而此刻之所以投资人愿意投资、债权人愿意削减债务放弃部分利益，就是因为各方当事人看重企业仍有继续经营并盈利的潜能，这也同时是建立在企业仍有重整价值——投资人、债权人认可出资人也即原股东的股权仍有账面或账面以外价值的基础上。特别是重整中的上市公司业已迈过《中华人民共和国证券法》为上市融资设定的高门槛，除了前述重整价值以外，还具有在资本市场融资的价值，也就是可以倚仗其所具有的“壳资源”，不但“在资不抵债、股权价值为负值的情况下仍然可能取得一定的市场价格转让”①，在面对重整投资人时还能具有更强的议价能力。此外，即使是认为出资人在重整过程中并不享有权益，在重整阶段法律赋予其相应的权利也可能在一定程度上激励出资人参与、配合对企业的重整，在《美国破产法》与《韩国公司重整法》中的规定均能体现这一理念，特别是侧重债务人利益的美国破产法，其中规定设置“出资人委员会”以充分保障出资人在重整中权益。

出资人权益调整的另一可行依据是该措施不仅与重整环节中各方主体的长远利益导向相契合，也符合为了将清算价值与未来的增值价值在各主体间合理分配以致平衡的重整程序宗旨②，并且有助于活化已经失活的破产企业旧的资源配置格局。从出资人视角来看，企业濒临破产清算的边界时，其对企业持有的权益存在因彻底走入清算而完全被实质清零的风险，其历史出资将因投资在经济和法律上的失败而荡然无存；但倘若濒临死亡的企业通过重整程序起死回生，即使对出资人权益进行一定程度内的调减，其利益相比于步入破产清算而言也远远谈不上受到侵害，日后被激活重获持续经营能力的企业，还能够通过其所持有的股份源源不断地分配予

① 王欣新：《论新破产立法中债权人会议制度的设置思路》，载《法学家》2005年第2期。

② 参见闻长智、李力：《对上市公司破产重整程序中股东权益调整的思考》，载《中国审判》2010年第6期。

其投资利益。从债权人视角来看，对成本和风险予以适度控制的重整相比于直接破产清算企业剩余财产，将有更高的债权可得保障可能性，而出资人权益调整有助于产生或吸引重整投资人来提供重整计划所需的资源，这在有助于保障其债权得到更高清偿可能性的同时，也能为重整所需面对的可能风险提供相对更多的弥补资源。最后，从重整投资人视角来看，其作为原始关系当事人以外的第三人，参与重整程序的根本目的便在于以较低的成本取得有起死回生希望的企业的控制权(特别是那些有“壳资源”的上市公司)，其也会同时关注并期望渔利于企业所有的某些独特“资产”——如特许资质、品牌价值、商誉、市场占有率等存在可交易价值的无形财产。① 而这些利益的最终取得，仰赖于出资人处移转给其的股权，保障其在重整取得成功后，得以以股东身份稳健地获得其理性投资所应得的回报与对价。

(三)调整的必要性和优位价值厘清

在可行因素以外，重整中也有非常明确的必要来对出资人权益进行调整。一方面基于传统理论观点来说，企业濒临破产有经营环境的不利影响，也有出资人投资失败甚至经营失败(出资人为经营者时)的责任，故而在有限责任框架内，出资人按责任大小承受企业破产不利的结果是理所应当。另一方面，重整为破产企业带去了起死回生的希望，而重整能否成功除了债务人自身情况、重整计划的可行性，很大程度上还取决于债权人的支持，而债权人会否支持重整计划又源自其利益是否能得到充分的保护。② 而债权人在破产程序中，受破产法基本原则——债权人利益优先的保护，但由于破产企业陷于严重危机而丧失正常经营能力无法继续创收，债权人本就面临被迫削减债务否则企业无法走出困局的困境，在债权人为挽救濒危企业付出巨大代价的境况之下，出资人不承担责任、不付出代价便能坐享重整成功的巨大收益是不可理喻的。③ 该等显失公平的方案，不

① 参见曹文兵：《上市公司重整中出资人权益调整的检视与完善——基于51家上市公司破产重整案件的实证分析》，载《法律适用》2018年第17期。

② 参见郑志斌、张婷：《公司重整：角色与规则》，北京大学出版社2013年版，第349页。

③ 参见何旺翔：《破产重整制度改革研究》，中国政法大学出版社2020年版，第207页。

仅在出资人与债权人间制造了巨大的公平失衡，也不利于发现破产企业价值、整合有限的资源以引进重整投资人，而破产程序的核心恰恰是在于促进债务人价值发现和增值以期通过重整产生更大的可分配财产。① 另外，不同于出资人，债权人通过重整所能获得的利益有其债权额度的上限，即使是一家重整取得空前成功的企业，其在获得持续经营能力并不断盈利以后，债权人所能获得的最大收益无非是百分之百清偿债权，然而即使是实现了百分之百清偿债权的理想成果，其也为挽救破产企业、保护自身债权付出了巨大的人力、物力和时间成本；而出资人通过成功重整所能获得的，除了能使自身前期投资得到完整保值以外，还能凭借其股权在日后企业经营中源源不断地分享股息与红利——但这一切都与债权人无缘。

所以重整成功带来的巨大效益自始便被并不均衡地分配，而巨大的风险却是由债权人与出资人双方一并承担。甚至从某种程度上来说，这种风险的分担也是天然“偏袒”出资人一方的，因为直接步入破产清算，出资人显将一无所获，而在重整程序中其反有一线生机，但重整的成本依然是通过重整计划在原本有限的资源中开支，在有限责任为其兜底的背景下，无论如何不会再使其境况(相较于一无所有)更趋恶化；但对于债权人来说重整是有风险的，因为重整不可避免会产生成本，倘若失败，则本就不敷分配的债务人资产会更加稀薄，甚至可能使其面临比直接破产清算更加窘迫的境地。因此，在重整程序中调减出资人权益不但是可行的，也是十分必要的，这有利于在债权人与出资人本就尖锐的利益冲突中达成平衡，有利于重整计划的通过与重整的成功，最终也会惠及出资人。这种必要性还体现在对重整投资人的引进上，正如上文所述，如果不对出资人权益进行调整，让出资人为拯救企业作出一定的让步、付出相应的对价，则一方面重整投资人无从获取将资源注入企业的安全渠道，另一方面也会缺乏激励投资人的机制。

破产重整中主体的多元化和差异性对利益平衡的实现带来了巨大的挑战，要构建妥当的出资人权益调整规则，离不开公正价值导向的竖立，具体来说则是要实现不同主体间、不同利益类型间优位价值的厘清。首先，关涉出资人权益是否值得保护的价值问题，德国法上通过 2012 年的破产

① 参见杨忠孝：《破产法上的利益平衡研究》，北京大学出版社 2008 年版，第 142 页。

重整制度改革将出资人纳入重整计划是基于将债权人与出资人均视为企业财产的享有者，仅以受偿顺序作区分。《美国破产法》进一步将债权人及出资人均视为投资人，甚至赋予两大主体同等参与权，同样仅以受偿顺位为区分，这凸显了债权人及出资人异质性越发不明显而同质性增强的趋势①，也在侧面反映出对出资人权益保护的认识在加强，在这个层面上确立出资人权益同样需受保护的价值取向在理论上和实践中应并无障碍。其次，正如前所述，在出资人与债权人利益间基于破产法初始价值——绝对优先原则来优先保障债权人利益并无任何不当，该原则保障在债权人得到清偿前，股东不能够为自己保留权益②，转换到重整出资人权益调整的环节来说，即依据出资人在其中的从属地位，其调减权益的比例原则上应当高于债权人削减债权的比例。再次，在出资人权益调整方案应付股东(大)会议决还是交由出资人组表决的问题上，我国理论和实务界均认可该方案作为重整计划的一部分，由出资人组表决即可③，这是因为有观点主张只有存在出资人权益又在方案中权益受到调整的股东才能参加出资人组的表决，特别是在破产企业存在各种类别股或优先股的情形下④，实例中也有这一观点的印证，即出资人组不必为全体股东，而可以仅为某一类或某部分股东⑤。德国法上有明确的规定，其立法者解释称“通过决议程序的统一化及决议形式的合法化拟制，相关出资人(大)会决议的无效性及可撤销性风险得以消除，相应决议程序的时间及费用成本亦得以节省。并且由于重整计划的合法性已为破产法院所审查确认”⑥。这确立了出资

① 参见何旺翔：《破产重整制度改革研究》，中国政法大学出版社 2020 年版，第 205 页。

② 参见[美]大卫·G. 爱泼斯坦、史蒂夫·H. 尼克勒斯、詹姆斯·J. 怀特：《美国破产法》，韩长印等译，中国政法大学出版社 2003 年版，第 763 页。

③ 参见王欣新：《企业重整中的商业银行债转股》，载《中国人民大学学报》2017 年第 2 期。

④ 参见齐砺杰：《破产重整制度的比较研究》，中国社会科学出版社 2016 年版，第 307 页。

⑤ 参见如 * ST 沧化的出资人权益调整方案中仅涉及该司股票停牌日在册股东中持股 10 万股以上(不包括本数)的股东；郑志斌、张婷：《公司重整中的股东权益问题》，北京大学出版社 2012 年版，第 200 页。

⑥ 何旺翔：《破产重整制度改革研究》，中国政法大学出版社 2020 年版，第 206 页。

人组表决优于股东会决议的取向也有其合理性，唯在出资人组表决本身法律效力与公司法制度兼容的问题上仍存在部分争议。最后，股东类型的界分和不同类型股东保护程度高低的问题也有其意义，结合股东在参与企业经营程度、对企业破产结果责任大小、持股类型、持股多寡等可以对出资人进行分型，但无论作何种区分，依据决策影响力、对破产应负责任大小给予“过错”较少的股东以更高的保护程度应无不当。

三、强制批准出资人权益调整方案的平衡与界限

（一）强制批准制度适用的价值理念

我国《企业破产法》第 87 条中规定了法院的强制批准制度，这一制度内容是在重整计划未获得各组别全部投票通过时，只要该计划给予持反对意见的某组别以符合该条具体条件的权益分配方案，便赋予法院应相应主体申请强制批准该计划的权限。其中包括法院裁定强制批准包含出资人权益调整方案的重整计划的情形。该制度的目的是为了防止重整参与主体滥用投票权，对公平合理的重整计划不当阻碍与搁置，从而损害各方当事人整体乃至社会公共利益①。该制度框架是引入自《美国破产法典》第 1129 条②。其后为德国法和我国法所引入，但在美国法和德国法实践上，对该强制批准制度的适用均采相当谨慎的态度。而法院强制调整出资人权益的理论基础在于——重整是对参与重整各方的一种利益分配方式，各方通过谈判来确定获取利益的多少，由于股东“敲竹杠”等不利于重整行为的存在，产生了法院介入的必要性；同时，重整维护社会整体利益的制度目的，为法院这一司法权力的介入提供了理论基础——“当利害关系人自治而不能通过重整计划时，为社会整体利益的考量，有必要借助公权力干预以实现重整的目的”③。需要说明的是，虽然有观点对出资人权益调整领

① 参见汪世虎：《重整计划与债权人利益的保护》，载《法学》2007 年第 1 期。

② 参见[美]大卫 · G. 爱泼斯坦、史蒂夫 · H. 尼克勒斯、詹姆斯 · J. 怀特：《美国破产法》，韩长印等译，中国政法大学出版社 2003 年版，第 1219 页。

③ 邹海林：《我国企业再生程序的制度分析和适用》，载《政法论坛》2007 年第 1 期。

域适用强制批准持反对意见，甚至主张对上市公司出资人权益进行强制调整，本质是剥夺股东财产权的非法行为。① 且实践中也的确应当摒弃频繁动用强制批准制度，并将适用其视为挽救危困企业司法能动性的认知。② 但强制批准制度仍然不应被视为是与意思自治截然背离的对立面，相反该规则是当事人充分谈判结果的模拟，通过规则设置来引导当事人理性谈判、有效权衡利弊并恰当实现利益平衡的最大化。并且在合理的范围内，可以说重整程序之所以能够有效挽救危困企业、使之避免清算倒闭，较为突出的原因便在于比之其他企业挽救程序，重整中为更有力的司法强制性干预留有充足的空间。③ 所以，应避免强制批准特别是其在出资人权益调整过程中的不当扩大适用，但其也并非洪水猛兽。强制批准制度的适当运用客观上可以起到维护社会公共利益、在公平基础上最大程度发挥重整效率价值、促进社会资源的优化配置、调整产业结构等的作用。④ 并且社会利益优于个体利益的法理念符合社会观念中的公平正义，是为其适用价值的正当性所在。

(二)出资人权益调整中强制批准的异化与不足

强制批准的适用在打破破产僵局，应对重整参与人表决权滥用、提升重整成功可能性等方面有其不可替代的重要性，但该制度自美国法引入至今，运行中产生的理解与适用误区也使其滋生出诸多偏离本旨的困境问题。根据有关学者选取样本所进行的统计结果，50 例中有 13 例被法院强制批准通过重整计划⑤，但就制度源头美国的实践情况来看，其 2008 年

① 参见齐明：《我国上市公司重整中出资人权益强制调整的误区与出路》，载《法学》2017 年第 7 期。

② 参见高丝敏：《重整计划强裁规则的误读与重释》，载《中外法学》2018 年第 1 期。

③ 参见王欣新：《重整计划强制批准法律问题研究》，载《江汉论坛》2014 年第 10 期。

④ 参见齐明、郭瑶：《破产重整计划强制批准制度的反思与完善——基于上市公司破产重整案件的实证分析》，载《广西大学学报(哲学社会科学版)》2018 年第 2 期。

⑤ 参见赵惠妙：《上市公司重整中政府角色的实证研究》，载《兰州学刊》2017 年第 12 期。

10000 余起重整案件中涉及法院强制批准的案件仅 17 宗。① 虽然前述并非口径统一的精确统计，但学界和实务界对强制批准制度滥用的担忧并非空穴来风，2018 年《全国法院破产审判工作会议纪要》明确强调要审慎使用强制批准，不得滥用。然而与此同时，也产生了“慎用”要求的提出是否会导致“惧用”的顾虑，甚至有实务界人士呼吁符合强制批准条件的不能该裁而不裁②，毕竟强制批准在重整中功能缺失将不可避免地制造利益博弈走向无序失衡的局面。无论是滥用还是缺失，造成两端困局的根源都在于这一制度的具体适用建立在社会认知与价值判断高度不确定性的基础之上，由此，强制批准条件的合理设置就显得尤为关键。

此外，重整计划的本质可理解为一份调整多方利益的合同，故而重整的核心仍然在于通过当事人间的谈判与博弈释放更多信息，进而获知或至少是尽可能获知破产企业情况全貌，最终根据充分披露的信息作出各自的理性决断。然而有学者指出我国当前重整实践中的逻辑悖论，即我国法强制批准制度建立在法官充分掌握破产企业和当事人价值信息、法官远比当事人更充分知悉企业经营规律这一类先验预设基础上。③ 但事实上，一旦企业步入重整阶段，其资产的具体估值就将处于难以被确切评估甚至被严重扭曲的境地，资本市场和拍卖都会产生失真效果。此时的价值确定依赖较为“原始”的方式确定，即需要激励重整当事人不断通过谈判将分散在各主体手中关于企业价值的信息披露出来，经过充分信息交换后方能给出各方关于价值的“答案”。但受实务中对强制批准的认知异化影响，使得人们往往预设了很可能甚至必然动用强制批准的结果，过度放大了该制度原本寄望促进重整当事人加快和充分意思自治的“震慑”效果，使得促进作用灭失而将其间本该充分展开的谈判和博弈变得无意义，重整方案的优化也变得无关紧要。参与者一旦认为终将由法院来“独立安排”利益分配方案后，自然不会再认为彼此间意思自治能有多少作用。而磋商不充分会导致信息披露的不充分，最终资产价值特别是出资人权益的客观厘清也将

① 参见高丝敏：《重整计划强裁规则的误读与重释》，载《中外法学》2018 年第 1 期。

② 参见杜万华：《当前破产审判工作必须重点把握的十个问题》，载《人民法院报》2018 年 4 月 4 日，第 5 版。

③ 参见高丝敏：《重整计划强裁规则的误读与重释》，载《中外法学》2018 年第 1 期。

成为无本之木。

社会公共利益与重整效率价值为强制批准制度提供了立法论上的正当性基础，但立法论上的理据不应成为强制批准个案时的直接依据，除非法律对之有明文规定。① 这一认识的理由源于不加区分地引入公共利益作为考量因素，则任何组别的利益都不具有足以与公共利益对抗的正当理由，特别是在上市公司重整案件中，考虑到重整失败或将导致的国有资产流失、大规模失业、系统性金融风险等因素，公共利益几乎可以被用来解释成足以凌驾于任何个体利益之上的优先价值。这将导致为适用强制批准权所设置的条件与程序的规限作用被变相废除。滥用强制批准也在所难免。同时，大型企业、上市公司的破产案件固有的复杂性和广泛影响性，决定了地方政府协调甚至深度参与破产程序已经是普遍现象。② 而公共利益的过度解释，也会导致地方政府参与本来可以带来的正向导向发生偏离，为基于地方保护主义的地方政府不当干预提供了土壤。③ 具体在部分案件中出现不当保护出资人权益而大幅削减债权人权益违背绝对优先原则的情况。

（三）强制批准适用于出资人权益调整时的应然状态

强制批准制度发端于以私主体自治为基础的市场主导型重整程序，其理应在更大程度上尊重意思自治。所以理想状态下，重整计划的达成应主要寄望于各组别磋商和表决通过，在各方当事人谈判和博弈的过程中，法院扮演中立并保持距离的辅助角色，同时以明确的强制批准适用规则对当事人利益平衡产生适当的“威慑”作用以促进共识的取得。这种强制批准权的动用不应当是先验预设的、也不应是空洞无力的，以保障在可为外界知悉的合理空间内，有序、充分、平衡的鼓励意思自治。而在达到适用标准时，法院应当一改前述“疏远”的立场，应裁尽裁地按照细化的衡量标

① 参见邹海林：《我国企业再生程序的制度分析和适用》，载《政法论坛》2007年第1期。

② 参见陈义华：《论破产重整计划强制批准权的法律规制》，载《商业研究》2014年第11期。

③ 参见丁燕：《上市公司重整中行政权运行的偏离与矫正——以45家破产重组之上市公司为研究样本》，载《法学论坛》2016年第2期。

准，结合前期经过充分谈判所披露出的价值信息，评价重整计划的合理性并将利益分配失衡付诸矫正。聚焦至这一环节中，出资人权益调整方案，进入破产阶段的企业，其多为交易中特别处理公司，“特别处理”的标记给市场释放的信号是该公司可能有退市的危险，所以投资者对于公司的投资活跃度和兴趣会大大减低，而股价也会大大缩水。其出资人权益的估价较之企业一般资产更难厘定公平合理的价值含量。另外，诸如上市公司“壳资源”的附着无形价值，虽然目前该种无形资产已有较为科学的评估方法①，但仍然离不开对目标企业具体信息的充分获取，以为其股价模型的适用提供必要数据。这对前述理想状态的实现提出了更高的制度作用发挥的要求。总之，强制批准制度的设计既要为相关方的协商谈判构建公正的利益分配框架，又要充分尊重利益主体自治，严格防止权力滥用，确保法院依法审慎适用强制批准权。

四、出资人权益调整方案强制批准机制的合理路径探索

现时强制调整出资人权益时浮现的各类问题，并非是出资人权益调整制度的不足与强制批准制度异化结果的简单加总，在呈现一般性不足之外还蕴含问题叠加衍生的复杂缺陷。最突出的问题便是出资人与债权人在利益调整阶段的利益失衡，而强制批准制度作为本应基于公平公正价值标准，改善未获通过重整计划中利益不平衡问题的矫正器，同样因为自身在实践中产生的功能异化，反而放大了利益失衡，甚至在某些情形下成为不当利益调整的工具。这导致了重整计划制定阶段的利益失衡(一次调整失衡)，在进入强制批准机制时未得甄别(二次调整失衡)而被固定化的局面。这一局面的破解，有赖于出资人权益调整制度和强制批准制度的一体完善，在这一基础之上才能形成良好的出资人权益调整方案强制批准的机制优化。具体需要从实体、程序以及不当干预化解三个方面进行制度改良。

① 参见徐硕正、张兵：《中国A股市场的借壳上市与壳资源——一种度量上市公司壳价值的方法》，载《山西财经大学学报》2020年第5期。

(一)实体规则的完善

1. 出资人权益调整方案制定过程中的调整原则细化

出资人权益调整具体涉及出资人与债权人、中小股东与大股东、新老股东间利益平衡的矛盾。而这分别需要如下原则的细化来予以应对：(1)在立法中明确债权人优先原则的基础上，通过新价值规则的引入确立呈债权人利益相对优先的利益平衡架构。不同于绝对优先原则下的利益分配决然倾斜，相对优先呈现为按照优先权顺位分配企业剩余价值时，即使清偿顺位在先的利益相关人也可以根据公平、公正的原则获得一定的清偿。唯此种清偿的前提是顺位在后的利益相关人获得的利益不高于顺位在先的利益相关人①，即应明确债权人利益削减幅度不应大于出资人权益调减的比例。这一制度安排的优势在于在坚持绝对优先原则的清偿顺位安排之余，又能柔化规则边界为顺位在后的出资人获取一定利益提供空间，有助于调和出资人与债权人间利益冲突。(2)方案制定中坚持股权平等原则和过错责任原则，其中前者并非要求对所有出资人依同样比例进行权益调整②，而是在对出资人依据性质种类、持股地位等因素分型的基础上，对同类同质的股东应尽可能采同一的调整方式一体对待，对于不同类股东则可以设计有差别的权益调整方案。后者则是在制定方案时，应当考虑出资人对企业陷入濒临破产困境应负经营管理上责任大小，对直接参与企业治理、管理对经营失败负有直接责任的出资人显然应当承担更大的责任，细化到具体层面则是此类出资人权益调减比例应当大于责任较小或无责任的出资人。

2. 应考虑建构股权价值适当补偿和出资人退出机制

考虑到企业的人合性和结社自由，不应对重整持异议的出资人退出进行不合理的限制。具体到我国实践来说，可以考虑借鉴德国法上价值补偿

---

① 参见丁燕、黄涛周：《绝对优先原则的重新审视》，载《东方论坛》2017 年第 1 期。

② 参见邹海林：《破产法——程序理论与制度结构解析》，中国社会科学出版社 2016 年版，第 425 页。

和分期支付的经验和公司法上股份回购制度的框架，在重整措施使出资人意欲退出企业时，赋予其股权剩余价值补偿请求权。当然该权利的享有不应违背相对优先原则的限制，在这一前提下，重整计划应保障出资人可获得不低于破产清算情况下的收益，除非其自愿承担更为不利的分配结果。如果重整失败，则继续复归至破产清算的境况，依据股权存量价值在有剩余情况下分配。

3. 明确重整阶段的出资人激励机制

取得出资人配合对重整的推进和信息充分披露有至关重要的意义，故有必要确立公平且有可持续性的激励机制，弥合出资人与其他当事人因客观上利益对立而产生的分歧，将出资人利益尽可能对标共同利益的指向：(1)参考美国法上最低期望收益规则，基于前述对出资人权益保障和利益平衡的理论，可以考虑明确只有在同时满足破产企业无任何剩余价值可分予给出资人、顺位在出资人之后的利益相关人组别也不会得到清偿、顺位在先的债权人组别所得到的利益不高于其总债权这三个条件时候，才准予使出资人“净身出户”。此种情形也通常意味着重整已无望扭转企业命运，此时作出使出资人不分得权益的安排并不违背公平公正标准。但这一标准明确，也会使企业但凡还有一线生机都足以促使出资人致力于追求重整成功。(2)引入新价值例外理论，激励出资人通过继续出资而为其保留与其新出资贡献价值相等的股权利益①，为破产程序中企业开辟新的融资通道，也成为对绝对优先原则过于“锋利”的调整。

4. 强制批准规则的边界设置

对于涉及出资人权益调整方案的强制批准，其审查规则有进一步在法律文本中细化的必要。(1)明确合法善意标准，调整方案无论是形式还是实质都需合于《企业破产法》应是不言而喻的，善意标准则是为针对部分恶意申请人意图通过重整削减债权、保壳卖壳等而非真实确信重整可以取得成功的投机行为，所以还可通过司法解释指引法官考量方案是否符合破产法的价值导向、计划提出时是否有充分的信息披露、是否达到理性人足

---

① 参见王欣新、宋玉霞：《重整计划强制批准法律问题研究》，载《江汉论坛》2014年第10期。

以真实确信重整可以取得成功等因素来具体判断。(2)加强可行性审查，引导法官从企业资本结构健康状况、现金流水平、市场前景、管理层能力、未来融资能力、或有诉讼等与企业重获持续经营能力密切相关的因素综合判断方案是否可行①，该审查的实质化运作有助于倒逼破产企业治理层与管理层充分披露价值信息，还可防范其恶意压低价值变相削债。②(3)补足并严格落实最低限度接受原则。我国《企业破产法》第87条关于最低限度接受原则的规定存在明显缺陷，应明确此最低限度为至少有一个权益遭调减的组别通过了重整计划。但就出资人权益调整来说，有必要考虑其特殊性而进行专门考察。即当仅有出资人权益遭调减并改该组通过计划时，应分析其利益是否并非实质减少而为账面减少，以排除形式调减和无价值调减时，出资人组通过表决侵害其他利益相关人权益；另外，出资人组否决权益调整方案时，法院也应当对通过计划的受调整组别调减幅度与出资人权益调减幅度进行衡平判断，避免在企业附带壳资源和其他无形资产、甚至是并未至资不抵债境况时，令某些非善意债权人通过利用重整实施投机行为，以较小的债权削减来撬动过高的出资人权益调减比例，不当掠夺中小股东的合法权益。并在此基础上，可以考虑利用跨学科理论以充实强制批准的审查工具箱。

(二)程序缺失的补足

1. 表决程序补足

我国《企业破产法》以“可以”的款式规定了可选择的重整计划二次表决规则。但实务中不进行二次表决、次日二次表决等情况反映③，该规则实际上流于形式，未能发挥鼓励重整参与人加强磋商的用意，因为较之关注弱势组别诉求进行利益调整来说，在现时强制批准制度不够细化的背景

---

① 参见武卓：《我国重整计划强制批准制度的完善路径》，载《中国政法大学学报》2017年第3期。

② 参见高丝敏：《重整计划强裁规则的误读与重释》，载《中外法学》2018年第1期。

③ 参见齐明、郭瑶：《破产重整计划强制批准制度的反思与完善——基于上市公司破产重整案件的实证分析》，载《广西大学学报(哲学社会科学版)》2018年第2期。

下，径行付诸强制批准对强势组别要容易许多。所以有必要固定该程序，并结合实践经验划定合理间隔期，促进出资人与债权人、其他重整参与人在间隔期内就各自诉求再行谈判协商，将强制批准程序真正作为最后防线来适用。

2. 建立异议表达和救济机制

有必要规定法院应在强制批准审查过程中举行听证会并实质化，便于在重整计划和信息披露声明以外，直接获悉各方诉求和疑义，并通过听证程序中的各方质疑、说明来充分掌握重整利益分配状况，为法官通盘考虑是否强制批准提供程序上的实情观察窗口。此外，纵使前文早已论述强制批准制度的正当性价值，但本质仍为公权力介入并直接参与分配的情形，为异议当事人留有救济途径也十分必要，应当允许异议当事人在强制批准裁定作出之日起合理期限内，向上级法院申请复议，复议期间不影响重整计划的执行。以利于矫正失衡的重整计划，也能减小恶意当事人滥用强制批准将不当利益固定化的可能性。

3. 充实信息披露机制以保障知情权

信息披露之于重整推进的重要性已于上文中阐述，唯我国现行法对信息披露的具体规则缺乏直接规定。美国法上要求，重整计划的申请方在需向法院随重整计划提交信息披露声明，法院会就是否批准该声明举行专门听审，并在就其全面性、完整性、及时性予以充分考虑的基础上决定是否批准并送交其他重整参与人。在此之后，重整计划才可交付表决。此经验对完善我国立法具有相当的参考价值。我国实务中不但无审查信息披露声明的做法，连重整计划本身的信息披露也不够充分，较之美国破产企业动辄一两百页的信息披露声明，我国上市公司的重整计划通常也不过几十页①。这样的信息披露程度较难谓之充分。但实际上，促进充分信息披露的做法对缓和绝对优先原则也颇为必要，否则债权人在知情权保障不充分的情形下，显然难以为了实现重整利益整体最大化和利益平衡而放弃原本可以绝对在先的利益，更何况在价值信息有限的情况下也难以判断重整成

① 参见韩长印：《简论破产重整计划表决的信息披露机制——以美国法为借鉴》，载《人民司法》2015 年第 1 期。

功可能性，不利于赋予债权人足够信心。如此则不利于达致新规则框架下出资人与债权人的利益平衡，对出资人而言也并非有利。

(三)不当影响的化解

重整中存在的不当干预，主要源自行政权的不适度介入和地方保护主义的侵入，以及缺乏专职法官并由于其精力与专业知识有限导致部分恶意当事人趁机骑劫重整程序。(1)基于破产案件特别是重整的复杂性和高度专业性，行政权的适度介入不但无可避免并且是必要的，但与此同时又有规避地方保护主义的不当干预的迫切需要。建立跨越行政区划掣肘的专门破产司法体系或许是可考虑的选择。这一方案甚至可以依托现有巡回法庭系统，参考美国联邦法院系统的模式，依附于其设立有必要突破行政区划不利影响的专门附设法庭，这当然可以包括破产法庭。(2)重整中关涉到跨学科知识的综合运用且高度专业化，特别是在出资人权益调整领域中，有必要建立专职破产法官团队，甚至可以适时考虑延揽具备法学、会计、管理等知识综合能力且富有破产实务经验的律师、会计师、评估师加入，增强法官独立判断的准确性。(3)就出资人权益调整中复杂多样的商事实务判断，完全可以考虑依靠会计师事务所、咨询公司、资产评估机构等第三方的服务，一方面，此类专业机构可以结合充分披露的企业价值信息给出公允评估结果；另一方面，可以间接发挥独立第三方的监督作用，便于审查信息披露和各方诉求的合理性，避免部分恶意当事人利用信息不对称的优势谋取私益。

结　　语

破产对利益平衡的追求在重整程序中得到最为集中的体现，这一价值导向贯穿了其制度构建的始终。但在一段时间以来，出资人权益调整常常处于缺乏细则规范的境况，其作为较普遍使用的重整计划组成部分，不但未能有效缓和出资人与债权人间冲突，反而更多地成了利益失衡的焦点，此种不足在强制批准这一于当下高度依赖价值判断的制度适用中更加放大。通过立法论或司法解释细化的方法，充实、尽可能具体化各类价值判断的评价方法，或将为改善这一局面发挥有益作用。同时，制度本身的优化亦如这一价值导向的体现，在试图解决实务中过度减损债权人利益乱象的同时，也不应走向漠视出资人权益保护正当性的道路，而对强制批准制度的适用也需要在“滥用”和“惧用”中寻找到“慎用”的平衡点。如何精准拿捏公平尺度是检验我国破产法学发展水平，厘清我国经济法治完善发展的试金石。不断在各方诉求中拉锯，在理论和实务中折返往复，寻求利益平衡的关键之处，料想仍是未来一段时间炼就这一试金石，破解公平公正价值判断难题所必经的出路。

对重整程序中未按期申报债权问题的反思与重构

李光胜　汪　晶*

内容提要：《企业破产法》第92条第2款确定未按期申报的债权在重整计划执行完毕后仍能按照同类债权的清偿比例受偿，导致债权人消极申报，部分债权人恶意不按期申报债权，重整后投资人的风险处于不可预期状态，重整程序非但可能无法拯救企业，重整后的企业甚至可能因或有债务而陷入"二次破产"危机。司法实务虽然从预留偿债资金、重整模式、重整计划等方面尝试解决该条款带来的问题，然未能达到标本兼治的效果。为发挥重整程序的效用，应当从立法层面对重整程序中未按期申报债权清偿规则予以重构。建议重构规则时，可以参考破产清算程序中未按期申报债权的清偿规则、增设补充申报债权的限制性规定、明确补充申报债权审查确认的主体及费用承担等，体现立法者鼓励债权申报的价值取向，充分发挥破产拯救功能。

引　言

《中华人民共和国企业破产法》(以下简称《企业破产法》)第92条第2款规定了重整计划执行完毕后未按期申报的债权仍能按照重整计划确定的比例获得清偿，但就清偿主体、主张债权的条件及方式、主张债权的期限等均未作出规定。该条款仅寥寥数语，在规则设计上存在严重不足，亦无法通过法律解释的方法予以弥补。虽然司法实务中，管理人及法院尝试采用

* 李光胜，湖北忠三律师事务所管理合伙人。汪晶，湖北忠三律师事务所律师。

预留偿债资金、通过重整模式或重整计划等方式解决及规避前述条文的遗患，但这些应对方式在适用范围、法理等方面存在失当之处，均非解决问题的最佳路径。《企业破产法》已被列为2021年度立法工作计划的重点立法项目，笔者认为，在本次破产法修订过程中，应当对重整程序中未按期申报债权的清偿规则予以重构，以解决条文规则在当下破产实务中引发的问题，提升重整程序对市场主体的拯救效能，助力破产程序对营商环境的优化。

一、推本溯源——重整程序中未按期申报现行规则引发的问题

有学者认为，对重整程序中未按期申报债权的债权人，《企业破产法》第92条第2款在立法基础上将其享有的权利区分为程序性权利与实体性权利。① 在重整程序中，未按期申报的债权人将在程序上失权，但其享有的实体权利，也即债权获得清偿的权利，不因未按期申报而受到影响，与享有同类债权的债权人一样，可依照重整计划得到同等保障。笔者认为，按照现行法律规定，重整程序中，如果未按期申报债权的行为，仅导致权利人丧失程序性权利，会使债权人对债权申报持消极态度，诱发部分债权人的恶意不申报，严重影响破产案件的办理，同时，因这一部分未纳入重整计划的债权，重整投资人对重整投资的风险更加难以预测，重整成功后，巨额的或有债权主张甚至可能将新生企业推向“二次破产”，缺乏程序的保驾护航，会降低投资人的重整投资积极性，增加重整程序推进难度，既降低重整程序的适用率，也降低债务人重整的成功率。

(一)动摇办案基础：引发债权人消极申报及恶意不申报

法谚有云：“法律不保护躺在权利上睡觉的人。”出于交易稳定及程序效益等方面的考量，立法者在制定规则时，会激励权利人积极行使权利，否则将承担消极行权导致的不利益，不利益的程度与权利行使的压力成正相关，也即，不利益程度越严重，权利行使的压力越强烈，例如民法中的时效制度，就是通过期限压力促使权利人尽快主张权利，否则权利人将丧

① 参见韩长印、张旭东：《重整程序中未申报债权的清偿规则研究》，载《法律适用》2021年第9期。

失胜诉权或实体权利。

破产程序中的程序性权利主要是表决权。重整程序中，债权人表决权行使的关键是对重整计划草案的表决。根据《企业破产法》设置的重整计划草案表决规则①，重整计划的表决通过无需全体债权人的一致同意，只需相同利益群体中享有代表大多数债权且超过半数的债权人同意重整计划草案，该表决组即达到重整计划通过的法定标准。此外，除表决通过外，在满足法定条件的情况下，纵然某类利益群体未能表决通过重整计划草案，人民法院亦可通过司法强制力干预表决结果，裁定批准重整计划，以明确并稳定案件办理方向。对重整计划强裁的价值衡量是既不因部分人的反对导致重整失败，也不能为了重整而损害反对者的既得利益。② 由此可见，破产程序的法定表决规则使得债权人的表决权不必然影响表决结果。这样一来，未按期申报的债权人所丧失的程序性权利可能对其带来的不利益近乎为零，而其实体性权利受到的保护与按期申报的债权人又是一致的，致使现有规则对债权人的债权申报行为没有形成有效压迫，无法从法律规定层面使债权人对债权申报产生积极性。

再加之，管理人或债务人制定重整计划中的债权的调整及清偿方案时，除依照法律规定外，主要根据重整投资人的投资款、债务人资产情况以及审查认定的债权总额。重整投资款反映的是企业及企业资产的市场价

① 《企业破产法》第 84 条第 2 款："出席会议的同一表决组的债权人过半数同意重整计划草案，并且其所代表的债权额占该组债权总额的三分之二以上的，即为该组通过重整计划草案。"第 87 条第 2 款："未通过重整计划草案的表决组拒绝再次表决或者再次表决仍未通过重整计划草案，但重整计划草案符合下列条件的，债务人或者管理人可以申请人民法院批准重整计划草案：(一)按照重整计划草案，本法第八十二条第一款第一项所列债权就该特定财产将获得全额清偿，其因延期清偿所受的损失将得到公平补偿，并且其担保权未受到实质性损害，或者该表决组已经通过重整计划草案；(二)按照重整计划草案，本法第八十二条第一款第二项、第三项所列债权将获得全额清偿，或者相应表决组已经通过重整计划草案；(三)按照重整计划草案，普通债权所获得的清偿比例，不低于其在重整计划草案被提请批准时依照破产清算程序所能获得的清偿比例，或者该表决组已经通过重整计划草案；(四)重整计划草案对出资人权益的调整公平、公正，或者出资人组已经通过重整计划草案；(五)重整计划草案公平对待同一表决组的成员，并且所规定的债权清偿顺序不违反本法第一百一十三条的规定；(六)债务人的经营方案具有可行性。"

② 王欣新、徐阳光：《破产重整立法若干问题研究》，载《政治与法律》2007 年第 1 期。

值，其与债务人资产均不受审查认定的破产债权总额的影响，也即，能够用以清偿债务的款项原则上是既定的。在可用以分配的财产总额固定的情况下，未申报的债权额度越高，重整计划制定时，纳入重整程序参与受偿的债权额度就越低，同类债权能够获得清偿比例就越高。按照法律规定，未按期申报的债权人在重整计划执行完毕后，依照重整计划确定的同类债权清偿条件实现权利，按照前述推演，不按期申报的债权额度越高，同类债权的清偿率将会越高。如果债权人对第 92 条第 2 款“灵活运用”，其不申报债权反倒会使其获利。

如上所述，债权人不按期申报行为不仅基本不会遭受不利益，反而有可能因其不按期申报行为提升债权的清偿比例。从一个理性的普通人的思维去考虑，对于重整程序中的债权申报，作为债权人，与其主动申报债权，还不如静观其变，总归保底是与参与重整程序的同类债权人获得一样的受偿，待到重整计划通过，坐享其成即可。更利己一点思考，自己不申报债权的行为减小了参与清偿的“分子”，提高自己债权的清偿比例，何乐而不为？

(二)埋下风险隐患：增加重整投资风险，阻滞重整程序效用

有学者认为，重整投资本质上是一种投资行为，投资即会存在风险，重整程序中的或有债权只是重整投资的风险之一，《企业破产法》第 92 条第 2 款是明示重整程序的险点，而非加重重整程序的投资风险。笔者不认同这一观点，理由如下：

第一，按照破产法的主旨，破产程序中，破产债权的金额应当已知且固定。公平清理债权债务①是破产程序的主要目的，公平清理债权债务的前提是明确债权及债务的金额。破产程序中，通过《企业破产法》确立的停止计息、未到期债权的加速到期②等规则，以及管理人对债务人的接管、财务审计等履职行为，在公司财务资料齐全、债务人依法配合、债权人全面申报的绝对理想状态下，经过管理人的勤勉履职，破产债权的金额

① 《企业破产法》第 1 条：“为规范企业破产程序，公平清理债权债务，保护债权人和债务人的合法权益，维护社会主义市场经济秩序，制定本法。”

② 《企业破产法》第 46 条：“未到期的债权，在破产申请受理时视为到期。附利息的债权自破产申请受理时起停止计息。”

应当已知且固定。那么在明确投资意向前，重整投资人通过投资尽调可以较为清晰地把握公司的债务情况。重整投资的风险不在企业债务情况，而在于重整投资人对企业市场价值的判断。

第二，企业的实际经营以及破产案件办理的现实情况，必然导致上述理想状态的实现存在难度。商人的本质是逐利，少有绝对诚实的经营主体。从司法实践来看，绝大多数债务人财务不规范(如财务造假、财务资料不全)、债务人债务结构复杂、债务人的实际控制人下落不明、管理人难以接管真实有效的财务资料,① 导致不单单是重整投资人通过投资尽调也难以衡量或有债务风险，连管理人也无从通过勤勉尽责的履职完全掌握企业债务的全貌。

第三，破产法应当拉近“理想照进现实”的差距，并且提升重整拯救的可能性。实务中企业经营管理的不规范以及破产程序中债务人的不配合或缺席，导致程序全面清理债权债务的目的难以仅通过债务人的层面实现。破产程序中，管理人作为债务人与债权人之间“空降”的第三方，要厘清企业债权债务，必须借助债务人和债权人两方的力量。破产法应当双管齐下，除约束债务人外，还须促进债权人积极申报债权。这不只是在实现破产法的程序目的，也是让重整投资更具有拯救的针对性，即发掘债务人的市场遗留价值与潜能，发挥重整程序的实际价值。面对满目疮痍的破产企业，投资人从商业判断的角度，也许还踌躇满志，对企业未来的经营有一张蓝图。但是按照现行破产法对或有债权的清偿规则，就意味着除了扭亏为盈的压力外，其担负的债务可能超越重整计划制定时的范围，而这个范围外的或有债权的大小，也无从探查或了解。对未知的恐惧才是最可怕的。这样的规则设置极大降低了投资人的投资信心，增加重整案件中投资人的引入难度，减少了重整程序的实务运用。

退一步讲，如果或有债权的潜在风险没有最终阻碍重整投资人的投资决策，仍旧选择以重整投资人的身份参与重整。在前文中，笔者以债权人的角度，对第 92 条第 2 款设立的债权清偿规则进行了推演，该条款加大了债权人不申报债权的可能性。对刚刚执行完毕重整计划、实现重整成功的

① 参见潘光林、方飞潮、叶希希：《破产重整若干实务问题探析——以温州法院破产审判实践为立足点》，载《第九届中国破产法论坛暨改革开放四十周年纪念研讨会论文集(上)》，第 41 页。

企业而言，重整投资人才投入巨额投资款，原本以为已经填平企业原有的债务，刚刚重新上路的企业尚未实现投资盈利，如果此时出现额度较大未申报债权，旧病未愈，又添新疾，企业极大可能再次陷入破产的境地。①

二、未中肯綮——重整程序中未按期申报现行规则的实务应对分析

为解决第 92 条第 2 款带来的系列问题，司法实务尝试从预留偿债资金、重整模式、重整计划等方面尝试解决该条带来的问题，但前述三种方式均存在一定问题。

(一) 通过预留偿债资金预防债权补充申报风险

预留偿债资金是在重整计划中约定，依照特殊条件，在本应用于分配的款项中留取一定的数额的款项，暂时不向债权人进行分配，等到分配条件满足，再行向债权人分配。笔者对 2017 年到 2021 年期间的 17 家上市公司的重整计划进行的梳理与分析，尝试以上市公司的重整作为切入点，一定程度上反映司法实务中采用预留偿债资金的频率。

序号	债务人②	重整计划制定时间	是否预留偿债资金
1	ST 数码	2021 年 7 月	否
2	ST 金荔	2020 年 12 月	是
3	ST 中南	2020 年 12 月	是

① 参见王欣新：《重整制度理论与实务新论》，载《法律适用》2012 年第 11 期。

② 陕西煤航数码测绘（集团）股份有限公司、衡阳市金荔科技农业股份有限公司、中南红文化集团股份有限公司、郴州市金贵银业股份有限公司、深圳市飞马国际供应链股份有限公司、大连天神娱乐股份有限公司、天海融合防务装备技术股份有限公司、德奥通用航空股份有限公司、珠海市博元投资股份有限公司、青海盐湖工业股份有限公司、莲花健康产业集团股份有限公司、庞大汽贸集团股份有限公司、宁夏中银绒业股份有限公司、厦门厦工机械股份有限公司、沈阳机床股份有限公司、重庆钢铁股份有限公司。

续表

序号	债务人	重整计划制定时间	是否预留偿债资金
4	ST 金贵	2020 年 12 月	是
5	ST 飞马	2020 年 12 月	是
6	ST 天娱	2020 年 11 月	是
7	ST 天海	2020 年 8 月	是
8	ST 德奥	2020 年 5 月	是
9	ST 博元	2020 年 4 月	是
10	ST 盐湖	2020 年 1 月	是
11	坚瑞沃能	2019 年 12 月	是
12	ST 莲花	2019 年 12 月	是
13	ST 庞大	2019 年 12 月	是
14	ST 中绒	2019 年 11 月	是
15	ST 厦工	2019 年 11 月	是
16	ST 沈机	2019 年 10 月	否
17	ST 重钢	2017 年 11 月	是

在重整计划中预留偿债资金的做法，在实务和学界争议极大。从上述梳理也可以看出，很多案件中仍然会在重整计划中预留偿债资金。有学者认为，法律没有设置关于预留偿债资金的相关规定，在法律依据及法理基础上，这一做法均缺乏正当性。① 笔者认为，预留偿债资金的方式，实质上是一个治标不治本的解决方式。这一方式不仅不一定能够全面预防补充申报带来的风险，还会因预留偿债资金侵害按期申报债权人的合法权益。

一方面，未按期申报的债权有两类，一类是可预期的，例如债务人的账面记载、因诉讼尚未确认的债权等；另一类是不可预期的，尤其是在债务人缺位或者财务账册有瑕疵的破产案件中，无法从已知信息中获取的债权，即或有债权，其额度无法确定，自然无法确保通过预留偿债资金的方

① 参见郗伟明：《论破产重整中未按期申报债权之处置》，载《法商研究》2012 年第 6 期。

式予以预防。另一方面，《企业破产法》第 92 条第 2 款赋予未按期申报债权人的清偿权，是对合法债权的公平保护，具有法理基础，只是与破产法的立法目的及重整程序的价值相违背，既不利于债权人积极申报债权，也给重整后的企业遗留风险。但是预留偿债资金的方式，虽然给重整后的企业在一定程度上给予保障，但是却因延期分配占用了依法申报债权的债权人应获得的分配款项，侵害了依法申报债权人的合法权益。立法没有给予依法申报债权的债权人奖励，重整计划中预留偿债资金的约定本质上是因为一部分不依法申报的债权人可能给债务人带来补充清偿债务的风险，让依法申报的债权人让渡自己的合法权益，严重违背公平清偿原则。虽然依法申报的债权人参与了重整计划的表决，但如前所述，债权人在重整计划的表决过程中并不具有强势地位，含有预留偿债资金条款的重整计划看似是经债权人会议表决或法院依法裁定的结果，实际上面对可分却不能立即分配的预留偿债资金，债权人的赞成也是无奈的求全之举。

(二)通过重整模式规避债权的补充申报

司法实务中，重整模式大致分为两种，一种为存续型重整，一种为出售式重整。存续型重整属于传统的重整模式，仍以破产企业为主体，采用解决企业债务问题、调整经营模式、优化治理结构等方式，使企业摆脱破产困境，重新投入市场经济。出售式重整是将破产企业仍有市场价值的营业事务予以剥离，并将其转让至新的主体之中，再对破产企业予以清算注销。两种重整模式对企业的拯救侧重点有所不同，出售式重整更加侧重于对破产企业的营运价值的保留。出售式重整的模式将破产企业的“壳”(法人资格)与营运价值分离，并在转让营业事务之后将破产企业予以注销。① 基于债的相对性原则，随着主体资格的消灭，未按期申报的债权将无法获得清偿。出售式重整从重整模式设计上对《企业破产法》第 92 条第 2 款予以规避，既将破产企业仍有价值的营业事务保留，让其继续在市场经济中发挥效用，同时，对破产企业而言，形式上是进行的破产清算，不会存在《企业破产法》第 92 条第 2 款的适用问题。

笔者认为，出售式重整的模式不能适用于全部的重整案件，尤其对于

---

① 参见王欣新：《营商环境破产评价指标的内容解读与立法完善》，载《法治研究》2021 年第 3 期。

具有特殊资质或者壳价值远重于营运价值的企业，只能通过存续型重整发挥破产拯救作用。[①] 司法实践只能在已有法律规则上拓宽思路，无法覆盖或者替代既有规则。出售式重整模式的产生并不仅仅是为了解决重整程序中或有债权在重整程序执行完毕之后带来的风险问题，也是为了适应不同破产案件办理需要，司法实务者开辟出的案件办理路径。对于营业事务类别繁多的破产企业，出售式重整的模式能够实现对企业的不同营业事务进行划分，有针对性寻找重整投资人，充分挖掘破产企业价值。

（三）通过重整计划规避债权的补充申报

在重整计划中设置专门的条款，明确未按期申报的债权人无权要求重整后的企业承担清偿责任，用以规避对未按期申报债权的清偿，也是司法实务应对《企业破产法》第 92 条第 2 款的方式之一。有审判者认为，该规避条款应当有效。[②] 一方面，从《企业破产法》的立法本意出发，重整程序旨在拯救企业，为实现企业再建，确保重整成功，应当认定该规避条款有效。另一方面，从尊重债权人意思自治以及法律确认效力的角度出发，重整计划经过债权人会议表决，其性质相当于集体性协议，该规避条款应当视为全体债权人之间达成的约定，在适用上优先于法律规定。经债权人会议表决后，人民法院须作出民事裁定书批准重整计划，这一裁定程序是对重整计划合法性的审查，进一步确定了该规避条款的效力。[③]

笔者认为，上述审判者的观点系基于个案的利益衡量，重整计划中设置的该类规避条款是否必然有效仍有待商榷。该类规避条款有效的前提是，须在重整案件办理过程中，管理人已充分尽到通知义务，或债权人系因自身原因未按期申报。从破产法体系解释的角度考虑，《企业破产法》第 94 条规定："按照重整计划减免的债务，自重整计划执行完毕时起，债务人不再承担清偿责任。"该条表明重整计划中能够设置减免债务人债务的条款，如果说第 92 条第 2 款明确未按期申报的债权在重整计划执行

---

① 参见韩长印、张旭东：《重整程序中未申报债权的清偿规则研究》，载《法律适用》2021 年第 9 期。

② 参见衢州乾达科技有限公司诉浙江海蓝化工集团有限公司破产债权确认纠纷一案，一审案号：（2017）浙 08 民初 378 号，二审案号：（2018）浙民终 93 号。

③ 参见程顺增：《规避企业破产法的重整计划条款有效》，载《人民司法》2019 年第 32 期。

完毕后仍可获得清偿，那么根据第 94 条，重整计划可以约定将未按期申报的债权纳入被减免的债务范围。

重整计划约束的对象是全体债权人，未按期申报的债权人将无法参与重整计划的表决，有学者提出，如果债权人非因自身原因没有按期申报债权，该类规避条款是否违背了程序正当性？是否损害了其合法权益？[①] 笔者认为，从利益平衡的角度判断，对该类规避条款效力的判断，是对债务人责任免除与债权人权益保护二者之间考量。《企业破产法》第 94 条与第 92 条第 2 款分别侧重了债务人与债权人两个利益方向，债务免除是债务人获益，债权人的债权不因未按期申报而消灭保护了债权人的权益。虽然笔者提倡应当从立法的角度鼓励债权申报，但是破产法的基本任务是债权债务的公平清理，不能没有区分地剥夺未按期申报债权的实体权利。因而，重整计划中设置该类规避条款是否具有效力不能一概而论，仍应基于实际情况予以综合判断，否则可能存在偏颇性利益保护，有违破产法公平偿债的基本原则。

三、正本清源——对重整程序中未按期申报债权的规则重构

对上述三种破产实务中的解决路径予以分析，任一方式都无法全面解决重整中未按期申报债权的清偿问题。规则带来的问题，仍须通过规则解决。破产案件牵涉主体众多，重整计划更是须债务人、债权人、投资人等代表完全不同利益的主体，在经过多番博弈后，最终落成一个定纷止争的协议。牵一发而动全身，一子落而满盘活。法律对重整程序规则的设置更须审慎。[②] 笔者认为，破产程序的主旨是公平清偿债权债务，在重整程序中，仍应赋予未按期申报的债权人获得清偿的权利，但须明确且限定其受偿的条件。如果对重整程序中未按期申报债权补充申报规则予以重构，可

① 参见[美]杰伊·劳伦斯·韦斯特布鲁克、[美]查尔斯·布斯、[德]克里斯托弗·保勒斯、[英]哈里·拉贾克：《商事破产全球视野下的比较分析》，王之洲译，中国政法大学出版社 2018 年版，第 131~132 页。

② 参见王欣新、徐阳光：《破产重整立法若干问题研究》，载《政治与法律》2007 年第 1 期。

以从补充申报期限、申报条件、认定主体及费用承担等方面进行构建与完善。

（一）明确能够进行债权补充申报的法定期限

1. 重整计划执行完毕后，未按期申报债权人不应再享有受偿的权利

重整计划在被执行前，须经法院裁定批准。重整计划执行完毕后，未按期申报债权的债权人是否享有受偿的权利，既是立法者价值取向的体现，也是涉及重整计划的批准裁定是否具有既判力的判断。破产程序是对债务人全部财产的概括执行程序，① 有学者认为，重整计划的批准裁定应当具有终局性，重整计划经裁定之后具有既判力。② 重整程序具有企业拯救的功能，除重整计划中列明用以清偿企业“重生”前债务的财产外，债务人的财产以及债务人重整后新生的财产应当归属于重整后的企业。重整计划执行完毕之后，重整前的债务仍然能就重整后的企业财产获得清偿，重整前的企业与重整后的企业在债务及财产上没有任何区别，难以体现重整计划批准裁定的效力。

笔者认为，从立法层面明确在重整计划执行完毕后，未按期申报债权人不应再享有受偿的权利，是对重整计划既判力的强化，以及重整计划的批准裁定具有终局性效力的体现。破产程序是一个民事特别程序，清算程序因最终企业主体资格的注销，从根本上使债务人在进入破产程序前的一切归于消亡。重整程序作为破产法的三大路径之一，承担着企业拯救的程序价值，企业经过重整程序之后仍然存续，但是不能因为企业的存续，就淡化破产程序终局性的效果。重整程序的主体之一债务人应当在程序前后被切分成一个主体的两个阶段，即重整前的企业与重整后的企业。既判力

---

① 参见《最高人民法院关于正确审理企业破产案件为维护市场经济秩序提供司法保障若干问题的意见》第 17 条：“人民法院要充分认识破产程序和执行程序的不同功能定位，充分发挥企业破产法公平保护全体债权人的作用。破产程序是对债务人全部财产进行的概括执行，注重对所有债权的公平受偿，具有对一般债务清偿程序的排他性。因此，人民法院受理破产申请后，对债务人财产所采取的所有保全措施和执行程序都应解除和中止，相关债务在破产清算程序中一并公平清偿。”

② 参见韩长印、张旭东：《重整程序中未申报债权的清偿规则研究》，载《法律适用》2021 年第 9 期。

的效果是对主体间的权责一锤定音。重整计划的既判力也应当辐射重整前的企业与重整后的企业。将重整前企业的债务与财产，同重整后的企业划分清晰，既能体现重整计划批准裁定的终局性，也能满足重整程序拯救企业的价值定位。

2. 参照破产清算程序，设置重整受偿公告规则

《企业破产法》第 81 条列明的重整计划草案应当包含的内容，从条文规定来看，重整程序的重点仍旧是对债务人债务的清理与清偿。结合司法实务来看，笔者认为，某种程度上，可以将重整程序看做是以债务人存续为前提的清算，尤其在出售式重整模式中，更是在剥离债务人营运事务之后，直接对债务人予以清算注销。对重整程序中未按期申报债权的清偿规则，可以参照破产清算程序中未按期申报债权的规定，明确在管理人发布最后一次重整受偿公告前，可以补充申报；但是，此前已公告受偿的分配，不再对其补充分配。其理由如下：

第一，从体系解释的角度而言，重整程序也具有债权债务清理的功能，在债务清偿上，清算程序与重整程序均设置受偿公告规则，既能够简化规则，提升规则的适用效率，也能使破产程序的规则设置更具稳定性和可预见性，增加大众对程序的接受与理解程度。

第二，从实务操作的角度而言，司法实务及学界均在倡导构建专门的破产信息化平台，用以保障破产程序中信息披露的及时与全面。随着破产程序信息化的发展，尤其是在专门的破产信息化平台搭建之后，在清算与重整程序中均设置受偿公告规则，能够在债权人与债务人之间达成一个“默契”——一经公告，可获得的受偿比例将会减少；一遇破产，即刻查询公告。既能有助于对重整计划的执行监督，也能通过比照重整计划与受偿公告，剩余可分配财产以及未按期申报债权人可获得的受偿比例一目了然，增加重整计划执行的稳定性，减少因补充申报受偿问题而滋生的纠纷。

（二）增设补充申报债权的限制性规定

1. 加重债权人恶意不申报的不利益程度

参照域外立法例，逾期申报债权的救济规则共有三种：其一，仅有对

未按期申报债权之事实无任何过错的债权人，能够进行补充申报。我国台湾地区有关规定即采用此种模式。① 其二，债权人如因不可归责于自己的事由导致未按期申报，可以通过诉讼的方式获得补充申报的权利。法国即是采用此种立法例。② 其三，最为宽松的救济方式，即任何情形下，未按期申报的债权人均能补充申报。我国即是采用此种模式。有学者认为，对未按期申报的债权人是否享有补充申报的权利，可以引入"重大过错"或"恶意"的判断标准，对未按期申报的债权人补充申报的权利加以限制。因重大过失或者恶意未按期申报的债权人，给予失权的制裁。③ 笔者支持此观点，其理由如下：第一，破产法应当在规则设计上体现鼓励债权申报的价值取向。第二，有利于发挥重整程序对企业的拯救作用。第三，法律规定恶意不按期申报将遭受失权的不利益，能够有效减少债权人道德风险，降低因部分债权人的不道德行为影响整个重整程序的风险。

2. 保障程序效益，限制债权"穿越"受偿

在司法实践中，重整的案件相较于清算的案件，往往案涉债权人数量更多，债权金额大小差距较大，债权人与债务人之间的矛盾程度、债权人与债权人之间的利益分歧等均有所不同，为全面有效地消解矛盾，重整计划对债务清偿方式、清偿顺序等方面的设置会比清算程序中的分配方案更具复杂性与多样性。由此导致在重整计划执行过程中可能出现以下情形，即虽然将债权补充申报的截止时间设置为重整计划最后一次受偿公告发布之日，但是可能在管理人发布某次重整受偿公告时，案件中部分类别的债权已全部清偿完毕。如果此时与债权人申报债权相同类别的债权，已依照重整计划全部清偿完毕，那么这一补充申报的债权在尚未获得清偿的债权中，具有了优先受偿地位，也即，该补充申报债权能够"穿越"尚未获得清偿的债权得到受偿。如果将剩余未分配财产优先向其分配，那么尚未获

① 我国台湾地区"公司法"第 297 条第 2 款："因不可归责于自己之事由，致未依限申报者，得于事由终止后 15 日内补报之。但重整计划已经关系人会议可决时，不得补报。"

② 参见韩长印、张旭东：《重整程序中未申报债权的清偿规则研究》，载《法律适用》2021 年第 9 期。

③ 参见郗伟明：《论破产重整中未按期申报债权之处置》，载《法商研究》2012 年第 6 期。

得清偿的债权受偿比例将因此发生改变。

如前所述，重整计划经裁定批准后具有既判力，限制补充申报债权的“穿越”受偿，既是重整计划批准裁定的终局性效力体现，尊重重整计划的既判力，也利于维护重整计划的稳定性与程序效益。试想，如果对“穿越”受偿不加限制，一旦出现“穿越”受偿，便须按照剩余未分配财产及补充申报债权、未受偿债权重新计算分配比例，意味着原重整计划中确定的部分债权的分配比例将发生改变，未获得清偿的债权受偿比例将必然降低，引发债权人不满“穿越”受偿，可能导致原本已通过重整计划消解的矛盾，再次，因为债权受偿的减少而爆发，不仅增加大量债权人的通知、解释、安抚工作，也会影响重整程序公信力，削弱重整计划既判力。

笔者认为，为避免出现这样的情形，可以限制债权“穿越”受偿，例如设置限制性条款——与债权人申报债权相同类别的债权，已依照重整计划全部清偿完毕，不得进行补充申报。依照重整程序的表决规则，重整计划是大多数利益的集合，限制债权“穿越”受偿，可能会牺牲部分善意未按期申报债权人的权益，但是并不违背重整程序的价值取向。为了平衡这部分善意未按期申报债权人与其他债权人的合法权益，可以在该条款中增设一个除外规定，也即：“与债权人申报债权相同类别的债权，已依照重整计划全部清偿完毕，不得进行补充申报，但重整计划另有约定的除外”。在经参与重整计划表决的债权人同意的情况下，允许“穿越”受偿，尊重债权人意思自治。虽然为了自身利益，这一除外规定极大可能在司法实践中流于形式，被按期申报的债权人极力反对，但这一除外设置是法律给予司法实践的留白，如果在实践中，“穿越”受偿引发的纠纷频发，就会引导在重整计划中普遍设置，准允“穿越”受偿的条款。

(三)明确补充申报债权审查确认的主体及费用承担

如前所述，参照破产清算程序中未按期申报债权的规定，设置重整程序中未按期申报债权的清偿规则，有诸多益处。《企业破产法》第56条确定了清算程序中补充申报人承担审查和确认补充申报债权的费用，虽然未指明补充申报债权的审查确认主体，但是明确了清算程序补充申报债权的截止期限是破产财产最后分配前，此时程序尚未终结，债权人会议尚未解散，管理人尚未终止执行职务，那么审查确认债权的主体一般情况下仍为管理人与债权人会议，并由人民法院作出确认债权的裁定。根据清算程序中前述规则设置，笔者认为重整程序对补充申报债权的确认主体和费用计收与承担的规则可以设置如下：

1. 对补充申报债权审查确认的主体

如果按照前述笔者对债权补充申报期限的设置，重整程序债权补充申报的截止时间应当为重整计划最后一次受偿公告发布之日，管理人终止执行职务的节点可能会由执行监督期届满，依法至少延长至重整计划的债权受偿方案执行完毕。那么，原则上，重整程序补充申报债权审查确认的主体亦可与清算程序相一致。在重整计划的受偿方案执行完毕前，债权人尚未完全获得分配，债权人会议未解散，管理人尚未终止执行职务，仍可由管理人审查补充申报债权，由债权人会议确认审查结果，并由人民法院作出确认债权的裁定。

如果出现管理人发布某次重整受偿公告时，案件中部分类别的债权已全部清偿完毕，债权人已实现自己在本案中全部权益的情形，笔者认为，债权人会议对债权审查结果的核查其实不必须采用会议的形式，主要的目的是保障债权人知情权，通过债权人会议让债权人知晓债权申报及审查的情况。因而，如果在重整计划的执行过程中，出现了前述情形，对债权审查结果的确认主体可以采用两种模式，其一是通知公告模式，将债权审查的结果书面形式邮寄债权人或者发出债权审查结果的公告，以完成债权人对补充申报债权的核查与确认；其二是由尚未获得全部清偿的债权人对补充申报债权的审查结果进行核查与确认。因为已按照重整计划获得清偿的债权人已经实现了自己在重整程序中的全部权益，从常理心去考虑，这部分债权人也不愿再为与己无关的事情投入时间与精力，对补充申报债权的核查与确认并不关切。相反对于未获得清偿部分债权人而言，补充申报债权直接影响其受偿比例，对补充债权审查结果的核查与确认将更加细致，由尚未获得全部清偿的债权人对补充申报债权审查结果予以确认，能够实现程序目的，也满足程序正义的价值取向。

2. 补充申报债权审查确认费用的承担

按照清算程序的补充申报债权的规则，补充申报债权的审查确认费用由补充申报人承担。有学者主张，可以对逾期申报的原因进行划分，合理分配费用的承担主体。例如，如果是由于第三人侵权或者不可抗力导致的逾期申报，那么费用应由补充申报人负担，但是如果是因他人过错导致的逾期申报，则应由过错方承担逾期申报的费用。笔者对此表示支持，采用过错责任的方式划分补充申报债权的审查确认费用更加合理。但是为了保障程序的顺利推进，在应由过错主体承担补充申报债权的审查确认费用的情况时，可以要求补充申报人先行垫付或者直接从其可获得的分配款项中扣除相应费用，并给予补充申报人追偿权，其可以在获得受偿款项后，可以向过错主体主张其垫付的补充申报债权的审查确认费用。

结　语

破产法应当成为程序的领路人，不仅规范破产案件办理，更须为程序所涉主体指领方向。破产程序一经启动，法院在指定管理人后，当务之急便是通知债权人申报债权。① 债权申报是破产程序中至为关键的一环，其既是债权人参与破产程序的前提②，也是能够实现破产程序全面公平清理债权债务的基础。立法者应当在制定规则时，激励债权人积极申报债权，保障依法按期申报债权人的合法权益，对未按期申报债权债权人的权益附条件予以保障。

笔者建议在《企业破产法》修订过程中，可以通过法律规定或发布司法解释的方式，调整、完善重整程序中未按期申报债权的清偿规则。不揣浅陋，以见教于大方，笔者尝试拟写修订后的相关规则如下：

1. 债务人执行重整计划中的债权受偿方案前，应当向管理人提交书

---

① 《企业破产法》第 13 条："人民法院裁定受理破产申请的，应当同时指定管理人。"第 14 条："人民法院应当自裁定受理破产申请之日起二十五日内通知已知债权人，并予以公告。通知和公告应当载明下列事项：（一）申请人、被申请人的名称或者姓名；（二）人民法院受理破产申请的时间；（三）申报债权的期限、地点和注意事项；（四）管理人的名称或者姓名及其处理事务的地址；（五）债务人的债务人或者财产持有人应当向管理人清偿债务或者交付财产的要求；（六）第一次债权人会议召开的时间和地点；（七）人民法院认为应当通知和公告的其他事项。"

② 《企业破产法》第 44 条："人民法院受理破产申请时对债务人享有债权的债权人，依照本法规定的程序行使权利。"第 48 条第 1 款："债权人应当在人民法院确定的债权申报期限内向管理人申报债权"。第 59 条第 1 款："依法申报债权的债权人为债权人会议的成员，有权参加债权人会议，享有表决权。"

面报告。管理人应当根据报告内容发布受偿公告，并在公告中明确受偿的债权额及受偿方式等。债务人实施最后一次受偿的，管理人应当在公告中列明。

2. 债权人未依照本法规定申报债权的，在重整计划执行期间不得行使权利；在管理人发布最后一次重整受偿公告前，可以补充申报；但是，此前已公告受偿的分配，不再对其补充分配。为审查和确认补充申报债权的费用，由补充申报人承担。

3. 债权人存在以下情形的，不得进行补充申报：

(1)在重整计划草案提交债权人会议表决前，管理人已通过书面形式通知债权人申报债权；

(2)债权人明知人民法院受理对债务人的破产申请，却未申报债权的；

(3)与债权人申报债权相同类别的债权，已依照重整计划全部清偿完毕，但重整计划另有约定的除外；

(4)重整计划已执行完毕；

(5)法律规定的其他情形。

破产重整中债转股法律问题研究

崔　科　王　军*

内容提要：破产重整中，债权转为股权有利于企业纾难解困，让企业“起死回生”，债转股具有债务清偿和债权出资的属性。在重整计划执行失败转入清算程序后，已转换的股权不能恢复为债权，应作股权对待。债转股重整中，对债转股债权进行评估、定价，遵循市场化原则、自愿原则，自负风险、自享收益。为避免破产清算，破产重整债转股中需要对出资人的权益进行调整。退出方式因债务人的形态不同而不同。应建立多元化和多层次的退股机制，使债转股的股权退出方式更丰富、更通畅。破产重整中涉及股权质权时的股权调整，股权质权人应将其列入普通债权组表决。重整程序中债转股的表决，参照《公司法》及其他相关规定确定表决权。债转股重整计划执行完毕后，对未申报债务是全部还是部分豁免，法律未有明文规定。实务中采取了不同的对策，如预留清偿资金、通过重整计划排除等模式处理。我国宜对破产债转股重整计划执行完毕后的债权补充申报作出限制。

在破产重整中，债权转为股权有利于企业纾难解困，让企业起死回生，获取收益。重整程序中的债转股注重各方利益的协调一致，在债务人方面的限制较少，适用于所有债权，可以对有限责任公司的债权进行债转股，也可对股份有限公司的债权进行债转股。债转股后，原来的还本付息的债权转变为按股分红的股权。债转股原因是公司已处于资不抵债状态，如不债转股，重整失败进入破产清算程序，债权人基本面临较低的受偿

* 崔科，澳大利亚莫纳什大学硕士，北京大成(武汉)律师事务所律师。王军，湖北施南律师事务所管委会副主任。

率，按债转股重整所得收益高于破产清算状态下的收益。破产重整中债转股(Debt for Equity Swap)作为一种重整工具，其功能有：一是债务清偿，将债权转化为长期投资，企业获得了不需偿还的资金。二是企业再建，挽救企业，避免让企业走向破产清算。但重整程序中债转股现有法律制度供给不足，操作中缺乏明确的规则。

一、重整程序中债转股的属性

债转股具有债务清偿和债权出资的属性。清偿和投资构成了债转股的基本性质和特征。债转股中债的法律关系受破产法调整，股的关系则受公司法调整，这两种法律关系同时适用。①

(一)债务清偿

从债转股的清偿行为特征来看，属于债权抵销。破产重整中的债转股是债务人在债务违约，丧失清偿能力后实施的一种代物清偿，属于止损型债转股，是违约损害赔偿请求权，属于救济性请求权，以股权抵债，非原权请求权。债权人放弃了债权优先股权受偿的顺位，获得了债务人的股权，成为股东，获取重整企业的经营利益，债务人相应的清偿义务被抵销，原有的债务归于消灭。债转股的清偿行为是通过股东的公司股权抵销债务，不是债务主体的混同。将债转股的清偿行为视为债务的抵销并不被禁止。②《企业破产法解释(二)》规定，破产企业的股东不得以其对破产企业享有的债权来抵销其出资不足的义务。因此以债权实现股权，可以视之为抵销。

债转股，原债消灭，债权的从属权利如担保权也不存在。按照《企业破产法》第93条的规定，重整程序中的债转股在重整计划执行程序转入破产清算程序时，债权人因执行重整计划获得的清偿仍然有效，债权未获清偿的部分作为破产债权。③

---

① 参见王欣新：《再论破产重整程序中的债转股问题——兼对韩长印教授文章的回应》，载《法学》2018年第12期。

② 参见王峻峰：《破产重整中金融债权债转股法律问题研究》，载《经济研究导刊》2018年第4期。

③ 参见韩长印：《破产法视角下的商业银行债转股问题——兼与王欣新教授商榷》，载《法学》2017年第11期。

(二)投资行为

债转股重整计划为债权人、债务人、重整投资人及其出资人经过协商达成的具有投资性质的合同。重整程序中债转股方式，一是采取将债权通过增资转为新股权的增量债转股，二是存量债转股方式，将原股东持有的部分或全部股权无偿划转，由股东无偿让渡股份代替债务人公司清偿债务。包括：划转型债转股，出资人直接让渡股份抵债；资本公积金转增后的股份让渡抵债；缩股等方式。债与股的主体是同一的。①

增加股东或股东股权，债权人对公司(债务人)所享有的债权转变为对公司的投资，增加公司的注册资本，债权人成为公司股东。重整程序中债转股是各组债权人包括出资人，分别与债务人经由会议决议方式，对各类债权和股权进行重新评估与调整之后达成的投资合意。其属性是股权投资。债转股要核减转股债权人对公司的债权，使公司的资产增加、资本充实，属公司的增资行为。如非上市公司东北特钢重整债转股后新增 55 亿元注册资本，注册资本由 36.44 亿元变更为 103.78 亿元。②

(三)重整程序转入清算程序后已转股债权的处置问题

重整程序中债转股实施后，原债权即归于消灭。在重整计划执行失败转入清算程序，已经实现债转股的原债权不能恢复其债权，应作股权对待，劣后于债权。

在债转股重整期间应适度限制担保物权人行权、保护债务人和其他债权人利益，担保物权受到限制，暂停行使。如债务人进入重整程序前资不抵债，重整计划所调整的股权已设定抵押的，股权质押权人应当配合办理解除股权质押手续。但在破产清算、和解程序中，担保物权人有不依破产程序优先受偿的别除权利。

《企业破产法》第 93 条第 2 款规定：“债权人因执行重整计划所受的清偿仍然有效，债权未受清偿的部分作为破产债权。”第 3 款规定：“前款

① 参见王欣新：《企业重整中的商业银行债转股》，载《中国人民大学学报》2017 年第 2 期。

② 参见程文：《重整程序下商业银行债股之省思——从东北特钢重整案切入》，载《北方金融》2020 年第 11 期。

规定的债权人，只有在其他同顺位债权人同自己所受的清偿达到同一比例时，才能继续接受分配。”以债转股方式向债权人清偿，履行股权市场变更登记(以前称工商变更登记)后，完成债权清偿，债权就转为股权，债权已经消灭。原债权人不能再要求恢复原状、清偿原债权。如果没有进行股权变更登记，债权没有转为股权，则未清偿，债权人参加清算程序，性质仍是债权。《企业破产法》93 条第 3 款只允许“债权未受清偿的部分作为破产债权”，作为执行重整计划已经完全实现受偿的债转股清偿仍然是有效的，不能恢复为破产债权。①

在债转股完成后，基于对与重整企业交易第三人安全的要求，股东负有公司法上的后续义务，履行资本充实义务，不得抽逃出资，减资需遵循法定程序。《公司法》第 3 条第 2 款规定：“有限责任公司的股东以其认缴的出资额为限对公司承担责任；股份有限公司的股东以其认购的股份为限对公司承担责任。”《公司法》第 35 条规定：“公司成立后，股东不得抽逃出资。”债转股的出资是以减少债务人公司对外负债的方式缴纳的，债转股股东对公司承担的出资责任不得以恢复债权、消灭股权的方式抽逃出资。如果将债权从已经增加的注册资本或者用于转换的存量资本中撤回，属于公司减少注册资本，应履行《公司法》第 177 条规定的减资程序。因公司已经丧失清偿能力，净资产为 0 或负数的情况下不能再实质性减资、抽逃资产。这是资本维持原则、交易安全的信赖保障要求。债转股完成后，因重整计划执行失败而破产清算，属股东应承担的市场风险。重整计划执行失败时已转换的股权不能恢复为债权。②

二、债转股破产重整方案的设计

（一）资产估值与定价

破产债转股重整中交易对价如何确定？债权人和债务人在进行债转股

① 参见韩长印：《破产法视角下的商业银行债转股问题——兼与王欣新教授商榷》，载《法学》2017 年第 11 期。

② 参见韩长印：《破产法视角下的商业银行债转股问题——兼与王欣新教授商榷》，载《法学》2017 年第 11 期。

的过程中，应遵循市场化原则、自愿原则，自主协商确定债转股具体方案、债权和股权价值的评定，自负风险、自享收益。

破产重整债权转股权时，应对债务人进行公正合理的财务审计和资产评估。破产重整企业的债权多数为不良债权，其价值低于常规债权。不得过高或者过低的估价，可选择有资质的评估机构对债权评估，确定数额和价值，各方主体在此基础上，自主决定。确定清偿率时，考虑评估范围、以受理日为基准日，确定企业原有净资产情况，计算模拟清偿率，以此作为债转股债权人的清偿率的确定依据。破产重整中的评估假设包括清算假设、持续经营假设，评估方法包括成本法、市场法、收益法等，可能是溢价转股，也可能是折价转股，净资产、企业净资产收益率与借款利率是转股比例的重要因素。因债转股对债权人可能存在利益分配的不均衡，为解决对债权人的债权按清算价值苛求、对股东以营运价值相估算的问题，资产评估结果初步做出后，由债权人和破产重整企业股东、重整投资方自愿协商，反复磋商，充分讨论，确认相应的资产评估和财务审计，确定具体债转股的数量和定价，体现市场化原则。①

在非上市公司东北特钢重整案中，清算假设下的三家公司资产评估值合计为 105.34 亿元，持续经营假设下的三家公司资产评估值合计为 214.78 亿。通过谈判、反复磋商，结合持续经营假设下的评估值，确定了东北特钢三家公司净资产评估值，作为重整投资人出资额度、所占重整后东北特钢股权比例、转股债权人的折股比例等重整方案的参考依据。重整投资人根据重整偿债资金和未来经营发展资金的需求以及控股需要，确定重整投资人向东北特钢合计出资 55 亿元，获得重整后东北特钢 53%股权。扣除重整投资人的出资 55 亿元以及为东方资产保留的 0.45 亿元后，转股债权人整体出资额为 48.33 亿元。由于债券类和经营类债权人具有转股选择权，推算出转股债权的折股定价区间为每股 5.64 元至 7.26 元之间。②

① 参见吴成臣：《东北特钢债转股对银行处置不良资产的启示》，载《农业发展与金融》2019 年第 4 期。

② 参见吴成臣：《东北特钢债转股对银行处置不良资产的启示》，载《农业发展与金融》2019 年第 4 期。

(二)战略投资者的引入

若有重整投资方，可通过竞争性协商与市场化博弈确定具体方案。海南航空(600221)重整案①中，2021年9月12日公告称，2021年2月10日，海南省高级人民法院裁定受理债权人对海航控股公司及10家子公司的重整申请，并于同日指定海航集团管理人，负责重整工作。辽宁方大击败复星、均瑶，是因在三家竞购方“争夺”海航航空资产的重整进行的最后一轮报价中，方大的报价最高。海航集团航空主业战略投资者为辽宁方大集团实业有限公司，若投资完成，战略投资者辽宁方大成为公司控股股东。重整方案中，按每10股转增10股实施资本公积金转增中的不少于440，000万股股票以一定的价格引入战略投资者，战略投资者支付对价为123亿元，股票转让价款优先支付重整费用和清偿部分债务，剩余部分补充流动资金。2021年10月31日，海南高院裁定批准包含上述内容的《海航集团有限公司等三百二十一家公司实质合并重整案重整计划》。也有战略投资者招募失败的案例，如2019年10月31日，盐湖股份发布《战略投资者招募公告》②，中国中化集团有限公司、陕西煤业化工集团有限责任公司等2家意向战略投资者向管理人提交了报名材料，但最后未成功。战略投资者并非必须公开招募，可以组织主要债权人与投资者协商；也可基于后续运营、转股债权人利益考量，不适用“价高者得”原则。

(三)权益调整与清偿方案

《企业破产法》第85条规定，重整计划可对出资人权益进行调整，为破产重整债转股提供了法律依据。为避免破产清算，需要各方主体的配合、协商与妥协，共同分担以实现企业的成本重生。出资人对其权益进行合理调整，有利于保全其股权价值。如，2021年6月30日海南航空每股净资产(元)为-1.9792元，其资产不足以清偿全部债务，如果不进行出资人权益调整，进入破产清算，出资人权益将变为0，原股东的利益会有

---

① 参见中华人民共和国最高人民法院，《2021年全国法院十大商事案件》，https://www.court.gov.cn/zixun-xiangqing-344441.html，访问日期：2022年9月7日。

② 盐湖股份管理人：《公告 | 上市公司盐湖股份全国招募战略投资人!》，载微信公众号“图解破产”，2019年10月31日。

更大的损失。

债转股权益调整模式：一是股份让与模式，债务人与债权人协商，股东将其股权部分让渡于债权人，直接以股抵债，无需新增资金，如长航油运等。二是实施资本公积金转增，转增股数不向原股东分配。转增股的用途为：一部分股票以一定的价格抵偿给部分债权人，用于清偿相对应的债务以化解债务风险，一部分股票用以引入战略投资者或由处置资产的承接方有偿受让。大量的案例是注入新增资金，承接债权并投资债务企业股权。

同时，债权人做出牺牲，企业重生后，债权人可以获得更多的清偿财产。应设计合理的债权调整和清偿方案，充分考虑各方的情况，平衡各方利益，以得到债权人的认可，便于重整程序和债转股顺利进行。债权的调整是削减部分或者全部债权，对债权享有的利息适当地减少或者免除。债权的清偿要遵循公平原则，同一性质、顺序的债权得到同等性质的清偿，对不同顺序和性质的则要进行有差别的清偿。为体现债权人自愿同意，多在债转股实施方案中为债权人设置现金清偿等选择权，采用“现金+债转股”的债务清偿方案，以免受到实质性反对，或事先各方协商一致取得书面同意，或其他取得债权人同意的方式。①

盐湖股份在 2020 年 1 月 17 日公告：出资人权益调整的内容包括：(1)资本公积金转增股本。以总股本 278609.06 万股为基数，按每 10 股转增 9.5 股的比例实施资本公积金转增股本。(2)转增股票的用途。转增所得股票不向原股东分配，向债权人分配以抵偿债务以及由管理人进行处置。其中：①约 257603.43 万股转增股票用于向债权人抵偿债务；②剩余约 7075.18 万股转增股票由拟处置资产的承接方有条件有偿受让，受让对价优先用于支付重整费用和清偿部分债务。

盐湖股份债权人偿债方案为：(1)职工债权、税款债权不作调整，以现金全额清偿；(2)有财产担保债权：在担保财产评估价值范围内优先受偿的部分予以留债。其中，留债期限 5 年，每年平均还本付息；(3)普通债权：①债权人 50 万元以下(含 50 万元)的部分，以现金清偿完毕；②超过 50 万元的部分，非银行类普通债权可选择留债或以股抵

① 参见王欣新：《再论破产重整程序中的债转股问题——兼对韩长印教授文章的回应》，载《法学》2018 年第 12 期。

债方式进行清偿。③超过 50 万元的部分，银行类普通债权视非银行类普通债权的选择情况而部分留债并实施以股抵债(抵债价格为 13.10 元/股)。

该案例在债转股重整计划中，体现出了保护债权人知情权、选择权与异议权的情况。

(四)有限责任公司转股债权人数设计

《公司法》规定，有限责任公司的股东人数应为 50 人以下，股份有限公司的发起人应为 2 人以上 200 人以下。在东北特钢有限责任公司重整案中，由于拟转股金融机构实际已超过 50 家，且选择转股的债券类和经营类债权人人数在制定方案时点无法确定，通过改制为股份有限公司的方式避免了有限责任公司转股股东人数超过 50 人的规定。①

(五)退出机制设计

1. 退出方式

退出方案是债转股方案的关键环节。实施债转股，对债权人而言，需要及时退出，但目前我国的股权退出机制不完善。我国主要的股权退出方式为股权转让。债权人可以在重整程序中谈判，可设定股权回购条款、与控制股东或者战略投资者订立对赌条款、转换优先股等方式退出。可约定在重整失败后，通过债转股实施机构，对后续退出机制作出妥当的安排。② 实务中，主要由公司回购或通过资本市场进行股权交易，回收资金。银行通过设立基金募集社会资本承接集团债务并投资集团二级、三级子公司股权的债转股模式，投资子公司或孙公司的股权未来可通过公司上市或者装入上市公司中，从二级市场退出，也可以通过新三板、区域股权

---

① 参见金成峰：《东北特钢重整案：债转股在破产重整程序中的运用》，腾讯网，https://new.qq.com/omn/20200902/20200902A0LDZB00.html，访问日期：2022 年 9 月 7 日。

② 参见韩长印：《破产法视角下的商业银行债转股问题——兼与王欣新教授商榷》，载《法学》2017 年第 11 期。

交易上市等方式退出。①

股权转让包括协商转让、二级市场出售。二级市场出售是针对上市公司。如盐湖股份通过二级资本市场股权交易，回收资金。2021 年 8 月 10 日盐湖股份重新上市，复牌当日大涨 300%，当日最高成交价 43.9 元，最低成交价 32.41 元，收盘价 35.9 元。盐湖股份普通债权偿还率较高。非债转股部分，总体偿债率为 60%～100%。债转股部分，股权成本 13.1 元，如果按照 2021 年 8 月 10 日收盘价测算，收益率 274%。债转股的 6 家国有银行，账面浮盈 450 亿元。

非上市公司可借壳上市，通过在二级市场交易的方式转让股权。也可通过债转股企业在新三板市场挂牌交易。非上市公司东北特钢重整计划中债转股的退出的路径：重整投资人对新东北特钢未来三年的盈利情况进行了预测，预期在三至五年通过登陆资本市场实现债转股退出；或通过将新东北特钢经营性资产注入符合条件的上市公司，实现包括转股债权人在内的新东北特钢全体股东转换成上市公司股东的目标，实现债转股退出。②

将普通债转为可转债的债转股模式，未来债权人可根据债务人的经营情况决定退出方式，若企业经营向好，债务人可考虑可转债行权以换取债务人股权，通过在二级市场上出售股份实现资金退出，若企业经营不佳，债权人可放弃行权，要求债务人到期偿还本息。

以股权回购的方式退股是各方主体事先签订股权转让协议，债权方以所持债权形式购买债务方等值股权，参考对赌协议，约定在达到一定条件或者期限时，债务企业或者债务企业的股东以约定的价格回购企业股权。回购价方式，一是以年利率表述；二是以到期日等额股权的净资产价值作为回购价。

2. 建立多层次、多元化的股权退出机制

建立多元化和多层次的退股机制，使债转股的股权退出方式更丰富、更通畅，破解破产重整债转股中的退股障碍。比较法上，美国破产债转股

① 参见中国建设银行河北省分行课题组：《商业银行参与推进债转股初探》，载《河北金融》2018 年第 2 期。

② 参见吴成臣：《东北特钢债转股对银行处置不良资产的启示》，载《农业发展与金融》2019 年第 4 期。

模式是因有破产债权交易二级市场，有许多与破产债权相关的金融衍生品交易。《美国破产法》第十一章规定，破产债转股给予债权人较大的选择权，债权通常不是直接转为股权，而是先转为可在市场上流通的赔偿请求权。部分债权人不同意进行重组而无法达成一致意见时，看好企业未来发展的债权人或其他投资者在市场上收购赔偿请求权。赔偿请求权在二级市场的价格高低，与企业重组成功的可能性大小相关。赔偿请求权可流通，投资者可以自由参与债转股的过程，这增强了流动性。① 我国未有破产债权交易二级市场，可以考虑建立国家层面的统一的破产债权交易二级市场，通过市场竞价交易债权资产，使破产债权具有流通性。②

另引进优先股制度。债转优先股可以让债权人获得固定的股息，使债权人享有优先分配企业财产的权利，只是无表决权和参与企业经营权，但可降低债权人风险。国外破产债转股债权退出也有采取优先股的操作方式，我国可借鉴。

三、债转股重整程序中的议决规则

（一）债转股重整程序中的分组

重整程序是利益相关者各方主体相互竞争与合作，理解与妥协。分组既涉及债权人和股东利益保护的程度，又涉及重整计划草案能否顺利通过表决。基于破产重整程序所涉利害关系的多元性，破产法对重整程序中不同利害关系人的分组表决作出具体的划分。可单独分债转股组表决解决债转股问题。

单独设立债转股表决组，目的是保护债权人在债转股过程中的具体利益，保证相关债转股定价的合理性。同意进行债转股的债权人归入债转股表决组进行表决，并可表决对债转股的具体方式。不愿意债转股的债权

① 参见中国建设银行河北省分行课题组：《商业银行参与推进债转股初探》，载《河北金融》2018 年第 2 期。

② 参见陈雳：《市场化债转股路径选择与实施方案》，https://pdf.dfcfw.com/pdf/H3_AP202010141421245654_1.pdf? 1602669921000.pdf，访问日期：2022 年 9 月 7 日。

人，归类于其他相应表决组表决。在企业进入破产重整程序之后，其相应的股权价值理论上已经趋近于零或者为负值，在企业股权价值为负值(对应净资产)时没有出售价值。①债权人愿意将债权转化为股权，是因可能获得高于清算的清偿。

债转股方案需要同时得到债权人与股东的双重同意。《企业破产法》第 85 条第 2 款规定“重整计划草案涉及出资人权益调整事项的，应当设出资人组，对该事项进行表决”。潜在投资人，因是否出资入股存在不确定性，不作为出资人组的表决成员进行表决。

破产重整中涉及重整企业股权质权时的股权调整，应以出资人的表决意见为准，股权质权人不能在重整程序中代替出资人参与表决，应将其列入普通债权组进行表决，否则，有违破产法不同性质债权进入不同组表决的规则。河南省高级人民法院在(2021)豫民终 26 号二审民事判决认为：股权质权人仅能以质权担保债权实现，而不能享有股东的权利。根据《企业破产法》第 85 条规定，企业破产重整中涉及股权调整时，依法应以出资人的表决意见为准，股权质权人不能在企业重整程序中代替出资人参与表决。虽然质权人对破产公司享有债权，但对破产公司的财产不享有担保物权，破产公司管理人将质权人列入普通债权人组进行表决并无不当。

债转股中的股权不属于公司，股权系股东个人享有的权益，不属于债务人企业财产，不属于破产财产，不属于破产程序集体清偿的财产范围。在股东将股权出质后，出质股权仍然登记在出质股东名下，股东对企业的权利和义务仍由出质股东享有和负担。企业财产和股东股权是独立的。股东股权质押权有别于企业以企业财产设立的质权，股权质押权是股东以其个人股权提供的担保。

股权与股权质权的性质不同，股权是基于股东地位取得的权利。股权质权属于担保物权。股权质权人仅能以质权担保债权实现，而不能享有股东的权利。股权质押权不属于破产债务人的财产，不属于破产程序中的别除权，股权质权人对破产财产不享有优先受偿权。根据《企业破产法》第 109 条之规定，优先权应是对债务人的特定财产享有担保权的债权。依据《公司法》破产清算顺序的规定，债权的清偿顺序优先于股权。债权清偿

① 参见王峻峰：《破产重整中金融债权债转股法律问题研究》，载《经济研究导刊》2018 年第 4 期。

顺位是：超级优先权（享有优先权的购房消费者）、建设工程款优先权、特定财产担保的债权（法定优先权，法定担保物权，意定担保物权：抵押、质押、所有权保留、融资租赁、让与担保、保理）、优先债权（破产费用和共益债务）、优先债权、普通债权、股东权益。故股权在破产程序中的清偿顺位上劣后于债权，债转股后，持有企业股权导致其清偿顺序排序靠后。《公司法》第186条规定：公司破产清算时，“清偿公司债务后的剩余财产，有限责任公司按照股东的出资比例分配，股份有限公司按照股东持有的股份比例分配”。

股权质权作为依附于股权的从权利，不具有优先于公司普通债权人的地位。质权人对破产重整公司享有的股权质权并非对破产重整公司的优先权。作为股权质押权人，若未在破产重整程序之前将债权转为股权实现清偿，只能在公司财产分配后就出质股东作为劣后权利人可能获得的股权剩余价值来实现清偿其债权。如果质权人认为自己的股权质押权受到侵害导致权利无法实现，依照合同相对性原则，其应当向出质人主张权利。因此，股东股权的质权人不属于企业优先债权。企业破产重整中涉及股权调整时，应以出资人的表决意见为准，股权质权人不能在企业重整程序中代替出资人参与表决，只能归入普通债权组参与表决。

（二）债转股重整程序中的表决

破产程序启动后，债务人财产的实际权利人就变成了全体债权人。债权人会议采取表决的人数与债权额双重多数决制，异议债权人同样要受到经过批准的重整计划的约束，这就解决了法庭外重组可能遭遇的“钳制观望”问题。①

债转股后的股东以其持有的股权份额享有对债务人企业的权益并承担相应风险，不再对债务人的财产享有直接的权利。对于相应的权利的放弃，应该遵循债权人的意见。债转股的清偿，因涉及债权人重大利益的调整，应当建立在转股人自愿的基础上，同时也是对新权利（股权投资权利）的变更性创设，经营风险应由转股人承担，风险自担原则体现了债转股的市场化。债转股最大的风险是未来具有的不确定性，重整计划执行失

---

① 参见程顺增：《规避企业破产法的重整计划条款有效》，载《人民司法·案例》2019年第32期。

败或企业重整后经营失败进入破产清算时，转股债权人分文不获。债转股债权人表决适用公司法的表决方式。①

债转股重整计划草案可由债务人、管理人、出资人等制定。达成全体债权人一致意见较难。为防止表决权滥用、化解谈判中的“囚徒困境”，需确定制定流程，预先征求债权人委员会意见，通过谈判，设计框架，由管理人、债权人、出资人等利害关系人参与制定债转股重整计划方案，注意获得投资者及其担保人的确认书。面对严重资不抵债现实，债权人选择进行债转股是想获得比清算更多的财产，给债权人以高于破产清算的较为合理的清偿比例，使债权人至少是多数债权人在利益的引导下自愿接受债转股。管理人就债转股的必要性、可行性及清偿的具体方法充分说明。在充分吸收债权人的意见建议，多方考虑相关利益方诉求的基础上完善重整计划草案。程序上，对有多个重整计划草案的，不得将不同投资人的重整计划提交债权人会议表决，否则容易产生僵局。经多数表决通过的重整计划是一项拟制的集体协商一致的合同，是基于多数债权人在债转股选择方面的整体理性假设，优先于法定。企业破产法设置了多数决原则，并规定决议对全体债权人均有约束力。②

《企业破产法》没有对出资人组如何表决、如何通过重整计划做出规定。实践中，参照《公司法》相关规定确定表决权，参加债权人会议的出资人都被允许行使表决权。③

表决组均实行多数决规则。《破产法》第 84 条在出资人组表决通过重整计划时设置如下双重标准：一是出席债权人会议的出资人过半数同意，二是其所代表的出资额在三分之二以上。三分之二是出资总额，还是出席债权人会议出资人的出资总额？不能一概而论。依据《公司法》第 44 条、第 104 条的规定，有限责任公司重整程序中赞成债转股重整计划的出资人所代表的出资额在出资总额的三分之二以上，股份有限公司重整程序中赞

① 参见王欣新：《再论破产重整程序中的债转股问题——兼对韩长印教授文章的回应》，载《法学》2018 年第 12 期。

② 参见王欣新：《再论破产重整程序中的债转股问题——兼对韩长印教授文章的回应》，载《法学》2018 年第 12 期。

③ 参见陶蛟龙、史和新：《司法实务视野下破产重整制度若干问题》，载《法律适用》2012 年第 11 期。

成债转股重整的出资人所代表的出席债权人会议出资人出资总额的三分之二以上的，为该组通过重整计划草案。①

如盐湖股份有限公司重整案出资人组表决通过《出资人权益调整方案》的具体表决情况：同意 1718223681 股，占出席会议有表决权股份总数的 99 %，超过出席本次会议出资人所持表决权的三分之二。根据《公司法》可知出资人组会议表决通过。《出资人权益调整方案》的通过不是按占盐湖股份有限公司总股本 54.3288 亿的三分之二，而是依据出席债权人会议出资人出资总额的三分之二。

实务中对出资人的表决权从宽不从严，表决标准就高不就低。为贯彻法治化原则，以法律作为行为的导向，建议修订《破产法》时对第 85 条进行补充，对出资人组如何表决通过重整计划草案进行明确规定，参照《公司法》第 44 条、第 104 条的规定处理。

(三)债转股破产重整中计划的批准

债转股破产重整中计划的批准分正常批准和强制批准。正常批准重点审查违法性阻却事由。当出资人表决组和债转股表决组多数通过了债转股相应的方案后，法院应同意债转股重整计划，原则上尊重重整计划记载的内容及利害关系人表决的结果。

强制批准的边界。法院强制批准重整计划制度，反映对企业挽救这一立法目标，以及立法在特定情况下对多数决规则的(反向)补强，考虑效率优先、兼顾公平，满足清算地板规则，让整体利益高于个体利益。《企业破产法》第 87 条第 2 款对法院强制批准重整计划限定了 6 项明确的批准条件。法院强制批准重整计划的前提条件即绝对顺位规则，只要普通债权在重整计划中的受偿比例不足 100%，则股东的股权必须归零。对于重整计划的强制批准，着重从程序上审查，若反对组已被合理保护，对反对者进行程序救济，组织了听证程序，则反对无效。在实体审查上则限于对清偿率高低的审查，对实质性内容，除非确实存在显失公平的情况，一般不将其作为不批准重整计划的因素。为避免重整计划未来执行落空的风险，

---

① 参见陶蛟龙、史和新：《司法实务视野下破产重整制度若干问题》，载《法律适用》2012 年第 11 期。

制定的重整计划经营方案应进行可行性论证并提交书面说明。①

如果出资人组、债转股组没有通过相关的债转股重整计划，不能强制裁定通过债转股重整计划草案。因为按照《公司法》人合性的相关要求，新的股东进入公司必须经其他股东同意。②

四、债转股破产重整中的债权补充申报问题

债权申报是普通民事债权转化为破产债权的程序性要件，是通过破产程序获得清偿的前提。对债转股破产重整中的补充申报期间，我国的法律、司法解释未作出规定。第一次债权人会议后未申报，影响管理人对资产的处置和债权审查工作。重整计划执行期间申报，因期间跨度较大，如 *ST 宝硕，其重整计划执行期限为 3 年，可能导致债权的诉讼时效已过。《企业破产法》第 92 条第 2 款规定，债权人未申报债权的，在重整计划执行期间不得行使权利，但第 56 条又允许未按期申报的债权人进行补充申报。债权人未在重整程序中申报债权，仅丧失参与重整程序的程序性权利，不能行使破产参与权和表决权等，实体上仍享有债权，其仍可穿越破产程序获得同比例清偿。因此，在重整计划执行完毕之前，债权人存在补充申报的权利。

《企业破产法》第 47 条规定“附条件、附期限的债权和诉讼、仲裁未决的债权，债权人可以申报”。附条件的债权包括附生效条件的债权与附解除条件的债权。附生效条件债权属于不确定状态的破产债权，不能拒绝清偿，也不能与其他债权一起清偿。但《企业破产法》第 46 条规定，未到期的债权，在破产申请受理时视为到期。《最高人民法院关于审理民事案件适用诉讼时效制度若干问题的规定》第 13 条第 3 项，“申请破产、申报破产债权”构成中断事由。附生效条件的债权条件成就后，可按照《破产法》第 92 条第 2 款受偿，在重整计划执行完毕后，即分配完毕后，按照重整计划规定的同类债权的清偿条件行使权利。附期限的债权和诉讼、仲裁

---

① 参见韩长印：《破产法视角下的商业银行债转股问题——兼与王欣新教授商榷》，载《法学》2017 年第 11 期。

② 参见王峻峰：《破产重整中金融债权债转股法律问题研究》，载《经济研究导刊》2018 年第 4 期。

未决的债权也按《破产法》第 92 条第 2 款的方式处理。

若是补充申报的债权人系小额债权人，对总清偿率影响不大；若是补充申报的债权人系大额债权人，对重整计划清偿率有较大影响。重整计划的清偿率测算存在浮动，但重整计划上的清偿率是一个最低清偿率，债权人会议表决通过的是最低清偿率，若最终清偿率低于最低清偿率，可能引起部分债权人异议，导致重整失败。①

债转股重整计划执行完毕后，对此前未申报债权的债务补充受偿是全部还是部分豁免，法律未有明文规定。实务中采取了不同的对策，如预留清偿资金、通过重整计划排除未申报债权等模式处理。

重整计划预留资金模式是在债转股重整计划中规定，债务人按照同类债权的清偿标准为可能出现的未申报债权预留部分偿债资金。留债清偿类似银行贷款中的“借新还旧”，债权人与债务人达成新的还款协议，留债清偿实施过程中若发生违约，不视为重整计划执行失败，债权人可通过诉讼或仲裁解决。未申报债权的预留偿债资金比例越高，已申报债权的清偿比例就会越低。管理人对将来可能发生的债权预留，通过债务人的法律文书、与法定代表人、公司实际控制人等进行谈话核实相关债务等，预计后续债务，保障有资产可供清偿。

对于不可预计的债权人补充申报，审查补充申报时应查阅重整计划中是否有对同类债权预留足够的清偿额，若是有预留的清偿额则清偿；若是无预留的债权清偿额时，由于法律未作出规定，实务中有两种处理方式，由原债务人承担，或由重整成功的新债务人承担。重整计划排除未申报债权模式，涉及《企业破产法》第 92 条第 1 款规定的“全体债权人”是否包括“未申报债权的债权人”，即实务中的完全豁免主义与部分豁免主义问题。

完全豁免主义，是债权人未申报债权，视为自动放弃债权，在程序和实体上的权利均不得要求债务人另行偿付。理由是：依据《企业破产法》第 92 条和第 94 条的规定，经法院裁定批准的重整计划，对债务人和全体债权人均有约束力，对未申报和未参与表决的债权人产生约束力，债务人不再承担清偿责任。重整计划的批准裁定属于终局性裁判，重整程序具有余债免除效力。债务人对新产生的债务因豁免而消灭。让债务人在重整计划执行完毕后，再向未申报的债权作出额外的清偿，与重整制度的拯救功

① 参见王欣新：《重整制度理论与实务新论》，载《法律适用》2012 年第 11 期。

能不吻合。另《企业破产法》第 92 条对未申报债权的救济方式是“可以按照重整计划规定的同类债权的清偿条件行使权利”，其非效力性强制性规定。因此，未申报债权的债权人不得在重整计划执行完毕后重新主张其债权。

在“乾达公司诉海蓝公司破产债权确认纠纷”一案中，浙江省高级人民法院在(2018)浙民终 93 号二审判决中认为，原告在明知被告进行重整，重整计划拟定中不包括继续履行租赁协议的情形下仍不申报债权，可能影响重整程序的整体推进。破产法的立法本意是鼓励对企业进行重整挽救，债权人应妥善行使申报债权的权利。本案重整计划中包括逾期申报的债权人不得向重整后的企业主张权利的内容，该重整计划经债权人会议表决通过和法院裁定批准，对全体债权人具有约束力，重整计划执行完毕后，逾期申报的债权人请求其清偿债权的主张，不予支持。原告非因不知晓重整程序等客观原因不申报债权，而是怠于申报债权，可视为放弃了申报债权、表决重整计划草案等相应的权利，重整计划对原告具有约束力。即使原告的维修费用属于必要或有益费用，也因受重整计划的约束，不得向被告主张权利。

该案在涉及的重整计划中明确对未申报债权不再清偿，突破了《企业破产法》第 92 条第 2 款的内容，该规定并非禁止性规定，应为有效。该规定实际上对债权人不申报债权的行为进行了激励，不申报债权，已申报的债权清偿率提高，最终自己也能获益，通过的重整计划决议未损害未申报债权人的权益。① 一审判决驳回原告诉讼请求，二审维持原判。

部分豁免主义，是债务人仅对重整计划中的债务不再承担责任，对重整计划以外的债权，对于未参与表决重整计划的债权人，并不免除，由重整成功的新债务人按同类债权清偿。重整投资人投资破产企业是一种商业行为，会对风险进行测算、评估。重整成功的债务人仍然是原债务主体，由其承担相应债务。②

《企业破产法》第 109 条规定，对破产人的特定财产享有担保权的权

① 参见程顺增：《规避企业破产法的重整计划条款有效》，载《人民司法·案例》2019 年第 32 期。

② 参见刘秀英、刘晓晴：《出售式重整情境下补充申报债权之解决思路》，载《法制博览》2021 年第 12 期。

利人享有优先受偿的权利。由于债权人对债务人的保证人和其他连带债务人所享有的权利，不受重整计划的影响，在重整计划执行完毕，保证人承担责任以后，保证人向债务人追责，产生担保之债，此为替债务人承担保证责任。实施方案在表决时已确定清偿率，根据最终实际受偿金额，债权人即可得出尚未清偿的债权金额，并要求担保人承担相应担保清偿责任。担保债权的清偿是在质押股权范围内的全额清偿。重整程序中担保人承担了担保责任以后向重整成功的债务人进行追偿，是未申报债权的一种特殊形式。为预防该情况的发生，管理人对保证之债的债权应预留。未预留债权时，债务人仍然是债务的承担主体。

在非上市公司东北特钢重整案中，《东北特钢重整计划》在其最后一节“其他”中规定：本重整计划规定的债转股属于债权清偿的方式，债转股完成后，权利人未实现清偿的部分不能再向东北特钢等三家公司主张，但对保证人和其他连带债务人的债权仍然可以依法主张。债转股部分的实际清偿率根据股权价格确定，清偿率可以参照如下公式计算：清偿率=(持股数量×每股价格)/转股的债权金额。“每股价格”指的是重整后东北特钢的股权价值。①

实务中对《企业破产法》第92条争议较大。从比较法上看，我国企业破产法修改时可借鉴国外的规定，对破产重整债转股计划执行完毕后的债权补充申报，应当作出限制。美国破产法§1141(d)(1)规定，“债务人在批准之前所负的所有债务都将全部免除，重整计划所规定的股权人或普通合伙人的所有权利与权益均将终止。债权人是否提交债权证明、其债权是否获得确认及其是否表决接受重整计划，皆不影响免责的效果”。② 英国法律规定，担保人在承担担保责任以后不能向重整成功的企业追偿。一旦重整成功，在法律上就如同一个“新生婴儿”(infant)，这是关乎重整制度意义的一项核心内容。③ 重整程序具有破产挽救功能，准许未申报债权的债权人在重整计划执行完毕后继续申报债权，可能会在一定程度上降低重

① 参见金成峰：《东北特钢重整案：债转股在破产重整程序中的运用》，腾讯网，https://new.qq.com/omn/20200902/20200902A0LDZB00.html，访问时间：2022年9月7日。

② 李飞：《当代外国破产法》，中国法制出版社2006年版，第668页。

③ 参见徐建新、王雄飞：《英国、德国破产法律制度学习考察报告》，载浙江省高级人民法院主办的内刊《浙江审判》2018年第9期。

整后企业的再生能力，因未申报债权的补充受偿而再次陷入破产境地。《企业破产法》确定的未申报债权补充受偿规则，使所有未申报的债权人获得与申报债权同等地位的受偿，不利于重整债务人和重整投资者的利益。①

建议：未在法定期限内申报的，因主观不能或客观不能的，可以进行补充申报，补充申报人对此承担举证责任，由管理人进行审查。对于恶意不申报债权的权利人，在债转股重整计划执行完毕后不得再行主张权利。如果重整计划已经约定对未申报债权不予清偿，应为有效。以此避免重整计划执行期间可能会因为某些债权的产生而夭折，导致重整转清算。

① 参见韩长印、张旭东：《重整程序中未申报债权的清偿规则研究》，载《法律适用》2021 年第 9 期。

预重整程序中信息披露制度的构建

潘芷薇*

内容提要：信息披露是否充分是预重整程序充分发挥其价值的关键，而我国立法关于预重整程序中信息披露的规定散见于各地方法院的工作指引，尚无具有全国效力的统一标准。本文通过梳理各地法院的相关规定，借鉴域外立法并结合相关学理，对预重整程序中的信息披露制度提出立法建议并草拟相关法律条文。本文认为信息披露义务人主要为债务人还有特定事项中的出资人；信息披露的对象为债权人、出资人、意向投资人等利害关系人；信息披露的标准为全面、准确、合法；信息披露的内容为与企业以及重整相关的所有信息；信息披露在具备一定条件下可以采用听证方式；未尽信息披露义务以及违反保密义务应依法承担赔偿责任。

一、预重整程序中信息披露制度的必要性

预重整程序，是指在申请重整之前，债务人与债权人或其他利害关系人通过法庭外协商制定重整计划，经债权人表决通过后，在正式进入重整程序时使该计划发生约束全体债权人的效力，从而拯救债务人的一种机制。[①] 预重整是庭外自愿重组谈判程序，该制度的根本目的是尽快促进债务人复兴，尽最大可能避免其破产。预重整程序强调效率效益，但是在强调效率的同时不能违背公平原则，信息披露制度可以说是预重整中至关重要的程序节点，信息充分披露为预重整程序的效率和公平提供了连接点。

---

* 潘芷薇，武汉大学法学院 2020 级民商法硕士研究生。

① 参见胡利玲：《困境企业拯救的法律机制研究——制度改进的视角》，中国政法大学出版社 2009 年版，第 188 页。

就该制度本身，其存在的必要性也有充分的理论依据。

(一)信息不对称理论

信息不对称即一方拥有另一方所没有的信息，这一现象无论在社会、政治还是经济生活中都普遍存在。可以说，有信息存在的地方就会存在信息不对称。[①] 现代社会是一个信息社会，信息中蕴含的价值越来越高。一般而言，获得有价值信息的多少就决定了获得利益的多少。[②] 信息不对称影响着预重整程序的进行，债务人对自己各方面的信息有独占地位，如果其经营者出于一些原因不将企业真实信息和盘托出，那么信息不对称的冲突将进一步加大，在这种情况下，债权人、出资人、意向投资人等相关的利害关系人想要了解企业真实信息往往要大费周章，获取信息的成本大大增加，事实上处于不利地位，因此需要信息披露制度来确保相应利害关系人能获得足够的信息保障自己的权益。

(二)控制权转移理论

在企业的正常运营中，企业的控制权由股东或者实际控制人掌握，而债权人的收益一般是由债权人和债务人签订相关合同，通过合同履行利益来实现。但是在预重整程序中，债务人此时往往出现资不抵债的情况，在这种非正常状态下，债权人的利益难以继续简单地通过合同来保障，更主要的是通过企业资产利益的分配得以实现。企业一旦重整成功将增加债权人的利益，同时失败的风险也由债权人承担，在企业进入预重整程序时，企业仍在持续经营，控制权行使的内容除企业的经营外，还包括企业因重整再生而新生的一切内容，这些内容恰恰是企业正常经营时的各类契约中所未能明确分配的，在性质上都属于契约中所剩余的权力，这些权力应当分配给风险的承担者——债权人。[③] 债权人原来依靠合同保障收益的依托已经丧失，为了确保自身权益不再继续受损，不得不承担起企业经营的剩

---

① 参见曾艳玲主编：《英汉西方经济学词典》，机械工业出版社 2003 年版，第 47 页。

② 参见[美]曼昆：《经济学原理(下册)》，梁小民译，机械工业出版社 2003 年版，第 78 页。

③ 参见贺丹：《破产重整控制权的法律配置》，中国检察出版社 2010 年版，第 45 页。

余风险，对企业经营的控制权也自然转移到债权人手中。[①] 那么债权人要想实现对企业全面控制，就要对企业充分了解，充分掌握其相关信息。在此基础上，债权人才能作出真实自由的意思表示。由于债权人在企业正常经营阶段往往是以交易第三方身份与债务人合作，以一个“外人”身份不可能参与企业内部的经营管理，对企业经营相关信息了解得较少，此时债务人也可能为自身利益隐瞒信息，信息披露制度在此情景下就具有十分重要的意义。

(三)知情权保护理论

知情权是指相关权利人享有的对关系其切身利益的信息有知晓的权利，而相关义务人有及时通知及披露的义务。“对于任何权利，都必须有可能说出何种作为或不作为将构成对它的侵犯，如果没有此种作为或不作为可以证实，那么就不存在一项权利。”[②]知情权已不再是单纯的消极权利，如今已经逐步转变为积极权利，也即权利人有请求获得相关信息的权利。我国破产法规定债权人除通过债权人会议行使权利外，还可以查阅参与破产程序所必需的债务人财务和经营信息资料的权利。在预重整程序中，意向投资人是重要主体之一，其知情权的法理来源是与债务人签订的重整投资协议。信息披露义务人充分披露信息，不仅是投资人作出是否参与重整程序之决策的重要前提，亦是重整投资协议中具体条款设计的重要依据。[③] 另外，债务人的出资人也是不能忽视的主体，预重整方案涉及出资人股权调整、身份变动等其他直接利益变动，出资人有权获得影响自己直接利益的相关信息，因为出资人获得企业信息的权利来源也即平等主体中权利受影响一方的知情权需求。[④]

---

① 参见张维迎：《所有制、治理结构及委托——代理关系》，载《经济研究》1996年第9期。

② 参见米尔恩：《人的权利与人的多样性——人权哲学》，中国大百科全书出版社1995年版，第280页。

③ 参见丁燕：《论合同法维度下重整投资人权益的保护》，载《法律适用》2018年第7期。

④ 参见徐阳光、韩玥：《破产重整程序中的信息披露》，载《人民司法》2019年第34期。

(四)自由与正义理论

在破产程序中，拥有大量充分信息的债务人是否有披露信息与否的自由涉及对自由和正义的讨论。自由并非是绝对的自由，权利也并非是无限制的权利。如果不规定债务人在预重整程序中的信息披露义务，往往会导致债务人滥用权利，我国现行破产法对重整计划谈判及投票没有明确规定信息披露，这在正式重整的情况下还可以勉强由法院监督进行弥补，但预重整谈判中法院还没有参与进来，没有国家强制力监督的信息披露过程中比较容易产生欺诈等违法行为导致不公平，甚至受到有异议的利害关系人的攻击并引发诉讼，削弱预重整制度的成本优势。① 另外，缺乏信息披露制度，信息不对称情况严重，当事人之间也难以达成公平的协议。从而，在预重整中拥有大量充分信息的债务人在决定披露与否的自由方面是受限制的，即必须承担信息披露制度规定的义务。这样当事人在掌握充分的信息基础上进行平等协商，基于自己真实自由的意志，对利益密切相关的事项做出决定，这样预重整达成的重组方案在正式重整程序中的延续效力才具有正当性，自由和正义二者都不会偏废。为实现社会实质公平与正义，有必要平衡债权人和债务人之间的权益，而这往往首先依赖于信息披露制度的建立。

信息披露为基础的信任和以司法制度权威为基础的信任，共同推动私主体之间的信任内化，不仅降低合作成本，同时又可以发挥信任的积极作用，以非正式制度弥补法律系统不足。② 在预重整程序中，债权人与债务人之间就预重整方案的协商，首先需要债权人等利害关系人充分了解面临破产的企业的真实情况，通过债务人对公司的财务状况、主要债权债务、公司治理等相关事项做出必要且准确的披露后，利害关系人对可能得到的权益或者被调整的权益等信息有一个准确的了解，才能以此为基础作出价值判断和相应决策。③ 所以，在我国预重整程序中明确规定信息披露制度

---

① 参见王佐发:《预重整制度的法律经济分析》，载《政法论坛》2009 年第 2 期。

② 参见徐化耿:《论私法中的信任机制——基于信义义务与诚实信用的例证分析》，载《法学家》2017 年第 4 期。

③ 参见曹文兵、朱程斌:《预重整制度的再认识及其规范重构——从余杭预重整案谈起》，载《法律适用》2019 年第 2 期。

至关重要。

二、我国预重整程序中信息披露制度的相关规定

序号	文件	信息披露义务主体	信息披露对象	信息披露标准	信息披露内容	信息披露方式	法律后果
1	深圳市中级人民法院审理企业重整案件的工作指引（试行）	债务人	(1)出资人 (2)债权人 (3)意向投资人等利害关系人	(1)全面 (2)准确 (3)合法①	表决所必要的全部信息，如导致破产申请的事件、经营状况、相关财务状况、履约能力、可分配财产状况、负债明细、重大不确定诉讼、模拟破产清算状态下的清偿能力、重整计划草案重大风险等	—	终结预重整②
2	苏州市吴中区人民法院关于审理预重整案件的实施意见（试行）	(1)债务人 (2)管理人	(1)债权人 (2)出资人 (3)意向投资人	(1)全面 (2)准确 (3)合法	导致破产重整的事由、生产经营状况、财务状况、资产状况、债务明细、涉诉涉执情况、重大不确定性诉讼、破产清算状态下的清偿率、意向投资人的投资计划、重整方案重大风险等	—	—

① 参见《深圳市中级人民法院审理企业重整案件的工作指引（试行）》第35条。

② 参见《深圳市中级人民法院审理企业重整案件的工作指引（试行）》第38条。

续表

序号	文件	信息披露义务主体	信息披露对象	信息披露标准	信息披露内容	信息披露方式	法律后果
3	北京破产法庭破产重整案件办理规范(试行)	(1)债务人 (2)出资人(特定事项)	利害关系人	如实	(1)债务人；可能影响利害关系人就预重整方案作出决策的信息 (2)出资人：出资权益的涉诉情况、出资权益上设定的质押、被保全等权利负担情况	(1)作出说明并回答询问 (2)听证①	(1)赔偿责任② (2)重新表决③
4	郑州市中级人民法院审理预重整案件工作规程(试行)	(1)债务人及相关人员 (2)预重整管理人 (3)出资人(特定事项)	(1)出资人 (2)债权人 (3)意向投资人等利益相关方	(1)全面 (2)准确 (3)合法	(1)债务人及相关人员：与预重整有关的所有信息。包括导致破产重整的事由、生产经营状况、财务状况、资产状况、债务明细(包括对外担保等或有债务情形)、涉诉涉执情况、重大不确定性诉讼、模拟破产清算状态下的清偿率、意向投资人的投资计划、预重整草案重大风险等	作出说明并回答有关询问	重新表决④

① 参见《北京破产法庭破产重整案件办理规范(试行)》第40条。

② 参见《北京破产法庭破产重整案件办理规范(试行)》第42条。

③ 参见《北京破产法庭破产重整案件办理规范(试行)》第47条。

④ 参见《郑州市中级人民法院审理预重整案件工作规程(试行)》第26条第(二)款。

续表

序号	文件	信息披露义务主体	信息披露对象	信息披露标准	信息披露内容	信息披露方式	法律后果
					(2)债务人、出资人：出资权益的涉诉情况、出资权益上设定的质押、被保全等权利负担情况		
5	南京市中级人民法院关于规范重整程序适用提升企业挽救效能的审判指引	债务人	(1)债权人 (2)出资人 (3)意向投资人等利害关系人	(1)充分 (2)完整 (3)真实 (4)合法	与重整有关的所有信息		重新表决①
6	苏州市吴江区人民法院审理预重整案件的若干规定	债务人	(1)出资人 (2)债权人 (3)意向投资人等利害关系人		与重整有关的信息	作出说明并回答有关询问	重新表决②

① 参见《南京市中级人民法院关于规范重整程序适用提升企业挽救效能的审判指引》第30条。

② 参见《苏州市吴江区人民法院审理预重整案件的若干规定》第14条。

续表

序号	文件	信息披露义务主体	信息披露对象	信息披露标准	信息披露内容	信息披露方式	法律后果
7	苏州工业园区人民法院审理破产预重整案件的工作指引(试行)	(1)债务人 (2)临时管理人 (3)出资人(特定事项)	(1)出资人 (2)债权人 (3)意向投资人等利害关系人	(1)全面 (2)准确 (3)合法	(1)债务人：导致破产重整的事由、生产经营状况、财务状况、资产状况、债务明细(包括对外担保等或有债务情形)、涉诉涉执情况、重大不确定性诉讼、模拟破产清算状态下的清偿率、意向投资人的投资计划、预重整草案重大风险等 (2)债务人、出资人：出资权益的涉诉情况，出资权益上设定的质押、被保全等权利负担情况		重新表决①
8	南阳市中级人民法院企业破产案件预重整工作指引	债务人	债权人	(1)全面 (2)真实 (3)准确	企业的债权、债务、资产、财务和经营等情况	公示公告	(1)惩戒② (2)表决③

① 参见《苏州工业园区人民法院审理破产预重整案件的工作指引(试行)》第21条。

② 参见《南阳市中级人民法院企业破产案件预重整工作指引》第3条第2款。

③ 参见《南阳市中级人民法院企业破产案件预重整工作指引》第10条。

续表

序号	文件	信息披露义务主体	信息披露对象	信息披露标准	信息披露内容	信息披露方式	法律后果
9	厦门市中级人民法院企业破产案件预重整案件的工作指引（试行）	债务人	债权人	(1)如实 (2)全面 (3)准确	企业的资产、负债和经营、财务等情况	—	召开债权人会议表决①
10	四川天府新区成都片区人民法院、四川自由贸易试验区人民法院预重整案件审理指引（试行）	—	—	—	—	—	(1)赔偿责任② (2)重新表决③

① 参见《厦门市中级人民法院企业破产案件预重整案件的工作指引（试行）》第10条第(4)款。

② 参见《四川天府新区成都片区人民法院、四川自由贸易试验区人民法院预重整案件审理指引（试行）》第10条。

③ 参见《四川天府新区成都片区人民法院、四川自由贸易试验区人民法院预重整案件审理指引（试行）》第15条第(2)款。

续表

序号	文件	信息披露义务主体	信息披露对象	信息披露标准	信息披露内容	信息披露方式	法律后果
11	广州市中级人民法院关于破产重整案件审理指引(试行)	(1)债务人 (2)管理人 (3)重整投资方	(1)临时债权人委员会 (2)临时管理人 (3)债权人 (4)权益受调整的股东 (5)意向投资人	(1)全面 (2)充分 (3)客观 (4)持续 (5)预先 (6)合法①	企业经营、财务状况、超出日常经营管理范围外经营决策及重大财产的处置、重整谈判的进展、管理人、自行管理债务人履行职责的情况	听证②	(1)赔偿责任③ (2)重新表决④
12	淄博市中级人民法院关于审理预重整案件的工作指引(试行)	(1)债务人 (2)出资人(特定事项) (3)意向投资人(特定事项)	(1)债权人 (2)出资人 (3)意向投资人等利害关系人	(1)全面 (2)准确 (3)合法⑤	(1)债务人:导致破产申请的事件、经营状况、相关财务状况、可分配财产状况、负债明细、重大不确定诉讼、模拟破产清算状态下的清偿能力、重整计划草案重大风险等	作出说明并回答有关询问	重新表决⑥

① 参见《广州市中级人民法院关于破产重整案件审理指引(试行)》第53条。

② 参见《广州市中级人民法院关于破产重整案件审理指引(试行)》第27条。

③ 参见《广州市中级人民法院关于破产重整案件审理指引(试行)》第36条第2款、第55条、第2款。

④ 参见《广州市中级人民法院关于破产重整案件审理指引(试行)》第38条。

⑤ 参见《淄博市中级人民法院关于审理预重整案件的工作指引(试行)》第14条。

⑥ 参见《淄博市中级人民法院关于审理预重整案件的工作指引(试行)》第24条。

续表

序号	文件	信息披露义务主体	信息披露对象	信息披露标准	信息披露内容	信息披露方式	法律后果
					(2)出资人：出资权益的涉诉情况以及出资权益上设定的质押、被保全等权利负担情况或股权代持情况 (3)意向投资人：自身的财务状况、投资能力、未来发展战略等可能影响债权人、出资人等利害关系人就预重整方案作出决策的信息		
13	洛阳市中级人民法院关于审理预重整案件的规定(试行)	债务人	(1)出资人 (2)债权人 (3)意向投资人等利害关系人	—	与重整有关的信息	作出说明并回答有关询问	重新表决①
14	(江苏)宿迁市中级人民法院关于审理预重整案件的规定(试行)	债务人	(1)出资人 (2)债权人 (3)意向投资人等利害关系人	—	与重整有关的信息	作出说明并回答有关询问	重新表决②

① 参见《洛阳市中级人民法院关于审理预重整案件的规定(试行)》第22条第3款。

② 参见《江苏省宿迁市中级人民法院关于审理预重整案件的规定(试行)》第15条第3款。

续表

序号	文件	信息披露义务主体	信息披露对象	信息披露标准	信息披露内容	信息披露方式	法律后果
15	(广西)北海市法院破产重整案件审理操作指引(试行)	(1)债务人 (2)出资人(特定事项)	利害关系人	如实披露	(1)债务人：可能影响利害关系人就预重整方案作出决策的信息 (2)出资人：出资权益的涉诉情况、出资权益上设定的质押、被保全等权利负担情况	听证①	重新表决②
16	成都市中级人民法院破产案件预重整操作指引(试行)	债务人	(1)出资人 (2)债权人 (3)意向投资人等利害关系人	全面如实	与重组有关的信息，包括经营状况、财务状况、履约能力、可分配财产、负债明细、模拟清算状态下的清偿率、重组中的重大风险、其他重大事项等内容	作出说明，回答有关询问	
17	(四川)眉山市中级人民法院破产案件预重整操作指引(试行)	(1)债务人 (2)出资人(特定事项)	利害关系人	如实	(1)债务人：可能影响利害关系人就预重整方案作出决策的信息 (2)出资人：出资权益的涉诉情况、出资权益上设定的质押、被保全等权利负担情况	作出说明并回答有关询问	(1)赔偿责任③ (2)重新表决④

① 参见《北海市法院破产重整案件审理操作指引(试行)》第35条。

② 参见《北海市法院破产重整案件审理操作指引(试行)》第41条。

③ 参见《眉山市中级人民法院破产案件预重整操作指引(试行)》第12条。

④ 参见《眉山市中级人民法院破产案件预重整操作指引(试行)》第17条。

续表

序号	文件	信息披露义务主体	信息披露对象	信息披露标准	信息披露内容	信息披露方式	法律后果
18	攀枝花市中级人民法院破产案件预重整操作指引(试行)	债务人	利害关系人	如实	可能影响利害关系人就预重整方案作出决策的信息(包括经营状况、财务状况、履约能力、可分配财产、负债明细、模拟清算状态下的清偿率、重组中的重大风险、其他重大事项等内容)	作出说明并回答有关询问	(1)赔偿责任① (2)重新表决②
19	陕西省高级人民法院破产案件审理规程(试行)	临时管理人	利益受到影响的(1)债权人、(2)出资人、(3)重组投资人等利害关系人	(1)充分 (2)完整 (3)真实 (4)合法	与重整有关的所有信息	—	—
20	齐齐哈尔市中级人民法院审理预重整案件的若干规定	债务人	(1)出资人 (2)债权人 (3)意向投资人等利害关系人	如实	与重整有关的信息	作出说明并回答有关询问	重新表决③

① 参见《攀枝花市中级人民法院破产案件预重整操作指引(试行)》第 10 条。

② 参见《攀枝花市中级人民法院破产案件预重整操作指引(试行)》第 17 条。

③ 参见《齐齐哈尔市中级人民法院审理预重整案件的若干规定》第 14 条。

续表

序号	文件	信息披露义务主体	信息披露对象	信息披露标准	信息披露内容	信息披露方式	法律后果
21	(云南楚州)南华县人民法院审理破产预重整案件工作指引	(1)债务人 (2)临时管理人 (3)出资人(特定事项)	(1)出资人 (2)债权人 (3)意向投资人等利害关系人	(1)全面 (2)准确 (3)合法	(1)债务人：导致破产重整的事由、生产经营状况、财务状况、资产状况、债务明细(包括对外担保或有债务等情形)、涉诉涉执情况、重大不确定性诉讼、模拟破产清算状态下的清偿率、意向投资人的投资计划、预重整草案重大风险等 (2)出资人：出资权益的涉诉情况，出资权益上设定的质押、被保全等权利负担情况	作出说明并回答有关询问	重新表决①
22	潮州市中级人民法院破产案件预重整操作指引	债务人	(1)出资人 (2)债权人 (3)意向投资人等利害关系人	全面如实	与重组有关的信息，包括经营状况、财务状况、履约能力、可分配财产、负债明细、模拟清算状态下的清偿率、重组中的重大风险、其他重大事项等内容	作出说明，回答有关询问	—

① 参见《南华县人民法院审理破产预重整案件工作指引(试行)》第23条。

续表

序号	文件	信息披露义务主体	信息披露对象	信息披露标准	信息披露内容	信息披露方式	法律后果
23	重庆市第五中级人民法院预重整工作指引（试行）	债务人	（1）债权人 （2）出资人 （3）投资人等利害关系人	（1）及时 （2）全面 （3）准确 （4）合法①	对公司预重整可能产生影响的信息。披露内容包括债务人经营状况、相关财务状况、履约能力、可分配财产状况、负债明细、未决诉讼及仲裁事项、模拟破产清算状态下的清偿能力、重组协议与重整计划草案的关系、预重整的潜在风险及相关建议等	配合查阅披露内容	（1）赔偿责任② （2）重新表决③
24	（四川）遂宁市中级人民法院破产案件预重整审理指引	债务人	—	（1）全面 （2）准确 （3）真实 （4）合法	有关企业及其重整方面的信息		重新表决④
25	青岛市中级人民法院办公室破产案件预重整操作指引（试行）	（1）债务人 （2）预重整管理人	（1）债权人 （2）出资人 （3）意向投资人等利害关系人	（1）全面 （2）准确 （3）充分 （4）完整 （5）真实 （6）合法	与重整有关的所有信息	—	重新表决⑤

① 参见《重庆市第五中级人民法院预重整工作指引（试行）》第 5 条。

② 参见《重庆市第五中级人民法院预重整工作指引（试行）》第 7 条。

③ 参见《重庆市第五中级人民法院预重整工作指引（试行）》第 17 条。

④ 参见《遂宁市中级人民法院破产案件预重整审理指引（试行）》第 24 条。

⑤ 参见《青岛市中级人民法院办公室破产案件预重整操作指引（试行）》第 15 条。

续表

序号	文件	信息披露义务主体	信息披露对象	信息披露标准	信息披露内容	信息披露方式	法律后果
26	大连市中级人民法院关于审理企业预重整案件的工作指引(试行)	(1)债务人 (2)出资人(特定事项)	债权人及相关利害关系人	(1)及时 (2)全面	(1)债务人：可能影响对预重整方案作出决策的全部信息，如导致破产的原因、经营状况、财务状况、资产权属及价值、负债明细、重大诉讼、仲裁、预重整方案重大风险等 (2)出资人：出资权益的涉诉情况、权益上设定的质押、被保全等权利负担情况	通过合法、有效的方式	
27	佳木斯市中级人民法院破产案件预重整暂行规定	债务人	—	(1)全面 (2)准确 (3)真实 (4)合法	有关企业及其重整方面的信息	—	—

从上述区域性司法文件中可以看出，全国多地都规定了预重整程序中的信息披露制度，但是在具体规定上有所不同：首先信息披露的义务主体一般是债务人，但是也有部分法院认为临时管理人、出资人同样有信息披露义务，但是出资人的信息披露义务一般是涉及其出资权益调整时，对该权益的涉诉、权利负担情况的披露，也即出资人对特定事项才负有信息披露义务；在信息披露的对象上，大多法院达成了共识，主要是债权人、出资人、意向投资人等利害关系人，他们的权利受信息披露的影响较大；在信息披露的标准上，深圳中院、广州中院、淄博中院、重庆第五中院等详

细规定了信息披露标准，部分法院只是简单规定，大多法院都认为信息披露标准主要是全面、准确、合法；在信息披露的内容上，大多法院都加以列举规定，主要是有关企业及其重整方面的信息；在信息披露的方式上，大多法院规定义务人需就预重整方案作出说明以及回答相关询问，但北京破产法庭、广州中院、北海市法院都规定了可以以听证方式进行信息披露；在信息披露的法律后果中，大多法院规定了未尽信息披露义务的情况下相关权利人可以对重整计划草案重新表决，深圳中院还规定此时合议庭可以决定终结预重整，并及时对是否受理重整作出裁定，南阳市中院规定了经债权人过半数表决可以对债务人进行相关惩戒，北京破产法庭、四川天府新区成都片区人民法院、四川自由贸易试验区人民法院、重庆市第五中院、攀枝花市中院、眉山市中院规定了违反保密义务造成损失的赔偿责任。

三、我国应如何构建预重整程序中的信息披露制度

目前，我国立法对于预重整程序中信息披露制度的内容规定得尚不够具体，且散见于不同地方法院的工作指引中，导致了实践中无较高效力的统一参考标准，而信息披露制度是否完善与预重整程序是否顺利进行、企业能否复兴息息相关，因此在立法中构建预重整程序中的信息披露制度可以从几个方面加以规定。

（一）信息披露的义务主体

信息披露的义务主体主要是预重整程序中的债务人以及有关人员，许多地方法院还规定了“临时管理人”，此时临时管理人在预重整程序的推进中至关重要，作为重要的信息源掌管者，也应成为信息披露的义务主体。另外，特定情形下的出资人也应该成为信息披露的义务主体。

各国立法对承担信息披露义务的债务人及有关人员的范围宽窄规定有所不同，日本破产法信息披露义务人规定为破产人、破产人的代理人、破产人为法人的，则为其理事、董事、执行官、总管、监事以及清算人、与前款所列者相当的人，甚至法院许可下的破产人的雇员也列入在内。[1] 而

---

① 参见李飞：《当代外国破产法》，中国法制出版社2006年版，第734页、第840~842页。

英国破产法将范围规定为，公司现任或曾经的负责人（或前任负责人以及在清算前当年担任破产公司负责人的前雇员）、在清算前当年参与公司设立的人、正在公司工作的人、或在清算前当年曾在公司工作的人以及官方接管人认为能提供所需信息的人。[①] 依据我国《企业破产法》第 15 条第 2 款规定，承担法律义务的债务人的有关人员是指企业的法定代表人；经人民法院决定，可以包括企业的财务管理人员和其他经营管理人员。与日本和英国的破产法相比，我国破产法规定的承担信息披露义务的债务人以及有关人员的范围过小，使得掌握信息且应进行披露的义务主体逃避了法律义务，信息披露制度的效果大打折扣。笔者认为，我国应依据本国国情并借鉴域外法律，将债务人以及其有关人员的范围规定为企业的法定代表人、财务管理人员和其他经营管理人员以及企业的（普通）雇员等，甚至可以包括债务人的控制股东和实际控制人。

综上，预重整程序中信息披露的义务主体为债务人及有关人员、临时管理人以及出资人。

（二）信息披露的对象

信息披露的对象应该是利益可能受预重整方案影响的所有利害关系人。美国《破产法典》第 11 章对信息披露对象的范围规定的比较宽泛，包括全部股东、债权人和利害关系人，而利害关系人包括证券交易委员会、联邦托管人、债券托管人、地方税务署负责人，个别案件可以包括政府律师和财政部代表等其他利害关系方。

在我国可以将预重整中信息披露的对象设定为债权人、出资人、意向投资人等利害关系人，上述人员的权益受预重整程序的影响较大，需要在充分信息披露的情况下参与预重整方案的制定。

（三）信息披露的标准

信息披露的标准设定可以参考美国预重整实践中对“充分信息”的相关规定。美国《联邦破产法典》对预重整信息披露提出了如下要求：首先，信息披露说明必须符合“可适用的非破产法法律”有关信息披露充分性的要求，

① 参见［英］费奥娜·托米：《英国公司和个人破产法》，汤维建、刘静译，北京大学出版社 2010 年版，第 223 页、第 226 页、第 230~231 页、第 236~237 页。

这里的非破产法法律主要指的是联邦证券交易法，[①] 除此之外还有交易法、州法和蓝天法等。我国的《证券法》专章规定了发行人和相关信息披露义务人的信息披露义务。[②] 同时，我国各证券交易机构颁布的信息披露规则和办法也提出了比较系统的信息披露要求，这些都可以参照适用，但是仍需考虑预重整程序的特殊性以及各企业的不同情况，在实践中结合具体情况加以判断。其次，美国《联邦破产法典》进一步规定，如果没有可以适用的相关法律，应符合信息披露具有"充分性"的一般要求。[③] 在《美国破产法》第1125 条(a)款(1)项中对信息的充分性有所规定：充分信息是指一种信息，有足够的细节，合理地、可行地反映债务人的性质和历史，以及债务人会计账目的情况，能够使一个假设理智的债权人和典型的利益持有人对计划作出合理判断。[④] 在英国破产服务局制定的《破产执业陈述》中，也规定了预重整中的信息披露问题，依《破产执业陈述》，管理人应向债权人提供相关信息披露声明，其中同样应包含充分的信息，这些信息应该是充分考虑到债权人的利益，能够让知情的第三方断定预重整是适当的。[⑤]

我国同样也需要明确信息披露的标准，笔者认为全面、准确、合法三大标准足以让法院在没有具体规定可以援引的时候综合判断义务人的信息披露是否充分。

(四)信息披露的内容

对于信息披露的内容，德国采取的是概括加列举的立法模式。如德国破产法第 97 条规定，债务人有义务披露"与破产程序有关的一切情况"，该规定属于概括式条款。而在德国破产法第 156 条中规定将需要进行披露的信息加以列举。美国判例法主要以列举的方式对诸如破产申请原因、财

---

① 参见吴在存：《美国破产重整及管理人制度的考察与启示》，载《人民司法》2018 年第 28 期。

② 参见郭雳：《注册制下我国上市公司信息披露制度的重构与完善》，载《商业经济与管理》2020 年第 9 期。

③ 参见张艳丽、陈俊清：《预重整：法庭外重组与法庭内重整的衔接》，载《河北法学》2021 年第 2 期。

④ 11 USC 1125 (a)(1).

⑤ 参见徐阳光：《困境企业预重整的法律规制研究》，载《法商研究》2021 年第 3 期。

务情况、企业未来发展预估、关联企业关系信息等体现债务企业当前运营以及重整后发展前景等内容加以规定。英国《破产执业陈述》提供了一个详尽的清单，对管理人在声明中应披露的信息也进行了具体的规定，主要包括破产从业者的选任和前期工作、选择预重整的依据和理由、招募投资人的情况、债务人估价的情况及最终达成的详细方案。

我国破产法应当借鉴上述国家的做法，首先以概括条款规定，义务人应当披露有关企业及其重整方面的全部信息，然后以列举的条款规定最为重要和典型的信息披露清单。如：财产状况说明、债务债权清册、财务会计报告、职工工资的支付和社会保险费用的缴纳情况、债务人营业清单、债务人的资产清单、现值估算、未来的经营状况与规划；债务人未来管理层组成人员及其报酬；在执行重整计划的过程中债权人可能遇到的风险；债务人的纳税说明债务人与其子公司之间的关系；关联交易的披露，等等。这样一来以便于实践中法院进行判断，也能够涵盖将来可能出现的需要进行披露的信息。

(五)信息披露的方式

信息披露的一般方式包括通知、告知、报告和公告等，许多国家还规定有公开质询、公开调查、听证会等制度。美国破产规则第 2004 条规定的重整程序中规定了法院质询权，利害关系人可以申请法院举行听证会，对债务人进行质询。① 英国破产法规定了公开质询制度，官方接管人或者清算人可以在公司注销前的任何时间申请法院对公司相关人员进行公开质询。② 英国破产法第 290 条还规定了公开调查措施。但是我国立法对信息披露的方式没有明确规定，在各地法院的工作指引中大多只是规定债务人应当就预重整方案作出说明并回答有关询问，预重整方案与信息披露不同，虽然预重整方案的内容间接地披露了关于重整的相关信息，但是并不能完全取代信息披露环节，因为信息披露的范围较预重整方案的内容更广泛、全面，不仅包括对企业未来的持续经营价值的预估，还包括企业的财

① 参见[美]大卫·G. 爱泼斯坦等：《美国破产法》，韩长印等译，中国政法大学出版社 2003 年版，第 818~819 页、第 10~11 页、第 821~823 页、第 820~821 页。

② 参见《英国破产法》，丁昌业译，法律出版社 2003 年版，第 114 页、第 51 页。

务历史和现状以及清算的收益分析比较，等等。所以，预重整方案不能够代替信息披露制度的作用。①

我国破产法应当设置预重整程序中信息披露听证会制度，同时考虑预重整程序的效率，对召开听证会的条件、人员范围、程序、听证内容、相关法律责任等作出具体的规定。

(六)信息披露的法律后果

没有法律责任保障的法律制度只是纸上的正义，难以达到法律的预期目标，会使法条流于形式，使公平、正义成为空洞的口号。法律责任是由特定法律事实引起的对损害予以赔偿、补偿或接受惩罚的特殊义务，即由于违反第一性义务而引起的第二性义务。②违反信息披露义务的行为也必须承担法律责任。德国破产法第 98 条第 2 款规定，债务人逃避履行告知义务的，破产法院可以强制拘传债务人并在听取意见之后将债务人交付羁押。③ 英国破产法第 22 条规定，如果信息披露义务人无合理理由不遵守法律的规定提供信息，应被处以罚款，并且，因继续该不遵守行为，他应被处以按日违规罚款。同时，根据英国破产法第 353 条的规定，如果破产人没有尽其所知、竭尽诚信地披露构成破产财产的所有财产的信息，或者没有将相关处分行为及时告知官方接管人或托管人，均构成犯罪。日本破产法在“罚则”章节中规定了违反信息披露义务的罪名和刑罚。如日本破产法第 268 条规定了拒绝说明以及检查之罪，第 269 条规定了拒绝披露重要财产等之罪，第 271 条规定了在传唤时拒绝说明等之罪。我国对于信息披露义务人的行为造成债权人等利害关系人经济损失的情况，未规定相应的民事责任。只有部分地方法院的工作指引中有所规定，在我国《刑法》中也没有义务人违反信息披露义务相关具体罪名规定。

笔者认为，要真正落实信息披露制度必须要明确违反该义务的法律责任，但考虑到预重整阶段暂时没有国家强制力的介入，更多的是平等主体

---

① 参见高丝敏：《论破产重整中信息披露制度的建构》，载《山西大学学报(哲学社会科学版)》2021 年第 3 期。

② 参见张文显：《法理学》，高等教育出版社、北京大学出版社 1999 年版，第 122 页。

③ 参见《德国支付不能法》，杜景林、卢谌译，法律出版社 2002 年版，第 52 页、第 83~84 页。

之间的协商，法律责任应当偏重于民事上的，否则会过于加大当事人的负担，所以我国可以明确规定信息披露义务人未尽信息披露义务时法院对当事人达成的预重整方案的效力加以否定，并规定违反保密义务和非法信息披露造成权利人损失的赔偿责任。

四、我国预重整程序中信息披露制度构建的立法建议

笔者认为，今后应该在我国《企业破产法》的“重整”专章中增设预重整程序的相关规定，其中预重整程序的信息披露制度的构建尤为重要，笔者草拟具体条文如下：

第××条　在预重整程序中，债务人、临时管理人等信息披露义务人应当按照下列标准对债权人、出资人、意向投资人等利害关系人进行信息披露：

(一)全面披露。披露内容应当包括有关企业及其重整方面的全部信息，如导致破产申请的事件、经营状况、相关财务状况、履约能力、可分配财产状况、负债明细、涉诉涉执情况、重大不确定性诉讼、模拟破产清算状态下的清偿能力、意向投资人的投资计划、重整计划草案重大风险等；预重整方案涉及出资人权益调整事项的，出资人有义务如实披露其出资权益的涉诉情况，债务人、出资人有义务如实披露出资权益上设定的质押、被保全等权利负担情况。

(二)准确披露。信息披露应当措辞明确，披露内容应当客观准确，以突出方式引起注意，不得避重就轻、缩小字体或者故意诱导作出同意的意思表示；

(三)合法披露。披露程序应当符合法律规定的要求。

第××+1条　在债权人众多的大型企业重整案件中，为便于开展征集意见、披露信息等预重整相关工作，临时管理人可以参照企业破产法有关债权人会议的规定，组织债权人成立临时债权人委员会。临时管理人认为有必要的，可以在预重整期间申请人民法院组织听证调查。

第××+2条　对信息披露不及时、不充分给债权人和其他利害关系人造成损失，信息披露义务人应该依法承担相应的赔偿责任。

第××+3条　预重整参与人在预重整程序中披露的信息，相关利害关系人违反法律规定或当事人约定的保密义务对外披露或不正当使用，造成他人损失的，依法承担赔偿责任。

第三部分：个人破产制度构建

个人破产制度中保单现金价值的若干问题探讨

陈章全*

内容提要：《深圳经济特区个人破产条例》第 36 条第 1 款第 4 项将“无现金价值的人身保险”列为豁免财产，这一区分标准未能厘清现金价值与不同险种所含的其他财产性利益的清晰界限，同时也压缩了债务人及其扶养人基于生存和发展需求的选择空间。本文结合人身保险的主流分类，对人身保险财产性利益作了类型化的梳理，明确了保单现金价值在不同险种中的具体内涵。同时，应当结合不同险种现金价值的具体功能和形态分别考虑保单现金价值豁免的必要性，并依据该条第 2 款设置更为具体的额度标准，同时依据被保险人与债务人的身份关系及其健康状况，更好地实现豁免制度保障债务人及其扶养人基本生活和经济再生的制度功能。

一、问题的提出

2021 年 3 月 1 日生效的《深圳经济特区个人破产条例》(以下简称《深圳个人破产条例》)为我国个人破产制度的构建和完善提供了可参的样本示范，也为相关法律制度的衔接提出了值得探讨的新问题。《深圳个人破产条例》第 36 条规定了个人破产程序中的财产豁免制度，第 1 款第 4 项明确将“无现金价值的人身保险”列为豁免财产，对此仍存在进

* 陈章全，武汉大学法学院 2020 级民商法硕士研究生。

一步商榷的空间。[①] 首先，以保单现金价值的有无来判断人身保险的可豁免性，未能区分不同人身保险险种所含的各种财产性利益，将导致在不同险种类型适用过程中的不周延后果。同时，该规定忽略了债务人及其扶养人基于生存和发展的需要对人身风险保障的合理需要，将保险市场上的人身保险主体类型均排除在可豁免范围之外，将导致现实适用过程中对债务人和债权人利益保护的失衡。为完善保单现金价值在个人破产程序中的处分规则，应当厘清人身保险财产性利益和保单现金价值的具体内涵，在明确界定《深圳个人破产条例》第 36 条第 1 款第 4 项“无现金价值的人身保险”具体范围的基础上，对其他排除在豁免财产之外的人身保险及其现金价值的可豁免性进行具体分析和论证。

二、保单现金价值的内涵和外延

（一）人身保险财产性权益的一般形态

从规范语句出发，“无现金价值的人身保险”需要进行初步解构。“人身保险”属于保险的一种，是投保人和保险人就被保险人的生命和身体为标的订立的双务合同关系，[②] 直接表现为保险市场上各种类型的人身保险产品。但是这一“合同关系”或“保险产品”本身并不能直接成为“可豁免”或者“可分配”的对象，应当理解为人身保险合同关系中具有经济价值的财产性利益。因此，在探讨是否具有可豁免性和额度计算之前，首先需要明确的是人身保险财产性利益的具体含义，从而对现金价值和非现金价值

---

① 《深圳个人破产条例》第 36 条规定：“（一）债务人及其所扶养人生活、学习、医疗的必需品和合理费用；（二）因债务人职业发展需要必须保留的物品和合理费用；（三）对债务人有特殊纪念意义的物品；（四）没有现金价值的人身保险；（五）勋章或者其他表彰荣誉的物品；（六）专属于债务人的人身损害赔偿金、社会保险金以及最低生活保障金；（七）根据法律规定或者基于公序良俗不应当用于清偿债务的其他财产。前款规定的财产，价值较大、不用于清偿债务明显违反公平原则的，不认定为豁免财产。除本条第一款第五项、第六项规定的财产外，豁免财产累计总价值不得超过二十万元。本条第一款第一项、第二项的具体分项和各分项具体价值上限标准由市中级人民法院另行制定。”

② 参见陈欣：《保险法》，北京大学出版社 2000 年版，第 156 页。

作出区分。

人身保险合同财产性权益，一般认为是指与人身保险合同相关的具有经济利益或财产属性的权利。① 目前各级法院鲜有规范性文件就人身保险财产性利益给出较为明确范围，其具体的意见也不完全一致。比如浙江高院认为，法院可以强制执行的人身保险财产性利益包括生存保险金、以现金方式支付的保单红利、退保后保单的现金价值。② 而江苏高院进一步明确保单现金价值的范围包括账户价值和未到期保费，并增加了“依保险合同可确认但尚未完成支付的保险金”和“其他权属明确的财产性权益”。③ 因此，人身保险财产性利益在司法实践中至少表现为保险金、保单红利和保单现金价值三种形态。从法律构造上来看，人身保险合同的当事人、标的和保险金请求权人存在分离特征，随着人身保险合同关系在合同履行和终止阶段的不同位置，其所含的财产性利益也产生利益主体和形态的变化：

在保险合同履行阶段，投保人享受人身保险合同约定的保险保障，并在这一过程中不断在个人保险账户中累积保单现金价值。从概念上讲，保单现金价值产生于保险公司平准保费制度下，因投保人前期缴纳的保费高于与被保险人风险相当的自然保费，形成的差额累积在投保人账户中并以利息滚存等方式不断增殖形成的利益，具体表现为投保人解除保险合同时获得的价值返还。从实际来源上看，保单现金价值类似于一种“溢交的保费”，但与保费并不相同，当保费交付给保险人时，溢出部分即作为责任准备金由保险人控制、支配，直到保险合同被解除时扣除保险人的成本、

① 参见李利、许崇苗：《人身保险合同财产性权益强制执行问题研究》，载《保险研究》2020 年第 7 期。

② 浙江高院《关于加强和规范对被执行人拥有的人身保险产品财产利益执行的通知》第 1 条：“投保人购买传统型、分红型、投资连接型、万能型人身保险产品、依保单约定可获得的生存保险金、或以现金方式支付的保单红利、或退保后保单的现金价值，均属于投保人、被保险人或受益人的财产权。当投保人、被保险人或受益人作为被执行人时，该财产权属于责任财产，人民法院可以执行。”

③ 《江苏省高级人民法院关于加强和规范被执行人所有的人身保险产品财产性权益执行的通知》第 1 条：“一、保险合同存续期间，人身保险产品财产性权益依照法律、法规规定，或依照保险合同约定归属于被执行人的，人民法院可以执行。人身保险产品财产性权益包括依保险合同约定可领取的生存保险金、现金红利、退保可获得的现金价值(账户价值、未到期保费)，依保险合同可确认但尚未完成支付的保险金，及其他权属明确的财产性权益。”

费用后重新返还给投保人。因此，在保险合同解除之前，保单现金价值的财产性利益仅限于为投保人垫交保费、保单质押贷款等经济功能，对于个人破产程序中的债权人来说并不具备分配清偿意义，仅具有合同解除后投保人能够获得价值返还的计算意义。因此，人身保险财产性利益所指的保单现金价值，应当指保险合同解除时能够返还的实际价值(见图1)。

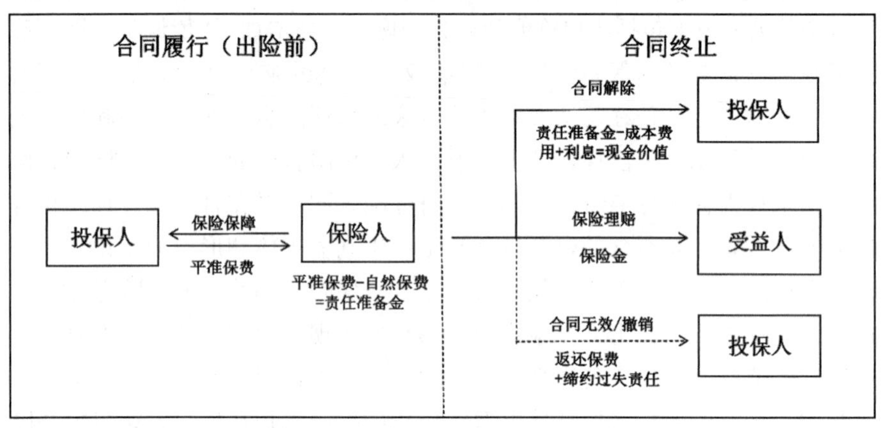

图1　人身保险财产性利益的一般形态

当人身保险合同因其他原因而终止时，人身保险财产性利益则存在多种表现形式。首先，如果保险期间内被保险人发生了人身保险合同约定的支付保险金的事由，受益人即可依据《保险法》第18条取得保险金请求权，此时应当视受益人和破产申请人是否同一而确定。如果保险合同约定受益人为债务人的，保险金应当属于《个人破产条例》第36条第1款第4项“无现金价值的人身保险”的规范含义；如果保险合同未约定受益人指定了其他受益人，则保险金不属于债务人的责任财产，不涉及个人破产财产豁免或分配的问题。其次，当保险合同因法定事由无效或者被撤销的时候，投保人可以依据《民法典》第157条可以向保险人主张返还相应的保费，保险人一方有过错的，投保人还可以对其主张缔约过失责任。笔者认为，此时返还的保费和缔约过失责任请求权虽然对债务人而言具有财产性利益，但因保险合同关系自始无效，投保人只是基于法律规定得以向保险人主张权利，从逻辑上不属于人身保险财产性利益；况且从人身保险豁免的立法目的来看，即是为债务人及其扶养人生存和发展的基本需求维持其原有的一部分生活条件，此时保险合同因效力瑕疵而被终止，法律自不能超越立法目的而保留剩余利益不为债权人清偿。因此，除保单现金价值之外，仅有按照合同理赔条件支付的保险金属于《深圳个人破产条例》第 36 条第 1 款第 4 项规范意义上的人身保险财产性利益范畴。

(二)保单现金价值分险种界定

以上是针对一般类型的人身保险财产性利益分析，但是保险实务中人身保险产品类型和结构多种多样，除传统型人身保险外，实践中保险公司开发出了多种风险保障和理财投资相结合的新型人身保险产品，比如分红型保险、万能险和投资联结险，形成了人身保险财产性利益的多种形态。易言之，并非所有的保险产品都具有保单现金价值，也并非所有的人身保险财产性利益都能归属于上述的种类之中。应结合具体的人身保险产品类型，进一步厘清“保单现金价值”的具体内涵。

1. 传统型人身保险的现金价值

传统型人身保险，又称普通型人身保险，是指纯保障、消费型的人身保险，区别于含有分红条款、变额条款等新型人身保险。我国人身保险主要分为人寿保险、健康险和人身意外伤害险三种类型。人寿保险分为定期寿险、终身寿险、两全保险和年金保险。定期寿险和终身寿险都是以身故责任为理赔基础，区别在于前者保险期满若被保险人健在，则保险公司不再承担保险责任且不退回保险费，后者保至被保险人身故或全残，并给付合同约定的保险金。两全保险是介于两者之间的一种人寿保险产品，保险期间内如果被保险人身故则赔付身故保险金，否则赔付生存保险金。年金保险以被保险人生存为支付条件，以年金形式给付保险金。健康保险在当前市面上主要有消费型健康险和储蓄型健康险两种类型。消费型一般是指被保者保险期间发生合同约定的疾病或责任才发生赔付义务，否则合同到期后保单现金价值归零，保险人也不需要返还保费。消费型重疾险根据保障期限分为定期型和终身型两种产品，前者一般分为 1 年型和长期型，后者保障至终身但不理赔身故责任。储蓄型重疾险是指如果被保险人患有合同约定的重大疾病时，保险公司将会根据合同赔付保额，如果保险期满时被保险人未发生过重大疾病理赔，保险公司也还将返还全部的现金价值。人身意外伤害险，这类保险主要依据保险期间分为短期意外险和长期乃至终身意外险，保险期间内只在发生合同约定的疾病或突遭意外情况时给予理赔。根据保单现金价值的产生逻辑和保险实务，一般认为短期意外伤害险和 1 年期消费型健康险，本身属于短期的保险保障，不产生平准保费和自然保费之间的净差额，保险人无须提取责任准备金，对投保人亦无返还责任，因此不存在保单现金价值。

2. 分红型保险的保单红利

分红型保险是指保险公司以投资成果优于定价设定产生的盈余按一定比例向保单持有人进行分配的保险产品。① 保单红利实质是保险费用的投资成果，与保单现金价值作为溢交保费累积的属性并不一致，不应混淆。② 浙江高院和江苏高院的规范性文件均将“保单红利”与“现金价值”分列，已清晰表明分红型保险产品分配给投保人的红利并不属于现金价值。按照这一逻辑，《深圳个人破产条例》第 36 条规定“无现金价值的人身保险”，保单分红既属于人身保险财产性利益的一种，却不属于保单现金价值，依推论保单红利将被划入豁免财产范围，这显然不符合该款的立法目的和举轻以明重的立法技术。事实上，保单分红并不以保险合同的解除为前提，属于确定性的债权，可适用《民事诉讼法》第 242 条予以强制执行。③ 在个人破产制度中，如果允许豁免保单分红这种具备投资理财属性的债务人财产，则违反了“最大化清偿债权人”这一破产原则，对债权人明显不公平。因此，若非对现金价值作扩大解释，则应当明确将保单红利排除在《深圳个人破产条例》第 36 条的适用范围内。

3. 万能险、投连险的账户价值

从概念上讲，无论是“保障+投资”式的万能保险还是“风险+投资”式的投资连结保险，都具备相当的投资属性，投保人交纳保费后由保险投资人员操作专项账户，并由被保险人承担投资风险。④ 一般认为，存入专门

---

① 温世扬、武亦文：《保险法》，法律出版社 2016 年版，第 181 页。

② 参见李利、许崇苗：《人身保险合同财产性权益强制执行问题研究》，载《保险研究》2020 年第 7 期。

③ 参见武亦文：《保单现金价值强制执行的利益衡平路径》，载《法学》2018 年第 9 期。

④ 参见温世扬、武亦文：《保险法》，法律出版社 2016 年版，第 210 页。

账户的保费实质上是委托专家理财的本金。[①] 如果完全以《深圳个人破产条例》第36条的规定去判断其豁免性，也会产生和分红型保险同样的尴尬推论。笔者认为，万能保险、投资连结保险的投资账户和个人账户价值不是人身保险保费规则的固有产物，其收益是以保险人投资团队为主导通过一系列投资增值行为而实现的，较保单分红具有更高的风险和收益，不属于保单现金价值，应当比照债务人投资类收益纳入破产财产范围，不应当以其与人身保险之间存在关系而纳入豁免财产。笔者认为，《深圳个人破产条例》第36条第1款第4项"无现金价值的人身保险"应当理解为传统型人身保险发生保险合同约定的事由后保险人向投保人给付的生存保险金，以及保险合同因无效或被撤销产生的一般债权利益，不应当包含保单现金红利和万能保险、投资连结保险设立的投资账户和个人账户价值，也不考虑人身意外伤害险和短期消费型重疾险等无现金价值的险种。至于保单现金价值是否应当纳入其规范意涵，容下文进行讨论。

三、保单现金价值的破产豁免

(一)归属问题

在判断其保单现金价值是否可豁免之前，应当先明确其归属。《保险法》在规定现金价值返还的各种情形时，并未明确返还的具体对象，且因保险合同涉及的利益主体众多，保单现金价值归属问题无论是在理论还是在实务上都殊为复杂。主流观点认为保单现金价值归属于投保人，主要依据有两种解释路径：合同主体理论和投资收益说。[②] 前者基于法律规定的保险合同当事人身份，主张保单现金价值应当依照合同相对性返还至投保人；后者将保单现金价值理解为投保人存放在保险人处的投资本金，按照合同约定收取一定的财产性收益，参照法定孳息归属规则认为保单现金价值归属于投保人。投保人说在实践层面中得到了较为广泛的认可，但是在学界仍存在不少反对声音。有学者批评了合同主体理论无法适配保险合同

① 参见方乐华：《保险与保险法》，北京大学出版社2014年版，第206页。

② 参见常敏：《保单现金价值归属的法律解释逻辑》，载《环球法律评论》2018年第5期。

复杂的涉他性结构，也未能兼顾合同当事人地位和合同约定的权利归属可能不一致，应当依据双方约定的清算条款来决定保单现金价值的归属。① 有学者指出，投资收益说赋予保单现金价值的假设实际上混淆了其与保单分红的性质，两者在价值产生基础上存在本质差异。从保单现金价值在保险合同关系存续期间，发挥的垫交保费功能来看，应当被视为保险人提供给投保人的借款，此时保险人才是实际支配保单现金价值的权利人。②

笔者认为，讨论保单现金价值的归属，应当明确保单现金价值和保单现金价值请求权的概念区别。根据《保险术语》，保单现金价值的定义是保单累积的实际价值。③ 根据保险业实务，保单累积的实际价值是随着保险期间累积在投保人账户中的现金价值，一般表现为保险展业过程中向投保人出示的现金价值年表。但是这一账面数额和保险合同解除时向投保人返还的数额并不相同。易言之，保单现金价值仅作为计算上之存在，而非实际提存之金额。④ 随着保险期间的计算，摊付的保险成本和费用也在变化，因此在实际解除保险合同并返还保单现金价值之前，并不能确定其具体能够实现的数额，更无法断言保单现金价值归属于投保人所有。因此，保单现金价值的归属性判断，不能简单依据一般合同主体理论进行嵌套适用，也不能单纯参照纯投资理财合同的收益规则，应当进一步考察保单现金价值的产生和功能逻辑。

其一，从保单现金价值的形成过程而言，在投保人行使任意解除权或者保险人以法定事由解除保险合同之前，尚不存在可独立处分的保单现金价值，此时保单现金价值属于保险人所有的责任准备金，其对投保人的经济意义在于提供垫付保费、办理展业保险以及保单质押贷款等获益行为的基础。从某种意义上说，在未解除人身保险合同的前提下讨论保单现金价值是一个伪命题。保单现金价值的返还必须通过解除保险合同，并同时以

---

① 参见常敏：《保单现金价值归属的法律解释逻辑》，载《环球法律评论》2018年第5期，第41页。

② 武亦文：《保单现金价值强制执行的利益衡平路径》，载《法学》2018年第9期，第99页。

③ 《保险术语(GB/T 36687—2018)》，中国保险业协会官网，http://c.gb688.cn/bzgk/gb/showGb?type=online&hcno=D8C595B8F46D95D51B7A1A657A5ABA7A，访问日期：2022年9月9日。

④ 江朝国：《保险法基础理论》，中国政法大学出版社2002年版，第98页。

终止现金价值的累积和被保险人保障服务为代价。在保险合同未因法定或者意定原因解除之前，投保人仅享有对保单现金价值的请求权，而非对保单现金价值本身的所有权。当投保人行使任意解除权或者因其他原因导致保险合同的解除而向保险人主张保单现金价值请求权，这一请求权对于债权人而言同样具有清偿利益。

其二，从保单现金价值的功能逻辑来看，基于保险合同双方当事人意思自治的基础，投保人接受了保险公司基于盈利预期设计的平准保费制度，以初期支付相对较高的投保费用的方式，来避免承担价值拐点出现后因承保风险提高而增加的保险费用；保险人虽然短期内能够形成与风险不相匹配的收益池，但也受限于“不丧失价值”条款承诺向符合一定条件的投保人返还合同解除时保单留存的实际价值。因此，保单现金价值在投保人和保险人之间实质上发挥了对风险共同体的担保作用。根据保险实务，保险人利用保单现金价值办理垫付保费并不需要获得投保人的同意，只要保单现金价值足够支付相关的费用，保险人即可自动为投保人办理有关业务。对于保险人而言，保单现金价值往往作为体量巨大的保险资金池投入资本市场。根据《保险资金运用管理办法》，保险资金可以投资于银行存款，买卖债券、股票、证券投资基金份额等有价证券，投资不动产和股权。然而在传统型人身保险中，保险人的保险资金投资所得对投保人经济意义并不大，保险资金的运用仍视为保险人自主进行的风险投资活动。因此，结合《保险公司偿付能力额度及监管指标管理规定》对保险资金和偿付能力的定义，保单现金价值在合同解除前，应当视为保险人享有控制和支配力，并随时用于偿付投保人的保险资金。

因此，人身保险合同解除前，保单现金价值归属于投保人，投保人仅享有对保单现金价值的请求权。保单现金价值豁免的命题，本质上是讨论“投保人是否能免于以解除人身保险合同或其他法定方式向保险人主张保单现金价值请求权”这一问题。

（二）可豁免性

1. 立法的偏颇性

《深圳个人破产条例》第 36 条否定了保单现金价值被豁免的可能性，体现了立法机关在这一利益衡量上采取了最大限度保护债权人利益的立场，但是这一绝对化的规定存在如下现实问题。

(1)忽视了我国人身保险产品属性的差异性。如前所述，并非所有传统型人身保险产品均具有保单现金价值，不同类型产品的设计结构和保单现金价值的功能价值也是不同的。以重疾险为例，虽然1年期消费型重疾险一般不具有保单现金价值，但是其他长期型或终身型消费型重疾险因采取了均衡费率机制，也会随着保费的交纳产生一定的现金价值；而储蓄型重疾险与寿险具有一定相似性，其产品目的之一就在于累积保单现金价值。两者虽同属于重疾险，但是保单现金价值的形式走向则完全不同：前者自保险期间开始后保单现金价值逐步上升，直到平准保费和自然保费相当时达到数额最高点，之后因自然保费超过了平准保费，保单现金价值持续下降至保险合同期限届满；而后者的保单现金价值在保险期间内持续上升。究其原因，在于两者存在如下属性差异：保障客体不同，消费型重疾险以保障期间内被保险人的重大疾病为保障客体，具有相当的偶然性和风险性，而储蓄型重疾险除理赔重大疾病之外，还赔付身故责任，赔付责任具有更强的确定性；功能价值不同，消费型重疾险的保单现金价值主要发挥了保费消耗功能，如果保险期间内未出险则保单现金价值也将完全消耗，而储蓄型重疾险的保单现金价值承担了储蓄和资产传承功能，当被保险人退保或者身故时将根据合同约定返还现存的保额资产。

因此，消费型重疾险和储蓄型重疾险的保单现金价值虽然产生基础相同，但运作逻辑和价值属性完全不同。前者的保单现金价值本质上发挥了“保费池”的垫交功能，因为这类保险定价较为低廉，前期交纳的保费无法覆盖保障期间内的风险成本，因此累积下的保单现金价值作为后期保费的替代支付工具且消耗至保险期间结束。而后者的保单现金价值则被储蓄了下来成为身故责任的保额，类似于融合了健康保障和理财投资功能的个人储蓄和资产传承工具。如果在个人破产程序中对两种健康险的保单现金价值不加区分，均列为非豁免性财产范围，会产生实质的不公平：消费型重疾险投保人一般是因其经济能力有限选择了价格较低的该类产品，本身并无资金储蓄增值意愿，但却和购买高额储蓄型重疾险的投保人承担了同等的法律制裁。根据前述图示，消费型重疾险的保单现金价值一般低于交纳的保费总额，其产品的价值基础在于以低额保费和现金价值的递次垫付为投保人提供稳定的风险保障，而个人破产制度的立法供给却并未兼顾到不同人身保险产品的特征，这将对消费型重疾险产品的市场信心造成不利影响。

(2)未区分不同情形下投保人对人身保险的合理需求。个人破产制度的价值在于挽救"诚实而不幸"的债务人，豁免制度旨在平衡债权人清偿利益最大化和债务人基本生活和再生保障的基本需要。如果将豁免财产范围划定得过于狭窄从而导致债务人基本生活状况的恶化，本身违背了个人破产和豁免制度的价值取向。从统计数据来看，《深圳个人破产条例》自2021年3月1日实施以来，深圳中院共收到个人破产申请699件，个人破产申请人约10%是年龄50岁以上的人群，甚至有76岁的高龄债务人。[①] 这类债务人及其扶养人发生重大疾病等健康问题的概率较高，健康保障对其基本生存和再生程序具有较大意义。一概要求保险人退还投保人的保单现金价值，势必导致债务人解约退保，失去人身保险合同对其身体健康的保障利益；而这类债务人在高风险阶段重新投保人身保险将面临更高昂的保费，几乎不可能在短期内再获得健康风险的保障。如果债务人发生疾病等身体状况，因失去人身保险保障所额外花费的医疗开支显属《深圳个人破产条例》第36条第1款第1项"债务人及其所扶养人生活、学习、医疗的必需品和合理费用"，同样纳入债务人的豁免财产范围，进一步压缩债权人的清偿利益空间。退后一步，如果能够在个人破产程序中通过豁免清偿意义不大的保单现金价值来维系保险人对高风险债务人的风险保障，对于债务人的人道关怀和对债权人清偿分配的安定性都具有相当的保障意义。

2. 可豁免性探讨

关于保单现金价值在个人破产程序中的可豁免性，学界的相关研究较少，且并未形成系统性的观点。有学者认为，保险属于"具有强烈人身专属性质的财产"，一般"与特定的人身相连，所以往往带有救助或者赔偿功能"，应当纳入豁免财产范围，但在实践中仍应当结合具体情况进行考量。[②] 有观点认为，专属于债务人的财产或财产性权利应当豁免，但人寿

---

① 刘思良：《深圳个人破产条例实施半年，给债务人画个像》，载微信公众号"破产法快讯"，2021年9月30日。

② 参见谢可诗、杨福颖：《论个人破产制度中豁免财产的范围》，载《特区经济》2021年第6期。

保险等特殊财产究竟应如何处理，还需要作进一步更为细致的研究。① 也有学者认为，对于人身保险合同财产性权益强制执行的例外或者豁免，以险种类别来区分具有一定程度的合理性，关键仍应当以“是否为被保险人生活必需”为标准进行价值判断。② 但是也有学者明确持保留意见，认为如果肆意扩大破产债务人保留的物质财产范围，有违于我国基本国情和社会观念，容易酿成对债务人生产经营失败的兜底措施甚至变相鼓励。③

以上学理讨论尚未超出《深圳个人破产条例》在立法层面对保单现金价值可豁免性迈出的建设性步伐，然而要对这一规定作合理性的讨论，仍需厘清豁免制度本身的内涵和价值。根据《世界银行自然人破产问题处理报告》的理念，豁免财产的划定应当“以满足自己和家人在破产后的最低生活需求，必要时包括最低的业务需求”。④ 一般认为，豁免财产制度的目的不仅包括为债务人及其家庭成员提供维持基本生活的物质基础，也应当为其重新起步建设个人经济能力提供应有的“启动资本”。⑤ 但是从另一侧面而言，豁免财产本质上是对债务人分配清偿的抗辩，产生的效果是将债务人生活保障和再生程序的成本从社会转移到债权人身上。⑥ 因此，兼顾避免债权人的过度牺牲和实现“诚实而不幸”债务人的现代保护，是界定豁免财产的基本价值基调。

根据联合国《破产法立法指南》，豁免财产的界定应当符合三项基本原则：保障债务人生存权和发展权原则，适度保障原则，保障债务人专属

---

① 参见胡利玲：《论个人破产中豁免财产范围的确定》，载《经贸法律评论》2019 年第 4 期。

② 参见李利、许崇苗：《人身保险合同财产性权益强制执行问题研究》，载《保险研究》2020 年第 7 期。

③ 参见王欣新：《用市场经济的理念评价和指引个人破产法立法》，载《法律适用》2019 年第 11 期。

④ 世界银行破产处理工作小组：《世界银行自然人破产问题处理报告》，殷慧芬、张达译，中国政法大学出版社 2016 年版，第 92 页。

⑤ 参见陈本寒、罗琳：《个人破产制度中豁免财产范围规则的本土化构建》，载《湖北大学学报(哲学社会科学版)》2021 年第 1 期。

⑥ 参见胡利玲：《论个人破产中豁免财产的构成与限制》，载《东方论坛》2020 年第 3 期。

性财产原则。[①] 这为各国个人破产立法和豁免规则的制定提供了基本准则。《美国破产法典》规定，列明的豁免财产应当符合如下至少一个目标的实现：为债务人提供生存所必需；保护债务人的人格尊严以及文化或宗教认同；使债务人能够获得财务更生并在未来重新取得收入；使债务人的家庭成员免受贫困的恶果；将向债务人及其家庭提供最低程度财务支援的负担由社会转嫁至债务人的债权人。[②] 日本《破产法》则仅对破产豁免财产进行了概括性规定，具体的禁止规则落在强制执行法、民事诉讼法等其他相关法律规范中予以规定，旨在保障执行债务人生活水准的最低限度和维持债务人的经济再生。[③] 从《深圳个人破产条例》第 36 条第 1 项的规定来看，整体上也兼顾了三项基本原则在我国的本土化呈现：第 1、2 项保障债务人及其家庭成员生存权的必要财产和债务人的发展权，第 3、4、5、6 项主要是基于保障债务人专属性财产，并针对特定项目设置了一定的额度限制来实现适度保障原则。因此，保单现金价值可豁免性的论证，可以在《破产法立法指南》确立的基本框架内开展。

(1)保障债务人生存权和发展权原则。根据《联合国人权宣言》的阐释，生存权是指“能够维持他本人和家属的健康和福利所需的生活水准”。[④] 我国贯彻“生存权、发展权是首要的基本人权”的人权观，[⑤] 一般认为，生存权包括两个层面的内容，物质层面是指确保人能获得社会生活最基本的物质保障的“底线”，精神层面是指人应有的基本社会地位、平等和获得尊重。[⑥] “发展权”派生于生存权，是指人人能够获得非歧视的、

① 参见胡利玲：《论个人破产中豁免财产范围的确定》，载《经贸法律评论》2019 年第 4 期。

② 参见刘静、刘崇理：《建立我国个人破产制度若干问题研究》，载《人民司法》2020 年第 19 期。

③ 参见刘颖：《日本的个人破产免责制度及其借镜》，载《经贸法律评论》2020 第 5 期。

④ 联合国：《世界人权宣言》，联合国人权高级专员办事处官网，https://www.ohchr.org/CH/UDHR/Pages/Language.aspx? LangID = chn，访问日期：2022 年 9 月 7 日。

⑤ 汪习根：《生存发展权是首要的基本人权》，载《人民日报》2021 年 2 月 19 日，第 9 版。

⑥ 参见魏晓旭：《生存权的中国表达：双重向度的递进展开》，载《人权》2021 年第 3 期。

平等的发展机会、保障发展的必要物质条件，并最终享受发展的成果。①在个人破产制度中，生存权底线并非必然等同于最低生活保障水平，根据《深圳个人破产条例》第 36 条第 3 款规定，即使“勋章或者其他表彰荣誉的物品”“专属于债务人的人身损害赔偿金、社会保险金以及最低生活保障金”不计算在内，债务人仍有 20 万元的豁免额度上限用于维持和满足一定的生活水平和再发展需求，因此不宜对豁免财产范围采取带惩罚性色彩的严格立场，否则极易侵蚀债务人经济重生所需的物质基础和保障。在个人破产程序中，保单现金价值来源于投保人溢交的保费及其滚存利息，其存续的目的是为了维系人身保险合同提供的风险保障服务，避免债务人及其扶养人因身体健康等客观状况使其自身和家庭陷入更加贫困的境地，契合个人破产制度对生存权和发展权的保护目的。以一款保险市场热销的定期寿险为例，根据其现金价值表可以看出，当被保险人××岁时，保单现金价值达到最高，之后保单现金价值便用于保费的垫交使得寿险保障持续到合同约定的××岁。对于债权人而言，该款产品的保单现金价值数额并不高，在其完成退保手续和扣减相应成本和费用之后，清偿价值将会变得更低；而对于被保险人而言，无论是债务人还是债务人供养的亲属，如果在该年龄阶段退保解约，几乎再无法以原有的成本水平获得足够的风险保障，将为日后家庭生活和经营增加诸多不确定性。同时，基于全球新冠疫情长期存在的背景，债务人的健康风险具有更强的不可预测性，因此维持债务人及扶养人一定的健康保障水平也具有相当的现实意义。因此，在一定范围内豁免人身保险产品及其保单现金价值，能够以债权人少量清偿利益，为债务人维持相当期限内的家庭生活保障并为其重建收入能力、改善财务状况提供更好的支持，契合个人破产制度保护“诚实而不幸”的债务人这一立法目的。

(2)适度保障原则要求豁免制度维持债务人破产后一段期间内的一定生活水准，而非为债务人及其家人提供一生衣食无忧的庇护。② 这一原则的主要立场是债权人清偿利益的最大化实现和社会公众对债务人的一般道

---

① 国务院：《发展权：中国的理念、实践与贡献白皮书》，国务院官网，http://www.gov.cn/zhengce/2016-12/01/content_5141177.htm，访问日期：2022 年 9 月 7 日。

② 参见胡利玲：《论个人破产中豁免财产范围的确定》，载《经贸法律评论》2019 年第 4 期。

德要求。《深圳个人破产条例》第 36 条第 2 款也明确规定，“价值较大、不用于清偿债务明显违反公平原则的，不认定为豁免财产”。事实上，保单现金价值的豁免是否符合适度保障原则，核心在于是否导致债权人和社会公众难以接受的不公平后果。这一问题可通过我国人身保险保障的现实状况进行判断。我国刚刚完成全面小康的社会建设目标，虽然商业人身保险水平较发达国家有一定差距，但整体上已达到相当水平。根据银保监会在 2020 年 12 月 16 日披露的数据，我国有 3 亿人购买长期人身险保单，被保险人接近 6 亿人，商业人身保险覆盖面达到 42. 7%，风险保障总额超过 1000 万亿元。① 从这一数据来看，不能片面认为保单现金价值的豁免将导致债务人享受超过一般民众的生活水平，从而否认保单现金价值的豁免符合适度保障原则。进言之，豁免制度的制定应当具有一定的前瞻性，豁免财产的种类和范围应当同社会经济发展状况相适应。② 根据国务院《关于深化医疗保障制度改革的意见》对推动人身保险扩面提质稳健发展的要求，提高商业健康险和商业养老保险对城乡居民的保险保障能力将会是一定期间内保险监管机构和行业的重要任务。中国保险行业协会发布的《2020 年度及 2021 年一季度商业健康保险发展形势调研报告》显示，重疾险的保费收入增长率在 2021 年前后持续以 15%左右的较高速率增长，体现出我国商业健康险市场的强劲动力和居民保险覆盖水平的进一步提升。③ 同时，我国当前正在大力推行门槛低、覆盖广的惠民保产品，进一步为缺保人群提供更加丰富的人身保险产品。从发展的眼光来看，随着我国商业人身保险水平和覆盖率的可预期提升，解缚个人破产豁免制度对保单现金价值所持的否定立场，在适度范围内维系债务人的人身保险保障，符合债权人和一般公众的情感诉求和社会预期。

(3)保障专属性财产原则。根据《深圳个人破产条例》第 36 条第 1 款

---

① 国务院：《被保险人近 6 亿，风险保障总额超千万亿元——人身保险扩面提质稳步推进》，国务院官网，http://www.gov.cn/xinwen/2020-12/17/content_5570072.htm，访问日期：2022 年 9 月 7 日。

② 参见陈本寒、罗琳：《个人破产制度中豁免财产范围规则的本土化构建》，载《湖北大学学报(哲学社会科学版)》2021 年第 1 期。

③ 中国保险业协会：《2020 年度及 2021 年一季度商业健康保险发展形势调研报告》，中国保险业协会官网，http://wap.iachina.cn/art/2021/7/9/art_22_105204.html，访问日期：2022 年 9 月 7 日。

前段，豁免制度的保障目的是“债务人及其所扶养人的基本生活及权利”。根据第 8 条第 3 款，“扶养人”是指“债务人依法承担扶养义务的未成年人和丧失劳动能力且无其他生活来源的成年近亲属”。我国《民法典》所采“扶养关系”为广义概念，可作为抚养关系、赡养关系和扶养关系的通称。而《深圳个人破产条例》对债务人的扶养人作了进一步限定，将不具备或者失去独立收入能力的抚养对象列为个人破产程序列入保护范围，体现了债务人及扶养人在经济处境和地位上的关联性。从豁免财产的内容来看，不仅包括债务人自身的专属性财产，如重大精神价值或特殊使用价值的财产以及具有救助功能的财产或财产性权利，同时也包括对其扶养人生活、学习、医疗的必需品和合理费用。因此，从立法条文背后的意旨来看，家庭是社会的基本单元，个人破产不仅要为个人经济再生提供基础保障，也应为债务人承担扶养义务的家庭成员的生活安宁和人格尊严提供制度关照。保障专属性原则，不仅是保障债务人的基本原则，同时适用于对扶养人的特殊利益保护。如前所述，保单现金价值并非归属于投保人的财产，因此更非投保人的专属性财产。人身保险合同以被保险人的生命和身体为标的，与被保险人存在较强的人身依附性和专属性。在保险法上，人身保险与被保险人的基本生命权、健康权关系甚密，立法甚至设置了一系列原则和规则来避免道德风险的发生。现实中债务人以扶养人为被保险人较为多见，因此豁免保单现金价值能够维系扶养人专属的人身保险，为债务人及其家庭提供必要的风险保障，进而避免失保后遭遇更大的健康支出。

保单现金价值的豁免，符合保障债务人生存权和发展权的基本要求，亦不违反适度保障原则，同时也能够有效保障扶养人的人身专属性利益，不应当将其排除在豁免财产范围之外。结合我国保险市场现实，《深圳个人破产条例》仅将“无保单现金价值的人身保险”纳入豁免财产，导致的预期结果是将长期寿险、健康险等人身保险市场主体产品统一排除在豁免范围之外。据银保监会数据显示，2020 年上半年我国人身险公司的寿险保费收入达到 15618.92 亿元，占总收入的 78.22%，而健康险和意外伤害险分别仅占总收入的 20.05% 和 1.73%。① 因此，这一规定否认了我国保险

① 《2020 年 6 月保险业经营情况表》，中国银行保险监督委员会官网，http://www.cbirc.gov.cn/cn/view/pages/ItemDetail.html? docId = 1014403&itemId = 954&generaltype=0，访问日期：2022 年 9 月 7 日。

市场上人身保险主体产品在个人破产制度中的可豁免性，将导致对债权人不成比例的优先保护，并可能在较大层面上打击和挤压保险消费者对于人身保险产品的的预期信心和保障空间。

（三）可行路径

《深圳个人破产条例》对保单现金价值豁免采取的偏颇性立场及其带来的现实挑战，本质是以“保单现金价值的有无”为标准无法对债务人投保的人身保险产品进行合目的性的豁免性判断，由此划定的豁免财产范围过于狭窄，对债务人及其扶养人生存和发展基本条件的限制过于严苛。在个人破产豁免制度中探求对保单现金价值的合理定位，应当突破“有还是无”这一简单形式，结合险种类别、价值数额、被保险人状况等因素进行实质判断。

1. 基于险种类别的区分讨论

结合前述对人身保险产品险种的介绍，可见不同人身保险产品的保单现金价值在形态、功能等方面存在不同程度的差异，其既可以发挥“雪中送炭”式维系生存和健康保障的功能，也可以“锦上添花”式为受益人提供确定性的未来收益。一般认为，人身保险产品具有不同比例的保障性、储蓄性和投资性，反映在其产品设计的缴付年份、承保范围、返还规则等具体参数中。笔者认为，正确定位具体人身保险产品的属性谱系，是对其保单现金价值作出可豁免性判断的基础，可以着眼以下因素对各类人身保险产品及其现金价值进行类型化讨论。

（1）保险期间。保单现金价值源自溢交保费的累积，一般而言，保险期间越长，保单现金价值数额也相对越高。以保险期间为分类依据，可以将人身保险分为定期型和终身型两种类型，能够依次与人寿险、健康险、意外险这三种主要产品类型下的各子类相组合。应当指出，终身型产品的投保成本往往高于同类型的其他定期型产品，因此其蕴含的保单现金价值相对较高，对于陷入个人破产程序中的债务人来说，更有可能超过与其生存和发展的基本要求相适配的保障水平，不应当纳入豁免财产范围。而定期型产品根据具体时间又分为短期和长期人身保险产品，前者如一年期的意外伤害险和健康险，一般认为是不具有保单现金价值的，但是对于保障期间较长的产品，还应综合考虑其发挥的功能。

(2)价值功能。保单现金价值的豁免意义在于为债务人及其扶养人维持生存和发展所需的人身保险服务，增强其抵御生命和身体健康威胁的能力，因此要充分考查不同类型产品的保单现金价值发挥的具体功能。以消费型健康险产品和定期寿险为例，两者交纳的保费不多，其累积的保单现金价值实质上充当了后期续保的费用，保险合同终止时也并无返还利益，这种情形下保单现金价值的意义侧重于保费垫付，在一定限度内符合维持债务人及其扶养人保障水平的合理需求。对于这类侧重于风险保障性的人身保险产品，可以通过制定具体的豁免标准，在符合个人破产制度目的的前提下实现各方利益的平衡。而储蓄型健康险和两全险中，投保人主观上一般具有理财投资目的，通过缴纳高额的保费累积形成数额较大的保单现金价值来实现资产的强制储蓄和代际传承，这极易成为债务人投保避债的手段。又如保险市场上出现的一些投资型寿险产品，通常订有投资账户价值部分提取条款，即保险人允许投保人在投保期间从投资账户中提取部分现金的权利。以 2021 年 11 月 8 日办结的“深圳个人破产清算第一案”为例，破产申请人呼某某为其女儿购买了平安鑫盛终身寿险(分红型)和平安世纪天使少儿两全保险，两项保险总价值为 5 万元，其投资属性显然超过了保障属性，并未认定为豁免财产。①

2. 基于价值数额的浮动确定

险种类型的多样性也导致了不同保险产品蕴含的保单现金价值数额不同，即使是同一保险产品，因投保人进入个人破产程序的时间不同，留存的保单现金价值也各异。为人身保险财产的豁免设定数额限制，在各国个人破产立法有例可循。英国对个人破产的豁免财产总额设置了上限，规定债务人及妻子、儿女必要的生活用品及其本人业务工具总值不能超过 250 英镑。② 而美国《破产法典》第 522(d)条则详细列举了可豁免的财产类别，并设置了相应的价值限额。该条规定了未到期人寿保险豁免制度和低额保险单豁免制度，即未到期人寿保险合同和不超过 13400 美元的人寿保险合

---

① 参见广东省深圳市中级人民法院(2021)粤 03 破 417 号(个 11)之一民事裁定书。

② 参见陈韬、韩冰：《论对外国破产法之借鉴——建立个人破产制度之合理检讨》，载《中国司法》2003 年第 6 期。

同下的权利价值作为豁免财产。①

《深圳个人破产条例》兼采了两种价值限额的立法例，第 36 条第 3 款中对除第 1 款第 5 项“勋章或者其他表彰荣誉的物品”、第 6 项“人身损害赔偿金、社会保险金以及最低生活保障金”之外的豁免财产设立了 20 万元的总值限额，并规定由法院制定各分项的具体价值标准。因此。第 4 项“没有现金价值的人身保险”的价值包含在 20 万元上限之内，具体尺度由法院把握。易言之，第 3 款已经在立法供给上为保单现金价值的豁免设置了相对灵活的空间，根据第 37 条债务人可以基于自己的意愿和需要请求豁免特定财产及其对应的价值，只要保证相应的豁免项目总值不超过 20 万元的上限就不应当被视为损害债权人的合法利益。然而，第 36 条第 1 款第 4 项对保单现金价值所持的偏颇性立场，显然压缩了债务人对人身保险财产的选择空间，使其无法根据自身生存和发展的需要自主决定是否保留必要的其他类型人身保险合同及其现金价值。笔者认为，在个人破产豁免制度中，通过豁免财产总额和分项限额、管理人审核、债权人会议表决等规则，已可以为债权人提供较为充分的保护，在豁免财产类型的供给上应当为债务人提供更多具有保障属性的人身保险产品类型，由其自己权衡人身保险财产在豁免财产总值所占的份额，从而制定最适宜自身情况的豁免财产清单。同时，对于保单现金价值同样也适用第 36 条第 3 款的规定，由法院根据地区经济发展和人民生活水平建立相应的豁免标准，从而避免出现类似于美国个人破产欺诈豁免案中的避债行为。②

---

① 美国《破产法典》第 522(d)条列明的豁免财产类型和价值限额包括：(1)债务人或其被扶养人用作住所使用的不动产或动产、在住宅合作社的财产及用于埋葬债务人或其被扶养人的墓地，但价值不超过 25150 美元；(2)价值不超过 4000 美元的机动车；(3)主要为债务人或其被扶养人个人、家庭或家用而购置的家居陈设、家居用品、服装、用具、书籍、动物、农作物或乐器，但每一特定物品的价值不超过 625 美元，或总价值不超过 13400 美元；(4)主要为债务人或其被扶养人的个人、家庭或家用而持有的珠宝，但价值不超过 1700 美元；(5)价值不超过 1325 美元的任何财产，加上本款第(1)项规定的豁免财产中尚未使用的额度，但价值不超过 12575 美元；(6)专业书籍或谋生工具，但价值不超过 2525 美元；(7)未到期人寿保险合同；(8)不超过 13400 美元的人寿保险合同下的权利等 12 项。

② NorwestBank Nebraska，N. A. v. Tveten 848 F. 2d 871(8th Cir. 1988).

3. 其他考量因素

除了对人身保险产品类型和保单现金价值数额进行考量，也应当将债务人及其扶养人的具体情况作为可豁免性判断的重要因素。笔者认为，基于豁免制度的立法目的，应当以“债务人及其扶养人生活必需”为核心原则，对人身保险和保单现金价值豁免的必要性和紧迫性进行综合权衡。

(1)必要性。豁免制度的主体是有限的，仅限于债务人及法律限定的扶养人。保单现金价值豁免的重要意义在于人身风险保障的延续，如果这一利益对债务人及其扶养人并无实际利益，则无正当理由纳入豁免财产范围。因此，应当区分被保险人是否为债务人或者《深圳个人破产条例》第8条规范意义上的扶养人，若是，则可以依据上述险种类型、数额限制等因素进行可豁免性的判断。若否，则该保单现金价值的豁免已经超出豁免制度的保护范畴，如果被保险人有意愿继续延续保险服务，完全可以通过介入权等制度来变更保险合同主体，否则无碍其纳入破产财产进行分配清偿。

(2)紧迫性。因被保险人年龄、身体状况等具体情况存在差异，相应的出险概率、赔付比例、再保成本等有不同。基于平准保费制度，对于高风险被保险人而言，无论是否需要缴纳保费，其都能通过累积的保单现金价值享受到超过其自然保费相应的保险服务。正如前述数据显示，高危人群在破产申请人中仍占有相当的比例，因此维系合理的人身保障服务、帮助个人及扶养人的生存和发展，对于实现个人破产制度的最终目的具有重要意义。笔者认为，当债务人提交豁免财产清单后，无论是在管理人审议环节，还是债权人会议表决环节，抑或是人民法院的裁定过程中，都应当将被保险人的健康情况作为一个重要考量因素，公允评价人身保险事件发生的可能性与紧迫性，对于高危人群投保的人身保险及其保单现金价值进行合理豁免。

结　　语

《深圳个人破产条例》是我国个人破产立法进程的关键一步，不少规范和制度是兼采域内外经验和国内实践的创举，但能否推而广之仍要慎重审视。在保单现金价值的豁免这一问题上，既要结合不同险种清晰界定保单现金价值及人身保险财产性利益的具体范围，同时也要审视单一标准的操作中可能给债务人带来的不公平结果，综合考虑险种类型、数额限制、被保险人身份和身体状况等多种因素，周全考虑保单现金价值和人身保险保障对于债务人及扶养人生存和发展的重要性，提升豁免制度的可操作性和温情度，实现债权人最大化清偿和保护“诚实而不幸”的债务人之间的更优平衡。

个人破产法视野下企业经营者保证责任问题研究

姜凌志*

内容提要：企业经营者为企业信贷融资提供连带保证责任而陷入无力偿债的境地是中国个人破产立法试图解决的重要问题之一。经营者保证的泛化使用会导致公司法股东有限责任原则被架空，公司运营风险的过度转嫁，更会损害企业家创业精神，不利于社会经济发展。个人破产免责机制的建立，将有助于重新平衡其中的利益失衡关系。经营者保证人与消费者的破产相比，既有共性更有差异。为实现个人破产立法预期的社会利益，制度设计时需充分考量经营者的特殊情况，为其设置特殊规则。为经营者破产建立合理的和解程序，在免责制度中，探索构建以许可破产为原则，自动破产为例外的合适路径。在维护债权人利益的前提下，给“诚实而不幸”的经营者更大程度的保护。

一、问题的提出

“近年来，经济的持续发展使得自然人主体市场退出机制缺位的弊端逐步凸显。”①为畅通市场主体退出渠道，降低市场主体退出成本，激发市场主体竞争活力，完善优胜劣汰的市场机制，推动经济高质量发展，国家发改委、最高院、司法部等 13 个部委联合印发了《加快完善市场主体退

---

* 姜凌志，武汉大学法学院 2020 级民商法硕士研究生。

① 张善斌、钱宁：《论个人破产制度构建的痛点——公众法意识的转型》，载《商业研究》2021 年第 2 期，第 119 页。

出制度改革方案》(以下简称《改革方案》)。《改革方案》中明确指出,“重点解决企业破产产生的自然人连带责任担保债务问题。明确自然人因担保等原因而承担与生产经营活动相关的负债可依法合理免责……最终建立全面的个人破产制度”。① 这其中暗示了一个企业商事活动常见的现象,即企业的股东、实际控制人、高管等经营者本人或者其近亲属②往往需要在企业融资时为企业提供个人连带保证。如此安排源于资金出借方的要求,这与当下我国中小企业“融资难”之间不无关系。长期以来,私营中小微企业普遍具有规模偏小、财务制度不完备、公司监管体系不透明以及经营风险不可控的特点,而由此所带来的信息不对称问题以及公司法“有限责任”下机会主义博弈行为都会导致风险因素上升,使得我国中小民营企业难以获得金融机构的信贷资金有效支持。③ 资金贷出方为了保证能够收回本息,往往要求借贷方提供相应的担保。但是由于中小企业大多处于成长阶段,即便存在盈利的潜力,但因为规模较小而导致可供用作抵押的担保物较少。④ 因此,以银行为代表的金融机构往往要求企业经营者对借款提供保证,作为融资合同(主合同)的从合同,这种约定使得公司股东的民营中小企业家以自身对公司贷款融资承担无限连带责任。⑤

企业经营者保证具有一定合理性,但是需要注意的是,此种交易模型的普遍适用,在缺乏必要的适用限制以及相关的救济途径的制度背景下,会引发财务失败风险的过度转嫁等问题,使得企业经营者背负沉重的企业债务。更为严重的是,该安排从实质上会架空公司法中“股东有限责任”的基本原则,导致借贷双方利益严重失衡。即使企业申请破产,企业主或

---

① 国家发展改革委、最高人民法院等 13 部门印发《加快完善市场主体退出制度改革方案》,发改财金〔2019〕1104 号,2019 年 7 月 16 日发布。

② 下文统一援用学者所采的“企业经营者”表述,具体指代中小民营企业中的自然人股东、公司实际控制人或公司高级管理人员,参见金春:《个人破产立法与企业经营者保证责任问题研究》,载《南大法学》2020 年第 2 期,第 15~18 页。

③ 参见蔡苓:《破解我国中小企业融资难问题研究——基于商业银行“投贷联动”视角的分析》,载《上海经济研究》2016 年第 3 期。

④ 参见林毅夫、李永军:《中小金融机构发展与中小企业融资》,载《经济研究》2001 年第 1 期,第 10~18 页。

⑤ 参见曹士兵:《中国担保制度与担保方法》,中国法制出版社 2017 年版,第 127~129 页。

公司股东原需承担的有限责任，在清偿时成为实际的“无限责任”，严重影响企业家的创业和冒险精神，在阻碍现代企业制度落实的同时，也不利于经济发展。

本文拟针对中小企业为企业发展进行借款融资时，金融机构普遍要求企业经营者为企业融资提供连带责任保证这一现实现象①作为出发点，着重研究企业经营者保证泛化使用可能产生的架空股东有限责任制度和损害企业家精神等弊病。文章建议应该在个人破产法中针对不同债务人进行区别对待，为企业经营者建立合适的债务和解程序，帮助其“再生”。此外，在个人免责制度中，针对遭遇不可预见、不可避免且不可克服的自然或社会风险导致的经营者破产，应该降低免责门槛，允许其通过自由免责免除剩余债务。以个人破产免责机制作为“第二重有限责任”，将有助于在企业破产后给予经营者“第二重有限责任”的保护，从而成为解决企业经营者保证这一“症结”的良方，优化营商环境。

二、经营者保证对公司法的冲击及其衍生弊端

我国《公司法》中存在两类公司：有限责任公司和股份有限公司。② 中小企业囿于企业规模、股东人数等条件限制，一般均为有限责任公司。封闭性质的中小民营企业中，公司的经营者往往集多种法律身份为一体，身兼股东、公司高管或法人代表等多种角色。在经营者保证中，公司股东与公司被一条债务锁链贯穿，公司法的有限责任制度难以落实，这也对经济发展存在不良影响。

(一)名存实亡：股东有限责任被架空

股东有限责任是指公司股东仅以出资额为限对公司承担责任，如此规定是为了避免公司债权人绕过公司法人实体直索股东个人的资产。该原则

① 参见新华社：《完善市场主体退出制度供给的顶层设计——国家发改委财金司有关负责人就〈加快完善市场主体退出制度改革方案〉答记者问》，http://www.gov.cn/zhengce/2019-07/26/content_5415686.htm，访问日期：2022 年 9 月 7 日。

② 依照《公司法》第 2 条规定，我国公司法只承认有限责任公司和股份有限公司。

背后蕴含着深刻的公司法法理，并且自近代以来早已经成为各国公司法制的基本原则。[①] 股东有限责任原则对于形成规模经济，分散投资风险和刺激投资者的积极性有着十分重要的制度价值。[②] 其具体体现在：其一，可以降低监控代理人成本；其二，可以降低监控其他股东的成本；其三，通过股份的自由转让，有限责任刺激管理层更有效地运营公司；其四，允许投资来源更为多元化；其五，利于股东作出最优化投资决策。[③] 股东有限责任原则与公司的法人性紧密相连，这两大特征的形成，是现代公司形式得以确立的标志。[④]

诚然，股东有限责任存在一定的缺陷，比如对债权人不公平，滥用有限责任逃避债务，等等。然而，“法律制度是理性构建的产物，也是利益平衡的产物”[⑤]，有限责任仍然是利益衡量下的最优解。“系统性的交易风险无法避免时，最优的制度安排就是交易双方都承担一定风险”。[⑥] 在放贷之前对债务人的个人信用、偿债能力等等进行合理调查，是对债权人课以的合理注意义务。我国《公司法》第 20 条亦规定了“法人人格否认制度”，意在防止股东滥用有限责任原则，逃避债务严重损害债权人利益，为债权人提供了救济通道。

在我国中小企业融资难的背景下，信贷配给市场中，中小企业作为弱势的一方并不享有议价的能力，只能被动接受银行提出的条件。实践中，企业经营者个人保证的常见安排为银行要求企业经营者提供以全部债务为范围的连带责任保证来作为放贷的条件。企业经营者保证虽然在经济上存在一定的合理性，[⑦] 但是，不可否认的是其会在个案中，导致《公司法》第

---

① 参见[美]莱纳·克拉克曼、保罗·戴维斯等：《公司法剖析》，刘俊海、徐海燕等译，北京大学出版社 2007 年版，第 10~11 页。

② 参见施天涛：《公司法论》(第四版)，法律出版社 2018 年版，第 11~12 页。

③ See Frank H Easter book and Daniel R. Fischel, The Economic Structure of Corporater Law, Harvard University Press, 1998, pp. 41-44.

④ 参见甘培忠、周游：《论现代企业组织形式变迁的趋同与整合——以国家需求与私人创新的契合为轴心》，载《法学评论》2013 年第 6 期。

⑤ 梁上上：《利益衡量论》(第三版)，北京大学出版社 2021 年版，第 163 页。

⑥ 参见[美]弗兰克·H. 伊斯特布鲁克等：《公司法的逻辑》，黄辉编译，法律出版社 2016 年版，第 282 页。

⑦ 参见蔡嘉炜：《破产法视野下的企业经营者保证：经济解释与立法进路》，载《中国政法大学学报》2021 年第 4 期。

2条沦为具文。在公司经营陷入危机时，公司股东无法从公司债务中脱身。保证责任像一条锁链，贯穿在前的公司与在后的股东，两者均成为同一“债务铁链”下的囚徒。经营者保证在事实上发挥着“刺破公司面纱”的功能作用。经营者保证责任的滥觞，会导致否认公司法人人格的“阀门”从司法机关中散轶至民间。公司法人人格否认制度的司法适用极度复杂，并且现有司法实践适用也极为审慎,① 如若将发挥相同功能的经营者保证在信贷实践中肆意适用，难免会导致一系列其他衍生弊端。

（二）经营者保证产生的衍生弊病

企业经营者保证制度的泛滥，导致公司法人人格成为虚拟的外壳，将带来诸多衍生性问题。其一，企业经营者保证将会使得原本高效且平衡的风险分配关系失衡。如前所述，双方均需要各承担部分风险的制度安排优于单纯由企业家承担所有经营失败的风险。其二，企业经营者保证虽会约束企业家过度投机的行为，但是会引入另一个极端，即企业家过于保守以至于投资不足。商业投资行为中，风险与收益并存，股东有限责任制度的制度目的即在于鼓励企业家锐意进取，为社会创造更多财富，带动社会整体经济的发展。而企业经营者保证的泛滥却又架空了公司法设置的“保护网”。因此，企业经营者面对潜在的无限连带责任，在进行商业决策时难免会瞻前顾后。进而，导致企业家对有较为良好发展或盈利前景的商业机会降低投资意愿。其三，经营者保证作为融资机构的常用工具的普遍适用，将严重危害企业家精神。在“大众创业、万众创新”的时代背景下，企业家是经济活动的重要主体，“企业家精神也是生产力”，其不仅会对微观企业的生存和发展带来决定性影响，并且对整体经济的发展也极为重要。②

概言之，企业经营者保证制度对于原本有效率的损失分配规则的颠覆，将带来不必要的成本。这特别显现在，其将导致一部分风险厌恶的企

① 参见黄辉：《中国公司法人格否认制度实证研究》，《法学研究》2012年第1期；薛波：《公司法人格否认制度“入典”的正当性质疑——兼评〈民法总则〉“法人章”的立法技术》，载《法律科学（西北政法大学学报）》2018年第4期。

② 参见李宏彬、李杏等：《企业家的创业与创新精神对中国经济增长的影响》，载《经济研究》2009年第10期；金花：《企业家精神也是生产力》，《人民日报（海外版）》2019年11月14日，第10版。

业经营者出现事前投资不足或者不愿意从事高风险的创新创业活动问题，阻碍企业家精神的塑造，最终也势必使得立法者所致力于构建现代公司法律制度的目的落空。①

三、个人破产免责机制的必要性与价值检视

（一）隔靴搔痒：现有措施的不足与局限

在我国如今仅有“半部破产法”的背景之下，司法机关亦充分发挥能动性，在实践中创设了许多变通模式，来解决前述的利益失衡问题以及因此产生的“执行难”问题。具体而言，第一，在广东省深圳市、东莞市②以及浙江省温州市、台州市③等地试行个人债务清理试点，即通过法庭外自愿债务清理制度，以一揽子计划解决企业经营者连带债务问题。第二，在符合一定条件的基础之上，通过法庭内的重整或者和解制度，来将企业经营者的个人连带保证责任予以一并解决。④ 第三，执行中的参与分配程序。在尚无个人破产立法的背景下，参与分配程序事实上发挥着为各债权人提供平等受偿路径，协助债务人“走向重生”的功能。⑤

但是，值得讨论的是，前述诸多方式仍然存在一些无法避免和克服的

① 参见甘培忠、周游：《论现代企业组织形式变迁的趋同与整合——以国家需求与私人创新的契合为轴心》，载《法学评论》2013年第6期。

② 参见广东高院发布优化营商环境破产典型案例之五——王晓慧、肖兴翠个人债务清理案，光明网，https：//m. gmw. cn/baijia/2020-12/21/1301961609. html，访问日期：2022年9月7日。

③ 参见浙江省高级人民法院：《关于印发〈浙江法院个人债务集中清理（类个人破产）工作指引（试行）〉的通知》，https：//mp. weixin. qq. com/s/moXIRcBgyh0Zo6STZoDjpw，访问日期：2022年9月7日。

④ 在“南昌宝葫芦农庄有限公司重整案”中，其重整计划第9条即明确引入免除企业经营者连带保证责任的条款，而该草案随后为债权人会议表决通过并最终经由江西省高级人民法院裁定批准生效。参见江西省高级人民法院（2015）赣破字第1-1、2-1、3-1号民事裁定书。

⑤ 依照相关司法解释规定，民事执行中的参与分配制度的适用条件包括两个方面：被执行人为自然人或者非法人组织，以及被执行人的财产不能清偿所有债权，参见《最高人民法院关于适用〈中华人民共和国民事诉讼法〉若干问题的解释》第508条。

不足之处。首先，个人债务清理，是法庭外的自愿性债务清理，追根溯源其属于执行和解的一种形式。[①] 债务人的偿债方案能否通过，剩余债务能否免除，均来自债务人与债权人之间的谈判能否达成合意。在执行和解程序中债权人能否处分，特别是放弃自己的实体权利仍然存在争议。[②] 此外，债权人与债务人达成和解协议，是纯粹的当事人之间的行为，[③] 当存在少数或个别债权人不同意债务集中清理方案时，个人债务清理模式即陷入僵局，只能回转至执行，作为连带保证人的经营者仍然深陷债务漩涡，无法“再生”。

其次，法庭内破产重整计划的根本问题在于，与现有法律规范存在冲突。当法院通过重整计划的方式，对企业经营者所承担的连带保证责任进行免除，无法回避地与《企业破产法》第 92 条第 3 款出现矛盾。无论是否参加重整程序，债权人(银行)对债务人(企业)的保证人(经营者)所享有的权利，并不受重整计划的影响。与破产清算程序不同的是，重整程序不必以破产原因作为启动前提和必要条件，债务人可能仅是存在“明显丧失清偿能力”的可能性也可申请重整。[④] 此外，法庭内破产重整计划并非万全之策。破产重整存在失败的可能性，当债务人不能执行或者不执行重整计划的，法院应当裁定终止重整，并宣告债务人进入破产清算程序。[⑤] 在这种情形下，先前债权人在企业重整计划中作出让步而进行的承诺失去效

---

① 以温州市首例“个人破产案”为例，债务人作出无不诚信行为的承诺，以双方同意的偿债方案进行结案。参见李卓雅、朱健勇：《欠 214 万只还 3.2 万温州审结全国首例“个人破产”案》，载《公民与法(综合版)》2019 年第 10 期；(2021)浙 0326 执清 3 号行为限制令。

② 参见张卫平：《执行和解制度的再认识》，载《法学论坛》2016 年第 4 期。

③ 参见汤维建、许尚豪：《论民事执行程序的契约化——以执行和解为分析中心》，载《政治与法律》2006 年第 1 期；王利明：《论和解协议》，载《政治与法律》2014 年第 1 期。

④ 参见许德风：《破产法论——解释与功能比较的视角》，北京大学出版社 2015 年版，第 475~476 页。

⑤ 参见《企业破产法》第 93 条：“债务人不能执行或者不执行重整计划的，人民法院经管理人或者利害关系人请求，应当裁定终止重整计划的执行，并宣告债务人破产。人民法院裁定终止重整计划执行的，债权人在重整计划中作出的债权调整的承诺失去效力。债权人因执行重整计划所受的清偿仍然有效，债权未受清偿的部分作为破产债权……”

力，企业经营者仍回复至连带责任的“债务牢笼”之中。

再次，执行中的参与分配制度虽在当下“个人破产法”出台之前发挥个人破产的作用，却是存在残缺的替代品。首先其对债权人主体进行限制，要求其为已经获得执行依据的债权人，① 其次亦将客体限制在已经被执行机关采取执行措施的财产。此外，该程序并不禁止债务人恶意的偏颇清偿，因并非是破产程序，故无法通过破产法规定的撤销权来维护全体债权人的利益，实现债权人公平受偿。不仅如此，其从根本上无法实现个人破产法的根本价值，即赋予债务人涅槃重生的机会。②

概言之，当下种种替代措施均存在种种的制度缺陷，难以作为有效措施长期稳定施行。因此，有必要对个人破产免责机制的引入和适用重新审视。

(二)个人破产免责机制的价值检视

股东有限责任制度固然为公司经营者可能产生的风险进行了限制，为企业家提供了在商业冒险中安全降落的“保护伞”，但事实上，最需要保护的中小封闭公司的经营者身上的“保护伞”反而被经营者保证制度所褫夺。承前所论，这种安排在实质上被架空了，进而使得原有的风险分配方式失衡。因此，个人破产法中的债务免除制度对于公司经营者而言，将作为“第二重有限责任”提供保护。此举对于我国当下营商环境改善而言，具有极其重要的现实意义。相比于这种“事前”风险限制机制，个人破产债务免除制度作为“事后”风险限制机制有其独特的制度价值。

第一，个人破产债务免除制度是企业经营者的第二重保障制度和限制经营失败风险的最后防线。从历史的角度来看，个人破产制度在设立之初就起到鼓励合理商业冒险的作用。个人破产制度保护“诚实而不幸的人”，最初尤其强调的是商人的保护。③ 英国伊丽莎白时期制定的《1570 年破产

① 参见丁亮华：《参与分配：解析与检讨》，载《法学家》2015 年第 5 期。

② 参见肖建国、庄诗岳：《参与分配程序功能调整与制度重构——以一般破产主义为基点》，载《山东社会科学》2020 年第 3 期。

③ 最初的个人破产法针对商人适用，具有身份法的属性，逐渐其身份属性才逐渐消失。参见许德风：《破产法论——解释与功能比较的视角》，北京大学出版社 2015 年版，第 516~517 页。

法》便明确规定，其适用的对象是商人。[1] 其背后的历史因素在于当时正处于“大航海时期”，海上航行与贸易中，巨大的利益与同样巨大的风险并存。《1570 年破产法》便是在为了争夺海商贸易的主导权，给勇于冒险的商人提供保护的产物。即便在近代公司法律制度基本建立后，其也无法完全取代个人破产免责制度对商人的保护作用。首先，根据学理，以商事主体的组织状态为标准，将其分为三类：商个人、商事合伙和商法人。[2] 其中商个人又称商自然人，包括个人独资企业，个体工商户和农村承包经营户；商合伙包括合伙企业、个人合伙和合伙联营；商法人包括公司制的商法人和非公司制的商法人。商个人和商合伙[3]一般无法享受“事前”风险限制的保护。并且，有限责任公司也只是公司类型的一种[4]，无限公司的股东和两合公司的无限责任股东也不享有有限责任的保护。其次，随着商人与一般市民的分野逐渐模糊，几近消失，现代社会已经难以再像古罗马或中世纪一般，可以明确地将市民与商人进行界分。纵观已经对个人破产立法各国家和地区的司法实践，个人破产立法在防控企业家经营失败产生的债务风险方面的价值，也得到了广泛认可，其对于激发民众的企业家精神有一定积极意义。[5]

第二，个人破产的债务免除机制将会反向推动债权人更为审慎地处理信贷申请，在授信审批阶段作出负责任的决策。当前，债权人在经济活动中热衷于寻找一个愿意完全承担风险的担保人，而忽视对债务人自身资信状况、偿债能力的考察。这也被有的学者称之为“向担保人逃避”现象。[6] 由于个人破产免责的机制将会潜在地提升债权人损失风险，也将反向倒逼

① 该法明确表示只适用商人或者其他以批发、零售等方式，通过讨价还价、交易、再加工等行为从商品贸易活动的人，或者是通过买卖来维持生计的人。参见徐阳光：《英国个人破产与债务清理制度》，法律出版社 2020 年版，第 28～29 页。

② 参见覃有土主编：《商法学》，中国政法大学出版社 2019 年版，第 19 页。

③ 有限合伙企业中有限合伙人与特殊的普通合伙企业除外。

④ 按照大陆法系公司法对于公司股东责任的不同进行分类，可以分为无限公司、有限公司、股份公司、两合公司四种。参见施天涛：《公司法论》(第四版)，法律出版社 2018 年版，第 59～60 页。

⑤ 参见世界银行自然人破产处理工作小组：《世界银行自然人破产问题处理报告》，殷慧芬、张达译，中国政法大学出版社 2016 年版，第 48 页。

⑥ 这种现象在银行信贷业务中非常常见，参见曹士兵：《中国担保制度与担保方法》，中国法制出版社 2017 年版，第 127～129 页。

激励债权人去在事前审批阶段中审慎处理债务人的信贷审批，尤其是在作出是否授信的决定之时，更深入搜集借款人自身特定的信息和细致考量债务人投资的商业前景。由是，企业"向担保人逃避"的畸形策略可以得到矫正。最终个人破产法关于免除责任的制度的构建，使得有效率的均衡会在银行信贷实践上回归，即对于资信良好、诚实经营的公司及其经营者而言，其在融资过程中将无需负担因连带债务所生的个人财富负担风险。

值得注意的是，即使因为个人破产免责制度能够极大地推动银行的信贷配给审查能力的进步，但囿于中小企业自身封闭且信息不完全对称的特性，做到准确地预估信贷申请企业的资产信息和投资项目的盈利可能仍然是在理论上无法完成的任务。因而，在构建个人破产免责的制度中，同时需要兼顾解决滥用企业经营者保证与惩戒不诚实或者存在欺诈行为的债务人两方面问题。如何设计债务偿还制度，达到既给予经营者重生的机会又尽可能地保护债权人的利益，是未来规则设计的重点。

四、给予经营者特殊保护的个人破产立法进路

(一)一般个人破产主义下主体的区分对待

目前国际上的个人破产立法主体模式有三种。一般个人破产模式以德国、英国为代表，认为商个人和消费者均为个人破产法调整的对象。[①] 商个人破产模式以意大利、法国为代表，仅承认按照法定程序取得商事能力、独立从事营业性商行为、依法承担商法权利和义务的自然人具有破产能力，但否认非商人的自然人的破产能力。[②]

曾经有观点认为，我国个人破产应该采取商个人破产模式。[③] 然而现在学界主流观点均认为，我国个人破产制度宜采取一般个人破产主义，即

① 参见张善斌主编：《破产法研究综述》，武汉大学出版社 2018 年版，第 84 页。

② 参见邹海林：《破产法——程序理念与制度结构解析》，中国社会科学出版社 2016 年版，第 44 页。

③ 参见孙宏友：《论英国破产法制度发展及其对我国个人破产立法的启示》，载《河北法学》2010 年第 3 期。

不再进行对商个人与消费者的区分，统一适用个人破产法。[①] 当下《深圳经济特区个人破产条例》（以下简称《深圳条例》）亦是采取一般个人破产主义，其第2条规定的破产原因包括了“生产经营”和“生活消费”，潜在含义为囊括了商个人破产和消费者破产两种情况。主张采一般个人破产主义的理由主要为：从两主体的界限分析，商事活动的准入门槛不断降低，几近与无，自然人逐渐深入参与商事活动已经成为社会现象。“人的普遍商化使得商事主体与一般法律主体相融合。”[②]其次，从行为角度言之，在市场经济条件下，随着人们参与商事活动的增多，出现了很多性质模糊、难以清晰界定商事、民事抑或其他法律性质的行为，比如留学生提供代购服务，民众兼职从事微商等，尽管行为主体不属于商法中商主体的范畴，但其行为事实上具有商行为的营利性质。

针对商人和非商人这两类不同的主体，分别适用不同的破产程序，也被称为“折中破产主义”，其实际上是一般破产主义的变相形式。[③] 我国个人破产采取一般个人破产主义与设置商个人破产制度的立法理念并不冲突，域外立法中已有较为成熟的先例。根据日本《民事再生法》第十三章第一节[④]之规定，其针对公司经营者或者个体经营者，创造了极具本土特色的小规模个人再生程序[⑤]，与工薪阶层适用的工资所得者再生程序进行区别适用。商个人与一般市民两概念虽然逐渐交融，但是仍有某些界限得以区分。比如债务人能否在未来可能取得工资或者相类似的定期性收入，且该收入的数额变动不大。商个人的收入来自经营行为，其收入受到诸多因素影响，既有宏观经济环境、国家政策、自然环境灾害等因素，也有微

---

① 参见赵万一、高达：《论我国个人破产制度的构建》，载《法商研究》2014年第3期；易有禄、万文博：《个人破产的法经济学分析》，载《江西财经大学学报》2019年第5期；潘慧斌、郑丛华：《重获新生：自然人执行不能案件的出路与利益衡平——以个人破产制度为思路》，载《上海法学研究》2021年第9卷。

② 赵万一、高达：《论我国个人破产制度的构建》，载《法商研究》2014年第3期。

③ 参见齐树洁主编：《破产法》（第二版），厦门大学出版社2009年版，第24页以下。

④ 参见金春等译：《日本民事再生法》，载［日］山本和彦：《日本倒产处理法入门》，金春等译，法律出版社2016年版，附录第339~349页。

⑤ 日本法中的再生程序，也为“事实上的倒产（破产）”，参见［日］山本和彦：《日本倒产处理法入门》，金春等译，法律出版社2016年版，第16页。

观的消费者偏好、经营者决策等。因此，商个人的收入水平理论上无法预测。出卖个人“劳动力”，从事劳务工作的一般市民，其主要的收入来源为工资性收入，其收入相对稳定，具备更强的可预期性，更容易设置未来偿债计划。个人破产中的剩余债务免责制度虽然意旨在于保护“诚实而不幸”的债务人，① 然而个人破产法本质上仍然是一项破产制度，破产制度“实现债权和保护债权人的利益”的价值目标在个人破产法也应该予以贯彻。② 因此，在个人破产法中，为了保护债权人利益，有必要依不同主体债务人的收入特点设置特别条款设计，以期提高债务清偿比例，尽可能地保障债权人利益。对于非商个人的个人破产，因为其具备可预期性的收入可以合理设置易于执行的未来偿债计划，这也给债权人有较为确定的预期收益。对商个人主体陷入破产时，可以在个人破产重整中设置相应制度，激励债务人尽可能地偿债，以期实现债权人利益的保护与债务人的重生的最大可能的两全。至于如何对债务人进行区分，应该按照前述“是否具有工资或类似稳定性定期收入”作为判断标准进行分类。

(二)配置合理的企业经营者保证债务和解程序

个人破产清算程序完结后，虽然从法律后果上，解除了自然人沉重的债务枷锁。但债务人需要失去除“豁免财产”外的一切财产，并且还可能要承受一定期间的职业限制，个人信息上可能会留有失信制裁的破产“烙印”。为此，一些国家如美国、日本，在破产法上设置了个人可以适用的再生程序。其制度功能类似于传统破产法的和解程序，使债务人避免破产清算。再生类程序的安排，一般由债务人从其未来几年的收入中向债权人清偿债务，后产生免除剩余责任的效果。③ 其最大的利处在于同时使其免受职业限制等失信制裁和破产烙印。

不免责的立法制度无益于个人破产制度的施行，但片面降低免责门槛会产生较高的社会道德风险，因此，需要找寻免除债务和债权保护的平衡

① 参见徐阳光、武诗敏:《个人破产立法的理论逻辑与现实进路》，载《中国人民大学学报》2021 年第 5 期。

② 参见许德风:《破产法论——解释与功能比较的视角》，北京大学出版社 2015 年版，第 519~520 页。

③ 参见金春:《个人破产立法与企业经营者保证责任问题研究》，载《南大法学》2020 年第 2 期。

点，而围绕债务调整计划的有限免责主义应是当代法治社会的理性选择。因此，在讨论我国个人破产法的制度设计时，有必要因地制宜，考虑我国的实际经济情况，区分不同破产主体的特殊情况，建构多元化破产程序。①

个人破产制度对债务人的拯救，要侧重于债务调整计划的延期还款，而不是轻易免除债务。结合美国《破产法典》第 13 章与日本《民事再生法》的个人再生程序进行观察，两者对于债务人再生的评价标准主要有二：第一，债务人有一定的预期可支配收入；② 第二，需要满足一定的清偿比例。③ 这两种机制实际上发挥着保护债权人利益，降低债务人逃避债务故意破产的道德风险的作用。申言之，当债务人濒临破产之时，由于过往破产案件中较低的清偿率，债权人对于能立即获得足额清偿已不抱期望。立法设置预期可支配收入标准或者最低清偿额标准，是在立法价值上，对债权人就将来受偿的期待利益给予保障的体现。

承前所述，对于企业经营者的个人破产重整制度设计，预期可支配收入标准难以适用，因为其主要收入来源来自经营行为，受多种因素影响，难以确定。此外，企业经营者陷入破产往往是因为为经营企业承担连带保证责任，公司无力偿还债务，此时遑论经营行为带来的收益。因此，应当采取最低清偿额标准。最后值得注意的是，由于当前我国社会现存社会环境仍然保留"欠债还钱""父债子还"的思想，对于个人破产制度的接受度较低。因此特别有必要设置债权人对清偿计划的表决权，以示对债权人意

① 参见丁燕：《现代个人破产法的基础、价值与选择》，载《上海政法学院学报(法治论丛)》2021 年第 4 期。

② 满足预期可支配收入标准(又称"最大努力标准")(《美国破产法典》第 1325(b)条)是最重要的法院清偿计划批准要件之一，其核心理念是在 3 年或 5 年的清偿期限内，个人债务人必须将超出其生活必要支出的所有"可支配"收入都用于无担保债权的清偿。只要管理人或债权人反对法院批准清偿计划，债务人就必须证明满足预期可支配收入要件，或全额清偿无担保债权(该法第 1325(b)条(1)条)。

③ 日本法上规定为，债权总额(扣除住房抵押贷款债权、附有别除权的被担保债权等)(日本《民事再生法》第 84 条 2 款)低于 100 万日元的，应当清偿全额；债权总额为超过 100 万日元和 500 万日元以下的，最低清偿金额为 100 万日元；债权总额超过 500 万日元和 1500 万日元之以下的，最低清偿金为债权总额的 20%；债权总额超过 1500 万日元和 3000 万日元以下的，最低清偿金额为 300 万日元；债权总额高于 300 万日元的，最低清偿额为债权总额的 10%。

见的尊重和利益的保护。

(三)经营者个人破产免责制度应采纳许可免责与自动免责的复合路径

在未来的个人破产法立法中，建立免责制度已经是学界共识。个人破产免责制度是实现个人破产制度的社会功能的核心制度，具有社会保障的性质和功能。个人免责存在着两种立法路径可供选择，其一为自动免责，其二为许可免责。自动免责是指，"债务人不需要做任何事情，包括不需要给法院提交任何申请表，不需要进行法庭听证，只需等待 12 个月的期限届满，债务人就可以自动从破产程序中获得免责"。① 许可免责是指，"债务人在破产程序中只有获得法院的许可方可获得剩余债务的免除。许可免责须以法院的裁定作为依据，有利于打击欺诈和逃废债务的情形，确保只有'诚实而不幸'的债务人得到免责的待遇"。② 在我国，囿于当前存在债务人诚信和道德水平不高、恶意的负债或者欺诈逃债的行为屡见不鲜的情况，在个人破产免责进行制度设计时，就必须考虑到本土社会现实，合理配置，学界的基本观点认为，"采取许可免责的法律路径应该成为现实的最佳选择"。③

然而，笔者并不赞同简单地采取"一刀切"的做法，即全盘采取许可免责的路径。个人破产免责制度中，应该针对企业经营者破产采取许可免责与自动免责的复合路径。展言之，以许可免责为主，将破产程序中的欺诈及恶意不合作等行为作为不予免责的事由进行规定；并辅之自动免责制度，严格限制自动免责的适用条件，仅在发生重大自然灾害④以及社会异

① 徐阳光：《英国个人破产与债务清理制度》，法律出版社 2020 年版，第 111 页。

② 徐阳光：《个人破产免责的理论基础与规范构建》，载《中国法学》2021 年第 4 期。

③ 参见李宏伟：《我国构建个人破产制度的现实困境与法治对策》，载《中州学刊》2019 年第 11 期；王欣新：《用市场经济的理念评价和指引个人破产立法》，载《法律适用》2019 年第 11 期；李晓燕，鹿思原：《论我国个人破产制度的构建》，载《山西大学学报(哲学社会科学版)》2020 年第 2 期；徐阳光：《个人破产免责的理论基础与规范构建》，载《中国法学》2021 年第 4 期。

④ 如洪水、台风、地震、泥石流、甲类传染病疫情等。

常事件①时，允许债务人适用自由免责。当今，对于重大自然灾害风险对商业主体，特别是中小微企业的冲击应该予以重视。以新冠疫情为例，其对中小企业的冲击力远远大于大型企业，其不仅影响到企业经营收入，还严重威胁到中小微企业的生存。② 因此，有必要将商业经营中遇到极端风险而导致的经营者破产单独适用自动免责。

如前所述，个人破产免责制度是为了保护"诚实而不幸"的人，在经营行为中遭遇极端自然风险实属"不幸"。针对企业经营者破产设置许可免责与自动免责双重制度，将商业经营中遇到的极端风险而导致的经营者破产适用自动免责符合免责制度的价值取向，同时也具备可行性。2006年，中国人民银行设立中国人民银行征信中心，作为直属事业单位专门负责企业和个人征信系统的建设、运行和维护。直至今日，我国正在逐步建设覆盖全社会的社会信用信息系统，并且在各行业、地区、征信机构信用信息系统的基础上，已经开始逐步尝试依托征信系统作信息互联互通的中介平台，从而实现对信息主体和信息内容的收集、整合以及运用。③ 借助互联网与大数据的蓬勃发展，我国已经建立了较为完备的个人征信系统，可以查询到较为详尽的个人信用记录。适用自动免责的企业经营者必须在个人征信记录中不存在失信行为，如此规定是为确保"诚实"的人才能受到保护。

结　　语

人类社会无时无刻不处于竞争之中，失败与成功相伴而行。在市场经济的竞争社会中，优胜劣汰是自然结果。由于经营决策失误、市场情势巨变、不可抗力风险等原因而陷入困顿经营者可以通过破产程序及时地止损并可能获得重生的机会，这是人类社会一项充满理性、宽容和智慧的制度设计。④ 基于此项理念，经营者遭遇诚实的商业失败，并不意味着终局的

---

① 如战争及武装冲突、全面罢工、骚乱、恐怖袭击。

② 参见朱武祥、张平、李鹏飞、王子阳：《疫情冲击下中小微企业困境与政策效率提升——基于两次全国问卷调查的分析》，载《管理世界》2020年第4期。

③ 参见曹亚廷：《社会信用体系中的公共信息与征信系统》，载《征信》2015年第2期。

④ 参见叶建平：《涅槃之道——破产的应然思考与实然探索》，法律出版社2019年版，第54页。

失败，有必要再给予其东山再起的机会。所以，立法者有必要去创造一种富有进取性的商业文化，借此使得各行各业的民众，都能够发挥其创造力、创新能力以及企业家潜能。

本文的目的在于通过探讨个人破产法中对企业经营者给予特殊保护的可能性，试图以个人破产免责制度作为企业经营者的“第二重有限责任”，为改善我国营商环境提供重要制度基础。如前所述，我国个人破产立法着重解决的问题之一即为帮助在为公司信贷融资承担个人连带保证的情况下，却因为诚实的经营失败而陷入终身“债务牢笼”的企业经营者。

本文的论述旨在表明，已经作为银行标准化信贷流程的企业经营者保证安排，虽然缓释了银行信贷配给时的种种顾虑，但是却引发了其他问题。换言之，个人保证安排的制度成本显著地超过其效益并导致利益失衡。此时，有必要借助个人破产免责制度给予经营者双重保护。在一般个人破产主义的原则下，考量到经营者保证的特殊性，有必要设置保护企业经营者的特殊规范。在一般破产清算程序之外，设置配套债务和解程序，帮助经营者更快地完成“重生”。在免责制度中，以许可免责为原则，仅在经营者面临“不可抗力”风险时可以自动免责。个人破产立法仅仅引进宽容失败的免责制度对于“诚实而不幸”的经营者的保护是不够的。综合运用多种配套机制，才能够为优秀企业家的创新创业营造良好的法制环境，改善我国民营中小企业的营商环境，以实现我国个人破产立法所预期的结果。

个人破产制度中住宅豁免研究

洪　裳*

内容提要：《深圳经济特区个人破产条例》的实施弥补了《企业破产法》作为“半部破产法”的遗憾，也代表个人破产制度的构建进入了新的阶段。个人破产制度的目的之一在于帮助债务人“重获新生”，而豁免财产制度是其中关键。《深圳破产条例》并未将住宅纳入豁免财产类型中，但住宅可否可以得到豁免将是今后立法过程必然面对的问题。应当认识到，圈定豁免财产的原则为避免不合理剥夺债权人利益，但住宅豁免本身并无过错，应当以保障债务人生存权、发展权为出发点，允许符合条件的债务人获得住宅豁免。另外，可借鉴各国相关立法先进之处，对住宅豁免设置若干限制，防止债务人滥用。即便最终认定债务人无法获得住宅豁免，也应当为债务人及其扶养亲属提供必要措施予以安置。

一、住宅豁免制度之概述

豁免财产，又称自由财产①，指的是个人破产程序中债务人所有的、不纳入债务人财产用于偿还债权的，可供债务人自由支配的财产。豁免财产制度是个人破产制度中不可或缺的部分，已经建立个人破产制度的国家无一例外确立了豁免财产制度，以保障债务人在获得债务免责前拥有一定的财产满足个人及扶养亲属的最低生活需求和必要发展需求。

债务人财产中住宅是最为重要的财产类型。对绝大多数自然人及其扶

---

* 洪裳，广东华商律师事务所律师助理。

① 参见谢可诗、杨福颖：《论个人破产制度中豁免财产的范围》，载《特区经济》2021年第6卷。

养亲属而言，住宅是最为重要的家庭财产。虽然各国个人破产制度对于住宅是否可以得到豁免态度不一，但均规定了相应的法律程序保障债务人及其扶养亲属的居住权利。

在中国人的传统观念中，住房界定了自己的活动范围，反映了自己对于家庭的依靠与眷恋，高房价更使房子成为财富和地位的象征。目前，《深圳经济特区个人破产条例》(以下简称“《深圳破产条例》”)已经正式实施。其中，有关豁免财产的规定并未将住宅纳入可豁免财产的范围。作为个人破产领域标杆性的条例，《深圳破产条例》的相关规定值得进一步的讨论与思考。应当认识到，豁免财产制度是对债务人生存权益的基本保护，其代表的是法律对人权的尊重与保护，是对债务人生存权、发展权的维护，这也与我国“国家尊重和保障人权”的宪法条文相契合，而完全将住宅排除在豁免财产之外，难以发挥豁免财产制度保障人权的功能。另外，豁免财产制度是帮助债务人重获新生、谋生致富的必要保障,① 既为债务人的后续发展提供了经济基础，也为其未来偿还债务创造了可能性。为满足一定条件的债务人豁免住宅，不失为一种对债务人和债权人进行双重保护的方式。当然，为构建褒扬诚信、惩戒失信的社会机制，显然不应容许自然人借助住宅豁免不当剥夺债权人利益，助长自然人借助个人破产制度“逃废债”的风气，因此，建立合理、完善的住宅豁免制度是完善个人破产制度的迫切要求。合理、完善的住宅豁免也能鼓励自然人参与市场经济活动，减轻自然人对于消费、创业的顾虑及未来可能承担的风险，从长远角度看，起到促进社会主义市场经济发展的作用。

二、住宅豁免制度立法之缺陷

(一)《深圳破产条例》未明确规定住宅是否属于豁免财产范围

《深圳破产条例》第三章“债务人财产”中单辟一节“豁免财产”阐明豁

① 参见许德风:《破产法论——解释与功能比较的视角》，北京大学出版社2015年版，第520页。

免财产的范围，其中，第 36 条[①]之文本阐明了规定豁免财产之目的在于“保障债务人及其所扶养人的基本生活及权利”，这一点也反映了各国普遍希望通过豁免部分债务人财产达到的目标——为债务人留存部分财产，维持债务人及其被扶养人的正常生活，保留债务人事业重新起步的可能。第 36 条第 1 款采取了列举式加概括式的立法模式，第 1 款前 6 项列举了通常的豁免财产类型，第 7 项则概括规定了可能涵盖的其他财产，但上述财产若符合“价值较大、不用于清偿债务明显违反公平原则”，仍将被排除在豁免财产之外。虽然第 36 条第 3 款为深圳中院规定具体列举豁免财产类型、额度留下了法律依据，但是，该条款是否赋予了深圳中院豁免自然人住宅的权限亟待商榷。由于住宅普遍价值较高，法院在法律没有明确规定的情况下难以对其予以豁免。

毋庸置疑，豁免财产制度的目的之一在于为债务人留下最低的“启动资本”。[②] 如果自然人名下有多处住宅，多余的住宅理应认定为债务人财产，用于向债权人分配财产。但是，目前文本含义宽泛的《深圳破产条例》显然无法回答这个问题——在债务人仅存一处住宅用于日常居住或需供养亲属的情形下应当如何处置债务人的住宅。是否债务人一旦破产，就必须面对流离失所的命运，法律又是否真的乐意看到债务人难以翻身的结局呢？《深圳破产条例》作为弥补“半部破产法”遗憾的代表性条例，发挥着为其他地区建立个人破产制度树立“榜样”的作用，但目前，我们无法忽略其存在的立法空白。

（二）唯一住宅评估标准模糊

事实上，早在 2004 年，最高人民法院通过《最高人民法院关于人民法院民事执行中查封、扣押、冻结财产的规定》（以下简称“《查扣冻规定》”）回复了如何执行唯一住宅的问题。根据其规定内容可知，唯一住宅并不意味着一定不能被执行。

根据《查扣冻规定》第 6 条之规定，人民法院对于“生活所必需的居住

① 《深圳经济特区个人破产条例》第 36 条第 1 款规定，“为保障债务人及其所扶养人的基本生活及权利，依照本条例为其保留的财产为豁免财产”。

② 参见［美］查尔斯·J. 泰步：《美国破产法新论》（第三版），韩长印、何欢译，中国政法大学出版社 2017 年版，第 957 页。

房屋"可以查封，不得变价处分。若该住宅被认定为"生活所必需的居住房屋"，则可根据《查扣冻规定》第5条的规定而得到保障并免于执行。通常来说，认定"生活所必需的居住房屋"需要满足若干条件：首先，住宅的面积、数量需要符合一般水平；其次，住宅的家庭需为家庭自住，不处于空置状态或用于盈利；再次，被执行人的能力应当纳入考虑。在被执行人无劳动能力、无固定收入来源的情况下，执行其唯一住宅则需着重考虑其合理性；最后，需考虑执行唯一住宅是否影响被执行人履行抚养、赡养义务，以及其家庭成员是否有住房等。①

除了上述所述标准外，《最高人民法院关于人民法院办理执行异议和复议案件若干问题的规定》(以下简称"《执行异议复议规定》")第20条也对可以执行唯一住宅的情况作出了进一步阐述。②

应当承认，上述规定对于判断债务人所有的唯一住宅是否属于豁免财产范围具有一定的意义。但上述判断标准为应用于执行阶段而生，是否能够成为判断住宅是否属于豁免财产的标准需进一步明确。另外，上述规定应用于实践所产生的问题，如被执行人转让其他住房而形成唯一住宅、被执行人唯一住宅用于盈利等，豁免财产制度也需给予回答。未来出台的个人破产法律、法规若将唯一住宅纳入豁免财产类型，需进一步考虑豁免住宅所应用的评估标准。

(三)执行唯一住宅安置措施有限

执行被执行人的唯一住宅，必然涉及被执行人及其扶养亲属的安置问题。

对于该问题，《执行异议复议规定》规定，在被执行人同意的情形下，可以通过"参照当地房屋租赁市场平均租金标准从该房屋的变价款中扣除五至八年租金的"的方式进行处理。关于该标准的计算方法，各地法院出

---

① 参见赵宏伟、韩磊：《生活所必需的居住房屋的司法界定》，载《人民司法》2012年第4期。

② 《关于人民法院办理执行异议和复议案件若干问题的规定》第20条规定："金钱债权执行中，符合下列情形之一，被执行人以执行标的系本人及所扶养家属维持生活必需的居住房屋为由提出异议的，人民法院不予支持：……(三)申请执行人按照当地廉租住房保障面积标准为被执行人及所扶养家属提供居住房屋，或者同意参照当地房屋租赁市场平均租金标准从该房屋的变价款中扣除五至八年租金的。……"

台了细化规定。实践之中，部分地区法院在保留租赁以外还摸索出了一套行之有效的执行策略，例如上海市闵行区人民法院为此设立了“周转房”制度，为被执行人提供廉价且符合居住条件的可租赁房屋。[①] 未来出台的个人破产法律、法规在细化住宅豁免相关规定时，也需借鉴法律现有相关规定以及实践中的创设性操作，除此之外，还可创设多样的安置措施，以应对执行债务人财产过程中可能出现的复杂情形。

三、住宅豁免制度之各国立法借鉴

(一)根据国情选择是否允许住宅豁免

各国立法者在圈定豁免财产范围时，体现出了强烈的主观性。从规定豁免财产方式上来看，主要包括规定财产类型以及规定财产价值两种方式，在该立法选择上，各个国家体现出明显差异。例如，英美法系国家采用财产类型限制与财产价值金额限制相结合的方式规范豁免财产的范围，而日本则选择通过计算标准计算出债务人一个月的必需生活费用给予其必要的生活保障。[②]

在住宅可否得到豁免的问题上，部分国家秉持严格的态度。例如，在加拿大各省中，仅有英属哥伦比亚以及亚伯达省允许将住宅纳入豁免财产范围并规定了金额上限，其他省的执行法案中均未包含住宅豁免的内容。韩国、英国等国破产法也明确将住宅排除在豁免财产的范围之外，采取其他救济形式保障债务人的基本生活。[③]

在该问题上，态度最为宽松的当属美国。美国《联邦破产法》第 522 (d)[④]集中详细地列明了可获得豁免的财产清单，首当其冲的类型即为住宅，包括为债务人或其被扶养人用作住所使用的不动产，并对不动产的金额作出了限制。同时，《联邦破产法》允许各州“选择性退出”第 522(d)，

---

① 参见最高人民法院：《深度解读：被执行人名下唯一住房能否执行》，载微信公众号“两高法律资讯”，2022 年 9 月 6 日。

② 参见倪伟华：《个人破产制度中的债务人财产研究》，广西师范大学 2021 年硕士学位论文。

③ 参见丁昌业：《英国破产法》，中国政法大学出版社 2003 年版，第 213 页。

④ See 11 U. S. C. § 522(d).

各州在选择退出该条款后，可适用本州的相关法律。即便有一些州退出了该条款，但其中多数州豁免财产立法仍允许债务人的住宅在一定金额范围内得到豁免，区别体现在豁免金额的计算标准以及豁免额度大小。

(二)设置住宅豁免限制

即便是在对住宅豁免持开放观念的美国，住宅豁免也存在诸多限制。美国各州法律及《联邦破产法》豁免财产的方式包括四种方式：额度限制、财产类型限制、财产用途限制、债务人需求限制。对于住宅而言，在已经确认不动产属于豁免财产类型的前提下，最主要的限制方式为额度限制、时间限制、用途限制。

首先，住宅豁免的主要限制手段为额度限制。截至目前，《联邦破产法》规定住宅豁免的额度为 25010 美元，而该金额在 2019 年修订之前为 23675 美元，说明该额度并未一成不变，而是需要及时调整以适应经济发展水平。其他州亦设置了额度不等的金额限制。债务人在该豁免额度内享有"债务人权益"，值得注意的是，若住宅升值，债务人所享有的权益超出豁免额度，则超过额度部分的收益将归属于破产财团的财产，用于偿还债权人所持债权；其次，对财产用途进行限制指的是，可豁免的财产须以财产被用于特定用途为前提，因此某特定财产是否属于豁免财产，可能取决于债务人对财产的使用方式。就住宅而言，根据《联邦破产法》第 522(d)(1)[①]的内容，豁免住宅的使用目的应限于作为住所使用，不可超出该目的而使用；再次，就债务人对财产用途限制而言，债务人对财产的需求应当具有必要性，即限于"债务人及其扶养人合理的必要范围"。法院在判断债务人提出的豁免需求是否合理时，将考察一系列因素，包括债务人及其被扶养人的基本需求与负担状况。

除了上述限制措施外，美国破产法中还存在如下限制措施：

其一，某些债权类型可就豁免财产实现债权。原则上，豁免财产不受破产债权的追偿，但以下债权的实现因其特殊性质却不受影响，具体包括：不可免责的税收债权、不可免责的家庭抚养费债权、豁免财产上未被撤销的优先权、经过正当公示的税收优先权，以及对联邦监管机构所负的与保险储蓄机构有关的不可免责的债务。此外，若债务人存在隐匿财产等

① See 11 U. S. C. § 522(d)(1).

欺诈行为导致该财产现在无法再用于对债权人分配的情况，一些法院也会使用债务人的豁免财产清偿债务。

其二，担保权不受影响。对住宅享有担保权的债权人有权针对住宅来执行其担保权。这一限制可能导致无法达成保障债务人目标，但是，若担保物归属于豁免财产便可免于执行，担保权将失去其意义，债权人今后将不会基于优先受偿性而提供信贷服务，对债务人乃至整个社会来说弊大于利。因此，保障担保权物不受豁免有其现实必要。

其三，欺诈行为导致丧失住宅豁免权。如果债务人在破产申请前将非豁免的住宅转变为豁免住宅中存在欺诈行为，以及债务人取得可豁免住宅的方式存在欺诈，美国法院将不会允许债务人就该财产主张豁免。

(三)提供安置措施

在住宅不能作为豁免财产得到豁免时，债务人及其扶养亲属的安置方式成为首个需要解决的难题。各国规定了不同的措施对债务人予以救济，包括货币豁免方式与非货币豁免方式。

货币豁免方式较为常见，包括豁免债务人一定期限内的房租费用，或者豁免债务人于破产之前为租房专门交付的保证金；非货币豁免方式包括在确定执行债务人住宅后，延迟出售债务人住宅，在未出售前允许债务人及其扶养亲属继续居住等。

四、中国建立住宅豁免制度之启示

(一)允许住宅豁免

目前，许多国家已经根据本国的政治、经济情况建立了特有的个人破产制度，豁免财产的范围也因国而异、因时而异，需从个性之中归纳出共性。

要确认豁免财产之范围，需思考基本人权在个人破产制度中的体现。我国学者刘海年曾提出著名的“适当生活水准权”的人权理论，① 虽

① 参见刘海年：《适当生活水准权与社会经济发展》，载《法学研究》1998 年第 2 期。

然大多数学者同意这一理论，但对其内涵意见不一：部分学者认为，该理论指的是债务人能够通过正当劳动满足基本生活需要，维持贫困线水平以上的生活水平。但也有学者认为豁免财产的目的不应仅为了维持最低生活标准。笔者认为，解释“适当生活水准权”，需根据各个国家的政治、经济、文化以及时代发展的水平进行动态评估，并不能一言以蔽之。另外，豁免财产需有助于保障债务人“重生”。关于这一点，美国认为豁免财产是债务人保留的最低限度的“启动资本”，甚至作为债务人的“谋生工具”，可以保障债务人工作，重新为社会创造财富。

中国社会历来将“欠债还钱”视作道德评价的重要标准。中国需要为债务人设置个人破产的高门槛，向债务人表明债务豁免的代价，避免个人破产法沦为债务人合法“逃废债”的工具。考虑到当下中国房价普遍偏高，住宅通常是债务人甚至整个家庭最具价值的资产。作为债权人，若面对债务人因资不抵债提起个人破产程序，却能通过个人破产得以获得住宅豁免的情况，必然主张自己的合法权益受到侵害。这种情况之所以不合理是因为对债权人利益的不当剥夺，但豁免住宅本身不应作为判断债权人受到不当剥夺的依据。试想，在债务人身体状况无法支持其从事劳动以获得其他住所，或债务人有需要扶养的其他亲属且无其他固定住所的情况下，法律无法为其提供基本的住所庇护，显然是不合情理的。

综上所述，住宅应当属于可豁免财产类型之一，但住宅豁免应避免以不合理剥夺债权人利益为标准。为评价住宅是否可得到豁免，应采用立法方式综合考虑债务人住宅的数量、年龄、收入、劳动能力以及被抚养亲属的情况等因素，并列举允许豁免住宅的若干情形。管理人在收到豁免财产清单后，可先行提出意见，并提交债权人会议表决，债权人会议表决不通过的，提交法院作出裁决，法院在该问题上应当享有一定自由裁量权。

（二）设置住宅豁免限制

1. 金额限制

在确认豁免债务人住宅后，立法需对豁免的金额作出限制。在金额限制上，美国《联邦破产法》设置了一个统一的金额，而选择退出第 522(d) 的各州设置了各自的金额限制，金额的大小根据本州的具体情况而确定。

显然，中国无法直接借鉴美国各州设置的金额数字，也不宜简单地设置概括性的数字。由于我国东西部经济发展具有差异化，立法应当考虑不同地区的经济发展水平进行认定。

以深圳为例，立法可以规定，确定债务人住宅豁免金额时，可以参考深圳市区住房和建设局所公布的深圳市住宅小区二手住房成交参考价格①，根据债务人住宅所处管辖区、楼盘的不同，确定其成交参考价。锁定住宅成交参考价后，根据债务人及其扶养亲属生活所必需的居住面积，即可基本确定住宅豁免的金额范围。若债务人的住宅金额小于或等于该金额，抑或存在其他特殊情形，即可得到住宅豁免。其他地区亦可参考当地有关部门发布的二手住房成交参考价格或者其他公允市场价格标准确定住宅豁免金额范围。

2. 时间限制与不动产所在地限制

早在 2005 年美国《联邦破产法》修订之前，通过改变居住地而获得更高住宅豁免金额的做法屡见不鲜。为了解决饱受诟病的“豪宅漏洞”，美国破产法法典第 522(b)(3)(A)②设定了为期 730 日的居住限制，即债务人在破产申请前 730 日之内变更居住的州的债务人将无法主张适用迁入州的财产豁免规则。

上文中，笔者主张以当地有关部门公布的二手住房的市场价值作为豁免金额的计算标准，由于各地区经济发展水平不同，豁免金额将出现显著差异。为了应对债务人可能进行的豁免财产筹划，我国也应当对债务人在破产申请地居住时间作出限制。若债务人在住房豁免金额较高的地区申请个人破产并提出住宅豁免，管理人与法院应当对其迁居情况主动进行审查，若其在破产申请地居住时间不满足要求，则不能以破产申请地的标准计算豁免额度。

另外，即便债务人满足了居住时间要求，住宅却位于其他地区，若根

① 参见深圳市住房和建设局：《深圳市房地产和城市建设发展研究中心关于发布深圳市住宅小区二手住房成交参考价格的通告》，深圳市住房和建设局网站，http://zjj.sz.gov.cn/xxgk/tzgg/content/post_8545737.html，访问日期：2022 年 9 月 7 日。

② See 11 U.S.C. § 522(b)(3)(A).

据破产申请地房价水平给予其豁免额度显然是对债权人利益的不当剥夺。例如，债务人在满足居住时间的情况下，在深圳申请个人破产，但其住宅却位于房价较低的其他城市，若以深圳的房屋交易价格计算豁免额度，其获得的豁免额度将远远高于其在不动产所在地提起破产申请所能获得的豁免额度，这对债权人而言显然不公平。因此，此种情况下，应当以不动产所在地二手房交易价格的市场价格作为计算豁免额度的依据。

3. 财产用途限制

美国《联邦破产法》规定住宅豁免仅限于债务人或其扶养亲属作为住所予以使用的动产与不动产，说明住宅豁免必须以特定用途作为前提。对于用途的限制，我国在《查扣冻规定》中所规定，认定“生活所必需的居住房屋”必须满足非营利目的。另外，江苏省高级人民法院于 2015 年[①]亦明确，被执行人将其“唯一住房”用于出租、出借或虽未出租、出借，但超过一年无人居住的，该住房不构成法律意义上的“唯一住房”。

认定住宅的用途是否符合豁免住宅的条件，实践中问题较为复杂，因为涉及对于债务人情况的综合判断。债务人可能生活困难，但其唯一住宅部分用于出租、开店等经营性领域，又如，农村自建房通常一层用于经营，其他层用于自住。此种情况下，不应直接否决其适用住宅豁免的可能性，而应考察其用途是否在合理范围之内，继续该用途是否有损于债权人利益。

（三）提供多种安置措施

在不豁免债务人住房的情况下，出于保护债务人人权的角度，应当采取其他的安置措施为其提供基本保障。一方面，应当保留现有法律、法规中的安置措施。另一方面，也需吸收其他国家合理的举措。总的来说，包括如下若干方式：

1. 保留部分财产作为租金

最为常规的安置措施为保留债务人部分财产以供其租房，这部分财产

① 2015 年，江苏省高级人民法院发布《关于执行唯一住房若干问题的通知》，回答关于如何执行“唯一住房”的六个问题。

作为豁免财产免于分配。至于具体金额计算，对所有债务人适用同一金额显然不妥当。事实上，该金额应当是浮动的。计算金额时，既需参考当地房屋租赁市场的价格，也需根据债务人及其扶养亲属的人数决定居住的面积、租金的期限。相较于有较强劳动能力的债务人，应当考虑无劳动能力、劳动能力有限、有待扶养亲属债务人的现实困难，允许其保留更多的租金。

2. 从房屋变价款中扣除相关租金

根据《查扣冻规定》第 20 条第 3 款的规定，若被执行人同意参照当地房屋租赁市场平均租金标准从该房屋的变价款中扣除五至八年租金的，则可以执行被执行人的唯一住房。关于"五至八年租金"如何确定，实践中也有相关标准予以明确。例如，上海市高级人民法院曾规定①，该标准按照"当地房屋租赁市场平均租金"并列出具体的计算公式，按照被执行人及抚养亲属人数、当地廉租住房保障面积标准、当地房屋租赁市场平均租赁综合计算。个人破产法立法时可以此为借鉴方式，在变卖债务人房屋时直接保留部分财产作为租金。

3. 设立地方"周转房"制度

为应对执行"一套房"过程中的困难，许多地区法院纷纷开始探索行之有效的应对策略。其中，具有代表性的为上海市闵行区人民法院设立的"周转房"制度。"周转房"的房屋产权属于法院及当事人之外的第三人，且该第三人具备随时订立民事合同的主体资格，通常情况下该第三人为组织。"周转房"面积小，但配套设施齐全，能够满足一个家庭基本生活需求。"周转房"租金低廉，交通便利，且房源供应比较稳定。"周转房"制度可以尽可能减少其心理抵触情绪，同时也能照顾到被执行人的基本人权。作为一种安置措施，也可运用至个人破产程序之中。

---

① 2018 年《上海市高级人民法院执行局、执行裁判庭联席会议纪要(二)》还列出了具体的计算公式：申请执行人同意参照当地房屋租赁市场平均租金标准从房屋变价款中扣除五至八年租金的，计算租金时应当分别确定被执行人及所扶养亲属的人数、当地廉租住房保障面积标准以及当地房屋租赁市场的平均租金标准，计算公式为：租金(元)= 被执行人及所扶养亲属的人数(人)×当地廉租住房保障人均面积(平方米/人)×当地房屋租赁市场的平均租金(元/平方米)。

4. 延迟处置住宅

若处置债务人唯一住宅具有必要性，可在将其归于债务人财产的前提下，延迟实际处置时间。一方面，这种方式能够为债务人提供一定时间用于过渡，适应个人破产程序中其身份的特殊性；另一方面，能够督促债务人利用这段过渡期恢复一定经济能力，帮助其重新参与社会经济活动。

结　　论

个人破产制度自诞生之时起即肩负起了鼓励创新、宽容失败的使命，为保障身处困境债务人的基本人权，豁免财产制度必须提供债务人基本保障，并保留其融入社会、创造财富的机会。作为中国社会中最重要的一种财产类型，住宅是否可得到豁免是今后建立豁免财产制度必须回答的问题。

目前，从《深圳破产条例》实践的情况来看，豁免财产的范围十分有限，住宅在清算程序中无法得到豁免。但是，住宅豁免本身并不与不合理剥夺债权人利益挂钩。我国应当学习借鉴各国关于住宅豁免之立法，将住宅纳入可豁免财产范围，在个例中分析、判断债务人是否满足豁免条件，同时，应当对住宅豁免设置限制，防范债务人的筹划行为。最后，在住宅纳入债务人财产后，应当采取其他的安置措施为债务人提供基本保障。

双轮驱动：论对个人破产管理人的立法规制

谢国儿[*]

内容提要：在参照联合国国际贸易法委员会（UNCITRAL）制定的《破产法立法指南》和目前两大法系主要国家和地区的个人破产立法的有关规定基础上，在对个人破产欺诈立法规制的重点对象即个人破产管理人设定法定注意义务及接受监管义务等前提下，提出对个人破产管理人既采取依法赋权、考核选任与核定报酬的正向规制激励，同时又利用依法限权、免职解任与归责制裁的负向规制约束，这样一种"胡萝卜加大棒"的双轮驱动之规制策略，从而实现对个人破产管理人的充分而有效、立体的规制。

一、个人破产管理人及其法定义务

（一）破产管理人制度及其历史考察

1999 年国际货币基金组织在《有序和有效的破产程序关键问题》中指出，由于破产管理人通常掌握有关债务人情况的大部分信息，因此他们在有效执行破产法方面发挥了重要作用，因为他们最有能力做出明智的决定，他们也有义务确保有效和公平。UNCITRAL 的《破产法立法指南》针对"破产管理人"也指出，无论破产管理人的任命方式如何，破产管理人

* 谢国儿，武汉大学法学院 2007 级法律硕士，华东政法大学法律学院 2015 级法学博士（主要研究方向为破产法），曾任江苏法院系统首批员额法官、破产审判庭审判长、一级法官，现为上海博和汉商律师事务所高级顾问律师。

在有效和高效执行破产法方面发挥关键作用，对债务人及其资产拥有某些权力，并有义务保护这些资产及其价值等，并确保法律的有效和公平。因此，关键是破产管理人必须有能力并拥有必要的知识能力和素质经验，以确保有效和高效地执行该程序，并确保人们对破产制度有信任感。很明显，国际货币基金组织以及联合国国际贸易法委员会上述所说的在破产程序中发挥着重要作用的主体就是破产管理人。破产管理人是指那些负责管理破产程序的人，不同的国家和地区，在不同的破产程序阶段，可能有不同的称呼。例如，英美法系主要国家和地区的破产法称之为“破产受托人”(trustee)或“破产托管人”,① 是指破产案件受理时指定的，在法院及相关主体的监督之下，接管债务人企业并负责调查、管理、处分债务人财产等法定职责的专门机构。而大陆法系主要国家和地区比如日本、德国破产法中分别称为破产管财人、破产管理人(Konkursverwal-ter)。具体到本文而言，个人破产管理人作为一个拟制概念，不是指作为个人的破产管理人，而是指个人破产程序中的管理人，即在个人破产程序中，为了对破产财产进行监管以防止个人债务人对“公共鱼塘”(common pool)的恶意处分而设置的全面接管及负责对破产财产进行调查、管理、处分等事宜的管理机构。

破产管理人制度的起源可以追溯到罗马时代。最初流行的是债权人私利救济主义，即债权人通过私利救济方式执行来实现他们的债权主张。例如，债务人的人身、自由、声誉甚至生命都是执行的目标。随着经济社会的发展和人类文明的进步，委付财产执行制度登上历史舞台。根据债权人的书面请求，司法官员发出管财令后，债权人可以占有债务人的全部财产。其他债权人可以参与债务人财产的管理及依法分配。该制度被视为破产制度的开始。但是，这管财令仅相当于我们目前的破产宣告。在此之后，破产财产将被保存、估价、分配等，并由债权人自己处理。法律还规定，宣告债务人的财产被债权人占有后，债权人可以向法院申请选任财产管理人以处置破产财产。但是，在实践中，由于法院要求财产处置较费时，应有专人负责财产管理，该财产管理人的职能相当于破产管理人的职能，该制度也被视为破产管理人制度的开端。自罗马帝制时代以来，由于

① 需要说明一下，本文为了行文统一的需要，除非引用或论述的需要，一律使用“破产管理人”的概称。

破产拍卖程序越来越规范，破产财产的管理时间越来越长，程序越来越多，专业性也越来越强。就有必要设立全职财产管理人，这相当于当前的破产管理人。由此发展到现在，现代意义上的破产管理者制度逐渐形成。

可见，破产管理人制度设立的初衷，正如丹宁勋爵所说："破产管理人有义务尽量保持财产的最大价值。"①也就在于最大限度地、最高效率地实现对债权的公平清偿，从而将债权人因债务人破产而遭受到的损失减少到最低。破产管理人在一定程度上代表了债权人的利益，也在一定程度上代表了债务人的利益。因此，其地位应始终体现绝对的公正性和独立性。它应该基于法律赋予的法定职责，独立处理破产事务。破产管理人对破产财产的独家管理和处置权是对破产财产损失最有效的管理和保护。因此，破产管理人勤勉、忠实、合法、高效地履行法定职责和义务，谨慎把好破产财产这一重要关口，对于预防破产欺诈有着十分重要的意义。

(二)个人破产管理人的法定义务

个人破产管理人制度是个人破产法十分重要的制度。个人破产管理人也具有非常独特的法律地位，并在平衡破产过程中各方利益方面发挥作用。个人破产管理人在履行法律赋予的各种权利时也履行自己的法定义务。"破产受托人有保护并维持破产财团的财产最大化以便将破产财产分配给债权人的法定义务。"②为此，各主要国家和地区的破产法都对个人破产管理人制度寄予较高期待，不但要求个人破产管理人应拥有必要的专业技能、知识经验和个人素质，还能勤勉尽责、忠于职守。然而由于各国家和地区的经济发展的程度不一，破产法律服务市场的发展水平也有高低，对于个人破产管理人的权利义务、职权、选任、报酬以及监管、解任、归责等方面均有差异化的规定。

责任的承担始于义务的违反。合法有效地履行职责，要有法定义务作为前提；而违反法定义务应以承担责任作为保障。因此，首先有必要对个

① David Milman & Chris Durant, Corporate Insolvency: Law and Practice, Sweet & Maxwell, 1999, p. 69.

② Daniel B. Bogart, Liability of Directors of Chapter 11 Debtors in Possession. "Don't Look Back-Something May Be Gaining on you", American Bankruptcy Law Journal, Spring, 1994, p. 213.

人破产管理人的责任来源即个人破产管理人的法定义务有所了解。对于个人破产管理人来说，为确保个人破产管理人合法有效地管理、处置破产财产，并遏制他人的个人破产欺诈，破产立法应首先明确规定个人破产管理人的法定义务。其次，应严格规定个人破产管理人的法律责任。“如果某人管理人类事务可以不承担责任，那么就必然产生傲慢和非正义”。① 孟德斯鸠在《论法的精神》一书中也认为：“一切有权力的人都容易滥用权力，这是万古不变的一条经验。”因此，本文明确个人破产管理人的法定义务，严格规定个人破产管理人的法律责任，将使个人破产管理人能更好地依法管理、处分破产财产，并能有效地预防个人破产欺诈。

为了保证个人破产管理人正当、合理、有效地履行职责，以及应对违反法定职责行为应承担相应法律责任的后果，各主要国家和地区的破产法都相应地明文规定了个人破产管理人的法定义务。这些法定义务主要包括：个人破产管理人的注意义务、个人破产管理人的被监管义务等。

1. 个人破产管理人的注意义务

通过对各主要国家和地区破产立法的考察，可以看出，两大法系主要国家和地区的破产法对于个人破产管理人的注意义务的规定存在一定的差异性，现简要分述如下：

(1)大陆法系善良管理人的注意义务。大陆法系主要国家和地区的破产法大都规定，个人破产管理人在履行法定职责时应尽到善良管理人的注意义务。现行《德国破产法》第 60 条规定，破产管理人如果错误地违反本法规定的义务，应当对所有当事人的损害承担责任。破产管理人应当履行严肃谨慎的破产管理人的尽职调查义务。现行《日本破产法》第 85 条也明确规定，破产管理人必须在善良管理人的注意下履行其职责。当破产管理人违反善良管理人的注意义务时，应对利益相关者承担损害赔偿之责。可见，个人破产管理人的注意义务应该是一个具有丰富知识经验的精明能干的人，在实施具体的破产管理行动时应该注意的程度。但是在司法实践中应如何判断个人破产管理人是否违反注意义务，

① ［美］博登海默：《法理学——法律哲学与法律方法》，邓正来译，中国政法大学出版社 1999 年版，第 10 页。

早前日本法学家石川明曾指出所谓的善管注意义务是破产管理人应当承担的一般注意义务，并列举出具体的行为内容来增加识别与适用的可操作性。个人破产管理人违反良好管理义务的具体识别内容包括但不限于：其一，怠慢征收属于破产财团的债权的行为；其二，疏忽行使调查权和否认权而导致破产财团遭受损失；其三，破产财产未经充分调查和任意承认的；其四，破产财产分配表因缺失而造成破产债权人损失的；其五，相关管理行为未经审计委员会批准或经法院批准的情况；其六，疏忽了债权人委托保存义务而进行清偿的；其七，管理人疏于对债权人的集会错误决议停止执行的；其八，忽视了对特定标的物的善管义务而对损害负有赔偿责任的；其九，对造成损失的财团管理人承担责任的，等等。①

(2)英美法系破产受托人的注意义务。由于英美法系的主要国家和地区将信托机制引入破产法，破产管理人被定位为受托人。因此，英美法系中破产受托人的注意义务适用了信托法中关于受托人义务的规定。信托法对受托人的注意义务，主要包含有谨慎义务和忠实义务。所谓谨慎义务(The duty of prudence or care)，是指受托人在管理信托财产时，应使用通常在处理财产时具有谨慎人的技能和谨慎的职责。② 而无论该受托人提供的服务是有偿的还是无偿的。《美国统一谨慎人投资法》指出，司法和立法对谨慎的理解应合理且具有可比性。在这方面，类似于侵权法中的合理人，谨慎的受托人必须像其他类似地位的受托人一样行事，因此标准是客观的。然而，正如《美国信托法重述》所述，受托人因较高的注意能力而被委托为受托人时，应尽较高的注意义务及能力。一般来说，英美法系破产法中的破产受托人所负有的谨慎注意义务也要明显高于大陆法系破产法中善良管理人的注意义务。而所谓忠实义务(The duty of loyalty)，是指受托人有义务为受益人的利益管理信托事务，严禁在信托事务中为自己或第三人牟利。需要说明一下，英美法上与忠实义务相对应的信义义务(Fiduciary Duty)发展得较为成熟。在英美法上，信义义务必须严守，“即使信义义务是合同性的，它们也深深根植于对受托人及其他信义义务人应

① 参见[日]石川明：《日本破产法》，何勤华、周桂秋译，中国法制出版社2000年版，第153~154页。

② 《美国信托法重述》第2版(Restatement(second) of trusts)第174条规定。

有的道德观念”。① 因为当涉及他人的利益时，你必须使你的个人利益服从他人的利益。这是法律隐含的最严格的责任标准。同样，破产受托人对破产财团的每个债权人都负有信义义务。② 对于个人破产管理人来说，履行忠实义务就本质地要求个人破产管理人不得为他自身或第三人利益作出与此义务不一致的约定，也不得利用他拥有的管理人地位、机会或权力为自身或第三人谋取可能的利益。否则，违反忠诚义务的法律后果是，利益相关者有权在合理的时间内行使撤销权，最终将个人破产管理人的不正当利益完整归还原状。可见，忠实义务的目的在于防止个人破产管理人获得不当利益，从而最大限度地保护债权人的利益。

综上，大陆法系主要国家和地区善良管理人的注意义务与英美法系主要国家和地区破产受托人的注意义务，都能一定程度上约束个人破产管理人正确行使自身法定职责。但是，相比较而言，英美法系中关于破产受托人的注意义务的规定，比大陆法系关于破产管理人的注意义务的规定更为广泛而有效地预防破产欺诈行为的发生。理由如下：其一，英美法系中破产受托人的注意义务，包括谨慎义务和忠实义务的内容，是一个更为周延的注意义务概念。其二，谨慎义务和忠实义务的规定更为具体，谨慎义务侧重于从能力层面进行把控，而忠实义务侧重于从行为层面进行防范，两者相对来说更具有实践认定的可操作性。因此针对个人破产管理人来说，英美法系对破产受托人的注意义务的规定，更有利于规范个人破产管理人履行法定职责的行为，从而更能有效防范个人破产欺诈行为的发生。

2. 个人破产管理人接受监管的义务

个人破产管理人既是规制个人破产欺诈行为的有力武器，也是实施个人破产欺诈行为的可能主体。如果说对个人破产管理人注意义务的规定是对个人破产管理人自身或内部的监督约束机制的话，那么，由监管机构对个人破产管理人履行法定监管职责就属于对个人破产管理人的外部监督约束机制。对个人破产管理人进行外部监管，维护个人破产管理人的公正

① John H. Langbein, The Contractarian Basis of the Law of Trusts, The Yale Law Journal, Vol. 105, 1995, p. 658.

② See Daniel B. Bogart, Liability of Directors of Chapter 11 Debtors in Possession, American Bankruptcy Law Journal, Spring, 1994, pp. 186-187.

性、独立性和客观性，可以有效防止个人破产管理人滥用权力、谋取私利以及实施个人破产欺诈性等违法行为，从而保证个人破产程序有序而高效的运行。对于个人破产管理人的外部监管主体及监管内容，简要分述如下：

（1）对个人破产管理人实施监管的主体。对于个人破产管理人实施监管的主体，各主要国家和地区的破产法均有相应的规定，包括但不限于：法院监管、债权人会议监管、债权人委员会监管以及专门行政机关监管等。其中，由法院对个人破产管理人进行日常监管在各主要国家和地区的破产法中具有重要而核心的地位。而鉴于法院在个人破产程序中任务较为繁重，债权人会议要充分、高效地实现集体监管又十分困难，债权人委员会的监管又可能受到自身倾向性的利益制约而难以公平、合理的监管，因此，有些国家和地区为了更好地平衡个人破产程序中的各方利益，设立了独立的行政监管机构。例如，美国于 1978 年设立的联邦受托人制度（United States trustee），以及俄罗斯于 1992 年专门成立的联邦企业重整与破产管理局。

（2）对个人破产管理人实施监管的内容。对于个人破产管理人的监管内容，依据各主要国家和地区的破产法的明文规定，大体可分为以下两类：其一，对个人破产管理人日常管理事务的主动监管。例如，现行《德国破产法》第 58 条明确规定破产管理人受破产法院监管，法院可随时要求其告知破产管理事务的执行情况，或要求提交相关的书面报告；第 79 条明确规定债权人会议也有权请求破产管理人告知各项事务情况及提交事务执行情况的书面报告。第 69 条明确规定债权人委员会成员应当了解破产事务的进展情况、请人查阅账簿和营业文件、并请人审查金钱往来及存在的情况等。其二，个人破产管理人对重要管理事项的主动报告。各主要国家和地区的破产法除了概括性地规定了个人破产管理人应受相应监管主体的监督外，也以专门的条款规定了个人破产管理人实施重大影响的行为时应主动向相应监管主体征询或报告义务。例如，现行《英国破产法》第 314 条关于“受托人的权力”第 1 款中规定，受托人行使附表五第一部分的权力时，应经债权人会议或法院的允许。现行《日本破产法》第 78 条“破产管财人的权限”第 2 款也明确规定破产管理人进行有关重大行为时，必须取得法院许可。

我国现行《企业破产法》对破产管理人工作的监督主要由人民法院和

债权人两方来行使。其中，人民法院对破产管理人的监督主要是依法监督执行职务。监管方式是破产管理人向法院报告。债权人对破产管理人的有效监督主要通过债权人会议和债权人委员会两个主体来实现。例如，破产管理人应出席会议、报告履行情况并回答相关问题。此外，破产管理人制定的债务人财产管理方案，破产财产变价方案和破产财产分配方案必须在债权人会议表决后执行。债权人委员会依法设立的，由债权人委员会负责日常监管。破产管理人应及时向其报告实施涉及重要管理的决定。本文认为，虽然我国对于破产管理人的限权监督主体既有人民法院又有债权人机构，但是上述限权监管主体毕竟不是专门监管机关，难以做到全面、立体、实时、高效的监督与管理，特别是当我国未来个人破产立法后，大体量的个人破产案件就相应地需要配套大体量的个人破产管理人队伍，这就需要设立一个针对破产管理人的常设监督机构。目前各主要国家和地区基本都成立了类似破产管理人的专门机构。例如，美国在联邦司法部内设立的破产托管人管理办公室(Bankruptcy trustee Management Office)，赋予该机构管理破产案件和管理破产案件从业人员的行政职能。英国的破产服务局(Insolvency Service)也是指导破产案件和监督破产从业人员的法定管理机构。

二、赋权、选任与报酬的正向激励

(一)对个人破产管理人的赋权

如前所述，破产管理人制度在破产程序中处于举足轻重的地位，是破产程序的重点制度。破产管理人在破产法中的重要地位体现在破产管理人制度的价值功能上，即具有事务处理、合法保护、公平保障和权利救济等价值功能。对于破产管理人和法院的关系，有学者用了一个形象的比喻："唐僧和孙悟空的关系"。唐僧除了念管理人勤勉尽责的紧砸咒外，孙悟空在谨遵管理人的法定义务与职责下可以天马行空。可以说，破产管理人是"公共鱼塘"的守门员。债权人能否最终得到公平的解决方案以及破产程序能否顺利进行，取决于破产管理人在何种程度上保护或管理"公共鱼塘"。其中，防止"公共鱼塘"价值流失以及保证"公共鱼塘"价值最大化，是破产管理人的首要职责。可见，个人破产管理人在个人破产程序中的中心地位，决定了个人破产管理人必须被赋予重要的职权以完成其重要的职责使命。而破产管理人承担的有效管理破产财产的职责，从另外一个角度讲又是一种职权，这种职权允许破产管理人享有独立管理和处分破产财产的特殊权利。

赋权是法律赋予特定身份的人的特定权力。破产管理人的职权是什么？为了充分保障破产管理人对于破产程序的有效管理，各主要国家和地区的破产法都将赋予破产管理人法定的职权作为重要内容。正如丹宁勋曾说过："破产管理人有义务尽量保持财产的最大价值。"①综观各主要国家和地区的破产法，并参照 UNCITRAL《破产法立法指南》的规定，可知破产管理人的职权就是在破产程序中自始至终地代表破产财团的利益，接收、管理、处分、分配破产财产，并使破产财产价值最大化的权力。赋予个人破产管理人合法有效地履行管理的职权激励，与预防个人破产欺诈有直接关系。首先，"公共鱼塘"是个人破产欺诈行为直接针对的对象，为避免行为人采用各种欺诈手段抢先对"公共鱼塘"进行索取或掠夺，个人破产管理人需要认真履行个人破产财产的管理权限，防止个人破产财产的损失，并遏制其他利益相关人的破产欺诈。其次，个人破产管理人是否正当履行其职权，是个人破产财产是否流失的关键。因此这就要求个人破产管理人不能滥用职权，为自己或他人的利益侵蚀个人破产财产。

（二）个人破产管理人的选任

对于破产管理人选任方面的问题，主要体现在选任模式与选任资格两方面。就选任模式而言，各主要国家和地区的破产法一般是以法院为主、债权人为辅的选任模式。因为破产管理人在整个破产程序中，相对于债权人、债务人等各方利益主体而言，处于一个相对客观、公正的地位，以法院为主、债权人为辅的选任模式有助于更客观、公正地选任到合格的破产管理人，从而也更为有效地激励破产管理人勤勉尽责，积极配合法院推进破产程序的有序运转，也使得破产欺诈易于滋生的期间尽可能地缩短。而对于破产管理人变更的权利，则交由债权人会议来行使，这样就排除了债权人会议在公权力的干涉下被架空的可能。如现行《德国破产法》第 27 条

---

① David Milman & Chris Durrant, Corporate Insolvency: Law and Practice, Sweet & Maxwell, 1999, p. 69.

规定在破产程序开始时，破产管理人由破产法院任命；第 57 条规定债权人在任命破产管理人之后的第一次债权人会议上，可以选择另一名破产管理人代替法院的任命。如果裁判不适合这个职位，法院只能否认这次选举。对法院的否认，每个债权人都可以立即上诉。

此外，就选任资格而言，一般分为可以担任破产管理人的积极资格，以及不能担任破产管理人的消极资格。对于破产管理人的积极资格，许多国家和地区的破产法均有较为原则规定。如根据现行《德国破产法》第 56 条的规定，破产管理人应该是具有必要专业知识的自然人。而什么是必要的专业知识，通常来说是具有法律知识或经济管理经验。对于破产管理人的消极资格，各主要国家和地区的破产法规定都较为具体，以便于进行消极排除。如英国法规定，破产管理人不得为尚未履行债务责任的破产人；不是因法院判决而被判定患有精神性质的疾病或丧失能力的人。

总之，对于个人破产管理人选任的过程，既是选任主体对个人破产管理人任职资格的一个正式考察，也是对个人破产管理人任职能力的全面肯定，因而也其实是对个人破产管理人履职尽责的一个正向激励。

（三）个人破产管理人的报酬

公共选择理论①最为人熟知的分支是利益集团理论，以“人都是理性而自私的”这一假设为出发点。因此，对于“经济人”假设的破产管理人来说，获取管理人报酬既是正当履职所追求的最终目的，也是激励管理人勤勉尽责、有效履职所需要的基本保障。目前各主要国家和地区的破产法关于破产管理人取得报酬通常有两种立法例：大多数是由法院决定；只有少数国家是由债权人会议决定。例如，现行《美国破产法》第 326 条 a 款对管理人报酬事项规定得比较具体，法院可以确定破产管理人提供的服务的合理报酬，并在服务完成后支付。现行《德国破产法》第 64 条也规定破产管理人的报酬由法院裁决。我国现行《企业破产法》第 22 条也明确由最高人民法院规定破产管理人的指定和破产管理人报酬的确定，同法第 61 条又赋予债权人会议行使“申请人民法院更换管理人，审查管理人的费用和报酬”的权利。2007 年最高人民法院通过的《最高人民法院关于审理企业

① 有关公共选择理论的具体内容可参见小戴维 · A. 斯基本尔：《公共选择理论和公共选择理论影响下法律学术的未来》，《范德比尔法律评论》1998 年第 50 期。

破产案件确定管理人报酬的规定》中具体明确了破产管理人如何取得报酬以及债权人会议如何行使对破产管理人报酬的监督权。此外，人民法院确定破产管理人报酬方案后，可以根据破产案件的复杂性、破产管理人履行职责的勤勉程度和实际贡献等其他影响报酬的因素进行弹性调整。可见，我国对破产管理人报酬是以法院自身决定为主、以债权人会议监督为辅的立法例。本文认为，我国对破产管理人报酬以法院决定为主、以债权人会议监督为辅的立法模式可以更有效地正向激励破产管理人勤勉、忠实地履行法定职责，减少破产欺诈性违法行为发生的可能性。因此，未来我国在制定针对个人破产管理人的破产立法中，应继续采用该立法例，以实现对个人破产管理人欺诈性行为的有效规制。

三、限权、解任与归责的负向规制

（一）对个人破产管理人职权的限制

前已述及，破产管理人在破产法中承担着管理和处分破产财产及处理破产事务的实权。从司法实践的历史经验可得知，对权利最好的救济就是事前预防。就个人破产管理人制度而言，对其日常工作进行适当的监督可能要比事后追究其责任对利益相关人更为有利。对个人破产管理人进行立法限权监督，对维护个人破产管理人的公正性、独立性和客观性，防止个人破产管理人懈怠履职、滥用权力、牟取私利，保证个人破产管理人依法勤勉尽责、防范欺诈具有重要功用。

各主要国家和地区的破产法在概括性地规定破产管理人应受法院和其他监督主体的外部监督外，还以专门的条文形式清单式列举性地规定了破产管理人在进行对破产财产或债权人权益有重要影响的管理行为时，应征得破产监督人、债权人会议或债权人委员会，以及法院的许可。例如，现行《德国破产法》第 160 条“具有特别意义的法律行为”规定，破产管理人于实施法律行为时，以法律行为对破产程序具有特别意义为限，其应征得债权人委员会的同意。未选任有债权人委员会的，应征得债权人会议的同意。现行《日本破产法》第 78 条“破产管财人的权限”第 2 款也明文规定，破产管理人进行有关重大行为时，必须取得法院许可。而《英国破产法》第 314 条“受托人的权力”第一项规定了破产受托人行使附表五关于破产受托人的权力清单规定中，其中第一部分“经批准可行使的权力”便明确规定应经债权人会议或法院的允许。可见，目前各主要国家和地区的破产法大多对破产管理人的职权作了正面的宏观概括式或清单列举式的限制，有些国家或地区还对破产管理人从事某些特定管理行为或非日常管理行为作出了负面性的职权清单列举。

我国现行《企业破产法》第 69 条对于破产管理人履行重大管理行为作出了相应的限权性规定，如破产管理人对于涉及不动产权益、财产权、债权和有价证券以及营业的转让，对于对外借款、设定财产担保、放弃权利、担保物的取回以及履行债务人和对方当事人均未履行完毕的合同等相关重大财产处分行为时，如未设立债权人委员会的，破产管理人应当及时报告人民法院。同理，未来我国个人破产立法中亦可参照上述规定，对个人破产管理人实施重大管理行为作出相应的限权性规定，以有力规制个人破产欺诈性违法行为的发生可能性。

(二)个人破产管理人的解任

除了对个人破产管理人的日常工作进行限权监督以外，在个人破产管理人有不当行为时将适时对其解任，对于促使个人破产管理人谨慎而勤勉的工作，减少和杜绝个人破产欺诈性违法行为的发生也可谓是一剂良药。解任个人破产管理人是指非基于个人破产管理人的自愿意志，而由于出现某种法定事由，由个人破产管理人之外的解任主体决定解除个人破产管理人职务的行为。就其个人破产管理人的被动解任来说，首先需要考察的是谁是适格的解任主体，以及什么是法定的解任事由。

1. 解任个人破产管理人的主体

关于解任个人破产管理人的主体，各主要国家和地区一般规定有解任权的是法院和选任主体。例如，现行《英国破产法》第 298 条规定，在一般情况下，可以解任破产托管人的是法院或债权人会议。如果破产托管人是由国务大臣委任的话，则国务大臣也可以解任该破产托管人。现行《美国破产法》第 324 条有规定，除联邦托管人外，法院可以依法定程序将破产托管人予以解任。日本的破产法也规定，法院可以根据相关会议决议、相关主体申请或依职权对破产管理人进行解任。

2. 解任破产管理人的事由

为确保个人破产程序的稳定运行，保证个人破产管理人集约处理破产事务的权利，法院或选任机关只能依据法定事由变更个人破产管理人。通过对各国家和地区的解任破产管理人法定理由的立法进行总结，本文认为主要有三种方式：一种是没有明文规定。如现行《美国破产法》虽然没有明确规定解任破产管理人的法定事由，但依据实践来看，当破产管理人有欺诈等损害行为时可以提出解任动议。第二种是对解任破产管理人的理由虽有明文规定但不明确。如现行《日本破产法》规定破产管理人若没有正当事由，不得辞去其职务，法院可根据法定主体的申请，或依职权解任破产管理人。第三种是对解任破产管理人有明确法定事由。如现行《英国破产法》规定，破产管理人实施了法定解任行为的，才可以依法予以解任。这些法定解任行为主要是破产清算期间发生的违法行为造成的，或者未依法履行职责的破产管理人员已经到期而未延长其任期。因其与破产财团或个人债权人等利益是相关的，从而很难代表整个债权人公平履行职责的行为。

通常来说，各主要国家和地区在破产立法及司法实践上，均认为解任个人破产管理人的事由是指出现了损害利益的违法行为或具有其他不宜担任的情形。本文以为，对个人破产管理人的解任应该采用概括加列举相结合的方式明确相应的解任理由，这样法律才更具有可操作性和更大的权威性，从而对规制个人破产管理人的欺诈性行为产生更大的威慑力。

（三）个人破产管理人责任的承担

所谓个人破产管理人的法律责任，是指个人破产管理人因违法行为而应承担的法定不利后果。建立完善的针对个人破产管理人的责任追究制度，不仅可以通过法律责任的威慑力来达到预防个人破产管理人实施个人破产欺诈行为的目的，也在于对个人破产欺诈行为导致的不利后果的补救。关于个人破产管理人的法律责任，两大法系主要国家和地区破产法中有明确规定，概括起来主要包括民事责任、刑事责任以及行政责任。

1. 个人破产管理人的民事责任

个人破产管理人对基本义务的违反，是承担民事责任的前提。各主要国家和地区的破产法一般在规定破产管理人基本义务的同时，都相应的规定了破产管理人的民事责任。① 当然，因各主要国家和地区的破产法关于个人破产管理人基本义务的规定不尽一致，因此，对个人破产管理人承担民事责任的规定也不一样。如前所述，大陆法系主要国家和地区一般以善良管理人的注意义务来界定个人破产管理人的基本义务。例如，现行《日本破产法》第 85 条规定破产管理人必须以善良管理人的注意履行职责。破产管理人忽视前款规定的，破产管理人应当向利害关系方承担共同损害赔偿责任。现行《德国破产法》第 60 条也规定破产管理人应当承担体面严肃的破产管理人的尽职调查义务。如果破产管理人错误地违反了本法规定的义务，则应对所有当事人的损害承担责任。而英美法系主要国家和地区的破产受托人应当承担信托人谨慎、忠实和信用等基本信托义务，所以承担民事责任的前提是对信托义务的违背。根据现行《英国破产法》第 304 条规定如果破产受托人滥用或保留或有责任归还破产人财产中包含的任何金钱或其他财产，或者破产人的财团因破产受托人的疏忽或非法信托或其他义务而遭受任何损失，法院可以下令受托人偿还、恢复或退还金钱或其他财产，或根据情况，法院认为仅因疏忽或违反信托义务或其他义务而造成的损害赔偿金额。而在英国的司法实践中，判断破产受托人是否违反上述注意义务，通常有两个标准。一个是主体标准，要求破产受托人在谨慎的商自然人的注意标准下行事。Gavin Lightman 法官指出，当破产受托人作出任何决策行为时，他必须给予适当的注意及谨慎义务。该标准相当于一个谨慎商人以自己的成本和风险处理自己的事务。② 其二是行为标准，即从破产受托人行为本身来判断该行为是否理性（rational）及合理（reasonable）。现行《美国破产法》中虽没有明确规定破产受托人的民事赔偿责任，但是在第 322 条规定了担任破产受托人应向法院缴纳一份保证

① 在美国，虽有极个别判例认为管理人无须承担个人责任，See Boullion v. McClanahan, 639 F. 2d 213, 214(5 th Cir. 1981); Small wood v U. S, 358F. Supp. 398(E. D. Mo. 1973), aff'd, 486 F. 2d 1407(8th Cir. 1973). 但有学者指出这并非任何现代法院所应持有的观点。See Mark Ian Agee, Personal Liability of Bankruptcy Trustees to The Estate and to Parties in interest: A Comment, Norton Annual Survey of Bankruptcy Law, 1987 Edition.

② See Gavin Lightman, Office Holders' Charges-Cost Control and Transparency, Insolvency Intelligence, 1998.

金，其目的用来保证破产受托人重视依法履行职责，如果违反忠实信托义务，这笔保证金将直接用来赔偿遭受损失的人或用以支付罚款。这一问题主要被作为破产法中的一个政策选择问题，由破产法院通过判例来解决。在美国要追究破产受托人违反信托义务的民事责任，原告要举证出以下几个要件事实：破产受托人的义务、破产受托人违反的义务、损害事实以及违反行为与损害后果之关联。其中，如何认定破产受托人是否违反信托义务是追究其民事责任的关键所在。

2. 个人破产管理人的刑事责任

关于个人破产管理人的刑事责任，通常有两种立法例：一种是在破产法中直接规定了相关犯罪，如现行《日本破产法》；还有一种是在专门的刑法典中进行规定，如德国将破产犯罪专门规定在《德国刑法典》中，以及《美国法典》第 18 篇“犯罪和刑事程序”中的第 9 章，其中自第 151 条至第 155 条也专门规定了破产犯罪。

由于大陆法系的国家和地区强调对个人破产管理人应尽注意义务的要求，将个人破产管理人的主要职能和目的定位为保证个人破产财产价值的最大化。所以相应地，对于个人破产管理人犯罪责任的追究，主要集中于违反职务行为的“渎职罪”“行贿罪”等方面，归罪规定较为狭窄。例如，现行《日本破产法》第 267 条规定，有关管理人员或其代理人为了自己或者第三人的利益而损害债权人的利益，应处十年以下有期徒刑或相应罚金；同法第 273 条“受贿罪”也规定了上述主体若以职务上的便利，收受、要求或约定贿赂时，处以 3 年以下有期徒刑或者 300 万日元以下的罚金，或者并处。若接受不当请托，处 5 年以下有期徒刑或者 300 万日元以下的罚金，或者并处；同法第 274 条“行贿罪”规定了向上述主体提供、提起或者约定贿赂者，处 3 年以下有期徒刑相应罚金。而对于破产管理人在破产程序中的管理、处分破产财产或其他违法犯罪行为，比如破产管理人侵吞破产财产的行为、自利交易的行为以及其他非法获利的行为等，却没有相关入罪条款。事实上，破产管理人的上述行为直接构成了对破产财产的侵犯，严重违反了善良管理人的注意义务，情节严重的应当受到刑事法律的追究。

而英美法系国家和地区强调对个人破产管理人应尽谨慎和忠实之信托义务的要求，将个人破产管理人的主要职能和目的定位为承担着对个人破产财产进行勤勉和忠实管理的受托人。所以，一直重视对个人破产管理人违法管理个人破产财产行为的刑事责任追究。美国对破产犯罪规定中没有做具体罪名的划分，但是，基本可以分为债务人破产欺诈犯罪和债权人、破产受托人、保管人、法院官员等利益相关人的破产犯罪两种。① 其中，特别是对破产受托人等从业人员的有关犯罪规定较为详细，对破产受托人等相关从业人员的侵吞债务人资产、利用管理破产财产的职务之便进行自利交易、拒绝有关人员检查文件以及私分费用等行为都做违法犯罪处理。例如，《美国法典》第 18 篇第 153 条规定中将破产受托人、监督人或法院其他官员故意欺诈性地挪用、贪污、花费或转移属于债务人财产或商业秘密，或者毁坏有关债务人资产状况文件的行为作为重点打击对象；第 154 条规定了受托人、监督人、执行官或法院其他负责监管人员，如有下列行为时构成本罪：其一，故意直接或间接购买自己管理的破产财产；其二，故意拒绝利害关系人以法院命令检查与其负责的财产状况有利害关系的文件和账簿；其三，故意拒绝美国国立信托公司检查与其负责的财产状况有关的文件和账簿。本罪处 5000 美元以下罚金并剥夺职务；第 155 条规定了利害关系人在执行破产财产的管理事务中，故意和欺诈性地与其他利益相关人签订明示或默示的协议，以便从破产财产中为其参与破产活动支付固定费用或补偿或酬金的行为。本罪处 5000 美元以下罚金或 1 年以下监禁或并处。这些规定鲜明特色、适用便利，非常有利于对个人破产管理人欺诈性侵犯破产财产的违法行为的规制。美国关于破产受托人刑事犯罪的立法规定很值得我国未来在立法规制个人破产欺诈行为时进行借鉴。

3. 针对个人破产管理人的“行政责任”

首先需要说明的是，本部分所阐述的“行政责任”不是一般狭义上的行政责任。如果说上述个人破产管理人的民事责任是以承担相应的民事赔偿救济为主，而个人破产管理人的刑事责任是以承担相应的刑事入罪惩罚为主，那么本部分主要是关于其他针对个人破产管理人的司法强制措施或行政管理制裁。主要有如下三方面的内容：(1)针对个人破产管理人的法

---

① 参见周密、王世洲：《美国经济犯罪和经济刑法研究》，北京大学出版社 1993 年版，第 219 页；刘延和：《破产犯罪研究》，吉林大学 2000 年博士学位论文，第 52~54 页。

院强制措施。前已述及，在个人破产程序中，个人破产管理人对破产财产的管理和处分等行为要受到法院和其他主体的监督，在这些监督中来自法院的监督是最为直接有力的。目前各主要国家和地区的破产法律都赋予了法院在破产程序中实施强制措施的权力。这些强制措施的种类包括警告、训诫、拘传、拘留和罚款等。应当指出，法院采取强制制裁措施的对象主要是对个人破产管理人程序违法行为或其他不当行为。例如，未经许可辞职、未及时报告执行情况、违反保密义务的行为等。例如，现行《德国破产法》第58条中规定破产管理人不履行自己的法定义务，法院在先行警告之后可以对其可处罚款。(2)针对个人破产管理人的行业协会纪律处分。个人破产管理人作为具有专业知识的、提供专门服务的从业人员，各主要国家和地区的个人破产管理人一般都隶属于其自律性的专业协会，如果个人破产管理人的行为违反了行业协会的管理规定，同样也要受到包括警告、暂停执业等相关处分。此外，法院等利益主体都可以向行业协会机构提出纪律处分的建议，并可对行业协会的决定实施一定的监督权。(3)针对个人破产管理人的行政处罚。行政处罚是对个人破产管理人具有管理权的国家行政机关依照法定程序对个人破产管理人作出的处分。对个人破产管理人的行政处罚种类包括警告、罚款、暂停执业、吊销执照、取消资格等。对个人破产管理人的行政处罚要比行业纪律处分更为严重。因此，它一般针对严重的违法行为。目前各主要国家和地区大多设立了针对破产事务的类似行政管理机构，如美国的联邦托管人办公室、英国的破产服务局、我国香港地区的破产管理署、俄罗斯的破产事务联邦局等。

我国现行《企业破产法》在充分借鉴域外有关规定的基础上，建立了相应的法律责任追究制度。但是相比域外主要国家和地区的相关制度，还是存在很多亟待完善之处。其一，我国的《刑法》尚未能与现行《企业破产法》相互匹配，无缝对接，仅仅规定了“妨害清算罪”及其项下两类具体罪行，远远不能满足司法实践的需求。因此，为有效规制个人破产欺诈行为，有必要在未来立法时，借鉴域外相关立法经验，增设关于个人破产欺诈相关罪名，并借此完善相关罪名体系，真正实现破产管理人的权责统一。其二，设置全面而立体的法律监管机构，有利于督促破产管理人谨慎、忠实、合法、有效地履行法定职责。而我国直到近两年才开始推动破产管理人行业协会的设立，而对于针对破产事务的行政机关虽已呼吁多年仍然未能设置。建议我国未来在司法部下设破产管理局，分担法院的司法管理职责，让法院回归司法审判的本职本位。同时考虑引入类似法律职业资格和注册会计师资格的全国统一的管理人资格考试制度，选拔合格的破产管理人从业人员，不断培养破产管理储备人才，从而保证我国的破产事业健康而可持续的发展运行。

综上，在对个人破产管理人设置法定义务的前提下，对个人破产管理人既采取依法赋权、考核选任与核定报酬的正向规制激励，同时又利用依法限权、免职解任与归责制裁的负向规制约束，这样一种“胡萝卜加大棒”的双轮驱动之规制策略，非常科学而合理。本文认为，未来我国规制个人破产欺诈的立法条款中，可以参照这样一种规制模式，既要以概括加列举的方式规定正向权力清单，也要相应规定负向限权清单，既要有积极的选任资格审查，也要有消极的解任条件制约，既要有合理的报酬审查机制，也要有合法的报酬调整模式，从而实现对个人破产管理人的充分而有效、立体的规制。

夫妻个人破产视角下合并破产规则的准用

马　特*

内容提要：由于我国《民法典》采单一婚后所得共同制，夫妻一方个人破产可能陷入“无产可破”之窘境。在《民法典》1066 条仍有局限的基础上，可考虑准用合并破产规则。检视夫妻债务牵连关系，举债方配偶始终与非举债方配偶存在债务混同关系，而该混同关系实为家庭团体法律效力之体现。夫妻个人破产原则上仍应以《民法典》1066 条之规定为前置程序，审视夫妻个人破产原因对启动合并破产的影响，考虑“意志”和“财产”两大因素，对“人格高度混同”债务进行标准检验。

一、问题的提出：夫妻一方个人破产“无产可破”之窘境

比较法上普遍承认个人破产之于婚内夫妻财产所产生的非常效果。①如《瑞士民法典》将夫妻财产制划分为普通夫妻财产制和特别夫妻财产制，其中特别夫妻财产制即非常法定夫妻财产制。其第 188 条规定在配偶一方进入破产程序时，夫妻财产制依据法律的规定，当然转化为分别财产制，这属于非常法定夫妻财产制依据法律规定的直接适用，是其积极适用效果。②

部分国家执行“宣告模式”，即依有权机关宣告的非常法定夫妻财产制，如夫妻一方存在个人破产事由，不能直接导致非常法定夫妻财产制的

* 马特，中南财经政法大学 2020 级民商法学专业硕士研究生。

① 参见林秀雄：《夫妻财产制之研究》，中国政法大学出版社 2001 年版，第 246~247 页。

② 参见殷生根、王燕：《瑞士民法典》，中国政法大学出版社 1999 年版，第 51 页。

实现，而是须经夫妻一方或其利害关系人的申请实行非常法定夫妻财产制，由法院进行判决并宣告，实现共有财产的分离。① 如德国民法典规定的法定夫妻财产制为婚姻财产增值共有制，其婚姻财产法奉行契约自由原则，婚姻当事人可以在婚后通过夫妻财产合同变更法定或约定的夫妻财产制。② 根据《德国民法典》第 1385 条之规定，在婚姻财产增值共有制下，双方分居或一方配偶的明显过错行为成为适用非常法定夫妻财产制的特定事由。③ 同时，根据 1469 条之规定，夫妻一方亦可直接因配偶个人所生之债务使共同财产负累过多之情事，申请废止共同财产制。④ 法、意之宣告模式与德相近。依照《法国民法典》1443 条的规定，夫妻一方若要诉请法院终止婚内共同财产制而实行分别财产制需要具备两个条件：(1)夫妻一方存在理财混乱、管理不善或行为不端等事由；(2)继续维持共同财产制将使得另一方配偶的利益有受到危害之虞。⑤ 而个人破产自然属于“理财混乱”之事由，如另一方配偶担忧该情事有危及自身利益的可能性(如债务扩张)，便可向法院申请实行非常法定夫妻财产制。而根据《意大利民法典》第 193 条的规定，财物的裁判上的分离，得于配偶一方的禁治产或准禁治产或者共有的不当管理场合宣告；分离于配偶的一方事务无秩序或者由配偶所为的财物的管理的运营有使配偶他方或共有或者家族的利益陷于危险时，或者配偶的一方不按自己的资产及劳动能力供给家族的需要时，亦得宣告。⑥ 故根据 193 条的规定，配偶一方的破产符合法定共有财产制的解除原因。所以，在宣告模式视阈下，个人破产的情形往往是夫妻一方理事混乱、管理不善或行为不正，有可能侵害共同财产或另一方财产。出于对另一方财产权利保护的考虑，可以经法院之宣告判决适用非常

① 参见陈苇：《亲属法与继承法专论》，法律出版社 2009 年版，第 190 页。

② 参见[德]迪特尔·施瓦布：《德国家庭法》，王葆莳译，法律出版社 2010 年版，第 118 页。

③ 参见陈卫佐：《德国民法典》(第 3 版)，法律出版社 2010 年版，第 434~435 页。

④ 参见台湾大学法律学院、台大法学基金会：《德国民法典》，北京大学出版社 2016 年版，第 1107~1118 页。

⑤ 参见罗结珍：《法国民法典》，北京大学出版社 2010 年版，第 370 页。

⑥ 参见陈国柱：《意大利民法典》，中国人民大学出版社 2010 年版，第 42~43 页。

夫妻财产制。判决生效后，夫妻婚内共同财产发生清算与分离。

然而由于我国《民法典》采单一婚后所得共同制，尚未规定非常夫妻财产制，如若夫妻一方出现资不抵债之事由时，则会由于未在夫妻共同责任财产上发生特定分离的法律效果，而导致个人破产之责任财产根本无法厘清，使得个人破产制度功能落空。对于债权人而言，即便明知夫妻个人举债方有产可破，但实则其破产时可能仅能就举债方婚前个人财产进行清算——此还为能够查明举债方婚前个人财产的理想状态。而对于非举债方配偶而言，在夫妻家庭人格混同属性背景下，由于举债方债务之牵连，难免有损其原本良好的经营能力和信用状况。同时，由于《民法典》1066 条难以全部涵摄债权人权利实现的事由，① 因而，在《民法典》1066 条难以实现与个人破产制度衔接的情形下，准用合并破产规则，将夫妻个人财产与夫妻共同财产合并进行破产，至少能够实现夫妻一方个人破产时“有产可破”。故对夫妻双方进行合并破产处理，将夫妻个人财产与共同责任财产合并，作为统一的破产财产进行清偿，或是补全现有《民法典》单一婚后所得共有制制度留白的可行做法。

二、夫妻合并破产的可能性：夫妻债务牵连关系检视

责任牵连是合并破产的前提，在实践中夫妻双方在不同情形下会形成多种责任牵连关系。《民法典》第 1064 条延续 2018 年《夫妻债务司法解释》之规范路径，大幅限缩夫妻共同债务，将夫妻共同债务局限于双方共同签字及事后追认所形成的债务、为家庭日常生活需要所负债务以及债权人能够证明用于夫妻共同生活或者夫妻共同生产经营或者基于双方共同意思表示的其他债务，继续否认了原《婚姻法解释(二)》第 24 条为核心的扩张夫妻共同债务的进路。这一限缩方案在一定程度上缓和了原《婚姻法解释(二)》第 24 条所带来的过度优待债权人的问题，但也意味着相当数量的债务即使与“家庭共同利益”相关，也无法被认定为夫妻共同债务，而应按照个人债务处理。② 但由于我国婚后所得共同制采纳了一种物权的方

① 参见冉克平：《论夫妻债务的清偿与执行规则》，载《法学杂志》2021 年第 8 期。

② 参见罗书臻：《妥善审理涉及夫妻债务纠纷案件，依法平等保护各方当事人合法权益》，载《人民法院报》2018 年 1 月 18 日，第 3 版。

案，造成了夫妻内部关系与外部关系的牵连，[①] 因而从我国法将夫妻共同债务之清偿责任界定为无限连带责任来看，承担责任的财产不仅包括夫妻双方的个人财产，而且包括共有的财产。故我国在夫妻共同债务清偿规则与夫妻个人债务清偿规则中，存在着责任债务混同现象。

（一）夫妻共同债务清偿中的个债混同现象

就基于合意的夫妻共同债务而言，大多数裁判都确认，非举债方应承担连带责任。[②] 但也有部分法院仅在裁判中说明非举债方应"共同偿还债务"或承担"共同还款责任"，但并未提及非举债方应否承担连带责任。[③] 不过从文义上看，《民法典》第 1064 条规定的夫妻共同债务分为基于夫妻共同意思表示、为家庭日常生活需要以及为夫妻共同生活、共同生产经营所负共同债务三个类型。夫妻基于共同意思包括夫妻双方共同或者夫或妻一方事后追认等所负的债务，这在体系上属于《民法典》合同编第 518 条所规定的约定连带债务。并且，根据《民法典》第 1168 条之文义，如果夫妻双方共同实施侵权行为造成他人损害，亦应当承担连带责任。因而，就合意的夫妻共同债务而言，在规范视角下应属于连带债务，其不受婚姻关系存续期间夫妻财产制的影响，夫妻双方作为共同举债方对其承担"无限连带责任"。

但就基于"共同生活""共同生产经营"之夫妻共同债务的清偿规则，司法实践存有较大分歧。有法院认为非举债方应承担连带责任，最高人民法院作出的一系列裁判均认为夫妻共同债务非举债方应承担连带责任。[④]

① 参见贺剑：《论婚姻法回归民法的基本思路：以法定夫妻财产制为重点》，载《中外法学》2014 年第 6 期；刘征峰：《论请求权体系在法定夫妻财产制中的优越性》，载《月旦民商法杂志》总第 50 期(2015 年 12 月)。

② 参见北京市第一中级人民法院(2018)京 01 民终 2091 号民事判决书；云南省高级人民法院(2018)云民初 162 号民事判决书；安徽省马鞍山市中级人民法院(2017)皖 05 民终 576 号民事判决书。

③ 参见四川省成都市中级人民法院(2018)川 01 民终 848 号民事判决书。

④ 参见最高人民法院(2019)最高法民申 1554 号民事裁定书；最高人民法院(2018)最高法民申 3785 号民事裁定书；最高人民法院(2018)最高法民申 750 号民事裁定书；最高人民法院(2019)最高法民申 1432 号民事裁定书。

最高人民法院曾指出，夫妻二人名下的任何财产均系夫妻共同债务的责任财产。[①] 有法院虽然在裁判中使用了"连带清偿责任"一词，但同时将其限缩为"以夫妻共同财产为限"的连带责任。[②] 也有法院明确对"共同还款责任"与"连带责任"这两个概念进行了区分，并认为非举债方承担的"共同还款责任"并非"连带责任"。[③] 还有法院在概念上不区分"共同清偿"与"连带偿还"，认为二者"在对债务的清偿结果上并无区别，不影响债权人权利的实现"。[④]

故夫或妻一方超出家庭日常所需为基于"共同生活""共同生产经营"所负的夫妻共同债务，究竟是否应当区分"共同债务"与"连带债务"，裁判者并未达成共识。在措辞上，部分裁判者未在裁判文书中体现"连带债务"与"共同债务"之间的区别与关联，而混用"共同偿还""共同还款责任"和"共同清偿责任"，未能明确债务的责任财产范围。而学界基于此，则产生了夫妻共同债务形式"二元说"与"三元说"之争论。"二元说"论者认为，由于我国法上的多数人债务体系未承认按份债务和连带债务之外的第三种形态，夫妻共同债务应与连带债务等置。[⑤] 而"三元说"则认为夫妻共同债务仅指夫妻一方超出家庭日常生活但用于共同生活所负债务，独立于夫妻连带债务与夫妻个人债务而存在。[⑥] 两种学说争论之焦点在于对"超出家庭日常生活需要"但用于"夫妻共同生活""夫妻共同生产经营"之债务形式的认定，概言之，即是否应当严格区分"共同债务"与"连带债务"。

可见，若承认"二元说"之观点，则"夫妻共同债务"之责任财产不仅包括夫妻共同财产，也包括夫妻个人财产；若承认"三元说"之观点，责

---

① 参见最高人民法院(2018)最高法民申 634 号民事裁定书。

② 参见四川省高级人民法院(2018)川民申 2182 号民事裁定书。

③ 参见云南省高级人民法院(2018)云民初 70 号民事判决书；湖北省高级人民法院(2018)鄂民初 70 号民事判决书；浙江省高级人民法院(2018)浙民申 2491 号民事判决书。

④ 海南省高级人民法院(2019)琼民申 975 号民事裁定书。

⑤ 参见冉克平：《论夫妻共同债务的类型与清偿——兼析法释〔2018〕2 号》，载《法学》2018 年第 6 期；刘征峰：《夫妻债务规范的层次互动体系——以连带债务方案为中心》，载《法学》2019 年第 6 期。

⑥ 参见田韶华：《论共同财产制下夫妻债务的清偿》，载《法律科学》2019 年第 5 期；申晨：《夫妻债务类型的重构：基于有限责任的引入》，载《清华法学》2019 年第 5 期。

任财产的范围应当是举债方的个人财产、配偶双方的共同财产。不过无论是采“二元说”或“三元说”之观点，婚内阶段，夫妻责任财产都涵盖于夫妻共同财产。而鉴于夫妻团体的特殊性，严格划分夫妻共同财产作为责任财产实则欠缺现实操作性。尽管夫妻一方的个人财产与夫妻共同财产在理论上及逻辑上的区分是清晰的，但在实践中两者往往难以区分。伴随夫妻关系的延续，夫妻个人之财产愈发趋向于财产混同，夫妻非举债方个人财产与夫妻共同财产的界限实难高效准确地厘清。所以虽有学者从德国法上的“共同共有之债”①以及日本法的夫妻财产“潜在共有”理论等出发②，提出夫妻共同债务的清偿范围，不应及于非举债方的个人财产，非举债方应仅以夫妻共同财产为限清偿夫妻共同债务，③ 但是难以否认，夫妻共同财产中包含了夫妻一方预期的财产份额，④ 只要夫妻举债一方需要对债务承担无限清偿责任，其在共同财产中的份额也将被纳入债务的责任财产范围。故即便不是纯粹适用“共债共签”规则之夫妻共同债务，只要存在以夫妻共同财产清偿夫妻共同债务之现实，实则已存在清偿上的混同现象，只不过非举债方表现为承担所谓“有限连带责任”。⑤

(二)夫妻个人债务清偿中的共债混同现象

实然视角下，夫妻个人债务与夫妻共同债务间存在相对转换关系。即便夫或妻一方债务不能被认定为夫妻共同生活或者夫妻共同生产经营所负债务，则属于夫或妻的个人债务，但是在债务的清偿上可能涉及夫妻共同财产，因此仍然与夫妻共同体有关。夫或妻的个人财产的执行，不仅涉及举债方的个人责任财产，亦涉及夫妻共同责任财产。

① 缪宇：《走出夫妻共同债务的误区——以〈婚姻法司法解释(二)〉第 24 条为分析对象》，载《中外法学》2018 年第 1 期。

② 参见龙俊：《夫妻共同财产的潜在共有》，载《法学研究》2017 年第 4 期。

③ 参见缪宇：《美国夫妻共同债务制度研究——以美国实行夫妻共同财产制州为中心》，载《法学家》2018 年第 2 期；何丽新：《论非举债方以夫妻共同财产为限清偿夫妻共同债务——从(2014)苏民再提字第 0057 号民事判决书说起》，载《政法论丛》2017 年第 6 期。

④ 参见申晨：《夫妻债务类型的重构：基于有限责任的引入》，载《清华法学》2019 年第 5 期。

⑤ 参见冉克平：《论夫妻债务的清偿与执行规则》，载《法学杂志》2021 年第 8 期。

在婚姻关系存续期间，夫或妻的个人债务的责任财产包括债务人的个人财产与夫妻共同财产潜在的一半份额。从我国司法实践来看，夫或妻一方个人债务的债权人在执行夫妻共同财产时，另一方配偶能否就夫妻共同财产中的份额排除强制执行，法院裁判大体可以分为肯定说与否定说。肯定说认为，配偶双方对于夫妻共同财产均享有平等的、不分份额的占有、使用、收益和处分的民事权益，并及于共同共有财产的全部，因此对夫妻共同财产进行强制执行必然会损害作为共同共有人的债务人配偶(案外人)的民事权益。在未按《最高人民法院关于人民法院民事执行中查封、扣押、冻结财产的规定》(以下简称《查封、扣押、冻结规定》)对共同共有财产进行分割或析产的情形下，案外人所享有的民事权益足以排除对夫妻共同财产的强制执行，即“先析产、再执行”。[①] 但否定说目前却是主流观点[②]，实质上不允许或者越过了“先析产、再执行”规则。如有的法院认为，债务人的配偶不得排除债权人对夫妻共同财产的执行，仅对拍卖款享有权利。[③] 亦有法院认为，债务人的配偶不得排除债权人对夫妻共同财产的执行，其共有份额可通过分割标的物或变价后保留相应价款的方式实现[④]，或根据《查封、扣押、冻结规定》在执行过程中析产[⑤]。

虽然否定说之裁判观点面临突破《民法典》第1066条夫妻共同财产分割法定事由限制的疑问，但有其合理缘由。其一，如前所述，在婚后所得共同制背景下，夫妻团体的责任财产范围，通常并不容易辨认。如果仅仅以“执行形式化”[⑥]原则为依据，显然会不当地限缩债务人的责任财产范围，对于保护债权人的利益非常不利。其二，在价值衡量上，婚姻保护或者夫妻共同体的维护并不优先于债权人利益或者交易安全的保障，抽象地讨论夫妻共同财产具有维护债务人夫妻共同体的重要功能却忽略作为个人

---

① 参见山东省高级人民法院(2016)鲁民终1835号民事判决书；最高人民法院(2019)民申5507号民事裁定书。

② 参见王轶、包丁裕睿：《夫妻共同债务的认定与清偿规则实证研究》，载《华东政法大学学报》2021年第1期。

③ 参见江西省高级人民法院(2018)赣民终597号民事判决书。

④ 参见最高人民法院(2020)民申4638号民事裁定书。

⑤ 参见最高人民法院(2017)民申2083号民事裁定书。

⑥ 参见任重：《夫妻债务规范的诉讼实施——兼论民法典与民事诉讼的衔接》，载《法学》2020年第12期。

的债权人的利益，有失妥当。

因而，即便从财产独立性的角度观察，夫妻共同财产与债务人的个人财产之间的区隔并不足以完全抗衡债权人对债务人在夫妻共同财产中潜在份额的强制执行。故夫妻非举债方共同财产中的份额也可能被纳入债务的责任财产范围，实际上也已然承担连带责任。

三、夫妻合并破产的指引：家庭团体的法律效力

夫妻合并破产作为个人破产制度建立后的一种衔接机制，是对单一主体破产程序的例外和补充。虽然现有法律规定对责任性质的模糊表述不利于对合并破产启动条件的把握，但依然可以寻求价值层面的宏观指引，为具体牵连情形是否适用合并破产的判断提供方向性基础。

（一）人格混同属性的契合

在个人破产制度仍然处于试点并有待实践完善的当下，个人与个人合并破产这一领域尚无经验。不过，已有法院为简化企业破产时个人连带责任承担的处理过程，开始了个人与企业合并破产探索尝试。如在浙江锅炉有限公司申请破产清算案中，由于公司股东、法定代表人和法人的财产发生了不同程度的混同情形，法院将所有股东的部分个人资产纳入破产财产用于清偿破产债务。① 又如在沈阳金美达陶瓷有限公司破产案中，法院认定股东人格与公司人格高度混同，双方财产无法区分或者区分成本过高，应将股东个人财产归并到公司破产财产中供全体债权人公平有序受偿。②不过，参照最高人民法院在《全国法院破产审判工作会议纪要》（以下简称《破产会议纪要》）中针对关联企业合并破产的指示，实质合并破产要求关联企业的财产作为合并后统一的破产财产，由各成员的债权人在同一程序中按照法定顺序公平受偿。即，纯正的合并破产程序中，要求各债务人人格合一，不再区分各自的债权人，所有同类债权的清偿率将相同。③ 而上

---

① 参见浙江省湖州市德清县人民法院（2018）浙 0521 破 3-2 号民事裁定书。

② 参见辽宁省沈阳市中级人民法院（2020）辽 01 民终 9131 号民事判决书。

③ 参见王欣新：《〈全国法院破产审判工作会议纪要〉要点解读》，载《法治研究》2019 年第 5 期。

述案件中，囿于债务人人格混同程度较低，法院基于人格混同将股东部分个人财产与企业破产财产合并简化处理，是利用公司法以及破产法中已有的手段在个案中对债务人财产进行恢复，但不具有普适性和制度性，并未达到实质合并破产的程度。① 但是，上述案件亦是反映，个人破产领域也是存在适用合并破产规则之现实需求。

而相较于个人与企业之债务牵连关系，夫妻共同债务牵连关系天然蕴含着人格混同之属性。虽然夫妻团体(或谓家庭)并不是我国法律承认的独立人格形态，其也只在极特殊情形下构成法律明示的团体，但考虑到夫妻财产关系的性质与特征，将夫妻团体视为一个与商事法团体类似的实体，法理上并无太大阻碍：首先，夫妻关系一般会带来长期、稳定的财产性结合，并基于这一财产结合获得相应的财产利益，这一点完全符合商事团体中，个体成员通过财产结合获得规模化效益、分散财产风险的特征，以至于有学者直接指出，夫妻团体本质上也是“经济团体”②。其次，夫妻财产关系具有潜在的经营性，无论是夫妻共同从事生产经营，还是以家庭财产为基础的财富的保值增值，其均与商事团体的经营行为具有相似性，只不过由于夫妻间的亲密和协作关系的存在，夫妻间这种“天然”的合伙经营的内核，③ 常常不会以典型的商事团体的形态对外呈现，也不会存在明示的相互授权或内部协议；最后，夫妻财产关系与商事团体关系的主要区别在于其涉及家庭中的人身和伦理关系，如家务补偿、子女抚养等问题，但仅就夫妻债务问题而言，由于争议焦点主要在于对外部第三人的保护程度，且规则设置的目标之一，如学者指出，在于“视同无婚姻”④，即让债权人的地位不弱于债务人的无婚状态，⑤ 由此，夫妻财产关系的伦理特殊性理应在夫妻双方的内部关

① 参见赵吟：《连带责任视角下个人与企业合并破产的准入规范》，载《法学》2021 年第 8 期。

② 冉克平：《夫妻团体债务的认定及清偿》，《中国法学》2017 年第 5 期。

③ 参见胡苷用：《婚姻合伙视野下的夫妻共同财产制度研究》，法律出版社 2010 年版，第 14 页。

④ 刘征峰：《夫妻债务规范的层次互动体系——以连带债务方案为中心》，载《法学》2019 年第 6 期。

⑤ 参见缪宇：《美国夫妻共同债务制度研究——以美国实行夫妻共同财产制州为中心》，载《法学家》2018 年第 2 期。

系中消化，而不应影响外部的债务性质判断。综上所述，至少在夫妻债务问题上，将夫妻团体类比为商事团体的思路是具有合理性的。

（二）单一家庭主体破产程序的天然不足

《破产法解释二》第 23 条第 3 款规定，债权人在管理人不予追收债务人财产时可以依法申请企业的次债务人或出资人与企业合并破产。最高人民法院将该条中的“次债务人或出资人”解释为债务人的关联企业，但就关联企业如何合并破产未有进一步的说明。从时间顺序来看，《破产法解释二》出台于 2013 年，当时我国司法实践还未在个人破产领域进行探索，因而无法从文字表述上认定该条有将个人与个人财产之和视为一个整体进行合并破产的意旨。就《企业破产法》来说，其依旧系针对单一主体破产的法律规定。在单一主体破产制度之下，破产时债权人可依据现有规范采用个案中的破产撤销权制度以及破产无效行为制度等在一定程度上恢复企业破产财产、保护自身利益，① 但仍存在一定弊端。就破产撤销权制度和破产无效行为制度而言，当夫妻个人之间存在错综复杂的财务关系，甚至出现账户混用、共同债权债务记载不清等情形时，这两种手段的救济能力并不足以有效保护债权人的利益。同时，即便承认了夫妻非举债方对举债方债务的连带责任这一前提事实，债权人亦只能够通过个别追偿或管理人的撤销权、归入权等手段追偿债务。对此，合并破产能够弥补制度的局限性，且更有利于现有制度手段的运用，撤销权和归入权的辐射范围可以扩大至夫妻在合并程序中的整体财产，对通过夫妻个人账户恶意处置或转移的共有财产，管理人亦能够追回。

同时，在个人破产案件中，当夫妻之间存在复杂的财产关系时，选择不适用合并破产程序而是对两者之间的财产和债权债务进行强行区分进而分别破产并非没有可能，但是必然会花费大量的时间成本，使得举债方的破产程序长期停留在财产清算阶段，债权人的债权迟迟得不到实现。如此处理会过度牺牲破产程序的效率价值，最终对债权人权益造成实质的损害。② 而

① 参见潘姚：《关联企业破产中实质合并规则的适用》，载《上海法学研究》2020 年第 7 卷，第 194 页。

② 参见王欣新：《关联企业实质合并破产标准研究》，载《法律适用》2017 年第 8 期。

若选择在特定情形下适用合并破产程序，将夫妻个人资产与共同资产一同清理分配，则不必对两者资产进行细化区分，尤其是针对具有关联性的债务可以一体化公平分配，进而大幅节省时间成本，有助于解决破产案件久拖不决的通病。

四、合并破产的前置程序：《民法典》第 1066 条的文本解释空间

夫妻一方对债务承担连带责任为夫妻合并破产提供了可能，但并不意味着符合这一前提条件就必然可以适用合并破产程序。首先，合并破产的处理意味着夫妻双方财产的整体分配，而非举债方也可能因破产而在后续生活中受到诸多限制。其次，对于举债方不当损害债权人利益的行为，还存在其他利益牵扯较少、程序更为简明的救济手段，如破产法上的撤销权制度、无效行为制度等。若能通过这些相对温和的手段对举债方的不当侵害行为予以纠正，则无必要将非举债方财产归入破产程序统一清理。换言之，如若部分个人破产事由可由《民法典》第 1066 条所调整，夫妻合并破产应成为上述手段不足以完成救济的最后选择。

对于《民法典》第 1066 条规定的法定事由，其均允许共同财产分割与婚姻关系的存续适度分离。① 通过对此部分的解释，可为夫妻举债方个人破产提供转介空间。

(一)文义解释空间

1. 构成要件

法律解释的标的是条文用语涵盖的范围及其表达的意思。“法律解释必先由文义解释入手，且所作解释不能超过可能的文义。”②根据《民法典》第 1066 条第 1 款的文义，“婚姻关系存续期间，有下列情形之一的，夫妻一方可以向人民法院请求分割共同财产”，该款首先是行为规范。要

① 参见朱虎：《夫妻债务的具体类型与责任承担》，载《法学评论》2019 年第 4 期。

② 梁慧星：《民法解释学》(第 4 版)，法律出版社 2015 年版，第 216 页。

求当事人按照该条而为一定行为的规范，即表现为民事主体从事民事活动的行为准则。其次是授权性规范。根据行为模式不同，规范可分为命令性规范、禁止性规范、授权性规范与倡导性规范。夫妻一方可以向人民法院请求分割共同财产，意味着该行为显然不是立法机关强制要求、禁止或者倡导、鼓励民事主体的，而是赋予一方当事人反悔的机会，并会对当事人的利益关系产生影响，是授权性规范。同时，根据第1款第1项的文义，"一方有隐藏、转移、变卖、毁损、挥霍夫妻共同财产或者伪造夫妻共同债务等严重损害夫妻共同财产利益的行为"，该项规定又属于裁判规范，为法官的裁判提供适用标准。

具体而言，构成要件是某一条文发生效力的前提条件和行为方式。不同于具体性、事实性以及受规范性的法律事实，法律条文的构成要件具有抽象性、一般性以及规范性，包含一定的评价标准或评价要素，具有重要的裁判意义。故学界将其进一步区分为描述的构成要件和规范的构成要件。① 前者指事实性或认知性的描述，可由法官通过查清事实而涵射确定——按照先后顺序，该类构成要件有：其一，申请主体为夫妻一方；其二，申请对象为法院；其三，申请内容为分割婚内财产；其四，法院收到申请并进行审查。后者指"由价值关系的概念或评价概念所表述的构成要件要素"②，是法官需要结合法律、经验法则和社会的评价要素进行自由裁量的要件。此类要件包括：其一，夫妻一方出现有隐藏、转移、变卖、毁损、挥霍夫妻共同财产或者伪造夫妻共同债务等行为；其二，上述行为严重损害夫妻共同财产利益。此类行为的方式、过错程度、因果关系、损害后果需结合婚姻家庭编、侵权责任编等法律规范以及经验法则和社会的评价要素作出判断。可见，夫妻一方基于一方配偶破产事由而提出的婚内财产分割申请，可符合上述构成要件。

2. 法律效果

法事事实符合相应构成要件时，会产生的具体的法律效力或法律后果。尽管该款并未明文规定行为的法律后果，但是"分割"一词本身具有

① 参见叶良芳：《法条何以会"竞合"？——一个概念上的澄清》，载《法律科学》2014年第1期。

② 张明楷：《规范的构成要件要素》，载《法学研究》2007年第6期。

特定的法律意义和法律效力，即夫妻共同财产在一定的期间内发生分离的法律效果，各自的债权与债务由夫妻本人行使与承担，而不会产生一方债权或债务混入夫妻共同财产之可能。例如最为直接的效果，即是排除了《民法典》第 1064 条第 2 款的适用——债权人应该尽到审慎的注意义务，识别出夫妻婚内财产分割所产生的权利外观，而不得主张基于夫妻一方的意思形成夫妻共同债务。如此婚内财产分离的法律效果，亦是个人破产制度所希望达至的——在婚内财产的分离与婚姻关系的存续之间达到平衡。

并且，“可以”一词则表明请求婚内财产分割是法律赋予夫妻一方当事人行使的权利，可为也可不为。这一期间性质上属于法律规定的除斥期间，自夫妻一方因个人破产申请财产分割之日起算，一般不因任何事由而发生中止、中断或延长。虽然法律并未规定具体的期间长度，但夫妻一方至少应当在个人破产“免责考察期”①内行使该项权利。

（二）体系解释空间

虽然有关法院裁判文书曾经作出“本条规定所列举的重大理由属于封闭性条款，对在不解除婚姻关系的前提下分割夫妻共同财产的做法进行严格限制，从而保证夫妻财产制的稳定性和婚姻的严肃性”②的论述，但是从体系角度上而言，对“等严重损害夫妻共同财产利益的行为”中的“等”字其实就意味着该项规定的列举为不完全列举，可谓之例示概括性法条。③ “法律中使用‘等’字，实际上体现了立法者采用了具体列举与开放性结合的技术”④，这一方面保持了法律的开放性，即通过“等”字表明立法者承认其有限理性，同时保持法律的开放性。明确性语词的价值追求在于保证法律的准确适用，而模糊语词的立法运用则是对“临界”情形的预先规范。所以，该项规定既然为不完全列举，那么“严重损害夫妻共同财产利益的行为”就应当不限于“隐藏、转移、变卖、毁损、挥霍夫妻共同

① 《深圳经济特区个人破产条例》第 95 条。

② 参见江西省抚州市中级人民法院(2020)赣 10 民终 387 号民事判决书。

③ 参见郑玉波：《法谚(一)》，法律出版社 2007 年版，第 211 页。

④ 王利明：《法律解释学导论——以民法为视角》(第 2 版)，法律出版社 2017 年版，第 251 页。

财产或者伪造夫妻共同债务”之行为。

从同类解释方法的角度上看，“等”字所包含的内容应当与法律条文中已经明确列举的事物具有共同性，即要求本项规定所覆盖的行为在性质上、方式上、后果上以及严重程度上具有相同性或者相似性。本项规定列举了“隐藏、转移、变卖、毁损、挥霍夫妻共同财产或者伪造夫妻共同债务”六项行为，运用同类化思维，寻求列举行为的“一般性类别”，可以发现该六项行为最大的“公分母”为“严重损害夫妻共同财产利益”之行为——诸多法院也是基于“严重损害夫妻共同财产利益”的类型化事由，①在裁判文书的说理部分对可能符合该项规定的行为进行实质意义上的识别。此类行为的主体虽为婚姻家庭编之上之夫妻，但其指向的客体均为夫妻婚内的共同财产，导致的可能法律后果亦是财产法律关系的变更，而未涉及夫妻人身关系的变化，因而该行为的性质应当属于财产法律行为。同时，该行为之方式表现为对夫妻共同财产的不当处分，从主观上应为夫妻一方的故意或重大过失行为。最终，通过上述行为，实现侵占夫妻共同财产的目的。因过失行为导致的共同财产毁损，不适用该条规定。并且这六项行为在本质上构成对夫妻财产的侵犯，具有法律不能容忍之不法性。所以，在本项规定的特定“语境”之下，夫妻一方个人破产之行为可以归属于该同类行为——其性质上当然属于财产法律行为，主观方面上为夫妻一方的故意或者重大过失，在行为方式上表现为在商业风险的条件下对夫妻共同财产部分的不合理处分，并在结果上最终导致夫妻财产利益的不法减损。

（三）目的解释空间

虽然经过文义解释、体系解释基本上可以明确该项规定所规范行为之范畴，但“因其与同种事务应相同对待并且相同评价的原则相矛盾，因此

① 参见广东省湛江市中级人民法院（2015）湛中法民一终字第649号民事判决书；四川省遂宁市中级人民法院（2015）遂中民终字第105号民事判决书；陕西省渭南市中级人民法院（2017）陕05民终2586号民事判决书；安徽省安庆市中级人民法院（2018）皖08民终859号民事判决书；新疆维吾尔自治区乌鲁木齐市中级人民法院（2018）新01民终1722号民事判决书；北京市第一中级人民法院（2019）京01民终5991号民事判决书。

应尽可能避免"①，该项规定即是如此。体系解释依外在逻辑体系展开，而目的解释依据的是内在价值体系，其通过探究并贯穿法律文本制定的目的，以价值原则引导实现内外体系的统一性，从而完成法律体系的秩序化——正确的民法解释必须在相同的比重下考虑法律的目的，这样才可以进一步获得所欲的解释结果。可以看出，本项规定所保护的法益指向的是夫妻共同的财产利益，因此违反本项规定的行为至少应当对夫妻婚姻关系存续期间所得财产造成经济上财产量的直接或间接的不当损失。换言之，夫妻关系存续期间的经济上的财产量如未有不当减损，也就是本项规定所保护之法益没有受到侵害。倘若当事人并非出于不法侵害之目的处分夫妻共同财产造成夫妻共同财产量减少，如夫妻一方的自我救助行为，② 那么其便不构成本项规定之所禁止之行为。

具体而言：其一，夫妻财产分割制度是为了达到家庭稳定及影响夫妻共有财产保障功能的实现，但这并不意味着严格把握分割共有财产的限制条件就一定能够实现该目的。僵化死板地套用法律列举的情形适用个案，排除夫妻一方个人破产情形的适用，反而可能会引起夫妻财产与人伦秩序的新的不稳定因素。其二，需要明晰本项规定所保护指向的法益，如若夫妻一方之行为在客观结果上并未产生对夫妻共同财产利益的不当减损，那么也不构成本项规定所进行的否定性评价的行为。其三，法院具有一定的审查作为义务。根据文义解释，法院之审查均为实质审查。但根据夫妻一方破产案件受理法院生效的裁判文书，可以减轻申请者的举证负担，迅捷诉讼的流程。

(四)功能解释空间

即便对该项规定进行体系化的同类解释，并不当然就意味着对该项条文进行任意的扩张乃至类推解释。在扩张与类推解释这一方面，才应当进行严格的限制——婚内财产分割不同于离婚财产分割，应当从严解释。婚内财产分割并不能由当事人进行协议分割，也并不适用照顾女方、照顾无过错等此类的补充原则。可见，为了保持夫妻关系的平稳存续，尽管民法

---

① ［德］卡尔·拉伦茨：《法学方法论》，黄家镇译，商务印书馆 2020 年版，第 421 页。

② 参见广东省高级人民法院(2014)粤高法民一申字第 1318 号民事裁定书。

典规定的婚内财产分割由夫妻一方自行申请，但为了不使该项条文义所涵盖显得过于宽泛，以致“不同之案型同置于一个法律规定下”①，包含了诸多不该规定的案型，如个人破产就应当从严限定为破产清算、重整、和解等特定情形，而非模糊的“资不抵债”、债务人不能清偿到期债务时存在“持有五十万元以上到期债权的债权人”②等情形。

五、准用合并破产规则的实质标准：清偿原因及人格混同的认定

虽然《民法典》第 1066 条存在与个人破产制度衔接之空间，但并非夫妻一方举债皆能解释为“严重损害夫妻共同财产利益的行为”。换言之，夫妻合并破产应成为上述手段不足以完成救济的后续选择，在具备了夫妻间承担连带责任的前提下，需要依靠严格的合并破产实质标准实现规范化和科学化破产。

（一）个人破产原因对启动合并破产的影响

由于夫妻合并破产涉及夫妻两方主体，合并破产程序是否要求非举债方亦须具备破产原因需要加以明确。关于个人的破产原因，《深圳经济特区个人破产条例》第 2 条将其规定为“丧失清偿债务能力或资产不足以清偿全部债务”，《浙江法院个人债务集中清理（类个人破产）工作指引（试行）》第 6 条将其规定为“不能清偿到期债务，资产不足以清偿全部债务或明显缺乏清偿能力”。不难发现，个人破产原因的规定逻辑与企业破产原因的规定相类似。法院在审查企业的破产原因时，除了企业的资产负债状况，还需对企业的资产构成、信用状况、经营状况以及其他社会主体对债务人的态度等多方面因素加以综合判断。③ 同样，对于夫妻一方来说，不能因为其出现暂时性的资不抵债情形就径直将个人纳入破产程序，还需综

① 黄茂荣：《法学方法与现代民法》（第五版），法律出版社 2013 年版，第 495 页。

② 《深圳经济特区个人破产条例》第 9 条第 1 款。

③ 参见肖俊杰、陆晓燕：《资不抵债不是破产清算的必要条件》，载《人民司法》2011 年第 2 期。

合考虑个人能否通过劳动技能等获得稳定收入、能否基于良好的信用获得贷款或债务延期等因素。①

从制度设计的初衷来看，个人破产程序一方面通过债务减免给予诚信债务人经济重生的机会，另一方面亦是要通过管理人的全面调查、清算，甄别和发现债务人是否存在转移、隐匿财产等逃废债行为，并对此类行为予以惩罚，兼具宽恕和监管的双重功能，是对债权人和债务人利益的公平保障。同时，合并破产程序的主要目的在于惩戒不诚信经营者、提高破产效率、保护各方主体的清偿利益。② 该种程序适用的前提是夫妻之间存在某种责任牵连，当一方破产时，另一方基于满足特定条件的责任牵连直接进入合并破产程序，更能对举债方起到威慑和约束作用，防止其实施隐匿财产等逃废债行为。而且，从比较法立法实践来看，个人破产立法改革的主要目标为培育企业家精神，为个人面对破产时的财务风险构筑一种缓冲机制，以鼓励个人积极创新和创业，并非仅为消费者提供一种安全网。③就此而言，合并破产制度亦是高效处理夫妻双方复杂财产和责任关系、释放一方投资者个人债务压力之理念的体现。所以说夫妻合并破产程序的功能与个人破产制度所追求的理想社会效果并不冲突，当夫妻之间财产关系复杂，合并破产能够节省大量区分成本、提高债权人清偿利益时，不必再苛求厘清个人财产内容并确认个人具备破产原因，从而简化合并破产程序的启动条件，促进制度功能的合并发挥。

反面观之，若合并破产要求夫妻均需具备各自的破产原因，那么当夫妻一方破产且另一方对其承担连带责任时，将两者合并破产应同时考量非举债方是否资不抵债以及未来亦缺乏清偿能力。这一前提条件的重点在于夫妻各自资产状况的清晰化，与合并破产制度以财产关系复杂难分为基础相矛盾，导致难以实际适用合并破产程序。事实上，若能够较为准确地区分夫妻双方财产，也就没有必要适用实质合并破产程序，两者分别进入各自的破产程序对各自的债权人来说才更为公平。而且，就进入合并破产制

① 参见赵吟：《个人破产准入规制的中国路径》，载《政治与法律》2020 年第 6 期。

② 参见许德风：《破产法论：解释与功能比较的视角》，北京大学出版社 2015 年版，第 516~521 页。

③ 参见蔡嘉炜：《个人破产立法与民营企业发展：价值与限度》，载《中国政法大学学报》2019 年第 4 期。

度视野的个人而言，其未必满足个人破产制度框架下的破产原因。非举债方自身可能具备较为良好的经营能力和信用状况，难谓丧失清偿能力。但由于可能为举债方负担大额甚至巨额债务，其在相当长的一段时间内能够创造的经济价值显然是杯水车薪，加之债务诉讼等拖累，难免有损原本良好的经营能力和信用状况，更进一步则有可能因为执行不能而被列入失信人“黑名单”。在此种情形下，债权人亦不可能在较短时间内获得清偿。可见，若以夫妻非举债一方同时具备破产原因作为夫妻合并破产的启动条件，不仅无益于陷入企业债务的个人尽快恢复正常的工作、生活秩序，而且无益于债权人及时公平受偿。是故，当夫妻举债一方已具备破产原因时，夫妻合并破产不需要夫妻非举债一方同时具备破产原因。

（二）个人与企业合并破产实质标准的厘定

1. 关联企业合并破产之实践标准参考

《破产会议纪要》第33条规定法院在审查实质合并申请时要综合考虑“债权人整体清偿利益”。由此，关联企业实质合并破产标准可归纳为三个方面，即人格高度混同、财产区分成本过高以及对债权人整体清偿有益。① 即使如此，这三项标准也并非处于同等地位。其中，人格高度混同是重点审查要素，此外还需关注实质合并破产是否有利于破产经济效益和程序效率的提升，以及是否有利于债权人的整体受偿。② 在已有的企业合并破产案例中，多数法院仅以保护债权人利益、区分关联企业财产成本过高、有利于破产重整目标实现等结果性论述简单提及，似乎将该两项标准作为人格高度混同及合并破产程序适用的结果。③ 针对我国司法实践中的

① 参见王静、蒋伟：《实质合并破产制度适用实证研究——以企业破产法实施以来76件案例为样本》，载《法律适用》2019年第12期。

② 参见徐阳光：《论关联企业实质合并破产》，载《中外法学》2017年第3期。

③ 参见重庆市第五中级人民法院（2020）渝05破166号民事裁定书；重庆市第五中级人民法院（2020）渝05破244号民事裁定书；江苏省溧阳市人民法院（2020）苏0481破2、3、5、6、7号民事裁定书；浙江省杭州市富阳区人民法院（2020）浙0111破15、20号民事裁定书；浙江省杭州市富阳区人民法院（2020）浙0111破31、33、34号民事裁定书；河北省保定市涞水县人民法院（2020）冀0623破1-2号民事裁定书；广东省高级人民法院（2018）粤破终37号民事裁定书。

这种现象，有学者认为，审理关联企业合并破产案件以人格高度混同为单一裁判理由忽视了实体合并制度中兼顾各方债权人利益与破产效率的制度价值,① 该观点与《破产会议纪要》规定的三项标准之价值理念相契合。所以，关联企业合并破产程序适用的实质考量标准可以归纳为以下两项，一是关联企业人格是否高度混同，二是比较合并破产是否为债权人带来更大的清偿利益，包括清偿比率与清偿效率。②

关联企业合并破产同个人与企业合并破产在程序理念上具有一致性。就目的而言，合并破产是一种技术性操作，实质是要打破企业与企业之间、企业与个人之间的财产区隔。就手段而言，处理的方式皆是将被合并主体的财产视为一个整体(在个人与企业合并破产中应除去个人的豁免财产)，统一开展各项破产工作。因此，人格高度混同与为债权人带来更大清偿利益不仅是关联企业合并破产的实质标准，更可成为个人与企业合并破产的重要考量因素。

2. 夫妻合并破产之人格高度混同标准检验

第一，受英美法上以合伙关系来理解夫妻财产关系的观点的影响，以及英美法上以合伙关系来理解夫妻财产关系的观点的影响,③ 理论上有直接基于夫妻关系本身来判断夫妻意思联络状态的倾向。④ 但现实是，随着当代婚姻中个人主义的勃兴,⑤ 以及劳动经营对家庭依附程度的减弱，夫妻之间的意志分离已为常态，通过对夫妻关系的单一定性来判断夫妻之间的意思联络状态，并非公允。第二，在对夫妻债务的责任财产的确定，讨论往往仅关注了夫妻共同财产的部分，进而将“财产分离”的关注焦点设定在了夫妻财产系“共同所有”还是“分别所有”上，却忽略了夫妻双方各

---

① 参见贺丹：《破产实体合并司法裁判标准反思——一个比较的视角》，载《中国政法大学学报》2017 年第 3 期。

② 参见高小刚、陈萍：《论关联企业破产程序中实质合并原则的适用》，载《法律适用》2020 年第 12 期。

③ 参见胡苷用：《婚姻合伙视野下的夫妻共同财产制度研究》，法律出版社 2010 年版，第 17 页。

④ 参见孙若军：《论夫妻共同债务“时间”推定规则》，载《法学家》2017 年第 1 期。

⑤ 参见申晨：《夫妻财产法价值本位位移及实现方式》，载《法学家》2018 年第 2 期。

自的个人财产是否为责任财产的问题。实际上，夫妻一方的个人财产，其不仅在婚姻期间内可以与共同财产、另一方的个人财产相分离，而且在离婚之后，更是会构成该方的全部财产，故其是否纳入相应债务的责任财产范围，对当事人意义重大。因而，在夫妻债务中若存在“意志”和“财产”的“任一混同”，便应以商事主体法理为其正当性依据，构建人格高度混同的夫妻债务形态，对“人格高度混同”债务进行认定。而对于“人格高度混同”债务，便可进行合并破产处理。

(1)一方表意，为个人消费所负债务

首先，在“意志分离”层面，此类债务的举债表意仅限于夫妻一方，且由于夫妻另一方在举债中不享有利益，没有推定其存在默示举债意思的正当性，所以“意志分离”标准成立。其次，在举债方的“财产分离”层面，此时需要分两种情况讨论：①若共同财产未分割，则举债方的财产部分混同于夫妻共同财产内，因此无法实现“财产分离”，债务的责任财产范围将至少及于整个夫妻共同财产，且检验需进入到下一步；②若共同财产已分割，则由于在消费债务中，债务利益或已消费完毕，或转化为举债方的个人财产，故举债方的个人财产与共同财产不存在勾连，此时达成了“双重分离”，债务可定性为“狭义个人债务”。最后，在非举债方的“财产分离”层面，该债务对非举债方的个人财产完全没有影响，因此上述①型可定性为“人格高度混同”债务。

(2)一方表意，为个人经营所负债务

此类情形与上述情形的区别，仅在于债务用途是“消费”还是“经营”。因此这里显然需要明确，为何实践经验表明，在夫妻债务类型化中有必要区分“消费之债”和“经营之债”。“消费之债”和“经营之债”的本质区别，在于债务利益的转化途径不同，进而将导致“财产分离”判断的不同：“消费之债”，其债务利益消费后，或转化为特定的财产，或替代了特定的财产支出，总之其总量固定，转化途径稳定，其与其他财产间的关系明晰，追踪有迹可循；而“经营之债”，其债务利益在经营过程中，可能不断产生新的收益和损失，总量难以确定，且当其与其他财产发生关联时，可能由于反复的收支关系，而无法准确厘清其各自份额。① 据此，对于“消费

① 参见申晨：《夫妻债务类型的重构：基于有限责任的引入》，载《清华法学》2019 年第 5 期。

之债”，“财产分离”的考察可以基于对财产数量的对比衡量进行；而对于“经营之债”，该考察则往往只能采用判断财产是否发生“混同”，或谓财产间是否相互独立的模式进行。①

实践中，夫妻一方为个人经营所负的债务并不罕见，如以个人财产从事经营活动并举债的，为本人参股的合伙企业、公司经营而以个人名义举债的，为个人炒股等投资行为举债的等。② 此类行为中：首先，在“意志分离”层面，由于经营行为由个人实施，非举债方不具有与举债方的意思联络，符合“意志分离”。其次，在举债方“财产分离”层面，虽然判断路径与上述区分共同财产是否分割的思路一致，但判断结论略有不同：①若共同财产未分割，则债务为“人格高度混同”债务；②若共同财产已分割，仍需考察举债方用于经营的财产是否与共同财产发生混同。若二者有所混同，则共同财产仍将因不符合“财产分离”，而被动地被纳入责任财产范围。

(3)一方表意，为共同消费所负债务

根据《民法典》1064条之文义，该规则是在夫妻债务定性中引入了“家庭利益”这一判断标准，③ 视为“利益之所在，责任之所在”之报偿理论的体现。④ 就“意志分离”层面观察，此类债务的表意人只有举债方一人，因此在表面上看，夫妻双方的意志是分离的。但考虑到债务利益其后是用于共同生活，那么问题显然不是那么简单。应当认为，在共同生活领域，夫妻间默认拥有亲密无间的关系，具有高度的信息共享，且外部第三人对该状态享有合理的信赖。《浙江省夫妻债务纠纷通知》便指出，只要是夫妻双方共同消费支配或者用于形成夫妻共同财产的支出，都属于“夫妻共同生活”的范围。⑤ 由此，当一项债务利益被用于共同生活时，实际可能出

---

① 参见安建：《中华人民共和国公司法释义》，法律出版社2013年版，第109页。

② 参见北京市高级人民法院(2018)京民申4853号民事裁定书；安徽省马鞍山市中级人民法院(2017)皖05民终576号民事判决书

③ 参见冉克平：《论夫妻共同债务的类型与清偿：兼析法释[2018]2号》，载《法学》2018年第6期。

④ 参见王利明：《侵权责任法研究(下卷)》，中国人民大学出版社2011年版，第88页。

⑤ 参见《浙江省夫妻债务纠纷通知》第4条。

现两种情形：其一，非举债方知道债务利益来源，且默认接受了该利益，此时，非举债方的意志状态，应认为具有了对举债方举债意思的默示认可；其二，非举债方不知道债务利益来源，但客观上享受了债务利益，此时债权人若得知了债务用于共同生活的事实，则其基于对夫妻亲密关系的信赖，也有获得一定的信赖保护的正当性。

而就“财产分离”视角观察，共同消费之债或转化为特定的财产，或替代了特定的财产支出，故共同财产应被纳入债务责任财产范围。因此，该债务至少应为“人格高度混同”债务。

(4)一方表意，为共同经营所负债务

在“意志分离”层面，从通常语义上的夫妻“共同经营”，并不能当然推出夫妻的“共同意志”。“共同经营”强调的是夫妻双方均参与到了一项经营事业中；但在一项共同事业的具体经营中，夫妻双方既可能同时作为决策者，从而形成类似“合伙人”的关系；也可能只有一方作为决策者，另一方只是协助其执行事务，从而形成类似“雇主——雇员”的关系。[①] 由此，“共同经营”本身并不是判断意思联络状态的标准。但另一方面，夫妻关系的复杂性、私密性、无私性又决定了，夫妻双方在其内部，很少会严格制定或遵循诸如合伙关系、雇佣关系那样边界严密的权利义务关系。在这样的两难前提下，学者提出以是否参与“管理”作为实务中的区分标准，[②] 这一点是具有合理性的：参与管理，则意味着夫妻该方的意志能够影响经营团体的团体意志中，由此即产生了意志勾连；未参与管理，则意味着夫妻该方所起的作用更接近于受雇用者，可以认为其与经营团体本身的意志相分离。[③] 据此，引入“参与管理”作为判断标准，债务若用于夫妻均参与管理的事业，则其将由于不符合“意志分离”，为“人格高度混同”债务。

在“财产分离”视角下，此时的状态，实际与前述的夫妻一方经营情

① 参见申晨：《夫妻债务类型的重构：基于有限责任的引入》，载《清华法学》2019 年第 5 期。

② 参见叶名怡：《“共债共签”原则应写入民法典》，载《东方法学》2019 年第 1 期。

③ 参见最高人民法院(2018)最高法民申 3785 号民事裁定书；最高人民法院(2018)最高法民申 2454 号民事裁定书；湖北省高级人民法院(2018)鄂民申 3821 号民事裁定书；浙江省高级人民法院(2019)浙民再 27 号民事判决书。

形等同，即夫妻另一方以类似雇员的身份参与其配偶的个人事业。因此，在债务定性时需要分别考察经营财产是否与共同财产、非举债方个人财产相混同，此处不再赘述。故，若用于夫妻均参与管理的事业，债务为“人格高度混同”债务。

结　　语

个人破产与《民法典》的衔接是个人破产制度的实践、发展与最终立法过程中无法回避的问题。学界有关夫妻共同债务性质的争论实则已然印证其为“人格高度混同”债务。就夫妻个人破产而言，夫妻合并破产程序的最大功能在于其填补了个人破产制度与《民法典》婚姻财产制度可能存在的碰撞漏洞。当然，突破法律主体的独立性，与责任相对性原则相悖，故夫妻合并破产程序的适用需要以“人格高度混同”债务的认定为前提，以人格高度混同、为债权人带来更大清偿利益作为合并破产的实质标准，由此确立清晰的夫妻合并破产规则。

个人与企业合并破产的适用标准

胡　涛*

内容提要：个人破产与企业破产的衔接是个人破产制度不断发展完善的必然要求。在个人债务清理制度不足以解决企业破产中自然人债务问题的背景下，在个人破产法制建设不断推进的过程中，个人与企业合并破产具有实体和程序上的双重价值。笔者从潜在的现实需求出发，借鉴现行破产制度中合并破产的适用标准，结合个人与企业间的不同责任关系给出了关于建立个人与企业合并破产适用标准的建议。

长期以来，我国《企业破产法》被称为"半部破产法"，建立与完善个人破产制度是建立健全市场主体退出机制的必然要求，个人与企业合并破产作为个人破产制度建立后的一种衔接机制，是对单一主体破产程序的例外和补充。理想的个人与企业合并破产机制应当能够有效平衡且更好地保护所涉各方主体权益，满足法院在企业破产案件中面对个人与企业繁复责任关系的简化处理需求，促进市场主体退出机制的优化与完善，但是现有的法律规定在个人与企业间的责任表述不利于对合并破产适用标准的把握，个人与企业在何种情形下可以合并破产，需要借鉴关联企业合并破产的立法规定与司法实践进行进一步的思考。①

2021 年 8 月 17 日，江苏省昆山市人民法院就"昆山市东浩印刷有限公司破产清算一案"作出(2020)苏 0583 破 52 号判决，在"本院认为"部分指出，"按照《中华人民共和国公司法》第六十三规定，一人股东应当举证证明其财产独立于公司，否则股东应当对公司债权承担连带责任。同时，

---

* 胡涛，北京市京师(武汉)律师事务所主任。

① 参见王欣新：《〈全国法院破产审判工作会议纪要〉要点解读》，载《法治研究》2019 年第 5 期。

在公司与股东财产未做区分时，应进行反向人格否认，即公司与股东人格混同，应当将其视为一个法律主体进行合并处置。如若不予合并，单独清偿将违反企业破产法‘公平清理债权债务’的立法宗旨。并已经征求王某某和债权人的意见，其不持异议。综上，对申请人提出的合并破产清算申请，本院予以支持，即将王某某与昆山市东浩印刷有限公司的资产负债合并清算，统一分配处理。”从这一案例中，可以看到司法实践中正在逐步进行个人与企业合并破产的探索，个人破产与企业破产的衔接有着潜在的现实需求，而且随着个人破产制度的进一步实践与发展，这类衔接处理的客观需求会逐渐增多。然而在没有明确的个人与企业合并破产立法规范且无统一的司法适用标准之情形下，个别法院的探索尝试仍然较为保守，仅在具备相关法律依据的路径上寻求财产合并处理的可行性。据此，明确个人与企业破产司法适用标准是提升破产程序普适性的前提与基础。

一、个人与企业合并破产的背景

伴随着疫情冲击和经济下行，改善营商环境，建立健全市场退出机制成为维护社会稳定和促进经济复苏的重要抓手。目前我国个人破产制度依然在探索阶段，2020 年 8 月，深圳市第六届人民代表大会常务委员会第四十四次会议通过了《深圳经济特区个人破产条例》(以下简称《条例》)，该条例为我国首部系统规定个人破产制度的地方立法，具有重要的理论与实践意义。

在《条例》正式实施之前，各地推行债务集中清理制度解决企业破产中的自然人股东连带责任问题，以温州、台州为例，个人债务集中清理程序作为执行程序的特别程序，仅在自然人自己已经作为被执行人时才能启动适用，并不支持公司与自然人股东合并破产的情形。山东省高青县法院的《企业破产中个人债务集中清理意见》为企业破产中自然人承担连带清偿责任的困境进行了破解，在公司破产时，股东因公司法人人格否认需与公司连带清偿债务，且资不抵债时，也可以同时申请进行个人债务集中清理，制定个人债务集中清理方案，个人债务集中清理方案经债权人会议表决通过的，在股东按照个人债务集中清理方案履行完毕清偿义务时，法院应当裁定终结个人债务集中清理程序，并裁定免除申请人与破产企业有关债务的清偿责任。但这与《企业破产法解释(二)》所确认的合并破产有所区别，而且这一程序的适用可能在实践过程中产生一定的困难，因为这一程序下只能处理自然人股东与企业有关的负债，至于其他负债，则不进行处理，这可能对该股东的其他债务的清偿产生影响。

如何保证与企业无关的债权人的利益，《企业破产中个人债务集中清理意见》并未进行回应，但个人破产制度的建构则可以保障所有债权人公平受偿，维护各方债权人的利益。当个人与企业面临责任牵连且皆不能清偿债务的困局时，以合并的形式将个人与企业置于一个破产程序中，一方面显然更有利于保障各方主体权益，及时、高效地清理债务，能够增加债权人的债权实现，有效平衡和保护各方主体的实体权利，另一方面则体现于个人与企业存在复杂责任牵连的特殊破产情形下进一步提高破产效率、实现程序正义。

(一)个人破产制度的立法模式

《条例》的制定主要参照了现行《企业破产法》，并采用了一般破产主义的立法模式。此种立法模式下，不能清偿到期债务的债务人既可以是商自然人，也可以是消费者，与当前世界范围内破产法的立法模式一致。

在破产领域，存在着商事破产主义和一般破产主义两种经典的立法模式，其中商事破产主义主张只有商自然人可以作为破产申请人，而一般破产主义则强调破产法适用于一切破产事件，主张不论是商自然人或是消费者均可以在满足破产条件时申请破产，但不同的破产申请人在破产程序适用上存在区别。

当前世界各国的个人破产立法模式之所以从商人破产主义向一般破产主义过渡，就是因为随着社会的发展，商人和非商人的界限越发模糊，一人往往可以扮演多种角色，此时只允许商人破产的，实际上是只允许因经营行为产生的债权进行破产，一则无法区分经营行为产生的债权和消费行为产生的债权，二则在个人破产程序中对因经营行为产生债权进行清偿的，会降低债务人偿债能力，影响到其他债权的清偿。而个人破产制度构建，可以为公司人格否认下的自然人股东提供市场退出机制，自然人股东确实无力清偿公司债务时，可在企业破产时申请个人破产，以保障所有债权人公平受偿，解决自然人股东的困境。①

（二）个人破产制度的具体规定

目前我国个人破产制度依然处于探索阶段，《条例》是我国首部系统规定个人破产制度的地方立法，其中规定了个人破产的适用范围、申请主体和申请条件。其一，《条例》的适用范围。根据《条例》第 2 条规定，“在深圳经济特区居住，且参加深圳社会保险连续满三年的自然人，因生产经营、生活消费导致丧失清偿债务或者资产不足以清偿全部债务的，可以依照本条例进行破产清算、重整或者和解”。依据《条例》进行个人破产的自然人债务人需同时满足如下三个条件：第一，在深圳经济特区居住；第二，参加深圳社会保险连续满三年；第三，因生产经营、生活消费导致丧失清偿债务能力或者资产不足以清偿全部债务。其二，个人破产的申请主体。根据《条例》第 8 条和第 9 条的规定，符合《条例》第 2 条规定的债务人以及满足特定要求的债权人均可以向法院提出破产申请。债权人向法院申请自然人债务人破产时，需要满足两个条件：第一，债务人不能清偿到期债务；第二，债权人应当单独或者共同对债务人持有五十万元以上到期债权。需要注意的是，提出个人破产申请的债权人必须为已到期债权的债权人，而未到期债权的债权人并不享有此项权利，若申请的债权人不符合上述要求，法院并不会受理其破产申请。其三，个人破产的申请条件。自然人申请个人破产后，若不满足受理条件的，法院则会裁定不予受理。根据《条例》第 14 条第 1 款规定：“人民法院审查破产申请时，发现有下列情形之一的，应当裁定不予受理；人民法院已经受理但尚未宣告破产的，应当裁定驳回申请：(一)债务人不符合本条例第二条规定，或者债权人申请对债务人进行破产清算不符合本条例第九条第一款规定的；(二)申请人基于转移财产、恶意逃避债务、损害他人信誉等不正当目的申请破产的；(三)申请人有虚假陈述、提供虚假证据等妨害破产程序行为的；(四)债务人依照本条例免除未清偿债务未超过八年的。”

对《条例》上述规定进行简要的分析，可以看到个人破产的门槛高于企业破产。相比于企业破产“明显缺乏清偿能力”“或者有明显丧失清偿能

---

① 参见赵吟：《个人破产准入规制的中国路径》，载《政治与法律》2020 年第 6 期。

力可能”的规定，《条例》要求进入破产程序的自然人债务人已经确实达到了资不抵债或者丧失清偿能力的标准。如果债务人依照《条例》免除未清偿债务未超过八年的，是不能再次申请个人破产的，也体现了立法部门对债务免除的限制以及对交易安全的保护。

二、个人与企业合并破产的价值

在个人债务清理制度不足以解决企业破产中自然人债务问题的背景下，在个人破产法制建设不断推进的过程中，个人与企业合并破产制度可以解决单一主体破产制度明显不能解决的难题。企业破产法中的法人人格否认制度、破产撤销权制度以及破产无效行为制度在一定程度上可以恢复企业破产财产，但是财产范围受限、区分困难以及个人与企业间的责任表述相对模糊，破产财产追回的效果有限，个人与企业合并破产可以将撤销权和归入权的范围扩展到个人与企业在合并程序中的整体财产。

根据《破产法司法解释二》第 23 条第 3 款规定，债权人在管理人不予追收债务人财产时可以依法申请企业的次债务人或出资人与企业合并破产。在这种单一主体破产制度之下，在企业破产时债权人可依据现有规范，采用个案中的法人人格否认制度、破产撤销权制度以及破产无效行为制度等在一定程度上恢复企业破产财产、保护自身利益。但是，就破产撤销权制度和破产无效行为制度来说，当个人与企业之间存在错综复杂的财务关系，甚至出现账户混用、债权债务记载不清等情形时，这两种手段的救济能力并不足以有效保护企业债权人的利益。其次，就法人人格否认制度来说，且不论其是否能够在破产程序中适用以及如何适用，即使在破产程序中适用，也只是确认了股东与公司应对债权人承担连带清偿责任这一前提事实，并没有给出在破产程序中个人与企业如何承担相应责任的解决方法，债权人亦只能够通过个别追偿或管理人的撤销权、归入权等手段追偿债务。对此，合并破产能够弥补单一破产制度的局限性，且更有利于现有制度的运用，撤销权和归入权的辐射范围可以扩大至个人与企业在合并程序中的整体财产，对通过个人账户恶意处置或转移的企业财产，管理人亦能够追回。①

① 参见郝振：《实质合并破产的程序启动与执行衔接》，载《人民司法》2020 年第 11 期。

个人与企业合并破产能够弥补单一破产主体制度的缺陷，也是个人破产法逐渐推行与不断完善的必然要求，更有利于保护企业债权人、个人债权人和个人投资者等各方主体权益，同时可以提升破产效率，解决破产案件久拖不决的通病。

(一)有利于保护各方主体权益

各方主体，可分为“债权人”“个人债权人”和“个人投资者”。在债权人的角度下看，个人与企业合并破产制度，有利于在个人与企业人格混同、难以区分、损害债权人利益的情况下，将个人财产与企业财产视为一个整体。此制度不仅有利于企业可分配财产的总量增加，也有利于破产管理人对个人不当交易行为行使撤销权、归入权等权利，从而保护债权人利益。除此之外，个人与企业之间的关联债权、债务被内化吸收，其中节省了大量的司法成本，使得债权人受偿的可能性及比例提高。

在个人债权人角度下分析，如果不进行合并破产，并不利于弱势的个人债权人进行追偿。因为个人债权人的诉讼能力和追踪个人债务人资产的能力显然不及经常发生商业交易活动的企业债权人，这很容易造成弱势个人债权人最后无财产可供执行的不利局面。合并破产制度的优越性在于，由管理人对个人与企业的财产进行统一清理，确定合理的分配顺序和比例，可以兼顾不同主体的利益保护需求，更好地实现债权人之间的利益平衡，有效增加个人与企业的整体可分配财产，有利于个人债权人债权的实现。

当个人与企业存在责任牵连的情形时，个人负担的债务数额大、债务关系繁多，债权人争相申请执行，不利于诉讼效率的提高。个人与企业合并处理有利于将个人财产经过集中清理后公平分配给债权人，既能解决“执行难”的问题，又有利于个人的长远发展。并且，个人与企业的合并破产可以通过设置明确的准入条件，将与企业责任牵连程度较轻的个人排除在外，以避免司法实践不当扩大个人应承担的债务范围，这亦是保护个人投资者利益的应有之义。

(二)有利于提升破产案件效率

在企业破产案件中，当个人与企业之间存在复杂的财产关系时，选择不适用合并破产程序，而是对两者之间的财产和债权债务进行强行区分进而分别破产，并非没有可能，但是必然会花费大量的时间成本，使得企业的破产程序长期停留在财产清算阶段，债权人的债权迟迟得不到实现。如此处理会过度牺牲破产程序的效率价值，最终对债权人权益造成实质的损害。在特定情形下适用合并破产程序，将个人资产并入企业资产一同清理分配，则不必对两者资产进行细化区分，尤其是针对具有关联性的债务，可以一体化公平分配进而大幅节省时间成本，有助于解决破产案件久拖不决的通病。

(三)有利于统一司法标准，实现公平正义

在破产企业的股东为自然人等非企业法人的情形下，即使存在破产企业的自然人股东与破产企业人格严重混同的事实，也不能适用关联企业实体合并破产制度，将自然人股东的财产纳入破产财产中用以公平清偿。其结果便是相同或类似的案件可能因为适用不同的程序而获得不同的裁判结果，故有必要推进个人与企业合并破产的显性化，统一各地法院在处理个人与企业破产衔接问题上的价值取向和准入判断，提升破产程序的权威性和普适性。长远来看，亦是从司法适用层面提升破产制度的整体效率，符合公平正义的要求。

三、个人与企业合并破产的适用标准

在我国，关联企业的实质合并破产制度已较为成熟，可以为个人与企业合并破产的司法实践提供借鉴思路。同时，在“昆山市东浩印刷有限公司破产清算案”裁定书①中，一人股东(自然人)与个人独资企业合并破产满足了三个条件：(1)公司与股东人格混同的认定；(2)该一人股东的同意；(3)债务人的同意。而个人独资企业、合伙企业与公司在股东与公司间的责任承担形式的差异，会导致合并破产的适用标准存在较大的差异，这种差异进而成为对不同的企业类型分别分析个人与企业合并破产的现实基础与适用标准。

① 参见江苏省昆山市人民法院(2020)苏0583破52号民事决定书。

(一)个人与企业合并破产的适用标准参考

1. 关联企业的概念

根据最高人民法院印发的《全国法院破产审判工作会议纪要》(以下简称《破产会议纪要》)规定，关联企业是指与其他企业之间存在直接或间接控制关系或重大影响关系的企业。人民法院在认定关联企业人格混同或存在关联关系时，通常从如下几个方面进行判定：人员结构、组织架构、交叉持股、财务混同、关联债务及互相担保等方面。①

2. 关联企业合并破产的实质性审查

根据《破产会议纪要》规定，人民法院在审理企业破产案件时，应当尊重企业法人人格的独立性，以对关联企业成员的破产原因进行单独判断并适用单个破产程序为基本原则。当关联企业成员之间存在法人人格高度混同、区分各关联企业成员财产的成本过高、严重损害债权人公平清偿利益时，可例外适用关联企业实质合并破产方式进行审理。也就是说，人民法院审理关联企业破产案件时，要立足于破产关联企业之间的具体关系模式，采取不同方式予以处理。既要通过实质合并审理方式处理法人人格高度混同的关联关系，确保全体债权人公平清偿，也要避免不当采用实质合并审理方式损害相关利益主体的合法权益。

其一，合并破产的必要性、正当性审查。当事人申请对关联企业合并破产的，人民法院应当对合并破产的必要性、正当性进行审查。关联企业成员的破产应当以适用单个破产程序为原则，在符合相关实质要件情况下，可以依申请例外适用关联企业实质合并破产方式进行审理。人民法院裁定关联企业可以进行实质合并破产的认定标准，应当同时满足关联企业之间存在法人人格高度混同、区分各关联企业财产的成本过高、严重损害债权人公平清偿利益等实质要件。

其二，合并破产申请的审查程序。根据《破产会议纪要》规定，人民法院收到实质合并申请后，应当及时通知相关利害关系人并组织听证，听

① 参见潘姚：《关联企业破产中实质合并规则的适用》，载《上海法学研究》集刊2020年第7卷。

证时间不计入审查时间。人民法院在审查实质合并申请过程中，可以综合考虑关联企业之间资产的混同程度及其持续时间、各企业之间的利益关系、债权人整体清偿利益、增加企业重整的可能性等因素，在收到申请之日起三十日内作出是否实质合并审理的裁定。符合条件的，可例外适用关联企业实质合并破产方式进行审理。相关法律规范性文件尚未有关于该申请期限或申请阶段的明确规定。实践中常分为两种情况：其一，破产企业及其关联企业进入破产程序后，破产企业及其关联企业各自申请破产后，由管理人或债权人等申请关联企业实质合并破产。其二，在破产企业及其关联企业尚未进入破产程序前，由债权人或破产企业等作为申请人向人民法院申请将关联企业进行实质合并破产。需要注意的是，申请人在申请阶段应当就破产企业与关联企业之间的关联关系、人格混同等承担相应的举证责任。

3. 关联企业合并破产的适用标准

根据《破产会议纪要》的规定，关联企业实质合并破产的条件为：(1)法人人格高度混同；(2)区分各关联企业成员财产的成本过高；(3)严重损害债权人公平清偿。

其中“严重损害债权人公平清偿”并不是一项独立判断标准，是企业关联关系被滥用后不能清偿债务的必然结果，此应当为关联企业实质合并破产的结果要件。同时，《破产会议纪要》第33条规定法院在审查实质合并申请时要综合考虑“债权人整体清偿利益”。由此，关联企业实质合并破产标准可归纳为三个方面，即人格高度混同、财产区分成本过高以及对债权人整体清偿有益。其中，人格高度混同是重点审查要素，此外还需关注实质合并破产是否有利于破产经济效益和程序效率的提升，以及是否有利于债权人的整体受偿。这一审查意识在司法实践中也得到体现。“区分各关联企业成员财产的成本过高”与“债权人整体清偿利益”标准论述的内容具有一致性，都以债权人保护为出发点。这表明此两项标准本质上是对各方债权人有利与否的衡量，事实上为债权人利益保护原则的不同视角。所以，关联企业合并破产程序适用的实质考量标准可以归纳为以下两项，一是关联企业人格是否高度混同，二是比较合并破产是否为债权人带来更大的清偿利益，包括清偿比率与清偿效率。①

① 参见徐阳光：《论关联企业实质合并破产》，载《中外法学》2017年第3期。

4. 关联企业合并破产的司法实践

经过对适用实质合并破产程序的案件进行统计分析可以发现，法院在事实查明与说理部分阐明适用合并破产程序的原因时，均对关联企业的人格混同情况进行了较为全面的分析，从关联企业的财产、人员、经营场所、公司意志、财务管理、负债等方面出发，证成企业之间已存在高度的人格混同。至于另外两项判断标准，有的法院在判决中并未提及；更多的法院仅以保护债权人利益、区分关联企业财产成本过高、有利于破产重整目标实现等结果性论述简单提及，似乎将该两项标准作为人格高度混同及合并破产程序适用的结果。但也有部分法院对三项标准均结合关联企业实际情况作出详细说理，主要从合并破产能够抵销关联企业之间的债权债务关系、提高整体破产财产价值、有利于保护小额或无担保债权人尤其是职工债权人利益、提高清偿率等事实方面加以证成。

5. 小结

关联企业合并破产制度生于“法人人格否认”制度，人格高度混同必定是最根本的判断标准，但实践亦不能忽略合并破产本身具有的专属于破产这一特殊阶段的因素考量，比如合并破产是否能为债权人带来更大的清偿利益。关联企业合并破产同个人与企业合并破产在程序理念上具有一致性，故而人格高度混同与为债权人带来更大清偿利益不仅是关联企业合并破产的实质标准，更可成为个人与企业合并破产的重要考量因素。

个人与企业合并破产在人格高度混同的情境之中，可以发挥相较于关联企业合并破产更大的制度优势。个人与企业合并破产实际上就是将被合并主体的财产视为一个整体，统一开展各项破产工作，合并破产是一种技术性操作，目的是要打破企业与企业之间、企业与个人之间的财产区隔，而个人财产流动比起企业财产流动查证成本与分隔时间更大，所以将个人破产理念引入合并破产更能实现这一目的。

(二)个人与企业合并破产的现实基础

就合伙企业和个人独资企业而言，合伙人、投资人需对企业债务承担无限(连带)责任。当合伙企业和个人独资企业破产时，必然涉及合伙人、投资人的连带责任承担问题。就公司来说，一般情况下，公司资产与公司股东资产相互独立，公司具有独立法人人格，股东、董事、高级管理人员等个人财产与公司财产在一般情况下不会发生牵连，公司破产不会要求股东承担连带责任。但在公司治理过程中，股东操作不当，导致公司独立人格被滥用，股东财产与公司财产发生混同的，股东需对公司债务承担连带清偿责任。在法律规定的特定情形下，需和公司一起向债权人承担责任，主要包括以下情形：股东滥用法人独立地位和有限责任严重损害债权人利益而承担的连带责任；一人公司股东不能证明自身财产独立于公司财产而承担的连带责任；股东未全面履行出资义务、抽逃出资对公司债务承担的补充赔偿责任；其他发起人与未全面履行出资义务的股东承担的连带责任；协助抽逃出资的其他股东、董事、高级管理人员、实际控制人与抽逃出资的股东承担的连带责任；公司清算义务人怠于履行清算义务导致公司财产贬损、不能清算而承担的赔偿责任和连带清偿责任；公司董事、股东在公司解散后恶意处置公司财产给债权人造成损失而承担的赔偿责任；股东为公司债务提供保证承担的补充责任与连带责任；法定代表人或负责人以个人名义为企业的生产经营借款，借款人与企业承担的共同责任。① 若此时公司资不抵债，进入破产程序，且股东也无力偿还该债务，那么明晰股东对于公司和债权人的责任，则是决定是否启动个人与企业合并破产的现实基础。

1. 一人公司的法人人格否认

一人有限责任公司非常容易出现财产混同和法人人格否认。根据《公司法》第 63 条规定，一人有限责任公司的股东不能证明公司财产独立于股东自己的财产的，应当对公司债务承担连带责任。据此，否认一人公司独立人格的理由主要是“财产混同”，且财产独立的举证责任由一人公司股东承担。当一人公司股东是自然人时，要求股东承担责任的诉讼与公司的破产程序可能会同时进行，甚至公司破产程序终结后，股东的责任也不能免除，债权人还是可以对公司股东提起诉讼要求其承担清偿责任。这实际上导致了在没有个人破产制度的情况下，一人公司的破产制度在大多数

① 参见黄辉：《中国公司法人格否认制度实证研究》，载《法学研究》2012 年第 1 期。

情况下并无实际意义，只是一个公司的清算和注销程序，被人格否认的一人公司的自然人股东仍要对公司债务承担连带责任。①

2. 公司与自然人股东的责任关系

根据《企业破产法解释(二)》第 21 条的规定，破产申请受理前，债权人以债务人的股东与债务人法人人格严重混同为由，主张债务人的股东直接向其偿还的诉讼，在破产案件受理后尚未审结的，法院应当中止审理。根据第 23 条规定，破产案件受理后债权人再以公司股东与公司人格混同为由要求股东承担偿还责任的，法院不予受理。一旦进入破产程序，并不意味着公司人格否认制度不再适用，只是债权人不能再直接以法人人格否认为由提起诉讼，要求股东承担连带责任，而必须通过债权人会议或债权人委员会要求管理人向债务人的出资人追收债务人的财产，管理人无正当理由拒绝追收的，债权人会议可以申请更换管理人，也可以由个别债权人代表全体债权人提起相关诉讼，要求出资人返还债务人财产，或者依法申请合并破产。

企业破产与自然人股东之间的关系有所不同。其一，根据《企业破产法解释(二)》第 23 条的规定，企业破产过程中基于法人人格否认起诉自然人股东承担连带责任的路径受到限制，而在以往的司法实践中，调整破产企业的股东与破产企业的法人人格严重混同情形下的关联企业实体合并破产制度，也仅适用于破产企业的股东为企业法人的场合，而不包括破产企业的股东为自然人等非企业法人的情形。在债务人破产程序中，债权人因债务人的自然人股东存在滥用公司法人独立地位和股东有限责任、损害公司债权人利益情形的问题，要求其就该笔债务承担连带清偿责任。即在破产程序中基于法人人格否认要求自然人股东承担连带责任的，不受《企业破产法解释(二)》第 23 条的限制，债权人可随时依据《公司法》第 20 条第 3 款“公司股东滥用公司法人独立地位和股东有限责任，逃避债务，严重损害公司债权人利益的，应当对公司债务承担连带责任”的规定，向破产企业的自然人等非企业法人股东主张清偿。

其次，据《企业破产法》第 16 条的规定，禁止的个别清偿是指破产程

① 参见曾思：《资产分割理论下的企业财产独立性——经济功能与法律限制》，载《中外法学》2019 年第 5 期。

序启动后债务人以破产财产对个别债权人的清偿。在单一主体破产制度中，破产企业的股东与破产企业人格严重混同情形下，关联企业实体合并破产制度仅适用于股东为企业法人的情形，而不适用于股东为自然人等非企业法人的情形。因此，即使存在自然人等非企业法人股东与破产企业的人格严重混同的事实，也不可能适用关联企业实体合并破产制度将自然人等非企业法人股东的财产纳入破产财产中，并在破产程序中依法对全体债权人公平清偿。据此，自然人等非企业法人股东的财产在法律属性上并非破产财产。

3. 小结

在我国个人破产制度被纳入破产法体系之后，自然人股东在企业破产过程中被纳入合并破产的路径成为新的解决方案，调整破产企业的自然人股东与破产企业的法人人格严重混同情形下的合并破产制度成为可能并亟须完善，参考关联企业合并破产的人格高度混同标准和清偿利益标准，个人与企业合并破产的现实基础实则是合伙人与合伙企业、股东与公司间不可分割的责任关系。

(三)个人与企业合并破产适用标准的建议

个人与企业合并破产的适用标准不可以简单地确定为企业破产时兼具个人破产的原因，而应该借鉴关联企业合并破产的“人格高度混同”标准和“清偿利益”标准，个人与企业间合并破产的实质标准应该是“高度混同”关系和利于债权清偿这两个维度，但是区别于关联企业间较为单一的关系，与破产企业有关联关系的个人既可能是滥用法人独立人格损害债权人利益的股东、怠于履行清算义务导致公司不能清算的清算义务的义务人，也可能是合伙企业的合伙人和个人独资企业的投资人，确定各类自然人与破产企业具备类关联企业之间的关联关系才是明确个人与企业合并破产适用标准的关键所在。

在考察与探析个人与企业合并破产的适用标准时，如果将其确定为兼具个人破产的适用标准与企业破产的适用标准，合并破产要求个人与企业均需具备各自的破产原因，那么当企业破产时，将两者合并破产应同时考量个人是否资不抵债以及未来是否缺乏清偿能力。确定个人缺乏清偿能力的重点在于个人与企业各自资产状况的清晰化，事实上，若能够较为准确地区分个人财产与企业财产，也就没有必要适用实质合并破产程序，两者分别进入各自的破产程序对各自的债权人来说才更为公平。而且，就进入合并破产制度视野的个人而言，其未必满足个人破产制度框架下的破产原因，与企业共同承担真正连带责任的个人，其自身可能具备较为良好的经营能力和信用状况，难谓丧失清偿能力。若以个人同时具备破产原因作为个人与企业合并破产的启动条件，不仅无益于陷入企业债务的个人尽快恢复正常的工作、生活秩序，而且无益于债权人及时公平受偿。因此，当企业已具备破产原因时，个人与企业合并破产不需要特定个人同时具备破产原因。①

1. 人格高度混同标准

自然人股东与法人股东对于公司具有平等的忠实勤勉义务，对于股东与公司之间的关系，可以参照关联企业合并破产中的标准。参考法院认定关联企业人格高度混同的诸多因素，人格高度混同标准主要包括公司财产以及公司意志失去独立性这两个方面。在认定个人股东与公司是否构成人格混同的条件时，法院亦会同时考量这两方面要素。一人公司的分权架构本身存在缺陷，难以体现公司的独立意志，当股东与公司发生财产混同时，其意志自然存在被滥用的情况。股东滥用法人独立人格损害债权人利益时，通过认定公司财产与公司意义是否具有独立性，可以作为判断个人股东与公司人格混同达到合并破产的标准。

2. 清偿利益标准

合并破产的结果原则上应使得每个债权人所获清偿至少不能低于其原先的预期，如果会不可避免地导致个别债权人的分配额减少，那么法院就需要对债权人损失的合理性、可接受性等方面进行利益衡量，谨慎考虑是否适用合并破产程序。核心要旨即为债权人带来更大清偿利益，标准应指向个别债权人与债权人整体的利益平衡，从根本上说仍是破产效率与破产实质公平的博弈。但破产的效率价值本身就是公平的一种实现方式，若因为个别债权人清偿率降低而放弃已发生人格高度混同、财产高度混同的个

① 参见赵旭东：《资本制度变革下的资本法律责任——公司法修改的理性解读》，载《法学研究》2014 年第 5 期。

人与企业合并破产，无异于指望久拖不决或草草了事的破产程序带给所有债权人及各方投资者正义。因此，为债权人带来更大清偿利益标准的判断应采相对公平的立场，比较债权人整体清偿利益在适用或不适用合并破产程序情况下的差别。如果大部分债权人能够因合并破产提高清偿比率以及合并破产能够提高所有债权人的清偿效率，那么合并破产程序的适用就是正当的。

3. 财产高度混同标准

由于合伙企业不存在独立人格，合伙人与合伙企业合并破产不能完全套用关联企业合并破产的标准，个人独资企业亦无独立人格，合伙人与合伙企业之间、投资人与独资企业之间同样存在一定的财产区隔。

合伙人与合伙企业之间的财产区隔是阻止两者合并破产的关键，个人与企业合并破产只能在合伙人与合伙企业之间的财产区隔消失时才可以适用。合伙企业的财产独立性在企业日常经营中表现为独立账户、独立的会计核算以及清晰的债权债务关系。当合伙人与合伙企业之间出现账户混用、现金往来没有明确记载等财产高度混同情形时，原有的财产区隔自然被打破，企业财产与个人财产事实上不可分，适用合并破产程序的正当性由此体现。①

个人独资企业或投资人任何一方破产并不必然引发另一方连带破产，只有当投资人与企业之间发生财产高度混同情形时，方能适用合并破产程序。投资人对个人独资企业的财产享有完全的支配权，可以随时调配企业财产，个人独资企业维持其相对独立的财产完全依赖于投资人对企业财产的运用恪守企业规章，明确记载每一笔企业资金的收付来源与用途。因此相比合伙企业，个人独资企业与投资人之间的财产区隔更显薄弱，要在破产程序中区分投资人与企业的财产以及各项债权债务关系本身就存在一定的难度。故在破产程序中审查投资人与企业之间是否存在财产高度混同情形时，应对投资人设置更严格的举证责任，若投资人能够证明企业财产独立于个人财产，则不能将两者合并破产。

---

① 参见王欣新、王斐民：《合伙企业破产的特殊性问题研究》，载《法商研究》2010 年第 2 期。

结　　语

个人与企业合并破产作为个人破产与企业破产的衔接程序，是建立健全市场主体退出机制和发展完善个人破产制度的必然要求。合并破产程序的本质在于突破现代公司的有限责任制和个人与合伙企业、个人独资企业之间的财产区隔。借鉴关联企业合并破产的相关制度，将人格高度混同作为股东与公司合并破产的实质标准，将财产高度混同作为个人与合伙企业、个人与个人独资企业合并破产的实质标准，同时以清偿利益标准作为个人与企业合并破产的灵活性标准，可以建立清晰的个人与企业合并破产适用标准，维护各方利益、提高破产效率、实现公平正义，这既是建立个人破产制度的基础与必然，也是创建良好营商环境、促进社会和谐稳定的应有之义。

个人破产诚信审查困境及完善路径探析
——完善个人信用体系，严格个人破产审查

张雅雯　胡　阳*

内容提要：随着《深圳经济特区个人破产条例》的施行，个人破产制度在我国正式“生根”。个人破产制度是在保障债权人获取公平清偿的同时，保护诚实而不幸债务人的基本生活需求，是市场经济下平衡债权人与债务人利益的人性化制度。然而，个人破产是否会成为逃债法已然成为债权人最担心的问题。基于债权人利益的考量，我国个人破产制度应当重视个人破产诚信审查程序，严格“诚实而不幸”债务人的判断标准。个人信用情况作为个人破产程序中诚信审查的重要材料来源，是个人破产审查的基础。但不够成熟的个人信用体系阻碍个人破产程序的进行。结合我国个人破产文件及相关司法实践，我国法院正设法努力通过债权人申报、债权人听证、管理人走访调查等手段克服个人信用体系不足而带来的诚信审查中存在的困难。但这大大提升个人破产成本，降低司法效率。完善的个人信用体系将为个人破产审查提供全面而准确的信用资料，科学客观的评估标准又实现了债权人与债务人、债务人与债务人之间的平等保护，防范个人破产存在的信用风险。从诚信审查视角下探究个人信用体系完善的现实路径，有助于构建可靠的个人破产制度，保护债权人利益，并加快经济困难债务人“重生”。

个人破产制度是我国经济发展、商业发达的必然产物。个人破产制度以合理调整债权债务关系、促进诚信债务人经济再生为目的，是充满人性

* 张雅雯，中南财经政法大学2019级本科生。胡阳，现任青山区人民法院民一庭审判员。

关怀的新兴制度。但目前对于个人破产制度是否会成为债务人逃债法的争论仍未休止。事实上，对个人破产制度的质疑本质是源于对债务人的不信任。这种不信任心理的主要来源大致可分为两方面，其一，债务人未到期清偿债务，债权人主观认定债务人无积极清偿债务的意愿，先入为主地认为债务人是期望通过个人破产制度逃避债务。其二，我国个人信用体系存在缺陷，法院或债权人难以知晓债务人真实而全面的信用信息，信息的不对称使得当事人之间难以建立信任的桥梁，个人破产存在潜在的信用风险。现实中我们难以短时间内完全消除债权人的固有观念，但通过一系列的制度保障，我们可以使得法院或债权人“诚信”判断达到确信的程度，进而推动个人破产制度的进行，提高社会大众对个人破产制度的接受程度。

有数据显示，自 2021 年 3 月个人破产案件申请已达 755 宗，但正式启动破产的程序案件仅 17 宗，可见我国个人破产启动仍存在较高的门槛。① 个人破产程序中债务人诚信审查或许是阻碍个人破产启动的重要原因之一。我国个人破产制度仍处起步阶段且仍存在较多质疑，为保障债权人合法权益，符合我国传统的道德观念，法院只得在诚信审查上严格限制个人破产程序的启动。债务人的诚信审查是贯穿于整个个人破产程序中，包括受理申请阶段、免责考察阶段和破产免责阶段。个人信用信息记录与个人信用评估结果是判断债务人诚信与否的重要依据。而真实全面的个人信用信息记录与规范化的个人信用评估离不开高质量个人信用系统的构建。我国目前采取以中国人民银行为中心的个人信用体系，由中国人民银行负责建立个人信用信息基础数据库，设立征信服务中心，并承担个人信用数据库的日常运行和管理。但局部的信用信息收集、不成熟的信用管理以及多种多样的信用评估，导致我国个人信用体系建设状况并不理想。

一、困境探析：非成熟个人信用体系的阻碍

（一）缺乏全面个人信用信息资料

个人信用信息包括但不限于个人基本信息、信贷交易信息、诉讼记

① 参见景晓晶：《深圳反个人破产欺诈的实践》，载《人民法院报》2021 年 10 月 20 日，第 2 版。

录、公用事业记录。此类个人信用数据分别由公安、商业银行、公用事业单位、法院、人事部门掌握。构建个人信用体系的目的则在于将这些分散的个人信用信息予以收集。① 但目前我国采取的以中国人民银行为主导的个人信用体系，个人信用记录以个人信贷交易记录为主，在个人消费、民间借贷等私人领域信用信息收集仍存在缺失。虽然已有地方建立联合公安、工商、劳动、保险、税务、法院、邮政、电信等部门的个人信用联合征信系统。② 但我国个人信用应用仍以行政区域划分为主要惯例，除个别区域整合外，未形成全国性的联动机制。③ 因此我国个人信用信息数据仍处于较为分散的状态，个人信用系统的信息资料不够全面，这导致个人破产过程中对债务人所提交的材料的真实性审查存在困难，对诚信债务人判断的准确性也存在偏差。

（二）缺乏合理个人信息利用规范

全面调查债务人个人信用信息是法院、管理人以及债权人对债务人进行诚信判断的基础。当前我国《个人信用信息基础数据库管理暂行办法》规定，允许商业银行在法定条件和情形下查询个人的信用报告，而个人仅可有偿申请查询本人信用报告。同时《深圳经济特区个人破产条例》第 162 条亦赋予管理人可持法院的指定管理人决定书向各部门或征信机构调取债务人的信用信息。但并未赋予债权人查询债务人信用信息的权利，且并未对个人信用信息的查询范围、使用目的和使用手段进行规定，缺乏合理的个人信用信息使用规范。这样的制度一方面阻碍了债权人自主了解债务人的基本信用状况，使得债权人在听证审查环节难以依照自身认知作出意见陈述，并判断债务人诚信与否，对债务人的重整计划作出客观准确的选择。另一方面个人信用信息应在多大程度上开放，如何规范与限制个人信用信息的使用目的与手段与我国当前注重保

① 参见张军：《论个人信用与自然人破产立法制度的构建》，载《武汉大学学报(哲学社会科学版)》2009 年第 4 期。

② 参见尤加臣：《对构建我国自然人破产制度的思考》，西南政法大学 2011 年硕士学位论文，第 26 页。

③ 参见叶秀、董慧慧等：《“恕”与“忍”规范失序下的个人信用法律构建》，载《黑河学院学报》2020 年第 4 期。

护个人信息的立法趋势相契合，是我们将个人信用信息运用于个人破产审查中应予考虑的重点。

（三）缺乏确定个人信用评估标准

个人信用评估结果是判断债务人诚信与否的直接依据。个人信用评估结果应当具有科学性、客观性和准确性。科学性是指个人信用评估模型应当符合科学规律。客观性是指个人信用评估的过程不受人为活动影响。准确性是指个人信用评估结果不得偏离传统信用认知标准。目前中国人民银行所建立的个人信用信息数据库仅负责采集、管理、保存个人信用信息，并为商业银行及个人提供相关的信息服务，而个人信用评估主要由商业银行或专业的信用评估机构承担。由于各机构适用的信用评估模型不同，且各类信用评估模型的准确性和适用性仍有待考究，个人信用评估结果可信度不高。同时，信用评价机构并非专业国家机构，仍属营利主体，其公信力不足。

（四）缺乏有效信用风险防范手段

个人破产制度中的信用风险防范是充分保障债权人合法权益的需要，其主要包含两个方面，即对个人信用行为的全面监督和对个人失信行为的有效惩治。个人信用监督方面，由于个人具有人身自由、人格尊严不受侵犯的宪法基本权利，不论是他人还是公权力主体都不宜对个人行为予以过多干涉，这使得外部主体难以像监管企业那样准确掌握个人全部的资信状况，个人破产中债务人和债权人存在明显的信息不对称问题，易于导致潜在的信用风险。① 个人失信惩治方面，失信惩治是遏制个人破产中逃废债现象的有效手段。目前我国失信惩治方式仍以信用惩戒为主，如限制债务人消费、限制信贷等，也规定对失信人采取罚款、拘留等强制措施，情节严重的亦上升到刑事责任，但在实践中使用的频次较低，难以起到警示和惩治作用，这将提升个人破产中债务人失信风险，债权人权益难以得到有效保障（见图1）。

---

① 参见马学荣：《论新时代个人信用制度的完善——基于个人破产制度的视角》，载《征信》2020年第9期。

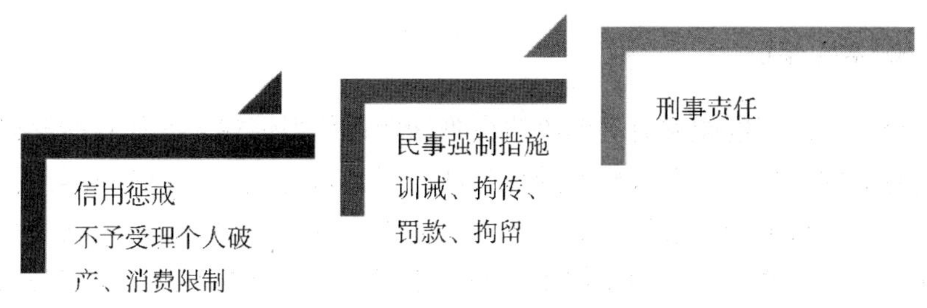

图1 个人破产制度中债务人法律责任承担

二、现实分析：个人破产审查中个人信用体系的实际运用

（一）个人破产制度中个人信用体系功能概述

1. 严格许可

防范个人破产中逃废债现象，消除公众对个人破产制度的质疑，就要严格把好个人破产的诚信审查关。个人破产程序中对债务人的诚信审查是保护债权人合法权益的重要途径，也是保障诚信债务人能够取得债权人信任并获得债务免责机会的关键。法院作出个人破产裁定的主要依据就是债务人个人信用状况，完善的个人信用体系所提供的全面的信用信息和可靠的信用评估结果，使得法院、管理人和债权人可以客观而准确地对债务人的信用状况作出评价，并作出是否准予免责的决定，严格把握个人破产程序的启动。

2. 信息对称

实现个人破产程序信息对称有助于在债权人和债务人之间建立信任基础。全面的个人信用信息与规范化的个人信用信息使用规范，是实现当事人信息对称的关键。赋予法院、管理人、债权人对债务人信用信息有限度的查询权利，能够在保障债务人个人信息权益的同时，弥补当事人之间因信息不对称而造成的信任危机，使得个人破产程序能够更加高效地进行，个人破产审查的结果亦具有更高的可信度。

3. 平等保护

个人破产制度能够有效解决执行难问题，使得债权人的债权能够得到及时有效的实现，且个人破产的变革性力量为诚实而不幸债务人提供“重拾自尊并再次成为社会中富有生产力的一员”的机会，①是双方能够实现共赢的优质选择。个人信用体系有助于法官在诚信审查中作出具有公信力的判断，实现对债权人和诚信债务人的平等保护。

（二）已出台个人破产文件中涉个人信用制度的运用

1.《浙江法院个人债务集中清理（类个人破产）工作指引（试行）》中个人信用制度运用（见图2）

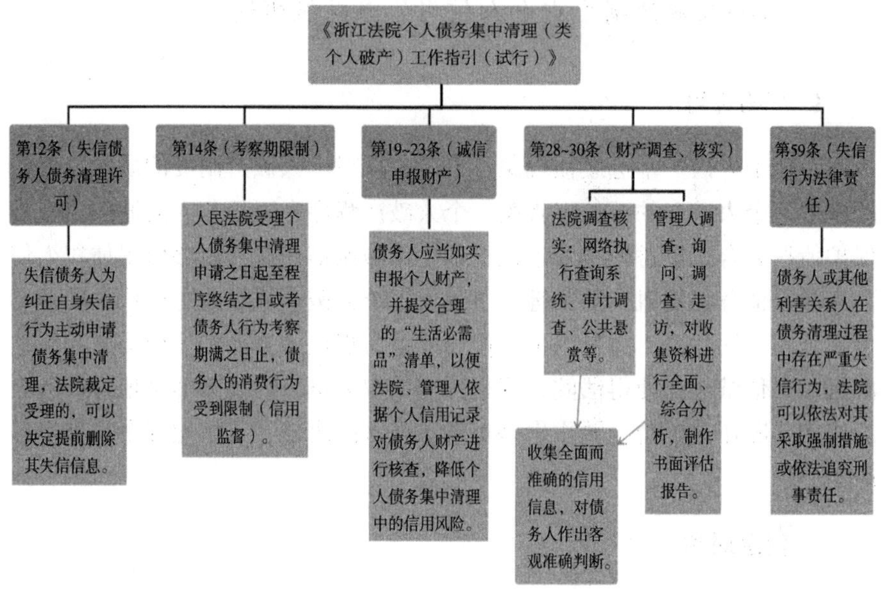

图2 《浙江法院个人债务集中清理（类个人破产）工作指引（试行）》法条分析

① 参见陈裕琨：《防范逃废债：激励为主，强制为辅》，载《人民法院报》2021年10月22日，第2版。

2.《深圳经济特区个人破产条例》中个人信用制度运用(见图3)

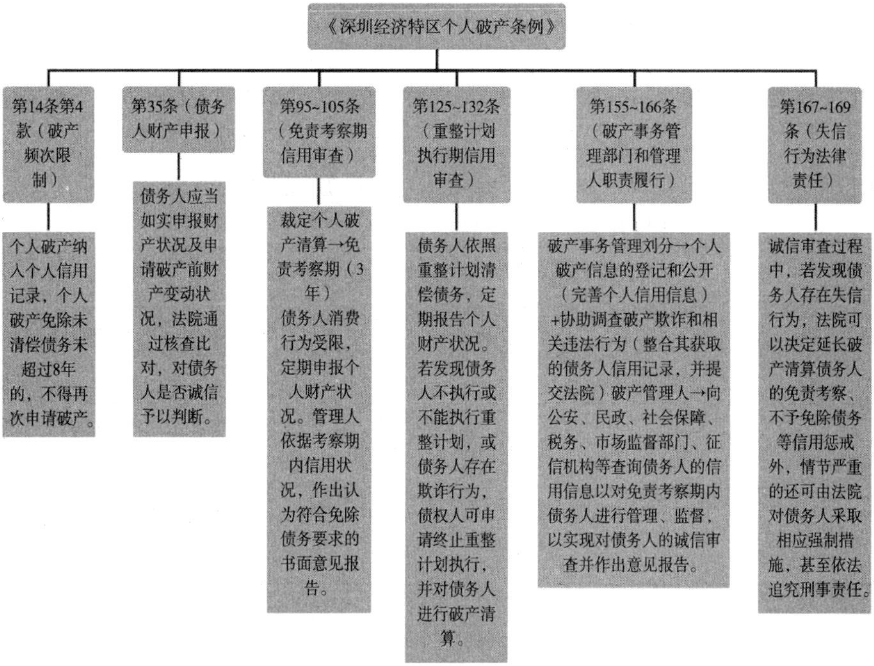

《深圳经济特区个人破产条例》

- 第14条第4款（破产频次限制）
  - 个人破产纳入个人信用记录，个人破产免除未清偿债务未超过8年的，不得再次申请破产。
- 第35条（债务人财产申报）
  - 债务人应当如实申报财产状况及申请破产前财产变动状况，法院通过核查比对，对债务人是否诚信予以判断。
- 第95~105条（免责考察期信用审查）
  - 裁定个人破产清算→免责考察期（3年）债务人消费行为受限，定期申报个人财产状况。管理人依据考察期内信用状况，作出认为符合免除债务要求的书面意见报告。
- 第125~132条（重整计划执行期信用审查）
  - 债务人依照重整计划清偿债务，定期报告个人财产状况。若发现债务人不执行或不能执行重整计划，或债务人存在欺诈行为，债权人可申请终止重整计划执行，并对债务人进行破产清算。
- 第155~166条（破产事务管理部门和管理人职责履行）
  - 破产事务管理刘分→个人破产信息的登记和公开（完善个人信用信息）+协助调查破产欺诈和相关违法行为（整合其获取的债务人信用记录，并提交法院）破产管理人→向公安、民政、社会保障、税务、市场监督部门、征信机构等查询债务人的信用信息以对免责考察期内债务人进行管理、监督，以实现对债务人的诚信审查并作出意见报告。
- 第167~169条（失信行为法律责任）
  - 诚信审查过程中，若发现债务人存在失信行为，法院可以决定延长破产清算债务人的免责考察、不予免除债务等信用惩戒外，情节严重的还可由法院对债务人采取相应强制措施，甚至依法追究刑事责任。

图3 《深圳经济特区个人破产条例》法条分析

3. 两破产文件的比较分析

浙江高院印发的《浙江法院个人债务集中清理(类个人破产)工作指引(试行)》是我国地方在个人破产制度的首次探索，为我国个人破产制度的构建提供探索可行性方案，而《深圳经济特区个人破产条例》的颁布意味着个人破产制度在我国正式建立。相比较而言，深圳市个人破产条例中的个人破产制度在内容和程序上都更加具体的规定，如将破产和解纳入个人破产可行方案、建立破产事务管理部门、细化诉讼时间规定等。这使得个人破产更具有可执行性。但就审查内容和审查方式而言，浙江高院所制定的工作指引具有更加具体的规定，这样更便于个人破产中的诚信审查，以便对诚实而不幸债务人作出更加准确的判断。(见表1)

表 1　两破产文件信用审查相关条款比较分析

不同规定＼文件名称	浙江法院个人债务集中清理(类个人破产)工作指引(试行)	深圳经济特区个人破产条例
1	法院裁定受理的，债务人可提前删除失信信息	—
2	管理人职责——就个人债务集中清理工作的受理条件、程序、法律后果等事项向债务人进行释明和引导	管理人职责——询问调查、接管财产、分配财产
3	“生活必需品”	“豁免财产”
4	财产调查、核实的内容、程序具体化(法院、管理人、当事人参与调查核实)	未规定具体的财产调查途径和内容
5	清算、重整程序(统一程序规定)	清算、重整、和解程序(分别进行具体规定)
6	—	建立破产事务管理部门并明确相关职责

(三)个人破产案例中个人信用制度运用

1. 个人破产案件受理审查情况

个人破产案件受理以“先易后难、稳妥推进、重整和解优先、案件类型全面”为原则。据深圳市中级人民法院副院长龙光伟介绍，个人破产条例实施首月，市中级人民法院共收到 260 件个人破产申请，截至 3 月 31 日，已有 34 例进入立案审查阶段，8 宗申请正式受理。(见图 4)

龙伟光副院长表示，目前个人破产申请数量体现公众对个人破产制度的积极响应，但个人破产申请质量不高。申请人对个人财产、债务前期整理不够，导致个人破产程序中对申请人的审核存在较大困难。① 完善个人

① 参见深圳市中级人民法院：《深圳中院召开个人破产条例实施情况新闻发布会》，载微博号“深圳市中级人民法院”，https：//weibo. com/ttarticle/p/show？id = 23094046 25460234682660，访问日期：2022 年 9 月 7 日。

信用体系并将各项个人信用制度运用于个人破产诚信中，或许是解决诚信审查问题的有效办法。从个人破产首案梁某的诚信审查过程来看，深圳市中院以积极采取各类手段对债务人进行诚信审查，以防范不正当的破产申请及逃废债行为，为识别诚实而不幸债务人提供了宝贵经验。(见图 5)

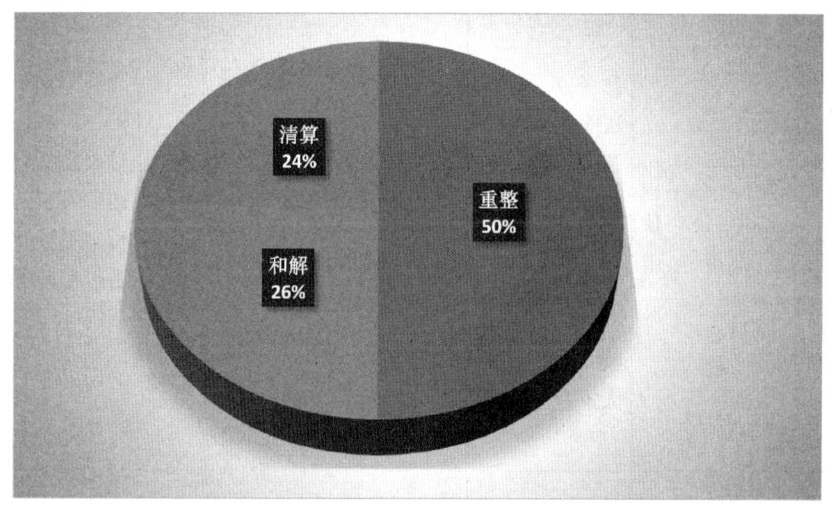

图 4　深圳市个人破产案件立案审查情况(截至 2021 年 3 月 31 日)

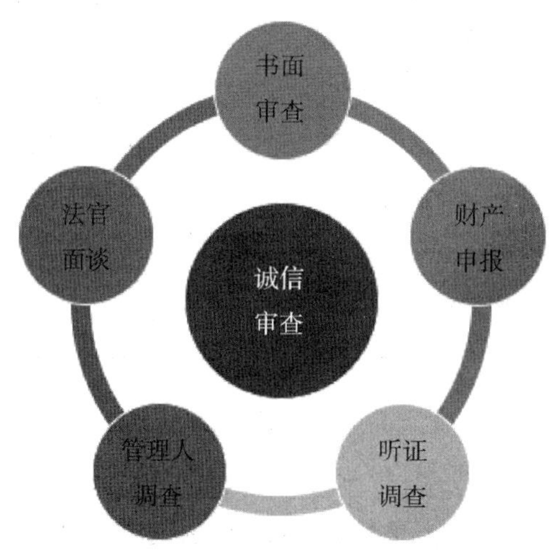

图 5　个人破产诚信审查流程

2. 浙江省个人债务集中清理案例样本分析①(见表 2)

表 2　浙江省个人债务集中清理案件分析

序号	主体身份	审查流程	信用复权	信用风险防范	典型意义
1	蔡某，某公司股东与公司债务承担连带责任	债务人同意，法院出具调查函→管理人查询信用信息；债权人享有知情权、询问权、表决权和监督权→债务人审查	蔡某按照制定方案进行清偿，若执行期间不存在失信行为→自清偿之日起满 3 年，可恢复债务人个人信用	债务人存在严重失信行为→放弃债权承诺失效；债务人信用考察期内→行为受限，接受监督，每年上报家庭收入和债务偿还情况	引入多项个人破产制度，初步实现与个人破产相当功能和价值
2	黄某华，因经营状况恶化，身体不佳，无法清偿债务	债权人提供线索，管理人调查→债务人隐瞒收入状况，且无法作出说明解释；债权人调查→偏颇清偿。管理人无法认定其为诚信债务人	—	管理人提请法院→终结个人债务清理程序，并恢复执行措施	管理人调查认定非诚信债务人，法院应不予受理债务集中清偿申请

① 参见温州法院：《2020 年个人债务集中清理典型案例》，载微信公众号“破产前沿”，https://mp.weixin.qq.com/s/O7clk-ERCqY_pyxB1l8vZQ，访问日期：2022 年 9 月 7 日。

续表

序号	主体身份	审查流程	信用复权	信用风险防范	典型意义
3	钱某柱、杨某秋，二人系夫妻关系，因经营亏损，申请个人债务集中清理	债权人不认同→申请人财产去向的解释说明；债务人清偿态度→不积极不端正；债务人和债权人难以达成一致的清偿方案	—	债务人要求较高清偿率；未达成一致的清偿意见→终结个人债务清理程序	建立当事人之间信任基础，多方协助当事人达成一致清偿方案
4	蔡某宝，其妻子因经商欠下巨额债务，离婚后妻子不知所踪，主动承担还款义务，但资产不足以清偿全部债务	蔡某宝如实申报个人财产，签署重整承诺书；银行审查→不存在失信行为；债权人会议充分调查→债务人信用良好	“重整贷”+私人借贷→清偿债务；与银行重新签订借款合同→约定还款利率及还款期限；债务人依约履行，且信用限制期内无失信行为→恢复信用并解除行为限制	债务人存在隐匿财产、规避执行行为→依法承担罚款、拘留、刑事等法律责任	经第三方充分审查债务人信用情况，助力债务人恢复执行能力和履行债务可能
5	柯某文，因生意亏损且财产无法执行，难以清偿债务，债权人申请个人债务集中清理	管理人调查→家庭背景、工作情况、银行账户、不动产等情况；管理人走访村委会、村民→债务人无不良嗜好，无固定工资；债务人积极配合管理人开展调查工作，如实陈述个人家庭和财产状况	债务人诚信履行相关义务→终结对柯某文的执行程序	债务人签署诚信承诺书；法院签发保全令→债务人行为限制，各方对债务人予以监督	管理人协助提高司法效率，严格审查防范滥用个人破产

3. 深圳市个人破产案例样本分析(见表3)

表3　深圳市个人破产案例分析

序号	主体身份	审查流程	信用复权	信用风险防范	典型意义
1	李某某，为生产经营向银行多次贷款，后因经营不善，无法偿还贷款，向法院申请个人破产清算	法院对债务人财产状况进行调查分析→李某某无法对财产变动作出合理解释，且存在以个人名义过度举债可能，认为不属于诚信债务人	—	法院无法认定李某某存在个人破产的原因→不予受理个人破产	无法对债务人诚信作出确信判断，应不予受理个人破产
2	呼某，因经营不善负债高达480万元，变卖住房后，仍有高额债务待清偿，向法院申请个人破产清算	管理人调查、债权人监督→债务人符合诚实而不幸债务人标准；破产前期债务人诚信履行各项义务	呼某在免责考察期内履行相应的义务，考察期届满，法院综合破产管理部门和破产管理人报告，考察其信用状况，无失信行为→裁定免除未清偿债务，解除行为限制	免责考察期内债务人存在失信行为→裁定不予免除未清偿债务	个人破产制度在保障债权人权益同时，给予债务人“重生”机会
3	梁某，因创业失败，无法清偿贷款，陷入债务危机，向法院申请个人破产重整	债务人梁某申报→材料完备、客观真实；立案审查过程表现积极偿债意愿→100%偿还本金	债务人依照重整计划进行清偿→债权人则依计划免除其利息、滞纳金等	债务人若不能严格执行重整计划或执行计划期间存在失信行为→债权人有权申请对其进行破产清算。	破产重整维护债务人信用，保障债权人权益

（四）个人破产中个人信用制度运用之我见

个人破产中个人信用制度的运用是实现个人破产制度设立目的的根本保障，在债务人信用审查中起到至关重要的作用。对颁布的个人破产相关文件内容的分析，我们可以发现债务人诚信审查贯穿于个人破产全过程，而任何主体对债务人进行信用评价时都不得脱离债务人的现实信用状况。如何将个人信用制度有效运用于个人破产之中？笔者以为，其一，坚持以事实为依据，对债务人作出信用评价。对债务人的信用评价一定是以真实的信用信息为依据的，这些信用信息的来源可以是债务人、债权人或各信用数据所有部门，并对债务人信用信息的使用予以规范。其二，以规范化的评估模型作出客观科学的信用评估。管理人在对个人信用状况进行整合分析并作出报告的过程中，应当适用客观而科学的信用评估模型，以得出符合常理且准确度较高的信用评估结果，便于法院作出准予免除债务的决定。其三，要求诚信审查不合格者承担不利法律后果。个人破产审查目的不仅是为保障诚信债务人可以获得期待的救济，更是为保护债权人的合法权益不受侵害。诚信审查不合格后不予受理个人申请，一方面会对司法资源造成浪费，另一方面可能损害债权人的利益，因此应当要求债务人承担一定的法律责任，以防范个人破产中的信用风险。

三、路径探究：破产诚信审查视角下个人信用体系完善

（一）健全个人信用法律制度

当前《征信业管理条例》对个人信用信息采集范围、隐私性与安全性、适用主体等内容的“粗狂式”规定，难以适应当前个人破产的现实与立法需求，以及个人信用的普遍适用性。① 有学者指出应当制定全国统一的个人信用征集、管理和风险控制的法律，而不只是通过行政法规指导执行，

① 参见叶秀、董慧慧等：《“恕”与“忍”规范失序下的个人信用法律构建》，载《黑河学院学报》2020年第4期。

应建立统一个人信用法律制度，促成全国信用管理体系。① 制定个人信用信息收集、管理、评估、执行全流程的个人信用法律规范，为个人破产的审查提供详细可靠的基础信用资料，严格个人破产信用审查。

（二）实现多领域多途径的个人征信

1. 形成部门联合征信系统

个人信用数据分散于公安、商业银行、法院等部门，为个人信息查询和使用造成阻碍，建立各部门联网的个人征信系统，对收集的信贷交易信息、诉讼信息、个人消费记录等进行再次整合，形成真实全面的个人信用记录，并由人民银行实施管理。这样法院能够全面地对债务人信用进行审查，并高效地作出真实而准确的判断。

2. 发挥个人在征信领域积极作用

个人信用征信领域各部门的信用数据是主要的信息来源，但由于借贷模式和消费形式多样化，各部门对个人信用信息的记录并不全面。发挥个人在征信领域的积极作用，鼓励个人定期上报个人信用状况或主动检举失信行为，对主动上报并积极弥补的个人减少其信用惩戒期限，完善私人领域信用记录，便于法院、管理人、债权人审查过程中对债务人信用作出准确的判断。

（三）确定科学统一的个人信用评估标准

个人信用评估结果是判断诚信债务人的直接依据。科学的信用评估需要建立可靠的信用评估模型，应当对现有评估模型进行分析评价，选取最合适最准确的信用模型适用于个人破产信用审查中。统一的个人信用评估标准，除选取单一信用评估模型外，还应选取相同的评估对象。丁燕教授在借鉴美国诚信判断因素上，总结出我国个人破产信用评估四类对象：(1)债务人偿付金额及盈余金额；(2)债务人就业状况和收入能力；(3)债务人对无担保债权清偿比例的合理程度；(4)债务人在破产法中寻

① 参见何玲、孟佳惠：《花呗接入央行征信 个人征信覆盖场景将逐步补全》，载《中国改革报》2021 年 10 月 8 日，第 6 版。

求救济的频率及寻求破产救济的动机和诚意。① 笔者认为在此之外债务人的信誉状况也应纳入信用评估的范围。

（四）赋予债权人有限的信用信息查询权

现代破产立法逐渐废弃破产免责制度中的“债权人同意”要件，而采取自动免责主义或许可免责主义，债权人对债务人是否免责的决定权被削减，这是出于平衡双方当事人利益的考量。② 但出于对债权人合法权益的保护，我们应当允许债权人陈述对债务人免责的意见。因此我国深圳特区在实践中将听证审查环节纳入个人破产程序。而赋予债权人对债务人信用查询权利是保障债权人能够作出符合内心的意见陈述的有效途径，因为这样的信息是由债权人直接获得的，而不是通过管理人或法院间接取得，债权人对其具有极高信任程度。

此外，在《个人信息保护法》出台背景之下，债务人个人信用信息的保护应当受到更高程度的重视。我们应严厉遏制个人征信信息遭受银行或个人私自查看。从这一角度看，债权人对债务人的信息查询权利应受到限制。具体而言，债权人对个人信用信息的查询可参照管理人的查询要求，由法院进行许可并及时告知债务人。同时，债务人应提交相关申请，并详细说明查询理由及查询范围。债权人还应当作出保密承诺，保证不泄露查询的债务人信用记录，否则将承担相应的法律责任。

综上，建议规范个人信息查询条件及流程，赋予债权人有限的信用信息查询权，有利于完善个人信用体系对个人破产制度的适配。

（五）严格惩治破产审查中失信行为

破产审查过程中发现债务人存在失信行为，法院将撤销“债务免除”，债权人和第三方投资者均有权申请债务人按照原法律文书确定的债务数额履行债务，并且债务人将接受信用联合惩戒。③ 虽然这些措施将使债务人

---

① 参见丁燕、孙若冰：《论我国个人破产免责制度的构建》，载《经济法学评论》2020 年第 1 期。

② 参见徐阳光：《个人破产免责的理论基础与规范构建》，载《中国法学》2021 年第 4 期。

③ 参见陈裕琨：《防范逃废债：激励为主，强制为辅》，载《人民法院报》2021 年 10 月 22 日，第 2 版。

再次负担沉重债务并在未来生活中受到诸多限制，但这只不过是使得债务人状况恢复破产申请前的状况，债务人并不会因为自身失信行为而获得额外的处罚。为避免债务人轻率申请个人破产或逃避债务，应当制定更为严格的失信惩治制度，要求失信主体依照情节轻重对其采取强制措施，并要求其承担相应的民事责任(损害赔偿)，甚至刑事责任。建议将有关失信行为纳入法律调整范围、提高债务人诚信意识。

结　语

个人破产制度的构建难以脱离个人信用体系而独立存在。当前公众的质疑焦点以及各地个人破产实践存在的现实问题告诉我们，我国个人破产中信用审查仍是未来个人破产制度构建中的重点难点。完善的个人信用体系是高质量个人破产审查的基础，而个人破产程序所累积的个人信用信息又将对个人信用体系进行补充。本文笔者通过个人信用体系对个人破产造成的现实阻碍出发，在考量目前出台的个人破产法规以及个人破产案例后，分析个人破产审查视角下个人信用体系完善的现实路径，以期实现个人信用体系与个人破产制度的适配。客观来说，等待建立完善的个人信用体系后构建我国个人破产制度已不能满足我国的现实需求，应当同步推进二者的建设，二者在相互作用的过程中不断完善，最终建立良好的社会诚信机制。

第四部分：关联企业实质合并破产

关联企业实质合并破产的启动程序

苏　田*

内容提要：司法实践对关联企业实质合并破产进行了一定的探索，但因缺乏统一的规则，实质合并破产的启动程序存在混乱，有偏离破产程序申请主义立场的风险，因此有必要构建统一的启动程序规则并予以细化，明确申请主体及相应的举证责任。实质合并启动程序中的听证制度易流于形式，难以保障债权人的利益，可以考虑在法院审查认定债务人符合实质合并标准的基础上，再由债权人表决决定是否启动实质合并程序，以平衡债权人的利益。

一、问题的提出

在日趋激烈的市场竞争中，企业为了抵抗经济风险、增强经济竞争力、往往通过扩大企业规模、增加产业数量和种类、延长产业链条来站稳脚跟，关联企业的经营形式不断蔓延扩张。① 在债务人利用关联关系损害债权人利益的情况下，正常的破产程序可能成为债务人逃避债务的工具，实质合并破产程序应运而生。

实质合并破产对利害关系人影响甚大，其启动必须采取慎重的态度，然而《企业破产法》及司法解释一直未就实质合并规则作出规定，导致司法实务启动程序上的不统一。实践中法院自由裁量权极大，出现法院依职权直接将原本未经申请破产的企业裁定实质合并而进入破产程序的情况，

---

* 苏田，武汉大学民商法硕士研究生。

① 参见张善斌主编：《破产法研究综述》，武汉大学出版社 2018 年版，第 64~65 页。

这显然偏离我国《企业破产法》申请主义的立场。而在决定是否启动实质合并破产程序时，为司法实务逐渐认可的听证制度似乎兼顾了多方利害关系人的利益。实际上，听证制度并无严格的程序标准，利害关系人尤其是债权人只有“表达意见”的权利，且为了加速推进破产程序，实践中不少法院采取由少部分代表参加听证的做法，长此以往，听证程序必然会沦为形式，法院可能因偏听偏信而不当启动实质合并程序，导致债权人的利益保护失衡。

本文认为，一个可行的方案是在吸纳司法实践探索经验的前提下，细化实质合并程序的启动规则，完善从申请到决定的程序体系：于申请阶段区分不同申请人的举证责任，于决定阶段采取债权人表决后由人民法院裁定的形式，同时为了尊重法院的司法裁判权，表决程序应建立在法院审查认定债务人符合实质合并破产标准的基础上。

二、实质合并破产的司法现状

（一）法人人格否认制度与实质合并破产程序

实质合并源于美国破产案件的实践发展，是企业破产的一种特殊形式，有美国学者指出实质合并是指不同实体的财产和债务在破产程序中被作为一个破产案件实施合并，从而当做破产债务人对待，这些被合并的财产组成一项单独的破产财产，所有对合并债务人享有的债权将从这笔破产财产中获得分配。① 国内学者则认为实质合并是指将多个关联企业视为一个单一企业，合并资产与负债，在统一财产分配与债务清偿的基础上进行破产程序，包括实质合并重整或清算。② 联合国国际贸易法委员会则将实质合并定义为“将企业集团两个或两个以上成员的资产和负债作为单一破产财产的组成部分对待”。③ 无论何种定义，实质合并的核心在于将债务

---

① 参见［美］大卫·G. 爱泼斯坦、史蒂夫·H. 尼克勒斯、詹姆斯·J. 怀特：《美国破产法》，韩长印等译，中国政法大学出版社 2003 年版，第 23 页。

② 参见王欣新：《破产法》（第四版），中国人民大学出版社 2019 年版，第 391 页。

③ 联合国国际贸易法委员会：《贸易法委员会破产法立法指南（第三部分）》，联合国维也纳办事处英文、出版和图书馆科 2012 年版，第 2 页。

人集团的资产和负债合并，以集团的财产作为整体对债权人进行清偿。

关联企业实质合并破产的理论基础是“刺破公司面纱”，在我国公司法上则体现为法人人格否认制度。① 李永军教授对此持质疑态度，主张公司法人人格否认是要解决公司股东的有限责任与对债权人保护的矛盾问题，即在个案中否认股东的有限责任而变为无限连带责任，此外从程序上而言如果法院欲否认公司法人人格，必须先提起独立的民事诉讼，而不是在《破产法》中通过裁定的方式就能否认关联企业间的独立人格。② 实质合并虽源于美国对“刺破公司面纱”规则的衡平应用，但已脱胎于此。公司人格否认诉讼着眼于公司正常存续状态下单个债权人的利益保护，实质合并破产程序则是人格高度混同的关联企业在丧失清偿能力状态下公平清偿全体债权人的司法程序。③ 两者差异还体现在法律效果上：公司法中法人人格否认后通常情况下也只发生对个别债权人清偿的结果，而破产法中的实质合并破产目的在于使全体债权人获得公平的清偿。此外，公司法中的法人人格否认只对个案产生效力，具有非终局性的特点，而有观点则认为实质合并具有终局性的效力，④ 这种说法并不完全准确。破产法中的实质合并情况更为复杂，依司法实务中的通常做法，在关联企业实质合并后，各企业间的债权债务关系归于消灭，统一对债权人进行清偿，在合并破产清算后，被合并的企业均归于消灭，此时破产法上的“法人人格否认”实际上具有了终局性的特点，而各关联企业在重整程序终结后仍可能继续存续。

正是基于实质合并对公司法人格否认的终局性，可能导致公司不可避免地走向消灭，因而该程序必须慎重适用。最高人民法院在 2018 年印发的《全国法院破产审判工作会议纪要》(以下简称称《破产纪要》)确立了以单独破产为原则，实质合并破产为例外的适用原则，只有在债务人集团各

---

① 《公司法》第 20 条第 3 款：公司股东滥用公司法人独立地位和股东有限责任，逃避债务，严重损害公司债权人利益的，应当对公司债务承担连带责任。

② 参见李永军、李大何：《重整程序开始的条件及司法审查——对“合并重整”的质疑》，载《北京航空航天大学学报(社会科学版)》2013 年第 6 期。

③ 参见王静、蒋伟：《实质合并破产制度适用实证研究——以企业破产法实施以来 76 件案例为样本》，载《法律适用》2019 年第 12 期。

④ 参见张少丽：《关联企业实质合并破产制度研究》，载《重庆第二师范学院学报》2014 年第 4 期。

关联企业符合法人人格高度混同、区分各关联企业成员财产的成本过高、严重损害债权人公平清偿利益的标准时才能启动实质合并程序。① 关联关系的存在不意味着必须要以实质合并的手段清理债务，“法院在涉及关联企业的破产问题时，应当引导申请人优先适用其他规制不当关联关系的救济手段，只有在独立清算或重整将使部分企业处于无法清理状态且显失公平时，实质合并才能作为必要的处理手段加以使用”，② 若可通过其他手段公平清理债务，法院不宜启动实质合并破产程序。

实质合并与《公司法》的法人人格否认制度并不矛盾，二者的关系应当是互补的，破产程序中可以通过法人人格否认配合破产撤销权、管理人追回权等处理债务人的不当关联交易、利益输送问题。而只有在法人人格否认制度难以解决债务人利用关联关系影响债权人公平受偿的状况下，实质合并才有用武之地。

（二）实质合并对利害关系人的影响

实质合并破产制度的设计目的便是为了保障债权人的公平受偿，而且对债务人各关联企业的资产负债进行统一的清理，也有助于快速清理债务人的债权债务，推进破产程序的进行。债务人集团中某一企业对外进行经济活动时，多是基于整个公司集团资产作为其债务偿还的信用基础，债权人与其进行交易也是基于此，因此在公司集团整体丧失清偿能力时，只有许可债权人以公司集团整体资产受偿，方可实现对债权人的实质保护，③ 当企业出现破产原因时，若仅以单体公司的资产作为偿债财产，反而对该类债权人不公平。④ 当然，债权人也有可能对该企业与债务人集团内各个

---

① 《全国法院破产审判工作会议纪要》第 32 条：关联企业实质合并破产的审慎适用。人民法院在审理企业破产案件时，应当尊重企业法人人格的独立性，以对关联企业成员的破产原因进行单独判断并适用单个破产程序为基本原则。当关联企业成员之间存在法人人格高度混同、区分各关联企业成员财产的成本过高、严重损害债权人公平清偿利益时，可例外适用关联企业实质合并破产方式进行审理。

② 王欣新、周薇：《关联企业的合并破产重整启动研究》，载《政法论坛》2011 年第 6 期。

③ 参见贺丹：《破产实体合并司法裁判标准反思——一个比较的视角》，载《中国政法大学学报》2017 年第 3 期。

④ 参见肖彬：《实质合并破产规则的立法构建》，载《山东社会科学》2021 年第 4 期。

企业存在的关联关系并不知情，而仅仅出于对某一企业的信赖对其享有债权。如若对债权人负担债务的企业资产状况相较于债务人集团而言较好，则此时债权人就该单个企业破产所能获得的清偿比率会高于就整个集团破产的清偿比率，因此对此类债权人而言，实质合并破产会导致其债权的清偿率下降，对其利益产生不利影响。

对债务人而言，实质合并破产程序的启动同样有利有弊，将债务人集团的其他关联企业纳入破产程序，可能使债务人、股东的利益受损；另一方面，在破产重整程序中，集团内的各个企业割裂开来的价值可能会远低于整个集团的价值，因此通过实质合并，实际上提高了债务人的经济价值，增强对重整投资人的吸引力。当然从反面而言也有可能因为实质合并将部分资产状况较差、负债较高的关联企业纳入破产程序而使债务人价值下降因而影响其重整。

正是因为实质合并对利害关系人影响甚巨，因此其启动必须慎重，然而目前法律和司法解释并未对实质合并破产进行规定，导致实务中缺乏指引，启动程序混乱。

(三)实质合并对申请主义的突破

我国《破产法》对破产程序的启动采申请主义立场，但在关联企业实质合并破产的情景下，似乎突破了申请主义。司法实践中，关联企业实质合并破产主要存在三种形式：第一，关联企业先各自单独进入破产程序，再进行合并；第二，部分企业先进入破产程序，其他关联企业由法院裁定并入破产程序；第三，关联企业先行合并，再一并进入破产程序。[①] 第一种形式中，各关联企业均已进入破产程序，也即各关联企业均符合破产条件，此时出于提高效率、公平清偿的考量进行合并并无不当，第三种形式下在破产程序启动前各关联企业便已合并成为一个主体，作为单一主体进行破产重整或清算，实际上无异于一般破产案件。

值得关注的是第二种形式，此时存在两种可能：一是部分企业虽然尚未进入破产程序，但实际上已经资不抵债或丧失清偿能力无法偿还到期债务，符合破产原因；二是部分企业未进入破产程序，也未达到破产界限。两种情况实际上法院均将未被申请破产的企业纳入破产程序，似乎突破了

① 参见徐阳光：《论关联企业实质合并破产》，载《中外法学》2017 年第 3 期。

我国破产程序启动的申请主义。对此，司法实践并不统一。有部分法院明确应当严格遵循申请主义，如深圳中院发布的工作指引中指出实质合并重整的启动须由债权人、债务人、出资人或管理人申请，关联企业个别成员已经进入重整程序，没有申请人对其他成员企业提出合并重整申请的，不适用合并重整。①

而在沈阳欧亚集团破产清算案中，沈阳市中级人民法院审查时认定欧亚实业与沈阳万博商务有限公司等 17 家关联企业存在严重的法人人格混同情况，裁定将其余 17 家企业并入欧亚实业公司的破产清算案件。② 本案中，沈阳中院未经申请直接依职权裁定启动实质合并破产程序显然突破了《破产法》申请主义的立场。学理上，也有学者赞成法院可以在申请主体怠于申请或者拒绝申请，且在不进行实质合并整个破产程序难以为继及债权人整体公平受偿之目标难以企及的情况下，可以依职权主动启动实质合并破产程序。③ 也有观点认为应区分破产清算与破产重整，破产清算将导致企业主体资格的丧失，在破产清算的场合不宜将未申请破产的企业直接纳入司法程序。而在破产重整的场合，在各方主体达成合意的情况下应当允许将未申请破产的企业纳入合并重整的范围，而法院不应当依职权强制将未申请破产的企业纳入实质合并的范围。因而，实质合并程序原则上仍是针对破产企业，在重整协商的过程中可以将未申请破产的企业纳入合并重整范围。④

---

① 深圳中院《审理企业重整案件的工作指引（试行）》第 45 条：关联企业成员之间法人人格高度混同，严重损害债权人公平受偿利益的，或者关联企业实质合并重整有利于增加重整价值，使全体债权人受益的，关联企业成员、关联企业成员的出资人、债权人、已经进入破产程序的关联企业成员的管理人，可以申请对具有重整原因的多个关联企业成员进行合并重整，还可以申请将关联企业成员并入重整程序。关联企业个别成员已经进入重整程序，没有申请人对其他成员企业提出合并重整申请的，不适用合并重整。重整计划已经被批准或者已经宣告破产的关联企业成员，不参与其他关联企业的合并重整。

② 参见辽宁省沈阳市中级人民法院课题组：《关联企业破产实体合并法律适用问题研究》，载最高人民法院民二庭编：《商事审判指导》2010 年第 2 辑，人民法院出版社 2011 年版。

③ 参见曹文兵：《供给侧改革背景下实质合并破产制度的构建与完善——以 16 件关联企业实质合并破产案件为分析样本》，载《理论月刊》2019 年第 7 期。

④ 参见高小刚、陈萍：《论关联企业破产程序中实质合并原则的适用》，载《法律适用》2020 年第 12 期。

本文认为，原则上法院应当恪守申请主义的立场。在关联企业破产程序中发现应当适用实质合并规则，但尚无人提出申请时，法院应当积极行使诉讼引导职能，向当事人释明实质合并规则的适用条件，以保障其对破产程序的知情权和处分权，并促使当事人尤其是敦促管理人及时提出实质合并破产的申请,① 先由依照《企业破产法》拥有破产申请权的主体申请涉案的关联企业破产，在债务人及其关联企业均进入破产程序后再考虑实质合并程序的启动。

三、实质合并破产申请

(一)实质合并破产的申请主体

在破产程序采申请主义的背景下，实质合并破产程序的启动应当依申请人的申请，但实质合并的申请主体与破产申请主体并不完全一致。根据《企业破产法》的规定，破产申请主体包括债务人、债权人、出资人、清算组。但破产申请与实质合并申请有所不同：目的上，破产申请是为了启动破产程序，其前置条件是债务人具有破产原因，而实质合并申请则是为了将各关联企业作为一个主体清理债权债务，其前置条件则是法人格混同、财产难以区分；时间上，破产申请早于实质合并申请，且只有当破产申请被人民法院裁定受理的情况下才可能涉及实质合并程序的启动。

1. 债权人

债权人享有实质合并破产的申请权。债权人申请实质合并，不需要其同时是所有关联企业的债权人，只需是其中的某一个企业的债权人即可。一方面，由于债务人与其关联企业法人格混同，导致清偿能力下降的债权人为了提高受偿率而有申请债务人关联企业合并破产的动机；但另一方面，部分债权人可能因为实质合并而使清偿率下降从而影响申请实质合并的积极性，而有担保的债权人因其债权的受偿不受实质合并的影响，从而此两类债权人缺乏申请实质合并的动因。

---

① 参见王欣新：《关联企业的实质合并破产程序》，载《人民司法(应用)》2016年第28期。

2. 债务人

债务人对企业的关联关系最为了解，申请实质合并的举证能力较强，在申请重整的情况下，为了理清债权债务关系、吸引投资人，具有申请合并重整的动因。而若企业进入的是破产清算程序，出于止损、逃避债务等目的，债务人不仅会消极对待实质合并，更有可能千方百计阻止各关联企业被合并破产。实务中已有债务人申请实质合并的案例，如惠州市兴华实业有限公司破产重整案中，法院即是在债务人股东申请后依法裁定债务人实质合并重整。①

3. 管理人

司法实践中，管理人申请实质合并破产的情形较为常见。相比之债权人，管理人具有专业知识和实务经验，对接管的企业信息了解更充分，能够对关联企业是否存在人格混同而符合实质合并条件作出判断。实质合并破产可以减少管理人的工作量，免于对混同资产、债权债务归属的划分，实现保障债权人公平受偿的管理目标，尤其是促进重整工作成功，因此，管理人具有提出实质合并破产或重整申请的动力与能力。

4. 出资人

有学者反对出资人拥有申请权，其认为不同于重整，实质合并破产主要影响的是关联企业债权人的利益关系，出资人则没有直接利益关系，因此不宜享有申请权。② 在破产企业的继续经营价值大于清算价值时，出资人往往有较强的动因启动重整程序，赋予其申请实质合并的权利有利于挽救债务人集团。而根据《企业破产法》的规定，出资人只有在有限的条件

---

① 《广东省高级人民法院关于依法审理破产案件推进供给侧结构性改革典型案例之五：惠州市兴华实业有限公司等四公司合并重整案》，北大法宝网，https://www.pkulaw.com/pal/a3ecfd5d734f711d8007ef11056c0891c2fe3119ea532613bdfb.html，访问日期：2022 年 9 月 7 日。

② 参见王欣新：《破产法》(第四版)，中国人民大学出版社 2019 年版，第 409 页。

下享有破产申请的权利,① 因此从体系上而言，出资人在实质合并破产中的申请权也不应与《破产法》第 70 条相悖。可行的解释似乎是出资人仅能申请实质合并重整，但实质合并申请并不等同于破产申请，出资人主动报告集团财务状况使集团财产合并对外清偿不会损害债权人利益，因此出资人在破产清算中亦可申请实质合并。

(二)申请人的举证责任

为了避免实质合并滥用以及减少法院的审查工作，申请人申请实质合并时应承担一定的举证责任。现实中债务人、出资人、管理人和债权人对债务人关联关系信息获取能力存在差距，因此应区分不同申请主体的举证责任。

债务人和出资人拥有最完整的信息，应当承担最强的证明责任。即必须向法院提交相关财务资料、资产状况说明等材料证明债务人与关联企业存在人格高度混同、财产区分成本过高等情况，证明债务人与其关联企业符合实质合并的适用条件。在实质合并破产的申请主体中，债权人实际上处于相对弱势地位——这种地位主要是基于债权人与债务人、管理人的信息不对称所导致的。债务人及其关联企业是否存在人格混同、资产混同等符合实质合并规则的适用条件，对于外部债权人而言，即便其可能知晓这一情况，也缺乏足够的信息和证据举证证明，因此对债权人申请实质合并破产的举证责任应适当放宽。从体系上而言，这实际上与债权人申请债务人破产的举证责任具有一致性：债权人申请债务人破产只需证明债务人不能清偿到期债务即可。② 其原因正是债权人难以提供债务人的财务资料、账册等证据材料，要求其证明债务人资不抵债或丧失清偿能力未免强人所难，可能会导致债权人申请权的虚置。

同理，也不宜对债权人对实质合并破产的申请的举证责任苛求太高，

---

① 《企业破产法》第 70 条第 2 款：债权人申请对债务人进行破产清算的，在人民法院受理破产申请后、宣告债务人破产前，债务人或者出资额占债务人注册资本十分之一以上的出资人，可以向人民法院申请重整。

② 《最高人民法院关于适用〈中华人民共和国企业破产法〉若干问题的规定(一)》第 6 条第 1 款：债权人申请债务人破产的，应当提交债务人不能清偿到期债务的有关证据。债务人对债权人的申请未在法定期限内向人民法院提出异议，或者异议不成立的，人民法院应当依法裁定受理破产申请。

债权人要启动实质合并破产程序有两条路径：第一，向管理人说明情况，由管理人向法院提出申请，此时启动实质合并破产的举证责任由管理人负担；第二，债权人直接向人民法院申请，在这一路径下，启动实质合并破产的举证责任由债权人负担。笔者认为，此时可以参照债权人申请破产的规定，债权人只需提供形式证明即可，可以考虑的一个方案是债权人可以径直向人民法院提出实质合并申请，只需对关联企业法人人格混同、损害债权人公平受偿利益提供具有合理怀疑的证据即可，进一步的举证责任由各关联企业或者其管理人承担，① 再由法院对债务人是否符合实质合并条件进行审查。

(三)受理实质合并申请的法院

司法实践中对实质合并破产的管辖问题现基本达成共识，即原则上由关联企业中核心控制企业住所地法院管辖；核心控制企业不明确的，由关联企业主要财产所在地法院管辖，这也是为《破产纪要》所确认的。②

然而，实质合并破产案件的管辖仍未能解决一个问题：申请人申请实质合并是否也要受法院管辖权的限制。本文的观点是，应当考虑申请人的信息能力差异以区分确定申请法院。债务人、出资人、管理人应受该管辖的限制，而对债权人来说，若其已参与债务人集团内某一企业的破产程序，应当允许其向所涉破产案件的审理法院提出申请。集团破产案件中，债务人集团旗下众多企业的破产案件可能由不同的法院管辖，在实质合并启动前，均以独立的债务人主体进行破产程序，当部分企业进入破产程序而部分企业未进入破产程序时，债权人向已受理破产案件的法院申请实质合并更具有可行性。而被申请的法院若没有管辖权，可以将实质合并申请移送给有管辖权的法院并通知申请人。

---

① 参见王欣新：《关联企业的实质合并破产程序》，载《人民司法》2016 年第 28 期，第 8 页。

② 《全国法院破产审判工作会议纪要》第 35 条：实质合并审理的管辖原则与冲突解决。采用实质合并方式审理关联企业破产案件的，应由关联企业中的核心控制企业住所地人民法院管辖。核心控制企业不明确的，由关联企业主要财产所在地人民法院管辖。多个法院之间对管辖权发生争议的，应当报请共同的上级人民法院指定管辖。

四、实质合并破产启动的决定程序

（一）形式化的听证程序

司法实践中，实质合并启动程序的决定有两条路径：听证模式下，法院通过听证会听取债权人等意见后作出裁定；表决模式则由债权人会议进行表决后由法院裁定。听证制度是司法实践探索实质合并程序的产物，并且为最高院发布的《破产纪要》所认可，其第33条规定"人民法院收到实质合并申请后，应当及时通知相关利害关系人并组织听证，听证时间不计入审查时间"。司法实践中，贵州省高级人民法院、广东省高级人民法院、山东省高级人民法院、云南省高级人民法院等均在发布的破产审判指引文件中明确规定了实质合并的听证程序。① 从时间上看，均出台于《破产纪要》发布后，表述亦与其相似，可见是受了该纪要的影响。

最高院最新发布的第二十九批指导性案例均为实质合并破产案件，江苏省纺织工业（集团）进出口有限公司案件中，法院组织了包括债权人、债务人等各方当事人参与听证，债务人的原法定代表人、职工代表及大部分债权人代表对实质合并无异议，后法院裁定进行实质合并重整。② 永泰科技投资有限公司破产案中，南京市中级人民法院全国企业破产重整案件信息网就合并重整申请及听证事项发布公告，涉案五间公司的债权人委员会代表、债权人代表、职工代表、股东代表、审计机构等共47人通过现场或线上方式参加了听证会。③ 有观点认为听证制度既避免了法院依职权直接裁定可能引发关联企业股东及债权人的不满和

---

① 参见《贵州省高级人民法院破产审判工作实务操作指引（试行）》第170条、《广东省高级人民法院关于审理企业破产案件若干问题的指引》第14条、《山东省高级人民法院企业破产案件审理规范指引（试行）》第200条。

② 参见江苏省南京市中级人民法院（2017）苏01破1号民事裁定书、江苏省南京市中级人民法院（2017）苏01破6号民事裁定书、江苏省南京市中级人民法院（2017）苏01破7号民事裁定书、江苏省南京市中级人民法院（2017）苏01破8号民事裁定书、江苏省南京市中级人民法院（2017）苏01破9号民事裁定书、江苏省南京市中级人民法院（2017）苏01破10号民事裁定书。

③ 参见江苏省南京市中级人民法院（2021）苏01破45号民事裁定书。

质疑，又避免了将关联企业实质合并作为表决事项分别由关联成员债权人会议表决通过作为法院裁定的前置程序，会出现清偿率高的成员企业的债权人害怕降低自己既有的受偿率而不同意实质合并，或者因为个别关联企业成员债权零申报，无法召开债权人会议等弊端。① 听证制度符合审慎适用实质合并破产程序的司法倾向，但听证制度赋予法院的自由裁量权过大。在听证程序中，固然为债权人、债务人等提供了表达意见的渠道，但表达意见与“表决意见”不同，实质合并的启动决定权仍然由法院所主导，且实践中为了提高效率，往往只对少数利害关系人代表进行听证，未免有流于形式之嫌。

(二)债权人表决程序的后置

组织听证尽管给予债权人表达意见的机会，但其主导权牢牢地掌握在法院手上，在听证程序中法院的职责只是“听取意见”，债权人在听证会中能行使的权利有限。司法实务中亦有通过债权人表决的模式启动实质合并，如影响较大的纵横集团破产案件中，就采取了债权人会议表决的方式；② 在上海特毅等关联企业实质合并破产清算案中，管理人将关联公司合并清算的方案分别提请各关联企业的债权人会议表决，表决通过后再由法院对合并清算的方案予以确认；③ 直立汽配有限公司破产重整案中，第一次债权人会议表决通过了实质合并的议案，遂人民法院经管理人申请裁定债务人与其关联公司实质合并破产重整。④ 从趋势上来看，早期实质合并破产案件处于探索之中，缺乏统一的程序规则，因此为兼顾破产利害关系人所采取的程序既包括听证，也包括债权人表决。而近年来的司法实践中，逐渐摒弃了以债权人会议或债权人委员会多数决通过为前提的方式，

---

① 参见孔维璜：《实质合并规则的理解和运用》，载《人民司法(应用)》2016年第28期。

② 参见陶蛟龙、史和新：《关联公司合并破产重整若干法律问题研究——以纵横集团“1+5”公司合并重整案件为视角》，载《政治与法律》2012年第2期。

③ 参见王永亮、黄杰国等：《关联企业破产实体合并的司法实践》，载《人民司法》2010年第16期。

④ 参见(2012)湖德民破字第1-2号民事裁定书。

更多采用法院组织公开听证的方式对实质合并申请进行审查,①《破产纪要》也回应了这一趋势。

也有观点认为实质合并属于债权人会议自治的范畴，应当交由债权人会议按照多数决规则作出决定。② 但要求每个破产成员企业债权人会议的通过过于严格，可能影响破产程序的正常进行，因此可以考虑将多数债权人的同意和法院的审查意见相结合，以法院的判断作为主要和最终裁量依据，而不能绝对化的要求以全体成员企业的债权人会议的通过作为先决条件，即使有个别关联企业的债权人会议表决未能通过，法院仍可以依职权裁定合并破产或重整。③ 但这种模式下债权人表决或许只具有形式意义，既然决定权仍由法院掌握，设置表决程序不过是徒增成本。

大部分学者赞成《破产纪要》确定的听证程序，否定表决程序的一个重要理由是公司法上的人格混同认定和否认人格的决定归属于司法裁判权的范畴，同理，判断是否存在实质合并的适用情形以及是否同意实质合并，均应属于司法裁判的事项。④ 在上海振兴铝业有限公司等三家关联公司实质合并破产清算案中，债权人会议对实质合并以议案方式进行表决，表决未达到《企业破产法》第 64 条的通过条件，原审法院撤销债权人会议的决议，并裁定适用实质合并破产清算程序。后银行债权人对实质合并裁定不服申请复议，上海第三中级人民法院认为原审通过债权人会议对实质合并以议案方式进行表决，混淆了法院司法裁判权与债权人会议自治权。⑤ 有学者从非诉程序的角度出发，认为实质合并的审查适用非讼程序的职权主义，不以完全基于私权自治的当事人处分主义为原则，法院应当

① 参见王静:《非讼程序视角下实质合并的申请与审查》，载《法律适用》2021 年第 6 期。

② 参见朱黎:《论实质合并破产规则的统一适用——兼对最高人民法院司法解释征求意见稿的思考》，载《政治与法律》2014 年第 3 期。

③ 参见王欣新、周薇:《关联企业的合并破产重整启动研究》，载《政法论坛》2011 年第 6 期。

④ 参见徐阳光:《论关联企业实质合并破产》，载《中外法学》2017 年第 3 期。

⑤ 参见上海市第三中级人民法院(2019)沪 03 破监 2 号民事裁定书、上海市松江区人民法院(2019)沪 0117 破 13 号民事裁定书、上海市松江区人民法院(2019)沪 0117 破 14 号民事裁定书、上海市松江区人民法院(2019)沪 0117 破 15 号民事裁定书。

发挥职权裁量的作用，不受当事人主张的约束。① 笔者赞同上述观点，应由法院行使司法裁判权判断债务人是否符合实质合并标准，但学者基于此对债权人表决程序的质疑实则是由于司法实践中的表决程序与法院审查判断混杂不清。

一个可行的路径是：法院受理实质合并申请后应先进行审查，判断债务人是否符合实质合并破产的标准，若法院认定不符合，则驳回申请并通知申请人即可，此时并不会涉及债权人表决的问题；债权人只在法院认定债务人符合实质合并破产的情形下才需要进行表决，也即法院的审查判断先于债权人表决程序。这一设计符合实践的通常逻辑，在多数实质合并破产案件中，债务人是否符合实质合并标准都是法院在受理申请后首先考量的问题，同时也应尊重法院独立的裁判权，债权人的表决程序不会干预法院的判断。法院判断债务人符合实质合并标准不意味着实质合并破产程序的必然启动，此时，通过债权人表决程序，交由债权人决定启动与否有益于平衡债权人的利益。若多数债权人否认实质合并的适用，则此时启动程序反而可能损害债权人的利益，有违实质合并的初衷。如果关联企业各方的债权人就合并重整不能达成共识，例如各自独立的破产案件的债权人会议未通过破产重整合并的决议，法院不应当实行关联企业的破产重整合并。② 当然，实质合并的表决程序也应与《企业破产法》相适应：破产清算的案件表决规则应参照《企业破产法》第 64 条，③ 因为实质合并破产并不会影响有担保债权人的利益；破产重整案件的表决规则应考虑与《企业破产法》有关重整计划的表决规则相协调。从效果上而言，实质合并扩张了重整适用的主体，已然成为重整计划内容不可或缺的部分，因此其表决标准应与重整计划的表决一致，且其特殊之处在于，在现行的破产法框架下，即使债权人未能通过实质合并重整的决议，法院经审查后也可裁定实质合并，但此时法院的裁定必须建立在充分考量债权人利益、债务人再生

---

① 参见王静：《非讼程序视角下实质合并的申请与审查》，载《法律适用》2021 年第 6 期。

② 参见邹海林：《供给侧结构性改革与破产重整制度的适用》，载《法律适用》2017 年第 3 期。

③ 《企业破产法》第 64 条条 1 款：债权人会议的决议，由出席会议的有表决权的债权人过半数通过，并且其所代表的债权额占无财产担保债权总额的二分之一以上。但是，本法另有规定的除外。

的基础上，慎重适用实质合并破产程序。

（三）异议债权人的救济路径

法院受理申请人实质合并申请后，经过审查认定债务人及其关联企业符合实质合并标准，交由债权人会议表决通过后决定启动实质合并破产程序，关联企业实质合并破产必然会因为各成员企业债权清偿率的改变而无法获得全部债权人的同意，由于其对债权人影响重大，为了防止权力滥用，在法院依职权作出合并破产的裁定时，异议债权人的利益应当受到保护。① 债权人的异议既可能是对实质合并启动的异议、对不启动的异议、也可能是对债务人集团部分企业是否纳入实质合并范围的异议。即使各企业债权人会议对合并决议表决通过，个别债权人仍可以对合并决议提出异议，法院审查后认为合并会产生不利于异议债权人的严重后果，或者与集团债权人整体利益相悖的，有权决定不予合并或终止合并程序，或者适当调整合并方案，② 此时法院尚未作出裁定，债权人的异议权实则是对债权人会议决议的异议。而在法院作出实质合并裁定后，司法实践和《破产纪要》采取的救济方式是给予利害关系人向上级人民法院申请复议的权利，③ 有学者进一步提出为了保障异议人的权利，异议债权人可向上一级法院起诉，④ 本文认为上诉权可能会增加不必要的讼累，其合理性有待商榷。

此外亦有学者主张通过利益补偿的方式对少数受实质合并不利益的债权人进行救济，由此平衡债权人的利益。⑤ 这一观点值得商榷，实质合并的初衷是为了保障债权人的公平受偿权，即使有少部分债权人基于对个别

---

① 参见田信、李尊：《关联企业实质合并探析》，载王欣新、尹正友主编：《破产法论坛（第八辑）》，法律出版社 2013 年版，第 368 页。

② 参见王欣新、周薇：《关联企业的合并破产重整启动研究》，载《政法论坛》2011 年第 6 期。

③ 《全国法院破产审判工作会议纪要》第 34 条：裁定实质合并时利害关系人的权利救济。相关利害关系人对受理法院作出的实质合并审理裁定不服的，可以自裁定书送达之日起十五日内向受理法院的上一级人民法院申请复议。

④ 参见曹文兵：《供给侧改革背景下实质合并破产制度的构建与完善——以 16 件关联企业实质合并破产案件为分析样本》，载《理论月刊》2019 年第 7 期；徐阳光：《论关联企业实质合并破产》，载《中外法学》2017 年第 3 期。

⑤ 参见徐阳光：《论关联企业实质合并破产》，载《中外法学》2017 年第 3 期。

企业而非集团的信赖进行交易，最终导致其债权清偿率因实质合并而降低，也是市场交易风险的结果，而不必对其进行单独补偿，所谓的利益补偿恰恰会导致对债权人的不平等对待。当然，重整程序中可以于重整计划中确定对少数债权人利益作出补偿，此时利益补偿是各方协商的结果，目的在于协调各方利益以推进企业的再生，实质是为了全体债权人的利益，应予允许。

结　　语

关联企业是现代商业集团运行的产物，集团化运营产生的后果是企业的研发、制造、营销，甚至上下游产品分别由关联企业内部按照分工由不同的企业进行经营，彼此相互影响，在经营和财务上有密切的联动关系。① 现代经济社会中，商业集团为数不少，一旦其利用关联关系实施损害债权人的行为并最终进入破产程序，为了保障债权人的利益，首先应借助法人人格否认、破产撤销权、破产取回权等制度清理债务人集团的债务，而在穷尽手段仍无法处理且债务人符合实质合并破产的标准时，则可考虑启动实质合并破产程序。

现行法律和司法解释均未对实质合并作出规定，但司法实践已进行了一定的探索，《破产纪要》与各地法院出台的文件亦作出了总结，《企业破产法》修订时可吸纳实践经验规定实质合并的一般规则。实质合并应恪守申请主义立场审慎适用，一个可行的路径是完善实质合并的启动程序规则：首先由债权人、管理人、出资人、债务人向人民法院申请并区分主体承担相应的举证责任，人民法院受理申请后对是否适用实质合并程序进行审查，若经人民法院审查不符合实质合并标准，则应驳回申请并通知申请人和利害关系人；若人民法院审查认为符合实质合并标准，则进入债权人表决程序，由债权人表决决定是否适用实质合并破产，人民法院享有最终的裁定权。

① 参见李震东：《公司重整中债权人利益衡平制度研究》，中国政法大学出版社 2015 年版，第 206~207 页。

论因实质合并破产受不利益之债权人保护

徐凯利[*]

内容提要： 实质合并破产规则的适用虽便宜了企业集团破产程序的推进，保障了债权人的整体公平，但也折损了集团中部分资产状况较好、负债比率较低的企业的债权人的利益，有予以救济的必要性。我国对该部分债权人的保护并不健全，存在司法实践效果不理想，合理性、合法性存疑，规范不足等问题。通过对司法实践及比较法经验的总结，债权人的保护制度应进行体系化构建，分裁定作出前的听证会与债权人会议、裁定生效前的上诉、裁定生效后的适当补偿三步骤进行救济。

一、问题的提出

实质合并规则解决了企业集团破产过程中的诸多难题，改善了我国市场主体的退出机制，对营商环境的优化具有重要意义，在司法实践中已被广泛适用。该规则以“企业整体说”为理论基础，将多个法人人格混同的关联企业视作一个单一企业，使得各企业的法人人格在破产程序中不再独立，进而在统一财产分配与债务清偿的基础上进行破产程序，旨在实现实质公平，在保障对债权人的整体公平清偿的同时，提高破产清算与企业挽救的实益效率，保证破产程序顺利进行。① 据此规则，各个关联企业的资产被整合为一个资产池，全体债权人统一按比例从该资产池中获得清偿，而无需区分债权人的实际债务人。但这也同时意味着，集团中部分资产状

* 徐凯利，武汉大学法学院 2020 级民商法硕士研究生。

① 参见王欣新：《关联企业的实质合并破产程序》，载《人民司法》2016 年第 28 期。

况较好、负债比率较低的企业的债权人的利益将会因此受折损，该部分债权人的受偿比例会因实质合并破产而下降，尤其是在该部分债权人并不知晓其债务人与其他企业之间存在关联关系的情况下，更会引发该部分债权人的异议，产生新的利益冲突。

“张某某诉河南千业律师事务所管理人责任纠纷案”曾引起广泛关注。本案中，金瓯公司、金耀公司均为自然人杨某某名下的企业，后均进入重整程序。破产受理后，金瓯公司债权人较多且债务较大，资产处置复杂，金耀公司的债权人则只有三四个。千叶律师事务所作为两公司的管理人，以两公司人格高度混同为由向法院申请合并重整，法院经听证会后裁定对两公司进行实质合并重整。张某某系金耀公司债权人，其就法院实质合并重整裁定向河南省高院申请复议，同时以千叶律师事务所为被告诉至法院，认为其擅自将两个独立的企业法人合并重整属于规则适用不当、侵害了自己作为债权人的权益，要求赔偿损失。最终，河南省高院以“人格高度混同”为由对前述裁定予以维持，本案法院也以复议裁定为证据，认为千叶律师事务所作为管理人适用实质合并规则并无不当，驳回了张某某的诉讼请求。①

以此案为起点，受不利益之债权人提出异议的案件数见不鲜，如淮矿物流合并案、浙玻 1+4 合并案等，其中衍生债权人异议案件多在司法实务中引起讨论。但法院或是对案件不予受理，或是回避当事人诉请，以证据不足为由驳回当事人诉，最终均未支持当事人的诉求。

《全国法院破产审判工作会议纪要》(以下简称《会议纪要》)第 33 条、34 条对这一问题做出了回应，要求法院组织听证，允许利害关系人向上一级法院申请复议。但从司法适用来看，《会议纪要》对债权人的保护效果平平，听证程序常流于形式、复议法院大多维持裁定，对债权人的异议理由多采回避态度，在债权人补偿问题上更是规定寥寥。实质合并破产规则的本质是各关联企业的全体外部债权人的利益平衡和整体利益的保护，作为利益衡平的结果，它在牺牲部分债权人利益的同时需尽量将此种不利益限缩在最小范围内，因此，如何向受不利益之债权人提供救济是其不可回避的关键问题，对该问题的回答对强化实质合并破产规则的正当性与合法性具有重要意义。故本文拟通过理论探索与实证分析，在对受不利益之

① 参见河南省高级人民法院(2019)豫民终 1443 号民事裁定书。

债权人的救济路径审视的基础上试图构建对该部分债权人的保护机制，以期推动实质合并破产规则的适用，协调各方主体之间的利益。

二、对受不利益之债权人予以救济的缘由及标准

首先，对因实质合并破产受不利益之债权人予以救济既是实质合并规则的题中之意，也是对实质合并规则短板的补足，更是破产法保障债权人公平清偿的价值目标所在。

一方面，破产法将债权人公平清偿作为价值目标之一，实质合并规则是为了解决企业集团破产过程中人格高度混同而导致资产难以甄别、债权债务难以认定等难题而应运而生的规则。该规则最大的价值就在于通过对企业间关联关系的特殊处理，来避免复杂而成本高昂的资产、债务分离程序，提高司法效率和经济效率，最大限度地对债权人的信赖利益、清偿利益进行保障。① 因此，在判断是否适用该规则时必须兼顾不同债权人的期待利益，而受不利益之债权人作为全体债权人中的一员，应当被纳入公平清偿的范畴。

另一方面，实质合并规则以债权人整体公平清偿为价值导向，将集团内各企业的资产和负债统合在一处。由于集团内各企业的资产架构各异，这势必会改变各债权人的受偿比例，对于资产状况好、负债比例低的企业债权人尤为不利。换言之，关联企业实质合并破产定然会因各成员企业债权清偿率的变化而难以得到所有债权人的同意，法院强制裁定合并破产是对该部分债权人意愿的背离，为防范权力滥用，在决定是否合并破产时，还需对受不利益之债权人的利益予以保护。②

其次，对受不利益之债权人的利益保护，应符合债权人收益标准与期待标准。

实质合并规则发轫于美国，随着对该规则认识的深入，1988 年的 Augie/Restivo 案创设了债权人期待标准以及债权人收益标准，现已为诸多

① 参见徐阳光：《论关联企业实质合并破产》，载《中外法学》2017 年第 3 期。

② 参见田信、李尊：《关联实质合并探析》，载王欣新、尹正友主编：《破产法论坛（第八辑）》，法律出版社 2013 年版，第 368 页。

国家的司法实践所认可。[①] 第一，债权人收益标准决定是否进入实质合并破产程序，明确只有在给债权人整体带来利益大于对受不利益之债权人的损害时方可裁定进入实质破产程序，涉及对债权人所受不利益的评估。第二，债权人期待标准既可作债权人反对实质合并破产的理由，又能为进入实质合并破产程序后的不利益债权人提供救济。该标准要求法院判断债权人在交易时是否有同整个企业集团进行交易的合理期待，一方面，如果债权人在和其中一个企业交易时仅仅是基于对对方的独立法人地位的信赖，而不知道其与其他企业的关联关系，不利益债权人可据此对实质合并破产提出异议，若非契合债权人收益标准，不可进入实质破产程序；另一方面，进入实质破产程序后，由于该部分债权人的期待利益具有合理性、正当性，如果债权人能够证明他是基于其中一个被纳入实质合并破产的关联企业的资产状况独立的信赖而与之交易时，那么他就可以对这部分债权单独受偿。[②]

三、受不利益之债权人的救济路径审视

在明确为何要对受不利益之债权人进行保护以及标准之后，笔者对现有的路径进行审视，分析其适用理由及适用情况。

(一)听证会及债权人会议

为保障实质合并破产启动时受不利益之债权人的知情权和异议权，常见的权利保护有听证会及债权人会议两条路径。

债权人会议是债权人自治组织，债权人通过行使表决权，以集体决议的方式协调、决定破产活动，通过债权人会议表决，可以充分听取债权人的意见。听证程序的目的在于为各方主体搭建沟通平台，属于公开质询方式的一种，能够为保证信息披露的真实性、充分性奠定程序基础。[③] 在实

① In re Augie/Restivo Baking Co., 860 F2d.(2d Cir. 1988).

② 参见王欣新、周薇：《论中国关联企业合并破产重整制度之确立》，载《北京航空航天大学学报(社会科学版)》2012 年第 2 期。

③ 参见王欣新、丁燕：《论破产法上信息披露制度的构建与完善》，载《政治与法律》2012 年第 2 期。

质破产程序中设置听证会或召开债权人会议的目的，是将实质合并方面的信息与资料告知全体债权人，为债权人就实质合并发表意见提供平台，以最大限度地确保债权人在获取充分信息的前提下，自行作出理性的判断与选择。①

早期的司法观点认为，债权人会议对于是否进入实质合并程序具有决定权，其理由在于，实质合并的最终宗旨是为了债权人整体的公平偿债，属于意思自治范畴，应当由债权人自行作出决定。② 在此观点下，有的学者认为，各关联企业表决的有效性应当以"过半数+代表债权数额超过无担保债权总额 1/2"为标准，实质合并的进行以各关联企业的债权人会议均表决通过为前提条件。③ 但近来观点大多认为，法院享有是否适用实质合并破产的决定权，不能把每个关联企业债权人会议的通过作为适用实质合并破产的必要条件，否则既不契合实际，也超出了债权人会议的职权。④

最高院在《会议纪要》中确定了依管理人申请，法院听证后作出实质合并裁定的模式。《会议纪要》第 33 条规定，法院在收到实质合并申请之后应当及时通知利害关系人并且组织听证，听证时间不计入审查时间。但在司法适用中，听证程序的适用存在程序不受重视、与会人员确定不合理等问题。

以"王某与重庆市涪陵威海建筑有限公司等合并破产案"为例。本案中，异议债权人王某向重庆市第三中级人民法院提出复议，请求撤销重庆市涪陵区人民法院作出的合并破产重整民事裁定，其理由之一为"巍海公司管理人在法院作出裁定前未组织听证，直接适用合并重整程序，并召开第一次债权人会议适用合并重整，会议程序违法，且未征求大多数债权人的意见，属于程序违法行为"。法院经审查后，将"程序是否合法"作为争议焦点进行论述，认为管理人向法院提出批准合并破产重整申请的报告，

---

① 参见曹文兵：《供给侧改革背景下实质合并破产制度的构建与完善——以 16 件关联企业实质合并破产案件为分析样本》，载《理论月刊》2019 年第 7 期。

② 参见朱黎：《论实质合并破产规则的统一适用——兼对最高人民法院司法解释征求意见稿的思考》，载《政治与法律》2014 年第 3 期。

③ 参见王永亮、黄杰国：《关联企业破产实体合并的适用条件及审理重点》，载《人民法院报》2010 年 8 月 18 日，第 7 版。

④ 参见王欣新、周薇：《论中国关联企业合并破产重整制度之确立》，载《北京航空航天大学学报(社会科学版)》2012 年第 2 期。

多数债权人同意进行合并破产重整，原审法院据此作出裁定，不构成程序违法，最终裁定驳回王某的申请，全程未对听证会这一程序进行回应。[①] 此外，在听证会的与会人员选择上，大多是按照当事人自愿申请确定，但在疫情期间，也有少数法院按照报名“先到先得”的标准确定与会人员，譬如限于该地区常住人口，以 30 个席位报完即止等，其合理性有待商榷。[②]

对于听证会的程序适用，理论界也存在不同的观点。有的观点认为，从节约资源，提高效率角度看，听证会并非是必经程序，是否召开以及如何召开属于法院自由裁量的范畴。理由有二：一是听证会本身需要耗费诸多人力物力及时间成本，二是我国听证会发展并不成熟，大多听证会仅流于程序。[③] 但也有的观点认为，听证必须作为法院裁定的前置程序，听证会应当邀请不同类型的债权人代表到会，在管理人阐述实质合并的事实理由、必要性和合法性后，听取债权人代表意见，最终由法院裁定是否适用实质合并。理由在于，“管理人申请+听证会”是实务中最顺畅模式，体现了法院对实质合并居中、谨慎的司法审查，既避免了法院依职权直接裁定引发受不利益之债权人与股东不满的质疑，也避免了由关联成员债权人会议表决而出现不同意实质合并而陷入僵局，或者因为个别关联企业成员债权零申报，无法召开债权人会议等弊端。[④]

(二)第三人撤销之诉与债权确认之诉

在召开听证会或债权人会议后，法院仍可能作出实质合并的裁定。针对该裁定效力问题，我国早期实践中，曾试图通过诉讼方式提起异议，表现为第三人撤销之诉与债权确认之诉。[⑤]

---

① 参见重庆市第三中级人民法院 2019 渝 03 破终 2 号民事裁定书。

② 参见云南省永德县人民法院(2020)云 0923 破 1 号民事裁定书中的云南永德糖业集团有限公司及关联企业、云南康伟生物有限公司及关联企业、临沧康德物流服务有限公司及关联企业三个集团实质性合并破产重整听证会公告。

③ 参见张祎：《关联企业破产中实质合并制度的法律问题研究》，华东政法大学 2019 年硕士学位论文。

④ 参见孔维璜：《实质合并规则的理解和运用》，载《人民司法(应用)》2016 年第 28 期。

⑤ 参见贺丹：《破产实体合并司法裁判标准反思——一个比较的视角》，载《中国政法大学学报》2017 年第 3 期。

“淮矿现代物流有限公司等合并重整案”是债权人通过第三人撤销之诉寻求救济的典型案例。① 本案中，长强钢铁公司是淮矿现代物流公司的债权人和抵押权人，因认为实质合并重整的裁定损害其利益而向淮南市中院提起第三人撤销之诉，请求撤销实质合并重整的裁定。被法院裁定不予受理后，当事人向最高院提起再审，其再审申请理由为，公司法人人格否认案件是对当事人实体权利的处理，应当由债权人提起诉讼而非管理人提出，应当通过诉讼程序审理而非通过破产程序审理。再审中，最高院将“实体合并破产裁定是否属于第三人撤销之诉的立案受理范围”列为争议焦点，认为依照《民事诉讼法解释》第 297 条第 1 项的规定，对适用破产程序等非诉程序处理的案件提起第三人撤销之诉的，法院不予受理，因此实体合并破产裁定不属于第三人撤销之诉的受案范围，最终驳回长强钢铁公司的请求。

破产程序属于非讼程序，实质合并的裁决以裁定方式作出，基本采用书面审理，无论是对当事人的救济，还是利害关系人的救济，都不适用诉讼案件的审判监督程序，因此也不适用第三人撤销之诉程序。而且，较之于第三人撤销之诉，《民事诉讼法》第 179 条和《民诉法司法解释》第 374 条所提供的权利救济和程序保障更契合非讼事件的性质和特征。② 若认为该案件涉及民事权益争议的，按照《民事诉讼法》第 179 条，当事人可以另行起诉；若认为该裁定有错误的，按照《民诉法司法解释》第 374 条，当事人、案外人可以自知道或者知道之日起 6 个月内向作出该裁定的法院提出异议。

“浙江玻璃股份有限公司等五公司合并破产案”则是债权人通过破产债权确认之诉寻求救济的典型案例。③ 本案中华夏银行是工程玻璃公司的债权人，其债权由浙江玻璃通过出质股权的方式提供担保，后法院裁定浙江玻璃、工程玻璃等五公司实质合并重整，合并重整失败后又转入合并清算。华夏银行认为其同时享有优先债权与普通债权，分别向主债务人工程玻璃公司与担保人浙江玻璃公司申报债权，但管理人对其普通债权不予确

---

① 参见最高人民法院(2015)民申字第 3487 号民事裁定书。

② 参见刘君博：《第三人撤销之诉撤销对象研究——以〈民事诉讼法解释〉第 296、297 条为中心》，载《北方法学》2016 年第 3 期。

③ 参见浙江省绍兴市中级人民法院(2013)浙绍商终字第 1143 号民事判决书。

认，华夏银行遂提起破产债权确认之诉。审理中，法院将“华夏银行在浙江玻璃相关公司由合并重整转为合并清算的情况下，能否就同一笔债权分别向主债务人和担保人同时申报债权”作为争议焦点，最终认为华夏银行已经就其对工程玻璃的债权以及对浙江玻璃的担保债权进行了申请并经管理人确认，立足于两公司合并重整已进入合并清算的事实，华夏银行就同一笔债权重复要求确认不符合法律规定，驳回了华夏公司的诉求。

债权确认之诉是《会议纪要》出台前，受不利益之债权人间接反对实质合并破产的尝试，其法律依据为《企业破产法》第 58 条。但该条所针对的是一般破产中，债权人对债权人登记记载的债权存在异议的情形，将这制度适用于实质合并破产中无法律依据，其合法性与合理性存疑，在学理与司法实践上均难以得到支持。

此外，也有观点提出可以类推适用案外人异议之诉的方式来行使异议权，理由有二：第一，两者都认为法院不当处分了自己的财产，有财产权利遭受侵害进行维护的正当性；第二，两者的程序价值都是为了保障债权人的公平清偿，涉及国家公权力对财产的处理来清偿债务，且执行程序可以在被执行人财产无法清偿时转入破产程序。①

(三)申请复议与上诉

《会议纪要》第 34 条规定受不利益之债权人可以在裁定书送达之日起 15 日内向上一级法院提起复议。对于规定复议而非上诉的理由，有的学者从效率角度进行解读，认为复议程序通常以书面方式进行审理，申请复议不停止执行，法院在接到复议申请后应当尽快对复议作出处理决定，可防止因程序的进行和破产事务处理的不可逆而影响当事人的权益；② 也有学者从效力层级角度进行解读，认为法院对实质合并破产的裁决是以裁定方式作出的，会对主体权利施加重大影响，但由于《企业破产法》没有规定受理裁定的上诉程序，《会议纪要》又不属于司法解释的范畴，所以该文件不宜作出审级上的规定，只能通过赋予复议权来最大程度地兼顾当事

① 参见何靖：《关联企业实质合并破产中债权人的公平保护》，华东政法大学 2020 年硕士学位论文，第 47~49 页。

② 参见王欣新：《〈全国法院破产审判工作会议纪要〉要点解读》，载《法治研究》2019 年第 5 期。

人权利人保护、程序效力、上一级法院监督三者的平衡。①

但是，在现行司法实践中，受不利益之债权人就实质合并的裁定提起复议时极少能得到法院的支持。有的直接对债权人的复议理由采取回避态度，有的以证据不足为由对债权人的诉求不予支持。② 在笔者检索得到的案例中，许多债权人是以“实质合并裁定程序违法”作为异议理由之一提起复议的，而法院又大多以程序未违法为由裁定驳回，但其论述的合理性却有待商榷。以“国购投资有限公司等合并纠纷案”为例，法院反以受不利益之债权人行使复议权作为否定程序违法的理由。③ 本案中，质子公司向安徽省高院提出复议，请求撤销合并重整裁定，理由为：作为 11 家公司中宣城国购置业有限公司的对特定财产享有优先受偿权的债权人，其与合并重整存在着重大的利益关系，但并未收到国购投资有限公司等 11 家公司的书面征求意见或参与听证会的通知，中院裁定程序违法。安徽省高院将“合肥中院召开听证会程序是否合法”作为争议焦点之一，认为一方面合肥中院已经在全国企业破产重整案件信息网公告了管理人申请合并重整的信息，并告知相关利害关系人有权提出异议；另一方面，《会议纪要》第 34 条已经赋予了相关利害关系人复议权，质子公司也已经向法院申请复议。因此，质子公司的复议理由不能成立，裁定驳回了质子公司的复议。

不同于我国所规定的复议权，美国司法实践中采用的是上诉权的救济路径，且上诉法院经常会推翻原审法院的实质合并的裁定，支持债权人的上诉请求。

1966 年 Chemical 案中，Chemical 公司是其中一家关联公司的担保债权人，因不服纽约南区法院支持合并的裁定，上诉至第二巡回法庭，虽然第二巡回法庭维持了合并裁定，但其确立了实质合并破产裁定可以上诉的规则。1987 年的 Auto-Train 案更是受不利益之债权人上诉的典型案件。本案中，一审法院裁定 Auto-Train 与其子公司 Railway 公司实质合并破产，

① 参见贺小荣、葛洪涛、郁琳：《〈破产审判工作会议纪要〉的理解与适用(下)》，载《人民司法(应用)》2018 年第 16 期。

② 参见北京市第一中级人民法院(2021)京 01 破申 90 号民事裁定书；重庆市第三中级人民法院(2019)渝 03 破终 2 号民事裁定书；山东省潍坊市中级人民法院(2020)鲁 07 破监 1 号裁定书等。

③ 参见安徽省高级人民法院(2020)皖破终 6 号民事裁定书。

但 Railway 公司的债权人不服此裁定而上诉至哥伦比亚法院，哥伦比亚法院以债权人期待标准与债权人收益标准支持了债权人的上诉，驳回了实质合并的申请。随后，1988 年的 Augie/Restivo 案以及 2005 年的 Owens Corning 案中，第二巡回法庭以及第三巡回法庭也都支持了债权人的上诉请求。

受美国司法实践的影响，我国也有学者主张应当赋予受不利益之债权人上诉权，以体现程序法的救济理念。① 其以《企业破产法》第 12 条为依据，认为债权人可以自裁定送达之日起 10 日内向上一级法院提出上诉。但反对观点认为在现行法律框架下，上诉权的行使存在障碍：《企业破产法》第 12 条明确规定了上诉权的适用对象仅是不受理申请的裁定。②

（四）资产的排除与倾向性分配

知情权与异议权的行使不一定能够阻止实质合并破产程序的适用，一旦进入实质合并破产，对该部分债权人又该如何救济？我国相关文件与司法实践中对此问题的规制寥若晨星。从比较法上看，美国破产规则与《联合国贸易委员会破产法立法指南》（以下简称《立法指南》）提供了部分资产排除和倾向性分配两条路径。

美国司法实践中允许在实质合并的同时进行例外的单独计算，实质合并的对象可以是全部财产，也可以是部分财产，在债权人能够证明他是因为信赖某一关联企业的资产状况独立而与之交易时，该部分债权可以不适用实质合并单独受偿而不影响其他债权人和债务人实质合并清偿的处理。③ 美国学界也有学者提出部分实质合并破产的建议，主张由当事人就每个债权的清偿率进行协商，确定一个比例，该比例内的债权按照实质合并规则清偿，而比例外的债权则按照一般破产进行支付。④

《立法指南》全面阐述了一国破产法所应反映的主要目标和原则，为

① 参见徐阳光：《论关联企业实质合并破产》，载《中外法学》2017 年第 3 期。

② 参见王静、蒋伟：《实质合并破产制度适用实证研究——以企业破产法实施以来 76 件案例为样本》，载《法律适用》2019 年第 12 期。

③ 参见何靖：《关联企业实质合并破产中债权人的公平保护》，华东政法大学 2020 年硕士学位论文，第 45 页。

④ 参见高小刚：《论关联企业破产程序中实质合并原则的适用》，载《法律适用》2020 年第 12 期。

各国破产法改革提供信息与协助。其第三部分《破产企业集团对待办法》(以下简称《对待办法》)重点论述了破产企业集团对待办法，重视对受不利益之债权人的补偿：第一，《对待办法》第127段载明，在持异议的债权因为合并而较之于其他债权人处于严重不利的境地时，可以偏离平等分配的严格政策，向这些债权人提供远远大于其他无担保债权人的回报。第二，《对待办法》第135~136段规定，易于识别的特定资产及其所附债权、受到不公平损害的债权人所关联的某些资产可以排除在实质合并命令之外而单独清偿。

四、受不利益之债权人的保护制度构建

通过路径审视可知，我国对因实质合并破产受不利益之债权人的保护存在司法实践效果不理想，合理性、合法性存疑，规范不足等问题，亟待完善。结合司法实践及比较法经验，建议对受不利益之债权人需进行体系化保护，分三步骤进行，分别为：裁定作出前的知情权与异议权保护；裁定生效前的异议权保护；裁定生效后求偿权保护。

(一)裁定作出前对知情权及异议权的保护

第一步是在裁定前为受不利益之债权人提供听证会与债权人会议来行使知情权与异议权。其中，听证会是必经程序，债权人会议可作为听证会的补充。

第一，听证会是法院裁定实质合并前的必经程序。听证会是当事人在破产申请受理之前充分发表意见的机会和途径，能够有效预防后续程序中矛盾和冲突的表现。① 是否进行实质合并的决定权归于法院，法院需综合考虑各种因素作出裁定，但其裁量权应受到债权人异议等方面的制约。《会议纪要》第33条对听证会的态度是“应当”，表明最高院也认为听证会是裁定之前的必经程序。据此若法院没有组织听证会，则构成程序不当，债权人有权据此提出复议，法院在裁决中应对这一程序缺失的问题正面回应。

第二，法院除发布公告外，必须尽可能地以听证通知书等方式通知特

① 参见郭靖祎：《破产程序简化的理论探究》，载《求索》2018年第2期。

定受不利益之债权人。实质合并破产是集团中部分资产状况较好、负债比率较低的企业的债权人对整体债权人在利益上作出的让步，法院需对这种让步的合理性进行充分审查，通过听证会调查企业集团的资产情况，听取申请人的举证以及异议方的质证及立场，这些审查以妥协方能够就该事项发表自己的意见为前提。就目前的司法现状而言，法院公告存在传播力度弱的问题，无论是法院公告栏张贴、报纸与网站刊登，阅读量均不尽人意，使得公告多流于形式。而以听证通知书、邮件、电话、短信等方式专门通知该部分债权人可以最大可能地保障其知晓听证会的召开并出席会议，切实地发挥通知的目的与效力。不过，出席听证会是债权人的权利而非义务，受不利益之债权人接到书面通知后未参加会议的，并不影响听证会的进行。

第三，在受不利益之债权人人数较多的情况下，可以由其选择代表列席会议，听证会以一次为限。必须承认的是，举行听证会的确需要投入较多的人力、物力和时间成本，尤其在利害关系人众多的情况下，这一成本更为高昂。因此，一方面，基于效率原则，可以选择部分代表出席会议，集中发表异议理由；另一方面，可以参照《云南省高级人民法院破产案件审判指引(试行)》的规定，组织听证审查一般以一次为限。

第四，法院作出合并裁定前可以债权人会议的表决结果为参考，表决通过的标准参照和解程序适用“过半数+2/3 以上”。通过债权人会议，受不利益之债权人可以表达自己的异议，阐释自己的抗辩理由，并借助表决权的行使来强化自己的异议效力。尤其是在案情复杂、涉及债权人较多的情况下，听证会选择代表列席的方式可能难以全面地反映各方主体的意见，相较而言，债权人会议可以反映更多主体的态度。实质合并破产会对债权人利益施加重大影响，对其适用需采取极其审慎的态度，应当高于一般的“过半数+1/2”标准，兼顾到实际的可操作性，不妨参照适用和解程序的表决标准。但必须明确的是，实质合并的裁定属于法院司法裁判的范畴，法院仍具有最终的决定权，债权人会议的表决结果只能作为法院了解各方主体意愿的依据之一，是对听证会的补充与修正。

(二)裁定生效前的异议权保护

第二步是在实质合并裁定作出后及时送达债权人，并在裁定生效前赋予受不利益之债权人上诉权。

首先，对法院裁定不服的，可以直接向上一级法院提起上诉。(1)相较于复议程序，诉讼程序对受不利益之债权人的救济力度更大。不同于复议程序依托于书面审查，诉讼程序具有强烈的对抗性，允许当事人当庭辩论，这种直接对抗更有助于法院查明事实，进而为债权人权利提供更大的保障。从我国司法实践来看，复议制度在债权人保护方面表现平平，虽有渠道，却无实效；反观美国司法实践，通过上诉推翻合并裁定的案例不在少数，似乎更能实现制度设计的目的。(2)破产案件的上诉权并非是不可触动的禁区，赋予利害关系人上诉权是完全可行的。①《企业破产法》第12条之所以规定不受理和驳回申请的裁定可以上诉，正是因为这类裁决关乎当事人的根本利益。反观《企业破产法》第66条，其所规定的复议情形是法院对债务人财产管理方案和破产财产变价方案的强制裁定。实质合并破产并非仅仅是程序性事项，裁定的作出将会改变债权人的受偿比例，影响到债权人的实体权利，显然，从对利益影响程度而言，其更贴近第12条的情形。(3)可以通过法律的效力层级将复议权修正为上诉权。《会议纪要》虽然在审判工作中发挥重要的指导作用，但其并非司法解释，而最高院之所以将其效力定位在此，是因为目前对破产的问题在理论上还需探讨，纪要的内容本身就是一种试错的尝试，需要通过实践检验加以修正。② 在破产法修订背景下，完全可以通过司法解释或是对《企业破产法》的增订来对进行修改，通过上诉来行使异议权。

其次，债权人应当在10日内向上一级法院提起上诉，上诉期间不停止实质合并程序的进行，但上诉人可以申请法院中止执行裁定。按照《民事诉讼法》第164条的规定，债权人需要在裁定书送达之日起10日内向上一级法院提起上诉。《会议纪要》采用复议的原因之一是出于效率的考量，效率亦是破产法所追求的价值之一。实质合并破产中，通常是部分关联企业已经先行进入破产程序。此时，无论其他关联企业是否一并进入实质合并破产程序，这些企业已经受到破产程序的控制。③ 为避免给这些企业增

① 参见韩长印、郑金玉：《民事诉讼程序之于破产案件适用》，载《法学研究》2007年第2期。

② 参见王欣新：《〈全国法院破产审判工作会议纪要〉要点解读》，载《法治研究》2019年第5期。

③ 参见张善斌主编：《破产法实务操作105问》，武汉大学出版社2020年版，第313页。

加讼累，在上诉模式的架构下，需要结合实质合并破产的制度特点，对其进行效率方面的修正，将上诉期间不停止执行作为原则，以克服因等待上诉结果而耽搁破产程序的推进。但是，若债权人认为不停止执行将会给其权益造成不可逆后果，可以向法院申请中止执行裁定，由法院根据财产担保等具体案情决定是否执行，为防止申请人恶意阻滞破产程序的推进，可以要求申请人提供适度担保。

最后，上诉案件的审限，应当短于普通民事诉讼程序 30 日的期限，可参照执行异议之诉的 15 天期限。美国法在给予破产当事人上诉机会的同时，也区别于一般民事诉讼的上诉程序。比如，将上诉期限从一般的 30 日限缩到 10 日，上诉法院可以发布加速处理上诉程序的指令等。① 考虑到我国《民事诉讼法》所规定的 10 日上诉期限已相对较短，故无需对其进行修改。但对于上诉审理期限，确有缩短的必要。《民事诉讼法》第 176 条规定，针对裁定的上诉案件，法院应当在二审立案之日起 30 日内作出终审裁定。但是破产事务处理通常具有紧迫性，尤其是在实质破产程序已有部分企业已率先进入破产程序的情况下，虽原则上不停止执行，但正在进行的诉讼程序的不确定性仍然会对管理人行使职责产生影响，而且，原审法院在决定是否裁定实质合并破产的过程中已对相关事实和价值进行了审查和权衡。因此，出于效率以及推动破产程序平稳推进的考量，可以对上诉审理期限进行限缩，应当短于《民事诉讼法》和《会议纪要》所规定的 30 天。另外，破产程序虽区别于执行程序，两者任务也不尽相同，但破产的主要目的仍是清偿债务，两者在价值上存在共通之处，或可参照执行异议之诉中的 15 天。

(三)裁定生效后的求偿权保护

第三步是裁定生效后为受不利益之债权人构建补偿措施，补偿范围由债权人协商或是法院酌定。

前述路径并非必然地阻止实质合并破产的适用，出于维护大多数债权人利益的考量，法院仍然可能会决定适用实质合并破产，在受不利益之债权人的异议被法院驳回后，作为受不利益之债权人的最后一道防线，应当

---

① 参见石川明：《日本破产法》，何勤华、周桂秋译，中国法制出版社 2000 年版，第 47 页。

设定补偿措施。

第一，补偿的标准并非是足额补偿。实质合并破产是为了促进成本效率和对债权人的更好回报而强制性地让部分债权人承担不利益。补偿的目的就是将这一不利益限缩在最小范围内，但由于企业集团总资产的有限性，这种不利益通常是客观存在的。若将补偿标准定位为足额补偿，那么该部分债权人的利益固然不会受损，但也违背了实质合并破产的制度目的与价值，前述对异议债权人的救济路径将失去构建目的，还会引发更多债权人的异议，反而不利于实质合并破产程序的推进。

第二，通过债权人会议确定实质合并破产的债权清偿比例，在按该比例清偿后仍有剩余资产的，可以在受不利益之债权人受偿比例差额的范围内予以补偿。债权人可就自己的权利进行处分，补偿应充分尊重债权人的意思自治。破产程序中，管理人需要切实履行信息公开职责，公示每一个债权人在实质合并之下与单独清偿之下的债权清偿率，然后以此为基础，管理人与债权人以及债权人相互之间进行协商，由法院实施必要的司法引导，确定比例。①

第三，债权人就清偿比例难以协商一致的，具体补偿金额可由法院依据债权人的举证酌定。对受不利益之债权人的补偿以当事人意思自治优先，但在无法达成一致的情况下，法院就需行使其裁量权。债权人需要举证证明自己是出于对债务人独立人格的信赖而与之交易，法院根据举证，将债权人交易时相信的且现存的可识别财产排除在实质合并财产之外，对其予以适当补偿，若财产难以确定的，则由法院就该部分债权人与其他债权人的受偿比例酌定。在债权人所受不利益相较于其他债权人处境严重不利的情况下，法院还可以考虑优先清偿其债权或是为其保留特定清偿份额。

结　语

实质合并破产规则的适用会导致企业集团中部分债权人的受偿比例下降，实质上是强制性地使其承受了不利益，无疑会引发其对实质合并破产的异议。实质合并破产在实现总体债权人公平清偿的前提下也应当兼顾该

① 参见徐阳光：《论关联企业实质合并破产》，载《中外法学》2017年第3期。

部分债权人的利益，从债权人收益标准及债权人期待标准出发，对其知情权、异议权、求偿权进行保护，这既是实质合并规则的题中之意，也是对实质合并规则短板的补足。

对受不利益之债权人的救济路径尚需进一步完善。听证会及债权人会议旨在为债权人了解实质破产信息及发表意见提供平台，但债权人会议路径存在混淆债权人自治与司法裁量的问题，听证会在适用中也存在与会人员确定不合理以及程序不受重视等问题。第三人撤销之诉与债权确认之诉是债权人通过诉讼方式提起异议的尝试，但合理性与合法性存疑。复议是现行的债权人提出异议的路径，但其在司法实践中表现平平，债权人的申请通常不能得到法院的支持。美国司法实践中的上诉方式是债权人异议的另一路径，但适用上却受制于《企业破产法》第 12 条规定的范围。我国未规定对债权人的求偿权救济，但美国法及《立法指南》提供了部分资产排除和倾向性分配两条路径。

为对受不利益之债权人提供切实而周延的保护，需分“三步走”对保护机制进行体系化构建：第一，在裁定作出前，明确听证会是必经程序，以一次为限，法院必须以听证通知书等方式尽可能地通知到特定的受不利益之债权人；在案情复杂、债权人众多的情况下，法院可以将债权人会议的表决结果作为了解债权人意愿的依据，作为听证会的补充与修正。第二，在裁定生效前，债权人可以通过上诉来行使异议权，通过更高效力层级的法律或司法解释对《会议纪要》予以修正，债权人应当在 10 日内提起上诉，上诉审限可参照执行异议之诉的 15 天，上诉期间原则上不停止执行，但上诉人可以申请中止执行，必要时应当提供担保。第三，在裁定生效后，可以通过自行协商或是法院酌定的方式为债权人提供适度补偿，在债权人所受不利益相较于其他债权人处境严重不利的情况下，法院可以考虑优先清偿其债权或是为其保留特定清偿份额。

关联企业实质合并破产判断标准的反思与修正

罗　霄*

内容提要：破产程序中关联企业实质合并是全新的理论，并不等于法人人格否认理论。在当前实质合并判断的司法实践适用当中，"人格混同"标准占据主导地位，实质合并破产的判断标准过于单一。"人格混同"的认定有多个判断因素，其中"财产混同"最为关键。即当发生"财产混同"时，就可以认为关联企业事实上已经形成了"人格混同"。"财产混同"及"债权人公平清偿"标准可以作为实质合并破产的独立判断标准。"资产分离成本过高"可以作为"财产混同"标准的考量因素，对"债权人公平清偿"的利益衡量以相对受益为准。"债权人期待利益标准"及"重整需要"标准可以作为实质合并破产的辅助判断标准。

一、问题的提出

国内经济经过快速增长、蓬勃发展的时期，随着供给侧改革、优化营商环境，提升经济发展质量要求的出现，部分经营不善的企业面临退出市场的困局。我国《企业破产法》主要对单个企业的破产给予法律上的指引，但是这种单个企业分别破产模式难以满足越来越复杂的司法实践需求，尤其是在关联企业破产的情况下。概因比起一般企业，关联企业之间易出现不正当控制关系及非正常关联交易行为，且这种情形下的利益输送等越界

* 罗霄，武汉大学法学院 2020 级民商法硕士研究生。

行为往往更难以察觉。在这种背景下，吸收学习美国判例法的实质合并原则并应用于我国司法实践成为法院裁判的一个选择。关联企业实质合并破产作为一项特别的法律制度，系独立破产的例外适用。从根本上说，实质合并破产手段的使用是为了保证整体公平、实质公平，实现债权人的利益均衡。与此同时，其亦能实现提高破产效率，更好挽救破产企业的目标。但公司制度的本质特征是股东有限责任与公司法人人格，关联企业实质合并是对公司法理论的重大挑战，也同时牵涉到破产法各方主体的利益，故法院需要审慎审查能否适用实质合并。

目前，企业破产法及相关司法解释中与“合并破产”相关的规定，只有破产企业的次债务人或出资人被债权人申请合并破产的情形，将具有交叉债权债务关系和投资控股关系的关联企业包含其中。而对于关联企业的立法规制，则零散分布于税法、公司法、证券法等部门法中，但这些规范也只是与关联企业的认定方式相关，均不涉及该类企业破产的处置方式。对关联企业破产中如何集中清理债务、进行重整挽救，是法律必须回应的问题。《全国法院破产审判工作会议纪要》(以下简称《会议纪要》)第32条中对适用实质合并破产的标准表述为：“关联企业成员之间存在法人人格高度混同、区分各关联企业成员财产的成本过高、严重损害债权人公平清偿利益。”第33条亦规定了数个考量因素。但该纪要的出台并未完全解决争议，理论学说中对实质合并破产的判断标准仍然存有多种解读方式，而司法实务中主要依据为“人格混同”这一标准。本文试图探讨除“人格混同”这一标准之外，还有哪些可以独立适用的标准？又有哪些可以作为辅助适用标准？并对这些标准的具体评判要素及相互关系进行具体分析。

二、实质合并破产的内涵与特征

(一)实质合并破产的内涵

实质合并规则在我国的发展与适用并非直接来源于既有的法律规范，而是“自下而上”的应司法审判之需要而产生。也即在严格意义上，我国司法实务对该规则的适用缺乏充分的法律依据。一般认为，实质合并破产最先诞生于美国的司法实践中，通常认为其权力来源于美国《破产法典》

第 105 条的规定。[①]除此之外，域外法中，法国《破产法》也规定了子公司破产程序的效力及于母公司的财产的情形。英国 1986 年《破产法》中则规定了清算人在法院的许可下对跨国公司进行合并清算的相关规则。[②] 但这些规范当中并未对实质合并破产原则的内涵作出清晰明确的定义，学说上也各说纷纭。有学者认为实质合并原则可以等同理解为母子公司共同对所有债权人受偿的顺位安排。[③] 但这种观点并未道明母子公司之间资产和负债的问题处理，“母子公司”的表述也限制了主体的适用范围。还有观点指出了实质合并规则诞生的两个原动力，一是通常单个的破产程序有违公平，二是现行个别的法技术不足以解决复杂的法律关系或者解决的成本过高。[④] 但需要进一步追问实质合并所欲达到的公平如何评价，这需要分别从企业日常运营状况和债权人公平受偿的角度探讨。

最高院曾发布《关于适用实体合并规则审理关联企业破产清算案件的若干规定(征求意见稿)》(以下简称《征求意见稿》)，曾试图将实质合并破产界定为：关联企业破产时，关联企业成员之间的财产和债务合并计算，相互间的债权债务消灭，债权人共同受偿的破产处理程序。该规定首先界定了实质合并的适用范围，其次简略指示了实质合并的方式，并说明了实质合并后将产生关联企业成员间债权债务消灭，所有资产合并用于清偿除关联企业成员外的债务的法律效果。这与美国学者的观点极为相似，更关注实质合并的结果。[⑤] 也即从债务清偿的角度出发，对于将要合并的关联企业，债权究竟属于哪家关联企业并不重要，重要的是将合并后的资产负债一并计算，并保证债权人得以按照相应的比例获得清偿。另有学者指出，关联企业实质合并破产法律意义的核心是否认人格独立地位，将两

① 参见[美]大卫·G. 爱泼斯坦：《美国破产法》，韩长印等译，中国政法大学出版社 2003 年版，第 23 页。

② 参见石静遐：《跨国破产的法律问题研究》，武汉大学出版社 1999 年版，第 241 页。

③ 参见朱慈蕴：《公司法人人格否认法理在母子公司中的运用》，载《法律科学》1998 年第 5 期。

④ 参见［日］伊藤真：《破产法》，刘荣军、鲍荣振译，中国社会科学出版社 1995 年版，第 114 页。

⑤ Phillip Blumberg, The Law of Corporate Groups, Little Brown & Co Law & Business, 1985, pp. 401-402.

个及以上的关联企业视为一个单一企业，并整合其财产与债务后再进行破产程序。[①] 与《征求意见稿》的规定相比，该观点更为强调“主体合并”“人格不再独立”的特征，但两者均统一了资产与负债合并计算这一关键手段。具言之，实质合并破产的特殊之处就在于，与普通破产程序主要应对各个债权人与对应企业之间的关系不同，实质合并破产主要落点在于合并后的破产财产如何进行统一清偿，以及关联企业之间的债权债务关系如何处理。

（二）实质合并破产的特征

通过前述的学术说理及比较，可以大概得出实质合并破产的几个特征，用以进一步厘清实质合并破产与普通的破产程序究竟有何区别，在解决破产问题上有何便宜之处。

第一，在启动主体上，实质合并破产既可能为关联企业破产管理人或债权人的申请后经法院批准实施的行为，也可能是法院根据关联企业间的实际情况作出的职权行为，并不一定是自愿行为。[②]

第二，在适用主体上，实质合并破产的对象是具有关联关系的两个及两个以上的实体企业。在不同的学说中，实质合并破产的适用主体范围呈现逐步扩大的趋势，如从母子公司关系至企业集团，以及我国目前通行的关联企业关系。随之而来的问题是如何认定具有关联关系的企业？有学者指出关联企业系一种企业联合形态，其具备独立的法律地位，企业之间的关系可能有多种形态。如企业相互之间可能持有股权或存有合同契约等控制关系，也可能是被某一企业所控制或者施加重大影响。[③] 笔者比较同意这种观点，该观点基本概括了关联企业的各种类型。据此可以确认，母子公司、企业集团均为关联企业的典型形态，系关联企业的下属概念。我国不同部门法出自各自的立法目的，在各自领域中对关联企业进行了界定，法院在判断关联关系时，除了依据《公司法》的规定，也可以援引此类法

---

① 参见王欣新：《〈全国法院破产审判工作会议纪要〉要点解读》，载《法治研究》2019 年第 5 期。

② 参见蔡唱、郑显芳：《论实体合并破产实务和理论的冲突与调适》，载《山东社会科学》2019 年第 10 期。

③ 参见许胜锋主编：《人民法院审理企业破产案件裁判规则解析》，法律出版社 2016 年版，第 2 页。

律规范。

第三，在法律程序上，并不要求经过法定的合并程序。根据公司法的规定，公司合并必须履行法定程序，如三分之二以上股东通过股东会合并决议，合并各方编制资产负债表和财产清单等。但对于关联企业实体合并破产而言，企业合并与否通常由破产管理人和法院确定，目前也并未讨论性质上属于新设合并抑或是吸收合并。因为对于实质合并破产而言，最关键之处在于资产和债务的合并计算，债务人并非真正地成为一个主体。

第四，在资产处置和债务清偿的效果实现上，合并计算关联企业所有财产是前提。首先，对于外部债务清偿问题，实质合并破产不细分债权人的债务具体属于何企业，而是采用将涉案关联企业的资产及债务合并计算的方式，一并对债务人进行比例清偿。其次，对于关联企业之间内部的债权债务关系如何处理问题，观点并不统一。有少数观点认为这类债权债务不应当一律抹除消灭，而是可以将其作为劣后债权债务清偿。① 理由在于所谓的实质合并破产更多的指向关联企业间资产的合并计算与债务的集中清偿，各关联企业并不一定会成为一个法律主体。多数观点认为实质合并破产后关联企业之间互负的债权债务关系应当已涤除，成员间债务不复存在。

第五，在关联企业担保问题的处理上。与公司合并不同，关联企业实体合并破产后，收到通知的债权人并不能要求债务人清偿债务或提供担保。② 因为实质合并破产本质上没有脱离破产程序，自然不允许个别债权的实现。但是，这并不影响关联企业为其成员的债务向第三人提供的物权担保。

第六，在最终的法律后果上，实质合并破产并不具有直接消灭法人人格的效力。破产清算情形下自不必多说，各关联企业在程序终结后均予以注销。在实质合并破产重整或和解中，一般的做法是各关联企业合并为一个企业，通常情况下是企业集团中的母公司或控股公司。但持反对观点者则认为实质合并破产中各企业的法人人格并不会一概永久的消灭，其仅在

① 参见高小刚、陈萍：《论关联企业破产程序中实质合并原则的适用》，载《法律适用》2020 年第 12 期。

② 参见蔡唱、郑显芳：《论实体合并破产实务和理论的冲突与调适》，载《山东社会科学》2019 年第 10 期。

破产程序中不再独立，但在重整程序结束后，各企业复又成为独立企业，自然恢复至应有的正常独立状态。[①] 笔者也同意实质合并破产并不能直接消灭混同的法人人格。

三、实质合并破产中现行判断标准的检视

（一）实质合并破产判断标准的争议

正如前文所述，《会议纪要》已经对我国实质合并破产的审查规定了评判标准，但争议并没有因此而解决，过于原则化的规定依然无法为裁判提供清晰的标准。有部分观点认为，我国对于实质合并破产的独立判断标准只有人格混同。另也有观点从行为和结果两个要件出发，将现行的标准划分为两类，前者指“法人人格高度混同、区分各关联企业成员财产的成本过高”，后者为“严重损害债权人公平清偿利益”。[②] 但循此思路，实质判断要件仍然主要依托人格混同。在司法实务当中，几乎都是以“法人人格混同”这一标准作为裁判准则，尚未明确设立其他独立的适用标准，其他因素只能作为法人人格混同标准的“陪衬”。

另有观点认为我国实际存在有多个独立判断标准，但对于有哪些为独立判断标准并无统一意见。如有学者指出我国主要依赖为“非法或不当的利益转移或分配”或“人格高度混同”这两个标准。[③] 相类似的，有学者进一步认为，人格高度混同和实质合并后的利益损害衡量应为核心判断要素。[④] 按这种观点，关联企业资产分离难度、成本费用等因素均属于关联企业高度混同的辅助判断因素。还有意见主张通过形式标准和实质标准的分野对相关标准进行分类，提出前者主要有人格高度混同标准，而真正的

---

① 参见王欣新：《破产法》（第四版），中国人民大学出版社 2020 年版，第 414 页。

② 参见王静、蒋伟：《实质合并破产制度适用实证研究——以企业破产法实施以来 76 件案例为样本》，载《法律适用》2019 年第 12 期。

③ 参见朱黎：《论实质合并破产规则的统一适用——兼对最高人民法院司法解释征求意见稿的思考》，载《政治与法律》2014 年第 3 期。

④ 参见高小刚、陈萍：《论关联企业破产程序中实质合并原则的适用》，载《法律适用》2020 年第 12 期。

实质性标准为是否有利于保障债权人的信赖利益、公平清偿利益，以及是否有助于最大程度地挽救企业或提高破产效率。① 据此，人格混同相当于实质合并破产的前置条件，还需要考虑重整可能性以及债权人利益和破产效率问题。但应当明确，实质合并破产设计的初衷就是为了提高破产效率，在人格高度混同的情形下，推断出合并破产将会提高效率并无任何逻辑障碍，且资产整合后，重整可能性自然也会加大，不过债权人公平清偿确应纳入考量之中。

（二）我国司法判断标准的适用解读

我国《企业破产法》或其司法解释对实质合并破产的法定适用要件尚未有明确规定。对于实质合并破产，美国通用的测试标准为 Owens-Corning 测试，此为 2005 年第三巡回上诉法院在欧文案中列出的条件。该条件区分了企业破产前后不同时间段的判断标准。具言之，在破产申请前，要求关联企业各自的法人独立性已被自行忽视，且足以使得债权人将各公司视为一个法律实体，不再认为各公司之间存在界限；而在破产申请后，评判标准则为破产债务人的财产和债务严重混同、难以区分，且强行区分会损害全体债权人利益，也即实际效果上已经无法区分。我国最高法院《会议纪要》第 32 条规定的标准与前述内容较为相似，该条中的三个核心点即为关联企业成员之间“存在法人人格高度混同”“区分各成员财产的成本过高”以及“严重损害债权人公平清偿利益”。《会议纪要》第 33 条则彰显了法院的谨慎立场，进一步规定企业之间的利益关系、资产的混同程度及其持续时间、债权人整体清偿利益、重整的可能性等多项考察因素。总体看来，我国现行司法规则采用了审慎原则和综合标准。② 但是并未把欧文案中“债权人认为关联企业视为同一个公司”的标准纳入，因为债权人应当有最低限度的注意义务，把两家公司当成一个法律实体的情形非常少见。

首先，关于人格混同标准。在我国的司法实践中，法院对实质合并破产进行判断时多着重论述法人人格高度混同程度。“人格混同”的企业主

---

① 参见徐阳光：《论关联企业实质合并破产》，载《中外法学》2017 年第 3 期。

② 参见王静、蒋伟：《实质合并破产制度适用实证研究——以企业破产法实施以来 76 件案例为样本》，载《法律适用》2019 年第 12 期。

要表现为相关企业在财务资产、负债、工作人员及经营决策等方面的高度混同，丧失了法人独立性。如在江苏申特钢铁公司等十二家关联公司实质合并重整案中，法院即通过财产、财务管理、人员管理、经营管理四个方面论述法人人格达到高度混同。① 在北大方正集团破产案中，法院也是论述方正集团过度支配和控制四家公司的财务、经营、人事管理等，导致四家公司的财产严重混同，欠缺法人的独立意思，从而构成人格混同。② 实务中，若能证明各关联企业间的法人人格特征中有两个及以上的要素高度混同，那么法院很大可能确认法人人格高度混同的证明标准已经达到。

其次，对于资产分离成本标准，也即区分各关联企业成员财产的成本过高的问题。该标准一方面指分离关联企业之间资产、债务所花费的时间和人力成本过高或实际上无法实现；另一方面还包括实践中资料记载匮乏导致的客观不能计算的情形。③ 一类情况为法院通过第三方声明估计成本，如中航世新两家公司合并破产时，法院即通过会计律师事务所出具的报告，认定“两公司往来款在各自其他应收款及应付款中占比较高，两公司之间大部分资金往来仅在其他应收款、其他应付款科目中进行长期挂账，不做处理”，无法判断真实的资产情况。另一类情况则是单独实体的报告也难以出具，如江苏申特系案中，法院认为关联企业内部往来款无法以正常交易予以区分，甚至无法对各公司出具单体审计报告。此外，法院还会考量集团成员之间是否存在滥用关联关系的行为，譬如利用该层关系互相提供担保，或在成员间进行不当转移、互相输送利益等行为。可以说，财产混同系人格混同的关键判断因素，而资产分离成本过高则可以作为财产混同程度的考量因素。

再次，对于严重损害债权人公平清偿利益标准，在我国司法适用中并不常见。对于该标准，为了保证实质合并破产对公平的追求，美国法院会要求申请人证明合并后普通债权人的净收益有所增加，或者不采用合并破

---

① 参见江苏法院 2020 年度十大典型案例之五：江苏申特钢铁有限公司等十二家关联公司实质合并重整案。

② 参见北京市第一中级人民法院(2020)京 01 破申 530 号民事裁定书。

③ 参见孔维璜：《实质合并规则的理解和运用》，载《人民司法(应用)》2016 年第 28 期。

产所生的损害会更大。① 保护债权人公平受偿本也是实质合并破产启动的根本动力之一。比较来看，一般情况下，我国法院更倾向于论证法人人格高度混同这一标准达到与否，申请人需要证明此种混同状态给债权人利益造成了一定的损害，以及使得债权人受到不公平对待，但实务中对合并破产所产生损害的司法审查尚不充分。

总之，在我国司法实践中，法院通常会对人格混同、区分债权人财产成本过高、不利于债权人公平清偿、重整需要等标准中的两个或两个以上同时论述，其中“人格混同”标准主导地位几乎不可撼动。这样的判断标准不利于合并破产制度的独立性，也提高了合并破产的适用门槛。因此，急需厘清现行标准之间的关系，并提出新的独立适用标准。

（三）“人格混同”标准的适用问题

笔者认为，不能以“人格混同”作为单一的判断标准。单独强调“公司法人格混同”极有可能消解实质合并制度独立存在的必要性，毕竟有学者提出应当允许逆向法人人格否认以及对姊妹公司横向人格否认。② 这就意味着或可通过公司法上的“人格否认制度”对实质合并破产进行解释适用。③ 实质合并破产判断标准的选择与其理论基础密切相关。部分观点认为实质合并破产并不属于独立制度，不过是人格否认制度在破产领域的变体。理由在于实质合并规则最初来源于美国司法实践，而美国法院对此两者的判断如出一辙。④ 两者也均否认了实体企业的独立法人人格。但笔者认为不能因此将实质合并原则与公司法中的人格否认制度等量齐观。首先，从实质合并的历史发展过程可知，其为全新的破产法理论，迥异于人格否认制度，且在判断实质合并的判断标准上，人格

① 参见解正山：《企业集团“合并破产”实证研究》，载《现代经济探讨》2020年第2期。

② 参见朱慈蕴：《公司法人格否认：从法条跃入实践》，载《清华法学》2007年第2期。

③ 参见贺丹：《破产实体合并司法裁判标准反思——一个比较的视角》，载《中国政法大学学报》2017年第3期。

④ 参见高小刚、陈萍：《论关联企业破产程序中实质合并原则的适用》，载《法律适用》2020年第12期。

混同只是判断方式之一。[①] 其次，就适用主体而言，人格否认理论主要应用母子公司之间的法律关系的牵连，而实质合并规则的适用范围则更广，延展至所有可能的关联企业。再次，人格否认制度最终实现的结果是由股东承担责任，而实质合并的目的是将独立实体的资产整合，确保全体债权人的公平分配，并不强调股东对公司行为负责。[②] 故“人格混同”状态下毫无疑问应当进行合并破产，但仍然有赖于其他独立标准的确立。

“人格混同”多用于公司法人人格否认制度，随之而来的问题是，实质合并原则中对于人格混同程度的要求与公司法上的人格否认程度是否一致？笔者认为尽管从构成要件分析两者极为相似，但仍不可混为一谈。首先，破产法与公司法的立法价值存在差异，相应的在法律判断上也应当有所不同。《公司法》第 20 条第 3 款规定了人格否认制度，根据文义解释，公司法中的人格否认要达到严重损害公司债权人利益要件，在司法实践中人格否认的理由有混同、资本显著不足、过度控制等，其中混同是最重要的理由。理论上对“严重损害后果”的评估是认为股东的不当行为影响债务清偿。而在破产法中，除了考虑债权人清偿比例或债务人偿债能力的后果外，破产效率问题占有重要地位，这也要求人格混同应当有更多元的判断标准。其次，两者混同的程度不同。实质合并中人格混同行为意味着关联企业间罔顾独立人格进行一体化经营的行为。通常情况下，判断实质合并破产的人格混同程度时，资产分离难度、成本费用计量也是重要的辅助标准，与法人人格否认制度相比，其对人格混同的判断有更多因素的考量。

四、实质合并破产中独立判断标准的构造

（一）实质合并破产的价值基础

普通的破产程序主要为了在企业具有破产原因时，开展对债权人的债

---

① 参见徐阳光：《论关联企业实质合并破产》，载《中外法学》2017 年第 3 期。

② 参加彭插三：《论美国破产法中的实质合并规则》，载《财经理论与实践》2010 年第 2 期。

务清偿，并最大可能地对企业进行挽救，实现市场的健康良性运行。实质合并破产并未脱离普通破产的功能意义，但也具有自身独特的诉求。首先，实质合并破产能保护债权人利益，实现债权人之间的实质公平。实质合并与否对所有被合并的关联企业成员及其债权人都会产生影响，具有参与主体上的共益性。① 一方面，采取实质合并破产可以提高债权人整体层面的清偿率，相比企业逐个破产，实质合并破产能够简化破产程序、降低破产企业财产清理和处置成本，增加整体财产用以分配，从而实现对债权人清偿比率的提高。② 另一方面，当关联企业之间存在利用其中某一个企业逃避债务的情况时，合并计算的方案也就更为合理。不过，也会存在部分债权人在合并破产后所得清偿反而减少的情形。这就要求作出裁定的法院进行衡量，通过比较合并破产后带来的收益与造成的损失，寻找合适的途径对受损的债权人进行一定的补偿。其次，实质合并破产是为了提升破产效率。相比单一的破产案件，存在利益输送往来的关联企业破产案件往往更为复杂，审理难度将成倍增长。倘若能实质合并破产，就可以避免将大量时间、金钱、人力成本投入到区分关联企业的资产负债上，破产程序的审理效率及实益效果能够得到显著提升。尤其在重整制度中，对效率的要求决定了规则设计的方向，追求各种资源的有效配置以及最大程度地降低成本。再次，关联企业实质合并破产在实现破产企业挽救上也具有一定优势。对于重整程序中的实质合并申请，法院还需要考察实质合并的重整价值及重整的成功率。通常而言，大型集团的运营模式能够降低交易成本，更好地抵御市场风险。③ 此种特性延伸至破产重整程序中，体现为合并处置企业更有可能最大化地利用资源，实现企业价值的提升或者资产的快速市场化处置，从而真正实现破产法的拯救功能。

概言之，若关联企业突破了法人人格独立原则，不规范的进行管理经营，其他主体亦无对等的义务将其视为独立法律主体。且在破产时采用实质合并的方式，可以最大程度地消解关联企业间千丝万缕的复杂交易关

① 参见王静：《非讼程序视角下实质合并的申请与审查》，载《法律适用》2021年第6期。

② 参见徐清宇主编：《裁判的力量》，人民法院出版社2018年版，第163页。

③ 参见肖彬：《实质合并破产规则的立法构建》，载《山东社会科学》2021年第4期。

系，实现各债权人之间的公平，提高司法效率，此为实质合并的正当性由来。

(二)实质合并破产中可适用的独立判断标准

经过上述分析，关联企业实质合并所追求的价值目标为实现债权人利益分配的实质公平以及节约成本，提高破产效率。笔者认为，当关联企业处于高度人格混同状态时，毫无疑问可以适用实质合并破产，而人格混同最核心的标准系关联企业财产高度混同，故财产混同标准在功能上与人格混同标准相差无几，足以成为独立的评判标准。另外，为了周全保护债权人利益，债权人公平清偿标准也具有独立适用性。

笔者认为财产混同标准可以替代人格混同标准作为实质合并破产的独立判断标准。首先，财产混同标准并非是人格混同标准的否定，而可以认为关联企业财产严重混同即标表着关联企业事实上已经形成了人格混同。换言之，通过对人格混同标准的各类判断因素考量，应抽取出最具有代表性、证明力度最大的核心因素作为一项独立的判断标准。其次，联合国贸易法委员会《破产企业集团对待办法》将企业集团资产和债务的混合作为实质合并破产的情形之一，美国司法实践在现行的判例中也不再着重于全面论述人格混同标准。另外，“区分财产成本过高”的标准，也即资产分离困难标准可以作为财产混同标准的重要衡量因素。对该标准的判断实质上是对破产成本的考量，包括时间和金钱等成本。毋庸置疑，如果分离资产要耗费高昂的成本，那么破产费用支出必然会增加，债权人可获得的清偿数额也相应有所减少。① 美国部分法院在主张财产混同时主张严格标准，也即只有在不可能对资产进行分离或分离需要花费大量剩余财产时，方能适用实质合并制度。

债权人公平清偿标准作为独立判断标准也符合实质合并破产的本质。正如前文所述，实质合并破产所要追求的系为实质公平，相比于一般的破产程序，此方式更为鲜明地体现了对债权人的整体保护和利益平衡，从而

① 参见许胜锋主编：《人民法院审理企业破产案件裁判规则解析》，法律出版社2016年版，第3页。

实现公平有序清偿债务的目的。[①] 法院在判定是否支持实质合并时，利益衡量是必要的工作，尤其是需要考察是否能够保护债权人利益，实现公平分配，只有在实质合并前基本确信合并后产生的利益将大于不利益，才有实质合并破产的必要。比起单个破产，实质合并破产可额外带来的收益体现在两个方面。其一，合并破产带来的最为直接好处系其能够降低破产费用，通过企业合并的方式减少了各企业成员之间资产与负债的区分、清理成本，由此获得的利益可最大程度地用于偿还债务。其二，通常情形下，关联企业合并重整后有利于资源整合，整体运营价值会上升。[②] 也即需要判断实质合并破产后债权人可以受益。至于债权人受益与否，通常有两种衡量方法。一种是绝对受益，即要求实质合并后能够有利于所有债权人，这意味着在实质合并破产后，任何一个关联企业的债权人所获得的清偿率都不会降低，预期所得的债权实现额均不会减少，甚而有债权人的预期所得可以有所增加。另外一种是相对受益。这种解释采整体视角，只要实质合并产生的整体利益大于其造成的损害即可。换言之，实质合并可能确实对部分企业债权人带来损失，但这不必然成为阻碍合并的理由，只要“整体差价”仍然存在即可，也即债权人的损失未超过剩余债权人或整体债权人所获得的增加的收益。[③] 后一种标准更符合实际情况，因为不论哪一种破产方案均不可能使得每一个债权人满意，或多或少都需要做出妥协。法院在判断是否应当进行实质合并破产时，就必须注重公平性，进行利益衡量，审慎适用实质合并破产的裁判权。当法院经过衡量，裁定适用实质合并原则时，清偿率变低的债权人往往会对实质合并提出异议。当出现这种情形时，首先可诉诸各债权人之间的协商，博弈出最佳结果。一般而言，要求实质合并破产满足每一个债权人的要求是一项几乎不可能完成任务，但是各债权人可以通过协商、听证、复议等程序性事项进行商议，确保各方在最大的利益总和限度范围内达成一致的意见。不过，法院若以此为理由强制适用实质合并破产，有学者对其合理性提出质疑，认为部分债权人

① 参见王欣新、周薇：《关联企业的合并破产重整启动研究》，载《政法论坛》2011年第6期。

② 参见王欣新：《关联企业实质合并破产标准研究》，载《法律适用》2017年第8期。

③ 参见王欣新：《〈全国法院破产审判工作会议纪要〉要点解读》，载《法治研究》2019年第5期。

确有损失，不应当为了成全其他债权人的利益而损害部分债权人应得的收益。在有些情况下，关联企业可能并未构成人格的混同，却在债权债务、业务经营等方面有交错，但适用实质合并更有利于债权人利益保护。

(三)实质合并破产中辅助判断标准

对于实质合并破产，历年来无论是理论学说还是司法判例都提出了各种各样的判断标准，这些辅助因素的目的在于衡平各方主体利益，避免实质合并规则滥用。除了可以财产混同以及债权人公平受偿可以作为独立的判断标准之外，还有可供考量的辅助判断因素，如债权人期待利益标准、重整需要标准等。

关于债权人期待利益标准，其是对债权人主观意思的考察，审查债权人是把关联企业作为一个经济整体来进行交易还是依赖单独企业的独立信用来进行交易往来。① 当债权人已经尽到必要的审查义务，但经过单个企业的引导，将公司集团作为一个整体来建立交易关系时，该信赖可以作为法院判断实质合并的依据。不过，笔者认为债权人是否将关联企业作为一个整体对待不应当成为单独考察的标准。第一，债权人的信赖很难有客观认知，本质更贴近主观立场，倘若要依据该标准认定是否进行实质合并破产，那么债权人就需要出示证明信赖合理存在的各种相对有形、客观的证据基础，而这些证据往往与人格混同密切相关。如此方能产生足够的说服力。第二，无法明确适用该标准的时间节点。从债权人与企业订立合同、建立交易关系开始至企业破产，中间可能有很长的一段时间，债权人的期待利益应当按照哪段时间区间为准？第三，要查明债权人期待利益必然需要对单个债权人的主观状态进行审视，问题在于若是部分债权人将关联企业作为一个经济整体，但另有部分债权人将关联企业当做单独的实体，这种情况是否合并？第四，债权人期待利益标准本意为了更好地保护债权人，但适用实质合并破产是否会因债权人信赖主体的不同而产生迥异的法律效果？第五，该标准无法对所有的债权人适用，如因侵权而产生的债权人显然就不存在讨论信赖利益的空间。以上几点理由足以说明债权人信赖利益作为独立判断标准适用存在诸多难以解决的复杂问题。更有学者认为

---

① 参见朱黎：《美国破产实质合并规则的实践及其启示》，载《浙江学刊》2017年第1期。

在实质合并破产中根本无须考虑债权人期待利益，盖因在商事活动，交易主体应当负有最起码的注意义务，交易一方将两家公司当成一家这种情形很少，不足以单独讨论。《破产企业集团对待办法》也把单个企业不实陈述导致债权人对企业集团产生信赖利益作为实质合并破产的理由之一。不过，债权人期待利益标准或可用作个别债权人反对进行实质合并的抗辩理由，也即债权人可以认为其不存在认错交易对象的可能性，仅仅出于单个公司法律地位进行交易，而非全体关联企业。

关于重整需要标准，大部分情况下很难将其作为一个独立的判断标准。尽管相较于确认多个重整计划而言，实质合并后只确认一个重整计划显然成本更低，更能节约管理费用，债务人经营的可行性更高。但倘若仅仅出于关联企业重整成功的需要就突破法律原则的约束，打破公司有限责任原则而适用例外规则、完全否认各企业独立的法人人格的做法难谓正当。① 该标准往往要结合债权人公平受偿等标准适用，两者之间关联性较强，盖因通常只有通过实质合并重整才更有可能较大幅度的整合资源、提升企业运营价值，从而返还债权人更多的利益。

结　　语

关联企业实质合并破产通常理解为将各破产企业的财产与负债合并计算，再按比例统一对债权人进行清偿，不再区分具体为何企业的债务。其目的是保护债权人利益，实现债权人之间的实质公平，提升破产效率，提高重整价值和重整成功率。当各关联企业出现法人人格高度混同时，法院可以直接适用实质合并破产。“人格混同”状态多通过企业成员之间在财产、业务、人员与经营决策等方面的混同程度来进行判断，其中，财产混同属于核心因素。换言之，财产混同可以作为实质合并破产的独立判断标准，盖因当关联企业成员之间出现了高度财产混同时，即事实上已经形成了人格混同状态。而债务人资产分离成本过高则可以作为财产混同标准的辅助判断因素，不属于单独判断标准。为了周全保护债权人利益，债权人公平清偿标准也具有独立适用性。此标准要求合并破产后债权人有所受

① 参见王欣新：《破产法》(第四版)，中国人民大学出版社 2020 年版，第 400 页。

益，利益衡量应当以相对受益为准，即整体增加的受益大于所受损失，对受有损失的债权人可以通过多方协商的方式对其进行适当补偿。债权人期待利益标准以及重整需要标准可仅作为辅助判断标准，需与独立判断标准结合适用。

实质合并破产启动的实践路径

吴双陆　董雯文*

内容提要： 合并破产重整的前提是实质合并规则的准确适用，纳入实质合并的关联企业的数量和质量是战略投资者进行投资决策，平衡债权人和债务人利益的基础，是实现集团企业资源再次优化配置的核心。实质合并规则适用的第一步是对关联企业的法人人格混同的认定，首先应对"关联企业"之外延和关联企业的构成要件作出明确界定，此为适用实质合并规则的前提。其次宜明确法人人格否认制度在实质合并中的适用方式和适用标准，同时将专业审计师和专业律师出具的调查报告作为判断"关联企业财产区分成本过高"的法定证据。

一、问题的提出

企业破产制度作为维护社会主义市场经济秩序，公平保护债权人和债务人合法权益的一种市场机制，对优化营商环境和加快供给侧改革具有重要意义。企业集团作为具有众多关联企业的特殊破产主体，若其本身所处行业前景较好，且拥有可持续运营的优良资产，但暂时的流动性危机导致破产，如果按照"一企一案"的传统破产处置方式，一方面可能会对债权人造成不公平对待，更重要的是无法集中企业集团的资源优势，实现企业集团资源再次优化配置，促进市场经济的有序发展。我国司法实务为解决此种困境引入了实质合并规则，各地法院适用该规则的依据

* 吴双陆，凯迪生态环境科技股份有限公司法务副总监、法务及审核管理中心总经理。董雯文，武汉工程大学法商学院硕士研究生。

主要源自《全国法院破产审判工作会议纪要》（以下简称《会议纪要》）第32条，① 此种适用皆为我国司法实践的本土化探索，对完善《中华人民共和国企业破产法》（以下简称《企业破产法》）相关条款具有重大的指导意义。因此，不管实质合并的类型是“先个别申请再合并”或者是“合并后申请破产”，都需要总结目前大量的司法实践经验，在《企业破产法》体系内形成具体的关联企业适用实质合并规则的适用标准，才能明确“谁能够纳入合并”这一关键问题，这也是构建本土化的实质合并破产规则的第一步。

我国首部《企业破产法》颁布于1986年，自颁布之初就对单一企业破产提供了完整的、可适用的法律依据。但对企业集团，尤其是业务高度集中化的企业集团如何进行破产重整没有明确规定。虽然域外对此种情况通常采用实质合并的处置办法，但由于我国是成文法国家，加之当时我国处于社会主义市场经济发展的探索阶段，高度集团化的企业集团数量极少且多为规模化的跨国企业集团，对该制度的司法需求极低，因此早期的司法实践对该规则的适用持明确排除的态度。② 2007年颁布实施的《企业破产法》对集团企业的实质合并规则也并未作出规定。

基于上述原因，我国司法实践中对实质合并规则的适用始终存在桎梏，此种状态自2007年深圳中院对南方证券及其关联公司、2008年汉唐证券及其关联公司实施的合并破产，并得到了最高人民法院的支持后开始被打破。此后，广东省、浙江省、北京市、江苏省等地也先后制定了专门针对关联企业破产案件审判的指引，③ 实质合并这一极具争议的破产规则

---

① 《全国法院破产审判工作会议纪要》第32条，当关联企业成员之间存在法人人格高度混同、区分各关联企业成员财产的成本过高、严重损害债权人公平清偿利益时，可例外适用关联企业实质合并破产方式进行审理。

② 参见《最高人民法院关于审理破产企业案件若干问题的规定》（法释〔2002〕23号）第79条。

③ 广东省高级人民法院《关于印发〈全省部分法院破产审判业务座谈会纪要〉的通知》（粤高法〔2012〕255号）；浙江省高级人民法院《关于审理涉财务风险企业债务纠纷案件若干问题指导意见》（浙高法〔2010〕13号）；北京市高级人民法院《关于印发〈北京市高级人民法院企业破产案件审理规程〉的通知》（京高法〔2013〕242号）；江苏省高级人民法院《关于充分发挥破产审批职能组用服务保障供给侧结构性改革去产能的意见》（苏高法〔2016〕174号）。

开始在我国破产司法领域内被不断深入实践。2021 年 10 月 31 日海航集团官方微信披露，海南省高级人民法院裁定批准海航集团及其相关企业破产重整案的各重整计划(草案)，[①] 这是自我国司法实践适用实质合并这一规则以来，涉及关联企业最多、中国最大破产重整案。

二、实质合并规则适用的实证分析

笔者以“申请破产重整”“合并破产”为关键词在中国裁判文书网上进行检索，结合最高人民法院、江苏、浙江、陕西等地高级人民法院公布的典型案例，共搜索到 2014 年至 2020 年的披露案件 299 件，除去不相关及重复案件，有效案件 123 件。自《企业破产法》颁布实施至 2012 年，全国法院适用实质合并规则审理的案件为 3 件；2013 年案件开始数量有所增长，到 2018 年的 31 件达到顶峰，然后呈现下降趋势。(详见图 1)

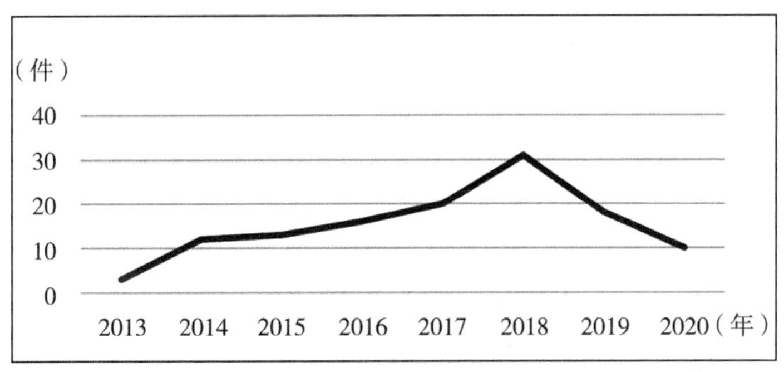

图 1　全国法院实质合并破产案件受理数量趋势表

从实质合并案件程序的类型分析，重整案件 60 件，占比 48%；和解案件 4 件，占比 3.2%；清算案件 59 件，占比 47%(详见图 2)。司法实务中对企业集团的破产清算持谨慎态度，对可以破产重整的通常适用合并重整程序。

① 参见海航集团：《海航集团及相关企业重整计划获得法院裁定批准》，载微信公众号“海航集团”，2021 年 10 月 31 日。

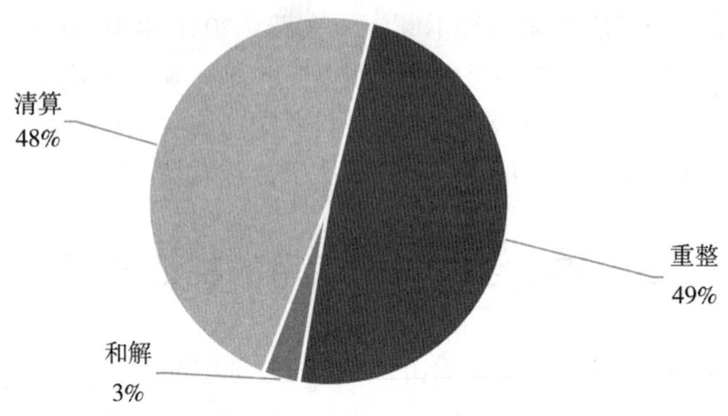

图 2　全国法院实质合并案件程序类型（2011—2020 年）

从纳入实质合并的关联企业数量来看，超过三分之二的案件为 10 家以下的企业，其中 2~5 家关联企业占比最多，占比 68%。目前除海航系外，涉及关联企业数量最多的实质合并案为辽宁辉山乳业实质合并重整案，为 83 家。（见图 3）

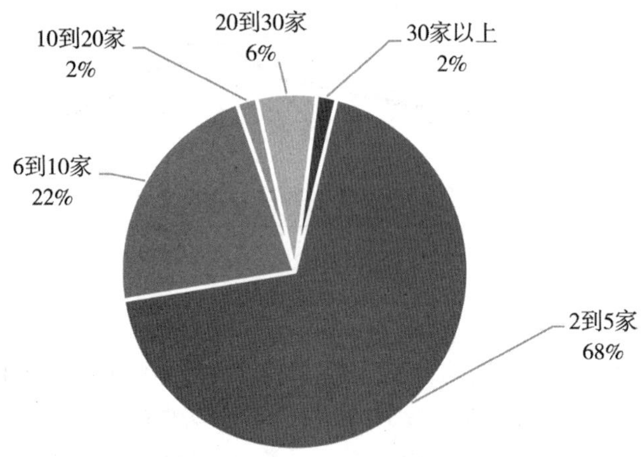

图 3　全国法院实质合并破产案件关联企业数量

从适用实质合并破产重整的审理法院层级看，分别为 31 家基层人民法院和 29 家中级人民法院，几乎各占 50%（详见图 4）。因此可以推知，我国有超过一半的合并重整案件是由基层法院审理，基层法院是否能够准确把握实质合并规则的适用、如何适用，这关系到多数破产企业及多方利益群体。

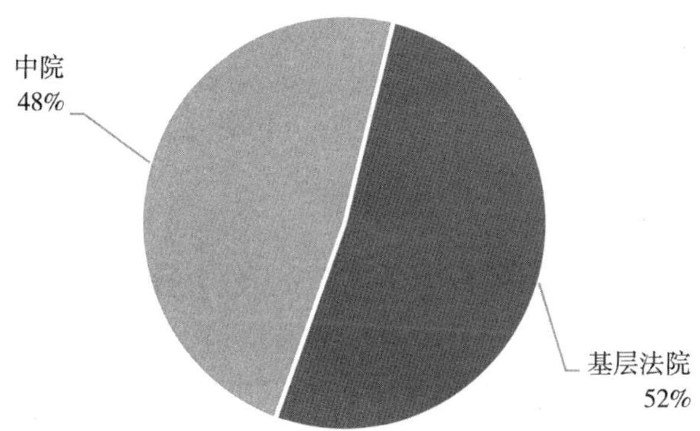

图 4　适用实质合并破产重整案件的审理法院层级

为了进一步探究各地法院对实质合并重整认定的具体标准，笔者整理了 60 家法院的裁定书，发现有近一半的案件对纳入关联企业的选择和适用法人人格否认制度的理由没有详加论述。① 当然也有少数受案法院详细论述了关联企业的选择、法人人格高度混同的理由，认为其关联企业之间交叉使用财务人员、相互担保的情况，无序划转资金，并且组织了申请人和被申请人进行了证据交换，同时出具了审计机构对关联企业和法人人格混同的审查意见，最后通过翔实的证据和理由裁定受理实质合并重整的申请。② 但是，多数法院仍以“人格高度混同”作为裁量的标准。

就纳入实质合并的关联企业的选择来看，不同地区的法院也有不同的裁定理由。特别是对具有融资性平台公司是否纳入实质合并的问题，多数法院都将融资性平台公司排除在实质合并以外，仅有个别法院以“无独立业务和财务体系，也未开展过融资以外的业务，现已不能清偿到期债务，陷入债务困境”③为理由将融资性平台公司纳入合并范围内。

① 参见重庆市黔江区人民法院(2020)渝 0114 破 2 号民事裁定书。

② 参见山东省淄博市临淄区人民法院(2016)鲁 0305 民破 2 号之二民事决定书。

③ 参见浙江省舟山市普陀区人民法院(2015)舟普商破字第 2、3、4-1 号民事裁定书。

考察域外对纳入实质合并范围的关联企业主体标准，美国破产法院在考虑一个实体合并的动议时，有 7 个判断因素：(1)是否有合并财务报表；(2)各种企业主体的利益和所有权一致；(3)母公司和子公司间贷款担保关系的存在；(4)区分各自财产和债务的困难程度；(5)主体间的财产转让是否缺少公司规定的正式手续；(6)企业法人人格高度混同；(7)在单个自然场所合并的收益性。① 目前，我国法律尚未对纳入实质合并的关联企业的认定和启动规则进行细化规定。

三、关联企业的定义及法律特征

关联企业虽然是公司法概念，但我国公司法立法并未对该概念作出明确规定。“关联企业”作为法律术语正式出现在法律规范肇始于 1991 年颁布实施的《中华人民共和国外商投资企业和外国企业所得税法》，1993 年实施的《税收征管法》第 36 条中也引用了“关联企业”的说法。随后颁布的《税收征收管理实施细则》第 51 条对“关联企业”有了较为明确的定义：(1)在资金、经营、销购等方面，存在直接或者间接的拥有或者控制关系；(2)直接或者间接地同为第三者所拥有或者控制；(3)在利益上具有相关联的其他关系。从前述规定中，可以推知立法者在将此概念引入法律规范之初，将关联企业定位为关联公司、控股公司、母子公司的上位概念，因此纳入关联企业的所有单元都应当是独立法人，且明确了一方控制另一方，或者是两方被同一方所控制。此概念虽肯定了关联企业之独立法律地位，但是对关联企业的关系限定在“控制”这一种形式上，显然忽略了共同控制、重大影响以及合约安排等问题。

而后颁布实施的《企业会计准则第 36 号——关联方披露》(以下简称《36 号准则》)第 2 章第 3 条对“关联方”定义为“一方控制、共同控制另一方或对另一方施加重大影响，以及两方或两方以上受同一方控制、共同控制或重大影响”。且该条第二款、第三款、第四款对控制、共同控制和重大影响分别定义，该法第 4 条对关联方所涵盖的类型采用列举的方式作了具体规定。《36 号准则》对“关联方”在性质上进行了定义，《企业会计准

① ［美］大卫·G. 爱泼斯坦、史蒂夫·H. 尼克勒斯、詹姆斯·J. 怀特：《美国破产法》，韩长印等译，中国政法大学出版社 2003 年版，第 24 页。

则第33号——合并财务报表》(已失效)(以下简称《33号准则》)第13条则对如何判断关联方关系构成的核心要素"控制、共同控制"作了量化规定：(1)投资方持有被投资方半数以上的表决权的；(2)投资方持有被投资方半数或以下的表决权，但通过与其他表决权持有人之间的协议能够控制半数以上的表决权。《〈企业会计准则第2号——长期股权投资〉应用指南》第2条第3款对重大影响定义为：投资方直接或通过子公司间接持有被投资单位20%以上但低于50%表决权时，一般认为对被投资单位具有重大影响。简而言之，我国财税制度对关联方的认定标准为：如若没有特别的合约安排，一方单独或者多方共同对另一方或多方拥有20%及以上的表决权即可以从财税的角度认定此企业之间存在关联方关系。上述规定与《公司法》对控制关系的认定存在一定差异。《公司法》对股东会表决的一般事项实行"简单多数"原则，即表决权过半数的股东可通过表决，此种情形在司法实务中被称为相对控制权，与上述《33号准则》中对投资方"控制"被投资方的相关规定相同。但是《公司法》第43条规定，需要股东会表决的特别重要的事项，必须经代表三分之二以上表决权的股东通过，此为绝对控制权。

但是值得注意的是，《企业会计准则》中对关联方的认定是规定在"关联方披露"准则，其目的是为了鉴证相关关联方是否按照《36号准则》进行了如实披露，是论证关联方的必要条件，而不是充分条件。

财税制度对关联方及关联方交易的规定相对微观和具体，是基于规范企业关联方财务记录和信息披露的可操性目的，法学学者对关联方的界定更具有宏观性和包容性。① 江平教授认为关联公司分为广义和狭义，广义上的关联公司为，任何两个以上独立存在而相互间具有业务关系或者投资关系之一的集合体。② 此定义将关联企业的范围扩大到两个有业务关系的独立企业之间，显然无法直接适用于破产法领域。施天涛教授将关联企业定义为，企业之间为达到特定经济目的通过特定手段而形成的企业之间的联合。③ 该概念认为关联企业界定为独立法人之间的联合，联合的目的限

---

① 参见阎晓琳：《基于财务视角的关联企业实质合并破产审查标准研究》，载《中国注册会计师》2019年第7期。

② 参见江平主编：《新编公司法教程》，法律出版社1994年版，第216页。

③ 参见施天涛：《关联企业法律问题研究》，法律出版社1998年版，第6页。

定于“特定经济目的”，联合的方式概括为“特定手段”。相比于江平教授的观点，施天涛教授将“关联企业”限定到为实现共同的经济目的以特定手段联合的企业，但是此概念未对“特定手段”作出具体界定，且没有对联合企业之间的联合方式作出具体说明，同样很难直接适用于破产法领域。王欣新教授认为关联企业是“通过股权参与或资本渗透、合同机制或其他手段如人事连锁或表决权协议等方法，在相互之间存在控制与从属关系或重要影响的多个企业”。① 王欣新教授的观点相比施天涛教授的更加具体，并对施天涛教授观点中的“特定手段”进行具体界定，也对企业之间的联合方式限定在控制、共同控制或重大影响。但是从破产法司法适用的角度对关联企业的认定，笔者建议将上述法学学者的观点与《会计准则》的规定相结合，具体化关联企业的构成要件，其中应当着重明确除“控制、共同控制、重大影响”外，“合约安排”可以作为适用实质合并规则中判断关联关系的要件，以便法院能够准确确定纳入破产程序的相关公司的范围。此为适用实质合并规则的第一步。笔者认为，在判断关联关系时，对“控制、共同控制、重大影响”要素的判断，可以设置特定的持股比例进行量化判断，同时可以基于商业活动的实质考虑，引入会计信息质量要求中的“实质重于形式”的原则，将“合约安排”对经济业务的实质影响的大小作为标准，作为实质合并规则中“关联企业”的判断之一。

四、实质合并的法律依据

根据《联合国贸易法委员会破产法立法指南》第 224 条“实质合并是将企业集团两个或两个以上成员的资产和负债作为单一破产财产的组成部分对待”。实质性合并令应当具备下列效力：一是被合并集团成员的资产和负债作为单一破产财产的组成部分处理，二是消灭列入合并令的集团成员间债权和债务，三是对列入合并令的集团成员的债权如同对单一的破产财产的债权处理。② 实质合并是美国司法实践根据衡平法规则创造的专门适

① 王欣新、周薇：《论中国关联企业合并破产重整制度之确立》，载《北京航空航天大学学报(社会科学版)》2012 年第 2 期。

② UNCITRAL, Legislative Guide on Insolvency Law, Part three: Treatment of Enterprise Group in insolvency, United Nations, New York, 2012, pp. 72-73.

用企业集团、关联企业破产情形下为保护债权人公平受偿权的救济制度，其核心要义在于否认关联企业的独立人格，消灭关联企业之间的债权债务关系，将关联企业的财产合并为一个整体对债权人清偿。其理论源自 Adolf Berle 教授 1947 年提出的企业整体说，[①] 该学说主要从经济事实的角度，认为由相同股东控制的数个公司存在相同的经济目的，因此应当将这些公司视为同一主体。

然而，即使在美国司法体系中，实质合并规则也经历了从萌芽到适用范围、使用标准不断成熟的过程，其判断标准也从单一的人格混同延伸到债权债务区分难度等。同样，该制度移植到我国后，仅就该制度是否适用就经历了从坚决反对[②]到 2007 年的逐渐转变[③]，再到最高人民法院发布的第 29 批指导案例，[④]（以下简称"第 29 号指导案例"），以江苏省纺织工业(集团)进出口有限公司及其五家子公司实质合并破产重整案等三个案例专门就企业的实质合并破产案作出指导意见，可以看出司法机关对实质合并制度在我国的适用已经转为肯定态度。但是正如前文所述，我国《公司法》和《企业破产法》对实质合并规则均没有明确规定，我国司法机关的实践已经先于立法，这与我国成文法国家"有法可依"的原则相违背。

"第 29 号指导案例"中就"实质合并"所依据的法条均为《企业破产法》第 1 条和第 2 条，即《企业破产法》规定的立法目的和申请破产的原因。但是根据法律解释理论和逻辑理论并不能由上述 2 则法条推导适用实质合并规则。最高人民法院首次以司法解释(征求意见稿)的形式提及实质合并规则，是在 2012 年《关于适用实体合并规则审理关联企业破产清算案件

① "企业整体说"：Adolf Berle 教授于 1974 年提出，他认为如果数个股东依照法定程序设立一家公司，该公司成为一个法律主体，此种情形下，公司的法律事实与经济事实一致。但如果股东登记设立了数个公司，尽管在法律上各公司具有独立的法律地位，但各公司之间由于关联关系而形成了经济上的共同体，其他公司实际上成为控制公司的附庸，从经济事实的角度出发，这些公司应当被视为同一主体。

② 参见《最高人民法院关于审理企业破产案件若干问题的规定》(法释〔2002〕23 号)第 79 条，债务人开办的全资企业，以及由其参股、控股的企业不能清偿到期债务，需要进行破产还债的，应另行提出破产申请。

③ 参见最高人民法院 2007 年"全国法院证券公司破产案件审理工作座谈会上的总结谈话"。

④ 最高人民法院《关于发布第 29 批指导性案例的通知》(法〔2021〕228 号)。

的若干规定》，2013 年又先后发布《关于适用〈中华人民共和国企业破产法〉若干问题的规定(六)(征求意见稿)》和《关于企业集团破产处置办法的司法解释(草稿)》，都是力求使关联企业实质合并破产案件的审理于法有据。但是上述征求意见稿均没有成文发布。司法实践并没有因为立法规范不完善而停滞，2012—2018 年间纵横集团 1+5 公司、浙江溢佳香食品集团公司、巨诚系企业合并重整案均继续适用实质合并规则。2018 年《会议纪要》进一步明确支持实质合并规则，表明了以单个破产程序为原则，适用合并破产规则为例外的基本态度，同时就适用实质合并方式审理的标准作了概括性规定。司法实务在审理关联企业实质合并案件中通常以上述会议纪要的规定为裁判提供思路，但由于会议纪要并不是我国的法律渊源，因此不能直接作为裁判的法律依据。

因此要探究关联企业实质合并重整的实践路径，首先宜以《会议纪要》中确立的实质合并规则出发，从构成实质合并的关联企业主体入手，分析关联企业的认定标准；再分析适用实质合并的情形，尤其是对法人人格高度混同进行分析研究，从而达到指导实践的目的。

五、实质合并规则的意义及其商业价值

在商业活动中，存在大量的关联企业独立人格的法律地位与其实际经济运作不匹配的问题，这种不匹配在企业破产的时候尤为突出，且与破产法公平清偿、公平保护债权人的立法宗旨相悖。一方面，关联企业之间可以利用其特殊控制、共同控制、重大影响或者从属关系转移彼此财产、虚构债权债务、甚至是违背市场规则的非公允交易，以此来达到逃避债务的目的。另一方面，正是由于关联企业个体的独立地位和上述复杂的关联关系，债权人利益受损后很难通过举证证明关联企业之间的不正当交易，无法保障债权人利益。同时，虽然有法人人格否认制度、破产撤销权制度可以维护债权人的利益，但是此两种制度也仅仅是在单体企业的基础上适用。引入实质合并规则的意义在于：首先可以弥补目前《企业破产法》的不足，确保破产债权人之间实现实质公平；其次，实质合并规则可以提高破产程序的效率，待破产的企业集团本身就存在长期资金混同、人员交叉任职、相互担保等实质，可以看作一个实际经营体。关联企业成员之间债权债务关系复杂，如果坚持单体分别破产，会大大增加破产成本，加重企

业破产管理人和法院的同质化工作负担，造成人力、物力、财力的浪费。因此，实质合并制度对突破企业的独立人格，刺穿企业之间复杂的关联关系，解开前述症结，对于规范企业集团的破产活动有重大现实意义。

实质合并规则对企业集团、特别是大型企业集团的适用具有重大的商业价值。大型企业集团破产多是因为流动资金短缺，如果直接将其逐个破产清算，将造成大量的资源流失。比如北大方正集团破产案中，作为中国最大校办企业，北大方正拥有6家上市公司和多个金融牌照，以及北大国际医院等关联实体。除了北大方正这种多产业共同发展的企业外，更多的企业集团是专注某一产业。以凯迪生态为例，一家以生物质发电为主营业务，兼顾风力发电的清洁能源企业，拥有生物质电厂46家，风电3家，农林废弃物生物质发电装机规模稳居全国第一，位处行业龙头。其生物质能发电业务，从电厂项目开发、建设、生产、运营到原材料收集保障供应、林地资源开发、碳交易等产业链的各个环节，拥有自主研发的高温超高压循环流化床锅炉直燃发电技术，具有持续升级的技术储备能力。凯迪生态及其关联公司自成立以来，累计纳税超过100亿元，累计向农民转移支付超过190亿元，每年可带领近40多万农民脱贫致富奔小康，包括国家建档立卡的贫困户约10万户。对于这样的企业，如果将关联企业或分割出售、或单体破产、或放任资产流失，其企业集团的全产业链优势将被打破，无法对现有的经营体系和产业链价值有效整合，大大增加区分债权债务的成本和难度，严重降低工作成效。同时由于凯迪生态的燃料产业链涉及千家万户，还将可能引发民生和维稳问题。引入实质合并重整规则，运用被誉为经济领域“紧急外科手术”的重整制度，打包合并后实施重整，可以最大限度地保留既有的商业价值，剥离不良资产，快速帮助企业脱困，优化营商环境，实现“保民生、保产业、保实体”的目标。

六、实质合并的实务操作及方法

《会议纪要》第32条将适用实质合并的标准概括为：(1)法人人格高度混同；(2)区分各关联企业成员财产的成本过高；(3)严重损害债权人公平清偿利益。但是《会议纪要》并没有明确上述三个标准是否需要同时适用。“第29批指导案例”采用“人格高度混同、不当利益输送和债权债务清理难度”这一综合标准作为裁判理由，同时适用了《会议纪要》中的三个标准。但是地方法院的司法实践中，多数在受理合并破产案件时采用“法人人格高度混同”作为核心判断标准，其他两个标准作为辅助。这样的裁判方式存在无法清楚地区分“法人人格高度混同”与“实质合并”的关系问题，甚至可能会引发疑问，认为实质合并规则其实就是《公司法》中法人人格否认制度在破产法领域内的直接应用。因此，要从法理上论证这三个标准是否需要同时适用。笔者认为首先需要厘清法人人格否认制度在实质合并规则中的适用标准，其次需要确定“关联企业财产区分难度大”的适用标准。

（一）法人人格否认制度在实质合并规则中的适用

1. 适用方式

在论证法人人格否认制度在实质合并规则中的适用标准之前，首先应该明确此两种制度并不是泾渭分明的，也不是完全一致。二者的目的都是为了保护债权人的合法利益，否认法人人格是适用实质合并规则的条件之一，实质合并规则的适用需要最大化的发挥法人人格否认制度的作用。

《公司法》第 20 条是对关联公司人格否认制度的规定条文，但是该条仅规范了股东和公司存在财产混同的情形，对关联公司之间的财产存在混同的情形是否可以适用该制度，没有明确。学术界对公司之间财产混同是否可以适用法人人格否认制度存在争议，一种观点认为“只要属于股东滥用法人人格独立地位和股东有限责任的情形，即使某些滥用情形不在该条中规定，也属于该规则的范围之内”。① 即认为只要存在股东滥用其法人独立地位损害公司、债权人利益的情形，无条件适用法人人格否认制度。另一种观点认为公司之间的人格混同不适用公司法有关法人人格否认的规定。② 持此种观点的学者严格按照法律解释理论，认为《公司法》仅规定了股东和公司可以适用法人人格否认制度，如果在公司之间适用，则属于类推适用，并且认为 2019 年最高人民法院发布的《全国法院民商事审判工作

① 参见朱慈蕴：《公司法人个否认制度理论与实践》，人民法院出版社 2009 年版，第 49 页。

② 参见楼东平、陈文东：《人格混同的姐妹公司共担责任的法理基础分析》，载《法治研究》2010 年第 4 期。

会议纪要》(以下简称《九民纪要》)第 10 条同样只将混同的范围限定在公司和股东之间。目前司法实践中对公司之间适用法人人格否认制度的依据也主要源于“最高人民法院第 15 号指导性案例”(以下简称“第 15 号指导性案例”)。① 但是我国并非判例法国家，因此，法人人格否认制度并不当然适用于关联公司之间，但是实质合并规则的适用则需要当然的否定关联企业之间的独立人格。在实质合并规则中运用法人人格否认的标准，不仅需要纵向判断——投资方与被投资方之间，还需要横向判断——被投资方之间。因此，笔者认为在司法实务中进行实质合并规则适用时，法人人格否认制度仅能最大限度地适用于投资方和被投资方之间。

2. 适用标准

《九民纪要》第 10 条关于认定构成人格混同最根本的判断标准是公司是否具有独立意思和独立财产，独立意思是指能否独立的对外作出意思表示，独立财产是独立意思表示的基石，是公司对外承担责任的物质基础。该条同时罗列了六类应当考虑的因素，并且将公司业务混同、人员混同、住所混同作为判断人格混同的补强。与上述标准不同的是，“第 29 批指导性案例”中江苏纺织工业集团案中法院认定构成人格高度混同的情形包括：(1)人员任职高度交叉、未形成完整独立的组织架构；(2)共用财务及审批人员，缺乏独立的财务核算体系；(3)业务高度交叉混同，形成高度混同的经营体。值得讨论的是，实质合并规则的适用是需要同时满足上述三种情形还是可以按照《九民纪要》第 10 条规定的以财务要素作为核心标准。海航系，盛运环保系、凯迪生态系破产前均为上市公司，其组织架构均为上市公司下设董事会，由董事会领导经营层，经营层领导各业务中心，各业务中心指导、服务于下属各个关联企业，下属公司业务相同、高度相似或存在上下游关系，人员配置、资金运作由上市公司统一调配管理。以凯迪生态系为例，下属公司不需自行融资，只需按月报送资金计划，由凯迪生态投融资管理中心对外融资、计划经营管理中心和财务管理中心统收资金后，按照预先核准的资金计划向下属公司发放资金，下属公司按照资金管理规定在规定的资金使用计划范围内可以自行支配，对超过

① 最高人民法院第 15 号指导案例，徐工集团工程机械股份有限公司诉成都川交工贸有限责任公司等买卖合同纠纷案。

规定计划使用的资金需要报送凯迪生态计划经营管理中心、财务管理中心及决策层领导审批，因此超出批准外的资金使用，下属所有关联公司的资金支出和财务审批都需要统一报送到凯迪生态公司的资金计划部门、财务部门、分管副总裁、总裁等实施审批流程。此种运作模式在多数上市公司适用，例如中国金属利用(01636)。同时，上述三家企业在破产前均为组织架构完整的上市企业，其组织架构、业务、人员在形式上符合《公司法》的基本要求。因此，如果以业务和人员交叉作为实质合并的判断标准，略显说服力不足，建议可作为形式判断标准，但不能作为唯一标准。

(二)关于“关联企业财产区分成本过高”的判断标准

关联企业财产区分成本过高可以理解为：(1)可以区分，但是需要花费高昂代价；(2)无法区分。前述第(1)种情形，可以以上述法人人格否认制度在实质合并规则中适用的标准作形式判断，以下述补强因素作实质判断；第(2)种关于无法区分的情形，主要存在于恶意欺诈、人为操控等情形中。

1. 人格高度混同的补强因素

基于上述原因，笔者建议在判断关联企业财产区分难度大时，引入《36 号会计准则》中规定的关联交易的三种类型：第一，购买和销售交易。此类交易可以核查交易价格是否公允，公允价格可依市场参考价、成本加成等方法确定。第二，关联公司之间互相担保。此种担保与正常担保之间的差异在于：(1)担保时间倒签，即业务已经发生，且可能存在违约风险时，由关联公司之间相互担保，并且将担保时间倒签自业务开始之处；(2)突击担保(或恶意担保)，即债务已经或即将发生逾期，债权人因对控股股东的信赖后被引诱，接受控股股东指派的某一企业，且债权人相信该被指派企业与业务关联方企业、控股股东之间为一个整体，此两种担保已经在实际上损害了其他债权人的利益。第三，资产转移类交易。主要表现为：(1)资产是否无偿或者是严重低于市场价转移给关联方，此类资产转移体现在资产负债表中，但是不影响利润。(2)关联方长期无偿占用资产，即没有资产转移手续，实践中表现为：其一，控股股东长期占用下属公司资产，或关联公司资产所有权不清，没有资产转移手续抑或是租赁实质；其二，控股股东(或关联方)对关联方长期的非经营性的资金占用。

2. 交易欺诈

交易欺诈往往是由控股股东或实际控制人为了逃避债务、转移资产等欺诈行为造成的，其主要情形为：(1)往来款频繁，但是缺乏业务实质，表现为没有合同、结算单等交易凭证；(2)原始交易凭证缺失，交易记录不完整；(3)内控制度和财务记录表面完整，但蓄意逃避债务、转移资产的时间周期长、手段隐蔽、关联交易链条复杂。上述第(1)、(2)种情形可以从财务数据进行判定，第(3)种情形财务数据不会有异常显示，需要从交易程序逐一分析查找异常，从交易合同、银行流水、产权交易记录等方面进行深入分析。存在交易欺诈的主要原因是控股股东或实控人对下属公司的过度支配与控制，导致控股股东与下属公司之间，下属公司与下属公司之间的资产和债务无法区分。

综上所述，由于控股股东的过度支配与控制导致的关联企业之间的人格混同，无序担保导致控股股东与关联公司、关联公司之间的资产区分难度大，其后果必然是损害债权人公平清偿的利益。因此，笔者建议实质合并破产启动的实践路径，宜以《九民纪要》第 10 条规定的财务指标作为主要判断指标，以《九民纪要》第 11 条“过度支配与控制”作为核心辅助证据，二者不可偏废，同时建议法官在裁定实质合并时将专业审计师和专业律师出具的调查报告作为主要参考依据。

结　　论

实质合并规则是企业集团破产有效、有序进行的应有之义，明确适用实质合并规则的具体标准是目前我国破产法领域内的一大任务。立法机关或法律解释机关在制定该规则的适用标准时，需要在综合考虑债权人的实际利益和社会影响力的基础上，对实质合并的必要性和可行性达成社会共识。实质合并破产的启动，涉及启动条件、审核标准、启动程序等内容，但是最为关键的是构建该规则的适用条件和审核标准。本文基于目前我国《企业破产法》及相关会议纪要、学术理论对我国实质合并破产启动的标准进行分析，希望可以为关联企业实质合并规则的构建和完善贡献智慧。

关联企业实质合并破产准入规则研究

胡永睿　胡庆东*

内容提要：人民法院采用实质合并方式处理企业集团破产问题，已进入常态化。但法律法规的供给不足，造成司法实践中，各地法院在关联企业实质合并破产的准入问题上出现争议，具体包含界定实质合并破产主体范围以及实质合并破产裁定标准两方面。债权人屡屡对合并破产提出质疑，企业集团也在财产界定、资产追索、重整挽救等方面出现许多复杂的问题。在实证考察的基础上，比较研究域外合并破产相关立法司法，对完善我国关联企业合并破产制度准入规则提出建议。一方面应构建负面清单模式对合并破产主体范围进行界定，非破产关联企业成员可以纳入实质合并破产程序，明确不予适用合并破产的情形。另一方面应构建我国实质合并规则的综合认定标准，以法人人格混同、欺诈作为独立适用的裁定标准，重整需要、债权人收益及信赖利益作为补强适用的考量因素。

一、问题的提出

在我国破产法司法实践中，对关联企业实质合并破产进行了大量有益的探索。近五年，中国裁判文书网“关联企业合并破产”相关文书已近千篇，大体上呈现出逐年递增的趋势。各地人民法院完成了例如江苏省纺织工业集团合并破产重整案、云南煤化工集团合并破产重整案、庄吉集团合

* 胡永睿，南京理工大学2019级法学硕士研究生。胡庆东，南京市中级人民法院高级法官，法学博士。

并破产重整案、福建安溪铁观音集团合并破产重整案[①]等一批关联企业实质合并破产案件，切实优化了企业集团纾困与退出市场机制，推动了供给侧结构性改革，对构建新发展格局作出了巨大贡献。

但客观上，《中华人民共和国企业破产法》(以下简称《企业破产法》)及相关司法解释并没有关联企业合并破产的明确规定。破产法内重整、清算、和解的规定是针对单个破产企业如何进行破产作出的，由此导致合并破产案件难以适用破产法的具体条文来对应合并破产法律关系。规则的缺失容易造成司法适用的混乱。各地人民法院审理关联企业破产案件时在实质合并破产主体范围的界定以及裁定标准的确立上并不统一。

实质合并规则是否适用、如何适用，关乎破产程序各方主体利益。[②]关联企业实质合并破产与否对企业集团、企业集团全体债权人甚至集团所在地的经济发展、社会稳定都将造成影响。关联企业实质合并破产首先要解决哪些企业在符合什么条件下可以进行实质合并破产的问题，因此有必要对关联企业实质合并破产准入规则进行研究。

二、实证考察

(一)关联企业实质合并破产案件样本分析

经检索中国裁判文书网，以“关联企业”“合并破产”为关键词，截至2021年7月，2016—2021年共有文书978篇。结合无讼案例网、各地法院破产典型案例等信息，去除无关、重复案例，共整理关联企业实质合并破产案件224件，其中23件为人民法院裁定关联企业不予实质合并破产。

1. 关联企业实质合并破产案件年份及数量统计

从2016—2021年上半年每年度关联企业实质合并破产案件数量情况来看，在我国的破产实践中，对企业集团多个关联企业进行实质合并破产

① 最高人民法院发布10起全国法院破产典型案例，http://www.pkulaw.cn/fulltext_form.aspx? gid=311006，访问日期：2022年9月7日。

② 王静、蒋伟：《实质合并破产制度适用实证研究——以企业破产法实施以来76件案例为样本》，载《法律适用》2019年第12期。

（包括重整与清算）实际上已经进入了常态化。① 2019 年以前关联企业实质合并破产案件大体上呈现出逐年递增的趋势，2020 年后由于新冠肺炎疫情等因素的影响，案件数量略有下降，但仍高出以往年份。此种趋势与中国裁判文书网中历年文书数量也保持正比。（详见图 1）

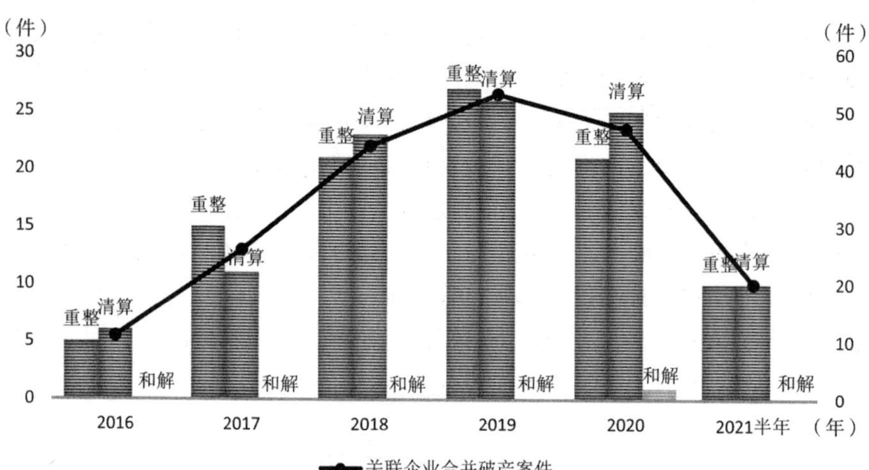

年份	关联企业合并破产案件（件）	重整（件）	清算（件）	和解（件）
2016	11	5	6	—
2017	26	15	11	—
2018	44	21	23	—
2019	53	27	26	—
2020	47	21	25	1
2021 半年	20	10	10	—

图 1　2016—2021 年上半年关联企业实质合并破产案件数量及适用程序统计

2. 关联企业实质合并破产案件地域统计

从全国法院实质合并破产案件区域分布来看，201 例关联企业实质合

① 王欣新：《关联企业实质合并破产标准研究》，载《法律适用（司法案例）》2017 年第 8 期。

并破产案件共涉及全国 20 个省级行政区划。其中，合并破产案件数量最多的地区是浙江省，共有 47 件，占总案件比值约为 23%。

在破产主体性质上，浙江实质合并的破产企业几乎均为民营企业。一方面与浙江市场经济结构具有紧密联系。2018 年，浙江民间投资达 21383.2 亿元，占投资总额比重达 63.1%。① 另一方面，在供给侧结构性改革及“去产能、调结构”背景下，浙江法院在破产重整、府院协调等方面创造了良好的营商环境以及市场退出机制。其中，浙江 JD 系合并破产重整案，稳妥化解了 84 亿元债务，1400 名员工留岗工作，避免和化解了区域性金融风险。② “ZJ 集团有限公司合并破产重整案”也被最高人民法院认定为十起全国法院破产典型案例之一。③（详见图 2）

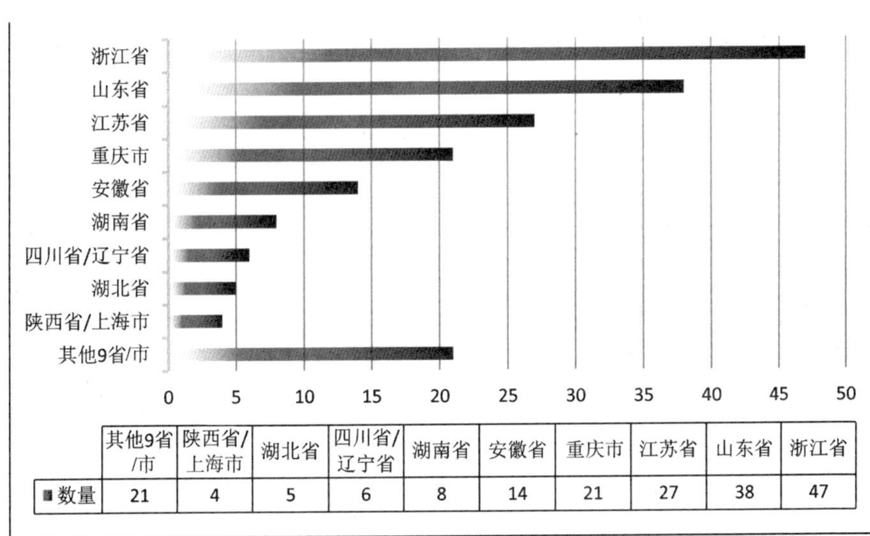

	其他9省/市	陕西省/上海市	湖北省	四川省/辽宁省	湖南省	安徽省	重庆市	江苏省	山东省	浙江省
■数量	21	4	5	6	8	14	21	27	38	47

图 2　2016—2021 年上半年关联企业实质合并破产案件地域统计

① 浙江省民营经济研究中心：《浙江民营经济之网》，http://www.myjjzx.cn/cj/view.php? aid=383，访问日期：2022 年 9 月 7 日。

② 参见韩方：《2019 年度人民法院十大商事案件》，载《人民法院报》2020 年 1 月 18 日，第 4 版。

③ 最高人民法院发布 10 起全国法院破产典型案例，http://www.pkulaw.cn/fulltext_form.aspx? gid=311006，访问日期：2022 年 9 月 7 日。

(二)关联企业合并破产案件准入规则中呈现的问题

1. 合并破产主体范围界定有分歧

当企业集团内部所有关联企业均已破产，将其尽数纳入实质合并破产主体范围，并不会产生较大异议。但企业集团内部经营状况良好的关联企业，是否可以将其纳入实质合并破产主体范围，司法实践中存在较大争议。各地人民法院关于“非破产成员能否纳入实质合并破产”存在不一致裁定。

部分地区人民法院在裁定文书中指出，关联企业实施合并破产，应当具备破产原因。例如，扬州 WLJX 有限公司破产案中，法院指出：“对关联企业成员适用实体合并规则实质上就是启动该关联企业成员的破产程序，因此必须依法申请、启动关联企业成员的破产程序，该关联企业应具备破产原因。”①再如，山东 WB 集团有限公司合并破产案中，法院指出：“法院一方面要审查适用实质合并破产的关联企业是否具有《中华人民共和国企业破产法》第二条规定的破产原因，另一方面要对实质合并规则的适用条件进行审查。”②

部分地区人民法院则认为，只要关联企业法人人格混同，就可以将企业集团整体纳入实质合并破产。例如，LS 集团合并破产案中，法院指出：“如果存在关联企业之间法人人格高度混同，不否认法人人格的独立，不足以充分保护关联企业债权人整体利益的情况下，就应该例外地对各关联企业适用实质合并破产程序。”③再如，JSWJ 有限公司合并破产案中，法院指出：“两关联企业间存在法人人格高度混同情形，县人民法院裁定合并破产重整具有法理依据，符合立法宗旨，对此应予维持。”④

除此之外，司法实践中还出现了人民法院先裁定合并破产后裁定不予合并的案例。浙江 OHZC 股份有限公司合并破产重整案中，经破产管理人

---

① 江苏省扬州市中级人民法院(2019)苏 10 破终 3 号民事裁定书。

② 山东省日照市中级人民法院(2019)鲁 11 破监 1 号民事裁定书、(2019)鲁 11 破监 2 号民事裁定书。

③ 山东省聊城市中级人民法院(2020)鲁 15 破复 1 号民事决定书。

④ 安徽省宣城市中级人民法院(2020)皖 18 破终 1 号民事裁定书。

申请，人民法院裁定 ZS 公司退出合并破产程序，并指出 ZS 公司与 OHZC 公司并未达到严重混同的程度，并且合并破产损害了 ZS 公司债权人的公平清偿利益。① 值得关注的是，2018 年 7 月 12 日人民法院裁定浙江 OHZC 股份有限公司等 7 家关联企业合并破产清算，② 在 2020 年 11 月 5 日的裁定书中指出："本院在收到管理人申请后，依法启动审查程序，对 ZS 公司债权债务情况、ZS 公司与 OHZC 公司关联情况、申请人的申请事实与理由、各利害关系人异议情况进行了核实与调查。"③此时 OHZC 股份有限公司等 7 家关联企业合并破产案已经历时 2 年，合并破产裁定作出 2 年，对案涉企业集团关联情况，异议情况进行核实调查后，最终裁定不予合并。此案一定意义上反映了合并破产案件中主体范围的界定困难程度，不仅在于法律适用，更在于各项证据收集、整理、质证等环节。

2. 合并破产裁定标准不统一

关联企业自身财产状况与实际运营中的复杂性，加之破产过程中的利益纠葛与程序限制，使得确定关联企业实质合并破产的裁定标准往往并无统一的范式可供遵循。④ 在笔者整理的 201 件 2016—2021 年关联企业实质合并破产案件中，有 128 件为基层人民法院审理，占比约为 63. 6%；63 件为中级人民法院审理，占比约为 31. 3%；10 件为高级人民法院审理，占比约为 4. 9%。此三级人民法院的合并破产裁定标准，可以分为以下四类：

其一，大部分案件以"法人人格混同"为考量依据。例如，陕西 BJSH 合并破产案中，法院认为："BJTZ 公司系 BJSH 公司的关联公司，两公司之间存在法人人格高度混同的情形，符合进行实质合并破产的条件。"⑤

其二，以"法人人格混同"为核心，并附加考量《企业破产法》立法宗旨、公平、效率等因素。例如，湖南 JLJM 合并破产重整案中，法院认

① 参见浙江省舟山市中级人民法院(2018)浙 09 破 7 号民事裁定书。

② 参见浙江省舟山市中级人民法院(2018)浙 09 破申 6 号民事裁定书、浙江省舟山市中级人民法院(2018)浙 09 破 1 号之一民事裁定书。

③ 浙江省舟山市中级人民法院(2018)浙 09 破 7 号民事裁定书。

④ 王华：《关联企业实质合并破产的裁定标准》，载《山东法官培训学院学报》2020 年第 6 期。

⑤ 陕西省西安市中级人民法院(2017)陕 01 破 7-11 号民事裁定书。

为："法定代表人、企业高管、财务、资产等方面存在高度混同，管理人向本院报告要求实质合并审理的请求，不违反我国法律、法规的禁止性规定，亦符合最大限度保障债权人公平受偿权利、切实维护和提高广大债权人整体受偿比例的原则，也有益于维护社会稳定。"①

其三，以《全国法院破产审判工作会议纪要》(以下简称《会议纪要》)第 32 条②为核心裁定标准。《会议纪要》第六章对关联企业的专章规定是当前审理合并破产案件最直接的指导规定。但一方面《会议纪要》只可用来说理，并不具备法律或司法解释的规范性质，另一方面《会议纪要》规定较为原则。因此司法实践中也出现利害关系人对合并破产合法性提出质疑。③

其四，少量案件裁定标准具有个案性。有的基于关联关系的考量，例如山东 LKS 合并破产案，法院认为："山东 LKS 农业开发有限公司、沂南县 NY 果蔬种植专业合作社系关联企业，适用关联企业实质合并破产程序更有利于企业资产的处置、分配。"④有的类比民事诉讼法中共同诉讼，例如南通 DSJS 有限公司破产案，法院认为："民事诉讼法第一百三十二条规定，必须共同进行诉讼的当事人没有参加诉讼的，人民法院应当通知其参加诉讼，对具备向全体债权人共同承担责任或承担连带责任，且未并入破产程序中的债务人而言，应当属于民诉法规定的必须共同进行诉讼的情形。"⑤

我国关联企业合并破产案件裁定标准不统一的背后，存在着以下两方面的问题。一方面，现阶段合并破产裁定标准，局限于对公司法制度的借

---

① 湖南省娄底市中级人民法院(2018)湘 13 破 1-13 号民事裁定书。

② 《全国法院破产审判工作会议纪要》第 32 条："人民法院在审理企业破产案件时，应当尊重企业法人人格的独立性，以对关联企业成员的破产原因进行单独判断并适用单个破产程序为基本原则。当关联企业成员之间存在法人人格高度混同、区分各关联企业成员财产的成本过高、严重损害债权人公平清偿利益时，可例外适用关联企业实质合并破产方式进行审理。"

③ 参见山东省东营市中级人民法院(2020)鲁 05 破监 2 号民事裁定书：复议申请人提出"现行有效的法律中并未规定合并破产，最高人民法院会议纪要不能作为裁判依据"。

④ 山东省沂南县人民法院(2021)鲁 1321 破申 3 号民事裁定书。

⑤ 江苏省如皋市人民法院(2017)苏 0682 民破 1 号民事裁定书。

鉴，这种观念与其他大多数国家实质合并破产的判断标准和适用范围相比就显得有些狭窄，未能从破产法角度作全面考虑。① 对于破产欺诈，破产企业集团重整成功可能、债权人信赖利益等标准的考量不足。另一方面，合并破产案件现有裁判标准，不能满足人民群众对统一法律适用标准的要求，各地人民法院考量因素不统一，难以得到企业集团的全体债权人对于合并破产的支持。司法实践中有债权人表示，“合并清算，在《企业破产法》中均无法条依据可循，在中国语境下，这一法律实践是完完全全的‘法官造法’或‘管理人造法’”。②

3. 合并破产裁定法律依据不一致

以 2019—2021 年 119 例合并破产案件为例，其中可查询到合并破产裁定文书的案件共 85 件，占比 71.4%。通过整理前述关联企业实质合并破产案件裁定文书，笔者在下文中列举了文书中作为裁定依据的法条以及相关法条在 85 件裁定受理关联企业实质合并破产案件中的适用频率。(详见表 1)

表 1　2019—2021 年合并破产案件法律依据情况

序号	法条	法条内容	适用比例③
1	《破产法》第 1 条	立法目的	47%
2	《破产法》第 2 条	破产原因	79%
3	《破产法》第 3 条	管辖	47%
4	《破产法》第 7 条	债务人申请破产重整、和解、清算	25.9%
5	《破产法》第 10 条	破产申请的受理	5.9%
6	《破产法》第 71 条	破产重整裁定	34.1%
7	《公司法》第 3 条	公司有限责任	34.1%
8	《公司法》第 20 条	法人人格否定	24.7%

① 王欣新：《关联企业实质合并破产标准研究》，载《法律适用(司法案例)》2017 年第 8 期。

② 广东省高级人民法院(2018)粤破终 37 号民事裁定书。

③ 适用比例=法条出现总数/85×100%。

续表

序号	法条	法条内容	适用比例
9	《公司法》第 21 条	关联关系滥用责任	12.9%
10	《民事诉讼法》第 154 条	裁定文书适用范围	35.3%
11	《破产审判会议纪要》	合并破产	4.7%

人民法院裁定合并破产时所适用法律依据并不完全一致。仅依据《企业破产法》法律规范进行裁定的案件有 56 件，占比 65.6%。其中，以《企业破产法》第 1 条、第 2 条作为裁定依据的共有 19 件，例如，浙江 GLZS 合并破产清算案①、沈阳 BLYJY 合并破产案②等。综合运用《企业破产法》第 1、2、3、7 等多项条款进行裁定的有 37 件，例如，山东 LLGM 合并破产案③等。综合依据《企业破产法》《公司法》《民事诉讼法》《会议纪要》等法律规范进行裁定的案件有 29 件，占比 34.1%。例如，湖南 MYR 合并破产清算案④、重庆 HR 公司合并破产重整案⑤等。

---

① 杭州市富阳区人民法院(2021)浙 0111 破 11、12、13 号民事裁定书：依照《中华人民共和国企业破产法》第一条、第二条之规定，裁定如下：浙江广隆装饰工程有限公司、浙江泰然装饰工程有限公司与杭州珠峰木业有限公司合并破产清算。

② 辽宁省沈阳市中级人民法院(2021)辽 01 民他 1 号民事裁定书："依照《中华人民共和国企业破产法》第一条、第二条之规定，裁定受理沈阳玻璃研究院破产管理人、沈阳东普光源材料有限公司破产管理人对沈阳莱克照明有限公司的破产申请；沈阳玻璃研究院、沈阳东普光源材料有限公司、沈阳莱克照明有限公司合并破产。"

③ (2020)鲁 11 破监 1 号："依照《中华人民共和国企业破产法》第二条第二款、第三条、第七条第一款、第七十一条规定，五莲法院裁定：受理罗莲工贸、兴隆置业与华龙纺织进行合并破产重整申请。"

④ 湖南省娄底市娄星区人民法院(2020)湘 1302 破申 5 号民事裁定书："依照《中华人民共和国公司法》第三条、第二十条、第二百一十六条、《中华人民共和国企业破产法》第一条、第二条第一款、第四条、《中华人民共和国民事诉讼法》第一百五十四条第一款第十一项之规定，裁定如下：受理湖南牧羊人集团有限公司管理人对娄底市水羊化工经贸有限公司与湖南牧羊人集团有限公司实质合并破产清算的申请。"

⑤ 重庆市第五中级人民法院(2019)渝 05 民他 17、18、19 号民事裁定书："根据《中华人民共和国民法总则》第六条、《中华人民共和国公司法》第二十条第三款，《中华人民共和国企业破产法》第一条规定，裁定对重庆华日电装品开发有限公司、重庆伟豪电子有限公司、重庆迈能汽车零部件有限公司进行实质合并破产重整。"

司法实践中，有债权人对法律适用提出质疑。JHWY 合并破产案中，复议争议焦点是《会议纪要》是否可作为本案裁判依据。① XY 集团合并破产重整案中，债权人同样指出："现行有效的法律中并未规定合并破产，最高人民法院会议纪要不能作为裁判依据。"②重庆 FLWH 合并破产案中，债权人认为依据《企业破产法》第 1 条、第 2 条的规定裁定关联企业合并破产属于法律适用错误。③

据上所述，我国关联企业合并破产司法实践中，人民法院对于合并破产主体范围界定有分歧、各地合并破产裁定标准不统一、裁定依据不一致。究其根源在于面对案情复杂、资产规模庞大的关联企业实质合并破产案件，各地法官裁定关联企业合并破产时并无一个相对统一明确的可量化标准。无论是基于对同等情况同等对待的正义追求，还是出于减少当事人异议的目的，统一裁判尺度是法院努力实现的目标。④

三、实质合并破产准入规则中主体范围的界定

关联企业实质合并破产制度主体范围界定的争议根源在于司法实践中多采用正面清单的逻辑模式。正面清单指的是允许做什么的清单，不在清单范围内的则不被允许或需经特批。⑤ 此种逻辑下，对于关联企业集团成员是否纳入实质合并破产主体范围，需要逐个分析论证。一方面将破产主体的重心由企业集团转移至其各个成员，间接增加了破产管理人以及人民法院在企业资金核算等方面的工作量，另一方面也容易引起各企业成员债权人，特别是具有优势资产企业的债权人质疑。

矫枉必须不过正，为切实保障全体债权人及破产企业集团的利益，尽可能避免资产核算及各项诉累延滞破产进程，建议采用负面清单模式界定

① 参见山东省日照市中级人民法院(2019)鲁 11 破监 3 号民事裁定书。

② 山东省东营市中级人民法院(2020)鲁 05 破监 2 号民事裁定书。

③ 参见重庆市第三中级人民法院(2019)渝 03 破终 1 号民事裁定书。

④ 王安、胡峻峰:《"同案异判"的理论反思与司法回应》，载《中国检察官》2021 年第 11 期。

⑤ 王中美:《负面清单制定与管理的国际趋势及对上海的借鉴意义》，载上海市社会科学界联合会编:《上海市社会科学界联合会制度创新与管理创新——中国(上海)自由贸易试验区建设研究报告集》，上海人民出版社 2014 年版，第 42 页。

实质合并破产主体范围。所谓负面清单是指仅列举法律法规禁止的事项，对于法律没有明确禁止的事项，都属于法律允许的事项。① 与正面清单相比，由于负面清单仅列举禁止的事项，而不是列举允许的所有事项，这种模式体现了低成本高效益的价值取向。② 具体而言，企业集团内部所有成员均应纳入实质合并破产范围，仅需对不予适用实质合并破产的情形进行明确列举。

(一)非破产成员可以纳入实质合并范围

在我国破产法司法实践中，人民法院对于实质合并破产主体范围的界定存在分歧。其争议焦点在于企业集团内部，具有优势资产且不具备破产原因的成员能否纳入实质合并破产范围。

有学者认为，各关联企业成员进行实质合并破产除了符合法人人格高度混同的条件外，要求各个企业原则上达到破产界限，不得违背破产法相关规定。若各关联企业成员均未达到破产界限，抑或仅个别企业达到破产界限，而剩下的其他企业不符合破产条件，即使目标企业间存在人格高度混同，亦不可进行实质合并破产。③ 有学者持有相反意见认为，对这些企业进行单独判断时，部分企业形式上可能并未具备破产法规定的破产原因。有的企业虽属集团公司，但是其经营管理相对完善，资产和财务独立于集团公司，具有自己特殊的经营范围和市场定位。对于该种企业，若仅仅因为其符合立法中对关联企业的认定标准就将其纳入实质合并破产范围，确实对企业债权人及企业本身存在着明显的不公平。④ 也有学者指出，若该关联企业形式上尚未资不抵债，就应先行用其他方式进行救济以追回资产，如无法实现，则因其与已进入破产程序的关联企业成员人格高度混同，实际上也已资不抵债，经申请进入破产程序后进行合并。⑤

---

① 王利明：《负面清单管理模式与私法自治》，载《中国法学》2014 年第 5 期。

② 王春业：《行政复议受案范围负面清单模式之建构》，载《法商研究》2017 年第 4 期。

③ 曹文兵：《供给侧改革背景下实质合并破产制度的构建与完善——以 16 件关联企业实质合并破产案件为分析样本》，载《理论月刊》2019 年第 7 期。

④ 肖彬：《实质合并破产规则的立法构建》，载《山东社会科学》2021 年第 4 期。

⑤ 参见朱黎：《论实质合并破产规则的统一适用——兼对最高人民法院司法解释征求意见稿的思考》，载《政治与法律》2014 年第 3 期。

各方意见的分歧在于“实现个案正义”和“严格依法裁判”的冲突。“实现个案正义”的理念旨在强调法官的自由裁量权以实现个案裁判结果的实质正义，但难以避免个案中的法官臆断。“严格依法裁判”的理念旨在维护法的权威性与安定性等法律的形式正义，但其无法彻底解决一般与特殊的关系。① 为了保障全体债权人公平受偿、维护企业集团破产案件中的公平正义，笔者赞同王欣新教授所指出的：关联企业实质合并破产的范围不应局限于具备破产原因的集团企业个别内部成员，而应当包括集团企业中所有存在法人人格高度混同的企业，即使该企业是非破产成员，本身不存在破产原因。②

非破产成员可以纳入实质合并破产主要基于两方面的考量。其一，对于实质公平的追求。法律作为现代法治国家最重要的社会治理工具，其功能和使命在于追求和维护社会的公平正义，法律适用的过程是发挥和实现法的效能和价值目标的过程。③ 破产法作为我国法律制度的重要组成部分，自然也应当在破产案件中让人民群众感受到公平正义。由于关联企业的特殊性，实质合并破产领域下的绝对程序主义上的正义存在封闭式缺陷，深陷于机械适用法条的圈层壁垒之中。秉持程序主义上的正义，进入破产程序的仅限于具备破产原因的个别子公司时，其法律主体名下的资产和债务，与其按独立法律实体要求运作所拥有的资产和债务严重不符。④ 为了在破产程序中纠偏，以破产程序中所涉及的各方现有利益进行定性定量考量，以民法领域内的填平原则为指引，应将企业集团全体债权人利益置于企业集团内各成员独立价值之上，力图通过整合企业集团全体资产与负债，保证破产程序的实质公平。如果在破产程序中，将不具备破产原因的企业集团内部成员排除在合并破产程序之外，无视集团经济一体化现状，这样就形成了“以非独立法律实体运作”和“以独立法律实体偿债”的

---

① 赵迪：《形式正义到实质正义：法律适用理念的理论论争与应然选择》，载《东岳论丛》2020 年第 5 期。

② 参见王欣新：《关联企业的实质合并破产程序》，载《人民司法(应用)》2016 年第 28 期。

③ 赵迪：《形式正义到实质正义：法律适用理念的理论论争与应然选择》，载《东岳论丛》2020 年第 5 期。

④ 参见朱黎：《论实质合并破产规则的统一适用——兼对最高人民法院司法解释征求意见稿的思考》，载《政治与法律》2014 年第 3 期。

冲突，从而对债权人的偿债造成极大的不公平，同时也严重破坏了破产法“公平偿债”的核心价值。①

其二，是对经济与效率的考量。法律的目的是增进社会资源，而法律所维护的权利，背后一定会有资源的付出，运用资源的过程中也需要考虑成本。而这一成本能够为经济分析以及法学问题之间构建一个桥梁，这正是经济学和法学无法割舍的主要原因。② 从经济角度考量，让企业通过破产程序去除不良资产，利用优势资源完成重整，对全体债务人、企业自身、资源所在地的区域经济乃至税收等方面均具有极大利处。除去毫无挽救可能性的僵尸企业，致力于盈利的企业集团往往拥有行业地位、经营管理、固定资产等方面的优势资源，关联企业实际上已形成跨单个企业范围的整体性经营实体。因此，将关联企业集团整体纳入实质合并重整程序中，可以发挥运营资产和经营体系的优势，避免分别破产导致的优势资源分崩离析，效益低下而难以重获新生的困境。

关联企业单独破产程序中，法院与破产管理人需要分别厘清企业集团内部各成员的前述相关信息，此项破产成本巨大，不仅影响司法效率，延迟后续所有程序，甚至会导致很多案件无法进行，最终有害全体债权人实质利益。加之人民法院裁定破产受理之日起停止计息，对于高额资金而言，拖延日久则损失更大。关联企业实质合并破产，通过消除集团企业内部各成员的资产、负债、担保等情况，将各关联企业视为单一企业，并统一资产负债后对全体债权人进行清偿。因此节省了破产管理人大量厘清集团企业成员内部账目、核算数据的时间成本和劳务成本。从此种意义上讲，效率就是公平，有时没有效率、过度损耗的公平反而会损害当事人的实际利益。③

在我国的破产司法实践中，一些破产案件由于种种原因久拖不决，以至于使部分人失去对破产法的信任与尊重，不愿再寻求破产法的保护。④

---

① 朱黎：《论实质合并破产规则的统一适用——兼对最高人民法院司法解释征求意见稿的思考》，载《政治与法律》2014 年第 3 期。

② 杨秋生、柳春清：《法学与经济学的关系分析——评〈经济学与法律的对话〉》，载《中国教育学刊》2020 年第 10 期。

③ 王欣新：《关联企业的实质合并破产程序》，载《人民司法》2016 年第 28 期。

④ 王欣新：《关联企业的实质合并破产标准研究》，载《法律适用(司法案例)》2017 年第 8 期。

为了避免上述现象再次发生，为了保障破产程序顺利进行，减少破产程序中各项成本性支出，避免数据统计遥遥无期，防止破产管理人进退维谷，降低债权人无法承受的破产费用与时间成本，让企业破产程序真正成为市场退出及重生机制的切实抓手，应当将企业集团内部不具备破产原因的企业纳入实质合并破产范围。

（二）不予适用实质合并破产的情形

对关联企业进行界定并非意味着所有的关联企业破产案件都要适用实质合并破产规则，相反，例外适用才是基本原则。① 构建负面清单模式的核心在于明确不予适用实质合并破产的情形。具体而言，有以下两类。

第一类，关联企业法人人格独立。即企业法人人格、资产、负债、财务、业务等方面均未达到混同的程度，不构成法人人格高度混同。当企业集团各成员以独立法律实体运作时，就应当以独立法律实体偿债。有学者指出："关联企业财产可以有效区分，则不应采取实体合并。相应判断应交由具有专业知识的会计师事务所等中介机构作出。"②司法实践中已有此种处理模式，例如，ZT 企业合并破产重整案中，经审计及管理人调查，三家公司虽然具有一定关联关系，但尚未达到法人人格混同的程度，为解决关联负债，最大限度发挥整体资产的运营价值，案件探索采用程序分立、整体重整模式。统筹考量三家公司的资产、负债及经营情况，对三家公司房地产开发项目等重大商业经营项目进行整合后综合重整。③

对于关联企业法人人格独立的审查核心在于其资产是否独立，而关联企业之间的业务、人员、工作地点等造成法人意志混同的因素不应当作为核心考量因素。司法实践中也有相同观点，例如 DF 汽车破产案中，申请人申请四家公司合并破产清算。经查四家公司属于由同一实际控制人直接或间接控制的关联企业，存在人员混同情况，但四家公司不存在重大关联方财务混同的情况，对此，人民法院指出："四家公司不存在重大关联方

① 参见肖彬：《实质合并破产规则的立法构建》，载《山东社会科学》2021 年第 4 期。

② 参见王永亮、黄杰国、高丽宏：《关联企业破产实体合并的司法实践》，载《人民司法》2010 年第 16 期。

③ 杨临萍：《供给侧结构性改革司法实践——破产重整与和解最新理论及实务》，法律出版社 2020 年版，第 349 页。

财务混同的情况，不属于关联企业成员之间存在法人人格高度混同的情形，不符合因'人格高度混同'而适用关联企业实质合并破产的条件，故其关于合并破产的请求，本院不予支持。"①

第二类，企业集团整体资产可抵负债。当关联企业集团内部个别成员由于生产经营、经济危机等原因出现市场性交易走低，资金链断裂，进入破产程序，但关联企业集团整体商业信誉良好，并且具有充分的偿付能力时，可以由关联企业集团内部经营情况良好、优势资产较多的企业代为清偿，此时关联企业成员完全可以避免进入破产程序，企业集团更可避免进入实质合并破产。

四、实质合并破产准入规则中裁定标准的构建

对于关联企业实质合并破产的裁定标准，可谓仁者见仁、智者见智。②总结实践经验与理论探索，可将关联企业实质合并破产裁判标准进行类型化分析，具体而言有以下五类：法人人格混同标准、破产欺诈标准、重整利益标准、债权人利益标准、信赖利益标准。构建我国实质合并破产裁定标准，不仅需要厘清各类标准性质，还需要厘清各类标准具体构成要件。

（一）独立适用的裁定标准

1. 法人人格混同

"法人人格混同"源自美国学者观点，意指关联企业成员法律上各自是独立法人，但实际上是一个整体。③ 法人人格混同在美国破产法中是一项重要考量标准，在 1964 年第二巡回法院审理的 Soviero v. Franklin National Bank 一案中最先提出："对公司集团是否形成共同利益体，从而是否进行实质合并的判断，仍然起到关键性作用。"④在此后 1966 年

---

① 参见（2019）鄂 03 破申 13 号民事裁定书。

② 王华：《关联企业实质合并破产的裁定标准》，载《山东法官培训学院学报》2020 年第 6 期。

③ 朱黎：《美国破产实质合并规则的实践及其启示》，载《浙江学刊》2017 年第 1 期。

④ 彭插三：《论美国破产法中的实质合并规则》，载《财经理论与实践》2010 年第 2 期。

Chemical Bank New York Trust Co. v. Knee 案、1980 年 In re Vecco Construction Industries 案、1987 年 In re Auto-Train Corp 案、1988 年 In re Augie/Restivo Baking Co. 案等多件合并破产案件中都出现了关于法人人格是否独立的考量。

在我国合并破产司法实践中，“关联公司人格混同”也是法院作出实体合并裁定所依据的核心裁定理由。① 例如 YF 公司合并破产案中，法院指出，本案中经管理人调查以及专项审计，可以认定两公司法人人格高度混同，申请人 YF 公司管理人申请 YF 物业与 YF 公司实质合并重整，理由成立，本院应予准许。② 然而在具体个案中，不论是案件承办法官、破产管理人还是债权人、破产债务人甚至有利害关系的其他当事人在判断应否适用实质合并破产时，面对的不仅仅是“法人人格混同”这项原则性条款，而需要明晰破产企业与其关联企业之间，何种具体表现形式可构成人格混同。

苏州 JSY 合并破产案件中，管理人从七个方面证明七家企业法人人格混同，包括：七家企业实际控制人、企业资产无法实质区分、经营场所混同、企业财务混同、人员混同、企业董事监事高管交叉任职现象严重、债务混同。③ YF 公司合并破产案中，管理人从三方面证明两家公司法人人格混同，包括公司组织结构，工作人员，资金、职工工资、水电等。④ HX 系合并破产案中，管理人从十一家企业的工商登记基本信息、十一家企业组织架构、经营业务等情况、财务及资产情况、关联担保情况、注册资本转移等六大方面二十多个小项目对法人人格混同情况进行分析证明。⑤

“法人人格混同”其根本学说是公司法意义上的公司法人格否认学说，所涉及的法律制度为《公司法》“刺破公司面纱”的规定。⑥ 因此，在我国

① 参见贺丹：《破产实体合并司法裁判标准反思——一个比较的视角》，载《中国政法大学学报》2017 年第 3 期。

② 参见江苏省如皋市人民法院(2021)苏 0682 破申 7 号民事裁定书。

③ 参见江苏省苏州市中级人民法院(2020)苏 05 破监 1 号民事裁定书。

④ 参见江苏省如皋市人民法院(2021)苏 0682 破申 7 号民事裁定书。

⑤ 参见(2020)沪破监 2 号民事裁定书。

⑥ 《中华人民共和国公司法》第 20 条第 3 款：“公司股东滥用公司法人独立地位和股东有限责任，逃避债务，严重损害公司债权人利益的，应当对公司债务承担连带责任。”

破产法司法实践中，法院或破产管理人多基于公司法视角，从人员混同程度、资产负债混同程度、生产经营内容及场所三项进行系统性分析。

但在破产法领域中，法人人格混同的适用中已孕育出独立的法律品格。破产法意义上的法人人格混同标准核心在于考量企业财产是否独立，对于法人意志的混同与否，不应当作为“法人人格混同”标准的裁定依据。具体而言，原因有二。

其一，实质合并破产将关联企业财产合并为破产财产并统一对不同企业成员债权人清偿，就是合并资产与负债。当集团内部一企业资不抵债、不能清偿到期债务进入破产程序，破产管理人开展工作厘清该破产企业债权、债务情况以及核算破产财产时，若无法核算单独任一企业自身财产情况，或者即使可以厘清但需要耗费大量成本时，单一企业的破产程序就无法进行，就需要对资产混同的关联企业进行合并破产，打破形式公平维护实质公平。其二，法人意志是否独立，相关企业是否为“一套人马，若干牌子”、相互担保交叉持股，受同一实际控制人控制等情况，是企业集团化发展时普遍存在的中性行为。此种中性行为也许会影响公司法意义上的法人人格独立，但是在破产程序中，只要资产和负债可以厘清，并未出现严重混同，就可以实现对债权人的清偿。换言之，只要出现法人财产不独立，无法厘清资产负债或者即使可以厘清资产负债但是需要耗费大量的时间成本以及资金成本时，其法人意志独立与否对于维护全体债权人利益实现破产法立法目的而言将毫无意义。因此，只要关联企业资产与负债没有发生严重混同，就应当以单一破产企业对待，进行独立破产。

简而言之，法人人格混同标准的内涵已经超越了公司法的调整范畴，应当考量其在破产法领域内的特殊需要，才可以实现破产法立法目的，保障全体债权人公平受偿。法人人格混同标准核心在于考量破产企业财产是否独立，具体包含两方面：其一，关联企业之间资产与负债的混同程度。其二，区分关联企业之间资产与负债时的成本。

2. 破产欺诈标准

破产欺诈标准在我国的破产法司法实践中，少有提及，但却不可忽视。破产欺诈是一个既古老又现代的话题。对破产欺诈的法律规制直接关系到破产法目的的实现。[①] 有学者指出："虽然不能说每个破产事件均为破产犯罪，但是却可以说，几乎多数的破产事件都会在各种不同方式下，与犯罪相关联。"[②]

比较研究域外各国破产法，可以发现多数现代化破产法中都有关于规制破产欺诈的立法。《美国破产法》第 548 条(§ 548. Fraudulent Transfers and Obligations)[③]，规定了管理人应当规制的"欺诈性转让"，法条指出："应当避免的欺诈性转让包括转让给关联企业或为关联企业谋取利益的行为；进行欺诈性转让或恶意承担额外债务的实际意图是阻碍、延迟或欺骗从而避免偿还债务。"

《英国破产法》第 206 条"解散前的欺诈"(§ 206 Fraud, etc. in Anticipation of Winding Up)[④]第 207 条"欺诈债权人的交易"(207 Transactions in Fraud of Creditors)规定了包括董监高及控制人在公司解散前一年内被视为犯罪

① 参见张艳丽:《破产欺诈法律规制研究》，北京大学出版社 2008 年版，第 1 页。

② 林山田:《经济犯罪与经济刑法》，台湾三民书局 1981 年版，第 31~48 页。

③ U. S. Bankruptcy Law § 548. Fraudulent transfers and obligations (a) (1) The trustee may avoid any transfer (including any transfer to or for the benefit of an insider under anemployment contract) of an interest of the debtor in property, or any obligation (including any obligation to or for the benefit of an insider under an employment contract) incurred by the debtor, that was made or incurred on or within 2 years before the date of the filing of the petition, if the debtor voluntarily or involuntarily-(A) made such transfer or incurred such obligation with actual intent to hinder, delay, or defraud any entity to which the debtor was or became, on or after the date that such transfer was made or such obligation was incurred, indebted

④ Insolvency § 206 Fraud, etc. in anticipation of winding up within the 12 months immediately preceding the commencement of the winding up, he has—(a) concealed any part of the company's property to the value of [£500] or more, or concealed any debt due to or from the company, or(b) fraudulently removed any part of the company's property to the value of [F450£500] or more, or(c) concealed, destroyed, mutilated or falsified any book or paper affecting or relating to the company's property or affairs, (d) made any false entry in any book or paper affecting or relating to the company's property or affairs, or(e) fraudulently parted with, altered or made any omission in any document affecting or relating to the company's property or affairs... (6) A person guilty of an offence under this section is liable to imprisonment or a fine, or both.

的欺诈性行为："(1)隐瞒企业财产、负债超过500英镑以上；(2)欺诈性转移资产500英镑以上；(3)对重要资产表虚假记录；(4)欺诈性地将与公司的财产或事务有关的任何文件分开、更改或遗漏。"而第213条则更为直接的规定了"欺诈性交易"(213 Fraudulent Trading)①法条指出："欺诈性交易指企业破产过程中，公司经营业务的目的在于欺骗企业债权人或任何其他债权人。"英国破产法通过概括列举的方式规定了破产欺诈及其处理方式，法院可对于行为人处以监禁及罚款。

《德国破产法》并未对破产欺诈进行直接的规定，但在其第129条(§129 Grundsatz)②赋予了破产管理人相应的权力，即破产管理人可以根据第130至146条对破产债务人在破产程序开始之前进行的不利于债权人的法律行为提出质疑。其中第143条法律后果(§143 Rechtsfolgen)③中规定债务人不得不适当的出售、赠与财产或放弃债权。《日本破产法》第160条则规定了"对损害破产债权人利益的行为的否认"④，包括"破产债务人明知损害破产债权人的行为，以及破产程序启动后对破产债权人造成损害的行为"。

上述各国破产法对于破产欺诈的界定都表现出一个共性，即关联企业集团内部核心企业或实际控制人采用隐瞒、欺骗的手段所做的增加负债或减少债权和资产的行为。因此，欺诈标准的构成要件从主观而言，破产企业董监高及实际控制人等主观应当具有欺诈的故意；从客观而言，欺诈标

---

① Insolvency § 213 Fraudulent trading. (1) If in the course of the winding up of a company it appears that any business of the company has been carried on with intent to defraud creditors of the company or creditors of any other person, or for any fraudulent purpose, the following has effect. (2) The court, on the application of the liquidator may declare that any persons who were knowingly parties to the carrying on of the business in the manner above-mentioned are to be liable to make such contributions (if any) to the company's assets as the court thinks proper.

② Insolvenzordnung § 129 Grundsatz (1) Rechtshandlungen, die vor der Eröffnung des Insolvenzverfahrens vorgenommen worden sind und die Insolvenzgläubiger benachteiligen, kann der Insolvenzverwalter nach Maßgabe der § § 130 bis 146 anfechten.

③ Insolvenzordnung § 143 Rechtsfolgen Was durch die anfechtbare Handlung aus dem Vermögen des Schuldners veräußert, weggegeben oder aufgegeben ist, muß zur Insolvenzmasse zurückgewährt werden.

④ 张艳丽：《破产欺诈法律规制研究》，北京大学出版社2008年版，第31页。

准具有两种不同类型的表现形式：(1)企业的破产是阻碍、延迟债权人受偿或欺骗手段；(2)在破产程序前后通过转移优势资产、承担虚假义务等方式减少债权增加债务。

破产法作为一种有序完成优胜劣汰、资源调整的重要法律制度，扮演着“约束制衡各地方权力机构对经济与商业交易的干预、对地方经济利益与债务人保护方面的权力滥用冲动和道德风险，以及保护公民(投资人、债权人)的经济权利方面”的“市场经济与社会商业交易底线法角色”。①破产程序在其司法特征上与传统的法官消极、居中裁判的民商事程序存在不同，要求法官采取更加积极的态度，维护破产程序中的公平与效率。②当关联企业的存在成为令人绝望的陷阱时，在破产程序中对所涉及的关联企业必须进行实质合并，规制恶意欺诈行为。

(二)补强适用的裁定标准

1. 重整利益标准

重整利益标准，是指为了保障企业重整挽救的成功而适用实质合并。③ 合理适用破产重整制度，将其作为落实供给侧结构性改革的重要措施，能够充分发挥破产制度在调节资源配置方面所具有的积极功能。④

整理分析2016—2021年上半年201件关联企业实质合并破产案件，可以发现关联企业数量与合并破产适用程序呈现以下特点：随着案涉关联企业数量增多，破产重整程序的适用率不断提高。

具体而言，在201件实质合并破产案件中，案涉关联企业数量小于10家的共有175件，其中实施破产重整的有80例，占比46%。关联企业数量在10家以上的共有26件，其中实施破产重整的共20例，占比77%。

---

① 李曙光：《破产法的宪法性及市场经济价值》，载《北京大学学报(哲学社会科学版)》2019年第1期。

② 贺丹：《破产实体合并司法裁判标准反思——一个比较的视角》，载《中国政法大学学报》2017年第3期。

③ 参见王欣新：《关联企业实质合并破产标准研究》，载《法律适用(司法案例)》2017年第8期。

④ 邹海林：《供给侧结构性改革与破产重整制度的适用》，载《法律适用》2017年第3期。

企业数量在 20 家以上共有 12 件，而仅有 1 件采用合并破产清算程序，另 11 件均为重整。(详见图 3)

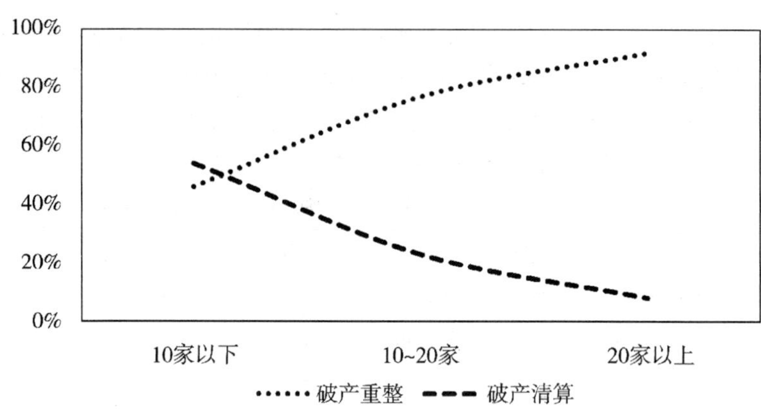

	破产重整	破产清算
10 家以下	46%	54%
10~20 家	77%	23%
20 家以上	92%	8%

图 3　关联企业实质合并破产适用程序与企业数量关系图

具体而言，符合重整利益标准的关联企业有两种类型。其一，关联企业呈现出高度经营一体化现象。企业之间存在着采购、生产、销售、研发的完整市场经营体系，并且各企业间独立分工、相互配合，此时如果对集团内个别企业单独实施重整或清算，既破坏了集团企业的体系化价值，又造成单体企业独立经营效率低下。此时，通过实质合并重整可以有效整合集团企业优势资源，提高重整成功可能性。例如，辽宁 HSRY 集团合并破产重整案，判决指出："七十八家被申请人企业处于 HSRY 全产业链的各个环节，各事业部之间分工不同，需要协调配合才能实现集团整体效益的最大化。故采用实质合并重整的审理方式，是对辉山系列企业内在经济联系的尊重，可以有效避免单体企业效益低下难以挽救的问题，确保全产业链的完整性，进而提升企业重整成功的可能性。"①

① 参见辽宁省沈阳市中级人民法院(2018)辽 01 破申 42-1 号民事裁定书。

其二，关联企业中存在优质资产但集团体态过于庞杂。此类企业集团往往因为短时间扩张过快，无法全数整合，从而造成资金链断裂，以至于资不抵债，陷入诉累。此时通过去粗取精，剥离低效能企业，往往可以实现集团企业的瘦身成功，避免用优势资产去填补缺口的悲剧。例如，安徽WDDZ有限公司破产一案，判决指出："WD集团为核心控制企业，自设立至今，形成了教育、园林建设、投融资等一系列的产业机构。2014年以来，被申请人因WD集团整体发展战略出现决策失误，从而陷入债务危机。WD集团现阶段的核心资产与价值主要体现在教育、园林建设领域，合并重整不仅可以促使核心主体的资源、业务、组织管理等各方面重新整合，减轻负担，从而提升资产价值，更有助于最大限度地维护广大债权人及上万名在校学生及教职工的整体权益，维护社会稳定和公共利益。如不进行合并重整，对各单位的资产进行分别处置，不仅丧失了重整价值，更会导致其他各单位重整方案无法实施，使重整方案存在极大不确定性。"①

2. 债权人利益标准

在最理想的状态下，关联企业合并破产可以给全体债权人带来收益。此种情况下，通过合并破产，全体债权人受偿率都得到了显著提高，合并破产也毫无争议，没有矛盾自不必多言。以MF证券为例，初步审计时，MF证券资产总额330亿元，负债423亿元，仅仅根据账面审计情况看，债权人清偿率仅在15%左右。而经过合并破产清算普通破产债权清偿率达到63%。② 全体债权人受偿利益得到了显著提高。

当合并破产会对部分债权人造成损害，但同时会使得另一部分债权人获得收益时，债权人内部就会存在对立。例如，海南HX系合并破产案中，债权人指出，将十一家企业纳入实质合并破产清算程序，牺牲了该十一家企业债权人的利益，不能实现公平公正的法律效果。③ 再如，GGTZ有限公司合并破产案中，债权人提出复议并指出，43家公司情况不同，合肥中院未作区分准许合并重整，损害了部分债务人及其债权人的合法利

① 安徽省合肥市中级人民法院(2019)皖01破申37号民事裁定书。

② 梅贤明、黄金火、邱何娟：《闽发证券破产清算案始末》，载《中国审判》2013年第3期。

③ 参见(2020)沪破监2号民事裁定书。

益。合肥 LS 建设工程有限公司属于向 GGTZ 集团体系输送资金一方，且仍具有持续盈利能力，对其进行合并重整，将必然损害该公司及其债权人的合法利益。① 在此种情况下，一方面需要考量合并破产对整体债权人带来的收益是否大于对部分债权人造成的损害；另一方面需要考量具有优势资产的关联企业集团成员，其资产来源于企业正常市场化经营利润，还是企业集团实际控制人的自主分配，而后者往往是牺牲了部分企业债权人利益来满足核心企业的需求。

债权人利益标准核心在于对全体债权人受偿率的考量，而现实案件中，由于心态、认知程度等主客观因素的差异，很少会出现全体债权人意见一致且清偿率都获得提高的最理想情况，而多数状态下债权人内部一定存在分歧，此时就需要法官进行综合考量。债权人利益标准也是补强适用的裁判标准之一，不可独立适用。债权人利益标准也与法人人格混同、重整利益标准具有一定关联，法人人格混同的关联企业通过合并重整带来营运价值的重生，降低破产程序时间成本、减少破产费用，自然会给债权人整体带来积极利益。

3. 信赖利益标准

信赖利益标准是在考量债权人与关联企业中成员交易时，是将关联公司作为整体对待并出于对企业集团的信赖与之交易，还是仅仅出于对单个企业的信赖情况。正如《破产企业集团对待办法》中指出："由于企业集团的性质及其运作方式，集团成员之间可能存在着复杂的金融交易网，债权人可能是在与不同的成员，甚至与作为单一经济实体的整个企业集团打交道，而不是与个别成员打交道。"②

美国法院认为满足债权人的预想对信用市场十分重要，债权人的预想决定了贷款的条件。债权人的预想"创造了重要的公平条件"并且当公司债权人依赖于他们各自债务人，依赖于公司单独分离的主体时，这些预想将会被实质合并财产的行为所破坏。③

① 参见安徽省高级人民法院(2020)皖破终 6 号民事裁定书。

② 联合国贸易法委员会破产法立法指南第三部分《破产企业集团对待办法》，联合国维也纳办事处英文、出版和图书馆科 2012 年版，第 57 页。

③ 朱黎：《美国破产实质合并规则的实践及其启示》，载《浙江学刊》2017 年第 1 期。

在我国目前的司法实践中，并未要求债权人举证相关交易是依据整体或单独企业的信用。而且由于信赖利益过于主观，从举证责任以及证明内容上而言都难以将其具象化。并且由于债权人人数众多，其信赖基础也有所不同，集团内各个关联企业债权人有关信赖利益的结论很有可能会相互对立，法官则只能依据债权人的陈述以及相互对立的证据做出自由心证，此时信赖利益标准就更难适用。然而不能仅因适用程度的难易，就在实质合并破产标准中全面否定信赖利益的价值。信赖利益标准虽不适宜作为独立适用的裁判标准，但可以作为补强适用的裁判标准之一。

信赖利益标准与《民法典》规定的表见代理规则①具有一定联系，二者都是基于外观主义的应用。外观主义肇始于民法善意取得制度的解释学说，其以外观为中心连结真实权利人可归责性与善意相对人信赖的理论架构在民法注重主观意思的体系逻辑靠近的发展过程中，重心不断向信赖倾斜。② 当企业集团内个别成员与债权人交易时，故意误导债权人，使其基于对企业集团整体的信赖与其交易，此时肯定其信赖利益自不必多言。而常态下，由于企业呈现集团化发展，在工作人员、经营地点、经营项目上必然存在关联性，而商事交易相对人往往难以得知此类集团化企业内部资金流向具体状态，此种风险在商事交易相对人作出决策的过程中必然持续存在，也正是在此种风险之中才可以获得盈利的机会。而商事主体(营利法人)从事交易活动的目的是营利，此种商法外观主义下的风险责任也自然应由关联企业承担，换而言之，应当肯定交易相对人的信赖利益。

结　　语

一纸法人营业执照，并不足以为企业的独立人格提供终生的保证。③面对滥用法人独立地位、资产负债高度混同、实施破产欺诈等偏颇性清偿

① 《中华人民共和国民法典》第 172 条规定："行为人没有代理权、超越代理权或者代理权终止后，仍然实施代理行为，相对人有理由相信行为人有代理权的，代理行为有效。"

② 张雅辉：《论商法外观主义对其民法理论基础的超越》，载《中国政法大学学报》2019 年第 6 期。

③ 王永亮、黄杰国、高丽宏：《关联企业破产实体合并的司法实践》，载《人民司法》2010 年第 16 期。

的关联企业，应当适用实质合并破产制度。关联企业实质合并破产的准入规则包含两项核心内容。其一，实质合并破产的主体范围的界定。基于实质公平的追求与经济效益的考量，企业集团内部非破产成员可以纳入实质合并破产程序。但同时应明确两类关联企业不予适用实质合并破产的情形，一是关联企业法人人格独立；二是企业集团整体资产可抵负债。其二，实质合并破产裁定标准的确立。以法人人格混同和破产欺诈作为独立适用标准，重整利益、债权人利益、信赖利益标准作为补强适用的考量因素。

破产法律制度是市场经济法律体系不可或缺的重要组成部分，甚至被称为市场经济之宪法。[①]《企业破产法》合并破产制度的立法研究是保障在我国经济中发挥重要作用的企业集团规范退出市场、重整挽救再生的关键，是健全我国市场经济法制必不可少的重要环节。[②] 后续应当进一步研究域外相关立法及我国司法成熟经验，逐步完善破产法合并破产制度的相关立法，让关联企业实质合并破产制度能够成为保障全体债权人权益、挽救危困企业集团、促进供给侧结构性改革、畅通经济双循环、推动经济高质量发展的切实抓手。

---

① [美]道格拉斯·G. 贝尔德：《美国破产法精要》(第六版)，徐阳光等译，法律出版社 2020 年版，第 1 页。

② 王欣新：《关联企业的实质合并破产程序》，载《人民司法(应用)》2016 年第 28 期。

关联企业实质合并破产中债权人保护问题研究

钟　莉　代茹萍*

内容提要：基于关联企业之间的不规范发展造成单独破产困难的情形，实质合并破产应运而生且运用于司法实践，成为解决关联企业法人人格高度混同问题的有效途径之一。实质合并破产的理论基础与《公司法》上法人人格独立性否认既有相通又有区别。实践中存在实质合并破产前后各方当事人权益变化中债权清偿率变化等问题，是实质合并破产规则适用中债权人公平保护的必要考量。有必要借鉴域外实质合并破产经验，明确实质合并破产的适用标准、完善适用程序、设置债权人救济性质的异议程序等规则，来加强实质合并破产中债权人的利益保护。

一、关联企业实质合并破产概述

(一)关联企业实质合并破产的起源

联合国国际贸易法委员会《破产法立法指南》第三部分“破产企业集团对待办法”指出，实质性合并是“将企业集团两个或两个以上成员的资产和负债作为单一破产财产的组成部分对待”，即“不考虑企业集团每个成员的独立身份而将其资产和负债合并，视同由单一实体持有的资产和承担

* 钟莉，湖北立丰律师事务所律师、高级合伙人；代茹萍，湖北立丰律师事务所律师。

的负债，统一进入破产程序”。①

实质合并规则最初可追溯至美国 1941 年的 Sampsell 案，法院查明 Wallpaper 公司是唐尼为了逃避个人破产的债务的目的而设立，以存在欺诈行为为由判令将 Wallpaper 公司和唐尼个人进行合并破产。② 1966 年的 Chemical 案将实质合并破产规则发展成了破产法的一项基本制度。③ 纽约南区法院在调查各关联公司资金转移、借贷记录后，认为存在滥用公司独立人格的情形，支持了关于合并破产的提议。Chemical 公司不服上诉，二审法院考虑到债权人信赖利益，对于实质合并应当严格限制，只有在区分关联企业需要耗费大量的时间、金钱的情况下，可适当进行实质合并。1987 年的 Auto-Train 案确立了实质合并的三要素：一是实质合并的申请主体需举证证明待合并的各个实体间存在“实质身份关系”；二是申请人还必须证明实质合并可以避免某些损害或者带来某些好处；三是如果部分债权人反对实质合并则必须举证证明“他们在交易时，所依据的是单个公司的信用，且他们会因为实质合并而受到不公正的待遇”。④ 1988 年 Augie/Restive 案提出债权人交易时是否将债务人视为同一经济实体以及债权人能否通过实质合并获得切实的利益这两项标准，实质合并适用标准趋于严格。⑤

实质合并规则是美国通过法院判例确定的一项衡平法规则，其适用标准也在实践中不断修正渐趋严格。美国法院在适用实质合并时，由最初的法人人格混同标准，逐渐增加了债权人信赖利益及区分成本过大、减损及避免不公正、高度混同及债权人通过实质合并获利等作为综合标准，严格适用。

（二）我国关联企业实质合并破产发展现状

我国学者认为企业集团的实质合并破产，是指将多个（两个及两个以上）集团关联企业视为一个单一企业，合并资产与负债，在统一财产分配

① 参见联合国贸易法委员会破产法立法指南第三部分《破产企业集团对待办法》，联合国维也纳办事处英文、出版和图书馆科 2012 年版，第 2 页。

② Sampsell v. Imperial Paper & Color Corp. , 313 U. S. 215(1941).

③ Chemical Bank New York Trust Co. v. Kneel, 369 Federal Report, 2d Series, Dec 2, 1966, p. 845.

④ In re Auto-Train Corp,. INC. 810F. 2d, 1987, p. 271.

⑤ In re Augie/Restivo Banking CO., LTD. 860 F. 2d, Oct24, 1988, p. 515.

与债务清偿的基础上进行破产程序，包括实质合并重整或清算，各企业的法人人格在破产程序中不再独立。①

我国《企业破产法》及相关司法解释并没有关于实质合并破产的明确规定。2012 年 10 月，最高人民法院民二庭召开企业破产法相关司法解释讨论会，就《关于适用实体合并规则审理关联企业破产清算案件的若干规定(征求意见稿)》等文件草案在司法解释小组内部进行讨论，并向社会有关方面广泛征求了意见，该文件至今尚未审议通过。虽然各地方法院的文件中不同程度地对关联企业实质合并破产有所涉及，但对实质合并破产的态度并不一致：有的明确承认合并破产可以作为独立法人单独破产原则之例外，如《北京市高级人民法院企业破产案件审理规程》、广东省高级人民法院《关于全省部分法院破产审判业务座谈会纪要》；有的持谨慎适用态度，如浙江省高级人民法院《关于审理涉财务风险企业债务纠纷案件若干问题指导意见(2009)》。

2021 年 9 月，最高人民法院发布第 29 批共 3 件指导性案例，均为企业实质合并破产案例。截至 2022 年 8 月，通过在全国企业破产重整案件信息网中的“破产审查案件”项下检索“合并破产”，得出 209 条检索记录。由此可见，虽然我国破产法未规定实质合并规则，但实践需求使得实质合并的适用并不鲜见。

规则的缺失容易造成司法适用的混乱。实质合并规则能否适用、如何适用关乎破产程序各方当事人的主体利益。除了对公司独立人格制度这一核心问题的关注外，对实质合并规则适用的担忧还包括两个方面：其一，强迫某一成员企业债权人与集团偿债能力较弱的另外成员企业的债权人平行分担债务，可能对这一类债权人不公平；其二，给债权人整体带来的节余或益处是否大于对个别债权人造成的间接损害。②

在河南金瓯房地产开发有限公司与开封市金耀置业有限公司破产重整案中，管理人认为虽然早前法院破产受理裁定中没有“合并”二字，但在一个立案案号下，即合并审理两公司的破产重整，两家企业法人人格高度

① 参见王欣新：《破产法前沿问题思辨(下册)》，法律出版社 2017 年版，第 339 页。

② 参见联合国贸易法委员会破产法立法指南第三部分《破产企业集团对待办法》，联合国维也纳办事处英文、出版和图书馆科 2012 年版，第 61 页。

混同，且法定代表人、财务、管理人员、办公地点等均有混合，故对上述两家企业进行实质合并破产。因金瓯公司债务较大，而金耀公司债务较少，金耀公司债权人对实质合并提出异议，认为管理人擅自将两个独立的企业法人合并重整，对其权利造成了侵害，要求其赔偿损失。据报道该案是我国管理人被诉履职不当的第一案，引发各方高度关注。该案带来的一个重要问题即：关联企业实质合并规则如何良好确立并适用，实践中各方债权人利益如何保护。

二、债权人保护的必要性与难点

（一）债权人保护的必要性

在实质合并破产程序中，各个关联企业法人独立性否认、法人人格丧失，原则上应当合并为一个企业。债权人只能向合并后的主体要求承担责任。对于本来从某个企业处得不到清偿的债权人来说，这无疑是十分有利的；但对于本来能够从某个企业获得较多清偿的债权人，其在实质合并破产程序中的清偿率会降低。因此这种看似对债权人保护十分有利的实质合并规则也容易造成新的不公，强制要求能获得较高清偿率的债权人与其他债权人平行分担债务，这都是实质合并适用下无法回避的问题，如果无法得到解决，无疑会冲击破产法的公平性。

在当前破产案件数量不断增多的背景下，各个法院裁定实质合并破产数量也在不断增加。正因为关联企业破产时实质合并规则的适用容易造成对其中部分债权人的不公，法院在适用实质合并破产规则的同时，基于公平原则应当着重关注所有债权人的利益是否都得到衡平保护、因实质合并而实际受损的异议债权人是否获得权利救济等问题。

由于实质合并破产一旦经法院裁定目前无恢复原状的路径，须审慎适用实质合并规则。

（二）债权人保护的难点

1. 效率性与公平性的权衡

关联企业破产时实质合并规则适用的一大前提是关联企业之间因为长

期、大量的违规关联交易、共用账户、共用人员等问题，造成各个关联企业之间资产、负债高度混同，无法区分或者区分下来成本过高，从而不得不进行实质合并破产。虽然对高度混同的关联企业之间的资产、负债进行独立划分并非毫无可能，但这势必会耗时久、花费高，大大增加破产程序的时间和经济成本，不利于债权人利益保护。在任何时候追求公平都不应以过度牺牲效率为代价,① 因此在保障破产债权人利益时也一定要将破产效率考虑在内，否则不仅不利于债权人利益保护，反而可能造成对债权人利益的实质侵害。

具体到实质合并破产中，破产效率包括司法效率和经济效率。司法效率主要指如果不进行实质合并破产，将会由于区分各关联企业资产与负债造成破产程序复杂而冗长；经济效率主要指通过实质合并破产减少区分各关联企业资产与负债的支出，节省人力成本投入，提高整体清偿率。实质合并破产中的公平价值就是保障所有债权人得到公平清偿，这也是破产法追求的价值目标。所以在进行实质合并破产时，如何对效率与公平之间进行权衡就显得尤为重要，当然也不能单纯为了追求破产效率而进行实质合并破产。这就对法官和破产管理人提出了很高的要求，如何认定关联企业之间高度混同，资产与负债无法区分或者区分成本过高，只有达到了这个条件，实质合并破产才有适用的必要与正当性。否则，单纯为追求破产效率而进行实质合并，是不可取的。

2. 整体利益与局部利益的选择

破产程序中债权人的保护，不能理解为要使全部债权人获得全额清偿，也不是在于完全保证每一位债权人都能因破产程序获益，而是希望通过破产程序来做到对全体债权人公平、有秩序的清偿。② 实质合并规则的初衷便是要做到对关联企业破产中债权人的公平清偿，注重对全体债权人的实质保护和各方利益平衡。

实质合并规则的适用，是对各关联企业之前违法行为的纠正，降低了区分和追回财产的高额成本，提高了破产的经济效益，也避免了不同关联

① 参见王欣新：《关联企业实质合并破产标准研究》，载《法律适用(司法案例)》2017 年第 8 期。

② 参见王欣新：《企业破产法》，中国人民大学出版社 2007 年版，第 24 页。

企业的债权人清偿率差距过大。但实质合并破产并不会提高所有债权人的清偿率，因为那些原本单个破产中清偿率高的企业，在实质合并后清偿率往往会下降，此时对于这些关联企业的债权人而言，他们的利益受到了损失，而他们当初也或许并不知道企业的情况，基于单个企业的独立信赖而与之正常交易。与他们而言，实质合并似乎有些不公，是个人利益对整体利益的屈服。

关联企业分别破产清偿率悬殊的根源，就在于它们之前的违背公平交易的违法行为，实质合并破产是对这种违法行为后果的纠正。其中就涉及整体利益与少数利益、与个体利益的取舍，最大限度的实质公平是应当追求的目标，但亦不能忽视必然存在的少数利益、个体利益。实质合并能否适用，必须将少数债权人的利益也考虑在内，整体利益最大化不意味着完全忽视对个体利益的关怀。这种关怀在法律上就体现在为他们设定全方位的权利保障和救济措施，做到在最大程度上实现整体公平的情况下，兼顾个体利益，从而保证对债权人的实质公平保护。

3. 实质合并破产适用标准的确定

在《全国法院破产审判工作会议纪要》(以下简称《会议纪要》)出台之前，实质合并破产问题在我国《企业破产法》《公司法》等相关法律中均无明文规定，对于实质合并适用标准的确定主要体现在当前我国法院的司法裁判中。而纵观我国当前有关实质合并规则的司法裁判文本，“法人人格高度混同”是法院裁定实质合并的核心标准，如广有影响力的浙江纵横集团破产案、闽发证券合并清算案、最高人民法院提审的烟台银行案件等。

实质合并规则的适用，本就是为了解决关联企业因资产、人员等方面高度混同导致的无法适用普通程序进行破产清算的难题而出现的，适用法人人格高度混同标准无可厚非。但单一的法人人格混同标准有其无法避免的弊端，它忽视了实质合并破产中可能产生的债权人异议。因为实质合并破产对于关联企业债权人清偿率的调整，会导致受损债权人对实质合并产生异议。

域外相关的司法经验对实质合并的裁判标准不局限于法人人格混同，同时考虑了包括资产分离难度、债权人期待利益、有利于重整成功、欺诈标准等多重标准。

实质合并标准的确定首先必须要考虑是否有利于对关联企业全体债权

人的实质保护，还需考虑当前我国的客观情况，包括我国企业的发展情况、我国立法技术和司法水平等。

三、实质合并破产中债权人保护的域外经验

美国在处理关联企业破产法律关系时，并没有专门立法，而是采用事后规制的途径，通过判例法的形式对发生的关联企业合并破产法律问题进行解决。

（一）揭开公司面纱

有限责任制度和公司独立人格曾是传统公司法的根基，关联企业的出现使得公司独立人格成为被控制公司利用进而成为其攫取利益的保护伞，此时如果再将这两大制度视为不可动摇的核心未免失去了公司法存在的意义。因此，关联企业利用控制关系损害了债权人利益说明这两大制度已不再能达到平衡各方利益的目标。当既定的立法目的已不存在时，就必须对它进行重新评价与检讨。

为此，需要揭开公司的面纱，打破传统公司法中有限责任原则和公司独立之人格的枷锁。

在具体案件处理中，以下几种因素是法院在处理关联企业破产案件时运用揭开公司面纱制度的一般考虑因素：其一，欺诈。具体表现为：在关联企业内部，让财政状态最差、资本运营程度最低、资产量最少的附属公司与债权人进行频繁交易以承担最高债务，一旦附属公司因债务负担过重无法清偿到期债务时，其他公司就依据有限责任和人格独立与该附属公司撇清关系；实际上是将附属公司资本以“合法”的形式向控制公司进行移转。其二，过度控制。过度控制是法人人格否定制度适用的核心考虑因素，一般的控制并不必然使控制公司对附属公司的债务承担责任，只有当该种控制让附属企业失去其本应作为民事主体的独立性时，就需要透过公司独立人格的本质，揭开公司面纱。

（二）衡平居次原则

衡平居次原则是指在被控制公司到了债务清偿期无法清偿债务，还可能因此而破产时，其他债权人的债权受偿顺位要高于控制公司受偿顺位的

原则。所以其又称为“居次理论”或“劣后理论”。衡平居次原则所确立的控制公司债权劣后受偿是有条件的，只有在控制公司对附属公司的债权不符合公正原则时，才居次于债权人而受到清偿。否则如若无条件地将控制公司的债权居次于债权人，控制公司在知道其对附属公司的投资在附属公司破产时可能无法收回的情况下，当附属公司遭遇危机时控制公司将不会采取任何救济措施，甚至极有可能通过其他方式在附属公司快破产时对其资本进行掠夺。因此，英美法系在实务中处理关联公司破产时控制公司的债权地位问题的态度是由全面否定到部分否定的。

(三)实质合并原则

实质合并原则考量的是，关联公司作为一个统一的大整体，在都进入了宣告破产程序时，也应作为整体被看待，将各破产公司的财产与债务进行加减并去除相互之间的债权债务和担保，依债权额的占比分配给破产公司的所有债权人，并不深究哪些债权是由哪一公司产生。

与前两项原则不同，实质合并原则并非因为控制公司作为债权人而使其他债权人的利益损失获得弥补而产生，而是为了保护破产关联企业所有债权人得到公平受偿而被提出。这一原则对关联企业相互之间的债权债务关系采取了全盘否定的态度，只计算其他债权人的债权债务。在适用这一原则的具体规则上，存在“绝对适用说”与“具体适用说”之分。在控制公司与附属公司同时破产时，前者观点认为应无条件将破产公司视为同一主体，将资产与债务合并，而后者观点认为应该根据具体案件的情况，根据破产公司是否满足条件进而再决定是否将破产公司资产与债务进行合并，否则反而会适得其反。

法院在具体案件中适用实质合并原则时，更倾向于采用“具体适用说”规则做出裁判，考量因素如下：其一，债权人的期待。债权人需证实他与破产公司进行交易是出于对整个关联企业资信状况的信任，而非对该破产公司这一“个体公司”资信的期待，在此情况下则应适用实体合并原则。其二，账户与资产混同。如果关联企业内部资金与账户管理混乱，实际上各个公司制作的财务报表已非常模糊，在此情况下，无论关联企业内是否存在控制关系，也无论控制公司是否利用这种控制关系进行非法利益输送，法院都会适用实质合并原则。其三，关联企业内部经济一体化程度。如若关联企业从事的业务、进行的交易密切相连，那么法院选择实质合并原则处理案件的可能性就非常大。

美国在处理关联企业案件时采取的是判例法的裁判模式，最初仅借助于“揭开公司面纱”原则，并首先以该原则打破传统公司法根基——股东有限责任和法人独立人格，从法律理念上为关联企业有关难题的规制打下了基础。在此之上，基于实践中的不断反思与应用，衍生出了“衡平居次原则”和“实质合并原则”等原则。衡平居次原则巧妙绕过公司人格否定的命题，提出了控制公司同时作为附属公司债权人时破产财产的分配次序问题，其目的并不在于否定控制公司的债权请求，而是在控制关系得到确认后使其次位于债权人求偿，“防止控制企业将风险过分地外化给债权人，是比‘揭开公司面纱’更温和的衡平救济方法”。① 实质合并原则直接排除了关联企业之间利用支配权而可能发生的欺诈性转让与自益性交易，为此，直接消灭了关联企业之间的债权债务，对于债权人而言是最为高效的规制方法。如果适用实质合并原则，则既不需要作勉为其难且意义不大的资产归属划分，也不需要对企业间债权交叉保证等事项作效力与受偿余额等问题的认定，破产清算程序得到极大简化，确立“实质合并”原则在处理关联企业破产时能够实现公平与效率的双赢。②

四、关联企业实质合并破产中债权人保护方式

（一）明确实质合并破产的适用标准

以法人人格混同为主要裁判标准，考虑关联企业之间资产分离难度是否影响债权人破产收益，同时将债权人的单独信赖标准纳入其中，才能兼顾对特殊债权人的权利保护，回应债权人异议，以此形成综合裁判标准来实现对全体债权人的公平保护。

1. 法人人格高度混同

实质合并破产制度在我国适用之初，就是为了应对因关联企业之间人

① 参见沈乐平：《母子公司法律问题研究》，经济科学出版社 2007 年版，第 231 页。

② 参见王欣新、蔡文斌：《论关联企业破产之规制》，载《政治与法律》2008 年第 9 期。

格高度混同而无法分别破产的问题，因此为了适应我国的企业破产实际情况，法人人格混同标准仍应该是实质合并规则适用的主要裁判标准，但对于人格混同的程度也应当加以明确。对于高度混同或者实质上的同一性的判定，可以从关联企业之间的财务、资产、董事高管以及普通人员、业务、账户等方面综合判断，同时还可以对关联企业之间相互担保、母子公司之间是否有协议控制情形等方面进行考量。总之，对于高度混同的判定可以有多重标准和因素，但必须达到关联企业之间因混同而导致丧失了作为独立法律实体的事实基础，从而导致各企业人格无法独立，并由此造成各关联企业无法单独进行资产清算或者单独清算显然对债权人不公，为了保障全体债权人的利益，可以法人人格高度混同标准进行实质合并破产。

2. 资产分离难度

在我国的司法实践中，法人人格高度混同经常与资产分离难度作为同一裁判标准，将资产无法分离或分离难度较高作为法人人格混同的后果，即法人人格高度混同以致资产无法分离从而进行实质合并破产。不可否认法人人格高度混同无法区分是法院进行实质合并的一大重要理由，但如果从债权人利益保护的角度出发，如果各公司混同的程度可以区分，但区分要花费大量的时间和金钱，为了使债权人得到更大程度上的清偿，以债权人整体利益保护为由也应当进行实质合并。

3. 债权人信赖标准

如果债权人是基于对单个企业的信赖而与之交易，在企业破产时，将此单个企业与其他债务人企业合并后进行清算，有可能会造成该债权人在合并破产时清偿率下降，在这种情况下难免会有债权人对实质合并提出异议。而在实质合并原则适用的同时如果能考虑到这类特殊债权人的信赖利益，便能以此来平衡债权人与债务人之间可能会因实质合并而产生的利益冲突。① 但在我国当前的司法实践中尚未将此纳入考量范围，也是因为从举证角度而言，让债权人证明交易时是依赖对企业的单独信赖还是整体信赖这一主观因素较为困难，不利于取证。但不能因为证明困难就将这个问

① 参见贺丹：《破产实体合并司法裁判标准反思——一个比较的视角》，载《中国政法大学学报》2017 年第 3 期。

题予以忽视，在进行实质合并裁定时忽略债权人对于关联企业的信赖情况，对交易时将信赖其为单独企业的债权人而言是不公平的。实质合并裁定的作出不能只因为债权人对关联企业的整体信赖。但可将债权人对关联企业的单个信赖作为反对实质合并的抗辩理由，以此来保护少数异议债权人的利益，从而实现对全体债权人的利益保护。

（二）完善实质合并破产程序

1. 依申请启动实质合并程序

程序的启动方式包括两种，一是依申请启动，二是法院依职权启动。由于我国《企业破产法》中规定了破产程序依申请启动的原则，[①] 因此实质合并破产案例大多数也是先由管理人、债务人或债权人申请。但实践中也出现了法院主动裁定实质合并的，如沈阳欧亚集团破产案，一定程度上提高了破产效率的同时，也有法院依职权主动启动破产程序的嫌疑。[②]《破产法立法指南》中就提出为了保障程序的公平公正，法院对于实质合并不应自行行事。实质合并毕竟会对各关联企业的债权人清偿产生重要的影响，是否需要启动实质合并应当考虑到相关债权人、债务人和利害关系人的利益，因此不宜由法院直接决定启动实质合并程序。但法院毕竟是对整个破产案件进行审理，以公立的角度来保障债权人的公平清偿，并且法院有判断适用实质合并是否能有利于债权人公平受偿的能力。因此需要赋予法院提请注意义务，在审查各关联企业情况后如果发现适合使用实质合并破产才能更好地保护债权人利益，应当积极行使诉讼指导的职能，提请管理人或其他利害关系人注意可以向法院申请实质合并，同时应释明实质合并的适用条件以及案件情况，保障利害关系人特别是债权人的知情权和处分权，让其能及时提起实质合并的申请，以达到实质合并的目的。

总之，实质合并的启动会对全体债权人的清偿造成比较严重的影响，因此对其应当谨慎适用，实质合并的启动应当由债权人、债务人或者管理人向法院提出申请后启动。法院也可发挥其诉讼指导职能，向相关主体释明实质合并的基本功能后再由相关主体向法院提出实质合并的申请。

---

① 参见王欣新：《企业破产法》，中国人民大学出版社 2007 年版，第 44 页。

② 参见徐阳光：《论关联企业实质合并破产》，载《中外法学》2017 年第 3 期。

2. 完善实质合并破产公示、听证程序

我国《企业破产法》规定了法院在受理破产申请后的通知和公示义务，而实质合并涉及债权人最为关心的清偿问题，为了公平保障债权人的受偿权，在法院收到实质合并申请后第一时间通知债权人也是对债权人知情权的保障。应当通知已知债权人外，基于还有潜在未知债权人的存在，参照我国《企业破产法》第 14 条的规定，还应对实质合并的受理进行公告，以通知潜在的未知债权人，充分保障全体债权人的知情权。

因平衡全体债权人利益的重要性，法院通常会在合并破产案件的审理过程中采取召开听证会的形式，了解债权人的基本诉求。有观点认为以“管理人申请+听证会”模式裁定实质合并，最能体现法院的谨慎司法审查。① 2018 年《会议纪要》的出台更是进一步强调了听证程序的重要性。可见，听证程序在实质合并破产的审理中至关重要，但当前法院对于听证程序的参与人员、如何表决等问题，尚未形成统一的操作流程。

为了进一步完善实质合并申请受理时的听证程序，首先应对听证程序的参与人员进行明确，可以由专业性较强的管理人、债权人、各关联企业、专业的财务人员和评估机构人员参加。关于听证会上的表决程序或者意见表达方式，可以采取匿名投票的方式向法院发表关于实质合并的意见。因听证会只是法院了解各方意见的一种渠道，因此无需设置固定的通过比例。但需要认真仔细的举行，保证法院能全方面的了解关联企业的情况以及债权人的意见和理由。

3. 完善实质合并破产裁决程序

实质合并适用是否需要以债权人会议表决通过作为法院作出实质合并裁定的前置程序一直是一个很有争议的问题。实质合并涉及关联企业财产的重新分配，势必会对债权人的清偿率造成影响，裁定前考虑债权人的意愿有合理性和正当性。《破产企业集团对待办法》中也指出实质合并可将利害关系人的协商一致作为依据。

关于债权人会议如何召开，有两种形式：一种是每个关联企业分别召

---

① 参见孔维璜：《实质合并规则的理解和适用》，载《人民司法》2016 年第 28 期。

开债权人会议并按照破产法的规定进行表决；另一种形式是所有关联公司的所有债权组成一个债权人会议进行表决。实践中以第一种表决方式较为常见，但也有少部分人赞同第二种观点。① 第一种形式操作起来更为合理方便，并且此时尚未进入实质合并程序，不宜将所有债权人进行集中表决。关于债权人表决通过的比例，二分之一的通过比例稍显宽松，实质合并的适用直接关乎债权人的利益，应当谨慎适用。我国《企业破产法》中对于重整计划和和解协议"三分之二"和"二分之一"的双重限制可适用于此，即"债权人人数过半、债权份额过三分之二"同意为实质合并债权人会议的通过比例。关于实质合并的裁定是否需要以全部关联企业的债权人会议均通过为前提，应当将多数关联企业的债权人会议表决通过和法院实质审查结合作为实质合并的裁定依据，即使少数关联企业债权人会议表决未通过实质合并，但如果法院全面审查后为了全体债权人的公平受偿认为应该实质合并，可依职权裁定实质合并。但对于少数因实质合并受损严重的债权人和异议债权人，则需要通过其他特殊的方式予以救济。

（三）赋予异议债权人的救济途径

1. 实质合并异议之诉

当前我国对于实质合并的异议主要规定于《会议纪要》中的复议程序，债权人对于实质合并裁定不服可向上级人民法院提起复议，实践中也有相关的司法实践出现。但《会议纪要》效力层级较低，且复议程序不同于诉讼这样一种对抗性的抗辩程序，后者可以让债权人更好地利用司法程序保障自己的权益。因此很多学者也支持用诉讼的方式来处理债权人关于实质合并的异议。

有关债权人的实质合并异议之诉，可类推适用《民事诉讼法》第 227 条对案外人执行异议的处理。主要理由如下：第一，程序启动原因本质一致，一个是认为法院不当的分配了自己本应得到清偿的财产，一个是认为

① 沈阳市中级人民法院课题研究组认为："所有债务人的债权人均系债权人会议的成员，应一并参加债权人会议，而不论是子公司还是母公司的债权人。"参见王欣新、尹正友：《破产法论坛（第五辑）》，法律出版社 2010 年版，第 119 页。

法院不当地执行了自己享有权利的财产，都有着财产权利遭受侵害进行维护的正当性。第二，都涉及国家公权力对财产的处理来，而且有很多在被执行人的财产无法清偿债务时，会由法院转入破产程序来处理，可见二者的程序价值有着共通之处，都是为了保障债权人的公平清偿。因此，可以借鉴民事诉讼执行程序中对于案外人异议的处理，来构建实质合并破产中的债权人异议之诉。

2. 特殊债权人的适当补偿机制

在实质合并破产的适用中，由于牵扯到各个关联企业，而且因为实质合并后对所有关联企业的债权人统一清偿，那么对于那些在交易之初将个别独立债务人视为人格独立企业的部分债权人而言，可能因为实质合并造成他们受到较大损害。此类债权人遵循交易规则和法律进行交易，却因为债务人的过错而受到法律例外规则导致利益受损，对于他们而言无疑是不公平的，特别是对于因为实质合并利益受损特别严重的那一部分债权人。破产法的价值是保障所有债权人的公平清偿，让他们的利益得到法律的保障，因此对他们进行合理的补偿是必要的。这也能减少债权人异议的产生，促使破产程序的顺利进行。

为了保护全体债权人的利益，对于利益受损突出的以及对债务人具有信赖利益的异议债权人，可以进行合理补偿。这种补偿并非是以要将此类债权人受损利益全部补足，而是为了达到各方利益平衡，对特殊的异议债权人进行适当补偿。由于管理人在破产申请后对破产企业进行全面管理，因此管理人需要在合并破产程序的过程中做好信息公开工作，对债权人在实质合并和单独破产情况下的清偿率进行计算，保障全体债权人的知情权。同时对债务人具有独立信赖利益的债权人，也需要满足利益受损突出的条件，同时自己负有举证证明在交易时是基于对债务人独立人格的信赖，然后由法院进行判断。对于这两类利益不当受损的债权人，在管理人公示清偿率和清偿数额的前提下，由管理人与其他债权人进行协商，法院进行必要的司法指导，确定合理的补偿标准，对异议债权人的利益进行合理补偿，以征得全体债权人对合并破产程序的支持，在最大程度上实现各方的利益平衡，实现公平保障所有债权人的目的。

结　语

目前我国在关联企业破产问题上仍处于立法空白状态，但在司法实践中为解决关联企业破产带来的债权人无法得到公平保障的问题，适用实质合并破产制度的案例已不鲜见。实质合并破产打破了关联企业之间因法律地位独立造成的单独破产无法做到全体债权人公平保护的壁垒，大大提高了破产效率。但实质合并制度所引发的债权人的公平保护等问题也不容忽视，因此有必要对我国实质合并破产制度的适用标准、适用程序以及对债权人异议的处理等方面进行明确规定，设计符合我国实际情况的制度安排，实现关联企业合并破产时所有债权人公平保护的目标。

关联企业实质合并破产中的债权人保护问题，是一个至关重要的问题，需要在日后的司法实践和理论研究中不断完善，真正使因破产而遭受损失的债权人在关联企业实质合并破产中得到公平保障。

第五部分：其他

武汉市破产管理人 2020 年度履职情况调研报告

"武汉市破产管理人履职情况调研课题"课题组*

近年来，企业破产案件数量激增，反映出大量困境企业存在退出市场、纾困的现实需求。"办理破产"指标是世界银行营商环境评估体系中的十个指标之一，优化营商环境需要破除各种要素流动壁垒，促进正向激励和优胜劣汰。管理人在破产案件中处于至关重要的地位。本课题组基于武汉市管理人机构提交的 2020 年度履职报告，以及武汉市破产管理人协会的组织运作情况，对 2020 年武汉市破产管理人的履职情况进行分析，总结其履职特点、典型案件以及创新做法等，以期为武汉市管理人行业健康有序发展提供指引。

一、武汉市管理人履职基本情况及特点

(一) 管理人团队基本情况

武汉市破产管理人名册最新更新于 2019 年 9 月，其中共有管理人机构 64 家，其中律师事务所 48 家，会计师事务所 14 家，清算服务公司 2 家。武汉市破产管理人协会由入选武汉市中级人民法院破产管理人名册的

---

* "武汉市破产管理人履职情况调研课题"系武汉市破产管理人协会委托武汉大学法学院共同对武汉市破产管理人年度履职情况、武汉市破产管理人协会组织运作情况等进行调研的课题。本文系课题调研主要成果之一。课题组成员包括：张善斌、张亚琼、付军、翟宇翔、叶鑫、蒋艺、李昊珉、刘佳畅、苏田、孙权、吴舒妤、赵晶洁、曹园、欧阳碧文。

管理人自愿组成，同时根据协会章程第八条规定，虽未入选武汉市中级人民法院管理人名册但有意愿从事破产管理人工作的律师事务所、会计师事务所、清算事务所等社会中介机构，经其书面申请入会且理事会同意后成为协会管理人机构。目前协会共有单位管理人机构 63 家，其中律师事务所 45 家、会计师事务所 13 家、清算服务公司 4 家，税务师事务所 1 家，尚无个人管理人机构。根据武汉市中级人民法院和管理人协会的要求，截至 2021 年 9 月，总计 48 家管理人机构提交 2020 年度履职报告，其中律师事务所 38 家、清算服务有限公司 3 家、会计师事务所(审计机构)7 家。

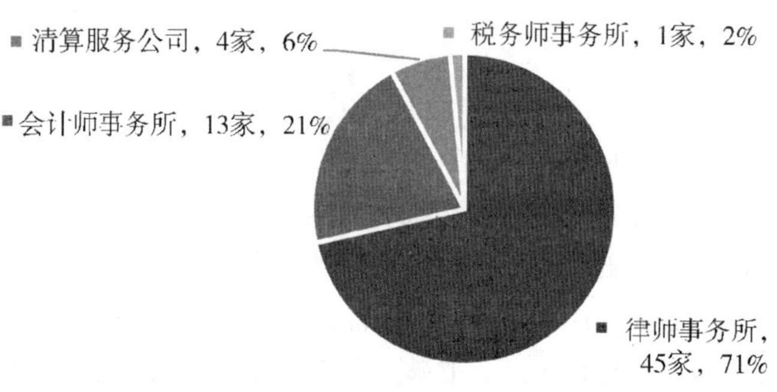

武汉市管理人协会会员类型

(二)2020 年度管理人担任方式

2020 年度，除审计机构参与审计的破产案件或强制清算案件外，上述管理人机构共担任 107 件破产案件或强制清算案件的管理人，其中报名竞争担任管理人 21 件，随机指定担任管理人 86 件。

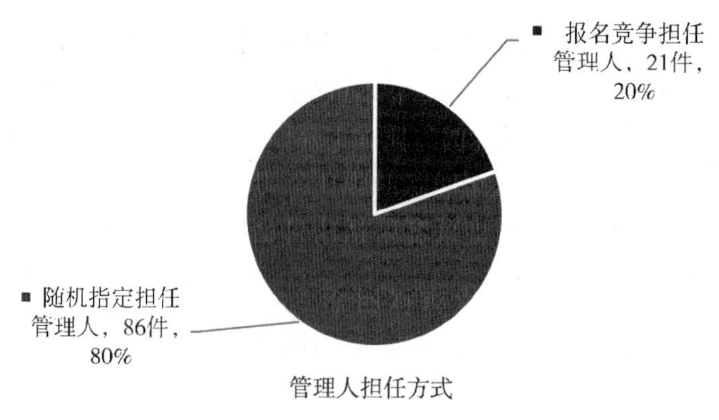

管理人担任方式

(三)2020年度办理案件情况

2020年度，管理人机构已结破产案件及强制清算案件39件，其中清算案件38件，重整案件1件。管理人机构尚未完结的破产案件及强制清算案件总计139件，其中清算案件121件，重整案件18件。

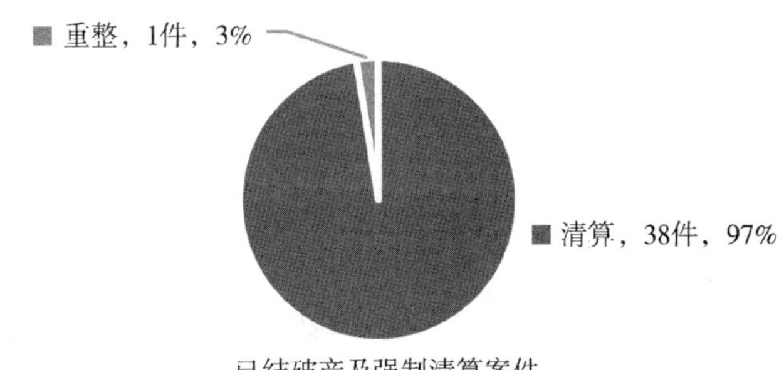

已结破产及强制清算案件

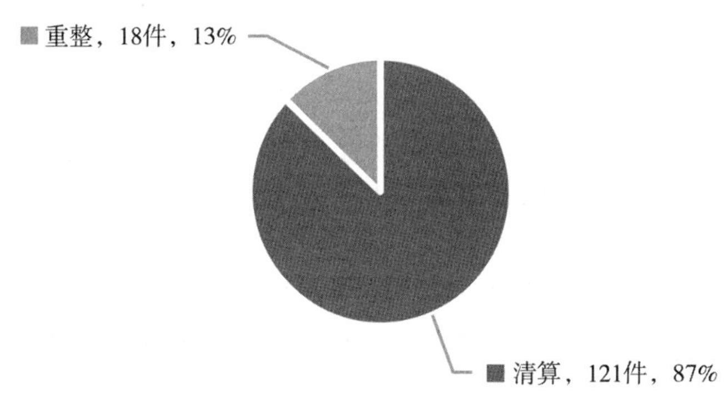

未结案的破产及强制清算案件

(四)债务人企业所涉行业

2020年度全部案件所涉企业中，属制造业的企业有44家；属房地产行业的企业有35家；属食品加工业的企业有5家；属服务业的企业有51家；属建筑业的企业有16家；属批发业的企业有14家；属运输业的企业有3家；属农业的企业有4家；属新能源开发的企业有4家；属医药业的企业有2家；属金融业的企业有2家；属教育行业的企业有1家。

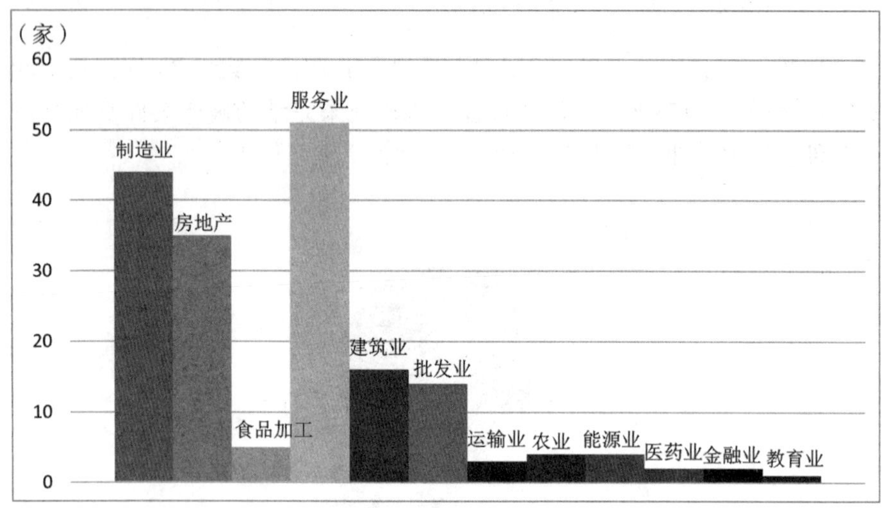

行业分布

（五）典型案例及获得表彰

在武汉市破产管理人承办的案例中，湖北山河律师事务所承办的吴家山市场物业公司等七家关联公司合并重整案，以“优化营商环境、服务民营经济发展”为亮点，于2020年9月获评武汉市2019年度“十大法治创新案例”，并于2020年12月入选湖北省高级人民法院发布的“营造法治化营商环境典型案例”。

（六）参加社会活动

2020年度，武汉市破产管理人机构积极参与由武汉市中级人民法院与武汉市破产管理人协会举办的各类活动，主要包括：

1. 江城破产实务沙龙。2020年度管理人协会联合武汉市律协成功举办了三期沙龙活动，分别以“破产资产处置及信息化应用”“破产程序中的投融资实务”“破产程序中的财产管理和投资”为主题，包括法院、高校、律所、会计师事务所、清算公司等多位破产实务专家及嘉宾应邀参会。沙龙活动聚焦疑难，观点碰撞，精彩纷呈，切实加强了管理人机构单位之间的沟通交流，提高管理人队伍实务操作水平。

2. 积极参与研讨助力武汉复工复产。2020 年 4 月 5 日，“线上破产重整、助力经济复苏”主题研讨会在武汉召开，研讨会由平安银行总行政府金融事业部、平安银行武汉分行及湖北省金融法学研究会联合主办，200 余位金融与法律人士共同在线探讨，有效推进破产流程。武汉市破产管理人协会受邀参加，协会会长张亚琼律师围绕“破产重整中的投融资实务”发表主旨演讲。

3. 受邀参加首届 MAX 价值云峰会。4 月 18 日，武汉市破产管理人受邀参加由浙江大学光华法学院破产法研究中心主办、阿里拍卖承办首届 MAX 价值云峰会，协会会长张亚琼律师在线上会议中作主旨发言。

4. 倡导破产保护助理复工复产。5 月 8 日，武汉市破产管理人协会副会长、北京市京师(武汉)律师事务所主任胡涛律师以“破产保护助力企业凤凰涅槃”为题，在正和岛社群开展了生动的破产保护专题线上讲座。

5. 举办“优化营商环境之破产实务座谈会”。7 月 30 日，武汉市中级人民法院与武汉市破产管理人协会共同举办“优化营商环境之破产实务座谈会”，就“降低破产成本”及“管理人选任、监督和考评”展开了深入研讨。

6. 积极参加东西湖区破产审判白皮书发布会暨研讨会。9 月 18 日，由东西湖区人民法院主办，武汉市破产管理人协会协办的破产审判白皮书发布会暨研讨会顺利召开。会议上发布了东西湖区破产审判白皮书，并对破产案件审理中的实务疑难问题进行了深入研讨。

7. 与多家机构开展战略合作。武汉市破产管理人协会秉持互利发展、资源共享，合作多赢的态度，积极推进与其他相关机构的合作事宜，相继与京东集团、重庆坚持一下科技有限公司、华宇九品科技有限公司、广发银行武汉分行、平安银行武汉分行、招商银行武汉分行等多家机构签订战略合作协议，携手探索破产案件高效办理新模式。

8. 积极参加第四届破产法珞珈论坛。11 月 28 日，由湖北省高院和武汉大学法学院共同主办的第四届破产法珞珈论坛召开，武汉市破产管理人协会组织管理人机构单位及时撰写专业论文投稿参会，山河所、京师所、中伦所、大成所、今天所等管理人机构单位律师受邀发言，踊跃讨论，为湖北省破产理论及实务发展建言献策。

9. 投保执业责任保险。2020 年 4 月 7 日，为提高破产管理人民事责任承担能力，完善司法工作机制，解决好破产管理人的“后顾之忧”，管理人协会与中国人民财产保险股份有限公司武汉分公司经过多次协商沟通，签订全面战略合作协议，并为已入会的管理人机构单位投保破产管理人执业责任保险。

除上述活动外，武汉市破产管理人协会还积极组织编写业务工作指引，组织评选武汉市破产管理人履职典型案例，进一步规范和指导全市管理人在办理破产案件中依法履职，提高管理人的服务质量和水平，提高破产案件办理效率。

二、管理人履职中解决问题的经验做法

在管理人业务承办和履职过程中，针对破产案件中遇到的各类疑难问题，武汉市破产管理人注重实务与理论相结合，加强研判，注重总结，在法律规定和原则指引下形成了一些好的做法和经验。

（一）破产企业财产解除诉讼执行措施难的问题

有管理人机构提出，在其承办的破产案件中，有关执行法院一直未解除对破产企业财产的保全措施，影响后续债务人财产的拍卖、过户手续，致使破产案件无法顺利推进。少数法院甚至在破产案件受理后执意启动执行程序。

对此该机构建议，管理人在受理债权申报时要求债权申报人签署同意解除财产保全措施的承诺书，同时申请执行法院解除保全措施。若执行法院不解除财产保全措施，管理人可向受理破产案件的法院提交申请，直接由该院向相关部门下达协助执行通知书予以解除，或者与执行法院沟通将执行案件移送至受理破产案件的法院进行处理。

（二）债务人企业拒不配合清账问题

有管理人机构提出，进入破产程序后，在债权申报期间，管理人接管企业后发现公司存在财务凭证不全且财税人员均已离职的情况，导致无人配合管理人清理公司的税务问题。破产企业的资料保存不完整，企业的经营资料、财务账套等资料缺失。接管手续的不齐全和接管过程无见证人，导致在之后财产清算中，企业的实际破产财产与管理人所接管的不相符合。

对此该管理人机构建议，在破产企业无任何财务资料的情况下，从银行流水、工商信息、不动产查询等方面着手，通过查询公司账户的资金流向，进而查询关键股东、关联方的个人银行资金流向。同时结合债权申报材料，以查证是否存在股东或关联方占用破产企业资产的情况，为最大限度地保护债权人利益提供证据支撑。接管破产财产时，可以将财产与清单进行核对并予以登记签字，再协同法院、政府等相关人员予以共同见证，或是通过录像的方式对接管过程予以记录。

（三）涉众型债权人集体维权问题

有管理人机构提出，在推进破产程序过程中，涉众型债权人容易结团，不断通过集体维权的方式向政府施压，给管理人增加维稳接访类工作，甚至导致正常工作难以开展，拖延了破产程序进程。

对此，该管理人机构建议，实务中可采取债权收购方案，意向投资人或其他投资方通过与原债权人协商一致，将债权转让给投资人，从而由投资人取代原债权人的地位参与破产程序。以及采取分段清偿方案，在普通债权组中设定一定的金额标准，规定在该金额标准以下的债权部分全额受偿或按较高比例受偿，而在该金额标准以上的债权部分按较低比例受偿的分配方式。

也有管理人机构建议，管理人应以减少全体债权人损失为主要工作目标，在坚持合法、公平、合理的原则的前提下，保持一定的可操作性和灵活性。特别是在破产清算期间的诉讼等法律事务的处理中更应该考虑整个破产案件处理的需要，把握原则性与灵活性的对立统一。

（四）债务人财产清理中房屋过户问题

有管理人机构提出，房地产公司破产案件中，出现已售出并交付的房屋未办理过户手续的情况。同时股东房屋及土地实物出资未过户，在减资程序中实操为货币减资并申报债权，股东过户义务在减资程序后是否免除不明确。

对此，该管理人机构建议，可以在重整计划中设计三年期经营资金回笼动态平衡的方案。建议采取金钱债权与涉房债权分开做表、分别申报的方式。对于未依法完成减资程序的债务人企业，股东仍然负有过户义务。

（五）破产财产变价处置问题

有管理人机构提出，破产清算案件中财产变价方案难以通过。

对此，有管理人机构建议，根据《全国法院破产审判工作会议纪要》第25条之规定，管理人可以通过抵押权人行使优先受偿权的方式，启动破产财产的网络拍卖，破解破产财产变价处置僵局。

也有管理人机构建议，处理股权类资产变价时，建议寻求合适的投资人，梳理全部有利条件，为债权人争取最大的变价利益；确定买受人接受的价款条件后，与买受人签订兜底协议；不放弃拍卖等其他公开竞价方式，将市场检验方式纳入变价方案。充分发挥债权人委员会的作用，以债权人委员会作为管理人与债务人沟通的桥梁，将变价方案的利弊分析准确传达给每一位债权人。

还有管理人机构建议，可以在第一次债权人会议上将财产变价方案、分配方案以及破产程序终结后可能追加分配的方案一并提交债权人会议表决。第二次债权人会议就财产再次拍卖方案征询全体债权人意见后实施网上拍卖并顺利变现。

（六）债权人申请查阅资料问题

有管理人机构提出，破产程序中，债权人提出查阅债务人全部账册资料申请并要求复制。对此，管理应如何妥善应对。

对此，有管理人机构建议，可以针对债权人提出的查阅债务人全部账册资料的申请，通过书面回复等形式告知债权人其查阅范围以参与破产程序所必需为限，同时积极答复债权人的疑问。

（七）破产程序终结后债权人主张债权的问题

有管理人机构提出，破产程序终结后，债权人就未受清偿部分的债权能否向未履行出资义务的股东主张。

对此，有管理人机构建议，破产程序终结后，个别债权人有权通过普通民事诉讼程序，向未履行或未完全履行出资义务的股东，在其未履行或未完全履行出资义务的本息范围内主张债权。

（八）债务人财产管理问题

有管理人机构指出，财产接收之后管理中存在难题，例如大型设备容易缺失零件，易移动小型动产容易丢失等。

对此，有管理人机构建议，管理人应当组织成立专门的财产管理小组，对于破产财产进行定期检查、巡视；并且对每一次检查结果予以登记并汇报给人民法院及债权人委员会。

三、管理人履职中尚待解决的问题

（一）尚未解决的问题

1. 破产企业资料查询难问题

有管理人机构提出，破产管理人接受法院指定后，需要尽快到各开户银行查询破产企业银行账户及流水情况。管理人到相关登记机关查询破产或清算企业的资产、银行账户及证券账户等基本信息常常需要申请法院协助进行。但很多银行并不接受管理人查询，甚至持有法院出具的调查令依然不予办理，这给破产清算工作顺利推进造成了很大障碍。

2. 破产企业财产查封冻结解除难问题

有管理人机构提出，在进入破产程序前，由于债务人的股权大多已经被查封、抵押，查封法院以法律无明文规定为名拒绝解除对债务人股东的查封和冻结手续，导致重整投资人无法依据经批准的重整计划办理过户手续，为该等股权向重组方过户变更制造障碍，进而严重影响重整计划的实施。

也有管理人机构提出，破产案件受理后，破产企业账户被诉讼或执行查封冻结的应当解除，相应资金应扣划至管理人账户。但部分银行在没有得到查封法院同意的情况下，拒绝解除查封。

3. 破产程序中涉税业务办理疑难问题

有管理人机构提出，具体办理税务减免过程中工作人员求管理人缴纳程序内非正常户转正常户罚款，当地税局均要求破产企业按照正常企业规定按时报税，否则产生罚款及滞纳金。

也有管理人机构提出，目前武汉市已有破产企业税收处理问题的程序性规定，但具体征税过程中，征收标准依然过于僵化，基本上秉承就高不就低，且标准缺乏统一性和公正性，导致债权人不满，不利于破产清算工作顺利开展。

还有管理人机构提出，一旦将税务清算录入系统，税务部门就不能出具发票。一旦企业进入清算期，便不能开展经营活动，因此就将发票功能锁死。此行为并未考虑到破产案件的特殊性，即破产企业即便进入破产清算，也可能基于维护全体债权人之权益需要，保留部分经营活动，或者基于处置资产需要，需要向交易对手开具税务发票。

4. 管理人取得费用报酬难问题

有管理人机构提出，承接的强制清算案件，因大多无财产、财务资料缺失、相关人员无法联系，往往操作难度大，导致大部分案件都是管理人垫支清算费用，管理人付出大量的人力、财力，最终完成清算后却没有相应的报酬。虽法院现已就破产企业无法支付管理人报酬的情况设立基金，但申请基金和具体落实较为困难。

也有管理人机构指出，破产程序中的基本办公费用、破产企业财产管理费用、人员工资开支甚至破产清算审计、资产评估费用均需管理人垫付。且武汉审计评估机构摇号平台需要先于支付审计、评估费用后才可以出具相应报告。在破产企业最终无可清偿财产的情况下，管理人还需“倒贴”费用。

5. 会计师事务所难以参与破产程序

有管理人机构提出，鉴于管理人业务的复杂性，目前部分管理人单位由于执业经历和破产实务经验积累的局限性，难以满足复杂破产案件管理人工作的要求。破产管理人多为律所，会计师事务所难以参与。

6. 重整企业融资难问题

有管理人机构提出，破产重整期间，破产企业往往缺乏现金流，造成企业难以继续营业，甚至不能维系管理人正常办公，但金融机构往往不能向破产重整债务人提供融资，影响重整工作顺利推进。

7. 破产案件办理时限问题

有管理人机构提出，管理人主张抵销行为无效的期限为 3 个月，但破产程序耗时长，管理人发现恶意抵销行为也需要时间，为充分维护债权人利益，建议将 3 个月的时效放宽。

也有管理人机构提出，根据法律规定对生效法律文书申请再审需要在判决、裁定发生法律效力后 6 个月内提出，但实践中管理人从审查到发现往往超出法定期限，建议将 6 个月的起算点确定为破产案件指定管理人之日。

8. 债务人财产执行程序中止问题

有管理人机构提出，破产案件裁定受理后，有关债务人财产的执行程序应当中止，然而对于破产申请审查阶段有关债务人财产的执行程序是否应当中止，法律并无明文规定。因此在办理破产案件过程中，管理人应当特别关注该破产申请审查过程中有关债务人财产的执行程序是否合法合规，以确保不会因不当的执行程序实现个别清偿，导致债务人财产的减少。

9. 审计评估等中介机构的选任和费用确定问题

有管理人机构提出，目前武汉市各级法院均要求通过光谷产权交易中心摇号确定审计评估鉴定机构，但对其服务费用没有明确的、具有约束力的标准。这导致鉴定机构漫天要价或随意寻找理由拒绝履职，尤其在破产财产较少的情况下，给管理人工作造成极大的被动。

有管理人机构指出，应取消摇号确定鉴定机构的做法，由管理人自行向中级法院库内鉴定机构询价，择优聘用；或者制定明确的、具有约束力的鉴定收费标准，并建立管理人对鉴定机构违规行为的有效制约机制，以避免管理人受制于摇号确定鉴定机构带来的弊端。

10. 债务人对外投资股权处置问题

有管理人机构提出，强清公司对外投资设立子公司的，应由清算组在强制清算程序中将其处理完毕，再向企业登记机关申请办理企业注销登记。当强清公司对外股权投资价值为零或负值，投资的子公司已被吊销营业执照，而且清算组对股权投资的处置方案既不可能获得债权人表决同意，也不可能得到二分之一以上表决权股东同意的情况下，如果以依法处理完毕该对外投资的股权作为清算完毕的前提，不仅浪费资源，也没有任何实际价值，而且清算组也会入不敷出。对于上述情况，建议直接由人民法院出具协助注销企业登记通知书办理企业和其分支机构注销登记，简化强清公司的注销程序，提高强制清算程序的效率。

(二)相关建议

针对上述亟待解决实务疑难问题，大部分均无明确的法律依据，部分管理人机构结合法律原则和实践操作提出了相应的处理建议。

1. 关于管理人履职与法院内部支持

(1)督促债务人履行配合清算义务。建议法院对于债务人配合破产清算义务，完善不配合管理人工作的个人及单位的惩罚机制，增加不配合清算债务人的刑事责任承担情形，增加不履行配合清算义务的债务人施行职业禁止，赋予管理人在债务人不配合清算情形下的救济权。

(2)破产援助基金支持。建议法院就无报酬的破清、强制清算案件管理人的相关费用如何支付问题出台明确的指导意见，出台可操作性的破产案件援助基金申领办法，提高审核效率，以保障管理人/清算组获取合理报酬的权利。

(3)破产费用的合理保障。建议法院就管理人报酬问题，协调相应机构对前期费用予以支持，并协调审计、评估机构先行配合出具工作报告。批准管理人缓交诉讼费申请，涉及财产处置时税务局同意管理人缓交相关税费。

(4)破产案件办理周期合理考评。建议对于需要等待另案处理结果才能履行职责的案件，参照中止审理停止计算管理人办案时间和数量对管理人进行考评。

2. 关于管理人履职与相关部门的支持配合

(1)支持管理人调查查询工作。建议有关职能部门联合发文，出台关于企业资料查询、破产企业财产解除查封、冻结的文件，明确规定金融机构依据管理人提供的人民法院受理破产申请裁定书、指定管理人决定书即可查询破产企业的全部开户信息、征信报告和账户流水明细电子版等。

(2)支持对破产财产执行措施的解除。建议有关部门在解除破产企业查封、冻结方面，通过司法解释或者联席会议纪要的方式，明确管理人的相关权限，明确具体实施细则及责任归属，在司法系统中共享企业是否进入破产程序的信息。

(3)支持协调破产涉税处置。建议破产企业涉税问题上，不仅在省、市税务机关的管理层面对破产中的税收问题进行规范，还应当组织各区税务局与区法院、管理人协会以及各管理人进行协调，出具本区域破产程序中税务问题的实际操作规范。能够给予破产企业"税收特区"，明确给予破产企业办理清算备案，并对破产涉及的主要税种予以明确。

建议税务机关在破产企业申报税务清算方面，出台政策，明确规定在办理不存在欠税情形，税务登记状态为非正常注销(吊销)的强清公司的税务注销时，简化注销程序，由清算组持法院终结清算程序的裁定书直接申请将强清公司的税务注销。

(4)支持债务人企业重整融资。建议人民银行就重整企业融资问题，指导金融机构按照审慎原则开展贷前调查，探索适合重整企业的贷款模式，合理确定融资成本，不额外增加企业负担，支持重整企业回归正常经营。建议法院督促指导管理人协助配合金融机构的贷款尽职调查，并如实提供金融机构所需的资料和相关信息。

(5)支持破产企业清算注销。建议就如何注销破产清算企业的工商登记问题，由法院与市场监督管理局进行沟通会商并出台相关的细则。

3. 关于管理人履职与法律法规完善及司法政策支持

(1)武汉破产审判专业化。借鉴其他城市的成熟经验，建议武汉市中级人民法院设立独立运作的破产法庭，统一管辖承办本辖区内的破产案件；组建专业的破产审判队伍，从基层法院和其他法院抽调对破产审判工作有丰富经验的专业法官，推动破产审判能力的整体提升。

(2)管理人分级管理与选任机制优化。建议就管理人名册管理，实行个人破产管理人、一级管理人、二级管理人分级管理制度。对于个案中破产管理人的选任，一般破产案件通过统一摇号选出，重大复杂的案件可实行一级管理人全部参与摇号选出，其他案件可以实行二级管理人统一摇号选出。

(3)破产衍生诉讼专属管辖。建议就破产案件中派生出来的债权申报确认、个别清偿、债权追偿案的诉讼案件，由破产受理的法院管辖，由此可引入诉前调解机制。

(4)部分法律制度的完善。建议就公司与实际控制人的人格混同问题，出台自然人与公司合并破产机制。就“名股实债”“对赌协议”问题，专门出台相关司法解释予以规范。

(5)关于行业协会自治管理。建议时机成熟时，尽快成立全国破产管理人协会及湖北省破产管理人协会。

结　语

企业破产制度对社会经济的良好运行日益发挥出重要的作用，而管理人则是在破产程序中依法接管破产企业财产、管理破产事务的专门机构，其依法高效履职对于提高破产审判质效，充分发挥破产制度作用，解决企业退出难问题，优化要素配置，加快打造市场化、法治化营商环境，均具有重要意义。

通过对武汉市破产管理人年度履职情况、武汉市破产管理人协会组织运作情况进行调研，建议从多个维度出台举措，保障管理人依法高效履职。

其一，从宏观层面，建议进一步修订并完善企业破产法及相关司法解释，强化管理人在破产案件中独立的主体地位，优化破产程序性规定，为实现破产程序目的提供司法便利。进一步完善优化市场主体退出的预防机制、拯救机制和快速退出机制，破除各类要素流动壁垒，实现庭外重组与庭内重整的有效衔接，促进正向激励，充分实现对危困企业的救治，同时实现破产案件的繁简分流、快慢分道，提升破产程序的整体效益。

其二，从中观层面，建议进一步推动设立并优化府院联动机制，对破产案件中涉及的债权人群体维稳、金融融资支持、工程续建验收办证、涉税处置、投资人招募等问题进行协调处理。必要时可由法院联合有关政府主管部门出台专门的会商纪要，在市区两级合力推动破产案件审理工作。

其三，从微观层面，应着力研究解决管理人机构反映较多的个案选任、管理人报酬保障、执业风险防控等问题。从管理人名册动态管理的角度优化个案中的管理人选任机制，从财政资金支持、法院监督、管理人机构互助等层面优化管理人报酬基金保障机制，同时加强个案中管理人履职监督管理，防范执业责任风险。

破产管理人的勤勉义务研究
——一个横向对比的视角

刘　凡*

内容提要：破产管理人勤勉义务的界定，关涉债权人、债务人和第三人利益保护以及管理人的履职保障，但《企业破产法》第 27 条的高度概括性使得勤勉义务的标准在学理与实践上均未达成统一。因“管理人地位”尚不明确，整体性地移植域外法经验并不可靠。相对来说，广泛收集有关管理人勤勉义务的司法实践案例有助于提供自下而上的观察视角，从特征差异性出发引入公司法上的董事勤勉义务体系有助于提供横向的比较视角，这两条研究进路分别探明了管理人勤勉义务的实然与应然状况。有鉴于此，修改后的《企业破产法》应适用过错推定原则以减少管理人责任诉讼中原告因举证不足而败诉的可能性，应采主客观统一的义务判断标准并明确排除“商事判断规则”的适用，应采一般过错的过错标准并放弃管理人仅在故意或重大过失时担责的实务倾向，应明确勤勉义务不可协商排除的法定性特征，将法定的义务缓和事由限于“管理人事前说明”。

一、问题的提出

破产管理人勤勉义务的概念抽象性问题由来已久，司法裁判标准难以达到统一，为此学界进行了一定的研究。众多学者从明晰管理人主体地位出发，通过广泛借鉴域外法扩充《中华人民共和国企业破产法》(以下简称

* 刘凡，武汉大学法学院 2020 级民商法专业硕士研究生。

《企业破产法》)第 27 条、第 130 条的含义。[①] 该研究进路展现了从制度功能到民法技术运用的递进式研究思维，并为破产管理人勤勉忠实义务的体系塑造提供了大量比较法经验，但其尚存在以下不足：第一，现实针对性不足。先确立抽象概念再介入制度细节体现了一种立法者思维，但《企业破产法》出台有数十年之久，围绕着破产管理人的勤勉义务也产生了一些判决与地方立法。若不对接既有的实务经验，则无法吸收已形成的共识，对裁判中的痛点与难点也难以作出回应。第二，以管理人的法律定位为逻辑起点存有根基不牢的弊病。学界围绕管理人的身份问题提出了"代理说""职务说""破产财团代表人说""机构说"等诸多观点，各学说优势与缺点并存，导致至今未形成通说。[②] 由此衍生的对勤勉义务的解读未必精确。况且，诸说涉及的法理较为复杂，在一文内同时解决两个问题往往导致论证均不足。第三，体系协调性不强。域外法的具体规则往往建立在明确的管理人定位之上，由此产生的勤勉义务与管理人的权利和能力对应。单纯地引用域外法关于勤勉义务的规定无法调适既存管理人权利与义务之间的关系，仅因确立义务体系便罔顾逐渐成形的破产管理人选任制度、破产管理人名册制度与考核制度，也颇有一叶障目之意。因此，暂且搁置"自上而下"的从抽象到一般的研究进路，依托现有地方立法经验与裁判经验进行"自下而上"研究以找出破产管理人勤勉义务的实然状态，依托更具确定性的概念——"董事勤勉义务"进行横向对比研究以探求关于破产管理人勤勉义务的应然制度设计，将有助于体系重塑。在《企业破产法》与《公司法》均被列入立法计划之际，这样的研究进路还有利于协调两法修改的协同关系。

二、裁判特征与难点分析

利用北大法宝的法条关联功能，可依《企业破产法》第 27 条和第 130

① 参见马存利、宿杰：《破产管理人诚信义务研究及其对我国破产立法的启示》，载《中国商法年刊》2007 年；朱文龙：《破产管理人的民事责任研究》，载《社会科学动态》2020 年第 4 期。

② 参见康晓磊、仲川：《对破产管理人法律地位的思考》，载《法学论坛》2007 年第 6 期。

条检索而得449个案例，去除重复的和法院未对管理人勤勉义务作出实质说理的案例后，最终可得87个案例。① 有效数据的地域分布状况如图1所示。而以管理人违反勤勉义务的判断标准、管理人承担违反勤勉义务责任的过失程度以及管理人最终是否承担责任为指标进一步分类后可得表1。

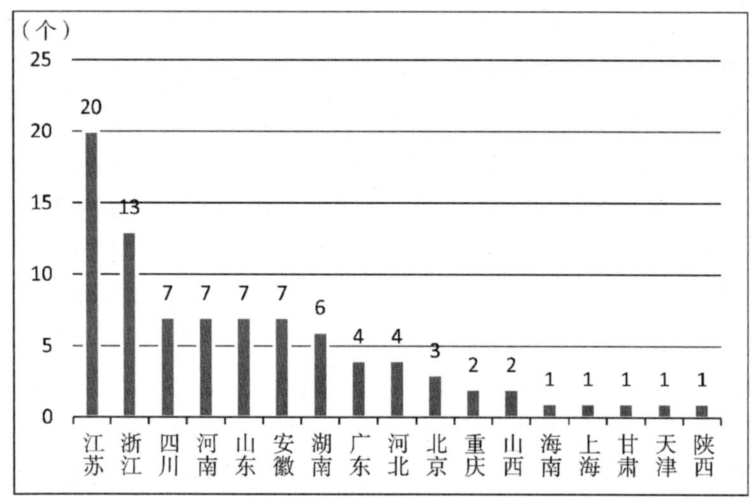

图1 案例的地域分布

表1 有效数据的分类

关键要素	观点	数量	比例
违反勤勉义务的义务标准	善良管理人	4	4.6%
	扩展“勤勉”的内涵	5	5.7%
	未说明	78	89.7%
违反勤勉义务的过错标准	故意和过失	27	31%
	仅限故意和重大过失	9	10.3%
	未说明	51	58.6%

① 检索时间截至2021年11月2日。

续表

<table>
<tr><th>关键要素</th><th colspan="2">观点</th><th>数量</th><th>比例</th></tr>
<tr><td rowspan="3">最终是否承担责任</td><td colspan="2">承担责任</td><td>8</td><td>9.2%</td></tr>
<tr><td rowspan="2">未承担责任</td><td>违反勤勉义务</td><td>4</td><td>4.6%</td></tr>
<tr><td>未违反勤勉义务</td><td>75</td><td>86.2%</td></tr>
</table>

从以上图表并结合具体案例可总结出以下三个司法裁判特征：

第一，《企业破产法》第 27 条与第 130 条有沦为具文的风险。从案例总量来看，仅 87 个案例实质论述了管理人的勤勉义务，而截至 2021 年 1 月 5 日，“北大法宝”法律法规、司法案例库中与破产有关的数据有 8.7 万例，[①] 产生勤勉义务纠纷的比例不足 0.1%。从案例的地域分布来看，大部分案例集中于江浙地区，尚有近半数省份无此类纠纷出现。这与破产法的规定过于原则化有莫大联系，也进一步显示了对勤勉义务进行细化的必要性。

第二，司法实践中对于违反勤勉义务的义务标准和过错标准并不统一。在义务标准方面，仅有 4 个案例援引了“善良管理人”标准，如在“中瑞太丰公司、新希望清算事务所管理人责任纠纷案中”，江苏省高级人民法院便明显采用了客观标准，“从主观而言，管理人应当按照诚信原则尽自己的努力处理债务人事务。从客观而言，管理人应达到与其有相同学识、地位及经验的人应当履行的注意程度”。[②] 但在其余数案之中，均未对何为善良管理人作出解释。[③] 而有 5 案对“勤勉”的内涵作出了一定的解释，如安徽省某法院结合具体案情认为管理人的勤勉义务为“管理人应认真核实合同履行情况，慎重行使法律赋予其合同履行的挑拣权”，[④] 湖南

① 参见北大法宝司法案例研究组：《“与破产有关的纠纷”大数据分析报告》，腾讯网，https://new.qq.com/omn/20210429/20210429A0BF4P00.html，访问日期：2022 年 9 月 7 日。

② 参见江苏省高级人民法院(2019)苏民终 1204 号民事判决书。

③ 参见浙江省绍兴市中级人民法院(2018)浙 06 民终 690 号民事判决书、重庆市第一中级人民法院(2021)渝 01 民终 623 号民事判决书、河北省衡水市中级人民法院(2019)冀 11 民终 154 号民事判决书。

④ 参见安徽市池州市中级人民法院(2021)皖 17 民终 927 号民事判决书。

省某法院将勤勉义务界定为“应当确保债务人、债权人的利益最大化”。[①] 这些案件以关键词的形式点明了勤勉义务的一些内容，如管理人应慎重行事，应以整体利益最大化为目标，某些案件甚至引入了“一般注意义务”的概念，[②] 这与一些地方出台的地方司法文件认知类似，[③] 但均不具有全面性。[④] 在过错标准层面，各法院对过失程度存在不同理解。认为管理人仅在故意或重大过失情况下承担责任的法院一般未说明缘由，而是直接提出认定管理人责任的关键是“管理人是否有违背勤勉尽责和忠实义务的侵权行为，且在主观方面对侵权行为具有故意或重大过失”。[⑤] 从天津某案可以看出，采用这样的标准与《最高人民法院关于适用〈中华人民共和国企业破产法〉若干问题的规定(二)》第 33 条的规定有关。[⑥] 不过更多的法院则认为一般过失也符合管理人承担责任的主观心态，该类表述一般为“按照侵权责任的构成要件，管理人承担民事责任应以管理人故意或者过失地实施了违反勤勉尽责义务和忠实义务的行为为条件”[⑦]。可以看出，该观点源于不少法院将管理人责任纠纷视为侵权纠纷。[⑧] 但从表一占比巨大的“未说明”便可以看出，法院更倾向于放弃对抽象概念的拆解，转而寻求一种“循环论证式”说理。该类案例的一般特征是，法院首先点明管理人应勤勉尽职，再转而将管理人的具体行为进行概括叙述，最后直接得出结论——管理人已勤勉履职或原告

---

① 参见湖南省澧县人民法院(2020)湘 0723 民初 2381 号民事判决书。

② 参见江西省南丰县人民法院(2018)赣 1023 民初 428 号民事判决书。

③ 参见《北京破产法庭破产案件管理人工作指引(试行)》第 3 条：“管理人应当勤勉尽责，尽到注意义务”；《上海市破产管理人协会破产案件管理人工作指引(试行)》第 3 条：“管理人应当勤勉尽责、忠实执行职务，不得违法利用管理人的身份或地位为自己和他人谋取不正当利益，并始终贯彻审慎原则，依法办理相关事务，切实防范法律风险。”

④ 其余案件参见广东省深圳市中级人民法院(2018)粤 03 民初 1358 号民事判决书、最高人民法院(2019)最高法民申 1929 号民事裁定书。

⑤ 参见重庆市第三中级人民法院(2021)渝 03 民终 48 号民事判决书。

⑥ 参见天津市高级人民法院(2021)津民终 47 号民事判决书。

⑦ 参见北京市高级人民法院(2017)京民终 442 号民事判决书。

⑧ 87 个案例中有 31 个案例直接或间接地认为管理人责任纠纷即为侵权纠纷，属于较为常见的认知。

无证据证明管理人履职瑕疵。① 这样的判决显然没有进行从法律规定到法律事实再到结论的“三段式”说理，而是最终呈现出一种原告认为某行为代表管理人失职，法院认为同一行为代表管理人尽职的无说服力“均衡”状态，这无疑不利于服判息讼。

第三，管理人最终承担责任的情况极少。此特征的出现与法院的“宽容心态”有关。有观点分析认为：“我国破产管理人由法院指定，受理法院对其有监督与评价权，所以假使管理人未尽勤勉忠实义务，法院也难辞其咎，进而使得法院多对管理人的过错较为包容，仅认可管理人在故意或重大过失时才承担民事责任。”②一方面，法官的“宽容心态”在具体案例中有所体现。如广东某法院认为，“一旦结果不尽如人意便将矛盾焦点指向管理人，不仅不利于当前破产清算案件的进程，还将严重影响从业人员的工作积极性，影响破产制度的发育水平，最终受损的仍是诚实守信的债权人和债务人”。③ 江苏某法院则在认定管理人存在一定的履职瑕疵的前提下，以重新拍卖可能不能达到现有的成交价为由认为没有造成债权人的损失，最终管理人未承担责任。④ 另一方面，某些地方司法文件中的管理人名册管理制度也证明法院对管理人的态度并不严格。如《湖南省高级人民法院关于规范企业破产案件管理人工作的若干意见(试行)》第 17 条和第 24 条仅将执业经营中的故意或重大过失行为视为管理人失权和除名的事由。主观上，法院对管理人已有偏向；客观上，“勤勉”概念的原则性又带来了巨大的自由裁量空间。在二者的双向发力下，追究管理人责任的难度逐渐增高，这进一步使得管理人勤勉义务有被虚置的可能，也“难免使人产生法官与管理人利用自身优势形成利益同盟的错觉，造成公众对法院公正性的误解”。⑤ 对于立法者来说，深入法官的内心改变裁判者的情

① 典型案例参见浙江省绍兴市中级人民法院(2015)浙绍商终字第 653 号民事判决书、安徽省池州地区(市)中级人民法院(2020)皖 17 民终 847 号民事判决书、四川省高级人民法院 (2020)川民终 114 号民事判决书。

② 姜铄、丁燕：《试论我国破产管理人之民事责任》，载《广西政法管理干部学院学报》2021 年第 4 期。

③ 参见广东省深圳市中级人民法院(2018)粤 03 民初 1358 号民事判决书。

④ 参见江苏省无锡市中级人民法院(2020)苏 02 民终 3112 号民事判决书。

⑤ 宋辉：《破产管理人民事责任：现状、问题与完善》，载《人民论坛·学术前沿》2020 年第 22 期。

感涉及去法院中心化的问题，相对来说现阶段以规则带动裁判“进化”更为可行。

三、横向对比研究——与董事勤勉义务关联

据考证，勤勉义务源于公司法理论，对勤勉义务的理解需要回归至公司法之中。[①] 但将公司法上董监高的勤勉义务笼统嫁接在管理人身上并不可行，董事地位与管理人地位之异决定了二者义务内涵判然有别。[②] 在研究管理人勤勉义务时，如欲探讨从董事勤勉义务体系中抽取吸收的内容，则须从二者的定位差异出发。

（一）董事地位与董事勤勉义务的体系

董事的勤勉义务由法律确立，《公司法》第 147 条第 1 款即规定“董事、监事、高级管理人员应当遵守法律、行政法规和公司章程，对公司负有忠实义务和勤勉义务”。从制度背景来看，《公司法》第 147 条的规定系引进了英美公司法中的信托义务。早期的公司大多具有慈善与公益性质，负责管理财产的董事和官员类似于信托中的受托人。[③] 由此发生了信托理论的扩张，包含勤勉义务与忠实义务的董事信义义务被确立下来。[④] 而大陆法系的观点一般认为，董事对公司负有勤勉义务，盖其与公司之间属于委任关系，“委任关系是董事权利、义务发生的根据”。[⑤] 故在传统民法中，董事的勤勉义务向来与董事的“受任人”地位相关联。信托理论中的受托人与委托代理理论中的受任人虽有所不同，但均具有为委任人利益行事的内涵。对于何为公司整体利益，可借鉴公司治理领域最具代表性的两

① 参见王珏：《破产管理人勤勉忠实义务类型化研究》，武汉大学 2019 年硕士学位论文，第 13 页。

② 参见韩骏：《诚信义务与层次履职：管理人工作评价标准之探析》，载王欣新、郑志斌主编：《破产法论坛（第十五辑）》，法律出版社 2019 年版，第 481 页。

③ 参见朱锦清：《公司法学》，清华大学出版社 2019 年版，第 579 页。

④ 参见楼建波、姜雪莲：《信义义务的法理研究——兼论大陆法系国家信托法与其他法律中信义义务规则的互动》，载《社会科学》2017 年第 1 期。

⑤ 王保树：《股份有限公司机关构造中的董事和董事会》，载梁慧星主编：《民商法论丛（一）》，法律出版社 1994 年版，第 114 页。

种理论——股东至上主义与利益相关者主义加以论说。股东利益至上理论以物权法理认定股东是公司的终极所有者，因此经营者作为受托人应当为股东利益最大化服务。① 而利益相关者理论认为“公司的出资还来自公司的雇员、供应商、债权人、客户等，这些主体提供的是一种特殊的人力资本”。从理论基础上来看，利益相关者理论对叙述企业本质的学说——“契约说”进行了一定的修正，从而将企业的剩余索取权进行了重新分配，企业的目标变为了为所有的利益相关者创造财富。② 上述两种理论形成了公司治理理论的两极，比较而言，作为新近学说的利益相关者理论更多因为“政治正确”而获取了宣传上的魅惑性与鼓动性，但该理论在实践中更易加剧经营者的道德风险，并诱发企业退出潮。③ 同时其还面临着利益相关者的界定模糊不清、实证研究不足以及制度化困难的现实困境。④ 可以说，利益相关者理论到目前为止仍然没有取代股东利益至上理论的主流地位。⑤ 从企业存在的目标上来看，公司的整体利益指的是一个利益群，但必须以股东利益为核心，这也是董事勤勉义务的主要对象。

有关董事勤勉义务的细化标准在大陆法系和英美法系呈现出两条发展途径。在大陆法系，无论是德国《股份法》第 93 条第 1 款“应尽通常及认真的业务执行人之注意”的专家标准，还是日本《公司法》第 330 条会同《日本民法典》第 644 条确立的“善良管理人标准”，它们本质上均属于一种严格的客观标准，只不过在严格程度上日本模式更为宽松，主要体现在过错标准上对董事一般过失的免责。⑥ 在英国判例法上，董事的勤勉义务标准经历了一个从主观标准到客观标准的变迁，并形成了“针对公司执行

① 参见李维安、王世权：《利益相关者治理理论研究脉络及其进展探析》，载《外国经济与管理》2007 年第 4 期。

② 参见王唤明、江若尘：《利益相关者理论综述研究》，载《经济问题探索》2007 年第 4 期。

③ 参见郑志刚：《利益相关者主义 V. S. 股东至上主义——对当前公司治理领域两种思潮的评析》，载《金融评论》2020 年第 1 期。

④ 参见金海平：《股东利益至上传统的颠覆——国外公司利益相关者理论评介》，载《南京社会科学》2007 年第 3 期。

⑤ 参见沈洪涛、沈艺峰：《公司治理理论的现代演变——从股东利益最大化到相关利益者理论》，载《经济经纬》2008 年第 6 期。

⑥ 参见任自力：《公司董事的勤勉义务标准研究》，载《中国法学》2008 年第 6 期。

董事与非执行董事及董事专业资质的不同分别适用主观性标准和客观性标准的局面”。[①] 美国则囿于严格客观标准对董事财富创造力的压制，转而在现行法上采取了商事判断标准。该标准认为只要董事在作出商业判断时是真诚且理性地相信该商业判断有利于公司利益且与董事自身没有利害关系，即推定董事履行了勤勉义务。[②] 从判例来看，商事判断规则使得勤勉义务的司法审查变成程序审查而非对决策内容的合理性作出评价。[③] 可以看出，董事勤勉义务标准体系有客观化、行为标准与过错标准分离的发展趋势，而单从美国公司法上看，还有义务标准逐渐宽松的趋势。[④]

（二）破产管理人与董事的特征对比

如前文所述，管理人的地位尚是一个不确定概念，而“管理人特征”相比来说被更多学者所认可，学界一般认为其包含了独立性、中立性、专业性、法定性四个方面。[⑤] 管理人法律地位成谜的根本原因便是在于传统民法中不存在能够同时契合四性的现行制度，如“代理说”不能包含中立性，“公职务说”背离了独立性，“破产财团代表说”与“信托说”难以寻求法律文本支撑。故与其执着于从“管理人法律地位”这个概念的外壳出发，不如将关注点放在“四性”这个内核之上，以下便结合董事的法律地位进行一一对比。

首先，管理人独立性指管理人既不属于公权力机构的人民法院，也不属于破产企业的内设机构，它必须完全超脱于破产案件各方当事人，能够以自己的名义从事职责范围内的活动。[⑥] 而董事作为公司执行机关之一

---

① 任自力：《公司董事的勤勉义务标准研究》，载《中国法学》2008 年第 6 期。

② 参见刘敬伟：《董事勤勉义务判断标准比较研究》，载《当代法学》2007 年第 6 期。

③ 参见赵骏：《董事勤勉义务研究：从域外理论到中国实践——以行为法经济学为视角》，载《浙江学刊》2013 年第 2 期。

④ 参见陈晨、胡鸿高：《论当代英美董事注意义务的法律标准》，载《法制与社会发展》2002 年第 4 期。

⑤ 参见张善斌主编：《破产法研究综述》，武汉大学出版社 2018 年版，第 398 页。

⑥ 参见郭悦：《破产管理人依法履职保障研究》，载《中共太原市党委学校党报》2021 年第 3 期。

员，其接受股东的约束与激励。尽管学界多用“两权分离理论”来描述经营层权利的脱离，但董事权利来源于股东权利，董事的独立性并未如破产管理人这般突出。其次，管理人中立性是指管理人履职应恪守中立立场，不偏私任何一方当事人。管理人必须中立，是由于“破产法的本质是一种救济，是一种对债权人、债务人利益与社会公共利益的平衡”。① 即使有学者认为破产法的制度构建指向以债权人权益保护为核心的功能体系，其也并未运用“股东利益至上”这种表达，② 故管理人的中立性与董事的偏向性有显著不同。再次，管理人专业性是指管理人必须具备相应的专业知识和技能。尽管经营行为的专业性是董事这个经营层产生的重要原因，但二者仍存在专业程度上的不同。一个典型的例子便是准入资格的限制。《公司法》第 146 条规定了董事的任职资格限制，而从《破产法》第 24 条的列举来看，通常作为破产管理人的是有职业资格的律师事务所、会计师事务所等社会中介机构，即破产管理人往往拥有更高的法律素养和经济学常识。此外，还有学者主张借鉴域外法设置专门的管理人执业资格考试与考核制度，对管理人的破产执业资格加以确认。③ 2018 年，广东省首次以省为单位统一进行了大规模的管理人名册编制考试，这进一步说明相比于董事，破产管理人的专业程度应更高。最后，法定性则指管理人的职责不是由管理人和债权人、债务人协商而成，而是由法律明确规定。破产管理人的法定性使得《企业破产法》第 25 条无《公司法》第 46 条“公司章程规定的其他职权”这种自治性的兜底条款。此点对管理人的勤勉义务的缓和尤为重要，后文将详细论述。

（三）管理人特征支配下的勤勉义务

1. 独立性支配下的管理人信息披露义务延伸

管理人的独立性和高度自由拉大了管理人与各方当事人之间的信息不

---

① 张军：《论破产管理人的法律地位》，载《武汉大学学报（哲学社会科学版）》2012 年第 2 期。

② 参见齐明、焦杨：《破产法体系构建的功能主义指向及其市场依赖》，载《当代法学》2012 年第 5 期。

③ 参见王欣新：《论破产管理人制度完善的若干问题》，载《法治研究》2010 年第 9 期。

对称。借鉴公司治理的经验，高程度的信息不对称将使得“内部人控制问题”更为严重，控制权人作出机会主义行为的道德风险也随之增加。[①] 为降低管理人与其他当事人之间的信息不对称程度，保障法院、债权人会议和债权人委员会多元化监督模式得以顺利运行，我国《企业破产法》第 68 条第 2 款、第 69 条第 1 款便规定了管理人的信息披露义务。2021 年 2 月 25 日出台的发展改革委、高级人民法院、财政部等《关于推动和保障管理人在破产程序中依法履职进一步优化营商环境的意见》也指出要“加强全国企业破产重整案件信息网、全国信用信息共享平台、国家企业信用信息公示系统和金融信用信息基础数据库等信息共享，加强相关部门、金融机构与人民法院、管理人的信息沟通”。

但从司法实践来看，管理人责任纠纷中“举证不足”成了原告败诉的主要理由，无法证明管理人有不当履职，无法证明行为与损失间因果关系的情形大量存在。[②] 有学者以此主张“由于能否举证破产管理人违背勤勉谨慎义务很大程度上取决于受托人法定的披露义务的履行，因此如果受托人不主动履行信息披露等法定义务的，可以推定其过错成立”。[③] 过错推定原则实际是以举证责任倒置的法律后果来填补一方当事人与证据距离过远的问题，[④] 这与破产程序中管理人高度独立性带来的信息不对称具有相同的理论基础，由此管理人的信息披露义务将在审判程序中延伸，应由管理人主动披露信息来证明自身已经履职，否则便视为违反了勤勉义务。长期以来，学界的讨论重心集中在管理人承担的是违约责任还是侵权责任，由此对应的归责原则是无过错归责原则还是过错归责原则之上，不少学者在走向侵权责任的路径后并未进一步深入，[⑤] 忽视了破产管理人独立性会引申出更严重的内部人控制问题，过错推定原则的应用恰好可以对之适当缓解。

---

① 参见刘有贵：《委托代理理论述评》，载《学术界》2006 年第 1 期。

② 典型案例参见最高人民法院(2013)民申字第 1583 号民事判决书、广东省高级人民法院(2019)粤民终 438 号民事判决书。

③ 章银佳：《信托法视角下的破产管理人责任研究》，载《上海法学研究》集刊 2021 年第 9 卷。

④ 参见程啸：《侵权责任法》(第三版)，法律出版社 2021 年版，第 121 页。

⑤ 参见李小勤：《破产管理人的损害赔偿责任》，载张善斌主编：《破产法的“破”与“立”》，武汉大学出版社 2017 年版，第 345~349 页。

2. 专业性支配下的主客观标准统一

上文已提及，董事勤勉义务的标准有客观化的倾向，现多采客观为主、主观为辅的综合性标准。① 造成此现象的原因有二：第一，主体间内心世界的直接观察体验并不现实，采绝对的主观标准还需对良莠不齐的董事能力进行一一甄别，这会造成司法成本过高。② 第二，采主观标准有量体裁衣之嫌，能力越低反而承担的义务越少不符合公平原理。③ 域外法上的破产管理人勤勉义务与之类似，据《德国支付不能法》第 60 条、《韩国破产法》第 154 条、《日本破产法》第 85 条的规定，大陆法系国家采“善良管理人”标准系为常态。④

但支撑董事勤勉义务客观化的理由不能直接构成破产管理人勤勉义务完全客观化的论据。一方面，破产管理人的数量远少于董事数量，这意味着破产管理人的专业水平有被清晰识别的可能。另一方面，破产管理人在法院的指导下开展工作，这意味着监督者与裁判者的身份发生重合。法官与观察对象之间的距离更近，形成心证的难度便更小。在上述两点理由的支撑下，结合已有的破产管理人监管制度，可为勤勉义务搭建如下一个有层次的、主客观结合的标准体系。

第一，我国虽然还未建立管理人执照制度，但已有的管理人名册制度为判断管理人能力提供了一个基础的客观标准。2007 年最高人民法院颁行了《最高人民法院关于审理企业破产案件指定管理人的规定》(以下简称《指定管理人规定》)明确了破产管理人名册的编制规则，这一制度的出台目的恰是为了以一个经过资质审核的、公开的管理人名册，消除法院管理人指定工作的盲目性和随意性。⑤ 清单式管理使得管理人以地域为限、以

① 参见赵树文：《董事信义义务的立法与修正》，载《理论探索》2012 年第 1 期。

② 参见叶金强：《董事违反勤勉义务判断标准的具体化》，载《比较法研究》2018 年第 6 期。

③ 参见刘敬伟：《董事勤勉义务判断标准比较研究》，载《当代法学》2007 年第 6 期。

④ 参见王欣新：《破产法》(第四版)，中国人民大学出版社 2019 年版，第 122 页。

⑤ 参见高民尚：《〈关于审理企业破产案件指定管理人的规定〉的理解与适用》，载《人民司法》2007 年第 5 期。

业务能力为限被作出了第一次区分。一份标准不过于严苛或宽松的管理人名册应着眼于平衡破产管理人专业化与破产管理人的职业自由的关系，[①]因此，管理人名册框定管理人群体时采用的“入库标准”便是判断管理人是否履行勤勉义务的最低客观标准。

第二，在管理人名册制度的具体施行过程中，各地方还发展出了入库后的分级制度，这为判断管理人的勤勉履职能力提供了一个叠加的客观标准。如依照《重庆市高级人民法院企业破产案件社会中介机构管理人名册编制办法》第 2 条的规定，应由各中级人民法院编制二级管理人名册，再由市高级人民法院从入选机构中择优评定一级管理人，编制一级管理人名册。而有的地方法院则是按照统一评分标准，对申请入册的社会中介机构及个人提交的申报材料进行量化打分再分成三级管理。[②] 从评分标准来看，管理人分级往往涉及团队规模、团队能力、团队业绩、表彰或受罚经历等因素，且新近出台的管理规定显示，有的省份对管理人等级将实行动态管理，这为升降级制度预留了空间。[③] 综上所述，管理人名册分级制度为全面且动态地考核管理人履行勤勉义务的能力提供了叠加的标准，级别愈高则能力愈强，对应设定的善管人注意义务则越高。

第三，探寻各地方的破产管理人考核办法，可为“理性人”的构建提供一个可重复检视的主观标准。如深圳市和成都市出台的破产案件管理人考核办法都不约而同地规定了以评分方式对破产管理人进行个案考核与年度考核。其中深圳市的个案考核在区分重整和清算案件的基础上，按照程序推进顺序划分出了近 60 个主客观考核指标。成都市的个案考核则是实时考核与综合评价相结合。[④] 如此细致的标准意味着管理人的每一项工作都会留下“案底”，加之管理人多以“本地执业为普遍，异地执业为例外”，破产庭法官与管理人处于长期合作的状态，这使得在判断管理人是否勤勉

---

① 参见许德风：《破产法论——解释与功能比较的视角》，北京大学出版社 2015 年版，第 263 页。

② 参见《河北省高级人民法院关于河北省法院破产案件管理人名册的公告》《贵州省高级人民法院关于编制破产管理人名册的公告》《山东省高级人民法院关于更新企业破产案件管理人名册的公告》等地方司法文件。

③ 参见《海南省高级人民法院关于重新编制全省法院破产案件管理人名册的公告》。

④ 参见《深圳市中级人民法院破产案件管理人考核办法(试行)》及其附表、《成都市中级人民法院破产案件管理人考核评价办法(试行)》及其附表。

履职时，关注行为人本身状况的主观标准亦可被引入。管理人勤勉义务的标准不能类比董事的“以客观为主，以主观为辅”的标准，而是应消解“整体善良管理人”概念的一般性与抽象性，去构建具体案件中的理性管理人，但该标准不得低于管理人名册中对应等级的最低水平，这样便形成了主客观统一的勤勉义务判断标准。①

最后，董事的理性人构建标准与给付均衡原理以及股东合理信赖有关，② 这一点能够为管理人勤勉义务判断标准带来重要提示。董事高薪需要高能的支撑，破产管理人亦有薪酬，但其薪酬的计算方法与董事有所不同。董事通过市场竞争与公司合意确立薪酬高低，董事获取的报酬对应着股东对其能力的评估与期许其能达成的目标。从《最高人民法院关于审理企业破产案件确定管理人报酬的规定》第 9 条的规定来看，管理人获取的报酬对应着破产财产的价值变现，这主要取决于破产债务人本身的清偿能力与管理人的折价变现手段。也就是说，董事薪酬可代表董事能力，破产管理人薪酬往往代表着破产清算的工作结果。但这并不代表着给付均衡原理不能被引入管理人勤勉义务体系之中，现有的管理人选任制度改革为构筑管理人报酬与勤勉义务之间的关系提供了新思路。《指定管理人规定》第 20 条指明过去我国实行的管理人选任制度为“一般应当按照管理人名册所列名单采取轮候、抽签、摇号等随机方式公开指定管理人”。而 2018 年最高院印发的《全国法院破产审判工作会议纪要》在“破产管理人制度的完善”一节指出应建立竞争选定管理人工作机制，特别是在影响重大与关系复杂的案件中指定管理人时，“一般应当通过竞争方式依法选定”。这表明以直接指定法、轮候法、随机摇号法为主的职权主义选任模式正向市场化选任模式的方向过渡，竞争法的采用将日趋普遍。③ 为搭配竞争法选任方式改革，有学者提出了管理人报酬调整制度、按时计酬制度与管理人分期支付与预付制度，以解决竞争法下报酬与劳动不匹配的问题。④ 这样一来，破产管理人的能力——破产案件的难度和影响——破产管理人的报酬

① 参见杜云：《破产管理人义务和责任探析》，载《河南省政法管理干部学院学报》2009 年第 3 期。

② 参见叶金强：《董事违反勤勉义务判断标准的具体化》，载《比较法研究》2018 年第 6 期。

③ 参见种林：《破产管理人选任制度：中欧比较研究》，载《政法论丛》2015 年第 4 期。

④ 参见许胜锋：《管理人制度适用的现实困局及立法建议》，载《法律适用》2017 年第 15 期。

产生了对应关系，破产管理人最终获取的报酬越高，则其管理的破产企业资产越庞大，竞争过程中展现出来的破产管理人能力也就越强，在一个权责利一致的体系下，通过获利的多少判断能力的高低具有逻辑上的贯通性。

综上而言，从管理人名册到管理人分级再到管理人评分考核，具体管理人的能力逐渐清晰，结合薪酬因素的影响，应明确管理人勤勉义务至少符合以下判定标准：被合理构建的理性管理人应与管理人等级、管理人薪酬、管理人以往的综合表现成正比，并不得低于入库标准。

3. 中立性支配下的实质审查与过错标准

在股东利益至上的定位下，董事主要为经营行为并为股东谋利，但市场本身便蕴含着风险，于是商事判断标准出现以对严格的一般标准加以缓和，其折射出的鼓励董事冒险的规范意旨在宏观上可被理解为对经营行为的尊重以及对股东投资风险的承认。通过实证研究可发现，商事判断规则在司法中已有被采用的趋势。① 在破产法领域，也有学者指出在《企业破产法》文意不明之时，应当以鼓励创新为主。如果过度追究管理人和法官的责任，则会导致保守执行职务与抵触受理破产案件的情况发生。② 依此原理，应将管理人权利分为经营性权利和行使法定职责两类。前者在勤勉义务的体系下依据“商事判断规则”为标准，后者则以合法性以及事后取得的法律效果为标准。③ 这样一来便与美国法院系统的认知保持了一致，“管理人非基于严重过失与故意采取不当履职行为，并积极避免损害发生的，可以享受责任豁免”。④ 此种分类具有一定合理性，管理人的非经营行为不宜引进“商事判断规则”自不待言，但该标准能否适用于管理人的经营行为仍值商榷。

① 参见王军：《公司经营者忠实和勤勉义务诉讼研究——以14省、直辖市的137件判决书为样本》，载《北方法学》2011年第4期。

② 参见齐明：《中国破产法原理与适用》，法律出版社2017年版，第218页。

③ 参见齐明：《破产法学：基本原理与立法规范》，华中科技大学出版社2013年版，第84页。

④ Elizabeth H. McCullough, *Bankruptcy trustee liability: is there a method in the madness?* [J]. Lewis & Clark Law Review, 2011, 15, pp. 153-189. 转引自梁伟：《论我国破产管理人履职评价体系的重构——不完备理论框架下的思考》，载《重庆大学学报(社会科学版)》2019年第5期。

首先，从利益平衡的角度来看，破产管理人的中立性特征意味着其价值导向为均衡各方当事人的利益。也许对于破产企业的董事和股东来说，管理人行使经营性权利为破产财产增值既可以减轻其道德负担，又可以为转亏为盈带来一线生机。① 但可以预见的是，与股东的投资心态不同，当面临一个“资不抵债”的破产企业之时，债权人希望的是自身债权尽快得到清偿，而非放任管理人进行高风险的经营行为。况且，管理人请求对方当事人履行未履行完毕的合同所产生的债务以及债务人继续营业而应支付的劳动报酬和社会保险费用均属于共益债务，一旦发生则优于普通债权清偿，出于保障自身债权的考虑，债权人心态更偏向风险厌恶。② 其次，从管理人的角度来看，破产管理人虽具有专业性，但其专业知识集中体现于和破产程序有关的方面。在公司经营过程中，即使是身处具体商业领域，熟稔具体商业规则的董事也未能给企业财产保值增值，将希望寄托于管理人突然的商业创新是不现实的。最后，从前文的实证分析来看，实务中尚无法院援引商事判断规则断案，反倒是“循环论证式”的说理代表着法院在进行实质审查。此外，有观点指出在商事判断规则的作用下，董事注意义务已被掏空，因此又不得不引入董事“善意义务”来加以填补。③ 在破产法领域，法院对管理人所持的天然宽容的心态已使得管理人极少承担责任，若再引入商事判断规则，则架空管理人勤勉义务很可能将成为现实。因此虽然董事和管理人的勤勉义务中均包含了使所管理财产保值增值的内容，但董事勤勉义务强调增值，即“如果坚持让董事为不合理的董事会行为承担赔偿公司损失的责任，董事对承担风险的理性态度就会受压制进而阻碍财富的创造”④。而破产法上的管理人勤勉义务更应强调保值，《企业破产法》第 1 条即点明了破产法的立法宗旨为“公平清理债权债务”。由此可认为，相比于董事，管理人应是更为审慎的主体。联合国贸法会《破产

① 这种心态在重整程序中尤甚。

② 参见张春霖：《存在道德风险的委托代理关系：理论分析及其应用中的问题》，载《经济研究》1995 年第 8 期。

③ 参见王建文：《论董事“善意”规则的演进及其对我国的借鉴意义》，载《比较法研究》2021 年第 1 期。

④ William T. Allen：《公司法和公司治理初论：当代中国公司法中新增勤勉信义义务的前景与问题展望》，黄婕、许世夺译，载《法律适用》2006 年第 3 期。

立法指南草案》第 182 条虽是基于信托的原理，但也体现了相同的意旨：基于破产代表所处理的是他人的资产，而不是自己的资产的考虑，有些国家可能要求在这类情形下采用更高的审慎行事标准。①

同样的道理不仅说明应对管理人的履职行为进行实质审查，还可以延伸至管理人违反勤勉义务的过错标准上。对董事勤勉义务采不同标准的国家面对行为义务与过错标准时往往保持了立法态度的一致。如美国在行为义务方面采用了经营判断规则，则过错标准自然降低为重大过失，德国在行为义务方面采用了“专家”标准，则一般过失即引发董事对公司的赔偿责任。② 从上文对行为义务的分析来看，管理人的行为义务标准至少需要达到“善良管理人”的地步，则管理人勤勉义务的过错标准亦不得降低为重大过失。从实证分析来看，这与诸多法院将管理人责任纠纷视为侵权责任纠纷并适用一般侵权的构成要件的做法也保持了一致。

4. 法定性支配下的缓和事由

董事的勤勉义务在发展过程中同样发生过标准的摇摆。1985 年，美国特拉华州的 Smith V. Van Gorkom 案将一般过失当作重大过失，对董事予以问责。为防止大公司撤出，该州议会又准予公司通过章程减免董事责任，美国的其他州也迅速通过立法效仿。③ 通过组织内部自治规则来减轻“勤勉义务可能给经营者带来过重负担”的疑虑在公司法领域尚且可行，但在破产法领域，管理人的法定性特征决定了管理人的职责直接由法律规定而非由当事人协商确定，即勤勉义务同样具有法定性特征，只要成为管理人，则必须承担而不能转让或放弃，如果没有履行即应当承担相应的法律责任。④ 主张模仿公司法将管理人的注意义务设置成任意性规范的说法没有注意到管理人与董事的本质差异，董事勤勉义务体系中的事前协商免

① 参见叶军：《破产管理人理论和实务研究》，商务印书馆 2005 年版，第 278 页。

② 陈霄：《论经营判断规则在我国的引入及相关问题——以德国的立法和实践经验为参考》，载《财经法学》2015 年第 4 期。

③ 参见朱羿锟：《论董事问责的诚信路径》，载《中国法学》2008 年第 3 期。

④ 参见姚彬、孟伟：《破产程序中管理人制度实证研究》，中国法制出版社 2013 年版，第 172 页。

除勤勉义务的规定并不适应破产法。① 这意味着应通过其他手段对勤勉义务进行缓和，尤其是前文确立的主客观一致的义务标准、过错推定原则、一般过错的过错标准已经对管理人勤勉尽职提出了较高的要求，法定例外事由应被引入以对严格的勤勉义务标准加以缓和。总结域外法经验，这些缓和的手段包含商事判断规则、因执行法院指令行为而豁免以及管理人事前说明豁免。② 其中商事判断规则已被前文弃用，以下主要讨论后两种事由。

司法豁免指当管理人在接受法院的控制和监管而依照法院的指令行事时，由此增加的额外风险管理人不予承担。但此经验只适用于去法院中心化的法治环境中，在我国法院强监管的实务现状下，管理人因事事上报获得的隐形豁免(即前文的宽容心态)恰好引发了管理人不担责问题，司法豁免在我国是问题而非答案。因此司法豁免在我国的适用需建立在将法院许可的行为豁免限于重大职务行为之上，③ 若不对管理人与法院的关系作出体系性变更，则该例外事由断无存在的必要。

管理人事前说明豁免指“如果管理人就其履职行为持续性地向利害关系人加以解释说明，给予后者充分的表达反对意见的机会，则管理人也可以获得免责”。④ 结合管理人向债权人委员会报告制度，这一事由可以反向促进管理人积极向债权人披露履职事宜，也可以促使债权人委员会积极履行监督权，值得借鉴。

四、制度建议

从实证分析来看，管理人勤勉义务条款存在应用少、裁判规则不统一、管理人因举证不足承担责任少的问题，这一现象的产生与裁判者主观

---

① 参见王绳斗：《论破产管理人的民事责任认定》，载《湖南广播电视大学学报》2021 年第 1 期。

② 参见李江鸿：《论破产管理人的民事责任——以英美法之借鉴为视角》，载《政治与法律》2010 年第 9 期。

③ 参见游艳玲：《论管理人的民事责任》，载张善斌主编：《改革开放四十周年破产法热点透视》，武汉大学出版社 2019 年版，第 89 页。

④ 参见李江鸿：《论破产管理人的民事责任——以英美法之借鉴为视角》，载《政治与法律》2010 年第 9 期。

上的宽容心态与法律规定客观上的过度模糊有关。因此有必要将管理人的特征与董事的特征进行对比，以对董事勤勉义务制度下的具体规则进行有针对性吸收。以制度设计解决实然问题的逻辑及建议，如表 2 所示：

表 2 制度建言

特征对比	中层逻辑	制度设计	实践意义
更高独立性	更严重的信息不对称	引入具有举证责任倒置功能的过错推定原则	解决举证难题
更强专业性	“善良管理人”标准不足	构造以入库标准为底线，以等级、过往表现、报酬为考察因素的义务标准体系	使义务标准具体化，增强应用勤勉义务条款的可操作性
中立性 VS 股东利益至上	管理人较董事应更为审慎	商事判断规则的排除； 管理人担责不限于故意与重大过失	使过错标准严格化，增加管理人担责的可能性
法定性 VS 任意性	勤勉义务无法被协商放弃	法定缓和事由：事前说明豁免成立；司法豁免引进成疑	平衡严格的管理人勤勉义务

论偏颇清偿撤销制度的完善

刘佳畅*

内容提要：我国偏颇清偿撤销制度既存在主观要件标准的空白，又缺乏充分的撤销例外规则，撤销权行使范围严重泛化，忽略了对善意债权人的保护，导致破产法规范与其他法律规范的适用冲突，严重影响交易安全与经济秩序。保护善意债权人不仅符合偏颇清偿撤销制度的价值与目的，也回应了实践中的部分裁判倾向。善意债权人保护的最佳路径应该是现有的两种保护模式的融合。在具体制度建构上，应当明确"受益例外"规则，架构主观要件标准，同时注重考察应优先保护的其他特殊利益情形。

一、问题的提出

偏颇清偿撤销制度指债务人在破产程序开始前的法定期间内虽出现破产原因，但在现有财产无法使全体债权人足额受偿的情况下，仍对个别债权人进行清偿，减少可供分配的债务人财产，损害破产债权人的公平受偿利益，造成偏颇性清偿的结果。① 这一制度能够有效追回从债务人出现破产原因开始到债务人进入破产程序期间因不当清偿行为而外流的财产，实现对债务人财产最大限度的保护，是保障破产分配程序取得良好效果的有力制度。

* 刘佳畅，武汉大学法学院2020级民商法硕士研究生。

① 参见许德风：《论偏颇清偿撤销的例外》，载《政治与法律》2013年第2期。

我国《企业破产法》主要在第 32 条规定偏颇清偿撤销制度。① 依据法条文义，偏颇性清偿行为的构成要件主要有时间要件“受理破产申请前 6 个月内”，破产原因要件“债务人有本法第二条第一款规定的情形”和例外要件“使债务人财产受益的除外”，但并未将交易双方的主观状态纳入考量，即无论交易相对人是否善意，符合前述要件的个别清偿行为一律撤销，相当一部分合法受偿的债权人必须返还受偿，合法受偿的债权人利益受到损害，稳定的交易秩序亦受到影响。尽管第 32 条规定了“使债务人财产受益的除外”的撤销例外要件，《企业破产法司法解释(二)》亦规定了若干撤销例外情形，但其范围较为狭窄，无法为善意的交易相对人提供完整保护。那么应当如何对偏颇清偿撤销制度进行适度修正，保护善意债权人的依法受偿，实现个别债权人与全体债权人的利益平衡，即为本文的讨论重点。

二、偏颇清偿撤销制度中善意债权人保护的理据

(一)保护善意债权人的理论证成

关于偏颇清偿撤销权制度是否应当考察破产债务人及受偿债权人的主观状态，并保护善意的受益债权人权益的问题，学理上存在两类不同的观点。

第一类观点支持保护善意债权人利益，“善意之人不应受法律制裁”，只要能够证明债权人不知晓债务人具备或即将具备破产原因，没有损害其他破产债权人利益的故意，即可保障其所获受偿。② 偏颇清偿的构成应当包括主观要件，其成立应当以恶意为前提。③

---

① 通说认为，我国《企业破产法》规定的偏颇性清偿主要包括第 31 条“对没有财产担保的债务提供财产担保”和“对未到期的债务提前清偿”及第 32 条“危机期间的个别清偿”。参见韩长印主编：《破产疑难案例研习报告(2020 年卷)》，中国政法大学出版社 2020 年版，第 180 页。由于第 32 条条文完整，最为典型，笔者主要以第 32 条为探讨对象。

② 参见祝伟荣：《破产撤销权制度的反思与重构——以利益衡平理念为视角》，载《法律适用》2012 年第 5 期。

③ 参见李永军、王欣新、邹海林、徐阳光：《破产法》，中国政法大学出版社 2017 年版，第 100 页。

第二类观点则认为偏颇清偿撤销权制度不应考虑受偿债权人的主观状态，只要受益债权人在法定期间取得了超越其他债权人的优先受偿地位，就应予以撤销。[①] 首先，在债务人出现破产原因时债权人受偿秩序即已确定，只要改变此种秩序就构成对其他债权人不公平偏颇清偿。因此在债务人出现破产原因后，债务人对债权人所做的所有清偿都应被撤销。其次，考虑保护善意债权人利益可能造成全体破产债权人所能进行分配的破产财产总额减少。因为只有在债务人或债权人知晓债务人陷入破产状态的情况下才能要求债权人返还财产，那么可供分配的破产财产总额将大幅减少，偏颇清偿撤销制度的救济作用也将大为弱化，因而偏颇清偿撤销制度应当将公平分配原则作为首要原则。况且，债权人作为商事交易主体，应当承担合作企业破产的商业风险，并无信赖利益保护的必要。[②] 再次，不考虑债务人及受偿债权人的主观状态，能够降低管理人行使偏颇清偿撤销权的难度，并提高偏颇清偿撤销制度的运行效率。从司法实践来看，管理人仅凭借债务人在破产申请时提供的审计报告、资产负债表等材料，证明破产申请受理前 6 个月内，清偿行为发生时债务人已然具备破产原因，即可完成证明责任。若使管理人承担对债务人及受偿债权人“恶意”的举证责任，由于其受偿或清偿时的主观状态极难证明，管理人往往无法顺利行使撤销权。

反对观点的第一项理由似乎可以解读为只要债务人出现破产原因，即不可避免地陷入破产状态，此时对债务的清偿必须适用破产程序的特殊规则——公平分配。这种观点过于绝对，债务人继续积极经营，完全可能脱离暂时的财务困境，直接对债务人的交易活动进行干涉，极大妨碍债务人的正常经营，无视了债务人自我修复的可能。第二、三项理由在于提高管理人行使破产撤销权的效率，但效率的提高不应以公正的牺牲为代价。诚然，不考虑受偿债权人的主观状态能够最大程度发挥偏颇清偿撤销制度的功用，实现全体债权人分配利益的最大化，但也会引发一系列问题。第一，现行偏颇清偿撤销制度将债权人整体利益放在首位，破产分配领域的公平以正常交易领域的不公平为代价，可能会引起交易成本增加，交易效

---

① 参见韩长印：《破产撤销权行使问题研究》，载《法商研究》2013 年第 1 期。

② 参见江玫青：《论主观意思对破产撤销权的效力影响》，载《天水行政学院学报》2017 年第 4 期。

率降低的“反噬”。对于交易相对人而言，为了所获清偿不被撤销，交易时当事人尽可能知悉交易相对人的经济状况并对其经营前景做出预计，不当提高了对交易相对人判断交易安全和预期并防范交易风险的要求。第二，对破产企业而言，越来越多的交易相对人为避免债权落空，可能增加提供担保的要求，并且对经营效益较差或陷入危机的企业，往往会谨慎交易。如此一来，处于困境的企业无法正常进行经营活动，更是雪上加霜。① 第三，对于经济秩序而言，撤销债权人的受偿意味着对社会诚信的否认，加剧破产法与非破产法之间的冲突，损害交易自由，严重影响交易安全和经济秩序的稳定。因而有必要在破产撤销权制度中区分债务人及债权人的主观状态，保护善意债权人的受偿利益，从而尽可能保障交易效率与交易安全，稳定经济秩序。

同时，对善意债权人受偿利益的保护符合破产偏颇性清偿撤销制度的制度价值和目标，也能够实现债权人个别利益与整体利益的平衡，破产法规范与其他规范的协调。笔者认为，从公平正义实现的角度来看，偏颇清偿制度的制度重心为打击欺诈，而非给公平的交易者施加额外压力。② 善意债权人不知悉债务人已陷入事实破产状态，要求其偿还所受清偿，除向管理人申报债权外，并无其他救济途径，而破产程序历时较长，因返还受偿导致的财产缺口势必会影响债权人企业的后续发展。债权人也并无及时了解债务人财产状况的义务。事实上，在破产申请程序中，债权人申请债务人破产只需证明不能清偿到期债务，而无需提交其他证据。作为破产企业外部人员，债权人面临着极大的信息壁垒，并不具备准确知悉债务人财产状况的能力，因此不应当苛以此种义务。根据体系解释，债权人接受到期债务的偿还时也无需探知债务人的真实财产状况，对于不知情的债权人，其受偿具有正当性，不应被任意撤销。

因此，笔者认为只有“恶意”偏颇清偿才应当被撤销。例如，债务人预见债务人即将陷入财务危机，出于规避破产分配的意图，债务人向部分债权人优先清偿，从而损害了其他债权人公平受偿的利益。又如债

① 参见祝伟荣：《破产撤销权制度的反思与重构——以利益衡平理念为视角》，载《法律适用》2012 年第 5 期。

② 参见许德风：《破产法论：解释与功能比较的视角》，北京大学出版社 2015 年版，第 411 页。

权人预见债务人可能进入破产程序，为获得比其他债权人更多的受偿而“逼迫”债务人清偿债务，甚至“扎堆清偿”，竞相争夺债务人的财产，加速债务人破产。[①] 不仅全体债权人利益受损，债务人也可能丧失摆脱财务困境的机会。此时，要求受益债权人返还受偿，能够对债务人及债权人的交易行为形成“威慑”，从而防止债务人及债权人规避破产分配恶意清偿或接受清偿。因此，只有债务人存在对个别债权人优先清偿的偏颇意图或受益债权人知悉债务人具备破产情形时，该个别清偿行为才应当被撤销。

(二)保护善意债权人的裁判倾向

司法实践中亦出现了考虑当事人的主观状态，并对善意债权人的受偿不予撤销的裁判倾向。[②] 笔者整理分析了 28 份裁判文书，考察裁判对当事人主观状态因素的不同重视程度，具体如图 1 所示。

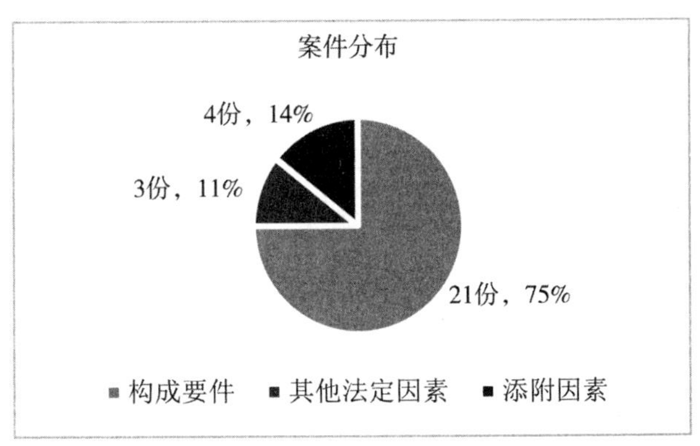

图 1　主观要件因素在偏颇清偿撤销权纠纷裁判中的受重视程度

21 份裁判均将当事人主观状态作为是否构成危机期间个别清偿行为

① 参见王欣新：《破产法》，中国人民大学出版社 2019 年版，第 144 页。

② 案例来源：北大法宝数据库，截止日期：2022 年 9 月，裁判依据：《企业破产法》第 32 条，法院认为：主观。共搜集当事人的主观状态与危机期间个别清偿行为的认定有关的有效裁判文书 28 份。

的构成要件，判断当事人是否“恶意串通”[①]或具有“恶意”[②]成为认定偏颇性清偿的重要步骤之一。

其中，当事人主观状态因素发挥着决定性作用的裁判有12份，即在满足其他要件的情况下，因当事人不具有“恶意”而不构成偏颇性清偿。如“泰州市益众油脂有限责任公司清算组与王某1、王某2请求撤销个别清偿行为纠纷”一案中，[③] 法院认为尽管益众公司对王某2的清偿行为发生在法院受理破产申请前六个月内，且通过专项审计可以认定债务人出现了破产法第2条第1款规定的破产原因。但从现有证据看，均不能证明益众公司的相关清偿行为和王某2的受偿行为在主观上出于恶意。因此，该清偿行为不应被撤销。在此类案件中，当事人主观状态是重要的构成要件，并不只是说理的添附。

另外9份裁判中当事人主观状态因素拥有与其他构成要件同等的地位，但由于清偿行为不满足其他构成要件而无需撤销，无法体现决定性作用。如辽宁省高级法院的2个考察当事人主观状态的案例中，1例是“惯常交易例外+当事人善意”，[④] 1例是“不满足破产原因要件+当事人善意”，[⑤] 就其对最终结果的影响力而言，即使不考虑当事人是否善意，因其不满足法定构成要件，最终也无需撤销。关于将当事人主观状态纳入偏颇性清偿构成要件的理由可以提炼为以下两点：第一，有法院认为《企业破产法》第32条直接规定了当事人的主观要件，即“受偿债权人在主观上应当明知债务人出现了企业破产法第二条第一款规定的破产原因”[⑥]。第二，有法院认为立法目的中包含对善意相对人利益及交易安全的保护，从而推论出当事人主观状态应当纳入考量。[⑦] 前者是对规范的错误解读，后者认为规范虽未明确当事人受偿时的主观状态，但应当对该“漏洞”进行填补，使善意债权人保留其受偿。

---

① 参见四川省乐山市中级人民法院(2018)川11民终217号民事判决书。

② 参见河北省衡水市中级人民法院(2017)冀11民终1403号民事判决书。

③ 参见江苏省泰州市姜堰区人民法院(2020)苏1204民初481号民事判决书。

④ 参见辽宁省高级人民法院(2016)辽民终830号民事判决书。

⑤ 参见辽宁省高级人民法院(2016)辽民终787号民事判决书。

⑥ 参见山东省威海市中级人民法院(2014)威商终字第318号民事判决书。

⑦ 参见河北省衡水市中级人民法院(2017)冀11民终1403号民事判决书；江苏省南通市中级人民法院(2017)苏06民终2665号民事判决书。

还有4份裁判将当事人主观状态作为添附考量因素，认为“即使考虑主观因素，本案的个别清偿行为也应予以撤销”。① 仅仅作为裁判说理的补强。

其余3份裁判并非依据《企业破产法》第32条对当事人的主观状态进行考察，而是以偏颇清偿的撤销例外——《破产法司法解释(二)》第15条撤销“经诉讼、仲裁、执行程序对债权人进行的个别清偿”须存在“债务人与债权人恶意串通”情形的特别规定为依据考察当事人是否存在恶意串通。②

对于前述与偏颇清偿撤销法律规范相背离的裁判倾向，笔者认为有必要关注并给予合理回应，斟酌善意债权人与全体破产债权人的利益平衡，构建善意债权人利益保护的合理路径。

三、偏颇清偿撤销制度中善意债权人的保护路径探讨

(一)现有善意债权人保护路径探微

根据域外立法例和相关学说，偏颇清偿撤销制度对善意债权人的保护主要呈现为两种模式。第一种模式将当事人主观状态作为偏颇清偿行为的认定标准之一，考察当事人主观状态“善意与否”，从而决定个别清偿行为是否应当被撤销，主要以德国、日本和英国为代表。德国和日本破产法将债务人的个别清偿分为“同等偿付”与“不同等偿付”两种类型进行考虑，同时均重视对债权人接受清偿时的主观状态考察。③ 其区别主要在于条文具体表述和临界期规定。德国破产法规定“债权人知道债务人无支付能力”或“知道该行为损害破产债权人的利益”时才可撤销，④ 日本破产法则

① 参见辽宁省高级人民法院(2016)辽民终788号民事判决书。

② 参见湖南省长沙市中级人民法院(2020)湘01民初1637号民事判决书；海南省第二中级人民法院(2015)海南二中民三终字第18号民事判决书；湖北省武汉市中级人民法院(2019)鄂01民终13332号民事判决书。

③ “同等偿付”意为个别清偿为债务人的现时义务，“不同等偿付”意为个别清偿不属于债务人义务或在该时期不属于债务人的义务。

④ 德国《破产法》第130条、第131条，参见李飞主编：《当代外国破产法》，中国法制出版社2006年版，第56~58页。

需“债权人知道债务人无法支付或已经提出破产程序申请”。① 具体如表 1 所示。

表 1　德、日受偿债权人个别清偿被撤销的情形分析

	同等偿付	不同等偿付
德国破产法②	撤销：破产申请前三个月内或破产申请后+债权人知道债务人无支付能力或知道已提出破产申请	撤销：破产申请前第 1 个月+不考虑债权人的主观状态 破产申请前第 2 个月或第 3 个月+债务人无支付能力或债权人明知受偿行为损害破产债权人利益
日本破产法③	撤销：债务人无法支付后或提交破产申请后+债权人明知债务人存在无法支付或提交破产申请的事实	撤销：债务人处于无法支付状态前 30 日内+债权人明知会损害其他债权人利益 无法支付或提交破产申请后，推定受偿债权人明知债务人具有事实破产状态

英国破产法则重在对债务人主动清偿时的主观状态考察，其在第 239 条规定只有破产债务人“在决定赋予优先权时受到了产生本条规定所授予的愿望的影响”，该清偿行为才能够被撤销。根据法条前文，可以推论出“愿望”即“使某个债权人、担保人或保证人取得较其他破产债权人更为优越的地位”。④

这种模式也得到了诸多学者的支持，他们主张对偏颇清偿撤销制度进

① 日本《破产法》第 162 条，参见李飞主编：《当代外国破产法》，中国法制出版社 2006 年版，第 784 页。

② 德国破产法第 130 条、第 131 条，参见李飞主编：《当代外国破产法》，中国法制出版社 2006 年版，第 56~58 页。

③ 参见李飞主编：《当代外国破产法》，中国法制出版社 2006 年版，第 784~785 页。

④ 参见[英]费奥娜·托米：《英国公司和个人破产法》，汤维建、刘静译，北京大学出版社 2010 年版，第 358~360 页。

行修正，直接在构成要件中增加当事人的主观状态要件，只有在个别清偿时当事人具有“恶意”，该个别清偿行为才能被撤销。① 从规范构造来看，构成要件更加完整，主观要件的规定能够有效“过滤”恶意，保护交易安全，不仅提供了双方当事人可辩驳的空间，也能有效防止例外情形缺漏的情况出现，对善意债权人的保护更加完善。② 同时持这一主张的学者对主观要件的构建进行了诸多讨论：如应当考察何种当事人的主观状态、如何具体进行“善、恶意”的判断等。

第二种模式在涉及认定偏颇清偿行为的条文中，仅规定纯粹客观要件，并不对债务人及债权人在个别清偿行为发生时的主观状态进行认定，而是规定诸多撤销例外情形，从而对部分交易中的债权人合法受偿利益进行保护，以美国为主要代表。美国破产法在第 547 条(b)款对偏颇性清偿行为进行了 6 个方面的完整界定，并在第 547 条(c)款规定了 9 项撤销例外情形。③ “常规营业给付”“设立浮动担保的行为”“授权担保利益的转让”“为发生后续新价值的转让”“新对价的同时交易”等例外情形规定了债务人或债权人正常经营活动中应当受到保护的行为模式，彰显了立法者对偏颇清偿撤销制度的态度——撤销“非常规行为”，维持正常交易，保护善意债权人利益。例如债权人通过优先受偿在债务人即将破产时抢夺债务人财产，或者先前设立秘密担保权，在最后一刻进行公示。此种“非常规行为”使债权人取得了相对于其他普通债权人更为优越的受偿地位，因而应予撤销。“法定担保行为”“小额支出”等例外情形则体现了立法者的利益衡量，不仅有利于企业的继续经营，同时也与其他法律规范相协调。也有观点认为美国破产法中偏颇清偿行为的客观构成要件并非完全没有发挥保护善意债权人的作用，客观要件背后仍包含主观因素的考量，属于“主观要件的客观化”，是对主观要件的间接认定。④ 如设定破产临界期用以推定破产程序开始前一段时间内的清偿行为均具有“突击清偿”的恶意；对与债务人具有密切关系的债权人亦可推定其具有恶意。只要当事人的清

---

① 参见王欣新：《破产法》，中国人民大学出版社 2011 年版，第 121 页。

② 参见刘黎明、田鑫：《美国破产法之偏颇清偿制度及对我国的借鉴意义——兼论我国新破产法第 32 条及相关条款》，载《法学评论》2008 年第 3 期。

③ 参见李飞主编：《当代外国破产法》，中国法制出版社 2006 年版，第 576~581 页。

④ 参见许德风：《论偏颇清偿撤销的例外》，载《政治与法律》2013 年第 2 期。

偿行为完全满足客观要件的规定，即可推定其存在“恶意”，然而这种推定并不允许当事人举证推翻。为避免客观标准过于刚性带来的损害，需要尽可能制定例外情形予以缓和。因而客观构成要件与例外情形共同作用，最终实现对善意债权人的保护。

（二）路径选择：两种保护模式的融合

根据前文所述，现有偏颇清偿撤销制度中对善意债权人的保护路径要么是直接规定主观状态要件，要么是设置诸多撤销例外情形。为实现对善意债权人的完整保护，我国偏颇清偿撤销制度究竟应当选择何种模式？

直接在构成要件中规定对当事人主观状态的考察，其最大困难在于当事人在清偿行为发生时的主观状态难以辨明，管理人举证负担极大。对此域外立法和学理对如何认定“恶意”已经达成一定共识，比如可以根据债务人与受偿债权人的关系判断是否具有“恶意”，在举证责任的分配上，由债权人提供自己不具有“恶意”的证据。但如何直接判断“恶意”——债务人和债权人主观上“明知债务人具有破产原因”仍然没有说明，增加主观要件的保护模式缺乏具体措施的支持，急需充实制度内容，否则难以适用。

笔者认为，尽管直接证明债务人或债权人主观“善意”或“恶意”十分困难，但可以规定债务人或债权人的“善意”行为模式——一般正当行为模式，通过客观标准反映主观状态。至于正当行为模式应当如何确定，可以参考美国破产法设置的撤销例外情形。如前所述，“常规营业给付”“设立浮动担保的行为”等均为债务人或债权人正常经营活动中应当受到保护的行为，可以直接吸纳作为“善意”行为的客观标准。两种保护模式的融合既保留了主观要件模式中“恶意”判断的有益成果，又吸纳例外要件模式的精粹，明确了“恶意”认定的具体适用标准，既完善了法律规范，又解决了实践痛点，堪称当前修正偏颇清偿撤销制度的最优解。

四、偏颇清偿撤销制度中善意债权人保护路径的具体构建

（一）“受益例外”规则的明确与扩张

如果对个别债权人的清偿能够增加债务人财产，实质上提高了全体债

权人的清偿比例，不应为偏颇清偿撤销规则所规制，此即“清偿使债务人财产受益的例外”。但条文中并未进一步阐述“受益”概念并列举“受益”情形，因此有必要对此进行明确。学理上存在“增益说”与“无损说”两种理解。[①] “增益说”认为依据文义解释，受益应当指债务人现存财产数值增加，获得偿还以外的利益。“无损说”则认为债务人清偿债务必然导致现存财产数值的减少，债务人在破产申请前6个月的所有债务清偿行为都应当予以撤销。这样一来，撤销权的适用范围将极度泛化。为此应当适当扩张“受益”概念，不仅包括积极财产的增加，也包括消极财产的减少——负债的消灭，但仅限于个别债权人所获清偿少于或者等于最终通过破产分配程序所能获得的数额，此时个别债权人没有损害其他债权人可获得的分配利益，可以认定为“受益”。

笔者认为“无损说”虽然在“增益说”基础上有所改进，但仍未能突破衡量单一交易中具体财产数值的桎梏。有必要对“受益”进行扩张解释，只要交易行为没有对债务人财产造成明显损害，就不应以单一交易或清偿行为所导致的财产数值的变化为全部观察对象，而是着眼于债务人的整体经营状况和财产状况，判断交易的合理性。[②] 如果交易行为有利于债务人脱离困境，恢复正常运营状态，则不予撤销。[③] 如“中国银行股份有限公司等诉乐山市成发造纸机械有限责任公司管理人请求撤销个别清偿行为纠纷”一案中，[④] 尽管成发公司依约清偿贷款的行为符合双方预期，并无损害其他债权人公平受偿的恶意，但由于现行规范并不考虑当事人的主观状态，无法直接就“善意”进行抗辩。法院认为，从整个交易行为来看，成发公司使用中国银行提供的贷款资金进行出口备货，成功与买方交易，扣除融资成本后，最终财产获得大量增益，对其他债权人也难言损害，成发公司按期清偿贷款的行为作为整体行为的一部分能够解释为“使债务人财产受益”而避免被撤销。

另外，如果债务人在交易中取得等值甚至超值标的物，自然没有对债

---

① 参见李永军：《破产法——理论与规范研究》，中国政法大学出版社2013年版，第274页。

② 参见王卫国：《破产法精义》，法律出版社2020年版，第123页。

③ 参见韩长印主编：《破产疑难案例研习报告(2020年卷)》，中国政法大学出版社2020年版，第179~189页。

④ 参见四川省乐山市中级人民法院(2018)川11民终217号民事判决书。

务人财产及其他破产债权人公平受偿的利益造成损害。需要注意的是，对交易等值或超值的判断不宜仅以所涉交易数值为唯一标准，需要充分考虑市场规律，允许存在一定范围内的浮动。那么，“受益”是否也包括暂时无法通过数值体现的改善？比如在司法实践中银行等债权人常常主张的“清偿行为避免债务人贷款逾期，降低信用”。笔者认为此种利益过于抽象，不能计量甚至不能证明债务人财产由此获得增益，不应当将其认定为“受益”。

（二）主观要件的架构与充实

主观要件标准的架构主要包括明确应考察的主体、内容及举证责任。首先，关于应当考察何方当事人的主观状态，理论上存在“债权人说”和“双方说”。通说认为应当同时考察债权人和债务人的主观状态，不仅要求债务人知道自己出现破产原因仍对个别债权人作出清偿，而且也要求债权人在接受履行时知道债务人已经具备破产原因。① 但也有相当一部分观点认为仅需考虑债权人的主观状态，债务人对特定债权人进行清偿是履行合同义务，遵守诚信原则的表现，并不具有损害其他债权人利益的“恶意”。破产申请受理前的债务人财产损害多因个别债权人以强力谋求债权实现所致，偏颇清偿撤销制度更应考察债权人受偿时的主观状态。② 笔者认为主观要件的考察主体应当同时包括债权人和债务人。偏颇清偿撤销制度的目的一方面在于防止债务人与债权人串通提高受偿地位，造成分配不公；另一方面在于防止债权人竞争受偿，使债务人财产状况积重难返。因此，债权人与债务人恶意串通及债权人有恶意的情况应处于偏颇清偿撤销制度的规制范围。问题是，债务人有恶意，而债权人无恶意的情形是否也应当被规制？债权人依法接受债务履行并无可指摘之处，对于无恶意的债权人，其所获受偿利益应当得到保护。

其次，关于主观要件的内容，不管是债务人的主观要件还是债权人的主观要件，均应包括对破产原因要件的知情。诈害行为因其不等价性而具有行为上较大的异常性，因其直接减少债务人财产而造成损害后果的严重

---

① 参见张志新：《对个别清偿行为行使破产撤销权的构成要件》，载《人民司法》2010 年第 6 期。

② 参见许德风：《论偏颇清偿撤销的例外》，载《政治与法律》2013 年第 2 期。

性。不管是从行为样态还是从损害程度来说，都有必要全面而及时的规制，因此诈害行为的破产原因要件较为宽松。而偏颇清偿行为符合一般的交易习惯，损害后果具有间接性，出于保障正常交易的需要，破产原因要件更为严格，要求行为时债务人已经丧失清偿能力。从债权人角度，即意味着债权人知道债务人已陷入事实破产状态。在德国破产法中，表述为“知道债务人无支付能力”或“知道该行为损害破产债权人的利益”①，日本破产法则表述为“知道债务人无法支付或已经提出破产程序申请”②。由于债务人企业内外部存在严重的信息不对称，债权人无法及时得知债务人真实的财务信息，也就没有在接受清偿时了解债务人财产状况的义务，因此不存在“应知”的情形。从债务人角度，其主观要件的内容应当更为丰富。由于破产原因产生于债务人企业内部，因此只要具备破产原因要件，债务人可被推定为恶意。但债务人作为内部人，与只关注清偿效果的债权人不同，其更希望能够继续经营、避免破产，因此在企业经营过程中出现停止支付、濒临资不抵债、资金链断流等情形时，往往会认为形势可被逆转，而基于商业判断做出决策，继续经营行为，此时债务人的行为并不具有可非难性。此时是否撤销该“给付”，应当结合债务人实施具体行为时的经营、财产状况，考察行为目的是否正当，具体商业安排是否合理可行，如若危机发生时，该行为依据一般理性人的经验，不足以损害债权人的权益，则不应予以撤销。只有债务人仅出于希望债权人获得优先受偿地位的动机做出的个别清偿，才应当被撤销。

再次，善、恶意的具体认定应当结合清偿行为发生的时间和场合及所涉交易模式进行判断。从交易的时间来看，时间上同时或几近同时完成的交易，难谓“对先前债务的厚此薄彼的清偿”，③ 遑论存在债权人和债务人个别清偿的恶意。探究债权人的内心真意，交易时间的相同实际上是一种“无信用授予”的体现。④ 债权人对债务人可能失信不具有心理预期，不应

① 德国《破产法》第 130 条、第 131 条，参见李飞主编：《当代外国破产法》，中国法制出版社 2006 年版，第 56~57 页。

② 日本《破产法》第 162 条，参见李飞主编：《当代外国破产法》，中国法制出版社 2006 年版，第 784 页。

③ 参见韩长印：《破产撤销权行使问题研究》，载《法商研究》2013 年第 1 期。

④ 参见许德风：《破产法论：解释与功能比较的视角》，北京大学出版社 2015 年版，第 399 页。

当承担因债务人破产而无法及时全额受偿的后果。因此，债务人若为获得新价值而与债权人进行“同时交易”，债务人应无恶意。对于非同时进行的交易，其交易时间应当限制在合理的交易周期内。[①] 因为越接近破产申请受理日，债务人清偿的偏颇性就越强，债务人和债权人主观上存在恶意的可能性也就越大，在交易行为不满足时间要件时，即使满足价值要件也不能免于撤销。[②] 从交易模式来看，清偿行为所涉交易应当符合正常的交易流程。在常规营业范围内，债务人依照常规交易流程和交易条件与债权人进行交易，债务人的付款和债权人的受偿均具有“惯常”的属性，能够排除债务人优先清偿个别债权人的恶意和个别债权人抢先受偿的恶意。

最后，在证明责任方面，管理人作为主张偏颇清偿存在的当事人，应当对此种基本事实承担证明责任。但相当一部分学者提出鉴于管理人可能存在的举证困难，可以采取恶意推定或举证责任倒置的做法，推定清偿行为发生时债权人已经知道债务人处于破产状态，让债权人举证证明自己接受清偿时不知晓债务人具备破产原因。[③] 笔者认为，债权人作为债务人企业的外部人员，本身不具有了解债务人内部情况的义务和可能，让其自行证明善意对债权人颇为不利，仍应由管理人承担受偿债权人主观要件的举证责任。但在特殊情形下可以适用举证责任倒置，如部分债权人与债务人有密切关系，普遍具有获知债务人经营状况的信息优势和迅速足额受偿的交易优势，偏颇清偿行为更为隐秘，破坏程度更为恶劣，可以借鉴域外立法对关系债权人的规定，直接推定关系债权人具有“恶意”。[④]

（三）特殊利益保护的探讨与拓展

对于清偿行为既不符合“受益”标准，同时也无法依据现有标准推论

① 参见许德风：《论偏颇清偿撤销的例外》，载《政治与法律》2013 年第 2 期。

② 参见韩长印主编：《破产疑难案例研习报告（2020 年卷）》，中国政法大学出版社 2020 年版，第 179～189 页。

③ 参见温岭法院课题组、陈文通：《关于破产撤销权制度实施状况的调研》，载《上海法学研究》集刊 2021 年第 9 卷，第 192～201 页；胡利玲、刘骐宁：《危机期间个别清偿行为撤销构成要件实证研究》，载《湖北社会科学》2019 年第 6 期。

④ 参见王欣新：《破产撤销权研究》，载《中国法学》2007 年第 5 期；董璐、杨遂全：《我国〈破产法〉偏颇性清偿制度的疏漏与完善——基于比较分析的视角》，载《河南师范大学学报（哲学社会科学版）》2018 年第 3 期。

债务人或债权人主观状态的，可以考察其是否属于应当保护的特殊利益。此类特殊利益是债务人维持营业的重要条件，应优先于一般破产债权受偿。债务人并无偏颇清偿的私心，债权人理应享有优先受偿的地位，因此其清偿行为应视为“善意”，可作为撤销的例外情形。《企业破产法司法解释(二)》第16条规定了“债务人为维系基本生产需要而支付水费、电费等的个别清偿”“债务人支付劳动报酬、人身损害赔偿金的个别清偿”等撤销例外情形，水电费等维系基本生存需要的支出关涉债务人的生存利益，是营业主体存续的最低限度要求。“劳动报酬”“人身损害赔偿金”亦是维系生存的基本权益，需要法律强化保护。①

但《企业破产法司法解释(二)》第15条中“经诉讼、仲裁、执行程序对债权人进行的个别清偿”是否存在应当保护的特殊利益存在争议。通说认为不予撤销债权人通过司法程序获得清偿的规定是出于保障司法清偿信赖利益，对维护司法程序权威性的考虑。② 尽管清偿行为已经过权威程序的认可，但并非毫无瑕疵。第一，法院在债务诉讼中并不会对债务人与债权人有无优先受偿意图进行考察，无法“过滤”恶意，因此当事人有滥用法律程序，借助法院的执行力实现个别清偿，损害其他债权人的利益的可能，③ 此时司法清偿并不具有正当性，亦不存在信赖利益。第二，有观点提出认为执行程序会损害公平分配利益的其他债权人可以采取申请债务人破产清算，利用破产程序中止执行程序的救济方式。④ 但执行程序不具有广泛公开性，其他债权人可能并不知晓某一债权人利用执行程序优先受偿。⑤ 虽然域外立法例多采取撤销的做法，⑥ 学者也多持撤销的态度，但

---

① 参见王卫国：《破产法精义》，法律出版社2020年版，第124页。

② 参见胡利玲：《如何理解破产临界期内个别清偿使债务人财产受益——对我国偏颇清偿例外的重释与情形补足》，载《人民司法》2019年第22期。

③ 参见唐军：《论破产撤销权》，载《社会科学研究》2013年第1期；王欣新：《破产撤销权研究》，载《中国法学》2007年第5期。

④ 参见温岭法院课题组、陈文通：《关于破产撤销权制度实施状况的调研》，载《上海法学研究》集刊2021年第9卷，第192~201页。

⑤ 参见邵明舟：《试论对生效裁判和执行行为的破产撤销权》，载《人民司法》2012年第19期。

⑥ 德国《破产法》第141条，参见李飞：《当代外国破产法》，中国法制出版社2006年版，第61页。日本《破产法》第165条，参见李飞：《当代外国破产法》，中国法制出版社2006年版，第785页。

一概撤销债权人所获清偿否认了司法裁判与程序确定的利益，不利于交易安全与交易稳定。宜通过债权人与债务人之间的关系、诉讼的时间及结案方式等要素作是否撤销的判断。若债务人与债权人之间存在密切关系，诉讼过程明显短于正常的诉讼程序，以和解或者调解书的方式结案，则当事人很大可能存在抢先清偿的恶意，应当撤销该清偿行为。[①]

结　语

偏颇清偿撤销制度是实现破产法“概括清偿、公平分配”原则的重要保障制度，通过撤销债务人出现破产原因至债务人进入破产程序期间债务人转移财产，改变个别债权人受偿顺序的行为，[②] 实现破产状态下债务人有限财产的公平分配，维护债务人与债权人之间、债权人相互之间的实质平等。[③] 然而我国现行偏颇清偿撤销制度不关注当事人的主观状态，只要满足破产临界期和破产原因等客观要件即可撤销，导致大量善意债权人的正当权益得不到保护，造成违反交易规则，破坏交易稳定，影响经济秩序等后果。因此，修正偏颇清偿撤销制度，保护善意债权人利益势在必行。

偏颇清偿撤销制度中善意债权人保护的两种模式均存在缺陷，笔者认为最优选择莫过于融合二者，取彼之长补此之短。主观要件模式缺乏能够对当事人的“恶意”进行准确认定的完善理论与制度，无法顺利应用于实践，此时可以借助例外要件模式中提炼的正常交易行为类型具体认定当事人的主观状态。结合我国破产法偏颇清偿撤销制度的规范与实践，笔者认为具体可以从以下三个方面构建对偏颇清偿撤销制度中善意债权人利益的保护。首先，明确债务人在该项交易中所获利益数额，与债权人所受清偿数额进行比较，如果前者大于后者，那么债务人能够从该交易中“受益”，债务人财产并未受到损害，债权人可以保留受偿利益。其次，对于债务人并未“受益”或无法判断是否“受益”的情形，可在构成要件中增加主观要

---

① 参见房绍坤、崔艳峰：《论破产临界期内强制执行行为的撤销》，载《甘肃社会科学》2013 年第 5 期。

② 参见韩长印、张玉海：《借贷合同加速到期条款的破产法审视》，载《法学》2015 年第 11 期。

③ 参见韩长印主编：《破产法教程》，高等教育出版社 2020 年版，第 147～148 页。

件标准，着重考察清偿行为发生时债务人是否具有优先清偿个别债权人意图或债权人是否知悉债务人已具备破产原因。在进行主观状态的具体认定时，可列明符合正当交易的行为类型，并将其作为参考标准。再次，对于既不符合“受益”标准，又并非正常交易模式的清偿行为，应当考察其是否属于应当保护的特殊利益，保护此种特殊利益并无对债权人偏颇清偿的私心，也应视为“善意”。

破产案件长期未结的类型化分析与破解进路

——以R法院一年以上未结的128件破产案件为样本

胡丕敢　詹应国　李梦霞*

内容提要：法治是最好的营商环境。《企业破产法》的有效实施是进一步规范市场主体再生或退出，维护市场主体合法权益的重要保障。当前，实践中破产案件办理周期长是影响破产审判质效的主要因素之一。通过对R法院一年以上未结的128件破产案件进行梳理，可归纳出导致长期未结的九种类型化情形，例如瑕疵财产、衍生诉讼、对外出资清收等。破产案件长期未结，有破产案件自身特点、办理破产专业能力、外部配套制度等主客观原因。结合一线审判工作实际，提出破解破产案件长期未结的进路包括：正确认识破产审判特点，提升推进工作的主动性；对内强化履职担当，发挥法院主导作用；对外优化外部环境，发挥管理人主体作用等三方面。

一、问题缘起：优化法治化营商环境的实然要求

法治是最好的营商环境。2021年1月，根据习近平总书记对浙江提出的“努力成为新时代全面展示中国特色社会主义制度优越性的重要窗口”①的新要求，浙江省委印发了《法治浙江建设规划(2021—2025年)》，

---

* 胡丕敢，瑞安市人民法院院长。詹应国，瑞安市人民法院民四庭(破产审判庭)庭长。李梦霞，瑞安市人民法院民四庭(破产审判庭)法官。

① 《奋力担当新时代全面展示中国特色社会主义制度优越性重要窗口的使命任务》，载《浙江日报》2020年5月11日，第7版。

明确将加速打造一流法治化营商环境作为建设“法治浙江”的重要抓手，以激发法治建设内生动力。良好的法治在规范政府与市场边界、稳定市场主体预期、保护市场主体权益等方面发挥着至关重要的作用。破产案件的办理是衡量区域法治化营商环境的重要一环。企业破产法是调节社会主义市场经济体制、优化资源配置的基础性法律制度，是破产案件审判工作的规范指引，其实施和完善是深入贯彻习近平法治思想、助力高质量发展的重要举措，是进一步改善营商环境、规范市场主体退出、保障市场主体合法权益、防范重大风险的有效抓手。而实践当中，《企业破产法》的贯彻实施仍有不到位等问题，其中破产案件周期长是影响破产审判质效的重要因素。破产案件属于总括性的债权债务清理程序，相较一般民商事案件，办理周期普遍较长。① 在世界银行营商环境评估体系中，“办理破产”项下设有破产框架力度指数和回收率两项子指标。其中“回收率”指标与办理时间密切相关。其“时间”是指“债权人收回贷款的时间，按日历年数记录”。根据《全球营商环境报告(2020)》，我国内地这项得分为1.7(年)，相较于我国香港特别行政区(得分0.8)、爱尔兰(得分0.4)等排名靠前地区，仍有一定提升空间。② 因此，加快破产案件办理进度，持续推进破产案件依法高效审理，有利于更好地发挥破产审判对困境企业拯救与及时退市职能作用，助推营商环境优化。

二、实践样态：一年以上未结破产案件总体情况③

近年来，R法院开拓创新，破产审判走在全省基层法院前列。例如，2020年，R法院办结破产案件(“破”字号)187件，占Z地区结案总数的1/3，占全省结案总数的1/14。这也为本文的研究提供了数据支撑。

R法院破产审判起步早，办案量大，在取得显著成效的同时，也留存了不少长期未结案件。需要指出的是，从长期未结的破产案件入手分析，

① 如根据2021年2月22日江苏高院发布的通报显示，截至2020年12月31日，该省全省5至10年未结破产案件下降至46件，3至5年未结破产案件下降至138件，清理成效显著。

② 参见罗培新：《世界银行营商环境评估：方法·规则·案例》，译林出版社2020年版，第473页。

③ 数据统计至2021年3月31日。

对于研究破产周期长的现状及其原因有典型意义，为此，根据 R 法院《破产审判三年行动计划(2021—2023 年)》的部署，本文对一年以上未结的 128 件破产案件进行梳理(2020 年 3 月 1 日前受理)。在逐案分析的基础上，本文重点对破产案件长期未结原因进行类型化归纳，并提出有针对性的对策和建议，以期客观全面展现破产案件特点，努力为各级法院进一步提升破产审判质效提供有益借鉴和参考。

经统计，在目前统计的 128 件一年以上未结案件中，1~3 年未办结案件为 48 件，3~5 年未办结案件为 61 件，5 年以上未办结案件为 19 件。根据申请破产主体的不同，在 128 件长期未结案件中，有 7 件为债务人主动申请破产，剩余 121 件则是被申请破产，其中有 48 件为债权人主动申请，80 件为执行移送破产。相比执行移送破产案件，债务人申请破产的案件更为复杂，平均审理天数更长。7 件债务人主动申请破产案件平均审理年限均在 3 年以上。

三、追根溯源：破产案件长期未结原因及类型化分析

(一)未结原因整体统计

通过对 128 件案件的统计，发现导致破产案件长期未结的原因纷繁复杂，其中一些案件同时具有多种原因，或者相互交叉。例如，管理人以提起衍生诉讼的方式进行对外追收债权。(见表 1)

表 1　未结具体原因统计

序号	未结原因	描述(案例见下文)	件数	占比
1	瑕疵财产	违法建筑、单证、未竣工验收、刑事查封等	31	24%
2	衍生诉讼	追缴股东出资、债权确认、股东身份资格确认等	21	16%
3	对外债权追收	破产企业对他人享有债权，要求向管理人支付	18	14%

续表

序号	未结原因	描述(案例见下文)	件数	占比
4	防范和核查是否存在逃废债	从民事、刑事责任角度核查企业资金去向、职务侵占等	11	9%
5	对外出资清收	破产企业设立子公司或者对外投资等	9	7%
6	刑民交叉	受害人债权确认、债务人财产被刑事查封冻结	8	6%
7	腾空	因案外人承租或其他原因占用破产企业财产	7	5%
8	财产按常规流程处置或者分配中	破产企业财产较多，按常规流程处置或者分配款项中	7	5%
9	审计	对破产企业资产、负债等财务状况进行审计	5	4%
10	和解协商	破产企业与债权人等各方进行协商，寻求解决方案，	4	3%
11	法律适用疑难	法律未规定或模糊，如何适用法律存疑	4	3%
12	税费	处置过程中税费缴纳等问题	3	2%
13	维护社会稳定	涉群体、涉历史因素等	3	2%
14	债权补充申报等	债权补充申报、债权人会议决议等	4	3%
15	其他	财产接管、抵押权协调、工程续建、租金收益纠纷等	7	5%

对案件未结原因进行深入排查并归纳梳理，是本次课题研究的重点之一。上述表格系对案件未能办结原因(或在办事项)的客观描述及归纳，充分反映了破产案件的复杂性。其意义在于帮助法官、管理人全面把握破产案件未结原因，并分类施策，统筹推进，避免工作碎片化。

(二)未结原因的类型化分析

1. 瑕疵财产

经统计，破产财产存在瑕疵导致处置难居于未结原因首位。有 25 家破产企业的不动产存在单证(仅有土地证或房产证)、违法建筑、开竣工违约等方面的问题，严重影响了破产财产的处置和案件办理进程。

案例1：存在违法建筑。企业厂房登记共三幢，建筑面积为1050.37m^2。现仅一幢保持原状，其中一幢擅自拆建，扩建到土地使用权外的范围，另一幢加建一层，属违法建筑。另企业还在厂房的后面(土地使用权范围之外)，违法搭建了两幢彩钢棚结构的建筑物作仓库使用。

案例2：未能竣工验收。企业未能进行竣工验收，且尚欠税款、工程款。企业项目仅于2011年进行了预验收，提出了部分整改要求及建议，并形成会议纪要。之后再未组织过验收相关工作。现因欠施工单位工程款，且施工单位法定代表人目前在监狱服刑，难以开展竣工验收工作。

2. 衍生诉讼

破产案件作为非讼程序，对于涉及其他主体权益争议的事项，特别是实体方面争议事项，往往需要另行通过诉讼解决，导致破产案件进程难以把控。21件涉及衍生诉讼案件中，常见类型有追缴出资、债权确认、撤销权、股东资格诉讼等。

案例3：股东资格确认。企业破产事务已处理完毕，管理人提起对股东等相关责任人员的损害赔偿之诉。后被告提起股东资格确认诉讼，以否认其股东资格，据此不应承担责任。

3. 对外出资(股权)清收

不少破产企业对外投资，成为其他公司的出资人(股东)，形成子公司，甚至形成多层级的再投资关系。这需要进行股权评估、变现。而破产相关关联的子公司或者下一层级公司不少也存在需要进行破产清算的情形。

案例4：处置子公司股权。企业的全资子公司及投资股权尚未处置完毕，股权经过多次拍卖仍流拍，还在处置中。

4. 防范和核查逃废债

主要涉及从民事、刑事责任角度调查企业资金去向(占40%)，追缴抽逃的出资(占30%)，追查企业有关人员是否存在职务侵占(占10%)、转移财产(占20%)等逃废债行为。基于当前民营企业特点，如何合理确定区分民事、刑事责任难度较大，不同司法部门存在不同认识。

5. 刑民交叉

除涉嫌逃废债案件，目前共有 8 件涉及刑民交叉。其中涉及被害人债权认定和债务人财产被刑事查封冻结各 4 件。

案例 5：程序衔接。案件涉及 P2P 网贷平台，债权人达千余人。案件刑民并进，充分体现了破产制度的独特价值，但参与分配债权金额的认定、清偿顺序等问题疑难复杂。

案例 6：账户被刑事冻结。案件绝大部分破产事务已处理完毕，后续诉讼也已判决结案，因股东被公安机关刑事立案，债务人公司的账户(十余万元)被公安机关冻结，多次沟通要求解除冻结未果，致本案暂无法结案。

6. 涉房地产企业

房地产企业作为债务人的达 6 家。涉房企业破产案件往往涉及利益主体众多，法律关系错综复杂，各方利益冲突尖锐，利益平衡难度大。特别是消费性购房人等主体，因涉及民生或重大财产利益，处理难度大。

案例 7：企业房开项目部分房屋被刑事查封，部分进行确权诉讼，部分涉及保障房在处理中。

7. 税费缴纳

案例 8：企业房产项目开发土地增值税核定征收未有着落，致使房屋拍卖后买受人无法办理过户手续。

8. 涉政府收储

案例 9：政府对企业用地有收储意向，但具体补偿条款未明确，该区域对买受人入区要求较高，进展较为缓慢。后管理人发函相关部门拟启动拍卖。

9. 法律适用存疑

相较于刑事、民事审判，破产审判制度在我国起步较晚，破产立法较为原则，不似刑法、民法般精细，导致实务中不少问题存疑。

案例10：清算责任主体问题。房企项目由项目部筹资开发建设，但该项目部挂靠并登记为某企业的分公司。现双方均资不抵债，则该项目部财产与公司财产如何处理，是否独立清算，存有疑问。此外，房开项目因欠延期开工竣工违约金，未能办理不动产权证书。

10. 其他类型

还包括企业厂房腾空、债权补充申报、审计、维稳等情况。

四、问题透视：破产案件长期未结折射出的现实困境

(一)破产案件自身特点的影响

1. 资产及负债清理困难

不少企业治理结构不完善，企业内部管理职责混乱，清算不及时、人员下落不明、账册资料和重要文件丢失问题大量存在，加大了债权债务清理难度。

2. 资产处置和变现困难

破产企业的财产多为不良资产，变现难度较大。瑕疵财产等历史遗留问题较多，沟通协调周期长，影响了资产的顺利处置和破产程序的有效推进。

3. 破产事项繁杂

如前文所述，对外追收债权、对外出资(股权)清收等事项往往引发衍生诉讼，破产实务繁杂，破产程序审理期限难以精准把控。在R法院办理的一起案件中，出具的民事裁定书达14份。

(二)办理破产专业能力有待提升

1. 破产审判力量不足，案多人少矛盾突出

破产案件既需要严格依法审理，又需要协调多方主体关系，破产案件

的审理特点与民商事案件相比存在显著区别。R 法院破产审判庭目前仅 8 名工作人员，在办结大量破产案件的同时，还需办理部分衍生诉讼案件。在面对一些疑难复杂案件时，由于各方因素制约，法官缺少解决办法，案件久拖不决。审判力量不足，已成为制约法院进一步加强和改进破产审判工作的主要瓶颈。

2. 管理人履职能力不足，社会认知度较低

管理人队伍出现两极分化，专业能力差异较大。有的管理人由于人员变动等原因，导致专业性不足。部分管理人在工作中消极应付，过度依赖法院的指导。此外，管理人身份尚未得到社会广泛认同，管理人在履职过程中缺乏有效的手段。例如 R 法院出现多起管理人在银行办理将破产企业账户余额划转至管理人账户的业务时，被告知需法院出具函件方可办理。

（三）外部配套制度有待完善

1. 破产观念存在偏差

部分债务人对在破产程序中应履行的义务不清楚，不予配合。部分债权人将破产程序等同于逃债，对破产程序对抗情绪较为明显，或者对于债权的清偿率存在不合理预期。一些部门和人员认为企业破产影响地方形象，对破产制度了解较少。例如将破产拍卖等同于法院执行拍卖，要求法院出具执行裁定书和协助执行通知书。

2. 府院联动机制有待深化

R 市具有较好的府院联动基础。R 法院本次梳理的需要提交府院联动会议专题推进处置的 25 宗瑕疵财产中，有 14 宗包含违法建筑，8 宗为单证。上述存在瑕疵财产案件，是经济发展和社会治理状况在司法领域中的集中体现。因此，需要更好地发挥政府公共管理和服务职能。当前，破产案件审理中的协调对接以个案协调为主，处于一事一议的应急协调状态，一些案件沟通协调的次数较多，效率有待提高。此外，党政机关的支持与干预界限需要进一步厘清。

3. 破产配套制度有待完善

一是破产法自身的完善。例如企业破产法对于破产终结 2 年后发现新增财产如何处置，未做规定。二是破产法与其他法律制度的协调与衔接。企业进入破产程序，是企业处于非正常经营下的特殊状态，但诸多法律、部门规定都没有考虑到这一状态并作出相应规定，致使相关部门办理时无据可依，府院联动协调难度大，或者无法协调。如《企业破产法》第 109 条(别除权)与《税收征收管理法》第 45 条的冲突等。

五、进路探索：推动长期未结破产案件的对策和建议

(一)正确认识破产审判特点，提升推进工作主动性

1. 统一思想，增强审判工作主动性

做好企业破产审判工作，是深化供给侧结构性改革的重要举措，是完善社会主义市场经济体制的客观要求，是坚决打好防范化解重大风险攻坚战的必然要求，是解决执行难问题的有效手段。加强破产审判工作，依法清理“僵尸企业”，对于推动高质量发展、深化供给侧结构性改革、防范化解重大风险，具有十分重要的意义。法院作为破产审判机关，应深刻把握做好破产审判工作的重要意义，进一步统一思想、提高认识，切实增强做好破产审判工作的自觉性、主动性。

2. 加强宣传，提升社会对破产办理的认知度

最高人民法院在《关于调整强制清算与破产案件类型划分的通知》中将破产案件从民事案件中分出，单独作为一大类案件。这说明其与传统案件的不同，破产程序是融合立、审、执三项职能的整体程序，审理周期长、难度大。因此，应当加强宣传，提升社会对破产办理的理解度，即社会各界要合理看待破产案件审理期限较长的客观现象。同时，加强管理人的监督和指导，提升其工作主动性，加大力度，采取积极措施推进案件办理。

(二)对内强化履职担当，发挥法院主导作用

1. 分类施策，对表清理

要根据分类情况，采取针对性举措，特别是关于通过主观努力即能够取得重大进展的案件。例如对于常规财产处置、财产分配、财产腾空、防范和调查逃废债、补充申报债权核查等事项，管理人和法官要加快进度。要建立对法官和管理人结案清单的定期通报机制，由部门负责人定期通报办案工作进展，并结合具体案件情况，逐案通报到人，逐案销号。同时，要加强交流清理案件工作经验，群策群力。

2. 加强内部协助与监督，形成清理合力

要重点加强破产审判法官和管理人两支队伍的建设。基于承办法官个体认识及业务能力的有限性，可以探索加强法官间的相互交叉协助办理。分管院领导和庭长要履行好审判管理监督职责，加强对全部长期未结案件的日常督办，同时发挥好协调作用。

3. 发挥专业法官会议会商作用，及时形成办理规则

在梳理案件清单的基础上，对于因法律适用疑难等原因而导致拖延的案件，要及时召开专业法官会议，逐案研究法律适用方案及工作措施。对于专业法官会议能够统一做法和形成规则的，要及时明确规则，制作“破产审判提示”及时发送管理人予以落实，推动案件办理。必要时，报请上级法院研究处理。

4. 严格把关审理方式转换，避免简单案件形成积案

大力推进破产案件简易审理，确保适用快速审理方式的破产案件在6个月内审结率为100%。对于适用快速审理方式案件，根据案情需要转换为普通审理方式的，承办人应当要求管理人说明理由，对确需转换审理方式的案件，必须经合议庭评议后，报庭长审核备案。因管理人无正当理由致使案件转换审理方式的，应当作为管理人的负面评价因素。

5. 加快推进破产审判智能化平台建设，提升质效

目前，R 法院参与开发的破产智能化审判平台已完成了法官端、管理人端、债权人端、协助执行部门端的初步开发工作，后续正在完善中。力争实现债权申报、债权人会议、管理人工作、协助部门工作等破产事项的线上办理，以充分发挥信息化监管作用，提高破产案件办理效率，降低办理成本。

（三）对外优化外部环境，发挥管理人主体作用

1. 对管理人监督与指导并重，提升管理人清案力度

管理人是破产事务的主要执行者。要积极推行未结破产案件月报制度，完善对管理人的“奖优罚劣”机制，综合运用通报、调节报酬比例、发送警示函、列入负面清单等方式，激励和约束管理人依法高效推进案件办理。建立管理人反馈机制，通过管理人微信群、召开管理人例会等形式，及时认真倾听管理人履职困难和工作建议，切实解决管理人履职过程中遇到法律问题和实务问题。

2. 加强外部协调，推动府院联动优化

因财产瑕疵、被刑事查封、等待另案审理结果等原因导致案件长期未结的，要在党委的领导下，加强和有关政府部门的沟通、协调、催办，确保尽快推动案件办理。遇到破产审判部门自身无法解决问题，需要院党组层面协调解决的，应及时上报院领导，积极推动法院与政府相关部门协调会商。全面推进破产审判府院联动机制的深化和细化，努力实现破产审判相关政府共同服务从个案协调到类案处理、依法行政。

3. 积极探索，完善破产配套制度

根据上级法院部署，R 法院通过分别召开管理人座谈会、专业法官会议等方式，提出了《企业破产法》修改意见。但是《企业破产法》《公司法》等相关法律制度的修改难以短时期内完成，顶层制度的构建不是一蹴而就。因此，需要发挥基层首创精神。如 2021 年 3 月，R 法院针对金融机构对管理人履职认同度不高、履职不顺畅等问题，向 Z 地区银保监分局

瑞安监管组、中国人民银行 R 市支行发送司法建议，建议形成便于操作的会议纪要，由各金融机构予以落实，避免因个案导致反复沟通、反复协调的现象。同时，各方还可以就通过信息化平台办理账户查询、划转等事项，建立困境企业市场化融资机制等方面进行交流探索，目前已得到积极响应。但是，推动破产法及其相关配套法律制度的修改和完善，方为治本之道。

结　语

缩短破产案件办理周期，提升破产审判质效是一项体系化工作，除增强破产审判专业能力外，同时需要政府、社会等各方面的共同努力。本文通过对 R 市法院 128 件长期未结案件的梳理，剖析破产案件长期未结原因并进行类型化归纳，有利于对症施策。笔者紧密立足实际，努力提出有深度、可落地实施的建议，包括正确认识破产审判特点，提升推进工作的主动性；对内强化履职担当，发挥法院主导作用；对外优化外部环境，发挥管理人主体作用等方面，以期为今后的破产审判工作带来一些帮助。

破产取回权的立法与实践偏差及补正建议

耿　栋　张　政*

内容提要：《企业破产法》规定取回权客体为财产，但是在实践中往往被限缩为物。财产包括物和财产性权利，如果仅允许物在破产程序中取回，就偏离了立法本意，无法解决现实中的许多问题，也不能适应社会的发展。取回权制度的滞后与立法、法律实施和理论研究有关。取回权制度的价值基础是朴素的公平观念，是不能将债务人以外的财产用于破产程序的清偿，否则就侵犯了他人的权利。除了物以外，其他财产性权利也有价值，也属于取回权的调整范围。《企业破产法》原有的立法条文对取回权的规定过于原则，随着《民法典》的施行及破产取回权在实践中暴露的问题，在《企业破产法》修改过程中有必要对取回权的客体类型、要件等进行补充修正，同时对取回权的分类和案由也应进行调整，这样才能够解决现实中的许多权利争议，才能适应未来经济社会生活的复杂变化。

前　言

房地产企业甲公司因无开发资金，与 A 公司签订合作协议共同开发土地，约定资金、建设等均由 A 公司负责，房屋由 A 公司销售，甲公司按建成房屋面积获取收益。楼盘建成后 A 公司以转让、抵债、代持等方式将所有房屋办理了网签备案，但因故未办理产权登记。后甲公司破产，A 公司向管理人申请要求确认开发楼盘归其所有，同时认可应向甲公司支付约定收益。

* 耿栋，浙江六和律师事务所律师。张政，浙江六和律师事务所律师。

房地产企业乙公司破产，购房户B已支付房款80%，房屋未办理产权登记，B申请确认房屋归其所有。

建筑企业丙破产，实际施工人C申请发包方未付的工程款应归其所有。《企业破产法》是特别法，程序中权利义务处理均有相应的解决机制，上述事项的处理就涉及《企业破产法》解决机制之一的破产取回权。

破产取回权是破产程序中的四大权利之一，[①] 1988年11月1日实施的《中华人民共和国企业破产法(试行)》(以下简称《1988年破产法》)、2007年6月1日施行的《中华人民共和国企业破产法》(以下简称《企业破产法》)均有破产取回权的规定，但《1988年破产法》只有一条、《企业破产法》只有三条原则性的规定。[②] 两部破产法均规定取回权的客体为"财产"，该"财产"与破产企业[③]的财产相对应，也与民法中财产的内涵和外延保持一致，但财产的类型有其历史演进和被认知的过程。长期以来，物以及与物有关的权利在社会生活中占绝对主导地位，因此物基本上被认同为"财产"。另外，《企业破产法》的实施也经历了比较艰难曲折的过程，[④] 取回权制度作为破产法的一部分并没有被关注和重视。因此，破产取回权的客体通常被认定为物也就不足为奇了。

党的十八大以来，随着供给侧结构性改革持续深化，加快建立和完善市场主体挽救和退出机制，破产案件数量快速上升。2017年至2020年全国受理和审结的破产案件分别占到2007年破产法实施以来案件总量的54%和41%，达32100多件和19700多件。[⑤] 面对破产程序中日益纷繁复杂的财产关系，过于原则的取回权规定无法准确、灵活解决现实问题的弊

---

① 破产程序中的四大权利是指撤销权、取回权、别除权、抵销权，参见韩长印主编，王玉梅、徐阳光副主编：《破产法教程》，高等教育出版社2020年版，第147、161页。

② 参见《1988年破产法》第29条，《2007年破产法》第38、39、76条。

③ 《企业破产法》称宣告破产后的债务人为"破产人"，本文为论述方便，统称为"破产企业"。

④ 2007年至2010年，全国企业破产案件受理数量分别为3817件、3139件、3128件、2366件，呈逐年下降趋势；2012年全国企业破产案件受理数量为2000多件；2013年更下降至1000多件。面对如此窘境，有司法界人士惊呼"如此下去，我国破产法将面临破产"。

⑤ 参见《全国人民代表大会常务委员会执法检查组关于检查〈中华人民共和国企业破产法〉实施情况的报告》。报告指出，2007年至2020年，全国法院共受理破产案件59604件，审结破产案件48045件。

端逐渐显现。如上文列示的三个案例，在现行《企业破产法》及其后的破产法司法解释中就无法找到依据。2021 年 1 月 1 日实施的《民法典》对现有和未来可能出现的财产权利作了列举和概括式的规定，财产的类型也发生了较大的变化；另外，强制执行法律中对于财产归属还有补充性的规定。基于以上原因，《企业破产法》在修改过程中，有必要认真审视和研究破产取回权制度存在的问题，进行补充、修正和完善，使破产取回权制度不仅能够有效调整现有的社会关系，而且能够适应未来财产权利发展变化，更好地调整未来的社会生活。

一、破产取回权的定义、要素和性质

（一）破产取回权的定义

破产取回权，是财产的权利人可不依破产程序，从管理人占有管理的财产中，取回原不属于债务人财产的财产的权利。① 破产程序具有保全破产企业占有的所有财产的效力，管理人接管时，无法立即查清财产的归属，因此会对破产企业占有的全部财产不加区别一并予以接管。但管理人只能用属于破产企业的财产对债权人进行清偿分配，对于接管的财产中属于其他权利人的财产，权利人有权依法予以取回，由此而产生了破产法上的取回权。

对于破产取回权的权利基础，大多数学者认为是所有权、担保物权、占有权等与物有关的权利。也有学者认为，取回权的基础权利主要是物权，尤其是所有权，但也不排除依债权产生取回权的情况。② 另有学者认为，对于取回权的性质，理论上常见的误解是认为其是所有权的权能，其他权利通常不足以成为主张“取回”的基础。对此，我国虽有研究提及非以所有权为基础的取回权，但深入的研究尚不多见。而实践中以债权为基

---

① 参见李国光主编：《新企业破产法条文释义》，人民法院出版社 2008 年版，第 259 页。

② 参见李永军、王欣新、邹海林、徐阳光：《破产法》，中国政法大学出版社 2017 年版，第 107 页。

础的取回权是广泛存在的。①

(二)破产取回权法律关系的要素

《1988年破产法》第29条规定:“破产企业内属于他人的财产,由该财产的权利人通过清算组取回。”《企业破产法》第38条规定:“人民法院受理破产申请后,债务人占有的不属于债务人的财产,该财产的权利人可以通过管理人取回。但是,本法另有规定的除外。”两部法律中破产取回权客体均为“财产”;关于主体的规定略有不同:《1988年破产法》规定取回权主体是财产的权利人和清算组,《企业破产法》施行后,清算组被管理人所取代;关于内容的规定有所完善:《1988年破产法》《企业破产法》均只规定了权利人取回财产的权利,但在2013年9月16日施行的《最高人民法院关于适用〈中华人民共和国企业破产法〉若干问题的规定(二)》(以下简称《破产法司法解释二》)第28条则规定了取回权人的对待给付义务,即取回权人未依法向管理人支付相关的加工费、保管费、托运费、委托费、代销费等费用时,管理人有权拒绝其取回财产,对待给付义务规范了取回权的行使,保护了破产企业的财产不受损失,使取回权的内容更加完整。另外,《破产法司法解释二》第27条还规定了破产取回权的异议和诉讼,明确了破产取回权的权利主张和司法救济程序。

(三)破产取回权的性质

破产取回权的性质在理论上存在分歧。一种观点为“私权说”,该说认为取回权并非破产法新创设,而是基于民事法律产生的权利,是民法上的财产返还请求权在破产程序中的反映和演变。一种观点为“异议权说”,该说认为破产法上的取回权的实质类似于强制执行法上的第三人的异议权,相当于执行机关对债务人采取强制执行措施时,对被执行财产享有权利的案外第三人有权提出异议。也有学者认为,异议权说与私权说从本质上看并无矛盾,异议权本身就是基于权利人对错误纳入破产财产的自己享有所有权或支配权的财产而享有的,而非凭空创设的。只不过异议权体现了权利人行使权利的表象,而私权说则体现了权利人行使权利的实质。②

---

① 参见许德风:《论债权的破产取回》,载《法学》2012年第6期。

② 齐树洁主编:《破产法》,厦门大学出版社2009年版,第265~266页。

(四)小结

《民法典》第6条规定："民事主体从事民事活动，应当遵循公平原则，合理确定各方的权利和义务。"破产取回权实质就是这一原则的体现。破产是概括执行的特别程序，全体债权人在破产程序中统一进行清偿，财产价值最大化、债权人清偿率最高是破产工作追求的目标。但是，不属于破产企业的财产不能用来清偿破产企业的债务，否则就严重违背了公平原则，侵害了他人的合法财产权利。《企业破产法》及《破产法司法解释二》对破产取回权要素以及行使程序的规定相对比较完善，但囿于客观历史原因以及理论研究滞后，实践中对于破产取回权的认识并未与时俱进，仍然停留在过往的立法思维中，以至于面对新出现的消费者购房户、实际施工人、约定财产权归属、保理、数据等新类型的取回权权利主张时，或者没有正当的解决权利归属引发新的纠纷，或者为解决问题另辟蹊径，以共益债等与实不符的机制予以处理。上述做法实际都偏离了破产取回权的立法本意，因此，有必要对这种现象进行分析探讨。

二、理论视阈下的破产取回权与实践偏差之探析

(一)关于《企业破产法》的性质

《企业破产法》是公法还是私法，是以任意性规范为主还是强行性规范为主，至今没有定论。关于《企业破产法》的性质，已经出现了融合的理论。有学者认为，现代破产法实则以社会整体利益为本位，应归属于公私融合法的范畴。虽然私法属性占据主导地位，但公权力的介入带来的私法公法化现象也随处可见。① 也有学者认为，应当看到，破产法以任意性规范为根基：破产法律关系的客体是债务人的私有财产；破产法律关系的内容是债权人和债务人的实体权利与义务，破产法的目标是保护民事主体的私有权利，其本质当属私权。但是破产法的强行性规范亦有

① 参见徐阳光、范志勇、徐战成：《破产法与税法的理念融合及制度衔接》，法律出版社2021年版，第6页。

较大存在空间。①

《企业破产法》是实体法和程序法相结合的法律，其中很多实体权利均源于民商基本法律制度，但出于立法目的的需要，《企业破产法》对有些权利内容以强行性规范进行了必要的扩张或限缩。如破产前破产企业清偿债务中涉及的个别清偿、偏颇性清偿、破产欺诈行为，《企业破产法》规定管理人有权撤销；对于破产受理前双方均未履行完毕的合同，管理人有选择履行权；《企业破产法》按债权性质规定了不同的清偿顺位等等。另外，对于管理人指定、债权人会议的职权及审议表决等程序规则，《企业破产法》以强行性规范予以规制。

《企业破产法》是强行性规范与任意性规范的结合，除了出于立法目的所作的实体及程序方面的特别规定外，对于破产企业在平等、自愿、等价有偿基础上建立的实体方面的财产关系，只要不违反民商法基本法的规定，应当遵循当事人意思自治以及契约自由原则，由任意性规范进行调整。对于非典型的财产关系，任意性规范的调整作用更加突出，如本文列示案例中甲公司与A公司合作开发涉及的房屋产权归属。在与所列案例类似的(2020)最高法民申1244号案中，最高院认为：破产企业兆信公司与取回权人工行合肥分行是物权互易而非房屋买卖合同关系，一审、二审法院认为双方之间为非典型性合同关系并排除适用特定物买卖的相关规定，并无不当，裁定最终支持了工行合肥分行取回房屋的主张。

(二)关于破产取回权的性质

《企业破产法》第30条规定，破产程序终结前破产企业取得的财产，均为破产企业的财产。该规定只界定了属于破产企业财产的时间范围，对于财产归属的形式要件和实质要件，则要依据民商法等一般法中的相关规定。取回权所关注的焦点，恰恰是权利的归属而非权利的实现或请求的对象问题。② 由于《企业破产法》并不调整财产的归属，因此当面对破产取回权中的财产归属问题时，人们就会聚焦破产取回权的性质，通过追溯取回权的本源以寻得解决实际问题的路径。无论是“私权说”“异议权说”，还

① 参见张钦昱：《破产法新视阈——破产法与相关部门法的共生与融合》，法律出版社2021年版，第88页。

② 许德风：《论债权的破产取回》，载《法学》2012年第6期。

是“二元说”，对于破产取回权实践都产生了一定的影响。

关于财产权利的归属，《民法典》规定了不动产物权登记公示、动产物权以交付为生效要件、船舶、航空器、机动车等特殊动产物权以登记作为对抗要件等基本原则，这些原则对确定财产权利的归属起到了定分止争的作用。但是，社会生活千变万化，很多情况往往处于模糊地带或者需要特别调整，法律具有稳定性不可能为个别社会关系朝令夕改，由此，作为确定财产权利归属最后一道屏障的强制执行法提供了有益补充。2015 年 5 月 5 日施行的《最高人民法院关于人民法院办理执行异议和复议案件若干问题的规定》(以下简称《执行异议规定》)赋予了案外人基于实体权利对执行标的提出排除执行异议的权利，其中对于破产取回权影响最大的是第 29 条房屋消费者的物权期待权。根据该条规定，对登记在被执行的房地产开发企业名下的商品房，符合查封前签订了有效书面买卖合同、用于居住且买受人名下无其他住房、已付价款超过总价款百分之五十等三个条件的，能够排除执行。虽然《执行异议规定》仅是执行中的一般司法解释，但其第 29 条的规定，破解了长期以来全国房地产企业破产案件中不计其数的购房户房屋产权归属的难题，平衡了生存权与财产权之争，维护了和谐稳定的社会关系，其作用不亚于《民法典》中的财产权属规定。另外，对于《执行异议规定》第 25 条案外人异议审查标准、第 26 条依据另案生效法律文书对执行标的提出异议的审查标准、第 28 条无过错买受人物权期待权都可作为破产取回权认定财产权利归属的借鉴和参照，以解决破产取回权面对的千姿百态的财产权利界定问题。

(三)小结

破产法是市场经济的宪法，肩负着挽救危困企业的重任并扼守着市场退出的出口，当平等协商、诉讼、强制执行均无法有效处理债权债务关系时，所有的矛盾和纠纷均汇集于破产程序。破产程序中涉及的事务与民商法、经济法、行政法、诉讼法、刑法、国际法等多个部门法有关，但是如果将破产法归类于公法或私法，或将破产法归属于某一部门法，可能无法为解决破产程序中集复杂性、交叉性、集合性、动态性为一体的各种社会关系提供系统科学的理论指引，通过破产取回权所遇到的问题可见一斑。近年来，在传统的公私法分野及其衍生的部门法划分理论的基础上，理论界提出了“领域法学”的概念。有学者指出，鉴于部门法划分的弊端，以调整对象和调整方法为标准划分部门法的传统分类研究正逐渐走向式微，面向现实世界、以“问题”和“领域”为定位的研究方式正在兴起，“以问题为中心，旨在汇集多种法律手段、综合地解决复杂社会条件下产生的社会问题”的“领域法学”已经形成。① “领域法学”观点的提出，对于认识《企业破产法性》质提供了一个全新的思路。

理论来自实践并指导实践，当立法中没有明确的条文可以适用时，实践中就会遵循法学理论提供的观念去探寻解决实践问题的方法，法理观点或多或少影响着司法实践中具体事务的处理。无论是“私权说”还是“异议权说”都为破产取回权法律关系中确定财产权利的归属提供了指引，这种指引应当是一种互相补充而不是互相割裂、互相独立。基于《企业破产法性》特殊的调整领域，破产取回权的性质应是两种观点的融合。

三、破产取回权客体的立法与实践偏差探析

(一)民法典的财产规定

2021 年 1 月 1 日施行的《民法典》第 113 条规定“民事主体的财产权利受法律平等保护”。财产是法律保障的主体生存和发展需要的物质资料总和或经济利益，有广义和狭义之分。本条所规定的财产权利应当从广义上理解，是指权利标的具有财产上的价值的权利，包括物权、债权、知识产权、继承权、股权及其他投资性权利等，以上述权利为内容的民事法律关系为财产权关系。②

对于具体的财产权利类型，《民法典》第 114 条至第 125 条分别对物权、债权、知识产权、股权和其他投资性权利一般内容作了规定。另外，《民法典》第 126 条对其他民事权利和利益作了兜底性规定，第 127 条是关于数据、网络虚拟财产保护的引致性规定。③

---

① 转引自徐阳光、范志勇、徐战成：《破产法与税法的理念融合及制度衔接》，法律出版社 2021 年版，第 6 页。

② 最高人民法院民法典贯彻实施工作领导小组主编：《中华人民共和国民法典总则编理解与适用(下)》，人民法院出版社 2020 年版，第 568~569 页。

③ 《民法典》第 127 条规定：“法律对数据、网络虚拟财产的保护有规定的，依照其规定。”该条被认为是具有时代性意义的规定。

随着社会经济与科技的发展，诸多新型财产权会不断涌现，如商业信誉、商业秘密、经营利益、特许权、信托权、信息网络传播控制权、域名专用权、数据库专用权、个人资料控制权等。《民法典》规定的财产权利是一个开放的体系，除传统上的物权、债权、知识产权、继承权、股权及其他投资性权利外，还包括一定经济价值的权利和利益，如数据、网络虚拟财产等均纳入财产权的范畴。另外，第 126 条的概括性规定，极大地扩张了民事主体的权利范围，也为未来出现的财产权利预留了空间。

对于财产权利被他人占有的，《民法典》也规定了权利人返还请求权或取回权。《民法典》第 235 条规定："无权占有不动产或者动产的，权利人可以请求返还原物。"第 460 条规定："不动产或者动产被占有人占有的，权利人可以请求返还原物及其孳息；但是，应当支付善意占有人因维护该不动产或者动产支出的必要费用。"破产取回权的对待给付义务与《民法典》第 460 条中善意占有人享有必要费用返还请求权的规定类似。另外，《民法典》第 461 条规定了代偿性取回权，第 642 条规定了所有权保留买卖中的取回权，第 733 条规定了租赁物返还请求权。

(二)《企业破产法》中的财产规定

财产是破产清理事务的核心，是对债权人进行清偿分配的物质基础，《企业破产法》规定管理人的职责中包括接管破产企业的财产、调查财产状况并制作财产状况调查报告、管理和处分破产企业的财产；第四章专章规定了与"债务人财产"有关的财产范围，偏颇性清偿、个别清偿的撤销和追回，取回权，撤销权等；对于财产的管理方案、破产财产变价、分配方案的审议和表决，《企业破产法》还规定了相应的程序规则。在《企业破产法》全部 136 条条文中，涉及"财产"的表述有 110 处，条文 54 条，可见"财产"在破产法中的重要性。

《破产法司法解释二》是专门针对认定破产企业财产法律问题所作的解释。其中第 1 条规定，破产企业财产的具体表现形态不仅包括货币、实物，还包括可以用货币估价并可以依法转让的债权、股权、知识产权、用益物权等财产和财产权益。第 2 条界定了不属于破产企业财产的范围，即破产企业基于仓储、保管、承揽、代销、借用、寄存、租赁等合同或者其他法律关系占有、使用的他人财产，所有权保留买卖中未取得所有权的财产，所有权专属于国家且不得转让的财产，其他依照法律、行政法规不属于破产企业的财产，上述财产不应认定为破产企业财产。

管理人接管后管理占有的财产包括破产企业的财产和非破产企业的财产，属于非破产企业的财产，权利人当然有权予以取回。对于《破产法司法解释二》第2条规定的不属于破产企业的财产，均应属权利人有权取回的范围，会产生取回权的基础法律关系。第2条除采取了列举式外，最后一项为概括式的兜底条款，即“依照法律、行政法规不属于破产企业的财产”，这为取回权的行使预留了很大的立法空间。破产企业的财产和非破产企业的财产是非此即彼的关系，因此，两者在形态上应当保持一致，即非破产企业的财产也包括货币、实物、债权、股权、知识产权、用益物权等类型，对于非破产企业财产享有的取回权对象也应表现为上述财产形态。

(三)破产取回权客体的规定及司法实践认定

在《企业破产法》及《破产法司法解释二》中涉及破产取回权的规定共有十五条，除一般性规定、程序性规定外，能够体现破产取回权客体即财产的实体性规定有四条，分别是：《企业破产法》第39条、《破产法司法解释二》第39条规定的“出卖人在途标的物取回权”，《破产法司法解释二》第32条规定的“代偿性取回权”、第37条和第38条规定的“所有权保留买卖合同买受人的取回权”。从上述规定可以看出，现有立法中破产取回权的客体均与物有关，物以外的其他财产类型难觅踪迹。

在司法实践中，取回权以物权为基础权利仍是目前的主要观点。在“中国裁判文书网”中首先选定案由为“一般取回权纠纷”，检索到文书841篇；以“所有权”为关键词再次进行搜索，检索到文书353篇；如以“物权”为关键词进行搜索，检索到文书231篇。其中(2020)浙10民终22号案中，法院认为：“一般取回权的基础来源于民法规定的物上请求权，其发生的依据只能是物权关系，而非债权关系，因此对物享有所有权是权利人行使取回权的前提。”(2020)鲁民终2063号案中，法院认为：“权利人能够行使一般取回权应基于一定的基础权利，该基础权利主要是物权，尤其是所有权。”(2019)最高法民申2639号案中，法院认为：“破产取回权是物的返还请求权在破产法上的适用，其权利基础主要是所有权以及其他权利。”这些观点较具有代表性。根据2007年全国法院证券公司破产案件审理工作座谈会精神，对于独立封闭证券账户和资金账户内运作的委托资产，委托人可以行使取回权，亦有相应的案例。在破产取回权案例中，具有突破性的是(2020)苏0684民初758号案，该案确认了对于承包人破产后发包人支付的工程款，实际施工人享有取回权。

（四）小结

《民法典》之与《企业破产法》是新的一般法与旧的特别法的关系，除了新类型的数据、网络虚拟财产外，①《企业破产法》规定的财产类型与《民法典》规定的财产权利类型基本一致，均包括物权、债权、知识产权、股权和其他投资性权利。破产取回权作为《企业破产法》的一部分，由于其法律条文规定过于原则，没有完整的阐述和表达财产权利的类型，使其在实践中对取回权客体的认知被大大限缩，直观的认识和理解只有与物有关的权利才能被取回。“春江水暖鸭先知”，从事破产实务的法官和管理人最早触及因破产取回权客体限缩无法解决权利人财产权归属的问题。2021年10月在浙江诸暨召开的“中国破产法论坛——建筑企业重整法律问题专题研讨会”上，就有法官和管理人提出了在承包人破产时，实际施工人建设工程价款债权的取回问题，并介绍将相关权利回归破产取回权本源后取得了良好实践效果。此外，对于未来可能大量出现的数据这种财产权利，有学者撰文提出：“在立法论上，可以考虑在《破产法》第38条中增加第2款‘债权人基于法律规定或根据合同主张数据取回的，适用前款规则’。”②

法律具有滞后性，当新的社会关系出现需要从立法层面予以调整时，原有法律应进行补充修改，否则就不能正常实现法律指引、评价、预测等功能，进而造成现实社会生活的紊乱。《企业破产法》施行至今已超过十四年，《破产法司法解释二》施行也已超过八年，其间适逢我国经济迅速发展、供给侧改革不断深入，但涌现的新型财产权利却迟迟未被纳入破产取回权的调整范围。十三届全国人大常委会第七十八次委员长会议已将修改《企业破产法》纳入2021年度立法工作计划，破产取回权理论、法律规定与实践存在的偏差应当引起业界的关注，应当对破产取回权理论及立法中涉及的问题进行补充、调整和完善。

① 对数据、网络虚拟财产的权利保护是在2017年10月1日施行的《民法总则》第127条中首次规定。

② 余佳楠：《企业破产中的数据取回》，载《法律科学》2021年第5期。

四、补正建议

（一）破产取回权分类的补充

依照成立的根据不同，破产取回权通常分为一般取回权和特别取回权。一般取回权，也称典型取回权，其基于民法上物的返还请求权而产生。特别取回权，也称特殊取回权或者特种取回权，是依据《企业破产法》或者商事法的专门规定而产生。特别取回权包括代偿性取回权、出卖人取回权和行纪人取回权三种。①

根据《民法典》不动产登记、动产占有等确定财产权利归属的基本原则，破产企业基于仓储、保管、承揽、代销、借用、寄存、租赁等合同占用的他人财产以及所有权保留买卖中破产企业未取得所有权的财产，财产权利人均有权取回。根据《执行异议规定》，对于消费者购房户、无过错房屋买受人等案外人依法排除执行的财产，权利人亦有权予以取回。另外，《企业破产法》《民法典》还规定了出卖人取回权、代偿性取回权、行纪人取回权。上述取回权的行使均有明确的法律依据，是典型破产取回权。由于法律、司法解释不可能穷尽所有存在取回权的情形，对于法律、司法解释没有提及的情形，需要法官、管理人根据法律关于取回权的原则规定，确定权利人是否享有取回权，这种取回权属于非典型取回权。因此，在破产取回权分类中，应根据取回权权利基础是否有明确的法律规定，分为典型取回权和非典型取回权，此种分类的意义在于实践中能够按图索骥，快速锁定典型取回权的法律依据从而解决问题。而对于非典型取回权则应在进一步研究论证及经过司法实践检验后，根据社会关系调整的必要性，将其中具有代表性的部分以立法方式纳入典型取回权的范围。此外，根据典型取回权所依据的法律的性质不同，还可以分为实体法上的典型取回权和程序法上的典型取回权。

（二）取回权客体的补正

民事主体的权利分为人身权和财产权。财产权有财产价值，可以用货

① 韩长印主编：《破产法教程》，高等教育出版社2020年版，第156页。

币衡量；财产权一般可以转让、继承、依法可以抛弃。[①] 1987 年 1 月 1 日起施行的《民法通则》(现已失效)第五章民事权利的前三节分别规定了财产所有权和与财产所有权有关的财产权、债权和知识产权三种财产类型，2017 年 10 月 1 日起施行的《民法总则》规定了物权、债权、知识产权、股权和其他投资性权利、数据、网络虚拟财产等财产类型，并对其他财产权利做了概括性规定。《民法典》沿袭了这一做法。《企业破产法》恰好处于两部民法基本法出台之间，因此，破产取回权客体涉及的财产类型与实践存在偏差有客观历史原因。

《民法典》中使用的“财产权利”这一概念更加周严和科学，不仅包括物这一实体性财产，还包括债权、知识产权特别是数据、网络虚拟财产等新型财产性权利。“财产权利”概念的使用，较易使人们跳出“财产即物”的认识窠臼。财产权概念经历了一个从实体财产(物)到无形财产，从关注权利客体到关注权利内容的过程。在这一过程中，人们对财产权的认识逐渐挣脱其存在形式的限制，开始重视其本质，即对于主体而言所具有的经济价值。[②] 因此，破产取回权的客体应遵循《民法典》之立法术语，采用“财产权利”这一概念。

除了物权、债权、知识产权等传统财产外，有学者从财产的客体性角度出发，将现代社会的“新财产”分为信息财产、金融财产、人格财产，[③] 这种分类有助于实践中认识和界定新的取回权客体。如网络、数据、遗传信息等属于信息财产，货币、证券、保理等属于金融财产，基于肖像、名誉、荣誉、商誉、信用而形成的“人格象征性财产”“商事人格化财产”属于人格财产。[④]

---

① 魏振瀛主编：《民法(第六版)》，北京大学出版社、高等教育出版社 2016 年版，第 36 页。

② 田土城、王康：《〈民法总则〉中财产权的体系化解释》，载《河北法学》2018 年第 12 期。

③ 参见吴汉东：《财产权的类型化、体系化与法典化——以〈民法典〉草案为研究对象》，载《现代法学》2017 年第 3 期。

④ 人格财产比较抽象，但确实存在于现实生活。如某协会颁发“重合同守信用企业”奖牌，协会能否取回；某名人原参观企业的照片，企业破产后，该名人能否取回。这些情形都涉及人格财产的取回问题。

（三）取回权行使要件的完善

破产取回权行使通常应符合以下要件：第一，取回权标的物或代偿物存在，当取回物不存在时，权利人可以请求折价或赔偿损失，其权利为债权请求权，应依法申报。① 第二，破产企业或管理人占有管理取回权标的物，如果标的物在破产申请受理前已经被违法转让给第三人，且该第三人已善意取得所有权，则原权利人不能再行使取回权，其因财产损失形成的债权只能作为普通债权清偿。② 第三，标的物能够与破产企业的财产权利相区分，即"特定化"。如果取回物与破产企业财产发生了混同，不仅取回权的基础不存在，而且与破产程序维护全体债权人共同利益的宗旨相冲突，此时权利人不能主张行使取回权，其可行使债权请求权，依法申报债权。③ 第四，破产企业取得占有标的物后才开始破产程序。④

上述要件均侧重于权利内容方面，实际上破产取回权的行使还包括义务内容，即取回权人的对待给付义务。《破产法司法解释二》第 28 条规定，取回权人未履行对待给付义务的，管理人可拒绝其取回财产，这构成了取回权行使的阻却条件。对待给付义务的权利基础可能是同时履行抗辩权，也可能是留置权。⑤ 对待给付义务不仅包括财产上的义务，还包括协助、配合等方面的行为义务，该义务维持了取回权人与破产企业之间的权利平衡。实践中，管理人面对取回权犹豫不决的原因往往在于，取回权的行使必然使管理人接管的财产减少，如处理失当管理人要对全体债权人承担赔偿责任。对待给付义务有助于全面正确审视破产取回权的内容，从权利义务两个方面判断取回权人与破产企业利益之所在。当取回权人同意并全部履行了对待给付义务，破产企业的利益得到维护，破产财团未受损

---

① 参见最高人民法院（2021）最高法民申 921 号民事裁定书。

② 参见最高人民法院（2021）最高法民再 56 号民事判决书。

③ 参见最高人民法院（2016）最高法民申 567 号民事裁定书、最高人民法院（2016）最高法民申 1209 号民事裁定书、最高人民法院（2021）最高法民再 56 号民事判决书。

④ 破产程序开始后，管理人接管了破产企业，如果在此期间占有管理了他人财产或造成他人财产毁损、灭失的，属于管理人的职务行为，作为共益债务处理。

⑤ 最高人民法院民事审判第二庭编著：《最高人民法院关于企业破产法司法解释理解与适用》，人民法院出版社 2017 年版，第 327 页。

失，债权人利益未受损害，在此情形下管理人返还取回物没有任何过错或失职；如果不返还，反而要对取回权人承担责任。因此，“权利人履行完毕对待给付义务”应属于取回权行使要件之一，在立法体例上，应从司法解释上升到法律层面。

（四）取回权纠纷案由的调整

2021 年 1 月 1 日施行的新修改《民事案件案由规定》第 296 个三级案由为“取回权纠纷”，下设的两个四级案由分别为“一般取回权纠纷”和“出卖人取回权纠纷”。上述两个案由直接援引自《企业破产法》第 38 条的“一般取回权”、第 39 条的“出卖人取回权”。登录“中国裁判文书网”，在案由搜索项中选定“一般取回权纠纷”，搜索到裁判文书 841 篇；选定“出卖人取回权纠纷”，搜索到裁判文书 7 篇，其中还包括一篇执行而非破产程序中的法律文书。民事案由设定是为方便当事人诉讼、统一法律适用标准、对案件进行分类管理和进行司法统计，但破产取回权案由的设定显然没有达到预期，一些本属取回权的纠纷被错误地划定为其他案由。①

民事案件案由主要由民事法律关系的性质确定，少部分依据请求权、形成权或者确认之诉、形成之诉等标准确定，少部分案由也包含了争议焦点、标的物、侵权方式等要素。根据民事案件案由的确定原则，结合破产取回权的特点，对于“取回权纠纷”下的四级案由可考虑以下两种方式设定：第一，按标的物类型，设“物上取回权纠纷”“其他财产权利取回权纠纷”两个四级案由；第二，按是否有明确的法律依据，设“典型取回权纠纷”“非典型取回权纠纷”两个四级案由，或进一步设为“实体法上的取回权纠纷”“程序法上的取回权纠纷”“非典型取回权纠纷”三个四级案由。

结　语

瞿同祖在《中国法律与中国社会》导言中曾说：“社会现实与法律条文

---

① 如(2016)最高法民申 1209 号案原审案由为“保管合同纠纷”，(2020)最高法民申 1244 号案原审为“破产债权确认纠纷”。

之间，往往存在着一定的差距。如果只注重条文，而不注意实施情况，只能说是条文的、形式的、表面的研究，而不是活动的、功能的研究。我们应该知道法律在社会上的实施情况，是否有效，推进的程度如何，对人民的生活有什么影响等等。”随着我国社会全面、持续、快速发展，社会经济生活的面貌在短期内发生着显著变化，已经从传统民事社会向现代商业社会蜕变。作为市场经济宪法的破产法，也应迅速适应这种变化，对于司法实践、现实生活中反映的普遍性问题，通过立法修改完善予以有效解决，确保包括取回权在内的各项机制能够在排解实践难题、调整法律关系、化解社会矛盾等方面发挥应有的作用，从而使我国的破产法真正成为一部符合时代发展要求的现代化的破产法典。

论虚拟财产纳入破产财产的相关问题及制度构建

叶　鑫*

内容提要：虚拟财产是互联网时代的标志性产物，其无时无刻不影响着我们生活的层层面面。自虚拟财产第一案“李某某诉北极冰科技发展有限公司娱乐服务纠纷案”以来，关于虚拟财产的探讨在理论界与实务界均属于热门话题。目前学界对虚拟财产的讨论多集中于其法律属性定位、民法保护路径以及刑法保护路径等，尚未论及其在破产程序中所扮演的角色。本文将尝试从破产法的角度探讨虚拟财产纳入破产财产的可行性，虚拟财产在破产程序中可能面临的问题及相关配套制度构建。

一、引言

我国自1989年建设互联网，步入互联网时代已有三十余年，当前互联网正以改变一切的力量，发起了一场影响人们生活方方面面的深刻变革。在这个时代，诞生了一系列的互联网产物，而虚拟财产便是其中耀眼的新星之一，其已成为我们日常生活不可分割的一部分。目前学界对虚拟财产的研究主要集中于其法律属性定位、民法保护路径以及刑法保护路径等，在此基础上逐渐延伸到虚拟财产能否适用继承法相关规定等问题研究。随着《深圳个人破产条例》的试点工作开展以及全国人大将《企业破产法》的修订纳入2021年度立法工作计划，本文欲借机探讨将虚拟财产纳入破产财产的可行性，以及其可能在破产程序中面临的问题，并寻求构建虚

* 叶鑫，武汉大学法学院2020级民商法学硕士研究生。

拟财产纳入破产财产的相关配套制度。

学界当前关于虚拟财产的定义尚未形成统一的观点，主要有如下界定：数字化对象说①、无形物说②、信息资源说③、服务器的数字信息说④等。笔者认为虚拟财产是指存在于网络虚拟世界中但能够为人感知，以数字代码为本质的各类虚拟形象，因其可实现与现实世界的互动且能以现实货币估值，故称为虚拟财产。虚拟世界中的虚拟财产表现形式千变万化，且在技术升级促使产品生命周期不断缩短的背景之下，实难将虚拟财产做到实质上的彻底分类，但其又必须依赖某一网络平台而存在。故本文将其分为如下两类虚拟财产：第一类是登录权限类虚拟财产，比如 QQ 账号、网盘账号、微博账号、自媒体账号、电话号码、游戏账号等；第二类是登录权限账号内的虚拟财产，如 QQ 账号中的 Q 币、网盘账号中的文件、微博账号中的评论、自媒体账号中的文章、电话号码中的话费、游戏账号中的各类永久或限时道具等。

二、虚拟财产的法律属性之争

学界当前关于虚拟财产法律属性的争议较多。首先是关于虚拟财产是否具备财产价值，能否成为实体法上的财产。其次是在认可虚拟财产具有财产价值的前提之下，就其属于何种财产权利或财产利益之争，对此争议观点云集，产生了物权说、债权说、知识产权说、财产利益说、虚拟财产权说等众多学说。

(一)虚拟财产能否作为财产权的客体

否定说。持此观点的学者认为虚拟财产并非劳动所创造，不具有效

① 参见高德胜：《基于信息语境的信息法益的内涵与类型研究》，载《东北师大学报(哲学社会科学版)》2012 年第 6 期。

② 参见赵文胜等：《盗窃“流量包”等虚拟财产如何适用法律》，载《人民检察》2014 年第 4 期。

③ 参见林旭霞：《虚拟财产权性质论》，载《中国法学》2009 年第 1 期。

④ 参见赵秉志、阴建峰：《侵犯虚拟财产的刑法规制研究》，载《法律科学》2008 年第 4 期。

用、稀缺、流转等价值属性，不能在现实世界作为财产受到法律的保护；① 也有学者认为虚拟财产本质仅是“0”和“1”组成的数据，而数据的本质是不具有任何财产属性的操作权限，该操作权限源自服务合同，因而应当将其划分为非财产属性范畴；② 还有学者从马克思主义政治经济学的视角出发，认为虚拟财产的产生并不能给社会总财富带来增量效益，且不满足劳动需实现对客观世界的改造的条件，因而不能将其定义为财产。③

区分说。持此观点的学者认为可将虚拟财产是否与现实社会发生交易进行区分讨论。如果虚拟财产仅是以一段段电磁记录的形式存储于计算机系统之中，未与现实世界发生关联，则其无法实现真实的效用，因而不具有财产属性；但如果虚拟财产与现实社会发生交易，通过虚拟财产获取现实收益，那虚拟财产便具有了财产属性。④

肯定说。此说为学界通说，因为当前学界关于虚拟财产的法律属性的定位前提便是将其定义为财产权，在此前提下再讨论其是物权、债权、知识产权等财产权中的何种权利。

笔者的观点原则上与学界通说相同，但前提是对虚拟财产的定义采统一的观点，然事实上学界对此前提并未形成统一且正确的观点，因而在对虚拟财产的定义存在混淆的当下，“区分说”似乎更能立足。

首先，“否定说”在数字经济时代完全无法立足，虚拟世界也并非完全与现实世界相隔离。2021 年“元宇宙”（metaverse）概念的崛起，⑤ 意味

① 参见侯国云、么惠君：《虚拟财产的性质与法律规制》，载《中国刑事法杂志》2012 年第 4 期。

② 参见刘清生、郑海蓉：《论虚拟财产的非财产属性》，载《华南理工大学学报（社会科学版）》2020 年第 1 期。

③ 参见万海峰、郑艺：《网络虚拟财产属性分析》，载《商业时代》2009 年第 20 期；张新悦：《虚拟财产的价值属性及法律保护研究》，载《西部学刊》2021 年第 15 期。

④ 参见李佩遥：《侵犯虚拟财产行为之定性研究——以 73 份判决书为样本的分析》，载《大连理工大学学报（社会科学版）》2020 年第 4 期。

⑤ 元宇宙建立在 Web3.0 之上，是“穿越式”和“分布式”的互联网。在这样的互联网中，不仅可以输出文字、图片、2D 视频，还能通过沉浸式影像，完成“面对面”互动体验，也就是在新的互联网里再造一个“真实”的“虚拟世界”。目前国外有 Facebook、微软、谷歌、HTC 等科技大厂在这个赛道高速发展，国内则有诸如腾讯、网易、字节跳动等大厂纷纷参与这场技术制高点的争夺战。另 Facebook 已于 2021 年 10 月 28 日宣布，将把公司名更改为“Meta”，表明其押注元宇宙的战略。

着虚拟世界即将进入全新阶段，在全新的虚拟世界中，医生可以不断积累手术经验、运动员可以用全新的方式去备赛、学生可以在沉浸式环境中学习……虚拟世界正用自己的方式去创造社会价值，改造我们的客观世界。其次，“肯定说”似存在滥用“虚拟财产”这一概念，其试图将虚拟世界中的一切事物都划分为虚拟财产。

虚拟财产可从两个角度理解：第一个角度是站在虚拟世界的角度，即虚拟财产是存在于虚拟世界中的财产，是现实财产在虚拟世界的映射，如货币映射成为Q币、点券等；第二个角度则是从现实世界的角度出发，虚拟物品因具备现实社会中的价值，故被称为虚拟财产。现实中的财产应具如下两重属性：一为权利意义上的财产，即能够代表一定主体的权利；二为客体意义上的财产，即民事权利所指向的对象，具有价值性、稀缺性、排他性的特征。① 然非所有的虚拟物都符合以上两重属性，如一个被封的平台账号、一个随时可申请的平台账号等。故宜采第二种角度认定虚拟财产，即虚拟物品必须经受现实世界的价值评判方可成为虚拟财产。实务中也以第二种角度的裁判更为合理，如在“戚某某、陈某某买卖合同纠纷”一案中，法院便认为虚拟财产是存在于网络游戏空间的财物，可在一定条件下转换为现实中的财产。② 然现有的研究似乎已将所有的虚拟物品都认定为虚拟财产，直接忽视价值评判过程，因而在学界未对虚拟财产的定义做出更正之前，“区分说”因采现实价值评判进行区分而更具有说服力。笔者接下来的论述也将建立在区分说的基础之上。

(二)虚拟财产所生利益之法律属性

首先需指出的是，部分学者未明确区分虚拟财产本身、虚拟财产所生利益、建构虚拟财产的代码数据三者之间的关系，认为虚拟财产本身并非法律的规制对象，其所生利益才是民法调整的对象。③ 关于虚拟财

---

① 参见林旭霞：《虚拟财产解析——以虚拟有形财产为主要研究对象》，载《东南学术》2006年第6期。

② 参见河南省许昌市中级人民法院(2021)豫10民终1284号民事判决书。

③ 参见欧阳本祺：《论虚拟财产的刑法保护》，载《政治与法律》2019年第9期。

产所生利益的法律属性之争，学界观点可谓是呈百花争艳之状，主要观点有物权说①、债权说②、区分说③、智力成果说④、知识产权说⑤、财产利益说⑥、虚拟财产权说⑦、综合权利束说⑧等。学者们主要采取的论证思路有：①严格固守物债二分格局，选择物权或者债权之一进行论证或反驳，或将其视为包含物权与债权的综合权利；②回避或突破物债二分格局，将其界定为利益或创设新型权利；③从具体的规则适用层面出发，确定其适用的规则等。

本文认为不宜轻易突破现有的物债二分体系，尤其是在《民法典》实行时间尚短的当下，这极易对现有法律体系造成冲击，应首先力求在现有

① 参见杨立新、王中合：《论虚拟财产的物权属性及其基本规则》，载《国家检察官学院学报》2004年第6期；林旭霞：《虚拟财产权性质论》，载《中国法学》2009年第1期；沈健州：《从概念到规则：虚拟财产权利的解释选择》，载《现代法学》2018年第6期；许可：《物债二分下的网络虚拟财产权——一个法律经济学的视角》，载《人大法律评论》2017年第1期；杨立新：《民法总则规定网络虚拟财产的含义及重要价值》，载《东方法学》2017年第3期。

② 参见陈旭琴、戈壁泉：《论网络虚拟财产的法律属性》，载《浙江学刊》2004年第5期；李威：《论网络虚拟货币的财产属性》，载《河北法学》2015年第8期；刘明：《网络虚拟财产权权利客体研究》，载《社会科学研究》2015年第2期；黄娅琴、邓晓华：《网络游戏中虚拟财产的法律性质研究》，载《江西社会科学》2008年第7期。

③ 参见王竹：《〈物权法〉视野下的虚拟财产二分法及其法律规则》，载《福建师范大学学报(哲学社会科学版)》2008年第5期。

④ 参见王克先：《论虚拟财产与交易》，载《法治研究》2008年第2期。

⑤ 参见邓社民、李炳录、韩金山：《再论虚拟财产的法律性质——以玩家对网络游戏装备享有的权利性质为视角》，载《新疆大学学报(哲学·人文社会科学版)》2019年第5期。

⑥ 参见高郦梅：《网络虚拟财产保护的解释路径》，载《清华法学》2021年第3期。

⑦ 参见孙山：《网络虚拟财产权保护中的请求权配置》，载《河南社会科学》2019年第3期；黄笛：《物债二分体系下网络虚拟财产权的再审视》，载《社会科学家》2015年第4期；孙山：《三方法律关系视野下网络虚拟财产权的性质及其归属》，载《苏州大学学报(法学版)》2019年第2期。王雷：《网络虚拟财产权债权说之坚持——兼论网络虚拟财产在我国民法典中的体系位置》，载《江汉论坛》2017年第1期。

⑧ 参见刘俊海：《网络虚拟财产的权利属性及继承》，载《人民司法(应用)》2020年第4期；瞿灵敏：《虚拟财产的概念共识与法律属性——兼论〈民法总则〉第127条的理解与适用》，载《东方法学》2017年第6期。

体系下寻求最优解。然物权说和债权说都尚存不足，笔者更加赞同从复合权利说或规则适用的角度出发，认为虚拟财产所生利益绝非单一权利如此简单，其包含了债权、物权、知识产权以及其他财产权利。平台登录权限类虚拟财产所生利益系产生于网络服务协议，实质为持有人要求服务商提供相应服务的权利凭证，因而宜认定为债权；而对于登录权限内的虚拟财产所生利益，如果该虚拟财产兼具使用价值与交换价值，宜认定为物权，理由是从规则适用层面看，适用物权规则也更能实现对此类虚拟财产的加强保护。①

当平台登录权限内的虚拟财产不能单独流转，只能跟随平台登录权限类虚拟财产共同移转时，即债权类虚拟财产和物权类虚拟财产的流转无法分离，此时如何判定其流转规则。此处可借鉴《民法典》第 322 条有关添附取得物归属的规定。② 首先判定双方当事人流转行为的真实意思表示，是以流转登录权限类虚拟财产为主还是以流转登录权限内的虚拟财产为主；如果无法探明其真实流转意思，则依据两者的价值高低、虚拟财产的效用发挥等因素确定，原则上价高者吸纳价低者，适用价高者的相关流转规则。值得注意的是，并非物权类虚拟财产的价值恒大于债权类虚拟财产的价值，如陕西省司法拍卖平台上一名失信人的尾号为“88888”的手机号被拍卖出 16.76 万元的价格、山东聊城一尾号为“99999”的手机号被拍出 48 万余元的高价。因而在实务中应充分探明可能影响两者价值的因素，选择合理的方式判定其价值，选择最为适宜的流转规则。

三、虚拟财产在破产程序中的相关问题

（一）虚拟财产能否成为破产财产

《企业破产法》第 107 条规定，债务人被宣告破产后，债务人财产称

① 参见沈健州：《从概念到规则：网络虚拟财产权利的解释选择》，载《现代法学》2018 年第 6 期。

② 《民法典》第 322 条规定：“因加工、附合、混合而产生的物的归属，有约定的，按照约定；没有约定或者约定不明确的，依照法律规定；法律没有规定的，按照充分发挥物的效用以及保护无过错当事人的原则确定。因一方当事人的过错或者确定物的归属造成另一方当事人损害的，应当给予赔偿或者补偿。”

为破产财产。《破产法司法解释二》对破产财产的种类作出了原则性规定。从传统视角看，破产财产的种类无需单独讨论，其与任何市场主体所有的财产种类并无差异，但随着人类社会正步入数字经济时代，新型的财产形态开始不断出现，我们需直面其在破产财产之下的具体定位问题。[①] 而《破产法司法解释二》第 1 条实际上便隐含了一般财产或财产权益成为破产财产的两项条件，首先是“可以用货币估价”即“可估值性”，其次是“可以依法转让”即“可转让性”。[②] 但虚拟财产要成为破产财产，需先设定一轮价值评判，测试其是否属于法律上的财产或财产权益，这就需根据前文所设定的标准判断，如果其无法兼备权利意义上和客体意义上的属性，则首先无法在现实世界将其视为财产，更遑论将其认定为破产财产。在价值测试的过程中，即可完成“可估值性”的确定，而就“可转让性”而言，理论上虚拟财产的转让可以通过修改代码达成，无障碍可言，但过程中涉及持有者与运营商签订的契约限制、个人信息保护及隐私权保护等问题。

(二)“禁止让与条款”是否构成阻碍

以知名平台腾讯和抖音为例，前者在其服务协议中规定“号码的所有权属于腾讯，号码使用权仅属于初始申请注册人。未经腾讯许可，初始申请注册人不得赠与、借用、租用、转让或售卖号码或者以其他方式许可非初始申请注册人使用号码”；后者则规定“抖音中注册账号仅限本人使用，未经公司书面同意，禁止以任何形式赠与、借用、出租、转让、售卖或者以其他方式许可他人使用该账号”。

首先暂抛开该类条款效力来看。破产程序绝非简单的民事主体之间的债权债务清偿程序，因涉及企业职工的安置、经济秩序稳定、社会维稳等问题，必然会有公权力的介入，管理人实际上便是在债权人会议及债权人委员会的监督下行使权利，也是在以法院及政府为代表的公权力机构的监督下确保破产案件的顺利完结，在不影响社会稳定的前提下将破产企业从

---

① 参见张嘉彦：《大数据时代数据资产进入破产财产的思考——可能性、利益衡量与制度构想》，载《上海法学研究》(集刊)2021 年第 9 卷。

② 《企业破产法司法解释(二)》第 1 条规定：“除债务人所有的货币、实物外，债务人依法享有的可以用货币估价并可以依法转让的债权、股权、知识产权、用益物权等财产和财产权益。人民法院均应认定为债务人财产。”

市场清退。因而在破产程序中，基于利益均衡的视角，此时平台的利益应向债权人利益及其背后的社会利益作出让步，以使社会处于最佳的稳定和谐状态，使得各类社会矛盾能够得到相对公正合理的解决。故无论平台是否许可，虚拟财产都可纳入破产财产并进行变价清偿债务，相关平台应当积极配合，落实其对社会稳定应负之责任。

其次就该类条款的适用而言。根据《民法典》第545条有关禁止债权让与的规定，当事人约定不得转让的债权，债权人不得全部或部分转让该债权，但同时规定当事人约定非金钱债权不得转让的，不得对抗善意第三人。该条款系约束债权在民事主体之间的正常流通，且其转让不得对抗善意第三人，善意的反面便是恶意，在虚拟财产变价过程中的第三人绝非恶意，系通过正规的途径参与破产财产的竞买，因而可将其认定为善意第三人，“禁止让与条款”不得对抗破产财产变价程序中的第三人。

最后就该类条款的效力而言。根据《民法典》第496条和第497条有关格式条款的规定，格式条款的提供方应尽提示或说明义务，否则对方可以主张该条款不成为合同的内容，以及排除对方主要权利的格式条款无效。有学者认为“禁止让与条款”属排除网络用户的主要权利的情形，应认定为无效；① 也有学者认为该格式条款系双方合意之结果，不仅具有合法性还兼具现实合理性，能够实现对平台的有序管理。② 本文认为，“禁止让与条款”的效力不能一概而论，应站在利益均衡的视角进行看待，结合其能否有利于实现平台的有序管理且对社会稳定起到相关作用、其是否仅是出于商业利益贪婪、持有者对虚拟财产转让所能获取的利益等因素，再判定该条款的合理性及合法性。如关于禁止或限制淘宝店铺转让的条款效力，在浙江淘宝网络有限公司诉李某买卖合同纠纷一案中，法院就明确指出，在缺乏必要且有效的公示手段的情形下，如果允许店主私自转让店铺，会导致经营能力及信誉与信用等级不匹配的之状况，对网络交易之安全带来不可知、不可控的影响。③

---

① 参见林旭霞、蔡健晖：《网上商店的物权客体属性及物权规则研究》，载《法律科学》2016年第3期。

② 参见姚辉、焦清扬：《民法视角下网络店铺移转的现象反思》，载《法律适用》2017年第1期。

③ 参见上海市第一中级人民法院(2015)沪一中民一(民)终字第4045号民事判决书。

故“禁止让与条款”并非当然有效，破产财产变价程序中的第三人应认定为“善意第三人”，最后网络服务商应主动承担其社会责任，在破产程序中主动让渡利益。

（三）隐私权或个人信息的保护是否构成阻碍

当前国家正加大对游戏等互联网产业的管控，如游戏玩家必须完成实名认证才可进入游戏。各类 App 的注册者，至少需提供与自己绑定的手机号，可能还需要提供一系列个人信息。除了个人信息之外，虚拟财产可能还会涉及隐私权，如个人将其感情记录保存于 QQ 日记中或将照片影像保存在网盘当中。《民法典》将人格权独立成编，并将隐私权和个人信息用一章予以规定，已生效的《个人信息保护法》更是将对个人信息的保护提升到一个全新的高度。因而在破产程序中认定破产财产时，尤其是个人破产程序中，不可一味追求破产财产价值的最大化，也应考虑相应的人格权保护，使诚实但不幸的人能够得到最切实的尊重。

首先隐私权或个人信息的保护必然会影响破产财产的认定。域外立法对该问题已有考虑，如《美国破产法典》第 332 条、第 363 条的消费者隐私保护条款，其着眼的便是债务人手中的客户名单以及其掌握的客户消费偏好与个人性格信息，如果直接将其归入破产财团是否引发隐私保护的问题。① 但值得注意的是，隐私权或个人信息的保护对于虚拟财产是否构成破产财产绝非完全阻碍，在认定过程中尚需考虑以下因素：①破产人的同意，在管理人告知其有关隐私权和个人信息的保护规定之后，其仍表示同意将该财产划入破产财产，则不构成障碍；②虚拟财产的价值，如果虚拟财产的市场价值较低，相对于原有的破产财产或破产债务的价值而言是微乎其微，则无需将该虚拟财产纳入；③相关个人信息虚拟财产能否进行更改，如果虚拟财产相关的个人信息能够进行更改而非终生绑定，则破产人自行完成个人信息更改或管理人在其监督下完成更改，确保虚拟财产之上的个人信息未在破产程序中泄露；④相关隐私能否进行转移或消除，虚拟财产在此处一般扮演的是私密信息载体的保管平台，如果破产人能够证明

---

① 参见[美]杰伊·劳伦斯·韦斯特布鲁克、[美]查尔斯·布斯、[德]克里斯托弗·保勒斯、[英]哈里·拉贾克：《商事破产——全球视野下的比较分析》，王之州译，中国政法大学出版社 2018 年版，第 56 页。

无法从该平台移转或删除该私密信息，则不应将该虚拟财产划入破产财产，反之则构成破产财产。

（四）虚拟财产能否适用破产取回规则

《企业破产法》和《深圳个人破产条例》均规定了有关取回权的规则。目前学界主流观点认为取回权的权源为一般民法意义上的请求返还原物的权利，即以所有权或其他物权为基础；① 也有学者主张债权也能作为取回权的权源。② 而司法实务中关于取回权的权源观点较为一致。笔者以“取回权”为关键词在聚法案例网进行检索，将关键词限定在“本院认为”部分，将审理法院限定为“最高人民法院”，共检索出案例 27 例，去除 6 例与破产程序无关，6 例未论及取回权的权源，10 例直接将取回权的权源界定为所有权及其他物权，5 例以当事人是否拥有所有权作为其能否行使取回权的前提条件。如最高院在“新华证券有限公司、东北证券股份有限公司等一般取回权纠纷案”等案中认为，取回权是破产法规定的一项权利，其基础是民法上的返还原物请求权，以取回权标的物仍客观存在为前提。③ 而在“湖南省嘉禾县南岭水泥有限公司、杭州新概念节能科技有限公司所有权确认纠纷案”等案中，最高院裁判都将当事人对财产是否享有所有权作为其能否行使取回权的前提条件。④

破产取回权的权源应当为物权，债权原则上不能作为破产取回权的适用对象。有学者从形成债权凭证的债权如票据或债券可以作为取回权的对象出发，因而认为基于债的归属性可成立债权破产取回。⑤ 这实际上是混淆了凭证的物权属性和其所代表的债权，此时破产取回权针对的是债券或

---

① 参见李永军：《论破产程序中的取回权》，载《比较法研究》1995 年第 2 期；郭毅敏：《破产重整：困境上市公司复兴新视野》，人民法院出版社 2010 年版，第 213 页。

② 参见王欣新：《破产法》，中国人民大学出版社 2011 年版，第 146 页；许德风：《论债权的破产取回》，载《法学》2012 年第 6 期。

③ 参见最高人民法院（2019）最高法民申 2639 号民事裁定书；（2019）最高法民申 4052 号民事裁定书；（2019）最高法民申 1087 号民事裁定书等。

④ 参见最高人民法院（2019）最高法民申 1529 号民事裁定书；（2019）最高法民申 2568 号民事裁定书等。

⑤ 参见许德风：《论债权的破产取回》，载《法学》2012 年第 6 期。

票据这一载体本身，而非其所代表的债权，因为权利凭证和其他物一样占据了一定空间，故其流通和保护采的物权法的规则。① 债权是债权人请求债务人为一定行为或不为一定行为的权利，因而债务人一般是相对明确的，债务人也知其应该履行的债务，如果债权人的债权流转至第三人且符合债权让与的规则，则无论该让与出于何种原因，对价如何，债权人就丧失该债权；如果不符合债权让与的规则，则原债权人仍可基于债权形成的基础关系请求债务人履行债务，如果债务人不适当地向第三人履行债务，其仍需向对债权人履行债务，之后再请求第三人返还不当得利，无取回权的适用余地。

虚拟财产能否适用破产取回权规则，就需回到上文中关于虚拟财产法律属性认定争议。虚拟财产应采综合权利束说，包括物权、债权、知识产权等，是由不同的权利主体的不同权利构成的权利束，但于具体规则适用层面应根据利益均衡选择最合适的规则。

账号权限类的虚拟财产应作为债权对待，其本质是基于与网络服务商签订服务协议请求服务商根据合同提供服务的权利，此类虚拟财产不适用取回权，原权利人可以向服务商证明其为权利人，请求服务商依据合同改向其履行权利，如依据密令更改账号密码、人工联系客户等。对于平台权限账号内的虚拟财产应作为物权对待，此类虚拟财产通常耗费了持有者的财富或时间精力，应当予以更强的保护。当出现登录权限类虚拟财产和登录权限内的虚拟财产无法分离，后者只能随着前者转移，此时需判定当事人流转的真实意思以及两者所代表的价值大小。如果明确流转系两者之一，且该虚拟财产的价值较大，则依其意思表示；如果其明确流转的意思表示，但是价值大小不符合常识判定，则不宜认可其意思表示，以防出现串通欺诈损害全体债权人的利益。当无法明确判定当事人的流转意思所指或意思内容违背价值判定，则应将两者进行价值比较，如果前者大于后者，则不适用取回权规则，以确保破产财产的价值最大化，由此形成的债权作为共益债务进行清偿；如果后者大于前者，则适用破产取回权规定，管理人应允许权利人支付前者价值相对应的价款取回虚拟财产。

---

① 参见黄娅琴、邓晓华：《网络游戏中虚拟财产的法律性质研究》，载《江西社会科学》2008 年第 7 期。

（五）虚拟财产能否适用破产抵销规则

《企业破产法》第40条和《深圳个人破产条例》第47条均规定破产抵销的相关规则。当网络服务商破产时，虚拟财产的持有者能否主张以其所持有的虚拟财产抵销其对网络服务商所负的债务，比如A与B服务商签订网络服务协议，但约定在A享受完服务或满足某条件或某时点再支付服务费用，但在A支付费用之前，B服务商破产。登录权限类虚拟财产系持有者基于其与网络服务提供者所签订的网络服务协议所享有的债权的表现形式，因而此时就存在该类虚拟财产是否适用破产抵销规则的疑问。

如果该平台权限类虚拟财产是持有者未付出任何代价或极小代价，仅是通过简单的注册就取得，比如QQ号或者微信号，即使该权限本身因在市场具有稀缺性而蕴含价值或其表征形式在市场上具有另类价值，但这种价值绝非服务商本身提供的服务的价值，基于公平原则，持有者不得向服务商主张债务抵销。

如果持有者已就该平台权限类虚拟财产付出一定对价，但未完全享受该对价对应的服务，如购买两年服务，但是在仅享受一年服务之时，该服务商破产。此时，持有者虽利益受损，但不可主张适用债务抵销规则，因为该债权的本质是要求服务商提供相应的服务，但基于服务合同的视角，服务商的行为属于债务不履行，且继续履行已客观不可能或不具有经济上的合理性，持有者无法请求其继续履行，虚拟财产因此消灭。① 因而其只能就该合同提起损害赔偿之诉，之后由判决书确认以金钱为内容的债权形成于破产申请受理之后，此时不能适用抵销规则，只可申报破产债权。

如果持有者所负债务为持有该虚拟财产本应支付的对价，此时如果要求持有者完全履行债务，必然会折损其利益，但此时亦无破产抵销规则的适用余地。如果管理人要求持有者履行债务，持有者完全可以基于网络服务合同系继续性合同，其尚未享受完全服务，故不应支付完全对价而提出抗辩，法官基于公平原则可让其仅支付相应的服务费用，这亦可达到破产抵销规则的效果，不会损及其他债权人的利益。

---

① 参见沈健州：《从概念到规则：网络虚拟财产权利的解释选择》，载《现代法学》2018年第6期。

（六）具有较强人身依附性的虚拟财产之处理进路

部分虚拟财产因持有者的长期经营管理，使该虚拟财产被深深烙上持有者的形象，且该形象对该虚拟财产的升值具有重要作用，比如B站的账号本身的价值不高，经过UP主的不断努力，该账号积累到十万粉丝或者百万粉丝，那该账号的价值不言而喻。有学者认为具有人身依附性的财产变现极难，其虽有较高的市场价值，但一般不宜纳入破产财产且无法拍卖变现，只能通过重整程序加以利用。① 这种观点无疑是对破产财产范围的限缩，对债权人利益的贬损，其也许适用于现实世界中的财产，但绝非可直接套在虚拟财产之上。虚拟财产的变现方式正如虚拟世界的开创性和多彩性更具新颖性，故具有较强人身依附性的虚拟财产可被划入破产财产，但其管理需构建全新的规则。

如果简单将该虚拟财产划入破产财产且立即由管理人接管，则该账号将处于长期的闲置状态，无法提升其价值甚至价值贬损。故对于此类虚拟财产，包括但不限于B站、抖音、虎牙直播账号等，应当在管理人的监督之下，继续由债务人进行管理。债务人管理能够使得该账号的价值升值，且通过部分流量变现，能够使得其破产财产价值最大化。对于该具有强烈人身依附性的虚拟财产是否进行拍卖或变卖变价，如果属于企业破产清算，其主体资格已消灭，以变价为首选；如果属于个人破产，个人形象过于强烈且主体资格仍延续，该个人在变价之后可凭自己在虚拟世界的影响另起炉灶，在短期时间内达到同样的流量级别，对虚拟财产的继受人不公，因而在考察期满之后，此类虚拟财产宜由破产个人继续持有，但是必须对该虚拟财产的价值进行评价，在其市场价值范围内，其仍需向债权人按比例清偿原有债务。

关于债权人或管理人能否要求破产个人变现其流量。在当今“流量为王”的世界，有相当一部分创业失败的人群涌入互联网行业，拥抱流量，毕竟流量在一定程度上代表了财富。正如北京互联网法院所指出的，流量因其客观、可量化的属性，正逐步成为衡量虚拟财产市场价值、市场影响

---

① 参见王玲芳、孙立尧：《破产程序中债务人财产处置面临的困境及应对建议》，载《人民法院报》2021年10月14日，第7版。

力乃至市场潜能等的重要因素，甚至其本身也可被视为一种虚拟财产。① 达到一定粉丝级别的主播、UP 主等可通过在作品中插入广告或带货快速实现流量变现，但如果非职业带货主播，此类操作通常会给个人形象造成一定负面影响，这可认为是自然人“名誉权保护”与“破产财产价值最大化”之间的博弈。笔者认为双方应各自让步，债务人允许部分流量变现以表自己真心偿债的态度；债权人认可不完全变现，以体现人与人之间的尊重。管理人在此扮演的角色应是促进双方协商，合理确定债务人流量变现的方式，实现双方共赢。如果管理人对该行业了解不足，应聘请相应领域的专家进行协助。

（七）具有货币属性的虚拟财产之处理进路

随着区块链、分布式账本等去中心化技术的成熟，以数字货币为代表的虚拟财产正塑造或冲击着现有的货币体系。数字货币与现实中的货币紧密相关，乃至在特定群体中可实现货币才具有的流通手段、支付手段、价值尺度、储藏手段、世界货币等功能，就此引发了数字货币是否属于货币之争。目前学界有货币说、② 限定货币说（准货币说）③和非货币说④。

本文认为数字货币的属性需区分法定数字货币与非法定数字货币进行讨论。法定数字货币具有主权性、法偿性等法币基本特征，⑤ 应当作为法币对待。对于非法定数字货币，其虽在合约验证、交易追溯、跨境支付等方面能够有效促进社会经济发展，⑥ 其去中心化的发行方式和管理方式能

---

① 参见北京互联网法院（2019）京 0491 民初 2547 号民事判决书。

② 参见冯洁语：《论私法中数字货币的规范体系》，载《政治与法律》2021 年第 7 期；赵天书：《比特币法律属性探析——从广义货币法的角度》，载《中国政法大学学报》2017 年第 5 期。

③ 参见赵磊：《论比特币的法律属性——从 HashFast 管理人诉 Marc Lowe 案谈起》，载《法学》2018 年第 4 期。

④ 参见李翀：《比特币会成为货币吗?》，载《当代经济研究》2015 年第 4 期；欧阳本祺、童云峰：《区块链时代数字货币法律治理的逻辑与限度》，载《学术论坛》2021 年第 1 期。

⑤ 参见袁曾：《法定数字货币的法律地位、作用与监管》，载《东方法学》2021 年第 3 期。

⑥ 参见苏宇：《数字代币监管的模式、架构与机制》，载《东方法学》2021 年第 3 期。

够克服现行货币体系下的某些缺陷，能够实现金融资源的有效配置，① 但非法定数字货币也极易成为犯罪工具、耗费大量的社会资源、扰乱一国的外汇管理秩序、缺乏国家信用的支撑且易成为“庞氏骗局”。基于中国人民银行等五部委于 2013 年 12 月发布的通知以及中国人民银行等七部门于 2017 年 9 月发布的公告，② 以及非法定数字货币的种种负面影响，本文认为非法定数字货币不宜作为货币对待，但可适用物权相关的规定，在适用时需对当事人行为进行一定负面评价。

数字货币在破产程序中可能涉及的问题有：非法定数字货币能否适用破产取回规定；他人持有债务人的非法定数字货币，管理人该主张何种权利；以非法定数字货币计量的债权，在破产程序申报债权过程中如何确定债权数额；受理破产申请之后，债务人向他人交付非法定数字货币是否构成个别清偿；企业董监高侵占企业的非法定数字货币，管理人主张的财产价值如何确定等问题。

首先关于法定数字货币。其具法币之地位，系特殊的动产，具占有即所有之性质，一旦交付即发生所有权的转移，持有人依占有即取得货币的所有权。即使相比于现实货币而言，法定数字货币完全能够实现单一货币流转的全追踪，货币之种类物的属性将减弱，但应尽力避免对现有货币流通规则的冲击，进而引起商业交易秩序的紊乱。

其次关于非法定数字货币。有学者主张在具有“货币认同”的群体中，比特币可被视为货币，即双方转移比特币时具有明确将其视为货币的意思表示。③ 对于在破产程序中是否需要尊重“货币认同”，本文认为在破产程

---

① 参见樊云慧、栗耀鑫：《以比特币为例探讨数字货币的法律监管》，载《法学论坛》2014 年第 7 期。

② 2013 年 12 月 5 日中国人民银行等五部委联合发布的《关于防范比特币风险的通知》指出：“比特币不是由货币当局发行、不具有法偿性与强制性等货币属性，不是真正意义上的货币。从性质上看，比特币是一种特定的虚拟商品，不具有与货币等同的法律地位，不能且不应作为货币在市场上流通。”2017 年 9 月 4 日发布的《人民银行等七部门关于防范代币发行融资风险的公告》再次指出：“代币发行融资中使用的代币或‘虚拟货币’不由货币当局发行，不具有法偿性与强制性等货币属性，不具有与货币等同的法律地位，不能也不应作为货币在市场上流通使用。”

③ 参见赵磊：《论比特币的法律属性——从 HashFast 管理人诉 Marc Lowe 案谈起》，载《法学》2018 年第 4 期。

序中不宜采“货币认同”，理由是：一般的民事纠纷主要集中于双方当事人之间，司法机关应当在法律允许的范围内尊重当事人的意思自治，但破产程序涉及的主体众多，尤其是众多的债权人的利益保护，任何可能有损于债权人利益的问题的处理都应慎之又慎，且“货币认同”的意思表示难以探知其真实性，易出现串通欺诈的行为，尤其是在数字货币价值日益上升的时代，且非法定数字货币本质上是一种虚拟的网络投机资产，其泛滥一定程度上会对国家货币体系造成冲击，虽未违反强制性法规，但与公序良俗相背，对其流通应采负面评价。在唐某、孙某不当得利纠纷一案中，法院便认为以太币非货币当局发行，不具有与货币等同的法律地位，因其产生的债务，系非法债务，不受法律保护，投资者需自行承担风险。① 因而处理非法定数字货币在破产程序中相关问题的思路在于：不能使相关当事人从非法定数字货币的流通中获益，且其需共同承担非法定数字货币贬值的风险，对于客观上已增值的非法定数字货币，其增值部分当然划入破产财产当中。

五、虚拟财产纳入破产财产相关配套制度的构建

（一）虚拟财产的查控制度构建

与现实世界相比，虚拟世界显得更加复杂，将债务人现实世界中的财产全部调查清偿，尚属困难，更何况虚拟世界存在的财产。因而需构建与虚拟财产相适应的查控制度。首先是线索调查，这是常规的财产调查方式，随着现在实名登记注册制度的普及，这为虚拟财产的查控提供了便利条件，管理人可根据债权人提供的线索、债务人自行申报或管理人破产程序中发现的相关情况，向服务商发出通知书要求协助查询，服务商需如实提供相关信息。其次是查封，针对部分存在使用时间限制或易被债务人处理的虚拟财产，可由管理人向服务商发出通知，由服务商向管理人交付虚拟财产或冻结该虚拟财产的使用。

① 参见山东省泰安高新技术产业开发区人民法院（2021）鲁 0991 民初 155 号民事判决书。

（二）虚拟财产的管理制度构建

正如前文所述，有部分虚拟财产不适宜直接变价，如虚拟直播账号具有较强的人身依附性，需要持有人的继续经营，才能实现更大的破产财产价值。但完全交由持有人管理或者按照持有人想法经营此类虚拟财产，容易出现转移收入进而侵害债权人利益的情形，故需构建债权人、管理人、债务人、专业人士共同参与管理的模式。债务人主要负责落实经营，管理人和专业人士确定最佳的变现模式，债务人可以就此提出自己的看法，形成方案之后交由债权人会议表决通过。在方案实施过程中，赋予管理人一定的权限在方案框架之下决定虚拟财产的经营，因为商机往往都是一瞬而过，只要其决定是建立在正当的商业判断即可。①

（三）虚拟财产的变价制度构建

首先是价格评估，目前我国还未出台针对虚拟财产的价格评估文件。已被废止的文化和旅游部《网络游戏管理暂行条例》第 19 条规定：网络运营企业的网络虚拟货币发行种类、价格、总量应当报送注册地省级文化行政部门备案，并以此确定其市价，但其也未规定除网络虚拟货币之外的虚拟财产的市场价值如何确定。根据文化和旅游部为进一步推进“放管服”改革而废止《网络游戏管理暂行条例》，② 虚拟财产的价格评估应交由市场无形之手去决定，站在市场供需关系的角度确定，目前已有诸如游戏猫等虚拟财产第三方交易平台交易，其通常会联合服务商公布各类虚拟财产的市场参考价，可将此作为虚拟财产的参考价格。其次对于虚拟财产的变现方式，仍主张以拍卖为主、变卖为例外，尽可能实现财产价值最大化。如果财产难以拍卖或变卖，有债权人愿意以特定价格购买该虚拟财产或接受该虚拟财产以特定的价格清偿其债权，经债权人会议过半数通过即可。

---

① 商业判断规则是指公司董事、高级管理人员只要善意且在完成合理调查基础之上做出诚实的商业决策，即无需担责，此处可参照构建管理人的商业判断规则。参见施天涛：《商法学》，法律出版社 2010 年版，第 227～228 页。

② 文化和旅游部：关于废止《网络游戏管理暂行办法》和《旅游发展规划管理办法》的决定，中华人民共和国中央人民政府网，http://www.gov.cn/zhengce/zhengceku/2019-12/02/content_5457656.htm，访问日期：2022 年 9 月 7 日。

我国股东债权劣后清偿规则研究

张　楠　范文杰*

内容提要：鉴于我国劣后清偿规则缺乏法律依据，法律适用方法未达成一致，本文通过对我国司法实务中股东债权劣后案例的法院裁判进行分析，并参考美国德国等关于股东债权劣后清偿规则的域外法律，提出我国股东债权劣后清偿规则的完善建议，以期股东债权劣后清偿规则在实务中得以更好地适用。

公司资产的两个主要来源分别是公司自有资产和公司负债。在自有资本维持企业正常运转时，公司需要通过借贷的形式获得资金以保证正常运转。在这种情况下，如果股东以借款的方式向公司提供资金，此时形成的债权称之为股东债权。① 具有股东债权的股东在公司破产程序中既是公司股东，又是公司债权人。这样的看似矛盾的双重身份，虽然从法理角度而言，二者并不互相排斥，公司股东依法享有的对公司的债权亦应纳入破产债权的范畴。但由于股东在公司中的特殊地位致使其具有通过不公平交易使公司优先清偿股东债权或虚构债务从而损害其他债权人利益的可能，这对外部债权人的合法权益保护是极为不利的。因此股东债权在破产清算中应做特殊考量，应根据具体情况劣后受偿。本文讨论的股东债权是以债务人资产不足以清偿其债务为前提的。劣后债权是破产清算制度中对应于优先债权和普通债权的一种破产财产分配顺位设计，所体现的是如何协调债务人破产时不同债权之间的利益平衡关系，顾名思义，是指在破产清偿顺序上排列于普通破产债权之后，股东权益分配之前的债权。因此，股东债

* 张楠，中南财经政法大学2018级本科生。范文杰，湖北山河律师事务所合伙人。

① 参见金毅：《股东债权劣后清偿规则研究》，吉林大学2020年硕士学位论文。

权劣后是指公司注册资本明显不足以负担公司正常运作，公司运作依靠向股东或实际控制人负债筹集，股东或实际控制人因此而对公司形成的债权，在破产程序中应被确定为劣后债权，安排在普通债权之后清偿。① 但何种情况适用股东债权劣后清偿以及股东债权劣后清偿的具体制度仍需进一步探讨。

一、我国股东债权劣后清偿规则现状分析

(一)立法现状

根据我国《企业破产法》第 131 条，破产财产的清偿顺序为：①破产费用和共益债务；②破产企业所欠职工工资等与职工劳动有关的债务；③破产企业欠缴的税款等；④普通债权。我国破产法只规定了“优先债权”及“普通债权”两个清偿顺序的债权，“劣后债权”的字样并未在正式法律条文上直接出现。我国《企业破产法》对于劣后债制度以及股东债权劣后清偿之具体适用规则并无成文法定。然“法官适用法律时，不得以法律规定不明确、不完备或欠缺为借口，而不予受理，更不得以此为拒绝裁判之理由”。② 在此种背景下，司法裁判案例就成为分析、研究以及完善股东债权劣后清偿规则的重要依据。

在 2018 年 3 月 4 日最高人民法院印发的《全国法院破产审判工作会议纪要》(以下简称《会议纪要》)第 28 条“破产债权的清偿原则和顺序”条款明确将“惩罚性债权”的受偿顺位劣后于普通债权；第 39 条更是明确规定，关联企业成员之间不当利用关联关系形成的债权，应当劣后于其他普通债权顺序清偿，且该劣后债权人不得就其他关联企业成员提供的特定财产优先受偿。该两条规定明确提出了“劣后债权”的概念。

关于股东债权劣后清偿的适用条件，可以找到的司法依据为《重庆市高级人民法院关于审理破产案件法律适用问题的解答》(渝法〔2017〕207 号)(以下简称“重庆破产问题解答”)，其借鉴美国“衡平居次原则”中对不公平行为的审查以及德国“替代资本原则”中对债权形成时间的

① 参见陈克：《论股东债权劣后清偿规则》，载《法律适用》2018 年第 5 期。
② 杨仁寿：《法学方法论》，中国政法大学出版社 2013 年版，第 53 页。

审查，提出："具有以下情形之一的，可以将公司股东或实际控制人对公司债权确定为劣后债权，安排在普通债权之后受偿：(一)公司股东因未履行或未全面履行出资义务、抽逃出资而对公司负有债务，其债权在未履行或未全面履行出资义务、抽逃出资范围内的部分；(二)公司注册资本明显不足以负担公司正常运作，公司运作依靠向股东或实际控制人负债筹集，股东或实际控制人因此而对公司形成的债权；(三)公司控股股东或实际控制人为了自身利益，与公司之间因不公平交易而产生的债权。公司股东或实际控制人在前述情形下形成的劣后债权，不得行使别除权、抵销权。"

(二)司法现状

1. 由"沙港案"确立的我国股东债权劣后清偿规则

2015 年 3 月 31 日，最高人民法院于发布典型案例"沙港公司诉开天公司执行分配方案异议案"(以下简称"沙港案")中，认定出资不实股东的债权受偿顺位次于外部债权人。

在本案中，债务人茸城公司根据生效判决应向外部债权人沙港公司支付货款以及相应利息损失。案件进入执行程序后，因茸城公司无可供执行财产而终结执行。之后，茸城公司被注销，沙港公司申请恢复执行并追加茸城公司的股东(开天公司及 7 名自然人)作为被执行人，要求开天公司及 7 名自然人在各自出资不实范围内向沙港公司承担责任。经人民法院采取执行措施，扣划到开天公司和 4 个自然人股东款项共计 696505.68 元，其中包括开天公司名下款项 45 万元。随即，天开公司也依法向人民法院提起诉讼，要求茸城公司 8 个股东在各自出资不实范围内对茸城公司欠付开天公司借款、房屋租金等分别承担连带清偿责任。案件经人民法院判决生效后也进入执行程序。随后沙港公司向松江法院提交《执行分配方案异议书》，认为开天公司不能就其因出资不到位而被扣划的款项参与分配。2013 年 4 月 27 日，松江法院依法受理原告沙港公司提起的执行分配方案异议之诉。

本案争议焦点在于，天开公司作为出资不实股东，因向公司外部债权人沙港公司承担出资不实的股东责任并被扣划款项后，能否以其对于茸城公司的债权与外部债权人沙港公司就上述款项进行平等分配。最高院在本案的审判中借鉴了美国 Taylor v. Standard Gas & Electric Co. 案[①](下文简称“深石案”)所确立的衡平居次原则，最终确认出资不实的股东对公司的债权劣后于公司外部债权人的受偿。最高院认为，在该类案件的审判实践中，若允许出资不实的问题股东就其对公司的债权与外部债权人处于同等受偿顺位，既会导致对公司外部债权人不公平的结果，也与公司法对于出资不实股东课以的法律责任相悖，[②] 公司资产应首先用于清偿非股东债权，剩余部分才能用于清偿股东借款。

沙港案从司法实践角度开启了我国法院在个案中认定股东债权劣后于外部债权人清偿的裁判规则。沙港案中出资不实的股东就出资款劣后清偿，而后续司法实务案例中股东债权劣后的适用情形远不止于此。

2. 股东债权劣后清偿的其他案例梳理

笔者选取在中国裁判文书网检索到的自 2015 年沙港案以后的有关股东债权劣后清偿的 9 个案例。以此为基础，梳理司法实务中股东债权劣后清偿的权利主张路径、适用情境、法院裁判排除适用理由等，试图理清其在司法实务中的适用现状。

行为人提出股东债权清偿顺位劣后的权利主张主要有两个途径，一是在执行过程中通过执行分配方案异议之诉，例如港深案、香港恒丰投资案[③]和黄某某执行分配方案异议案[④]；二是破产程序中通过确权诉讼确认债权优先，例如达江装饰材料有限公司案[⑤]，银佑国际贸易有限公司案，联建科技有限公司案[⑥]等。由当事人向破产法院起诉请求确认其对债务人的债权，并请求确认该债权作为普通债权参与债务人破产重整程序分配并进行提存。

由案例分析可知，股东债权劣后清偿的适用情景有以下几种：

(1)公司注册资本明显不足以负担公司正常运作，股东或实际控制人

---

① Taylor V. Standard Gas, Electric Co. 306 U. S. 307(1939).

② 参见《最高人民法院发布的四起典型案例》，载《人民法院报》2015 年 4 月 1 日，第 3 版。

③ 参见广东省高级人民法院(2016)粤民申 3392 号民事裁定书。

④ 参见湖南省郴州市中级人民法院(2017)湘 10 民终 1231 号民事判决书。

⑤ 参见四川省广安市前锋区人民法院(2017)川 1603 民初 1309 号民事判决书。

⑥ 参见湖北省武汉市江岸区人民法院(2019)鄂 0102 民初 12663 号民事裁定书。

出资因此而对公司形成的债权，在破产程序中应被确定为劣后债权。

例如湖南恒利源矿业案①、香港恒丰投资有限公司诉鹤山市益兆投资有限公司等执行分配方案异议之诉纠纷案中，公司资不抵债时股东以“借款”形式出资使其在公司破产时以债权人身份参与财产分配，是为规避股权投资之不利益，用债权替代股权，这会导致其他普通债权人风险加剧，是转嫁风险的行为。② 因此这种情形下股东债权清偿序位应劣后于普通债权。在重庆手之舞游戏有限公司破产清算案③中手之舞公司主要经营成本为人员工资，在其出资明显不足以保证公司正常运营的情况下，股东应增加出资而非通过借款方式维持运营，因此股东垫付员工工资形成的借款应为劣后债权。

(2)执行分配方案中，股东滥用法人资格的，股东债权劣后于普通债权。

例如黄某1执行分配方案异议案④中，法院认为，宜章县人民法院已生效的(2017)湘1022民初716号民事判决认定黄某2等九名股东怠于履行清算义务以及滥用公司法人独立地位和股东有限责任，逃避债务，严重损害了公司债权人的利益。根据《公司法》第20条第3项的规定，由于新山达公司的外部债务尚未完全清偿，黄某2等股东应当对新山达公司的债务承担连带责任，同时对新山达公司的执行款，黄某2等股东不能与外部债权人同等的参与分配。在海南优孚案⑤中，法院认为：“上海优孚与海南优孚之间存在恶意串通，借以诉讼调解的方式转移海南优孚的财产，损害景帅公司作为债权人的合法权益，依据公平原则，并参照公司法中衡平居次原则，股东对目标公司的债权在目标公司无法清偿全部债务时，股东债权应适当劣后。”

(3)借款转投资款劣后清偿裁判规则的适用问题。

司法实践中有一部分司法判决基于“收益与风险对等原则”“名为股东

① 参见湖南省祁东县人民法院(2019)湘0426民初103号民事判决书。

② 参见陈克：《股东债权劣后清偿规则之思考——就沙港案法律漏洞填补视角展开》，载《公司法律评论》2017年第17期。

③ 参见重庆市第五中级人民法院发布重庆破产法庭“2020年十大典型案例之六重庆手之舞游戏有限公司破产清算案”。

④ 参见湖南省郴州市中级人民法院(2017)湘10民终1231号民事判决书。

⑤ 参见上海市第一中级人民法院(2018)沪01民终6958号民事判决书。

借贷实为股东投资”等裁判理由将股东债权认定为劣后债权来进行清偿。例如，在“达江装饰公司与达江木业公司普通破产债权确认纠纷案”①中，吴某某同时作为达江装饰公司和达江木业公司的控股股东，并参与了实际经营。法院认为，被告在经营中需要资金周转，吴某某通过成都达江公司转入资金。广安达江公司系成都达江公司的关联公司，原告的转款系广安达江公司的股东吴某某的个人投资行为。被告进入破产程序，该投资款为被告的破产债权。在“香港恒丰公司案”②中，法官认为，应将股东债权作为股东投资对待，股东只能在债务人清偿全部债务后资产有剩余方可主张。在我国股东债权劣后清偿规则立法尚未确立的情况下，在某些特定情形或条件下，上述案例所确立的“借款转投资款”劣后清偿裁判规则具有适用之现实可能性。但是，规则的应然状态应当是有条件之劣后清偿。上述案例或基于“收益与风险相一致原则”，或援引民法之公平原则，或基于法官之朴素正义，从而直接将股东债权完全劣后清偿。③ 简单原则下的粗暴认定，值得反思。

(4)关联企业成员之间不当利用关联关系形成的债权，应当劣后于其他普通债权顺序清偿。

例如联建科技有限公司案④中，法院认为：“一审法院(2016)苏0591民初2340号民事判决书认定联建香港公司利用关联交易损害联建中国公司利益，不当减少了联建中国公司的交易所得，联建中国公司借款亦发生于上述交易年度之后，损害联建中国公司利益的行为与借款必要性存在关联。一审法院民事判决认定损失金额超出本案诉请债权金额，若允许联建香港公司对联建中国公司的债权与其他普通债权人同一顺位清偿，对公司外部债权人明显不公平，也与权利不得滥用的法律原则相违背。”联建科技有限公司案的裁判者试图在公司法中寻找股东债权劣后清偿依据，但《公司法》第21条规定股东损害公司利益的侵害对象和赔偿对象都是公司，和债权人无关，而股东债权劣后是债权人遭受不利益的补偿机制。侵害公司利益的股东享有的发生在侵权之后的债权降级，没有考虑债权本身

---

① 参见四川省广安市前锋区人民法院(2017)川1603民初1309号民事判决书。

② 参见广东省高级人民法院(2016)粤民申3392号民事裁定书。

③ 参见陈克：《论股东债权劣后清偿规则》，载《法律适用》2018年第5期。

④ 参见湖北省武汉市江岸区人民法院(2019)鄂0102民初12663号民事裁定书。

的产生是否正当。

(5)不支持股东债权劣后清偿的裁判案例中，法院主要有以下理由：一是直接认为没有法律依据。在兰山房地产案①中法院在判决书中认为，“不存在股东的其他债权应次于普通债权受偿的法定情形或理由，股东债权劣后清偿缺乏法律依据”；二是认为根据《公司法》第 20 条第 1 项“公司股东应当遵守法律、行政法规和公司章程，依法行使股东权利，不得滥用股东权利损害公司或者其他股东的利益；不得滥用公司法人独立地位和股东有限责任损害公司债权人的利益”，如果主张方不能证明股东存在 20 条第 1 项情形，则股东债权与普通债权同等顺位受偿。在中盐华湘化工有限公司案②中法院认为，“本案并不存在股东抽逃出资、出资不到位，或者中盐华湘化工有限公司与其股东存在人格、资产、财务混同等情况，不构成股东债权劣后清偿的条件”。

虽然由沙港案引出了股东债权劣后清偿规则适用的可能性，但因缺乏明确清晰的法律依据，加之实务界对其法理认识并不深入，适用该规则时法官的主观认识、价值判断仍处于主导地位，导致裁判结果具有不稳定性。以上几个案例的情形均与沙港案出资不实股东就出资款劣后清偿的情形不同，仍需要以沙港案为启发从中抽象出股东债权劣后于普通债权清偿的一般规则，并对其适用情形探讨出统一的标准。

二、股东债权劣后的域外经验

(一)德国“自动居次原则”

2008 年德国公司法在修改过程中对股东向公司提供贷款采用了“自动居次”规则，即完全不考虑股东提供贷款的条件、股东的主观过错以及公司利益是否受损等因素，只要是股东对公司贷款形成的债权，在破产程序中均被列为后顺位清偿的债权。这样的立法方式虽然极大地保护了普通债权人的利益，但也会对股东的合法利益造成伤害，抑制了投资人投资的愿望和正常的交易活动，不利于经济的发展。

① 参见江苏省无锡市中级人民法院(2016)苏 02 民终 2608 号民事判决书。

② 参见湖南省郴州市中级人民法院(2016)湘 10 民破 2 号民事裁定书。

(二)美国“衡平居次原则”

美国对于股东债权劣后采用的是“衡平居次原则”，并在 1978 年《美国破产法》第 510(c)条以成文法形式确立。法条规定：“(1)法院可以依据衡平居次原则将经过确认的特定债权的部分或者全部居次于另一项经过确认的部分或全部债权之后，或是将一项业已经过确认的利益的部分或者全部劣后于另一项业已经过确认的利益的部分或者全部之后；或者(2)将需要居次债权的担保物纳入到担保财产中。”①衡平居次原则在股东债权劣后中表现为当公司发生类似于破产等致使其无法清偿债务的情形时，公司的被信任者若向公司提出清偿债权的请求，法院应当进行严格的审查，若存在内部债权人与其他债权人同一顺位受偿可能会造成不公平的情形，法院应当判决将其债权居于一般债权人的债权之后进行清偿，以避免债务欺诈，损害其他债权人的利益。②

在股东债权劣后的认定上美国破产法采用了“法定+裁定+约定”的认定模式：首先，《联邦破产法典》中列举出法定劣后债权的范围；其次，《联邦破产法典》赋予破产法院在个案中进行劣后债权认定的权利；并且美国法院在系列判例中确定了劣后债权认定的详细标准。在保护债权人利益的同时，促进个案的实质公平，值得我国在完善股东债权劣后认定规则的过程中予以借鉴。

三、我国股东债权劣后清偿规则完善建议

上述对司法判例的分析表明，当前我国司法实践中针对股东债权劣后清偿的裁判路径存在分歧。在“无法可依”前提下，法官们往往缺乏系统论证，且裁判标准各异，类推适用依据不一：或简单类推适用其他规范依据，跳出问题之基本逻辑；或为了实现“个案正义”而援用法理、域外判例。股东债权劣后清偿问题随着市场经济转型、企业制度更迭和营商环境完善等多重因素之影响已经成为一个亟待解决的现实难题，现有裁判路径

① 李飞：《当代外国破产法》，中国法制出版社 2006 年版，第 539 页。

② 参见薄守省：《美国公司法判例译评》，对外经济贸易大学出版社 2007 年版，第 308 页。

与裁判规则值得反思。我国的股东债权劣后清偿法律规范的缺位给实务中股东债权劣后清偿规则的适用带来了一定的困难，虽然在沙港案中明确提及美国衡平居次原则的借鉴意义，但基于我国特殊社会主义经济制度，需要探讨出适合我国国情的股东债权劣后清偿规则。

（一）法定列举与法官自由裁定的结合

美国、德国等域外立法在劣后债权认定规则方面均形成了结构化的体系，这种立法的优势在于内容明确、易于理解，有利于减少法律适用中的不确定性，不足之处在于列举式总是无法涵盖实务操作可能遇到的所有债权种类，当对新类型债权的性质认定存在分歧时，司法裁判又会陷入无法可依的困境。基于我国目前股东债权劣后清偿规则在实务中的适用现状，笔者认为，将股东债权劣后的适用条件等具体制度从立法上进行明确，更有利于其在司法实践中得以广泛、准确、稳定的适用。建议立法者针对股东债权劣后较为典型的情形以法定列举的形式确定下来。通过对上述案例的分析，可明确“不公平行为”主要包括以下几种情形：从属公司资本明显不足；控制股东管理违反受信义务；控制股东与从属公司资产混同或不当转移；控制股东滥用从属公司独立人格。同时赋予法官在个案中一定的自由裁量空间和衡平的权利，根据个案的不同情形对控制公司的意图进行评价，判断股东是否存在不公平行为损害外部债权人的利益。

（二）衡平居次原则与社会主义市场经济的融合

在确立股东债权劣后清偿的适用标准时首先要明确设立该规则的目的。陈克法官认为：“股东债权劣后清偿的目的在于实现对外部债权人的保护，主要就股东以自己债权来危害外部债权安全作为防御方向，当然要落实到股东行为的规制上，要否定评价股东不正当损害外部债权的行为。”①对于该部分债权有必要进行更为严格的审查和甄别，如果发现在债权形成过程中存在欺诈、不当管理和违背诚信原则等不公平行为，则应当将该部债权列为劣后债权处理。需要注意的是在实现规制目的的同时，为了确保司法裁判的稳定性，股东债权劣后清偿规则要尽量避免对现有公司法制度的突破和冲击。也就是说该规则是为了防范股东作为内部债权人利

① 陈克：《论股东债权劣后清偿规则》，载《法律适用》2018 年第 5 期。

用其特殊身份作出损害外部债权人利益的不公平行为。因此，我国应当以衡平居次原则为主要借鉴依据，建立契合我国现实需要的股东债权劣后清偿规则。另外，衡平居次原则是以补偿性原则为适用前提，这与我国股东债权劣后清偿规则所确立的以补偿性原则为基础、特殊情形下不排除惩罚性原则之前提适用理念相契合。衡平居次原则充分考虑了股东债权的特殊性，规定了债权平等原则的例外，能够有效协调和保护各方主体利益，符合现代破产法公平清偿之目标。衡平居次原则是对公平清偿原则的弥补和深化，使破产程序中的清偿规则更具有实践性和操作性。事实上，在司法实践中，法官们在处理股东债权清偿问题上借鉴衡平居次原则进行利益衡量和裁判的情况较为普遍。例如，在"中盐华湘化工有限公司申请破产重整案"①中，法官认为股东债权应"有条件劣后清偿"，本案股东债权"并不存在股东抽逃出资、出资不到位，或者中盐华湘化工有限公司与其股东存在人格、资产、财务混同等情况，不构成股东债权劣后清偿的条件"。

相比较而言，自动居次原则因过于"一刀切"妨碍了股东对困境公司的资助在德国理论界和实务界广受诟病。自动居次原则于法律公平角度而言对合法股东提出了较为严格的限制有失公平，于我国国情而言，过于严格的股东债权禁止性规定在司法实践中也有较大困难。因此我国股东债权劣后规则的制度设计可以适当借鉴美国衡平居次原则，同时还要考虑到我国社会主义市场经济的特点对股东债权劣后规则的构成要件和诉讼程序进一步明确。

（三）股东债权劣后规则适用于债务尚清晰且尚有一定偿债能力的公司

司法实践中常有集团的各个分公司之间公司债务混同，财务账簿控制在总公司之下，如果股东以其特殊身份无中生有不实债务，则会对外部债权人的利益或造成严重损害。因此公司债务清晰的情形下，股东债权劣后规则才能发挥出应有的作用。

（四）"借款转投资款"劣后清偿规则应限缩适用

实证研究表明，在"借款转投资款"裁判规则中，法官僭越资本性质

① 参见湖南省郴州市中级人民法院(2016)湘10民破2号之四民事裁定书。

认定前提，事实上造成了分配的不公平。资本作为公司运营之血液，[①] 对于其在不同语境中的认定应客观谨慎。在处理公司融资纠纷时，应综合考虑公司的处境而非机械地适用规则。比较视野上，德国法上的“自有资本替代原则”与美国法上的“债权重新定性原则”与我国股东债权劣后清偿司法实践中的“借款转投资款”裁判规则具有相似性。在“Roth Steel Tube v. CIR”案件[②]中美国破产法官发展出了债权重新定性原则的具体适用标准。通过结合类型化的分类标准判断，法官综合认定股东债权的性质，从而对其受偿顺位进行安排。债权重新定性原则源于衡平法理念，当存在股东“名为借贷实为投资”情形时，债权重新定性原则将“刺破”股东债权的虚假外衣，揭示其投资本意，从而规范股东债权、保护外部债权人之合法权益。当前，在美国司法实践中对于该规则的具体适用尚存在较大争议。域外司法在针对股东债权资本认定问题上，无论是自有资本替代原则抑或债权重新定性原则，其适用都是基于一定的前提和条件。在笔者收集到的我国以“借款转投资款”股东债权劣后清偿的案例中，法官对于股东债权的性质认定都较为直接简单。在没有直接制定法依据的前提下，法官们的判决文书往往只是简单的事实认定，缺乏价值判断和详细说理，关于“借款转投资款”的构成要件和“借款转投资款”股东债权劣后清偿规则之适用条件亦语焉不详。

结　　语

股东债权劣后清偿规则作为破产理论与实务争议较大的规则，存在各利益的博弈，亦存在对于各利益方保护的范围与深度，还可能存在更深层次的经济、道德、社会影响等问题。一方面，股东债权劣后清偿规则的适用，必将直接影响股东进行商业投资、资本运作的方式；另一方面有利于减轻破产管理人工作压力，更大力度保护债权人权益。从而，股东债权劣后清偿是否能够形成统一裁判与适用规则有待进一步研究与确立。在《企业破产法》面临进一步修改完善的立法背景下，本文通过分析问题并提出建议，希望能有助于破产管理人在股东债权认定上厘清思路，也为我国破产制度的完善提供帮助。

---

① 参见施天涛：《公司法论》，法律出版社 2014 年版，第 163 页。

② Roth Steel Tube v. CIR 800 F. 2d, 625, 630(6thCir. 1986).